国家社科基金重大项目"国民参政会档案文献整理与研究（1938—1948）"阶段成果

项目批准号：17ZDA205

［1938—1948］

国民参政会历届大会
休会期间驻会委员会
会议记录选编

中国第二历史档案馆 编

九州出版社 JIUZHOUPRESS ｜全国百佳图书出版单位

图书在版编目（CIP）数据

国民参政会历届大会休会期间驻会委员会会议记录选编 /

中国第二历史档案馆编；蒋梅主编．— 北京：九州出版社，2020.1

ISBN 978-7-5108-9035-2

Ⅰ．①国… Ⅱ．①中… ②蒋… Ⅲ．①国民参政会－

会议资料－1938-1948 Ⅳ．① D693.74

中国版本图书馆 CIP 数据核字（2020）第 019603 号

国民参政会历届大会休会期间驻会委员会会议记录选编

作　　者	中国第二历史档案馆　编　蒋梅　主编
责任编辑	曹环　李品
装帧设计	李永刚
出版发行	九州出版社
地　　址	北京市西城区阜外大街甲 35 号（100037）
发行电话	（010）68992190/3/5/6
网　　址	www.jiuzhoupress.com
电子信箱	jiuzhou@jiuzhoupress.com
印　　刷	三河市兴博印务有限公司
开　　本	720 毫米 ×1020 毫米　16 开
印　　张	46.25
字　　数	693 千字
版　　次	2021 年 5 月第 1 版
印　　次	2021 年 5 月第 1 次印刷
书　　号	ISBN 978-7-5108-9035-2
定　　价	298.00 元

编 例

一、本档案资料选自中国第二历史档案馆所藏 1938—1948 年国民参政会历届大会休会期间驻会委员会的会议记录档案资料，内容包括会议议程、各部部长关于内政、外交、军事、财政、交通等方面的报告（限于篇幅酌选）及参政员询问、建议等。

二、本档案所选资料，为保存原貌，均原文照录。原文中对中国共产党、对革命的污蔑之词，不予改动，均用""号标明。

三、本档案所选资料，一般以一次会议为一题，依文件形成时间先后顺序排列。

四、本档案所选资料，一般由编者另拟标题，并另加标点。

五、本档案所选资料，一般采用简体字，遇有可能引起歧义之处，保留原有的繁体字。

六、本档案所选资料，凡有缺漏或者字迹不清者，以□号代之。错字、别字和衍字的校勘以及其他简单注释，均加在正文之内，以 [ ] 号标明。较长的注释列在页下。增补的字以【】号标明。文件选辑的原则为全录。仅少数由于与其他已辑文件重复，酌予删节，以……号标明。

目　录

编　例

一、国民参政会第一届第一次大会休会期间驻会委员会谈话会记录及会议记录

1. 国民参政会驻会委员会第一次谈话会记录
（1938 年 7 月 20 日）...2

2. 国民参政会驻会委员会第二次谈话会记录
（1938 年 8 月 12 日）...5

3. 国民参政会驻会委员会第三次谈话会记录
（1938 年 8 月 20 日）...7

4. 国民参政会驻会委员会第四次谈话会记录
（1938 年 8 月 26 日）

5. 国民参政会驻会委员会第五次谈话会记录
（1938 年 9 月 2 日）...11

6. 国民参政会第一届第一次大会休会期间驻会委员会第一次会议记录
（1938 年 9 月 10 日）...12

二、国民参政会第一届第二次大会休会期间驻会委员会会议记录

1. 国民参政会第一届第二次大会休会期间驻会委员会第一次会议记录
（1938 年 11 月 11 日）...14

2. 国民参政会第一届第二次大会休会期间驻会委员会第二次会议记录
（1938 年 ）...18

3. 国民参政会第一届第二次大会休会期间驻会委员会第三次会议记录
（1938 年 11 月 25 日）...23

4. 国民参政会第一届第二次大会休会期间驻会委员会第四次会议记录
（1938 年 12 月 2 日）..29

5. 国民参政会第一届第二次大会休会期间驻会委员会第五次会议记录
（1938 年 12 月 9 日）..34

6. 国民参政会第一届第二次大会休会期间驻会委员会第六次会议记录
（1938 年 12 月 16 日）..35

7. 国民参政会第一届第二次大会休会期间驻会委员会第七次会议记录
（1938 年 12 月 23 日）..38

8. 国民参政会第一届第二次大会休会期间驻会委员会第八次会议记录
（1938 年 12 月 30 日）..44

9. 国民参政会第一届第二次大会休会期间驻会委员会第九次会议记录
（1939 年 1 月 6 日）..51

10 国民参政会第一届第二次大会休会期间驻会委员会第十次会议记录
（1939 年 1 月 13 日）..59

11. 国民参政会第一届第二次大会休会期间驻会委员会第十一次会议记录
（1939 年 1 月 19 日）..66

12. 国民参政会第一届第二次大会休会期间驻会委员会第十二次会议记录
（1939 年 2 月 3 日）..70

三、国民参政会第一届第四次大会休会期间驻会委员会会议记录

1. 国民参政会第一届第四次大会休会期间驻会委员会第一次会议记录
（1939 年 9 月 6 日）..78

2. 国民参政会第一届第四次大会休会期间驻会委员会第二次会议记录
（1939 年 10 月 20 日）..89

3. 国民参政会第一届第四次大会休会期间驻会委员会第三次会议记录
（1939 年 11 月 3 日）..94

4. 国民参政会第一届第四次大会休会期间驻会委员会第四次会议记录
（1939 年 11 月 17 日）..101

5. 国民参政会第一届第四次大会休会期间驻会委员会第五次会议记录
（1939 年 12 月 1 日）..111

6. 国民参政会第一届第四次大会休会期间驻会委员会第六次会议记录
（1939 年 12 月 16 日）..116

7. 国民参政会第一届第四次大会休会期间驻会委员会第七次会议记录
（1939 年 12 月 29 日）..121

8. 国民参政会第一届第四次大会休会期间驻会委员会第八次会议记录
（1940 年 1 月 12 日）...127

9. 国民参政会第一届第四次大会休会期间驻会委员会第九次会议记录
（1940 年 1 月 26 日）...130

10. 国民参政会第一届第四次大会休会期间驻会委员会第十次会议记录
（1940 年 2 月 16 日）...133

11. 国民参政会第一届第四次大会休会期间驻会委员会第十一次会议记录
（1940 年 3 月 1 日）...139

12. 国民参政会第一届第四次大会休会期间驻会委员会第十二次会议记录
（1940 年 3 月 15 日）...146

13. 国民参政会第一届第四次大会休会期间驻会委员会第十三次会议记录
（1940 年 3 月）...147

四、国民参政会第一届第五次大会休会期间驻会委员会会议记录

1. 国民参政会第一届第五次大会休会期间驻会委员会第一次会议记录
（1940 年 4 月 26 日）...152

2. 国民参政会第一届第五次大会休会期间驻会委员会第二次会议记录
（1940 年 5 月 10 日）...159

3. 国民参政会第一届第五次大会休会期间驻会委员会第三次会议记录
（1940 年 5 月 24 日）...163

4. 国民参政会第一届第五次大会休会期间驻会委员会第四次会议记录
（1940 年 6 月 7 日）...167

5. 国民参政会第一届第五次大会休会期间驻会委员会第五次会议记录
（1940 年 6 月 21 日）...170

6. 国民参政会第一届第五次大会休会期间驻会委员会临时会议记录
（1940 年 6 月 28 日）...173

7. 国民参政会第一届第五次大会休会期间驻会委员会第五次会议记录
（1940 年 7 月 12 日）...178

8. 国民参政会第一届第五次大会休会期间驻会委员会第六次会议记录
（1940 年 7 月 26 日）...180

9. 国民参政会第一届第五次大会休会期间驻会委员会第七次会议记录
（1940 年 8 月 16 日）...185

10. 国民参政会第一届第五次大会休会期间驻会委员会第八次会议记录
（1940 年 8 月 30 日）...189

五、国民参政会第二届第一次大会休会期间驻会委员会会议记录

1. 国民参政会第二届第一次大会休会期间驻会委员会第一次会议记录
（1941 年 3 月 21 日）..194

2. 国民参政会第二届第一次大会休会期间驻会委员会第二次会议记录
（1941 年 4 月 4 日）..198

3. 国民参政会第二届第一次大会休会期间驻会委员会第三次会议记录
（1941 年 4 月 18 日）..199

4. 国民参政会第二届第一次大会休会期间驻会委员会第四次会议记录
（1941 年 5 月 2 日）..200

5. 国民参政会第二届第一次大会休会期间驻会委员会第五次会议记录
（1941 年 5 月 9 日）..202

6. 国民参政会第二届第一次大会休会期间驻会委员会第六次会议记录
（1941 年 5 月 23 日）..204

7. 国民参政会第二届第一次大会休会期间驻会委员会第七次会议记录
（1941 年 6 月 6 日）..206

8. 国民参政会第二届第一次大会休会期间驻会委员会第八次会议记录
（1941 年 6 月 20 日）..212

9. 国民参政会第二届第一次大会休会期间驻会委员会第九次会议记录
（1941 年 7 月 11 日）..221

10. 国民参政会第二届第一次大会休会期间驻会委员会第十次会议记录
（1941 年 7 月 25 日）..224

11. 国民参政会第二届第一次大会休会期间驻会委员会第十一次会议记录
（1941 年 8 月 8 日）..227

12. 国民参政会第二届第一次大会休会期间驻会委员会第十二次会议记录
（1941 年 8 月 22 日）..229

13. 国民参政会第二届第一次大会休会期间驻会委员会第十三次会议记录
（1941 年 9 月 5 日）..234

14. 国民参政会第二届第一次大会休会期间驻会委员会第十四次会议记录
（1941 年 9 月 19 日）..236

15. 国民参政会第二届第一次大会休会期间驻会委员会第十五次会议记录
（1941 年 10 月 3 日）..246

16. 国民参政会第二届第一次大会休会期间驻会委员会第十六次会议记录
（1941 年 10 月 17 日）..248

17. 国民参政会第二届第一次大会休会期间驻会委员会第十七次会议记录
（1941 年 10 月 31 日）..252

六、国民参政会第三届第一次大会休会期间驻会委员会会议记录

1. 国民参政会第三届第一次大会休会期间驻会委员会第一次会议记录
（1942 年 11 月 20 日）..260

2. 国民参政会第三届第一次大会休会期间驻会委员会第二次会议记录
（1942 年 12 月 4 日）..265

3. 国民参政会第三届第一次大会休会期间驻会委员会第三次会议记录
（1942 年 12 月 18 日）..270

4. 国民参政会第三届第一次大会休会期间驻会委员会第四次会议记录
（1943 年 1 月 8 日）..274

5. 国民参政会第三届第一次大会休会期间驻会委员会第五次会议记录
（1943 年 1 月 22 日）..277

6. 国民参政会第三届第一次大会休会期间驻会委员会第六次会议记录
（1943 年 2 月 12 日）..283

7. 国民参政会第三届第一次大会休会期间驻会委员会第七次会议记录
（1943 年 2 月 26 日）..287

8. 国民参政会第三届第一次大会休会期间驻会委员会第八次会议记录
（1943 年 3 月 12 日）..295

9. 国民参政会第三届第一次大会休会期间驻会委员会第九次会议记录
（1943 年 4 月 2 日）..297

10. 国民参政会第三届第一次大会休会期间驻会委员会第十次会议记录
（1943 年 4 月 16 日）..300

11. 国民参政会第三届第一次大会休会期间驻会委员会第十一次会议记录
（1943 年 4 月 30 日）..306

12. 国民参政会第三届第一次大会休会期间驻会委员会第十二次会议记录
（1943 年 5 月 14 日）..313

13. 国民参政会第三届第一次大会休会期间驻会委员会第十三次会议记录
（1943 年 5 月 28 日）..316

14. 国民参政会第三届第一次大会休会期间驻会委员会第十四次会议记录
（1943 年 6 月 11 日）..320

15. 国民参政会第三届第一次大会休会期间驻会委员会第十五次会议记录
（1943 年 6 月 25 日）..322

16. 国民参政会第三届第一次大会休会期间驻会委员会第十六次会议记录
（1943 年 8 月 12 日）......326

七、国民参政会第三届第二次大会休会期间驻会委员会会议记录

　1. 国民参政会第三届第二次大会休会期间驻会委员会第一次会议记录
（1943 年 10 月 15 日）......330

　2. 国民参政会第三届第二次大会休会期间驻会委员会第二次会议记录
（1943 年 10 月 29 日）......333

　3. 国民参政会第三届第二次大会休会期间驻会委员会第三次会议记录
（1943 年 11 月 19 日）......335

　4. 国民参政会第三届第二次大会休会期间驻会委员会第四次会议记录
（1943 年 12 月 3 日）......340

　5. 国民参政会第三届第二次大会休会期间驻会委员会第五次会议记录
（1943 年 12 月 17 日）......342

　6. 国民参政会第三届第二次大会休会期间驻会委员会第六次会议记录
（1943 年 12 月 31 日）......353

　7. 国民参政会第三届第二次大会休会期间驻会委员会第七次会议记录
（1944 年 1 月 14 日）......359

　8. 国民参政会第三届第二次大会休会期间驻会委员会第八次会议记录
（1944 年 1 月 28 日）......363

　9. 国民参政会第三届第二次大会休会期间驻会委员会第九次会议记录
（1944 年 2 月 11 日）......365

10. 国民参政会第三届第二次大会休会期间驻会委员会第十次会议记录
（1944 年 2 月 25 日）......371

11. 国民参政会第三届第二次大会休会期间驻会委员会第十一次会议记录
（1944 年 3 月 10 日）......376

12. 国民参政会第三届第二次大会休会期间驻会委员会第十二次会议记录
（1944 年 3 月 24 日）......380

13. 国民参政会第三届第二次大会休会期间驻会委员会第十三次会议记录
（1944 年 4 月 7 日）......383

14. 国民参政会第三届第二次大会休会期间驻会委员会第十四次会议记录
（1944 年 4 月 21 日）......386

15. 国民参政会第三届第二次大会休会期间驻会委员会第十五次会议记录
（1944 年 5 月 12 日）......388

16. 国民参政会第三届第二次大会休会期间驻会委员会第十六次会议记录
（1944 年 5 月 26 日）..393

17. 国民参政会第三届第二次大会休会期间驻会委员会第十八次会议记录
（1944 年 6 月 23 日）..395

18. 国民参政会第三届第二次大会休会期间驻会委员会第十九次会议记录
（1944 年 7 月 7 日）..397

19. 国民参政会第三届第二次大会休会期间驻会委员会第二十次会议记录
（1944 年 7 月 21 日）..399

八、国民参政会第三届第三次大会休会期间驻会委员会会议记录

1. 国民参政会第三届第三次大会休会期间驻会委员会第一次会议记录
（1944 年 10 月 13 日）..402

2. 国民参政会第三届第三次大会休会期间驻会委员会临时会议记录
（1944 年 10 月 17 日）..405

3. 国民参政会第三届第三次大会休会期间驻会委员会第二次会议记录
（1944 年 10 月 27 日）..408

4. 国民参政会第三届第三次大会休会期间驻会委员会临时会议记录
（1944 年 11 月 3 日）..413

5. 国民参政会第三届第三次大会休会期间驻会委员会第三次会议记录
（1944 年 11 月 17 日）..415

6. 国民参政会第三届第三次大会休会期间驻会委员会第四次会议记录
（1944 年 12 月 1 日）..421

7. 国民参政会第三届第三次大会休会期间驻会委员会第五次会议记录
（1944 年 12 月 8 日）..424

8. 国民参政会第三届第三次大会休会期间驻会委员会第六次会议记录
（1944 年 12 月 15 日）..428

9. 国民参政会第三届第三次大会休会期间驻会委员会第七次会议记录
（1944 年 12 月 29 日）..437

10. 国民参政会第三届第三次大会休会期间驻会委员会第八次会议记录
（1945 年 1 月 12 日）..442

11. 国民参政会第三届第三次大会休会期间驻会委员会第九次会议记录
（1945 年 1 月 26 日）..450

12. 国民参政会第三届第三次大会休会期间驻会委员会第十次会议记录
（1945 年 2 月 9 日）..453

13. 国民参政会第三届第三次大会休会期间驻会委员会第十一次会议记录
（1945 年 2 月 23 日）..464

14. 国民参政会第三届第三次大会休会期间驻会委员会第十二次会议记录
（1945 年 3 月 9 日）..466

15. 国民参政会第三届第三次大会休会期间驻会委员会第十三次会议记录
（1945 年 3 月 23 日）..469

16. 国民参政会第三届第三次大会休会期间驻会委员会第十四次会议记录
（1945 年 4 月 6 日）..482

17. 国民参政会第三届第三次大会休会期间驻会委员会第十五次会议记录
（1945 年 4 月 20 日）..486

18. 国民参政会第三届第三次大会休会期间驻会委员会第十六次会议记录
（1945 年 5 月 4 日）..492

19. 国民参政会第三届第三次大会休会期间驻会委员会第十七次会议记录
（1945 年 5 月 25 日）..496

20. 国民参政会第三届第三次大会休会期间驻会委员会第十八次会议记录
（1945 年 6 月 8 日）..499

21. 国民参政会第三届第三次大会休会期间驻会委员会第十九次会议记录
（1945 年 6 月 22 日）..502

九、国民参政会第四届第一次大会休会期间驻会委员会会议记录

1. 国民参政会第四届第一次大会休会期间驻会委员会第一次会议记录
（1945 年 8 月 10 日）..506

2. 国民参政会第四届第一次人会休会期间驻会委员会第二次会议记录
（1945 年 8 月 17 日）..509

3. 国民参政会第四届第一次大会休会期间驻会委员会第三次会议记录
（1945 年 8 月 24 日）..512

4. 国民参政会第四届第一次大会休会期间驻会委员会第四次会议记录
（1945 年 9 月 7 日）..514

5. 国民参政会第四届第一次大会休会期间驻会委员会第五次会议记录
（1945 年 9 月 19 日）..517

6. 国民参政会第四届第一次大会休会期间驻会委员会第六次会议记录
（1945 年 9 月 26 日）..520

7. 国民参政会第四届第一次大会休会期间驻会委员会第七次会议记录
（1945 年 10 月 12 日）..523

8. 国民参政会第四届第一次大会休会期间驻会委员会第八次会议记录
（1945 年 10 月 26 日）..526

9. 国民参政会第四届第一次大会休会期间驻会委员会第九次会议记录
（1945 年 11 月 9 日）..534

10. 国民参政会第四届第一次大会休会期间驻会委员会第十次会议记录
（1945 年 11 月 23 日）..537

11. 国民参政会第四届第一次大会休会期间驻会委员会第十一次会议记录
（1945 年 12 月 7 日）..544

12. 国民参政会第四届第一次大会休会期间驻会委员会第十二次会议记录
（1945 年 12 月 21 日）..548

13. 国民参政会第四届第一次大会休会期间驻会委员会第十三次会议记录
（1946 年 1 月 11 日）..551

14. 国民参政会第四届第一次大会休会期间驻会委员会第十四次会议记录
（1946 年 1 月 21 日）..556

15. 国民参政会第四届第一次大会休会期间驻会委员会第十五次会议记录
（1946 年 2 月 8 日）..559

十、国民参政会第四届第二次大会休会期间驻会委员会会议记录

1. 国民参政会第四届第二次大会休会期间驻会委员会第一次会议记录
（1946 年 4 月 12 日）..564

2. 国民参政会第四届第二次大会休会期间驻会委员会第二次会议记录
（1946 年 5 月 24 日）..565

3. 国民参政会第四届第二次大会休会期间驻会委员会第三次会议记录
（1946 年 6 月 7 日）..567

4. 国民参政会第四届第二次大会休会期间驻会委员会第四次会议记录
（1946 年 6 月 21 日）..570

5. 国民参政会第四届第二次大会休会期间驻会委员会第五次会议记录
（1946 年 7 月 5 日）..576

6. 国民参政会第四届第二次大会休会期间驻会委员会第六次会议记录
（1946 年 7 月 19 日）..579

7. 国民参政会第四届第二次大会休会期间驻会委员会第七次会议记录
（1946 年 8 月 30 日）..582

8. 国民参政会第四届第二次大会休会期间驻会委员会第八次会议记录
（1946 年 9 月 13 日）..585

9. 国民参政会第四届第二次大会休会期间驻会委员会第九次会议记录
（1946 年 9 月 27 日）..590

10. 国民参政会第四届第二次大会休会期间驻会委员会第十次会议记录
（1946 年 10 月 11 日）..596

11. 国民参政会第四届第二次大会休会期间驻会委员会第十一次会议记录
（1946 年 10 月 25 日）..599

12. 国民参政会第四届第二次大会休会期间驻会委员会第十二次会议记录
（1946 年 11 月 8 日）..608

13. 国民参政会第四届第二次大会休会期间驻会委员会第十三次会议记录
（1947 年 1 月 17 日）..611

14. 国民参政会第四届第二次大会休会期间驻会委员会第十四次会议记录
（1947 年 1 月 31 日）..616

15. 国民参政会第四届第二次大会休会期间驻会委员会第十五次会议记录
（1947 年 2 月 14 日）..624

16. 国民参政会第四届第二次大会休会期间驻会委员会第十六次会议记录
（1947 年 2 月 17 日）..629

17. 国民参政会第四届第二次大会休会期间驻会委员会第十七次会议记录
（1947 年 2 月 28 日）..632

18. 国民参政会第四届第二次大会休会期间驻会委员会第十八次会议记录
（1947 年 3 月 14 日）..635

19. 国民参政会第四届第二次大会休会期间驻会委员会第十九次会议记录
（1947 年 3 月 28 日）..651

20. 国民参政会第四届第二次大会休会期间驻会委员会第二十次会议记录
（1947 年 4 月 11 日）..654

21. 国民参政会第四届第二次大会休会期间驻会委员会第二十一次会议记录
（1947 年 4 月 25 日）..659

十一、国民参政会第四届第三次大会休会期间驻会委员会会议记录

1. 国民参政会第四届第三次大会休会期间驻会委员会第一次会议记录
（1947 年 6 月 27 日）..662

2. 国民参政会第四届第三次大会休会期间驻会委员会第二次会议记录
（1947 年 7 月 11 日）..665

3. 国民参政会第四届第三次大会休会期间驻会委员会第三次会议记录
（1947 年 7 月 25 日）..668

4. 国民参政会第四届第三次大会休会期间驻会委员会第四次会议记录
（1947 年 9 月 5 日）..673

5. 国民参政会第四届第三次大会休会期间驻会委员会第五次会议记录
（1947 年 9 月 19 日）..676

6. 国民参政会第四届第三次大会休会期间驻会委员会第六次会议记录
（1947 年 10 月 3 日）..683

7. 国民参政会第四届第三次大会休会期间驻会委员会第七次会议记录
（1947 年 10 月 18 日）..687

8. 国民参政会第四届第三次大会休会期间驻会委员会第八次会议记录
（1947 年 11 月 7 日）..690

9. 国民参政会第四届第三次大会休会期间驻会委员会第九次会议记录
（1947 年 11 月 21 日）..693

10. 国民参政会第四届第三次大会休会期间驻会委员会第十次会议记录
（1947 年 12 月 5 日）..699

11. 国民参政会第四届第三次大会休会期间驻会委员会第十一次会议记录
（1947 年 12 月 19 日）..701

12. 国民参政会第四届第三次大会休会期间驻会委员会第十二次会议记录
（1948 年 1 月 3 日）..704

13. 国民参政会第四届第三次大会休会期间驻会委员会第十三次会议记录
（1948 年 1 月 30 日）..711

14. 国民参政会第四届第三次大会休会期间驻会委员会第十四次会议记录
（1948 年 2 月 13 日）..717

15. 国民参政会第四届第三次大会休会期间驻会委员会第十五次会议记录
（1948 年 2 月 28 日）..719

16. 国民参政会第四届第三次大会休会期间驻会委员会第十六次会议记录
（1948 年 3 月 13 日）..722

一

国民参政会第一届
第一次大会休会期间驻会委员会
谈话会记录及会议记录

1. 国民参政会驻会委员会第一次谈话会记录

（1938 年 7 月 20 日）

国民参政会驻会委员会谈话会记录

时　　间：廿七年七月二十日下午四时半

地　　点：汉口商业银行二楼

出　　席：廿一人

董必武　秦邦宪　李永新　马　亮　郭英夫　孔　庚　范予遂

张炽章　刘百闵　沈钧儒　邓飞黄　胡石青　左舜生　许孝炎

刘蘅静　曾　琦　刘叔模　罗隆基　张君劢　傅斯年　陶希圣

主　　席：汪议长

秘 书 长：王世杰

副秘书长：彭学沛

记　　录：谷锡五　孟广厚

报告事项：

主席报告：

一、秘书处自大会休会，即开始整理议案，政府交议各案，现已送交国防最高会议。建议各案，正在整理中，廿五日以前可以送出。秘书处工作人员，大会时向各机关调用者，以廿五日为止，送回各机关，仅留少数人员工作。

二、各项决议案送政府后，有可立即实行者，有须待研究者，现在国防最高会议代替中央政治会议，中政会原设有各项专门委员会，照例各种案件均先交专会研究，然后提出国防最高会议讨论。将来参政会各案付各专委审查时，拟邀本会同人常与彼等作谈话会，交换意见，彼此明了，以谋见诸实施。最近蒋先生通令各机关，每案必须有着落，同人等亦必努力做到此点。

三、关于外交财政。英借款无进步，大致为报纸所传。德捷关系紧张、日苏关系紧张各情形，除报纸外，尚无特别消息。

四、军事。今日消息，敌在湖口用远射炮射击九江、狮子山，敌兵尚未到九江，敌扫雷工作很活跃，敌舰惧我轰炸，其运兵大抵昼息夜行，敌由其国内增调五师，目的在取九江。九江我防务巩固，敌惯技避实乘虚，彼是否作大迂回取道鄱阳湖及大别山，我须密切注意。敌在下游驱逐机数达二百架，昨日来汉七十架，导其轰炸机廿七架作战，我机则竟日轰炸沿江，阻其运兵。

山西方面，敌增三师，阎军甚疲，卫立煌兵死伤达三分之二以上。今晨风陵渡情况不明，盖敌人欲取此三角地带甚属可虑，敌欲攻武汉，同时分兵攻晋南。

广东方面，敌侵南澳又退出，现敌只用空军扰乱，是否以陆军攻粤尚难判断。

五、当本会大会期间，军委会已决定令在武汉非作战机关一律迁往重庆。以武汉已为作战区，他种机关在此，事实上不能做事，迁往他处可减少此处军事上之负担。现已规定各机关迁移序列，本会亦须迁往重庆。

以上请均保守秘密。

六、本会同人应有充分联络，驻会委员会似应与不驻会各参政员有通信，报告情形，交换意见，最好每周办理通讯一次。此次大会对各提案未能充分讨论，一因于政府报告占多了时间，因系初次，各项报告多系穷源竟委，不能不长，一因各参政员事先未有联络，未得充分商量研究。此后三个月一次大会，则政府报告只叙三个月施政经过，自可减少时间。若本会平时办理通讯，有联络研究，则至开会时提案更可集中，更可扼要，大会进行，自可更得圆满。

以上的报告，为休会后五日以来各项情形。关于驻会委员会将来工作如何进行，请诸位共同商谈。

讨论事项：

一、驻会委员会办事规则事项

商定：推沈钧儒、张炽章、胡石青、刘叔模四位会同秘书处起草，再开会时提出通过施行，并送国防最高会议备案。

本会开会法定人数以过半数出席为准，不足法定人数时改开谈话会。

正式会可有决议，谈话会不能有决议。

驻会委员会正式会须记录，谈话会不须记录。

二、迁移事项

商定：驻会委员各自考虑能否即行前往，函知秘书处。

三、关于大会决议之慰劳前方将士案之执行事项

商定：现在前方各军变动甚频，暂难举行。

下午六时半散会。

2. 国民参政会驻会委员会第二次谈话会记录

（1938 年 8 月 12 日）

驻会委员会谈话会记录（底稿）

时　　间：廿七年八月十二日上午九时

地　　点：重庆上清寺街牛角沱交通部会议室

出 席 者：范予遂　马　亮　李永新　曾　琦

主　　席：汪议长

秘 书 长：王世杰

记　　录：雷　震　谷锡五

谈话概略：

一、议长据驻会委员名单预计最近能到会者，谕秘书处发电催促。

二、议长报告最近军事及外交情形略谓：

军事方面：敌军在我境内现有三十师分配各处，近无增加。敌飞机在我境内者，水陆飞机共有六百架。皖赣战况，敌在江南沙河者被我阻住；在江北太宿黄等处，皆被水阻。

晋南方面之敌无反攻能力。

外交方面：我国驻苏大使对苏方消息报告极少。据我驻英美大使探询英美态度，英美均不希望日苏突冲 [冲突] 之成功。苏最高会议消息尚未悉，惟苏决不让步。有人推测张鼓峰事件，日本用意在试探苏俄，看其用兵与否，以便决定对我用兵态度。

三、议长报告关于在渝研究时事资料略谓：

中央数机关已拟议编一联合书目以便共同利用，迁渝机关如中央图书馆、中山教育馆及各大学图书馆之书籍均已搬来，有一联合书目则便于参考。

宣传部拟在美专布置一图书室。

范参政员予遂谓，书报应联合各机关分购共阅，以期购不重复、节省外汇。

王秘长谓，军委会参事室有外国书报，如由汉运来，可以供览。

四、曾参政员琦询及本次大会决议案送达政府后情形如何。

汪议长答谓，政府交议案、本会建议均已送至国防最高会议，业已分交各专委会审查。

曾参政员谓，建立各级民意机关案最为迫切需要，希望从速实行。

汪议长谓，关于民意机关历来有不少方案，各方面对原则均无异议，惟方法须详加研讨。

王秘长谓，民意机关之设立，对于各级政治机构牵涉之处颇多，必须在法制上详慎研讨。

汪议长谓，将来有必要时可由各方面共开联席会议，郑重研讨，本会亦当尽力研究此问题，下次本会开会可首先研究此案。

五、议长谕分送到会各驻委"驻会委员会规则草案"，请先阅看，以便再开会时讨论。

六、商定下次开会时间定于下星期六日（八月廿日）上午九时，讨论各级参政机关问题。

十时半散会。

3. 国民参政会驻会委员会第三次谈话会记录

（1938 年 8 月 20 日）

驻会委员会谈话会记录草稿

时　　间：廿七年八月二十日上午九时

地　　点：重庆上清寺街交通部

出 席 者：曾　琦　左舜生　马　亮　李永新　范予遂　许孝炎

议　　长：汪兆铭

副 议 长：张伯苓

秘 书 长：王世杰

副秘书长：彭学沛

记　　录：雷　震　谷锡五　孟广厚

报告事项：

议长报告：

一、本会规则（前经于七月二十日谈话会推定胡石青、张炽章、沈钧儒、刘叔模四位会同秘书处起草，起草人于廿四日拟定一草案）《国民参政会驻会委员会规则（草案）》上星期谈话会已报告过，今日仍系谈话会，不能讨论，俟正式会提出讨论。

二、接军事委员会函，略谓拟组织战区军风纪巡查团三团，巡查第二、第五、第九等三战区，每团请派参政员一至三人加入为团员。等语。当以事属紧要，已斟酌推定熟悉各该战区情形并能耐长途跋涉者六人，即梁上栋、孙佩苍参加第二战区，王造时、张伯谨参加第五战区，李璜、黄宇人参加第九战区，业已函复军事委员会，并通知梁参政员等。

三、外交情形

八月十七日，国防最高会议所得消息，据莫拉哥领事报告，八月十日，苏对日提四条：1. 八月十五日停止军事行动；2. 退至八月十日晚原防；3. 苏、日、"满"各派代表，双方同意第三方仲裁；4. 以中苏珲春条约地图为标准划界。日对一、二两项同意，三不同意，苏允让步，四日向本国请训。此系苏报发表。

据我驻英、驻法大使报告，德不愿日苏冲突扩大，英认日苏双方均无战意，不致扩大，此次事件可证苏俄兵力充足。欧洲各方调兵甚忙，有的以为战事将爆发，有的以为目前不至有战事。日内瓦方面以为日苏妥协，大战可延缓，苏俄无作大战准备，日俄纠纷未完，欧战不至爆发。

此种环境对我国之影响，即苏俄承认"满"派代表，等于承认伪国。我国对此应否表示态度。经大家讨论，均以为现当希望苏俄助我，暂以不表示态度为佳，况其谈判以珲春条约为标准，而该约为中俄二国所结，蒋委员长亦主张暂不表示态度。

有谓此次日苏冲突于我有利者，此说实不确。此次事件，实系日向苏挑战，试其是否有意作战。现既证明苏不愿作战，日对我将更肆虐。

俄国对我态度最近极难捉摸，俄代办由汉飞宜，忽被该国飞机勒载回国。

四、军事情形

十七日以前，敌企图沿南岸突破田家镇封锁线以窥武汉，未得逞，又有取道舒（六）蕲英之意。

晋南敌企图渡河，尚无进展。

武汉被敌轰炸，极惨重，武昌市民大半疏散，汉口尚不少。

五、参政会第一次大会各决议送交国防最高会议后，现在政府交议案中之财政金融部分已经通过，其余各案在双十节前均可审议完竣，地方民意机关案不久亦可得结果。

六、中央党部第五届第五次全体会议拟于九月中旬举行。

决定事项：

大会交下三案，其案目为：

王参政员云五等廿人提：拟组织本会各省政治视察团案。

刘参政员叔模等廿四人提：拟组织本会前方将士慰劳团案。

奚参政员伦等廿七人提：各参政员闭会后工作问题案。

大会决议案文曰："以上三案，并交驻会委员会斟酌决定。"

讨论结果：认为立照以下办法代理。

一、慰劳前方将士事项，由本会委托参加军风纪巡查团之各位参政员兼办。

二、各省视察事项可由各参政员于所在地就近视察，本会不另派视察团。

三、以上决定，请正式会追认。

十时半散会。

4. 国民参政会驻会委员会第四次谈话会记录

（1938 年 8 月 26 日）

驻会委员会谈话会记录

时　　间：廿七年八月廿六日上午九时

地　　点：重庆上清寺街交通部会议室

出 席 者：左舜生　曾　琦　马　亮　李永新　范予遂　孔　庚　刘百闵

议　　长：汪兆铭

副秘书长：彭学沛

记　　录：雷　震　孟广厚　谷锡五

报告事项：

议长报告：

一、八月二十一日，接胡参政员石青函，请假一月。二十四日，接罗参政【员】隆基电，暂请假，九月初来渝。李参政员璜函周内来渝。

二、最近外交军事情形［略］。

三、本会第一次大会送交政府各案，近日续经国防最高会议决议者为军事及国防各案。国防最高会议对于各该案并已大都饬之各机关限期将办理情形报告。

四、第一次大会决议"推派参政员五人至七人前往欧美各国访问案"，经国防最高会议决议"交行政院与国民参政会议长迅速筹商进行"。关于此项人选，各驻会委员如有意见，请以书面提出。

商定事项：

一、下次大会开会日期。

商定：拟于十月十五日开第二次大会。

十时四十五分散会。

5. 国民参政会驻会委员会第五次谈话会记录

（1938 年 9 月 2 日）

驻会委员会谈话记录

时　　间：廿七年九月二日上午九时

地　　点：重庆上清寺街交通部会议室

出 席 者：孔　庚　曾　琦　李永新　陶希圣　左舜生　马　亮　范予遂
　　　　　梁漱溟　刘百闵

议　　长：汪兆铭

副 议 长：张伯苓

秘 书 长：王世杰

副秘书长：彭学沛

记　　录：雷　震　谷锡五

报告事项：

议长报告：

一、八月三十日接汉口姚子和函："张参政员伯谨已于八月初奉派率领中国青年代表前赴美国出席世界青年代表会议，第五战区风纪巡察团恐不克参加。"八月廿七日接到刘参政员蘅静电："因中航机停航，绕道昆明来渝，请准续假。"

二、最近外交军事情形［略］。

三、国民参政会第一次大会建议政府各案，经国防最高会议决议情形，关于军事外交各案者，上次已经报告，现只有地方民意机关案尚在审查中，其余各案，最近已均有决议，分别送交各该管机关执行。

十一时半散会。

6. 国民参政会第一届第一次大会休会期间驻会委员会 第一次会议记录

（1938 年 9 月 10 日）

国民参政会驻会委员会第一次会议

国民参政会驻会委员会昨日（九日）上午九时假交通部会议室开第一次会议，到议长汪兆铭，副议长张伯苓，秘书长王世杰，副秘书长彭学沛，外交部长王宠惠，驻会参政员左舜生、曾琦、马亮、孔庚、李永新、梁漱溟、刘百闵、陶希圣、刘叔模、范予遂、许孝炎、刘蘅静、罗隆基等十三人。首由汪议长主席报告国防最高会议对于参政会请议案之诸种决定，后由外交部长王宠惠出席报告最近外交情形，次即讨论驻会委员会规则草案十四条，修正通过，并议决送请政府备案。至十一时散会。

附《国民参政会驻会委员会规则》[原文缺]。

二

国民参政会第一届
第二次大会休会期间驻会委员会
会议记录

1. 国民参政会第一届第二次大会休会期间驻会委员会第一次会议记录

（1938 年 11 月 11 日）

第二次大会休会期间驻会委员会第一次会议

二十七年十一月十一日

出 席 者：议长汪兆铭

秘 书 长：王世杰

参 政 员：

主 席：汪议长

报告事项：

议长报告最近军事、外交情况。

一、军事

总合本周军事情况：敌人自从占领广州、武汉以后，一方面极力整理补充，一方面谋巩固占领区附近各要点，目前企图想要打通平汉、粤汉两路，现在正想以全力攻岳州，然后再打长沙。又敌人也有由德安攻南昌，由咸宁、蒲圻攻岳州的趋势，不一定先攻那 [哪] 方面。据今晨消息，敌人将攻岳州，直接取长沙，并扬言要在四天之内攻占长沙。现在岳州一带的敌人进攻似乎很猛，岳州如果不守，长沙有动摇之势。

二、外交

顾大使十月二十日电：今日见法外交次长（恐系秘书长），对他说："日本进攻广东，与英、法利益妨碍颇大，希望英、法能联合警告日本。"法外次说："美国态度似乎尚不愿有所举动，英态度怎样没有表示。就法国看，空口警告没有效果。以前日本攻平津，英、法已屡次警告过，也无结果。要有结果，必须武力作后盾，但这要看美国态度如何。英、法现在为欧洲事件纠缠，实在不能兼顾远东。"顾大使说："广东与英、美、法属地都很接近，关系很密切。如果这次一点表示都没有，日本会以为你们并没有意思拥护自己在远东附近的领土，他们更要为所欲为。"法外次说："我们如果警告日本，他答复一句我并没有意思侵犯你们权利，各国也一定就此下台，并没有实际用处。"顾大使说："苏联在东北有牵制的力量，何不与他一致行动。如果能一致行动，就能增强对日本的力量。"法外次说："苏联无意与日作战，日本知道得很清楚，所以日本决不以苏联警告为意。而且英、美也都不愿苏联参加这种共同行动。"顾大使说："你们如不联合办理，也可以分头进行。"法外次说："我先与英、美商量，再与苏联商量，然后再告诉你。"

瑞典王公使景岐报告说：与瑞典外长接洽，要他不卖军火给日本。瑞典外长说，这点我们可以给中国政府最满意的答复，因为瑞典接受国联前后议决案后，向来就没有卖军火给日本。至于瑞典有没有军火供给中国，中国自己也明了。

比大使钱泰电称：日驻比、德使升格为大使，曾有两次会见，他问：中日两国到底有没有讲和的希望？我告诉他：中国是应战的国家，问题只看日本军阀有无觉悟，如果他觉悟征服中国是不可能，就会有另外一件事。又说：比国自由党报纸说，日本不久要各国商量修改写中国有关的条约，到那时，德国是其中一个重要的国家。

波兰胡公使电：波兰酝酿承认伪满，应如何应付。

关于安南运军火事，日本向法驻日大使说，法国不应该允许中国由安南运军火。法使力辩并无此事。日本也提不出证据，认为没有理由。法国舆论说，日本显然要与德、意结军事同盟，所以近来军火经过安南更为困难。

本月三十日以后情况比较好一些。郭大使报告说：奉命到英外务部，告诉他们，虽然我军退出广东、汉口，而我们团结抗战的精神一点也没有减低。中国正以全力发展西南，以为长期抗战的根据地，因此很需要外国的接济与协助，盼望英国政府帮助。法国政府拒绝日本不许安南通过军火的要求。因为国联向来的议决案，各国可以考虑接济中国。这点对中国抗战前途关系很大。英国外交部长说："我们很同情此点，正与法国商量中。"并且有一件绝对秘密的事，据说英国正与美国商量给照会给日本说："你在远东打了十六个月之久，把我们商务利益都断送了，我们一定要你尊重我们的利益。"就是说有用经济报复的意思。我们对经济制裁不好做，因为做起来恐怕引起其他问题，现在日本把远东商务断送完了，我们就要报复他。这种办法果真实行起来，对中国很有益，对日本很有损。但这里面要细细研究，他们到底用什么办法，现在他们正在商量之中，结果如何，尚不可知。郭大使又问他欧洲局面怎样，据答称，现在缓和一些，还要再加努力。郭大使又问及德外交部长到罗马，是否会与英国有不利，据意大利方面传说，日本要修改九国公约，果真日本提出这个要求，你们的意思怎样。英外长答："这只是意大利的宣传，英国并无所闻。"郭大使又说："近来日本如此做法，恐怕连德、意都不满意。"英外长说："对的，现在张伯伦政策是以四强为中心，与德、意求妥协，并谋英、意成立协定，如果英、意协定成功，欧局可以更好一点。"

法国顾大使五日电告会见法外长，对法外长说："最好法国能商同英、美为一致的步骤。十六日，美国致日抗议，坚持在中国条约上的权利，要求门户开放。所以美国对远东并无放任之意。英国也有这种表示。法国如果采取积极态度，三国联合，一定可以有效。"这种说法，法外长颇为同意。他说："看近来日本虽然拿了广州、武汉，而事实上近卫宣言比从前软了一些，或者是感觉到国际形势与他不利。"顾大使说："在我们抗战中，很老实的说一句话，是需要外面的军火接济，现在的安南对我们关系很重要，希望法国不要怕日本而放弃向来的立场，在国联也有对中国有给予便利的决议。"法外长说："此事须请示国务总理。"

顾大使又一电称，法国《小巴黎人报》（销路最大）说："日本已经把中国最大各都市占领，所有中国精华地区皆在日本手中。虽然今后中国尚能抵抗日本多少时，而绝对没有胜利希望。日本一再声明尊重中国独立，他所说的中国是保护国一样的中国。这种形势，对英国传统商务利益是最严重打击。将来日本开发中国之后，欧美绝无法与日本相抗争。在政治上，日本胜利以后，对安南难保不鼓动他反对法国。所以我们应该极力拥护殖民地政策，增进法国与安南关系，加紧安南国防。"另外，《时报》称（政府机关报）："中日战争不久要结束，因为广州失守，军火接济发生问题，日本也想在中国作政治上的布置。日本各种计划与门户开放原则皆不相容，日本与英国、与美国友好关系恐怕都难继续维持。日本有田外相是否有调整这种关系的意思，尚不可知。日本主张中、日、满在政治、经济合作，造成东亚新局面，其中最重要的目的是在造成防共协定。"——这是顾大使摘给我们参考的。

美国胡大使七日电：广州失陷，武汉放弃，美国舆论最先很失望，后来看到中国继续抗战，稍微好一点，盼望中国能坚持下去，政府方面也是如此。十月六日，美外部向日本抗议说，不应该关起中国门户来，已在十月二十八日公布。美国舆论对总统这种主张很赞美，并且认为美国有采取经济报复手段的暗示。自日本宣布要建立东亚新局面以后，美国报纸都说日本要独霸东亚、关闭门户。美国外长昨日答新闻记者问，他说："美国政府与中日关系，以国际公法、条约、正义为方针，政府屡次所公布的对远东政策，现在并不变动。"

在胡大使、郭大使电告中都提及经济制裁的事，如果能实现，对于日本是一个重大打击。

另外，秘书处有一件事报告，关于十一月九日《新华日报》登陈绍禹先生演说，其中有关于参政会一段，与事实不合。秘书处除接到陈绍禹、邹韬奋提案以外，并没有接到其他信件。本处对参政员提案，一律都依规则办理，决[绝]没有接到而不拿出来的（按陈绍禹后来已声明更正）。此外，成都市青年抗敌协会的信，也已交议事组，由秘书长签字处理，并未搁下来。

此外，国防最高会议有一个抗议说，秘书处不应该把署名"各界民众"的传单发给参政员，这种不署名的匿名揭帖，不能拿来给参政员作煽动。后来秘书处声明并非秘书处所发，或为参政员个人在会场所发。大概秘书处印发文件都有报告。

参政员胡文澜：重庆市民愿意捐款购机防空，行营何以不准？

议长：俟转问行营主任后再告。

散会。

2. 国民参政会第一届第二次大会休会期间驻会委员会 第二次会议记录

（1938年）

第二次大会休会期间驻会委员会第二次会议

出　席　者：议长汪兆铭

秘　书　长：王世杰

参　政　员：

主　　　席：汪议长

议长报告最近外交情况。

郭大使八日电：今日下午国会开幕，英皇致词，有关远东一段说："远东纠纷双方如果邀请我们政府帮助他们，求解决纠纷的办法而保全持久的和平，我们政府随时准备帮助，同时各部长官应该尽力维护英国在有关系区域内之利益。"八日晚，会见英外务大臣，问他这段话有什么意思。据答："并不是有什么重要的意思，不过表示如果日本有平和的意思，英国也愿意出来而已。"中国在武汉撤退时，日本在伦敦曾经有一个非正式表示讲和的意思，后来英国询问驻日大使，也并无切实回答。所以这种非正式表示并不可靠。英外相又称："首相演词有一段说，日本就算打了中国，他也没有钱，还是要向英国要钱。这话请中国不要误会，并不是英国借钱给日本统治中国的意思。"郭大使问他，是否英国要等日本占领中国后再借钱给日本，张伯伦也并没有提起九国公约、门户开放的原则，这皆不免引起我们误会，如果英国能像美国，声明以九国公约为立场，就不会引起我们误会。英外长说："我们贵族院还要讨论到此点，注意这一层。"郭大使又问对日经济制裁事，据答正与美国商量中。

郭大使九日电：英、法已决定对远东政策与美国合作，现在因为日本干涉扬子江航权事已经向东京作同样抗议，法国也参加。这也算是英、美、法平行动作的扩大，可以希望渐增强到一个经济制裁的地步。

顾大使十日电：今日见法外长，听说上星期所谈给东京牒文已经令驻美大使询美政府意见，听说美政府也赞成。今天法外长与代办商量抗议文的措词，大致以十月六日美通牒立场做基础。又问法外长关于日本十一月三日的宣言，法国对此态度怎样。据答与英美国完全一样。对于货物经过安南的事，顾大使说，我们抗战如果得手，安南的安全也可保障，不久英首领要来此，请与他商量，如果能帮助我们制止日本侵略，远东的事也就很容易办。他说，再作商量。顾大使说，你们现在连卡车都不准经过安南，这太对不起中国。他说，我们与主管部商量准许进口，再写信给殖民地总督办理。

郭大使十日电：英外部政务次长昨天在下院讲演，对首相第一日讲演加以解释，并说英国对中国态度完全以九国公约与其他条约为立场，与美国态度一致。英、美平行动作正在进行之中，如果没有意外的事，我们感觉到对日本经济制裁可以慢慢实现。外交部长在贵族院讲演有同一表示。英外次说："英国对中国问题都是包含在九国公约与其他国际公约之内，英国态度已由首相明白宣布。英国对日本违反门户开放主义已经正式提出抗议，内容与美国十月六日抗议相同。至于首相十一月六日说如果中国将来需要援助的时候，英国就准备相当协助，并非等中日战事终了之后，英国援助日本完成独霸企图。首相认为，远东方面有人误解他的用意，所以他负责解释。"

郭大使十五日电：张伯伦进行妥协政策以来，德国对英并无友谊表示，并且攻击英国政界要人。最近摧残犹太人之举引起英方反感，增加张伯伦困难。保守党议员颇感失望，各方面对国会要求不要迁就。张伯伦政策以后恐怕不容易发展，政治地位或将减低。

除了以上报告而外，附带有一点说明：

英大使在前方看到蒋先生来了之后，看到兄弟与孔院长、王部长在前方，蒋先生对他说，日本已经打到华南，英国为自己在远东利益，你也不能这样淡漠，而且英国是国联的柱石，经济制裁英国要先做，英国做，其他国家才可以跟着做，如果英国连这点都不能做，中国人就莫名其妙，不知道英国所行是什么政策。这话是督促他履行对国联会员国的义务，同时他为自己远东利益，要加紧援助中国。蒋先生说了这话，也同时告诉我们，我们对英大使也说这种话。英大使说，这种意思完全了解，他把这种意思报告政府，英国正是国会开会的时候，中国当局有这种意思，一定会充分考虑，他本人不能解答，只能请示政府，而且希望政府最近能得到解答。

适才看到日本对英、美、法复文，措辞很野蛮，报纸上更甚。他说："英、美、法的办法是以殖民地对付中国，要在中国维持向来的优越地位，继续以殖民地政策施行于中国。日本坚决反对，决不准他们再有此种举动。"日本《报知新闻》《朝日新闻》都是如此说法。前次胡参政员问关于重庆防空协会事，行营已有答复。

左参政员舜生：有一件事要报告。自岳州失守以后，长沙就开始烧起。岳阳距长沙尚有四百多公里，张文伯到长沙已经一年，湖南民众不是弱的。他对湖南民众虽曾有组织工作而不得要领，组织自卫军也完全是假的，对于发动民力一事更谈不上。后来设许多训练班，成绩也很难说。以张主席主政一年，而一旦有事一烧了之，长沙几万财产付之一炬，几十万人民现在走投无路。从长沙到宁湘沿途，灾民扶老携幼，无食无衣。放火之时，事前并不通知，连政府机关都不知道。长沙如果不能守，诚然有不能守的理由，而历史上也有守的时候。马当等可守的地方却未必能守，四行仓库、庐山孤军不可守的地方未必不能守。这种事是省的命令还是最高当局的命令，责任非查清不可。有这种举动，张治中之罪实在孚于余汉谋，他不能像这样糊[胡]闹。民国以来，湖南长官有好几个被湖南人赶走的，张治中既如此，也非被赶走不可。

参政员傅斯年：这次战争，许多高级将领近代知识太浅。焦土抗战的目的在抗战，不是在焦土，是纵令焦土也要抗战，决不能以焦土为目的。现在许多高级将领平常妄自尊大，不明责任。军官责任本在于打战，不在宣传，现在两湖负责人都成为宣传大家，几千万人托之于宣传大家之手，平常不切实做事，这实在是有问题。在九日离长沙的人，我们问他事实是怎样的情况。据说当时就有所谓坚壁清野的这句话，传说许多军人对这句话有牢不可破的观念。敌人还未到，自己就以烧来算作坚壁清野，并且有人用莫斯科做比。试问现在是不是可与莫斯科当时情况相比。这种军人没有知识很可为国家担忧，并且长沙这种情形，事前毫不通知，连中央机关都烧了，关起门来烧，民众更不必说了。烧了还不算，还放兵抢。路透社昨天说，张治中已经不能维持长沙秩序。长沙究竟是怎样情况，我们不清楚，究竟是因烧而兵变，还是因兵变而烧，无论如何，总不能随便就烧。长沙有守土之责者决不可辞其咎，有这种情形，不办军事长官办谁。回想到广东情形，敌人未来就烧，现在敌人在四百里之外也自己烧。做这种事真很残酷，影响军心、民心都很重。敌人更以此来对外宣传，说我们民众如水益深、如火益热。以前黄河缺口，军事亦有此需要，拆除铁路，军事上也有此需要，而现在所烧的是民房、是学校，军事上有何需要？如果要说等敌人来了也一样要烧，不如我们自己烧了他，可是日本人来烧了，民众恨日本人，我们自己烧了，民众又作何感想。

参政员黄宇人：本席自长沙来不久，对长沙情况大略知道一些。武汉未失陷以前，湖省最有成绩的是对前线壮丁补充，这点可说湖南已有很大贡献。前线将士，湖南人有一百多万，以一百多万在前线的湖南将士，现在敌人未到，长沙已完，他们心里怎样想。张文伯到长沙以后，不能不说很努力，但从他到了湖南以后，治安问题一天天坏下来，湘境没有一地没有土匪，湘西西南公路是一条重要干线，到今天没有通车，湖南土匪一天天增加。这种做法或者他有一套理由，而到目前一年多来，所得结果就人民看来，他对国家、对湖南并无什么好处。这次大火更使湖南人痛心极了。敌人没有到，就烧了自己一个城。烧的时候，民众搬行李都来不及，到现在徒然使几十万人无衣无告[靠]。这次连隔河的岳麓山以及纱厂都烧光了，可是军事当局对战事一点准备也没有，一听到不妥消息就来不及放火一烧了事。火一起，军事长官就逃，再听到敌人还没有来，就又跑回来。这种情形，政府对负责人如果没有切实惩罚，前方将士何肯用命。

议长：去年十月杭州失陷的时候，朱家骅到汉口见委员长，说明杭州水电厂何以破坏。后来蒋委员长曾通令说，如果为战事的需要，对建筑物可以破坏，但破坏要限于军事设备，其他人民东西一概不能破坏。蒋先生有这种通令，而他们有这种做法，这是违反军事最高当局的命令。另外有一件事，去年十二月，敌人有侵广州消息，听说广州当局令士兵每人备一桶火油烧省城。当时兄弟写信给余汉谋，说这种事不好做，你们要破坏，只能限于军事设备，老百姓房子不能烧，今天是对外战争，最重要的是把人民力量留着用，要注意保持民力，不然沦陷之后怎样做工作，如果说怕民众作汉奸，把他烧了，这实在对民众不起。他们回信说，我们只破坏军事设备，对民众所有，我们怎能丧心病狂，也同样烧了。现在这封信还在。而这次做的事实，正好与他们说【的】相反，军事设备一概不破坏，所烧的只是民房，军事设备只破坏了一个地方，是天河飞机场。这次长沙的事，绝对不是蒋先生的命令，蒋先生命令只许破坏军事设备。他们为什么这样做法，现在我们没有收到报告。昨天也只知道《中央日报》上所登中央通讯社的一段消息而已。

参政员许孝炎：中央社电，上星期五岳州失陷，星期六下午六时，长沙《中央日报》经理到省政府，省府的人告诉他说，敌人已经很近，省政府预备迁移，你们要准【备】一下。这话是在七时至八时说的。他们回去就把所有东西清理一下，重要文件、账目移上汽车。才整理完，四面火就着起来。潘公展在说话中并没有提到当天要走的话，更没有说放火，他是否知道要烧也是问题。原来预备跟着军事机关逐渐移到桂林一路用的材料也烧完了，仅救了两部机器、一份账目。《中央日报》情形如此，中央通讯社连发电机也没有搬出来。一个战地记者住在青年会，不知下落，至今找不着。《中央日报》都如此，其他机关可想而知。委员长昨晚亲到长沙视察，听说此事责任问题在追究之中。

参政员傅斯年：对于这种事，我们应该表示一种意见，请政府有所处置。

众同意推傅斯年、左舜生、周炳琳三参政员以驻会参政员名义起草致电蒋委员长。

散会。

3. 国民参政会第一届第二次大会休会期间驻会委员会 第三次会议记录

（1938 年 11 月 25 日）

第二次大会休会期间驻会委员会第三次会议

二十七年十一月二十五日

出 席 者：议长汪兆铭

参 政 员：

主　　席：汪议长

报告事项：

议长报告最近外交情形。

胡大使十六日电：美政府发表致日本照会后，美国舆论一致表示赞助政府此举，但多数报纸称，单是为这种问题引起战争，殊不值得。不过照一般观察家看，门户开放与九国公约是一件事，如果日本不承认门户开放，就是不承认九国公约。美国的照会与声明是美国对日争论的正面，现在英、美、法同时要求开放长江，或者是英、美、法对日平行行动之起点，以后也许能走到积极报复的阶段（议长：关于经济报复字样，现在不可公开的用出来）。

顾大使十八日电：今日访法外交次长，问他关于警告日本的事。据答："自上次商量以后，即曾根据中国要求与美国商量共同对付日本事，美国答复承认法国理由充分，原则上很赞成，这种提议因为日本对十六日照会没有答复，美国想先从具体问题试办，就以长江通航的事来试一试日本意思，希望对这个问题由三国共同给日本一个照会。"顾大使说："英、美政府对日本近卫三日演说都有一种表示——拥护九国公约，法国是否也将有所表示？"据答："法国主张与英、美一样，不过法国在远东所处地位不同，所以做法有时不能一致。"顾大使说："英国首相、外相来法时，你们对远东问题是否提起。"据答:"可以提出来,恐怕不能有结果,因为每次都提出远东问题,英国始终说远东问题第(二)欧洲问题第一,欧洲问题未解决,实在没有能力兼顾远东,所以对远东事不容易商量出具体办法,所以很难有结果。不过如果英、美采取积极办法,法国愿意一致加入。"他这话与一向态度并无变更,英、美要积极的做,法国也一致加入,英、美要不积极的做,他连表示也要出之以小心谨慎。

郭大使十八日电:今午会见英外相,对他说:"远东局势不止关系中英共同利益,实为全世界安危所系,我们政府很盼望英相就访法之便,能与法国决定对远东政策的态度,从速与美国采取共同行动,帮助中国制裁日本。无论如何,希望英国增加法国胆量,维持安南假道。"英外长答应这点,并说蒋委员长与英大使的谈话,英国已收到报告,至于中英双方利益共同也是了解的。郭大使又问:"日本对英、美、法抗议复文内容似乎还是完全推诿,三国对此事是否就此作罢?"据答:"英政府本来提议,如果日本没有满意的答复,要做进一步工作,实行经济报复。法、美与英合作,但尚没有具体办法,现在正商洽研究之中。"郭大使说:"德国驱逐犹太人事件发生,美国态度很积极,舆论也与一年以前的时候不同,所以我们很盼望以后英、美对于远东能积极合作。"据答:"英国观点也是如此,愿与美国合作。"郭大使说:"英、美对犹太事件如此愤慨,可见英、美对维护人道的用心。中国对其他被压迫民族一样有此同情,而中国遭遇的痛苦比犹太人更甚百倍,希望英、美对这种事做一个适宜的比较,来切实援助中国。"英外长说:"打算与美国商量。"

胡大使十九日电:美政府对长江航权的抗议只是整个门户开放问题之一点。门户开放是九国公约之主要目标,所以美国与日本主要争议点是问九国公约是否有效。昨晚,东京发表对美国十六日所提抗议全文,最后几句明白说出:在今日或明日要引用过去已不适用的原则压迫东亚和平,都不能解决东亚问题。这等于明白否认九国公约的原则,这是应该注意的。美政府到今晨尚无表示,或须至星期一才能有表示。前回美国召回驻德大使,这次德国召回驻美大使,美、德形势这两天很紧张,事先任何人都想不到,以后也不知演变到什么程度。

驻德陈大使十九日电:据东京电讯,德日文化协定条文已经决定,其中有一条是日本承认德国种族精神、德国承认日本民族精神，两国文化相互交换，其交换范围听说电影、广播、戏剧都在内。这种消息德国并未发表，此事德、日两国进行两年，最近才成立，听说将于十一月二十五日签字。

此外，驻其他各国大使电报较少，如驻苏杨大使等皆无电告。

王外交部长与英国大使最近曾作一次谈话。王部长问英大使："你与蒋委员长谈话，英政府有无复电？"他说："蒋先生所提的问题都是很正大、很切要，但事情重大，恐怕外交部长都不能答复，一时尚不能有所决定。"王部长即提出几点意思请他注意：

（1）日本近卫三日宣言所谓成立亚洲新局面，就是说把远东有关条约都废除，也就是要取消各国在中国所得权利。现在美政府已由国务卿声明，美国政策以九国公约与国际公法作基础。美国舆论也一致反对近卫这种宣言，响应国务卿的声明。所以美国态度很肯定。英国外次在国会答议员问，虽然态度相同，而表示方法远不如美国，这点要求英大使注意。

（2）英国曾经明白与郭大使说，只要美国有举动，英国也一定做。近来英国对日抗议只是扬子江的问题，没有像美国以九国公约为立场照会日本。固然美国没有提到中国领土完整一点，但已注意到门户开放，英国连这点都没有提到。英国利益比美国大得多，英国要保持远东权益，应该采取积极一点政策。

（3）近卫宣言并不是空洞的一句话。今天合众社东京电，日本已经设立管理亚洲机关，他的职权除中日问题外，凡亚洲军事、经济、政治、文化都在内，可见中日问题就是亚洲问题。日本一心要推翻现在局面已很明显，我们劝英国采取积极政策不止一次，而英国迟疑不决，以致弄到今天。据我看，你们现在想办法补救也还不迟。

英大使说："这几点我非常注意，一定把这种意思详细报告我们政府。"王外长又说，美国致日照会，日本拒绝以后，美国是否要采取经济报复的政策，如果是的，请英国也采平行动作，因为这种办法是国际法上认为和平强制办法之一种。英大使赞成这种意思，同意这种看法。王外长并希望英国能实行国联历次议决案，连第十六条的制裁办法也在内。英大使把这些话详细记录起来，并电政府，希望快一点答复。后来，王部长与美大使谈话也把这些话告诉他，美大使也将全部谈话转告美政府。

参政员胡文澜：每次都听到英、美大使报告，而与我们最有关系的苏联大使并无报告，似乎要请杨大使努力一些才好。

参政员罗隆基：听说日本在北方有所组织，详情不得知，议长可否略作说明。

议长：所可虑的是吴佩孚的问题。今年正月间，日本要吴出来，吴不允，提出条件说，你由我练三十万兵，兵由我集，饷由我筹，请不请日本顾问是我自己的事，你不用管。当时日本不肯。听说近来日本已经愿意这样做，也许吴会答应。最好与吴有关的朋友能多写一点信提起他的注意。我们也不能以不好之心度人，现在只能尽其在我告以南方情况，无论如何要他不能失节，不过话要委婉些。现在吴事酝酿得很厉害。

参政员江庸：在某处曾听到民间有唱骂吴子玉的小调，据说是民众教育馆编的。在此人尚未失节以前，不可任令这种话流传，故已与川教育厅商洽取缔，并请以后有所注意。

参政员左舜生：长沙事件的善后，应该用较大的力量去做。这次火把长沙烧得精光，在房子中被烧死、压死的，绝不是十天半月所能挖得清的，数目不少于几万，绝不是几千。长沙居民连同流亡去的难民总数在五十万，火后回去的只有几千人，散在四乡的很不少。如果只是行政院拨二十万、省政府拨三十万，决不能普济灾民。希望政府能多想一点办法。

关于张治中，现在政府既已明令革职留任，这在署名上必须加上去，否则还是以一个省政府主席名义发号施令，这倒使人觉得莫名其妙。现在要救济灾民，也要继续抗战，还要用湖南人力量。张治中对湘人的感情已经坏到极点，如果还要他发号施令，率领湖南人抗战，很不可能。我们希望政府对张治中有妥善的处置才好。此外，省主席以下的委员对此事也要负连带责任。前清时，人民烧了抚台衙门，抚台都要革职。现在省主席烧了省城，不过是革职留任，未免太宽了。

参政员傅斯年：这次大火又听说有烧死伤兵的事。最近把三个人正法，还算能差强人意。对于张治中事，有两点要说明：第一，国家法令总要稍有意义，总不能使人看起来明明是掩耳盗铃。在抗战中，虽然有些事情要牵就事实，而国家处罚总要有点实际的东西才好。第二，照目前这种情形下去，张治中是否仍能在湖南做下去是大问【题】。第一要说革职留任，而今天早晨他的通电中并没有加上"革职留任"

这四个字。政府这种处置，对于他的陆军上将是否也革了？今后他连"革职留任"几个字都不用，请问政府处罚的意义何在？今后如果既要集湖南人之力以从事抗战，又要把张治中放在那里，这与湘人并无好感。今后究竟是张治中个人对国家的关系大，还是湖南人的力量对国家关系大，应该顾虑到。我想，既然现在的湖南省政府做不下去，何必再放在那里，徒然耽误时间。这点要请当局注意。

参政员胡石青：关于焦土政策的错误，汪议长已著论说明，我们觉得今后要为退兵而烧城的政策要考虑一下。长沙事情，报纸上说是误听谣言，把退兵的办法拿出来。假定敌人到长沙，仅仅这种烧法是否对，也值得考虑。我们既着重于长期抗战，民心向背关系太大，因此烧的策略要根本检讨一下。这种焦土方法实在与抗战有妨碍。在目前，长沙赈济很重要。至于张治中，他的责任如何姑且不谈，而署名上连"革职留任"的字都不用，则政府处罚命令等于没有，应予注意。

参政员江庸：对于张治中，军事上或有借重他的地方，而湘省府没有借重他的必要，再留他在湖南，将不是张治中失人心，而是中央失民心。这点要请政府斟酌，参政员也可以表示一点意见。

参政员胡文澜：本地人员都觉得像长沙这样大事，只杀几个小官，不能满意。既有省府最高长官在，如果没有他的命令，谁敢举火？因此众人都对中央的举措表示惋惜，觉得在赏罚上有问题，像有张治中这种情况的人，最好把他杀了。

议长：关于张治中的事，兄弟当负责对蒋先生、孔先生说明各位先生的意思。至于军事上撤退一个地方，施行军事破坏时，一定要有军事常识，决不是空空洞洞说一句焦土一烧了事的。不知道为什么他们把焦土一词这样滥用。长沙的事很痛心，广州的事更痛心，所烧的都是商店、民居，所留的都是军事工程给日本人。现在张发奎、薛岳、叶肇、李汉魂、邓龙光等来电都是痛心这点。因为广州的工事做了十多年，都是钢筋洋灰的建筑，近年又加建几百万的工事。余汉谋口口声声说，日本人要来，我们就在这里打他。现在日本人却安安逸逸的在那里等我们去。现在我们反攻广州的战士勇敢是勇敢极了，不管敌人炮火怎样密，总是直扑上去。从化附近的攻击，甚至有一营人上去，只剩两个人回来，等于飞蛾扑火，这都是由于当初负责者一念误解铸成大错。军事上的破坏应该有分别，首先应破坏工事建筑，其次是道路、桥梁。

至于民居是否要烧，须斟酌当时情【形】，粮食如果不能搬走，要是有民众，还要留给民众用，要是烧光了，那就不曾饿倒敌人，反杀了自己民众，怎能糊糊涂涂一把火烧完了事。从前莫斯科的大火是等敌人入城以后才烧的，现在敌人在三百里以外，试问放火烧谁？要说坚壁清野，你要把野外东西搬到壁中去，一个都市要搬空。这次长沙连汽油、棉花、米都烧了，这也能说是坚壁清野吗？张治中电报中说事先并不预闻，而这次连岳麓山都烧了，四面八方同时起火，如果没有【组】织，那 [哪] 能这样烧法。最可恶的是说自卫民众激于义愤的一句话，平常怕民众动，有这种事就把责任推到民众身上。民众能几十处同时烧吗？如果这种事弄不清楚，将来怎样打仗？如果南昌等处也是敌人未来自己烧掉，以后情况将如何？除了大都市之外还有各府、各县，这些都不是野，都不容易清。这些地方都要用尽力量来守护的，就是要放弃，也不能随便付之一炬。所以这点兄弟觉得两件事要分开：第一，张治中是否仍应续留湖南，这再把各位的意思对政府说明；第二是放弃大城市时，破坏方法应该研究清楚，要分清界限，按照军事技术办理。

参政员许孝炎：自长沙事件以来，关于焦土抗战的解释引起不少辩论。政府始终没有明显的说明，社会上的观念也不大清楚，上海报纸就有很多的争论。希望政府对此下一个明白注解，使一般人得到一个明确观念。

参政员周炳琳：政府对此应有明白解释，以结束各方面辩论。此事不宜任其拖延，以免影响大家注意力。

参政员刘百闵：长沙事件在目前不宜用"复兴"二字。

参政员王家桢：吴子玉如果出任伪职，则敌人将能实现其以华制华企图。此事值得注意。吴之本人不必怀疑，而其左右颇应注意。

参政员孔庚：湖北在目前关系很重要，而省主席不能亲自主持一切，无人负责，形成无政府状态，所以应该充实省政府，使他能发挥其应具力量，并且需要一个在政治上有声望、具有兵力的人担任这种责任。能这样做，伪组织就【算】想出来，也没有办法出来。如果照现在这种情形放任下去，一任汉奸成立伪组织，这就不是湖北的问题，而是抗战中关乎全国的问题。这点很重要的事，应请政府注意。

散会。

4.国民参政会第一届第二次大会休会期间驻会委员会第四次会议记录

第四次会议记录

（1938 年 12 月 2 日）

第二次大会休会期间驻会委员会第四次会议

二十七年十二月二日

出 席 者：议长汪兆铭

参 政 员：

主　　席：汪议长

报告事项：

议长报告：

上次开会大家对长沙事件的意见，兄弟已在国防会议报告过。关于张治【中】的问题，孔院长说，当时本想免职，因为仓促之间没有适宜的代理人，他本人也再三辞职，而那几天正须立刻有人负责才行，要改组省府也须有一些时间，所以仍责成张治中办善后，现在这个问题政府正在考虑之中。关于安插难民的事也在极力进行之中，先在各县设难民登记收容所，除原有地方官员负责任之外，中央执委会也派人去。孔院长并想请几位参政员去，商量地方善后措置事宜。最近长沙来的人很多，所说情形大同小异。此次伤兵死的有一万多人，因为一时走不脱，也无法救出。

现在报告军事、外交情形：

一、军事

最近军事情形，据军委会行营所得消息，敌人在广东军队为第五、十八、一〇四三师团。第五、【十】八是东北调来的，一〇四师团是预备兵，另外海军陆战队数千人、久留米战车大队一队，合计在八万人左右。另外，台湾集中预备兵五万人，随时准备调【广】东或到福建，而且听说敌人由华中抽二联队，再由东之小台湾等五处，每处预备一联队，另外加特种兵一联队，合成两师团，继续作第二次进攻，一共预备及在粤者共约十七万人。

华北方面，听说敌人大本营（天津讯）近来因为我们西南有重兵，而且有英、法国际关系，所以决【定】对西南采缓进策略，以谋与英、法暗中妥协。西北则乘我们兵力单薄时，采取积极进攻策略，进攻路线大概分两路，一攻五原、磴口，另一路由贺兰山、黄河进攻宁夏，目的在取兰州。我政府已有准备。

行营认为，敌人进犯华中以后，预备南进，打通粤汉路，并沿汉宜襄花公路积极西犯，但因被我军堵住，现似有进攻西北、切断中界路线的样子。华南敌军积极增援，防我反攻，并在西江向我进攻。

上面是到二十七日为止的情况，既[现]在有几点或者要予以补充。湖鄂情形，前一向大家所顾虑的，敌人不攻长沙，或者要移兵力在德安，过修水攻南昌。照最近情形看，似乎不如此。由敌人广播看，他对长沙、南昌都取监视态度。现在大概敌人要确实掌握长江，是否要到宜昌也说不定，目的在要使长江航行能安全，所以长沙、南昌目前不是敌人目的，所以罗卓英说敌人为什么要攻岳州，并非取长沙，目的在巩固武汉，这种判断并不错，目前他要确保长江。

广州方面，因敌人以台湾为根据，虎门已经突破，接济很容易，所以要克服，一时不容易。

华北消息，我们要注意，敌人说对华南缓进，这只是宣传，现在他拿到长江以后，何处有利，就可以攻击何处。

二、外交

陈大使二十三日电：《德意文化协定》二十三日正式签字，听说协定成立后还要发表共同宣言。

王部长报告两点：

第一，陈介到今天没有递国书，原因有表面的、有里面的。表面原因是德元首希特勒好几个月不在柏林，因此各国大使递国书以到外交部先后，如先后一共有十个国家，论先后中国第八，一直到现在为止，第一到第七都已经见了，第八没有见，现在外交部正注意中，如果先见第九个，就不答允他。其次陈大使颂辞中有提起中日战争的事，他们不愿意，盼望我们改了这几句。这是两个外面的原因。还有里面原因，恐怕是外交的原因。第一他说我们报纸上骂他，汉口《新华日报》骂他是疯狗，因此他训令代办向我交涉。外交部说美国也有这种话，并且比这更厉害。他说美国报纸政府没有检查的，中国报纸经过政府检查的，因其，他不满意。另外是报界联合会宣言指明墨索里尼与希特勒的不是处，意大利不管此事，因为他们外交惯例，批评政府不能说话，但希特勒是元首，所以他生气。我们大使去，就故意不见，以为报复。还有一种理由是他们不知道要弄其他什么事情，有一点明白对中国表示不满的情况。现在政府正注意此事。

第二，德法有互不侵犯宣言，此事有两说。一说仅仅是宣言就算了，另一说还订有二十五年互不侵犯密约，事情是否实在，打听不出。对于这点，也许德法互不侵犯宣言是乐观的，认为德法形势可以缓和，法国能注意东方的事，于中国有利。又一种看法认为，德法情形固然好，而为什么有德日意文化协定，并且有军事协定的酝酿，是否德法不侵犯条约成立就是法苏之交日益疏远，是不是德意更加紧对付苏联，是否苏联更多顾虑，对中国援助更有妨碍。这种论调也有人讨论。最近忽然波苏关系好起来，苏联也愿意与他联合。这样看来，欧洲情况似有变动，我们要德［留］意他的动机与影响怎样。上面的说话皆不过是一种推论而已，因为不知道德法不侵犯条约内容究竟怎样。对法国大罢工，大家也有讨论，可惜顾大使报告没有说到这点。因为这次罢工是政治理由，就今天情况看，这种罢工已经失败，而其演进情形不得而知。总观全局，不能说十分稳定，这点对远【东】情况也有关系。

钱大使（泰）电：德国对殖民地问题也想要加以解决。听说英、法商量要把比国、葡萄牙殖民地划给德国以满足他的要求，所以比国舆论非常愤慨，这次比皇到荷兰也是为此。感觉到英、法这种随便牺牲弱小的事，只有东欧国家联合起来防止。

郭大使二十三日电：再见英外相哈理法克斯，并见到贾德干。郭大使对他说，英国对日本要求长江复航，日本不理，英国应该采取更进一步的办法。贾德干说，英国想采取进一步办法，法国也是如此，效力怎样，要看美国能否平行行动，过去情况，英国屡次建议，美国拒绝，最近美国也有这种意思，不过不能催他，英国随时愿与美国合作，这点意思中国可以明白，关键在于美国。郭大使说，中国希望他们采取进一步办法。据他们说，他们也在考虑之中，不过要等首相回来才能商量，他们盼望美国能更进一步促成这种动作。

顾大使电：从旁边得来消息，知道英首相来法，表示对于日本很憎恨，对中国感情很好。法国目前外交要求是对德、意妥协，在最近法德宣言中可以看出对日本也不敢过于开罪。法国现内阁能支持多久，要看这次工潮如何解决为定。

胡大使二十八日电：美外部考虑如何修改中立法，打算对于侵略国，总统有自由决定禁止侵略国船舶出入美国港口。代理国务卿招待各报馆谈话，有人问起是否要修正中立法，他不承认亦不否认。他说，总统与外交部对于中立问题无时不考虑，而到现在没有具体方案。

钱大使二十八日电：驻比苏大使对他说，这次苏、波特别修好，把德国一个与国拉回来，这点很影响欧洲大局，这是苏联外交的一个成功。

此外没有其他报告。

参政员胡文澜：在山西来的朋友说阎锡山有种种异情，请政府予以注意。

参政员董必武：听说陈大使请递国书有三次，这个第八的顺序是第一次排的还是第三次排的，这点请注意。说到德国不延大使，以《新华日报》评论为一个理由。其实《新华日报》只是中国一个普通报纸，其他各国报纸说这类话的也多得很，如果他不满意，尽可提出抗议。德国所谓元首在《我的奋斗》中对中国整个民族不客气，在纽伦堡演说公然批评中国。我们听到更不满意。《新华日报》的话也不是创造的，美国现任行政官吏公开说他是"狂吠"，所以以此为理由，殊不充分。

议长：胡先生的话我们也注意，不过要请各位先生多听各方面的话。我们听到山西有许多不同说法，胡先生的话也是一种。山西民众因战争如此之久，责备长官的话也有，这种话我们注意。

参政员秦邦宪：如果希特勒先见第九，我们将采取怎样办法？是否撤回大使？（议长：尚未决定。）他所说的表面理由不过是一种借口。希特勒也曾屡次在演说中侮辱中国，他的真理由不过因为他是法西斯国家，做日本朋友，要帮助日本而已，所以他接见伪满大使，不接见我们大使。希望政府考虑召回陈大使，或改派陈大使到其他国家。

议长：兄弟所报告的都是国防最高会议报告的，大家可以讨论，但是都是绝对秘密的，对外请勿发表只字。

　　参政员胡文澜：苏联杨大使，开了几次会，他没有一点报告，应请外交部指令他，请他注意。

5. 国民参政会第一届第二次大会休会期间驻会委员会第五次会议记录

（1938 年 12 月 9 日）

第二次大会休会期间驻会委员会第五次会议

二十七年十二月九日

地　　点：军委会行营

出 席 者：副议长张伯苓

参 政 员：

主　　席：张副议长

报告事项：

副议长报告外交情形：

据外交部书面报告，有以下几件情形：

一、驻意大利使馆一日电：意外长演说未提起远东问题。

二、顾大使二日电：德法和平宣言发表，法舆论认为世界大势将有变更，德国目标转而东向。

三、郭大使电：信用借款事，英在考虑中，外、财两部皆无问题，须俟信用借款局决定。英法谈话对远东问题无详细讨论，唯对日本危害英、法利益问题，决协同抵抗、互相援助。

四、驻德大使电：德日军事同盟前颇有所闻，但未能证实，亦不能确定其必无。

现在报告已毕，各位有无询问意见？（无）无询问，现在散会。

散会。

6. 国民参政会第一届第二次大会休会期间驻会委员会第六次会议记录

（1938 年 12 月 16 日）

第二次大会休会期间驻会委员会第六次会议

二十七年十二月十六日

出 席 者：议长汪兆铭

秘 书 长：王世杰

参 政 员：

外交部长：王宠惠

主　　席：汪议长

报告事项：

王部长报告最近外交情况：

在驻会委员会每次开会时都会有外交报告，关于外交上经过的详细情形，现在不必重复赘述，现在只就目前趋势概括说明。

自从国联议决通过适用盟约第十六条以后，外交部所要做的法理上、文章上的工作已经做完全了，目前问题在如何促成盟约第十六条的实施。当十六条通过之初，有些中立国以及会员国英、法、苏等都主张要各国同时施行才能有效。我们就一年来外交情形看，各国要有所举动，都以美国态度为转移。因此，美国虽非国联会员国，我们要对英、法接洽一件事，对美国也必须同时进行。英、法、苏三国都说，我们并不是不允许实施制裁，而单独一国做起来没有效力，尤其要与日本通商的国家必须同时实行才有用。各国都是这种话。经过许久交涉，刚好有了头绪，可以开始实施的时候，正好广州告陷、武汉弃守，就停搁下来。以后即以日本侵占华南、香港、菲律宾、安南都有危险的道理与他们商讨，请英、法实行盟约十六条，并请美国采用变相制裁办法与英、法采取平行行动，要求各国联合行动，同时表明态度。在过去日本提出二十一条，美国单独提出抗议，到欧战结束以后，美国召集华府会议就是根据那次致日照会而来，所以各国现在表明态度不一定立刻生效，而到一个时期就会有用处。这种想法，英国同意，美国也同意，以后事情更严重，我们又去催他们，于是美国有照会致日本，要维持门户开放的文章。后来英、法也接着有照会给日本。我们要求以整个条约为立场，美国只提到门户开放一项，我们当然不能满意。而目前也只能做到这一步。英、法对长江航权事有照会给日本，我们对他说，美国的抗议是以整个原则为立场，你们只说这一点点零碎问题，我们不满意。英国说我们以条约为立场，先用小的问题试探一种平行行动，小问题能有办法，美国肯合作，再来进行大的问题。以后美国对扬子江航权也给日本一个同样抗议。一共四个抗议，日本完全拒绝了。到本月三日《近卫宣言》不仅不承认他们抗议，并且根本弄出"亚洲新秩序"这个局面出来。自从日本宣布这个立场以后，美国国务卿发表谈话说美国立场完全以国际条约、国际公约为根据，所以美国态度很明显。此后我们继续与各国交涉，我们告诉各国，日本不仅不接受你们抗议，并且否认旧有条约，弄出一个"新局面"，要你们屈服投降于此"新局面"之下，他的"新局面"是要中日伪军事、经济、财政打成一片，这不仅是日本计划，并且已在实行。成立所谓"兴亚院"，这已经不单是中国问题，而是整个亚洲问题。这种意思各国都有同感，所以他们近来很感焦虑。而日本确愈来愈凶，简直目中无人，各国抗议以后，他还弄出一个新东西来。后来日本外相与英、美大使谈话，我们问英国谈些什么，是根据条约立场说话还是谋妥协？他们说，日本外相说明这是非正式的谈话，不是政府请去的，他这回是解释日本所说"亚洲新秩序"的意思，要英、美不要误会日本立场。

郭大使问英国的意思怎样。他们说英大使并无答复，只说虽然是非正式，也要向政府报告而已。后来我们要求英大使在东京谈话不能离开立场与他谈零碎问题，要谈就谈整个问题。

在美国致日照会中，最后一段很值得注意。那一段是警告日本，说你在中国对我有种种不平等待遇，我们美国还没有用这种待遇对你。当时我们研究，也许日本会顾虑到这种报复。后来我们与美国大使说，我们本来希望你们制裁，现在制裁不可能，实施报复也是一种办法。英大使来的时候，我们也告诉他这话，英大使也同意这种意思，因为报复是国际公法上承认的非战争行为。现在这种文章已经做下去，我们天天催他们实施。最近各方面报告，英国主管部已经有具体计划，美国也有人在研究之中，具体内容尚不知道，听说很快就可实行。据传闻消息，英国有废止英日通商条约之意。美国方面据说实施报复不必由国会通过，总统有权实施。据他们研究，总统有两种权力，一、美国人民货物在其他国家受不平等待遇，美国可以加重对方国家货物税，此事可以不经国会通过；二、美国人民货物在其他国家受不平等待遇，美国可禁止对方货品之一部或全部入口，以及取消对方最惠国待遇。这是从旁面所得知的消息，现在我们在外交方面着重促进经济报复。这种报复，力量与制裁相差不远。英、美两国如果实施报复或加重其税率，则日本商品将有一半不能输出，所以这种制裁办法我们也很赞成。自美国致日照会发出以后，日美冲突渐渐走到正面。日本纵令开放扬子江，而美国照会中所提各点日本无从答允，因为这与他侵略的目的根本违反。日本成立几个新公司，美国要他根本取消。日本要把持中国经济权，美国要他放手。到这种地步，日美冲突已经走到正面，这是最近很明显的情况。

此外，安南运输问题过去天天在焦虑之中，现在情况比较好得多。借款问题以前商量很久，现在希望很大，这多半是受美国照会的影响。美国有明确态度，英、法就跟着来。从最近几件事中可以看得出，东亚问题着重在美国。这次艾登到美国，我们所得使馆报告，真实目的在与美国商洽合作的办法。近来美国对远东问题很注意，美国大使回国也不是偶然的。这种好转情形，我们希望能进行得快一点。总之，最近各方面情形与我有利。

散会。

7. 国民参政会第一届第二次大会休会期间驻会委员会
第七次会议记录

（1938 年 12 月 23 日）

第二次大会休会期间驻会委员会第七次会议

二十七年十二月二十三日

出　席　者：副议长张伯苓

秘　书　长：王世杰

参　政　员：

军委会政治部长：陈　诚

主　　　席：张副议长

报告事项：

外交报告：

顾大使十四日电：日本驻法大使衫村回国，据所得消息，衫村称自动回国原因是衫村不赞成日本政府与德国订军事协定，又衫村反对日本在中国军事行动扩大到华南，认为此种扩大使日本对英、法交涉更困难，而且日本外交将要步意大利后尘，要想日本参加苏彝［伊］士运河管理，表示与意大利一致。这些事衫村不赞成，所以请假回国，据他表示，不愿再回任。

顾大使十五日电：星期五法外长在下院外交委员会报告国际情势，其中关于远东部，说据法国领事所得报告，日本在中国占领区域排斥白种人运动日益猛烈，所以他觉得英、法必须共同对付。

另据所得密报，十二月九、十两日希特勒召集党政要人会议，讨论结果对党政军当局有一种密令，其要点为意大利对英、法，要求德国要尽先援助，关于突尼斯、西班牙、非洲、苏彝［伊］士运河管理等各点尽先予以援助……假定法国对意大利不屈服，应使战争限于法、意二国，德国对意以志愿兵及物质援助之。如果意国有战败之险，德国即加入战争，法国败，德国即以外交援助意国。假定战争有扩大危险，英国加入，德国即出兵到荷兰，威胁英国，使英国不能参加法国战争，同时德国当政近时觉得英、法并无具体合作计划，在英国军备未完成以前，英国不致以武力援助法国。

顾大使十七日电：今日与法外部秘书长谈话，要点如次：一、关于远东权利问题，法外长说，英、美、法三国向东京交涉一点结果都没有，美国不愿再向日本提出空口抗议，以免自己丢脸，但美国对进一步办法到现在没有确定，日本至今没有觉悟，恐怕不用实力，没有方法使他改变态度，英国因为欧洲局面不稳，没有充分力量兼顾远东，法国更是如此，所以要靠美国发起，美国发起，英、法愿意追随他动作。二、安南运输问题，商量结果比较以前好一点，但尚未能彻底满意。三、日本于二十日占领司巴撒岛，此岛为英、美各国承认为法国之岛，日本占领后，至今未解决，法国未能以兵力驱逐日兵，只能从外交方面进行。四、顾大使闻外面盛传明春欧局有大变化，此事究竟如何，他说意大利对法国要求，法国一定不能接受，因此，法国极力准备应付一切事变。此种准备二月初可以完成，意大利以为法国内部纠纷很多，漫无头绪，一定要坚持他的要求。德国在东欧一定有所企图，希望意大利在地中海牵制英、法，使他能在东欧得到自由行动，所以德国一定能援助意大利。但那时，意大利如果不让步，冲突就无从避免，墨索里尼为转移国内观听，对此事一定不能让步，所以局势很可忧虑。

又顾大使访意驻法大使，顾大使问及意法关系，如突尼斯、苏彝[伊]士运河等问题。意大使说，自阿比西尼亚完全被征服以后，形势完全变更，现在局面有更改之必要，但法国不愿如此，这不是维持友好的道理。又谈到东欧问题以及乌克兰问题，他说德国虽欲鼓动成立帝国，其实当地民众自治运动领袖都倾向于苏联，所以这种问题实际上不至于成为问题，在意大利看，认为在乌克兰建立帝国，对于欧洲大局有好处，至于英国在地中海地位，应与意大利妥协，这与英国与德妥协有同等必要。这些都要看英、意罗马谈话是否能使此种局面有所好转以为断。

驻美胡大使十五日电：据友人自国务院得来消息，现在英国政府觉得向日妥协确为不可，所以决予中国以援助，美政府也为此国务院表示，英、美态度确行上有利于中国态度，美国对门户开放事不愿有所变更，日本所提出的条件不能接受。

英前外相艾登访美，表面上是来讲学，各方面都认为有政治意义，认为艾登是英政府派来的联络员，探望美国对国际现势的态度。美政府与社会对艾登有很确定的观念很为欢迎，尤其艾登所说世界上民生主义国家英、美在内，绝对有互相维护的必要一语最受欢迎。美报谓艾登此行已树立民主国互助之基础。

又电：美政府对日经济报复事正在研究一种法令，想引用授权总统对其他国家歧视美国贸易采取报复办法的一条，这条的第一根据是一九二〇年关税法规定，如有其他国家对美国利益或商业加以歧视，美政府对该国输入货物加一种新税，如此法实行以后，歧视美国之国家仍维持歧待办法或更加甚，总统有权公布进一步办法，禁止该国船舶进入美国境内；其次是一九三四年公布规定，其他任何外国对于美国货品入口或售卖加以不公正的歧待，总统可下令禁止该国一般货品或特定物品入口。据观察，总统虽有此二种权力，但不能立刻运用，除非舆论与国会拥护才能执行。这种意见已经在报纸上公布，表示政府正在考虑之中，这为试探民意之用。如果反响好，总统或可采用这种办法。

十八日胡大使电：美舆论对借款的事有很好批评，各报谓此种借款有政治意思，不是通常商务借款，实际上可以看得出政府计划或者可看做政府对日本一种表示，因为美国务院十月六日照会已经含有报复办法的警告。《纽约时报》说：对中国信用借款等于警告的一种，已经通告。美国实不愿用武力维持远东门户开放政策，而我们所有方法不仅是消极的不承认，除此以外仍有其他方法。这是对日本军人武力的一种答复。日本军人应该明了。其他报纸有主张修改中立法的，要修改中立法，美国政策才能适应目前局势。有些报纸说，对华借款为美国传统政策之改变，将来将以信用借款为对付侵略者的武装。

德陈大使十六日电：今日午后四时已递国书。递国书后，希特勒答辞第一段是接受国书，末一段是致谢国府主席、欢迎新使，中间一段说：阁下以增进两国交谊为使命、为任务，是我所欢迎。我对阁下一定予以协助，凡是两方面对于推进文化关系的努力，深望将来能继续努力，得到成效。至于两国经济上可以互助以增进两国经济关系，正与他的意思相同。最后一点他说：深望贵国商业与交通因现在状况所受的障碍能在最近将来消除，并盼贵国早复和平，因和平为贵国最好之保障与最确实之基础。已由第二天德报纸发表，唯关于"希望贵国早复和平"一段略去。

驻俄国伯力总领事十六日电：苏渔约谈判日本已经表示愿考虑，中东路售款清偿问题，日本原来认为两事不能并为一谈，现在认为可以商量，苏方提议草案，日本亦不再坚持，已经退步到可以先订一年约，其他条件正在斟酌之中。

陈部长报告军事：

今天所想报告的是军事上一般情况，琐碎问题暂从略。现在预备分作战经过与今后处置两段来说。

一、作战经过

第一期作战我们分三个阶段。第一个阶段是自卢沟桥到南京失陷，第二个阶段是南京失陷到鲁南之战、徐州放弃，第三个阶段是武汉之战。在这三个阶段的一般经过，报纸上都说得很详细。我们在战略上、战斗上经过这一年多的战争，所得血的经验很多。这次在南岳开会时，根据这些经验，有一个新的决定。除了这些决定外，这一年作战有许多很值得我们注意之处。在军队方面，开战之初官兵完全是一种浮气，也完全是一种感情的冲动，当时既不能胜亦不能败，一败大家就垂头丧气，胜就矜骄异常。在南京放弃以后，这种现象完全表现出来以后，中央看到这种情形，就集合各级将领在汉口施以短期训练，用以纠正这种心理，坚定大家战志，然后才能有第二期的鲁南战斗。所以在南京失陷的时候，正是我们最危险的时候。到鲁南之役，大家心理已好得多。虽然好了一点，而各级官兵自信力很差，把握心很少。一直到徐州失守，敌人攻武汉，在这一阶段的战争中，大家自信力才加强。经过这一战，我们精神上胜利的基础已经树立起来。在这次武汉作战中，各种缺点值得我们注意的也可以简单报告一下。在本报告之前，有一点声明，这次报告只是【说】的是缺点，是我们血的教训，以为今后改进的根据，也完全是我批评，不是对人攻击。

武汉之战非常重要，敌人以全付精神来攻武汉，我们也不分前方、后方，不管军事、政治，以全力来对付敌人、保卫武汉。自徐州放弃到六月十二，中央觉得保卫武汉更趋重要，就发表第九战区由兄弟负责。所以今天报告也是第九战区的事多一点。第九战区成立后，兄弟到前方各处察看。这次一开始最不好的事是马当失守。

在六月二十二日，兄弟到前方视察，冯副委员长看到江北很空虚，第五战区很受威胁，于是把马当守军调到江北，一六七师调守马当。五十三师已经过江，而一六七师动作很慢，没有赶到，敌人即于此时上陆。敌人上陆，我们并无部队。某师长所以枪决，原因在此。如果他稍快一点，马当不至于这样快。因为马当失守，湖口就暴露，其他部分军队调转不及，只有九江调兵过来。九江是二十六师，多数是新兵。因为敌人海陆空军联合攻击，于是湖口守不住。这时候就布置九江，九江也是临时调的几个师，五十二师、一九〇师、预备十一师，另外加上李汉魂二师、叶肇二师。等到这几师到达防地，七月二十三日，敌人在菰塘上陆，攻预备十一师防地。因为这师是新兵，当天才到牯岭集合。将领研究回去时，第二天早晨敌人上陆。派一师人增援，没有到达时，敌人就上陆，于是守不住。所以九江局势没有方法补救，于是一部分队伍调到星子，一部分调到马回岭。直到此时，这一方面守得住，敌人进攻也很困难，于是他改变目标，进攻瑞昌。在瑞昌，守瑞昌队伍在鲁南伤亡颇重，调到江南来整理补充。如果瑞昌东北有好的部队，一师人就够了，而这里现有三师，实力不及一师。到八月中，兄弟到瑞昌，嘱咐瑞昌守军，坚守三天就有援军到达。他们很高兴，说自己可以守很久。而结果只有一天，瑞昌放弃。于是关麟征部队虽然赶到，也只能守瑞昌南面高山。在这一带打得很久，也最激烈。敌人因无进展，有一部分由瑞昌想从侧面经煤山攻马翅岭。守煤山是王陵基部，一共三师一旅。由瑞昌到煤山只有一条公路，四面都是水，地形很好，但因这一部队没有作战经验，敌人一小部分来袭，用汽艇登陆，他不[1]部队就不战而退。于是敌人威胁南浔路侧面。这时，要五十一师去堵住也来不及，因此，马回岭部队不能不撤到德安。撤到德安之后，打了很久。德安与瑞昌之南战得很激烈，后来我们因为伤亡太大，所以第一步退到阳新，另一方面仍维持德安之线。这时因为伤亡很大，同时广济放弃，不能不有战略的转变，于是确定放弃武汉。放弃武汉，本想守羊楼司、羊楼洞，一直到崇阳、通城，到修水之线，其他因为羊楼司、岳州都没有守好，所以到通城以南一带相持。以上是作战经过大致情形。

---

[1] 原文如此。

二、所得教训

1. 马当敌人上陆是因为薛维新部队是没有照命令去做，所以不听命令的军队绝对不能作战，尤其不能在这种大战中作战。第二邵桐爽部队因为没有补充好，同时伤亡过大，也不能担任战斗，而有一件事得我们注意，就是他的 [后缺]。

8. 国民参政会第一届第二次大会休会期间驻会委员会第八次会议记录

（1938 年 12 月 30 日）

第二次大会休会期间驻会委员会第八次会议

二十七年十二月三十日

出 席 者：副议长张伯苓

秘 书 长：王世杰

参 政 员：

行政院院长：孔祥熙

主 席：张副议长

报告事项：

孔院长报告：

主席、各位先生：

　　副议长要兄弟来报告最近政治情况，关于一般情况，各位都已知道，兄弟只将最近比较重要的事大略说一说，供各位参考。

　　一、民意机关：目前政治上最重要的事，是各省民意机关的设立，中央政府本年九月间决定成立各省市参议会，并颁布组织条例，令各省积极筹备，有特别情形的，可以酌量展期。到最近止，收到各省请求展期的有福建、安徽、湖南、江苏、广东、广西、甘肃、山西、贵州、河北、陕西、湖北、察哈尔、甘肃[1]、云南、河南、西康等十七省，原因多半为交通阻塞，一般人召集不易，就是函电往来也都很困难，因为有些战区连提出候选人都很困难，文化经济团体工作人员，多半离开本省服务，所以很难召集，故省府请求展期。政院除酌准展期外，仍催其积极进行。

---

[1] 原文如此，有误。

二、禁烟：禁烟与国家民族前途俱有关系。蒋先生任禁烟总监以后，确定六年禁绝计划，分期戒绝。烟民禁种方面，川贵二省有数县提前禁种，但禁烟如不自禁吸入手，则成效实在难说。自军兴以来，各级政府对于禁吸不免忽视。敌人最近则不仅在各地贩卖烟毒，并且从波斯运来四千箱【烟】土。看这种情形，则禁烟前途殊不乐观。如果各地无此需要，敌人也就无从运来。过去行政院为此事极费筹躇，经过很多商议，认为事情很重要，最近四川情形更为复杂，各地有暴动情事，亦与烟禁有关。现在政府要各地方政府普设戒烟医院、烟民工厂，使贫民在戒烟期内生计有着。又因为自禁烟以后，各地土膏店极力抬高土膏市价，行政院乃一面规定土膏最高价格，一面各处禁烟经费交由委员会保管，不足者由地方政府补助之。最近川省府已拟定二十八年禁烟实施纲领，从前禁烟经费只一百二十万，现在经费加到三百五十七万，大部分是由中央补助，希望在六年期内达到禁种禁吸的目的。致[至]于成果如何，很难说，预计烟民总数也无确实数目。四川报告烟民总数为七十万，据民政厅长胡次威说，有五百多万。究竟多少，难为估计。这种事，政府不能不加以实际上研究，如果只图纸上虚名，敷衍从事，只有造成严重恶果。这点值得注意。各位如有良好方策，使政府能如期完成戒烟计划，这是我们最为希望的。

三、外交方面：最近情形各位都已知道，就敌人说最近近卫声明以及各方面的反应。英国官方认为这只是表面主张，实际与从前相差不远，甚至并无变更，还是一贯的侵略政策。所谓经济集团与门户开放、机会均等的原则，完全无酌斟余地，英美决不为这种声明所欺。更有人主张增强援助中国，说过去中日战争并非真战争，今后中日战争才是开始。还有一种人认为近卫声明不过是对中国一种试探，或者有离间作用。大家都认为中国是一个坚决伟大的民族，决不为他虚言所欺。法国官方没有什么态度表示，大概因为最近法义[意]纠纷，使他无暇远顾。不过法国舆论认为，日本新秩序是已经把九国公约破坏无余，各国利益无法维持。美国舆论对这种问题不重视，认为日本随便说话，对政府政策没有什么变更，对远东问题，各国认为与日本空口交涉没有结果，一定要用实力才能使日本注意。不过要打算用实力维护自己权益，需要美国首先发起，美国发起以后，英法才能追随。至于法意问题，顾大使电告说，法方表示决不屈服，现在极力准备之中。明年二月法国军备准备可以完成，如果意国仍然侵略，法意冲突势将不免，这种问题与我们中国有很大关系。过去各国对远东所以不敢表明态度，是为他们本身在欧洲不安定。最近我们希望欧洲能安定一些，各国对远东能够多注意，而一波未平，一波又起，所以这种情形与我们也有很大关系。

云南运输问题：自从海口失陷，香港不能利用以后，现在唯一可运输的地方，就是云南。法国人虽然对我们表示因[同]情，但怕日本过去，不仅军火不愿运，甚至卡车、器材都不肯通过。经过种种交涉，到现在才算除了武器以外都可以让我们通过。但这样并不能适应我们抗战的需要，好在当初早有筹划，缅甸能够通过。缅人有一部分受日本人鼓吹反对，而缅皇与我们感情很好，根据从前条约，让我们运输。英国也极力帮忙。今天报上缅皇声明，就是对日本人闲话而发。

远东方面可以给我们注意的一点，就是日苏渔业问题。苏联已经提出原则，在四十个渔区中以投标方式为原则。日本不愿意这种原则，所以不能签定临时协定。如果日本能接受这种办法，就可以告一段落。另外，日本与德国极力拉拢，最近日本请德国经济部长沙白特到远东，不仅要考察日本情形，更重要是看中国沦陷区情形。沙白特本来与我们很好，日本政府因为他是经济专家，很想以中国经济来请[诱]惑德国，请他来计划一下所谓中日满经济合作事。

欧洲情形唯一不幸的是法意有了冲突，现在要看英国态度，德国好像与意大利有默契，万一英国要干涉，德国就要牵制，使事态限于法义[意]二国。在外交上德国为意声援。

外交上英美经济援助在报纸上已有登载，我国对美国卖出桐油二十二万吨，每磅价一角四分美元，最近每吨三百美元，二十二万吨分六年交付，本年交二万五千吨，然后一年缴三万五千吨，最后一年交六万吨，价格共约六千余万元。现在美国先付二千五百万，完全是商业办法，由美国世界贸意[易]公司与中国复兴贸易公司做这种买卖，由美国复兴委员会进出口银行来贴现。第一笔贸易是桐油，第二笔为锡，第三笔为钨、锌、锑以及皮革、猪鬃各种在国外可销的土产，亦都拿出去。

英国方面，报纸上有种种不同的登载，有说一千万磅[镑]，有说二千万磅[镑]，有说四十五万磅[镑]，有说五十万磅[镑]。英意一是本来在过去要成立币制借款，但因为市面上不可发行债券，要政府担保才可以由银行垫款，政府担保需要国会通过。后来想以货物来借款，我们提出几个办法，总是一面在考虑之中。因此英国究竟用何态度，一时难以明白。最近讨论到一部分出口贸易信用放款，答允一千万磅[镑]的数额，各方面接头进行很慢，到最近才成立第一笔五十万磅[镑]。因为英国出口贸易，政府原来担保五千万磅[镑]，已经用了很多，最近国会中对于出口法案通过增加二千五百万磅[镑]，增加以后，他表示对中国能有二千万磅[镑]的分配。最近他们又说因为各国要求数目很多，恐怕分配给中国不能有一千万镑。现在第一批五十万磅[镑]专购卡车交通器材，卡车六百辆，价格在四十五万至五十万镑之间。中国政府付百分之二十五，其余赊欠与英国，出口贸易处贴现，先付百分之十，成立合同，其余百分之十五，到交货时再付。其余百分七十五，由中国分四年还，英国要求三年还；利息，英国要六厘，我们说美国只五厘，还到五厘半。现在正在磋商之中。

币制方面，英国本拟借款，最近国会也有讨论，问到财政当局，他们总说在帮忙考虑之中。最近考虑了半年，他说中国币制很好，不用帮忙，事情就搁置，幸而美国借款成立，心理上也有一种保证似的。港汇最近涨到百七十二，可是中国币制他们帮忙固然好，不帮忙也能自力维持。美国财政当局表示，他们借了钱给我们以后，立刻有电来说，去年中国政府借了五千万没有用，今年成立共二千五百万，是继续去年借款。这事是当初我到欧洲时中国财政很稳，因外汇基金很富足，中行每天只有收进，没有卖出。当时有六千万镑现款。当时到英国想借一笔外债换内债，使国内资本开发实业，并减轻国家债息负担。到欧洲以后，很多人接洽，想到中国投资，如瑞士银行等皆想到中国投资，但国际市场最大是伦敦，我们发行债券，要英政府允许，因此在伦敦接洽。在伦敦，因为汇丰在中国有多年历史，金融界有所举动，必需向汇丰商量，而汇丰仍以三十多年前的眼光看中国，对中国借款有点怀疑。在伦敦一谈，我们说要五千万镑，他们说这是一笔很大款子。欧战以来，伦敦债市最多只发三百万镑。后说到二千万镑，他说已经数目很大。当时我很看不起他。我说你不要看中国没有钱，只不过利息大一点，你要有钱，我可以尽量借你的，利钱高，我也可以放给你。这样一说，我们放四千万镑都有钱。因为发行外汇准备基金是要存在外国银行，放款给他，我们还可拿利息，这样一来，各方面就能够借款。法国借二万万法郎，也是这种原因。后来到美国，复兴社长就来接洽。他说我们可以货物赊给你，作进出口信用借款，打算二万万元。我说一万万就可以。当时就先成立一笔五千万。于是把所要购物品开了账单去，后来战事发生，他们说中立法有关有不敢作的意思，[1] 我们就率信表示不要，所以去年五千万借到未用，是不错的。最近成立二千五百万元，所以他说继续去年的借款。

最近报纸上说华盛顿财长说中国有一部分黄金存于美国，中国政府要以此作为透支保证，仍然可以借款。这件事也不错。我到美国时，有一部分银子存在那里，当时美国不买白银，陈光甫交涉，结果方卖了一半，其余一半，美国不肯买，共有一万五千万元，卖去一半，尚余七千五百万。另外有银铸币四百万存在那里，没有办法。后来我与摩根索商量办了这件事。我觉得银子卖出，完全变成美元，说不定有一天贬值，我们要吃亏。当时摩根索为表示好感，说我们国库金子都存满了，现在又还买你的银子。我说我买 [卖] 银子给你，我买你的金子好了。于是买了五千万金子，存在美国国库中，外面写着中国政府财政部所有。如果买美元存到美国银行，也没有利息，最多是百分之一的四分之三，也无甚意思，不如用金子现货存他国库中还好看些。中国向来无钱存外国，现在居然有现金存在美国国库中，也是增加国家信用，所以我们这种原金作保障，要透支也是可以的事。这事外面不知道，而美国财长宣布出来。

四、收支：国库收支向来不敷，最近十、十一、十二三个月支出四万七千三百六十三万余，收入三千四百五十万，不敷达四万三千九百零三万二千元，详细数字在大会报告。

关于预算，今年会计年度已改为历年制，因为战事关系，各省预算、决算都不能到，所以没有办法编制。经国防最高会议决定，今年预算以去年实用数字为限，不再另外编制。

五、盐：盐的问题，现在有许多地方闹盐荒，因为交通运输等关系，抢出来的

---

[1] 原文如此。

盐不够用，现在在浙江尽力抢盐，最近抢出一千二百吨。

六、法币：沦陷区域中敌人用种种方法来压迫我们法币，过去只准用九折，现在要打五折，强迫人民行使伪钞、军用票，表面如此，实则法币价格仍旧。至于内地金融，则已积极成立内地金融网，节约救国储金亦积极进行。

七、物质购销：所购物质，过去有几个机关，彼此不相谋，现在要他们合作。植物油料厂、茶业公司等均按法规规定范围内分工合作。

物资外销事，最近因为运输、外汇等问题，很感困难。财部为体恤商艰，除令贸易委员会协助以外，最近复订优待办法，以达促进生产、维护外销。其办法：一、提高外销土贷办法；二、缩小结汇范围，从前二十四种，现在减少为十六种；三、增加免税出口。此外结汇保证金办法亦废止。出口国 [困] 难的重大原因在西南公路运输量有限。现在想方法增加西南运输量，利用骡马，西北亦增加骆驼。现在各公路平均货运每天可二百五十吨，滇缅公路、滇越铁路每日容纳数量不可【增加】以后，各路车辆大量补充，以后一定要比现在好。现在运输计划，贸易委员会投资经营，财政部拨款办理，由交通机关设法补充。

八、运输：运输有办法，将来生产要促进，生产不能增加，运输促进大无益处。最近四川生产有种种困难，很多人为兵役关系逃走，生产大受妨碍，所以今后怎样安定后方，使大家安居乐业，这是政府要注意的事。

九、军事：军事方面，敌人因力量消耗很多，正在补充整顿之中。今后要再向后方深入，一定有更大困难，人力也无法维持。近卫声明一方面表示诱和，一方面表示下场。[1] 最近蒋先生已详为驳斥。今天要拿他的条件来说，当然不可能。最近当局在西南有一个会议，所 [厅] 长以上都参加，一般人对我们军事上筹备情形不明了，存一种不好观念。最近何部长回来，对此有详细报告，一般疑虑一扫而光。以军队数目来说，去年开战之初一百七十万人，现在增加到二百三十万人，多了六十多万。器械方面，过去购藏制造以及现在补充的，到现在步枪不缺，其余轻重机枪、大炮、

---

[1] 原文如此。

重炮、坦克等重武器，亦较前增加，而且好。最近补充的都是新的，打战 [仗] 时所失旧的居多，到现在武器不如人的这句话，已不通用于中国军队。风陵渡敌人天天炮击，终不能过河，及屡次被战 [我] 击退，也是这种原因。他的大炮射程较我们少四分之一，现在敌我军力装备素质都相差不远，我方士气之旺，则非敌人所能及。

总之，目前国际国内情形都有很大好转，只看我们决心怎样，勇气怎样。彼此如果精诚团结肯努力，虽然环境不好，也能变成好。如果大家不肯用力，环境虽好，也变成不好。外人帮我们忙，先要看我们怎样，我们自己有办法，人家才肯帮助我。如果自己没有办法，人家帮忙又有何益。各位对国事很热心，对于这种事如有高见，请指示。

主席：政治报告已毕。各位有无询问？——无。既无询问，现在散会。

散会。

9. 国民参政会第一届第二次大会休会期间驻会委员会第九次会议记录

（1939年1月6日）

第二次大会休会期间驻会委员会第九次会议

二十八年元月六日于军委会

出 席 者：副议长张伯苓

参 政 员：

军政部长：何应钦

主 席：张副议长

报告事项：

何部长报告军事

最近军事情形，可分以下各点说明：

一、最近敌我形势

广东：当敌在大亚湾登陆时，我在粤兵力只有七师，且分驻全省。我军集结不易，乃转移兵力于朱罗山脉，敌乃占广九线。我军在预筑工事内继续抵抗，并由第九战区抽调七师加派吴奇伟一军，敌亦增兵一师团，拟攻肇庆、德庆，窥梧州，或自北海上陆，攻南宁。目前集中于广州之敌约二万人，或将由西江西上。我有相当军力可以阻击之。

南浔：南浔线上敌我隔修水对峙，粤汉线北段在新墙河铁路正面相公路上，我军守九岭。此一线敌我均在相持中。

浙皖：当徐州、武汉会战时，浙皖敌军大部转用于作战地，我方即采取大规模袭击。徐州、武汉会战以后，敌人损失很大，很想把扬子江沿岸我军驱逐至内地，但因多山地区，道路破坏很彻底，敌亦不易前进。

湖北：在皂市、应城、应山、安陆一带之敌不多，仅二三联队，一部之敌在武胜关鄂东。我在汉水以东占领阵地，并扼守江陵以西及洞庭以西地区。

河南：信阳以北完全为我部队【驻守】，长台关有敌一部，开封、商丘各有敌若干。在此地区因黄水横流，敌在黄水东，我在黄水西。最近庞炳勋一部过黄水，抵太康、杞县，出击豫北。道清西至沁阳，有敌一部。

敌华北派遣军司令原为寺内，现换衫山元，驻新乡、石家庄之敌为第二十一师团，用以保护后方联络线，并无动作。

晋绥：晋绥之敌大部不能离开铁道公路线，山西之敌最先头在风陵渡离石，绥远之敌最先头在包头。我军分布于路线两侧，不时出击破坏道路。我军为卫立煌所指挥高桂滋、卢康、刘茂恩、李家玉 [钰]、沈渭渔、朱怀冰、林彪等部。敌想攻长安，非肃清此处军队不可；想攻陕北，非肃清傅作义、赵承绥及阎先生部队不可。三次想肃清山西皆不可能，现又作第四次进犯，但非增加大兵绝难成功也。

敌除在决战区域配备兵力甚多外，其后方及我沦陷区之各要点亦置重兵。我方在敌后及沦陷区中亦配备很多有力部队，不时与敌作战。照目前情况看，凡在我领土内敌人无后方，所以他的危机很大，胜不能持久，一败就不可收拾。

二、敌人兵力概况

"九一八"之前，敌现役陆军共十七师团，其后在东北秘密扩充，增加到六个守备队，另外有台湾守备队、天津驻屯军，在每个守备队或驻屯军之下，以步兵三联队为基干，相当于一师人。"九一八"以后，日本陆军共扩充了八师，所以在卢沟桥事变开始前，敌人一共有二十五师团。开战以后，此二十五师团完全改成战时编制——平时每连一百二十人，战时每连一百九十三人，此外卫生部队、后方勤务部队皆增加很多。平时每师一万二千人，战时看附属部队多少决定人数。据现在所知，每师自二万五千人至三万人，平均是二万五千人。卢沟桥事件发生以后，敌新兵增加第十三、十五、十七、十八四个现役兵团，以后我军愈战愈强，敌人损伤很大。战场开展到非常广阔，敌人兵力不够分配，乃召集后备军十七师团，预备役未编成，预备在对俄作战时编成之。目前敌全国部队共四十六师团，在我境内作战者三十一师团，驻伪满者六师团，驻朝鲜二师，台湾半师团，本土六个半师团。在我国境内之三十一师，计华南四师，华中十三师，华北派遣军八个半师，绥蒙驻屯军三师；转移中者二师半——波田部队。其质量以第一、四、八、十二、廿一、廿四各现役师较好。敌在乡军人共二百七十万，合现役军共三百万，现驻于东北、鲜、台及其本土者共三十万。军需工业各种部门需用现役壮丁，据统计约为六十万。据各种统计，敌在乡军人剩余额不过三十万人，勉强可组成十七师团。在目前日苏关系之下，他不能不备万一，所以他征发的现役兵力，实在已达饱和点，再要征发很感困难。

三、敌我军队之优劣比较

敌施行征兵制多年，士兵训练有素，国民教育普及，所以新征的补充兵、国民兵都受过训练，他们的军事训练比我们彻底而统一。各部分军官程度很整齐，在战场上也处处可以协同一致，精诚团结。敌人编制配备虽不及欧洲列强，而战场所需要的补充比我们足，尤其炮兵比我们优势，官长比我们好。他的炮校有四十年历史，我们仅有六年历史，相去甚远。敌装备虽不精良，而兵工业、普通工业都有规模，故炮火、自动火器与重兵器配赋很多，步兵连配有轻机关枪六至九挺，重机关枪每连有六挺至十二挺，故火力旺盛，各种器材皆能自造。海空两军皆占优势，军令、军政亦极统一，人事、经理、教育、指挥皆无顾虑，敌军之所长皆为我军之所短。

敌军状况与动向：敌人最显著情况有几种：一、军力配备补充困难。每次会战终了，损伤重大，兵力实在不够，每次会战都要到各战场调兵，因之战场愈大，破绽愈多，历次作战部队常有三五天不得饮食。俘虏口中所述敌作战困难比我们为多，且伤亡重大。据我们所得情报以及俘虏供称，到武汉失陷为止，敌军伤亡已达七十余万，作战部队的补充有的达十余次，亦未恢复原来战斗力。今年双十节，南浔作战，夺得敌人命令，曾获得作战计划一全份，得到很多材料，其中一师人作战三个月，伤亡官兵一万余人。此系得于庐山附近，万家岭之役未计入。前方部队要后方补充，后方复电说人员实在缺乏，万难补充。情况之窘，于此可见。获得其他师团请求补充之电，亦最多允予十分之六七补充数。

敌人师出无名，士兵不知为何而战，战场之痛苦以及家族所受之压迫，皆足使其官兵战志不坚。我近数月来每个地方战斗，官兵皆非常勇敢，敌人承认我抗战意志越战越强，抵抗力比前增加。敌军必胜信念业经动摇。我们看俘虏口供以及敌军各种文件，皆可证明敌人确已军无斗志，此为铁般事实。

敌人深入各地，起初以为得势，其实占领区域愈广，所需防守的兵力愈多。自领袖宣布进入第二期抗战以来，到处发动全面战争，敌人所有的后方均变成前方，例如山西一省我们控制，敌人五师团兵力南进不能，西进不得。沪杭一带牵制敌人三师团以上，不能自由活动。自委员长宣布全面抗战后，在敌人前方，我们作正规战；在敌人后方，我们派有力部队袭击扰乱。同时在我们后方训练部队，整理部队，以求产生继起作战军力。全面战争，简单解释是如此。在今后更要发展敌后战争，使敌人后方发生重大困难，使敌人今后要有新企图，非加大规模生力军不可，要不然任何方面均不能发展。如果想切断我西北路线，去占宁夏、甘肃，非增加三四师团不可。那方面交通不便，地形特殊，人烟稀少，在宁河碯口间三百多里沙漠，也无法修路。要攻西安，就要肃清山西以及南阳、洛阳我驻军不可。以他现有兵力想攻这些地方，绝不可能。再要抽调三四师来，也实在太不容易。广东方面敌人想进展，也深感兵力不及。

敌人新企图：按照现在敌人兵力概况，所有兵力到处都在受牵制中，纵令勉强召集若干师（假定为十七师），也不能完全用到中国，否则他的国防立刻要发生缺陷。现在他们宣传说要调大兵打断我西南、西北国际交通线，实则也不容易，不过我们已加注意。根据敌情判断其最近动向如下：

一、仍以在华部队持续侵略战争，大规模企图为不可能。

二、华北方面抽出兵力打通陇海、平汉，扫荡山西，并渡河攻西北边境。

三、山西及华中以少数兵力掩护主力整顿休息，待转用于西北。

四、华南对西江有积极企图，对北海仅扰乱牵制。

我军今后作战方针：我军今后作战方针是坚持长期抗战，扩大作战范围，消耗敌人兵力，疲备敌人战斗力。我军则一面作战，一面轮流抽调整训。整训之意义在改良编制、装备，统一人事、经理、训练等。过去情形，这些都不统一，单以编制来说，全国有二十多种。中央对编制的要求是要大单位少，小单位极力充实。过去一师为四个团，新编制改为三团，每连应为一百五十人。许多部【队】不照这种编制，一师编成六团，每连甚至不到一百人。因为国内地方太大，一时不容易统一。现在这种情形改过来，百分之六十以上都照中央规定办理，其余也可以逐渐改善，此后各师编制一律，装备即可改善。人事不上轨道，影响于战斗力者很大，今后这点能改正，战斗力自可加强。经理制度尤需按法规办理，照这样办理以后，不仅战斗力加强，并且在相当时间内能造成比敌人优势的兵力，在某种时期给予敌人以歼灭的打击。武汉会战以后，全面战争展开，在前方我们牵制敌人，在后方增强我们自己战斗力，并在敌人后方划为战区，增加军队，发动民众支持抗战，使敌人后方发生重大顾虑，不能不分兵防御。最近武汉撤退，曾在长沙开最高军事会议，蒋委员长亲自主持，召集各主管部队长官，将今后整军作战方针及训练中的缺点加以检讨以后，制成各种方案，交各战区实行。委员长又怕各战区情形有不同的地方，在长沙制定的方案未必都宜于各地，因此分别到各战区召集旅长以上军官开会，长江以南长官在南岳集会，广东附近部队在韶关集会。江南会议完毕，再到陕西召集会议，第一战区、第三战区以及第二、第五、第八战区陕甘晋豫各部队长官，亦开会十余日，在南阳、樊城、洛阳召集团长以上长官开会，决定今后作战整军方针，并检讨敌我军过去优劣点。经此次会议以后，全国军队按照一定计划整训，作战战斗力比以前增强得多。

四、抗战以来兵源征募补充概况：

抗战以来各部队伤亡，兵源已报到有数字可查的是一百十二万四千八百八十人。这些伤亡数，业经先后补充。自开战以后，补充前方缺额及增设部队补充兵源已二百零一万九千五百七十人，此外，各军师旅补充部队、各补充兵训练处、后方部队在此一年半中，征募二百七十四万八千人一百七十七人，伤亡总数一百一十万，补充总数二百零一万，似乎余兵很多，实则不然。因为过去中国军队编制很小，一师不过五六千人，经费只有六万多人[元]，自开战以来，战斗力很差。为提高他们战斗力，所以编制小的都增加起来，各部队增加数额很多。卢沟桥开战以前，全国兵员总额一百八十九万，现在已加到二百五十万，多了七十万人。开战以来，逃兵总额为二十万。战前整理师只有五十余师，现在二百二十七师，多半编成整理师、调整师，战斗力较前加强很多。

补充兵征集数额最多的为广西、河南，军政部有案可查。河南为四十五万一千四百三十一人，广西为四十九万，湖南四十一万，安徽七万七千，江西十九万七千，福建六万，山西十一万四千，甘肃六万五千，四川二十七万七千，山东二万九千，云南九万六千，宁夏四千，青海二千五百，贵州八万。有人以为四川出兵最多，其实尚在第四位，以人口比例而言，广西二千万人，四川有六千多万人，再就贵州看[省]人口仅有七百二十万，出兵已达八万，以四川来比，相差甚远。

关于武器，军政部接到损害报告的数目，共步枪三十一万一千只，轻机枪八千五百支，重机枪四千支，迫击炮一千三百门。军政部补充数目为二十七万四千支步枪，一万九千挺轻机枪，四千挺重机枪，一千五百门迫击炮，四百二十六门战车防御炮，二十八门高射炮，一百六十门野炮，一百一十六门溜[榴]弹炮，二十四门重炮。武器的损坏与补充情形大致如此。开战以前，各部队多半是旧枪坏枪，自民国初年造，以致民国十六、七年造的都有，以后所补充起来的都是新枪，所以战斗实力不仅未减少，实在有增加。所差的是我们干部伤亡很多，现在正极力训练，今后要力求增加。

目前委员长最注重的是军事，一面着重于整军，一面着重于战区政治。过去虽有人管，而各方面意见分歧，力量不集中，效力很少。现在于军委会下设战地党政委员会，负责管理沦陷区的党务政治，使能与军事力量集中起来，推进战区党务政治工作。委员长兼主任委员，李济琛任副主任委员，各种条例均已决定，最近期内可以成立。

关于整军，是从大本营起，依次各级指挥机关各部队都在整编之内。指挥机关在过去本较散漫，现已妥为调整，原来河北、山东、江苏都归第一战区管，现在另成两个战区，苏北与山东全省划为苏鲁战区，由于学忠率部前往主持。河北、察哈尔成为冀察战区，由鹿钟麟主持。战区司令长官调整为第一战区卫立煌；第二战区阎锡山；第三战区顾祝同；第四战区委员长兼，最近始正式成立，张发奎任副司令长官，负责主持；第五战区李宗仁，主持长江以北南阳以南地区；第六、第七战区未成立，第八战区朱绍良，负甘肃、宁夏方面责任；第九战区陈诚，由薛岳代理；新增第十战区，管理潼关、长安等区域，由蒋鼎文主持。另在长江以北及长江以南各成立一行营，就近指挥调度江南江北各战区。江北行营设西安，程颂云主持；江南行营设桂林，白健生主持。大本营设重庆，两方面各独立作战，补充给养亦就近办理。行营各部主管人员均由大本营派人兼任，桂【林】行营参谋处长即由军令部次长林蔚文兼任，军务处由军政部派人兼任，并在行营附近设军政部办事处，内分兵役、械弹、通讯器材、卫生等部门，等于军政部之支点。各部队预算以内事项，即找办事处就近接洽办理，预算以外的事，找行营军务处商酌。军务处管行政，办事处管事务的推行。现在各种机构调整，上级指挥单位减少，以后继续努力整军，以求外方面的统一。委员长的计划，要在今年分三期把全国军队完全调整，使编制装备趋于一律，人事经理上轨道，教育遵照中央所颁教育令去进行。

国军整理近况：抗战以来，我们牺牲奋斗已经确定胜利的基础，而伤亡重大，如不整理，即不能维持持续作战的力量。自南京、徐州会战以后，已经整理充实了相当的战斗力量。武汉会战以后，感觉得 [到] 单位很多，实力很弱。为准备以后抗战，则整备训练实不可缓。自去年十一月决定国军整编总方案以后，把全国部队分为战斗、整训二大部分，参战各军在一年以内分三期整理，每期六十师至八十师，预定整理一百八十师，编成六十个作战军。整理的原则照以前所订办理：第一是统一编制；第二是减少大单位，增加小单位；第三是增强战斗力，成立特种部队、骑、炮、工辎、通讯各兵种；第四经常费不增加，亦不减少，每军三十万，每师十三万，经理人事依照法规办理，其不足编制数额者予以合并。整军实施办法分为两部分：第一由中央自己来整理，成为大本营的预备队，这种部队在稍后方地带整训，作为第二次作战基干部队；第二在战区内整训，等于战区预备队，以便随时适应战况，补充兵力。再次是修正编制，鉴于过去经验，知道过去各种编制都不好，现在重行修正，另订编制，处处求其统一，务使力量齐一，补充容易，各单位实力强化。此种整军方案业经南岳最高会议决定，并要各部队陈述意见，以利推行。

关于装备，有许多部队属于包办制，以致不能与中央部队一致，以后逐渐能改善过来，自然不致于有这种情形（现在有包办制的部队有广东、山西、广西及川军一部分，广西部分不久即由中央统一办理）。

军队卫生：关于军队卫生事，医师太少是最困难的一点。军医学校每年不过造就一百多医官，办理不过七年，毕业生不过七百。现在全国二百三十多师，每师按编制至少要三十多医官，一共需六七千人。现在全国有五百多医院，每院至少要医师十人，亦需五千余人，所需数量一万一千，所有人员才一千多，全靠外面找来，此外都是看护长、看护士升充。过去各伤兵医院收容伤病兵总额曾达五十五万一千八百人，而正式军医不到一千人，虽想方法补救，亦甚感困难，管理亦不容易。原来规定每院五百人，而实际收容常达千人以上，医生护士不易照应。而在上海作战时期，管理事权不集中，情形很杂乱，以后经统一管理，始逐渐进步，今后犹待积极改进。现在极力整顿部队中卫生队、担架队的组织，减少自前线到野战病院这一种的困难，并在战场附近设若干收容所，作简单包扎工作，今后仍督促改进。

空军：在民国二十四年国防初步计划中，委员长预定在二十八年以后，我国第一线空军能有五百架机。但自二十四年至战争发生不过一年半时间，原定计划尚未完成，第一线只能保持二百架，以后消耗很多，每月消耗百分率达百分之四十，所以有时候简直看不到飞机。我们自己制造厂南昌及杭州厂都因战事而迁移，全靠外国买来。过去买英美的，去年下半年买俄国，买第一批易货所得已消耗完，第二批易货借款所得尚无损害。现正训练人员，而飞行员很为缺乏，最初计划每年训练五百人，自二十五年起各校召[招]生均不能足额，最多每年三百人，作战一年半，人员伤亡七百余，飞行失事与作战受伤者三百八十人，死亡者二百八十一人，失踪者二十五人。现在正积极训练中。外国志愿兵也有，他们很帮忙，死伤数亦有二百多人，现在正极力训练中。

作战以来，我机全毁者四百八十架，可修者八百五十五架。敌人损伤也很大，被俘者四十五人，已死可查者七百零九人，跳伞逃走者三十九人，总计伤亡及行踪不明者七百八十一人。这是有文件可查的数目。照情报及敌方材料所查得者，尚有一千二百人未列入，总计一千九百余人。敌人在我境内损失机数有文件可查者，计重轰炸机七十一，轻轰炸机九十九，驱逐机八十六，机种不明者三百四十四，合计六百四十二架。飞行失事者，据航会计算在一千以上，焚毁击落者共一千二百零二架，合共为二千八百零七架，比我们损伤重大得多。完。

10. 国民参政会第一届第二次大会休会期间驻会委员会第十次会议记录

（1939 年 1 月 13 日）

第二届大会休会期间驻会委员会第十次会议

二十八年元月十三日于军委会

出 席 者：副议长张伯苓

秘 书 长：王世杰

参 政 员：

经济部长：翁文灏

主 席：张副议长

报告事项：

一、外交报告　王秘书长代

（一）驻美大使胡适四日电：美国会已开幕，一般推测政府稳健派站 [占] 优势，中立法一部分已满期，即须修改，在五月一日以前必需决定。据个人观察，一定要有一部分修改，修改中重要一部分以应付欧洲局面为主。……外交委员长毕德门声明，去年十二月三十一日致日本照会，如不得到满意答复，美国将禁止日货运美国，必要时停止日美贸易。毕德门虽然是个人主张，而一般人志为是政府授意，要他发表，来试探舆论，如果多数赞成，或者本届国会通过一种方案，停止国民运货到日本去。

其次，最近英美都对日本采取报复的威胁，这种威胁加诸日本，日本究是拒绝到底，还是让步，一时不易明了。但东京美联社有一个消息说，东京贸易权威方面消息说，日本预备与美国在东京开谈判，讨论两种问题，第一是日本占领中国领土所生的日美纠纷，第二日美久悬未决的案件。关于这一点，外交部王部长认为可靠的成分很高，恐怕是日本对英美所采取的初步转圜的步骤。

（二）驻英郭大使五日电：五日见外次贾德干，谈起英美报复行动的接洽。贾氏称目前尚无确定消息可说。郭大使说，美总统在国会演辞已经表示准备采取报复行动，希望英国趁此机会响应美国。听从[说]日本平治内阁成立以后对华对英政策更要强化，英国对这种局面怎样应付呢？贾氏说，日本强化不强化并无问题，他的国策已定，也许步骤稍有变动而已。这般人出来组内阁，只益发暴露其狰狞面目，与中国并无不利。

（三）顾大使八日电：据法国外交部消息，美国总统在议院宣言已经证明民主国家可以合作，从今以后法国对独裁国家要取更强硬政策。法外部说，最近驻华大使那齐亚回国，对法国政府报告说，中国政府与社会对于法国政策深为不满，而且觉得法国不仅不与中国合作，且与日本妥协，中国朝野都有此感觉。法国外交部人说，这种报告固然有利于中国，而法国确有困难，不易立即变更现在政策。

（四）荷兰公使金问泗电：荷外长密称，据意大利驻荷公使对我说，齐亚诺在他自己任内决不使意大利与任何国家打仗。其次，自本月起德国又要动员，其规模比捷克问题发生时大得多，目的在威胁波、苏。取得乌克兰和战决定的关键恐在波兰。

（五）郭大使与英外长谈话（十日电）：十日下午见英外相，提出三要点：1. 希望英国提出强硬通牒给日本，内容与美国相似；2. 希望英国经济方面援助中国，维持法币，扩大信用借款数目；3. 希望英国早日实现报复手段。哈立法克斯说，中国抗战问题我无一时不在考虑之中，对于上述各点，亦正极力研究，但现在尚未达到可以切实详细答复的程度。在第三点，我以为美国出来提倡这种事就容易得多，只[至]少要美国能允许有平行动作，英国才能采取这种办法，于国联在未来行政院开会中对中国问题恐怕不见得有根本办法。一切办法，就英国看，要等以后才能决定。

另外，王部长报告说，关于国联行政院十六日开常会的时候，中国究竟要采取什么态度，提出什么样方案，这是过去一两星期外交部、行政院所研究的问题。现在具体问题已经提出，大致是我们代表把过去几个月日本侵略情形与中国抗战政策，以及日本最近所宣布废除九国公约，破坏门户开放的宣示，作一个扼要报告。我们的要求有以下几项：1. 国联历次决议是各国应该帮助中国，这话到今天几乎完全没有实现，所以国联要给中国经济上以援助。2. 军火输入问题，希望国联有一种决议，对于帮助中国抗战贩卖的军火不能存一种成见，而且国联开会，中国代表曾经提出过对于物品通过的问题，会员国对中国物品通过不能妨碍。过去中国曾提出过，法国不赞成，所以没有列入议案。这次一定要列入。国联会员国对于军火通过其境内到中国去，不能加以限制。按照盟约第十六条，不仅军火不能限制，就是军队通过也不能限制。现在连军火都要受限制，这与国联会员国的精神相去太远，这是多半指法国而言。现在不仅军火，就是其他货物通过越南，都有不少困难。这点通过以后，交涉就有便利。此外，要求会员国停止任何对日本接济，希望会员国能一致行动固然好，如果为现在形势所限不能做到，也可以要求与远东有关的会员国能实行。希望会员国以外的国家能有平行行动，并要求国联组织调整委员会，以为共同行动之机关。这点能成立，制裁才能实现。

二、经济报告　翁部长报告

今天想把去年年终到川西各地考察所得，以及我们的办法报告一下。

我想要在四川省内地做经济建设工作，恐怕最重要的是有一种地方分配与生产重心为基础。照这种眼光看，四川西部岷江下游，再西到大渡河的那地方，似乎是很重要的生产区域。那里天然物产很多，现在已经有的是内地第一个出产盐的区域、出糖的区域、出纸的区域、出碱的区域，煤矿也有很好的蕴藏，交通也有嘉陵江之便，到现在还可以通大帆船，有几处地方稍加整理，即可通轮船。所以亲自到这个地方去看了一看。

先到嘉定等产盐区域，另外看了出糖区域，再到这是范述[旭]东先生预备办基本化学工厂的地方，已经购地一千多亩，各项工作进行总算很快，政府也在那附近办了一个发电厂。以后顺流到犍为看产煤区，又到屏山一带，这里出煤也很多，再进到大渡河铜健子（滕冲），相传汉朝滕冲在此炼铜，这带是出铜的地方。沿大渡河又看到几处开金矿的，一处叫卢卢坝，有一千人以上在开金矿，由这里回到嘉定，有二百多里水道可通，在嘉定有电工厂，各种工业皆在积极进行中。

四川出糖，照他们估计每年至少有三千万，在内地是第一大产地，可惜他们的糖都是用老方法提炼，结果成本很贵，而且不容易得到白糖，推广不容易。四川因为交通不便，内外运输困难，他们还不容易为外糖所压倒，如果川滇铁路成功，洋糖运来,那时四川糖销路范围是否为土糖所有,很成问题。所以单就保守糖销路来说,新法炼糖已有提倡的必要。我们想帮助,在广东着手,起初广东有好几个糖厂,川省政府的地位来提倡,我们当加劝他们把机器出卖给四川,要四川去买。四川省派人去商量,没有成功,原因是当时相信日本人不会占广东,现在几个糖厂完全炸毁,剩下来一个糖厂没有完全炸毁,现在还在中国所管地方。我们又再与广东商量,现在还没有得到结论。我们想能抢到一部分最好,免得要向外国去买,运输、外汇都是大问题,想趁此时机帮助四川建设新糖厂。

现在大家觉得汽油很困难,不仅贵而且难来,逼我们要自己制造相当数量代替品,用酒精渗加汽油使用,以及制造代汽油。我们新办一个厂,从去年九月份开始出产,接济应用,现在公路上使用的完全靠他。照液体燃料管理处规定,要用汽油、酒精各一半,事实上他们有用酒精到百分之七十的,可见这个厂的重要。厂中机器除发电机、锅炉之外,都是中国造,所以成功也相当快。现在想筹办第二酒精厂,就是从前咸阳的一个酒精厂,现在我们买过来一部分,已经搬到,希望六个月以后能出产,制造能力很大,产量可以增加一倍以上。

到了嘉定,这里有几个工厂,造纸厂、制碱厂、发电厂,这几个厂看了一遍。兄弟在民国十九年到这里,看到还有两家丝厂、两家冶金厂、一个造纸厂、一个发电厂,现在不仅没有增加,而且少了,丝厂完全停工,纸厂规模仍旧,而纸在内地非常缺乏。我们想在内地以现有工厂基础,加以整理,使他快一点成功。我们与他商量,使他们造纸每天可出一吨,增加他的资本与设备,借给他一笔款子,在重庆订造机器,五月以后即可造成。到那时,他每天可出四吨纸,供给印刷,就很够一部分应用,要供给全部还相差很远。四川全省每年平均需纸三千吨,以后希望上海迁来的龙章敌早日出产,他们能力很大,每天可出八到九吨,二家合起来,产星[量]就差不多。另外,在铜梁设一点小造纸厂,也可供给一部分,并作土法改良的模范之用。另外,在那方面看到一个造航空降落伞的工厂,每年可出二千架,一切应用器材完全自给,办得非常彻底,所需原料也完全可以自给。

内地最大的出盐地是自流井,其次就是我们所看的几个地方,现在政府要盐的产量增加,要增加一倍。自流井的增加的有限,这种茶山、柴健、屏山一带不仅没有增加，而且减少。问他们为什么不能增加，他们说煤炭缺乏，其实煤炭原来并不缺乏，他该地有一个机关叫盐务管理处，组织一个燃料统给处，统制一切燃料。统制结果，煤炭少了。现在正谋增加煤炭的产量。那里出煤矿的大致有两个区域，一个犍为，一个乐山。在犍为、乐山之间一个叫方塘的地方，也有两个矿区，从前划为国营矿区，国营矿区当初立意是把重要矿产完全由国家经营。如果处处都要国家包办，国家也办理不了。我们要使事业真正能发展，一定要兼筹并顾。所以现在规定国营矿区管理规则，我们以一部分国营为基础，可以组织公司，人民投资固然欢迎。现在买机器很困难，如果商人有空着的现成机器，我们就请他们以机器为股本来加入，同时私人办理，人才、经济皆很丰富，借用比较纯熟。现在规定国营价区管理规则中有这种办法，同时规定政府股本只[至]少百分之三十，董事长一定要政府派，政府能有权力监督这种矿。这些都有详细规定。现在我们办了一个嘉渝煤矿公司，有河南中福公司、民生公司、川康银行参加工作，使大家协力进行，办理就比较容易，并且造三条铁路，一条从嘉陵江到五通桥，二条从方塘矿区到马鸣河，三条从自流井到邓家岗，三路目前很有成功的把握。

同时我们想在那方面供给相当大的电力。过去自流井用牛的动力来打井，井深三千尺，管子一次上下要两小时，后来用动力机摇起来，一上一下只六分钟，可见新式设备比老式要差得多。这次到日，我鉴去看四家盐井，他的井深一千七百尺，一上一下不到三分钟，还是用煤烧，如果用电力就更快得多了。但这里运煤去要走几十里旱路，成本很贵，如果通一条电线去，就要便宜得多。另外自流井有一种深井出盐最富，如果这里也打一种深井，自然也有很好的黑水盐。这种事本地方人也曾组织过深井公司，他们买了一架机器，打了四个井，花了六十多万，机器坏了不能再做。要是内行去办，深井一定可以打得成。从前我们在陕西北部试开煤油矿，成绩很不错。我们在美国买机器运到陕西，运输很困难，但连运费机器不过十五万，开了六个井，其中有一个井曾每天得原油二万斤，但以后日渐减少，而且设备不好，未能提炼汽油。现在要这种机器来经营深井，也一定很有经营的价值，现在川盐有大量增加的必要。

另外，有一个高兰矿区在屏山与犍为之间，中间一条河叫马鸣河，再过一条河，就是大渡河。铜犍子大渡河原自西北向东南，流到这里忽然倒转，铜犍子就在此倒转之处。铜犍子与马弼河相去六公里，水有高低，上下相差自七十公尺到八十公尺。要在四川找水力发电的地方，这是第一个好地方。因为水力发电第一个工程要造一个水坝，那很容易为敌人炸毁，这里行于山中，无从炸毁起。要是这里有一个水力发电厂供给这个工业区域，很为适用。这个地方以后川滇路造成，这里通到叙府、内江，水旱两路都很便利，这实在是一个天然的内地工业中心地。

此外，重庆也不失为重要工业重心，这里已经办了许多工厂，希望参政员能有时候去参观一次，鼓励他们一下。

关于钢铁的增加，政府原想把汉冶萍现成机器拆来，这种工作经继续作而成功，要有相当时间。第一步成功炼铁，每天可出二十吨，以后可出到二百吨，但要到十个月以后才行，不能应急需。现在想另外办法来解决目前需要。协和炼铁公司每天可出四吨铁。炼铜 [钢] 从前四川有炼钢厂，每天可出四五吨，"七七事变"时正好开始出产，现由兵工署主办，商办的有大鑫炼钢厂，每天可出十多吨。

另外，万县也是相当好的地方，附近出铜，我们想把炼硫的中心放在那里，植物油料厂也在那里，有精炼植物油的机器。

川滇缅路的矿产现在急待开发，日前正努力做调查工作。广西锡矿也正在设法增产之中，在百步开设一个电厂，将完工时被敌机炸毁。

经济部本身办事业，固然十分看重，而行政也不能看轻，所以对行政整理也有了相当功夫。以前办事手续太慢，甚至有前任积了很久的文件，到现在才批出去。一个事业与各方面都有关连，时间上一脱节，事情就办不起来。例行公文与驻 [注] 册都是很重要的事，因为整个经济机构在我们手中，现在将部中公文处理皆划这时限，每天核办公文要列表报告，有专门秘书处理，希望不致于过于耽搁。

有许多人现在高唱统制，其实提价统制内容就很复杂。事实上，四川有许多实业还是彻底有人在统制着，嘉定从前有丝厂，因为统制太厉害，结果开不成，其中利害关系非常复杂，政府要想好的办法，同时要顾虑困难所在。我们的办法要使中央与地方能够合作，同时要使有能力的人有一点活动余地，不要好的事都由政府拿去，政府只是指示方向，要他们有联系而已。这点与行政手续很有关系，方针已定，办法已决，行得通行不通，要看行政手续，这点要待我们仔细研究。

参政员江庸：听到翁部长所说西南最近实业进行计划，很觉高兴。但近来听说乡下人差不多都走了，甚至逃到山中做土匪，现在甚至于种田都没有人，春天不免农荒。四川工业要想发达，农作物就很重要，如果农作物缺乏，这真是根本问题。翁部长视察是否也看到这种现象？

翁部长：这种事的确有，对于经济上影响也很大。这次看到开煤矿也受到这种影响。他们说开矿工人都是女人，壮丁不能来，在旁的地方招来，半路上就通统被人抢了去。要怎样减少困难，很不容易成功。经济部屡次办公文与军政部商量，想规定几种事业的人不征，但是回文不行，认为征壮丁是唯一大事。后来对于各工厂，某工厂需要若干人，可以一[起]商量。煤矿方面，行营说采煤工人不拉，运煤工人靠不住，但因为这种情形，使工价提高，各种工程进行很慢。这种情形我们也想不出很好办法。农业方面因为分布很广，还不致受到多大影响，工业方面影响太大。

散会。

11. 国民参政会第一届第二次大会休会期间驻会委员会第十一次会议记录

（1939 年 1 月 19 日）

国民参政会第二届大会休会期间驻会委员会第十一次会议

二十八年元月十九日星期四于重庆军委会

出 席 者：副议长张伯苓

秘 书 长：王世杰

参 政 员：

交通部长：张嘉璈

主 席：张副议长

报告事项：

外交报告　王秘书长报告

外交部书面报告最近外交情形如次：

一、顾大使电：曾与巴黎苏大使谈话，据苏大使意见，觉得中国计划这次向国联提出要求，对日本实行制裁，照目前情形，恐怕不易实现。但愿协助中国提案。

二、驻德陈大使十二日电：十二日希特勒以新年招待各国外交代表，在与希氏谈话时，希氏曾问及中国与日本冲突几时可了。陈大使答称，要看日本何时放弃其领土要求。希氏说去年双方战争告一段略时，我曾经调解过，当时日本条件比较近情理，以后战争延长，日本条件更苛刻了。现在的症结在防共问题，我希望和平能早一日实现。此外在招待会上德外长与各国使节都有一度谈话，独与苏联大使没有谈话，亦表示其关系冷淡。

三、顾大使电：在此处访问法国新驻华大使，谈话中先说到中日战争问题。新使说据他看，以后日本在军事上一天天困难增加，而最难的是日本军队撤退问题。

中日假定愿和平，最大障碍当为日本撤兵，但也并非没有办法，只看各国怎样利用。至于日本所要求的经济合作，希望中国不必顾虑太多。关于军火通过安南一事，他说法国在安南所受威胁特别大，目前要法国变更政策，确实很困难。以后曾与法外长谈话，顾大使说美国、英国已照会日本，法国何不作同样行动照会日本，此不仅中国欢迎，英美也欢迎。法外长说这话很对，预备对此问题有所说明。顾大使说我们这次对国联的要求，英美已有经济的援助，法国能否亦作此考虑。法外长说请你拟定方案，再详细商量。

四、美国胡大使电：美国态度一天天积极，这不成问题。照美国政治环境，恐怕要做第二步工作，一定是极机密，不见得与其他国家作一种很显然的接洽。如果他的办法泄露，国内的顾虑很大，不仅外面不会知道，恐怕外交部本身也不很知道。

五、驻英郭大使电：十四日与英国方面谈话，英首相尚未归来，俟首相回来，英政府对远东问题及维持法币问题，希望能有一种进展。英国对日照会发出后，英国舆论都说照会措词很坚定，但一定要有一种具体迅速的行动才能使照会发生效力。

六、顾大使十七日日内瓦电：十七日英外长到日内瓦，曾与他详细商讨国联行政院议事日程，关于中日争端讨论时，英外长表示将来在决议案中，把美国照会中的主张提进去的一点可以考虑，但中国其他要求恐怕不容易实现。对于经济援助中国一事，认为中国不宜过度张扬，五十万镑信用借款不过是初步稳定中国外汇贷款，也正在政府计划讨论之中，希望中国不要坚持第十六条条文。此次英外相、首相到罗马期中，意大利表示：凡意国对法国的领土要求，都是民众表示，不是政府意思。这种表示的意思，是政府无意用兵力达到目的。所以说法意目前有冲突是不会的。致 [至] 于法意间谈判一定要意大利要求才行，法国不愿意自己出来做，而意大利一定要弗朗哥胜利，西班牙问题得到解决以后，才能向法国表示其要求。

张部长嘉璈报告最近交通情形

目前最重要的交通莫过于公路。自四川通到前方的路线有几条：第一，自重庆到贵阳、柳州、桂林，向长沙方面去；第二，川湘公路；第三，贵阳至昆明，这是西南三公路。兄弟曾往察勘过一遍，自重庆到松坎至贵阳一段，自去年十月由交部接受以来，即注重养路工作，修整各处湾 [弯] 度、角度，改建渡口为桥梁，自重庆至贵阳三大渡桥，大致完工，这段路已可算很好。自贵阳到柳州原无多人来往，路面不佳，现在征工培修，二月间可以改好。柳州到桂林有两个渡口，目前想修成正式桥梁，桂林到衡阳渡口都搭成便桥。川湘公路从綦江、通会、黔江、沅陵至长沙，此路共有七个大桥，现在完成四个，其余正在建筑中。全路正在修筑，因治安欠善，正请省府派兵保护，以利进行。

自贵阳经晃县、沅陵至长沙一路，在湘境有十一个渡口，此路较忙，修路也很困难。现在组织抢修工作队，桥梁亦大致搭好，交通比较便利。自贵阳至昆明一路，去年交通部接受以来，积极改良路面，中间一个滇江渡现正改筑正式桥梁。现在另筑一条新路，自龙城、威林、宣威到昆明，较自昆明至贵阳要省一天半时间，车、油皆可省不少。

昆明到缅甸一路，举世属 [瞩] 目，我们也极力注意，路面自前年改造，并建桥梁涵洞，现在大致完工。缅境路线，英方也积极改良。

西北路线自重庆到蓉、到广源、到汉中、到西安、到兰州，其中有修改路线，缩短里程，正在进行中。另外想由重庆直接通汉中，以及由成都至兰州直达路线，正在测量中。另外由西康到雅安、到康定一路，四五月间亦可完成。

车辆问题至感困难。西南公路现维持三百多辆，一百多辆客车、二百多辆货车，现在预备在美购二千辆车，以后运输量可望增加。滇缅路与英方商购六百辆，但价格较美货贵一倍到两倍，尚未商量好。

关于输出输入的数量，每天各要二百吨，然后各项需要始无问题。现在除汽车外，并用人力兽力运输，此种运输量预备由十吨增至五十吨，西北则组成驼运队。

西南西北这次造了这些公路，不仅供军兴，并且把他作成一种公共事业，将来战事完毕，仍然有其继续存在，所以对公路组织、人员训练，都要有长期严密的组织，使工作者经常安心服务，这是我们的企图。

铁路方面，由昆明到叙府以及到滇缅边界的两边同时开工，预备明年六月完成一半，想先赶完昆明至威宁一段。要筑滇缅路，必须向英国借款，不然对方不接头，你也没有办法。叙昆路原与法国人订有老合同，法国人认为仍有效，英国人要叙昆、滇缅两路共同担保才肯借款。经过许多周折，我们以最大决心，先行自己来做，然后促成英法，正式说明这两条路由两国共同贷款，总算已达到我们预期目的。他们商洽借款，问我们有什么担保，我们告诉他所有的担保品你都知道，但你总不能要得太苛刻，你们若不借款，我们也决定用预算来造路。后来他问到沿路矿产，我们说以后发现矿产，你要投资，我们有矿产法，你依法向经济部请求，一定受欢迎，总不能拿沿路的矿产给你，希望你们不要同时提出来。后来他们经过详细商量，尚未确定具体办法。我们则决定先移用湘桂路材料，如大局无变化，则使湘桂赶筑至柳州、贵阳，接威宁，现正在进行中。

后方最困难的是电讯问题，这几省过去因人事上、组织上、设备上都很差，现在极感不便。现在以重庆为中心，积极布置电话网，市内电话亦正极力改善，并以武汉拆来话机充实设备。

航空方面，中苏联航正在试航，渝筑已开班香港，并未断，敌机虽屡袭，亦未中【断】，以后亦不致中断。

12. 国民参政会第一届第二次大会休会期间驻会委员会
第十二次会议记录

（1939 年 2 月 3 日）

国民参政会第二次大会休会期间驻会委员会第十二次会议

二十八年二月三日于军委会

出 席 者：副议长张伯苓

秘 书 长：王世杰

参 政 员

内政部长：何　键

教育部次长：张道藩

主　　席：张副议长

报告事项：

何部长报告内政【文略】。

许孝炎：关于地方治安，兄弟想报告一点湘西近况，因为兄弟最近曾到湘西住过三四星期，最近那方面情形很值得注意。自战事延展，到湘北岳阳失守以后，后方的湘西非常重要，长沙一烧，湘西情形就特别紊乱。紊乱的原因，第一是长沙大火以后，许多军队退到湘西，有些军队退却时纪律不良。在十一月底到十二月初，从长沙到沅陵、芷江，沿公路一个民众都没有，因为军队退来的太多，民众不能住，这种情形延长达二星期之久，现在沿公路秩序比较恢复一些，乡下军队一到，要民房住，要民粮吃，常常有军民争食的纠纷发生。现在最感不便的是，没有一个机关来调和军民间的关系，其他各省有动员委员会，使军队不直接向民众征取需要。军民合作的方式与制度如不确定，湘西军民要融洽是非常困难的。正式军队如此，伤兵就更困难，他们宁愿住民房，不到伤兵管理处及医院去，这种情形非常严重。其次湘西土匪到了无法挽救的地步，在离城五里以外就不能住人。过去民间自卫团队的枪枝都被不法收缴，自卫力量完全没有，在这种情形之下，民不聊生。在城中怕空袭，下乡就怕土匪，只得听天由命，人心惶恐达于极点。沿路劫车事件之多不可胜数。也有去收编招抚的，但招来以后，官长每月给十元，士兵给五元，连饭也吃不成，于是白天为军，夜间为匪，俗称"拖边盆"。这种军队到处都有，他们随便去缴民众的枪以扩充自己，这种情形已到不可收拾的地步。现在湘西要限三月内肃清，也是徒托空言。第二是湘西粮食恐慌。自长沙大火后，军民集中湘西，人口陡增数倍，沅陵本来三万人，现在增加到十三万人，湘西粮食本来不够，沅陵曾经有一个星期买不到米。现在沅陵一担米一百斤，价到二十六元，肉卖一元一斤半，青菜卖二角五分一斤。湘省滨湖各县是产米区，现在常德一带只卖三元一担，再下去米更贱，原因是交通工具不够，船只完全被军队拉封了，湘省府也预备抢运，现在才预备造船，实在缓不济急。船造成了，水也涨了，恐怕战事要蔓延到滨湖各县，粮食从何运起。如果再宕延下去，恐怕湘西要造成大的骚动。盐的问题也很严重，买盐竟像银行挤兑的情形一样，盐店每天只卖一小时，沅陵如此，其他地方可以想见。

总之，军民合作办法如不解决，土匪问题没有具体办法，食粮、食盐问题不解决，前途深可忧虑。如果湘西一乱，抗战前途要受很大影响，这种问题值得注意，所以提出报告。

教育报告　张次长道藩

教育情形在二次大会有详细报告，现在只报告自去年十月到现在的情形。先将二次参政会决议与教育有关案件，由国防最高会议交到教育部以后办理情形说明如次：

一、加强战地文化食粮输送工作案：此案交到教育部后，教部与中央各有关机关商洽以后，组成战地文化服务处，专司其事，其他各方面也想方法从事此工作。

二、举办全国文化事业，构成全国文化网案：此要现在举办，人力财力皆感不够，现在由教部令各戏剧教育队附带作这种工作，并增加他的宣传。另外两个社会教育工作团，一个在湘西，一个在贵州，分派人员到各地从事此种工作。关于文化消息，教育部在《教育通讯》上专辟一栏，作文化消息的报告。

三、推行普及教育增强抗战力量案：这案问题很大，不仅经费有问题，对于已往工作检讨、新工作方法的决定，本来以前王部长定有普及全国教育的办法，因战事发生而搁置。现在西南西北正是需要加紧教育的地方，中央已经拟定方案，预备提出教育会议，对已经进行的，在继续进行之中。

四、持久抗战在教育方面应注重历史地理及乡土志以提高民族意识案（为持久抗战当注重本国固有文化提高民族意识案）：此案一方面研究办法，一方面搜集材料。乡土教材去年就提交各省转令各县搜集，到现在为止仍向此二方面进行。

五、请政府设法组织沦陷区域内工程技术人员到后方服务以免沦为敌用。此案不仅与教育有关，与经济、交通、军政各部皆有关连，政府方面尤其交通、经济两部，都在陆续救济。教育部对此案办理，是会同有关部门去办。

六、办理西北牧畜事业设立兽医学校案：此案在最近一月十八日才奉到命令，正在考虑办法之中。

七、改善专科以上军事训练与改进各种学校军训案：此案已经到部，问题原因是过去办理军训未收效果，最近教育部与政治部有多次会商，办法商[尚]未确定。大体情形是希望将来普通军训在学校中，以教育部为主体，军事教官只能当作学校教员一份子，不能有特别权力，军事管理应由训育方面负责主持。权限划分以后，或者要好一些。集中军训以政治部为主体，教育部辅助之，军事教官由政治部选定若干，教育部通知各学校自由聘请。

八、推行佛教与注意佛教文化案：原来孔院长说过，关于组织国立佛教学院与边事编译机关，要教育部办理。对于佛教学院，现在由西康省筹设因明学院，同时预备在各大学哲学系设置佛教哲学课目。设置编译机关事，预备在国立编译馆中设一组，从事编译工作，经费须行政院允许才可举办。

九、请中央各省救济院设孤儿所，收容各地难童，实施教养。

十、抗战建国期间请中央设立儿童教养机关，以固国本。

这两案都是救济难民、儿童的，目前教育部只救济到中学生及少数小学生，一般难童由各省市自行直接办理。在汉口时有振济委员会所办的儿童保育会，不是由教育部直接办理，要交各省办理比较普通一点，容易一点，现在正由中央指导办理，并将孤儿院等改良，收容战区儿童。

十一、在战区，各学术文化机关以及图书设备可能范围内设法运到内地。这事与学校内迁相关连，教育部一方面希望他们迁移，一方面顾到不必要迁的就不迁，免得当地学生无处读书，所以也不能奖励迁移。譬如浙江大学一迁，致学生无处读书，要筹设临时大学，这是迁的困难，但像中山大学因为事变来得太快，请求的电报才到，而广州已经失陷，因此要各学校把必要日常需用及生活必需物件随带以外，尽可能的把图书仪器向后方输送，中山大学也在这种原则之下移动，所以还保存了一些。书籍方面，现在有许多没有办法，现在宁波有私人藏书，要商量迁出来，不易做到，要强迫迁也不一定做得好。因战事而迁的大学，只有中央大学比较完备一点。

十二、实施难民教育。这件事颇有困难，因为难民部中不能直接管，我们只能与振委会会商，有难民所在地即派登记教师前往。据振委会的报告说，年龄小的还好，年龄大的就不好教，且 [目] 前教部只能与振委会会同办理。

十三、抗战建国过程中实业教育实施方案：各省近年对职业教育的实施都在积极努力之中，对于师资训练与改良职业学校设备，推行职业补习教育，办理职工训练班，筹设职业指导制度，都积极规划进行。职业学校移到后方来以后，有许多困难是想不到的。譬如甘肃某职业学校办了以后，没有人来，所以职业学校要与其他学校发生联系，初级可以升到高级，升到大学，并且要注意设置的地方，要学校对于当地工业生产有改良的，然后方能引起人的兴趣，否则根本不容易办。

十四、设立战区文献征存机关，延聘耆旧主持，并藉以表扬义烈振作士气案：这种计划已经拟定，每月经费要一万多元才能举办。

十五、请拨外汇补充高等教育教学上最低限度设备案：有这案以后，促起财政当局注意，但数目也非常之大，财部不易做到。每年专科以上所需要最低仪器设备要二百五十多万。

十六、罗致专门技术人才分任抗战工作。这是参政会上届决议，教育部前几月组织中央建教合作委员会，现在就各种专门技术人才，加以登记，分别介绍工作。

以上各点是对上届大会决议办理经过。另外还有几点需要报告的事：

高等教育现在有一种不合理的现象，就是许多学校都集中在几个大都市，各校迁移都是向省城里找地方，实在教部也无法解决这种问题。医学院方面为便于造就人才服务起见，略予集中及分配。战前专科以上学校一〇八所，战后因各种关系，或结束，或无形停顿的，或合并的，到现在只剩九十四个单位，国立者二十九，省立者十九，私立的四十六。迁到后方的十二，仍在平津、上海的二十九，原来在后方的八个。后方现在预备增设重庆国立商船学校，改进内河航业。

教部最近办理大学先修班，因为本年大学招生考试应考一万一千人，录取五四六〇人，占百分之四十九，其余五千多人失学，所以办理先修班，等于为他补习。现在教部直接办理八班，收容四百人，另外云南大学与西北联大代办收容六百人，一共有一千多人。另外设各种专科学校，名为技艺学校，其中分电讯、汽车、探矿、机械、化验、造纸、皮革、农产、制造等科，以及其他各科实用学科，一共十七科，可容一千多人，两年毕业。另外有几千人尚需另想办法。

去年大学毕业生五千二百十九人，经介绍到政府机关服务者颇多，虽经各方面吸收，没有得到工作者仍有二千二百七十人。所以青年失业问题仍复严重，现在想方法会同各方面解决这个问题。

战区各大学学生到后方读书，可免除学杂费，事实上战区学生都是完全免费，并且贷金的，私立学校也希望能做到这点。

战区退出的教职员救济，本来就办的，已经救济的有四百多人，审查中有一百多人。

留学生的救济：公费生三个月七百元，自费生三个月六百元，但大多数因为没有外汇的原故，只能汇函一次，以后就无法汇去。到十二月止，这种学生有二百四十人。

中小学生与教职员救济到现在仍继续办理，现在止共救济学生二五，六〇〇人，教职员一三，九〇〇人，学生百分之六十由公费进国立中学。教职员订定标准，分别予以救济费。目前国立中学校有一千多人，行动很不便，现在预备分散。

关于沦陷区教育情况，各位也非常注意。这种事的进行很感困难，现在沦陷区内分为两种情形，一种敌人权力所能控制的，一种敌人权力所不能控制的。对于第一种区域，我们希望能维持常态教育，照旧进行，如果不能，也要想种种旁面方法来施教，使民众不受奴化教育，经费则很少。去年半年只二十万。二十八年也只列五十六万。现在把沦陷区划分为若干区，每区派一督导员、两个助理员，联络当地教育分子，领导他们工作。

职业教育前面报告了一点，目前对西南两部分农工职业教育有详细规划，对于战后课程与设立标准也在规定之中，并令国立中学加设职业科，并派人到各地考察。以前单办机械、电讯职工训练班，现在仍在继续办理。

关于社会教育、民众补习教育，本为过去几年重要工作，现在后方各省办理非常困难，最大原因在保甲制度不健全。以重庆来说，要做扫除文盲的工作，就不知文盲有多少。社会教育方面，过去很注意于电化教育，如流动电影与播音等，战前巡回放映者有八十多团，战后毁了不少，现在正在补充，最近部中对于音乐教育也非常注意。因为经费困难，要普及社会教育机关很不容易。最近研究出一个办法，就是要各级大中小学兼办社会教育，最近有详细计划预备提到全国教育会议，通过以后即行试办，希望对社会教育能有很大帮助。沦陷区的社教工作人员，现在也从事救济，到十二月为止，救济有一千四百余人。

边疆教育，现在每年用在边疆教育费用是每年六十余万，数目太少，这也只能做一点算一点。目前边教最困难的是教科书，这要请编译馆办理。

体育改进，这次重庆举行身体健康检查，中小学生真正健康者只有百分之一八，学校体育今后亟应改进，现在正举行体育会议从事研究。

以上是今天所要报告的两部分，一部分是过去决议案执行情形，一部分是最近重要事项以及此后教育计划要点，另外一部分是属于行政院，将提到下次大会中报告。（完）

主席：各位有无问题提出？

胡文澜：本席这次出国，想把这次所见报告。[1]

本席到云南就听说汪精卫主和，当时深为讶异。以后近卫声明发表，蒋委员长有驳斥声明以后，才知国事并无变更，汪氏艳电发布以后，才证实主和消息为不虚。自艳电发表后，香港参政员有电表示，竟见多数人皆为之惋惜，不置汪机关报在港者，报贩大家皆不为他卖报。

香港一般情况与内地一样，有钱的人还是没有出钱，千万以上的人物仍然过骄奢淫逸生活，大家也无法使他们出钱。

新加波[坡]侨胞真是非常爱国，为避免当地政府干涉，想尽方法为国家出钱，

---

[1] 疑缺下文，原文如此。

二百多万侨胞捐助款达四千万，公债二千万。据陈嘉庚说，菲律宾十万华侨就捐助了一千万，我们至少要捐两万万以上才行。这种钱还是中等以次的人出得最多。

至于参政会希望华侨回国投资建设的事，他们都很愿意，想先调查一下。我劝他们无需调查，既报效国家又可赚钱的事，何乐不为。

西贡华侨因种种原因，捐款很少，只有二百多万。

这次有一种最深切的感觉，以为地理之优不足恃。马来亚、安南等处地理并非不优，而终于为他人奴隶。英国人在某处仅有数千人，华侨有几十万人，甚至百万人，但终于为英人统治，这种实例足以告诉我们，人是最要紧的，人的自强自立才能立国。

左舜生：书籍问题甚感恐慌，长此下去，后方教育发生困难。此事是否可以商量解决。湖南同乡希望有湖南国立中学，是否有困难。

校址困难的问题，最近看到一个地方可容纳四百以上学生，名为南平公学，很为适宜，教部可去察勘一下。

张次长：汽车运教科书事在商量中，其中最困难一点是教育部不能使军队不来要此运输车。内地翻印也是一种办法，但纸张油墨皆有问题。

设国立湘中事，行政院已通过，但湖南教育厅认为暂时无此必要。其后湖南同乡认为早点筹备好，现在已经决定，经费亦已拨下，地点尚未决定，学生亦未到后方来。

南川、南平中学事，我们注意。

江庸：翻印教科书事，在目前不宜过于注重版权，抗战期中应有通融之处。

刘叔模：湖北是否可设国立中学？

张次长：原来各校办联合中学，故未设，以前视事实上有必要，自可设立。

孔庚：湖北来此学生教职员已不少，已来的人要他去很不容易，还是请教育部注意一下为宜。

张次长：到此学生除非不登记无法知道以外，皆有安顿办法，大家如认为确有此必要，请写信陈部长即可。

教科书不仅重庆印的很感困难，连香港也困难。因为内地卖掉的书买[卖]不出外汇来，所以在香港也不易买到纸。

散会。

三

国民参政会第一届
第四次大会休会期间驻会委员会
会议记录

1. 国民参政会第一届第四次大会休会期间驻会委员会第一次会议记录

（1939 年 9 月 6 日）

国民参政会第四次大会休会期间驻会委员会第一次会议

二十八年九月六日午后三时至六时于军委会

出 席 者：

参 政 员：孔庚等

外交部长：王宠惠

秘 书 长：王世杰

主　　席：孔　庚

议长因事离渝，副议长因病不克出席，经公推参政员孔庚为主席。

外交部长王宠惠报告最近外交情况：

主席、各位先生：

今天想把最近外交情况略作报告：

自从德苏订互不侵犯协定以后，已经一个多月，国际情形变更很大。在此时期，我国抗战方针及外交政策，认为尚无变更之必要。到相当情势时，或须重作检讨。目前尚未到此时期。

欧战发生，对我们有两种影响，第一，德苏以一致行动，对付波兰。英法对德固已宣战，对苏亦深致不满。而处于相对地位，仅未宣战而已。第二，交战国双方有许多临时紧急法令，此种法令适用于香港、安南及其各属地，对我们有许多具体问题发生，例如密电即不能拍发，经交涉结果，香港只有一个机关可以发密电，其余都是明电。中国与苏联的易货也发生问题。英苏虽未宣战，他深怕货物一到苏联，立刻转移德国。英国以封锁德国为唯一立场，并不依靠军事打仗。第一次欧战，德国军事完全没有败。战争结束之日，军队尚完全在外国领土，失败原因，即在封锁。这次英国也用封锁政策，而情况与从前不同。从前德国处于四面包围之中，动兵打他的有六国，名义与德宣战的有二十多国，的确，德国陷于完全孤立之中。从前苏联对德作战，粮食不曾运去。现在不仅互不侵犯，并且有经济合作的条件。德国与罗马尼亚也有经济协定。现在英国封锁只能限于海上，西战场以外，德国完全能运用，所以英国对运往苏联的物品都很防备。最近一批运苏货物在港留难数日，经交涉后始放行。问他们以后能否给我们运，他们说不能担保。根本理由有三个：[第一，]英政府对苏政策及根本态度未定；第二，东西到了苏联，能否保证不去德国；第三，苏联以后是否继续帮助中国。所以以后货物能否运去不能保障。此外，尚有许多问题。安南曾有一次征收我们几十辆卡车，交战国有此权利，因此，欧战发生对我们有两件最大影响。第一，他们使用非常法令，影响我们交通货运。第二，英法是否能继续维持其向来立场。在此情况之下，就我个人见解，认为欧战越严重，对于我们越不利，欧战早了结，对于我们早有利。在德苏互不侵犯条约第三条中规定，双方共同利益的事，彼此互相商量办法。现在对于波兰就是实行第三条办法，在军事、政治、经济各方面合作。据个人看，苏联与德国合作，名为互不侵犯，随时是政治军事同盟。条约订完了第二天，军事全权代表就去了。就个人认为，德苏合作，不完全限于波兰问题，如果仅限于波兰问题，就已经很严重，因为英法是维持波兰国家的，现在他们划了界，以后有没有新波兰很成问题。现在他们对波兰以外的问题都互相谅解，所谓波兰以外的问题，是对波罗的海以及黑海国家，通统在德苏分配势力范围之内。就事实上看，波罗的海国家一个个到苏联去签订互不侵犯条约，土耳其外长也到那里，他们所定计划似乎波兰以外欧洲大陆局面，不许英法说话。这次波兰问题如果能了，这是于我们最幸的事。如果英法不能了，再打下去，或者再有大的问题出来，对我们的影响就更大。所以个人希望欧洲局面能早一点了结。

就个人所知，希特拉[勒]当初有心想弄一个小波兰，但现在有无此种意思，尚不知道。今天希特拉[勒]在国会演说，说波兰问题，德苏两国可以了结，你们可以停战。不知道他今天说话中是否有一个小波兰。何以知道希氏当初想有一个小波兰，第一，德苏之间需要有一个缓冲地，第二有一个小波兰存在，英法可以下台。报纸上也有此传说，近来没有这种说法，到底希氏今日有没有这种意思，还不知道。今后只看英法是否能了结这种局面。要再打下去，情形与一九一四年不同，现在只是英攻德国，苏联、意大利随时可以参加。据个人推测，苏联现在中立，将来不一定中立。德国力量能支持下去，他就中立。德国力量不能支持，他就不中立。因为德国如果失败，完了要牵动苏联。

有人问英法能不能下台，是不是要下台，这里有一点要注意，这次英法对德宣战，其权不操之于英法，而操之于英法与波兰所成立的互助协定，协定中载明，波兰如认为有动兵的必要，英法就要动兵。这种规定恐怕也有一种用意，就是万一波兰要[1]了，英法也就可以下台。譬如德国弄出一个小波兰，与他们签订条约，这事就是波兰自己愿了，英法也可下台。所以英法把交战权交给波兰，不是偶然的。如果没有波兰国，英法要了结，也不是没有理由。他可以说保护的标的国家已经不存在了。法国社会上就已经有这种论调，这时波兰还没有完。法国社会上说我们要帮助波兰，维持他的独立，他自己的力量只有一个月乃至两个星期就完了。我们没有方法来维持这种国家，劳合乔治也说对希特勒和平提议，我们不好立刻发表意见，只能研究他的内容。所以英法处境很感困难。如果他们不曲解条约，应该继续打下去，而利害关系使英法顾虑很大，何以看出来，英法这次本可以对苏联宣战，而现在还极力想和缓，要他不参加战争。就道理上说，德国进兵波兰，你对德宣战，苏联进兵波兰，你为保护波兰，也要对苏作战，这是就是非的观念说，但他们的是非观轻于利害观的。英国对中国也是如此。东京谈判，口口声声说不放弃立场，而所定条件，都是放弃立场。一面放弃，一面说不变更态度。就我个人看，恐怕英法不一定能打下去，如果希特勒所订条约，留一条可走的路，尽管这条路不甚光明，只要能走，也就走下去。因为现在情形很不好，西战场没有打大战，只是零零碎碎的打，英法意思只是拖几年，使德国没有东西用，这种政策能否成功，是大问题。德国由陆上接济也可自足。我们运来东西到苏联，英国对郭大使说这些东西难保不由苏联转入德国。我们知道苏联在美国订许多东西都是代德国订的，所以英国想限制物资进入中立国。今后局

---

[1] 原文如此，按句意应为"完"。

面如何演变，要看这几天的情形。今天希特勒发表了结欧战的宣言，看下星期他们能了不能了。欧战发生，英法对远东力量的确差得多，今后最不幸的情况是英法与苏联交战，到那时我们问题更多。要偏于苏联，交通要靠英法；要偏于英法，与苏联易货又有问题。目前我们只能作两种希望，第一，英法不与苏联宣战，第二，希特勒演说之后，欧战早日了结。也有人存一种看法，是欧战以后，美国也参加进去，大打一场。现在美国参战比从前要难得多，在威尔逊时代，没有中立法，没有孤立派，现在没有那种简便。中立法想修正成准卖军火给交战国，都有许多困难，何况其他。

关于美国方面，在临时国会开会中，毕德门有一句话对我们很有利，有人说我们卖军火出去是参加杀人，毕德门说我们不卖军火出去也参加杀人。日本在东方屠杀中国人所用军火原料都是从美国买去的，所以我们不卖军火也参加杀中国人。因为美国参加杀中国人，所以明年国会开会，对制裁日本案，本人仍须提出。这对于我们很有希望。当初美国召集临时国会，我们希望对制裁日本案能同时提出，据所得电报，目前尚非其时，因为本身问题没有通过，再弄出一个另外问题，恐困难更多，其次，美日商约有效期尚有三个月，所以这次未能提出。

以上是一个月来外交变化的大概情况。个人报告之后，很希望各位先生对现在局势的意见告知本人。因为国际情势不仅与从前不同，并且有很多想不到的变化，很想听一听各位先生的高见。现在有两个具体问题想听听各位意见：

一、波兰究竟是瓜分完了，还是有一个小波兰。

二、英法能否继续作战，还是想早日了结战局。

主席：王部长报告已毕，各位有意见请说明。

刘参政员叔模：英海相丘吉尔演说以后，外交有无影响。

王部长：丘吉尔所说有几点，一认为德苏并不完全一致，苏联进兵波兰用意在防止德国力量扩充太大，好像对苏联留余地，原谅苏联用兵。原因据个人看，英法难下台。现在英法的口号是要打倒希特勒，不是打倒德国。德国说英法打战不知何所谓。当初为保障波兰而打战，现在你的目的已经去了，波兰问题我已经解决了，你还打什么战。而法国方面说现在不是为波兰问题，也不是为罗马尼亚问题，是法国在欧洲能否存在的问题，是不是时时要受德国威胁，随时造成严重局面。这次不解决，以后随时要有严重问题发生。用这种话来奖励民众打仗，在变更打仗理由，所以现在问题已经出乎波兰问题，英国也明白说出波兰事件只是偶然发生的机会，常常用武力来解决国际问题是真正打战的原因，所以英法的难下台不是为波兰难下台，而是如果现在不解决，将来德国更大、力量更强，问题就更难解决。因为问题不在波兰，大家都已明白说出，所以丘吉尔演说德国无反响，在德国始终没有宣布对英法作战。希特拉[勒]想了结问题，能否了结，关键在英法，而问题出乎波兰以外，这种局面的演进很可注意。

范参政员予遂：英法不是为波兰打仗，为英法想，现在不打，退让一步，将来从黑海到波罗的海都是德苏势力范围，就是德苏不联合，英法已经很怕，德苏既联合，英法更怕。今天不打，将来打的机会更少。英法今天不打，只有退出欧洲，让德苏称霸，英法是否能甘心。所以现在是英法严重时期，是否英法现在在外交上对苏联作一种进行，看苏联是否能帮助德国到底或者帮助一半就退出，在苏联外交上来求解决之道，这点很可注意。

褚参政员辅成：本席以为欧洲方面英法有接受和议可能，德国想拿一个小波兰来维持英法面子，而英法宣称问题不仅在波兰，捷克也在内，要解决整个解决。提出捷克问题来或者有可与苏联商洽。因为捷苏过去有互助关系存在，苏联在波兰进兵也还是注意于乌克兰问题，所以我觉得欧洲问题不是怎样严重，但对中国影响要作一种比较。现在问题还是在美国，美国派兵舰飞机到中太平洋布防，目的当然是对付日本，固然不会立刻对日作战，而总有一天要起冲突。三月以后，日美商约完全废除，美国对日本军需品可以停止供给，但美国行动并非政府能完全能作主，中国在此时期对于美国民间应做一点工作，使空气能深厚一点，使时间一到，国会中能毅然决然通过毕德门建议案。我们在此时期应不惜多用一点力量。如果欧战继续打下去，欧洲东西不能供给日本，美国不肯供给日本，那日本军用品来源就大成问题，这也是促成日本崩溃之一道。

上月二十七日王部长对美国合众社访员有一篇谈话在香港发表，表示中日问题不会和，不过有几个条件，如果日军退到关外，那么经济合作，租界问题，海关问题也可考虑。这篇谈话香港各报都发表，美国也登载，而美国很有一点冲动，好像中国态度有问题。这话是否确实，如果确实，当然是国策问题，不是外交部主张，这是否国防最高委员会决定而外交部表示的。

王部长：关于远东问题了结，美国自然关系重大，由于美国法律限制，我们对美宣传等工作只能从侧面进行，如何做法，亦不便公开宣传，现在对于英法，只求态度不变更即可，要求进一步援助只在美苏，我们当然很注重。

对于合众社记者谈话，美国方面并无误会，其他方面小有误解，亦已解释清楚。当日谈话计有三点：一、我国抗战到底之国策不变，欧战发生亦无影响，外交立场以国际条约为立场，尤以九国公约为立场。二、问：美日商约已经废除，日本新外务大臣派新大使赴美，很想继续订商约，你的感想如何？答：就中国看，日本想在商约期满前续定，不能中断。在此时期美国很能要求日本先停止战争，了结远东问题以后再订商约。当时并提及美国去年十二月卅一日以九国公约为立场的致日照会。三、问：外面传说譬如第三者出来监视日本退兵。日本退出占领区，中国不开枪接收，你的感觉如何？答：我不是军人，对此不知道。又问：你个人意见如何？答：这是军事问题，我没有研究过。以上是当时谈话情形。

有人问及苏联态度问题。此事近来外面谣言很多，据杨大使说，苏联表示继续帮我们忙，从前如此，以后仍然如此，出兵新疆事业经否认。

关于贺耀组是否适宜驻苏大使事，个人觉得驻苏大使不是以人为标准，个人觉得有两个客观条件，第一种人是党中很重要的人，第二种人是委员长很信任的人。通常外交人才到苏联没有多大重要，各国驻苏联大使只能与指定的接洽人谈话，绝对消息找不出来，天下守秘密无过于莫斯科，故个人以为宜以此二者之一为标准。

关于汪精卫组伪府事，一般传说是南北两伪，不赞成。个人认为，如果日本一定要造一个伪中央，组织南北伪组织，那里有力量反对他。真实原因恐怕还在美国的外交立场。日本正想与美国订新约，弄出一个伪组织来，美国一定不承认。美国对波兰就这样表示，纵令波兰领土被占完了，美国不承认此国家之不存在，美国维护九国公约，对付日本，虽然还没有用武力，而商务压力很大，日本要弄出一个中央伪政权与美国立场大有冲突，所以王梁反对伪中央政权的成立，这并非真正原因。

暹罗问题目前实在最难解决。因为到现在为止，两国没有正式邦交，一切交涉只能间接进行。

左参政员舜生：日本派河相作驻暹公使，河相是绝对少壮派，现任外务省情报课长。他派这种人到暹罗，不为无因，恐怕最近暹罗有新问题发生。贺耀组我们就国民立场看他，觉得对党的关系并不算深，是否蒋先生亲信，亦不得知，如果说通常外交人才在苏联不能办事，而中苏复交是颜先生办的，所以也不是一定办不了事。

德苏两国对中国有所劝告的话，已经谣传很久，果真只是谣传倒也很好。这次王外长对合众社记者谈话只是强调九国公约，而德苏对远东说话是有力量的，而且有很大力量。苏联不用说，现在德国对日关系并未断绝，对苏又有新关系成立，恐怕他们发言力很大。九国公约本身也不是很有名誉的条约，德苏两国根本不在此条约内，将来了结远东问题是否抱定九国公约一成不变，而德苏两国除外，这也是很可考虑的事。

王部长：比京会议也是九国公约会议，但将与远东有关的德苏两国也请去参加。德国因为某种原因并未应约，他说我们在会外帮助也许更有力。以后比京会议休会，随时仍可复会，而德苏两国仍可参加。

张参政员澜：在抗战紧急时期，忽然外界谣言说王部长与合众社记者谈话，有希望妥协一点，这与目前抗战到底政策是否有点矛盾，此时发表这种谈话，认为不甚妥当。第二，这话究竟是政府的意思，是王部长个人的意思，王部长说是个人意见，我以为这与抗战到底的意思很有妨碍，应该多加考虑。

王部长：当日谈话的第一点说抗战到底外交政策不变，第二点美国在与日本商订商约时可以劝日本停止在中国的战争，第三点问，外面传说如果第三国监视日本军队退出，我们接受占领区，我军不加追击，认为怎样？我答复这是军事问题，不在我答复范围之内。当时他所说的是所有中国前线由第三国监视，日本退出，中国不开枪接受被占区，这是一种停（休）战行为，不是议和。个人以为并没有什么不可以。原文说得很清楚，电报打过来或者有一点出入。

关于外传胡大使电外部有四不主张事不确，胡大使无此电报。据某人告诉我，胡大使不主张在美借款，他的意思是不要仅以借款来了结美国责任。要注重到钱以外的问题，这也是各人眼光不同之处。这也得之传闻，并无电报。

杭参政员立武：据最近回来的人说，胡大使不主张借款，认为政治借款不大容易，易货借款事实上已经有了，只要交通无问题，美国货即可源源而来。

王部长所提关于欧洲局势推测，据个人观察，恐怕英法不会停战，王部长已说，波兰只是偶然的机会，基本原因不在此，英国要希特勒下台或政府改组才能议和。早一月以前，德国对英国宣言或政治家谈话向来不登载，最近张伯伦演说以后，对这类文字皆登于显著地位，恐怕是德国知道英国不会和，而英国宣传部所发的宣传大纲最主要一点是作战三年。从各方面看，恐怕不能了，英国要和，恐怕立国基础要有动摇。美国参战的可能性如何，现在不知道，但并非不可能，据个人所听到的情形，恐怕可能性很大。王部长说希望欧战早日了结，照现在情形看，结束不易，而延展下去未必不是中日战争的一条出路。现在和下去，侵略气焰一定更高，我们在反侵略的立场，希望欧战有相当令合理的解决，对中国可以有益。

刘参政员叔模：国际情势的判断单靠报纸材料很不充分，推测基础很薄弱。希望外交部多提供一点情报。说到德苏关系，有一点想询问，新华日报屡次提出说某某国家有对东方进行慕尼黑会议之阴谋，这究竟是谣言还是确事。

王部长。这只是谣言，德国对远东当然有计划，当初德苏签定互不侵犯条约以后，德外长有一篇谈话，说此种条约签定以后，将来日苏关系可以调整好一些。我们就很疑心他会调解日苏关系，结果仍有一点成就，虽不如外面所传之甚，而停战协定是已经签字。德国从前以防共为题，现在很想弄一个新团体，以德、苏、意、日为基干，其中只差日苏关系尚欠圆满。这点调好，就可成为大团体。德国声称要防止英国，所以他要弄这个新团体，难关在日苏关系，解决了这点，他的团体可以成功，可以共同对付英国。我想德国一定要做这种工作，成功与否，不可预知。

刘参政员叔模：新华日报所指，似乎是与王部长所说相反，是指英国想东方事不要俄国过问。

王部长：东方事不容易排开俄国，英国不见得有此意思。

李参政员中襄：在世界局势急剧演变之中，我们只能为中国打算，不能为各国打算，照现在情势看，个人以为欧战打起来，和也和不了，英国态度很慎重。如果苏联、意大利参加，情况就大为不同，意大利一参加，法国就三面受包围，西班牙跟着意大利走,苏彝[伊]士也有被切断的危险,他们现在已逐渐进入慢性战争的阶段。欧战打起来以后，对于东方有相当影响。但我们不完全靠外交，而外交工作本身在现在确实非常重要。目前远东最有关系的国家是美苏两国，我们总感觉得在我们外交当局舆论界以及留心时局的人，都是分析别人的事情多，很少考虑自己如何主动的运用现在局势，借此机会来进展工作。也许政府已经如此做，但我们感觉到的并不多。现在有两种问题，不知中枢当局如何指示。平常我们一切依赖政府，但现在时局很迫切，对这些紧要问题不得不深切关心。譬如美日商约一月间满期，订不订只有两个月时间，在这个期间我们应该凭自己的努力发生一种影响，使他不能续订。日本现在至少想继续做起来，派了松岗洋右等一路人到美国去，自然想走通这条路。我们对美国政府、国会以及民间如何做法，至今尚不见动静。胡适之先生在美，据个人感觉，尚不及于斌先生效力大，苏联方面的杨大使我们历来很少听到他的报告，现在既然要换，我们希望能有比较合适一点的人。王部长所说的标准，个人完全同情，我们在外面也是这种看法，不过贺先生固然在党中关系很深，但是否有关系更深的人在。他固然是蒋委员长亲信，但在外国人眼中看起来是否有更足以代表蒋先生的人。目前国内外交人才固然非常缺乏，而就现有的外交阵容看，有似乎未尽完善的地方。以顾维钧先生看，我们认为似乎是第一流人物。以报告数量来说，也是占第一位，其次郭复初，其他各国大使报告就很少。现在我们以仅有的人才放在法国。如果从前，以顾维钧驻美成就，也许要比现在大。胡适是学者，是否宜于外交官，我们不知道，但如果做国民外交的工作，也许比他现在工作更适宜一些。这次驻苏的人，我们希望派一个更能代表党的人，我们相信苏日不会有互不侵犯协定的订立，因为事实上无此需要，但人力的工作我们能否加强一些。意大利在欧洲目前关系非常重大，而我们并无大使，土耳其现在地位也非常重要，因为德苏要拉他，英法也要拉他，如果有稍为机警的人在土耳其，我们也多少能得到一点欧陆大局的真实趋向，何以土耳其并无这种人，就于斌来说，如果放在法意也许要比较适宜一些。今天本席的话也许越出范围，而站在国家立场上觉得现在仅有的外交人才，在现在外交阵容上配合得不是最适宜。如果人的部署健全一点，也许以后主动的形势可以多一些，对英法在目前能维持向来立场已经很好，要想他再进一步，有所举动，殊不可能。

王部长：现在有几点补充报告。意大利大使来了很久，总滞留上海，劝他递国书，始终未来，我们固不满意，他自己也很困难，因为政府定了国策，他不能违背命令。在他来递国书以前，我们未便派大使去。我们也打电报到意大利，他说很远，我们告诉他英美大使都来过，我们也可以用飞机接，他们说不是道路之远近，是政治观念之远，我们主张中日议和，不要再打下去，你们却是抗战到底，他把这话老老实实对我们代办说。现在有一件事很要请各位注意，意国代办请假四个月回国去了，以后并无正式代理馆务的人，我们问他谁人代理，他说还是他自己代理，虽然另外派一个人来而不给予任何名义，这是否为意大利预备承认伪中央，倒很可研究。

关于西班牙事，现在承认的已有二十余国，九月间有公文到意大利使馆，请他代理侨民事务，我们已经拒绝。因为西班牙使领退出后，无人代理，我们已有明令收回其领事裁判权，我们答复意大利是我们以法律保护西班牙人，今后是否承认西班牙政府正在研讨中。

土耳其最近与顾大使说希望加强与中国邦交，想派公使来，问我们意思如何。我们表示很欢迎，等他提出人名来，我们当派公使去。

意大利不愿驻罗马外交代表与教廷发生关系，如果派于斌去意国，不会承认，只能派往教廷，但此事也很困难。法国对此反对，几年来的悬案不能在此时就与法国冲突。

卡尔大使很帮中国忙，这次来有几个问题要与他当面商洽，第一，欧战问题，第二，上海租界问题。小之是中英问题，大之是整个远东问题。英国现在对我们声明对日本决不让步，英国政策到现在尚未变更，法大使或者也要来一次，时间尚未定。

左参政员舜生：关于外交阵容问题，自有参政会以来，就非常注意。历次参政会提出外交阵容的问题，也只是希望以每一个适当的人，放在每一个适当的地方。仅仅是人的问题，并非原则问题。过去参政会对外交阵容认为不大满意的地方，例如过去派程天放驻德、刘文岛驻意，以及以往许世英驻日，都是使人不满的例子。以当初中日关系如此紧张，如此重要，而大使馆如此之糟。诸如此类，感觉得人的问题非常重要。我也觉得今天派一个大使不是外交部能完全决定的，要看蒋先生意思。总希望外交当局，与蒋先生商讨，希望蒋先生特别考虑，不要把今天代表整个国家的人，放在一个不能发生作用的地方。

主席：外交问题大家有很多意见发挥，现在告一段落。

分组名单由各人认定，再推定召集人名单，由秘书处通知。

张参政员澜：长沙战事情形很好，守土将领尽了最大努力，关系前途非常重大。如果长沙不守，恐怕未来局面不堪问。我们可不可以对长沙守土将士致电慰劳，予以鼓励。

许参政员德珩：本席已拟有电稿交主席参考，我们应该致电慰劳。

主席：经大家商定，由秘书处起草，今天到会人列名。

散会。五时四十分。

2. 国民参政会第一届第四次大会休会期间驻会委员会 第二次会议记录

（1939 年 10 月 20 日）

国民参政会第四次大会休会期间驻会委员会第二次会议

二十八年十月二十日下午三时于军委会会议室

出 席 者：

副 议 长：张伯苓

秘 书 长：王世杰

参 政 员：[原缺]

军政部长：何应钦

主　　席：张副议长

报告事项：

军政部长何应钦报告：

今天本席所报告的有四点：一、七月攻势。二、九月攻势。三、湘北战役经过概况。四、空军两次轰炸武汉成绩。分述如次：

一、七月攻势

七月攻势之目的在策动伪军反正。半年以来，敌人召集伪军不少，对此种伪军，过去我方曾有不少接洽，但多出以骑墙态度。因为要使他正式反正，教敌人认识伪军不可靠，非全凭自己力量作战不可，连防守后方也必须用他自己力量。虽在沦陷区也没有休息整理的机会，更无法扫荡我游击队，用以达成第二期抗战之目的。故乃于七月间在沦陷地区政治军事同时进攻，以促成伪军反正。华南方面，游击队攻至增城、从化，在广州附近，伪军都加入反正，予敌重大打击。敌伤亡达三四千人，并毙敌联队长马渊。华中方面，第三战区作战一百八十四次，浙江、江苏、皖南、鄂东至马当一区域中，战斗次数较多，两月间共一百五十余次。据报告伤毙敌军三千余，毁敌装甲车二十四辆，飞机九架（笕桥附近机场），浅水舰三十五只，汽艇十一只（钱塘江口），伤敌兵船十七艘（马当至荻港）。第九战区亦以大规模游击战，到处袭击敌人，有时曾打到大冶、鄂城、汀泗桥等地，目的在消耗敌军，所以有些地方虽然占据（如京陆光山），等到敌人采大规模攻势，即行退出，避免过大牺牲。大小战斗二百余次，毙敌一万二千，获战马四百余匹，步马枪三百五十支，机枪十六挺，大炮五门，弹药五万发，毁敌装甲汽车三百余辆，舰艇七十八艘。第五战区自随枣之役后，即在休养整理之中。以后仅攻潜江、钟祥之役予敌较大打击。廖军团（磊）在安徽数攻麻城、黄梅，几次攻入安庆北边。华北方面，第一战区刘汝明部二次攻入信阳北关，孙桐萱部一度占领开封、太康等地，随时遭我袭击，因我不断取攻势，此方面敌军略有增加。第二战区敌人想扫荡我军威胁，派五万以上兵力进攻长治、长子、晋城、壶关等地，企图消灭我军，但我正规军在这方面的很多。敌人分路向我进攻，我即采机动战术，避免正面作战，随时予敌侧击。七月下旬，敌猛力对我攻击，一度侵占晋城、阳城、沁水、沁阳、高平乃至垣曲。至八月下旬，均经我反攻夺回。现只长治、长子、壶关仍在敌手。这些地方很为重要，敌人想扫荡这方面我军，使我军在中条山立脚不住，中条山再被扫荡即可完全控制山西，然后能西逼长安，南取洛阳，所以山西战局关系整个北战场。目前我正向敌所占地区进攻中。晋西北有阎百川步兵八师，保安团十余团，八路军一部分，其他部队一部分。敌人想完全扫荡我军，故今年有八次进攻中条山，三次进攻晋东南，但均为我军击退。七月下旬，晋南所失各地，均为我夺回。据报这方面击伤毙敌军二万二千余人。形成晋东南大胜利。这方面伪军反正的很多，最著名的为伪西北地方自治军第一师师长、第二师师长等率部于八月初旬反正。清化自卫团、焦作煤矿自卫队等纷纷反正。

　　七月攻势实施以来，我军所获效果很大，使敌军疲于奔命，不能随便调动，在六月间，我们知道敌军准备在七月初抽调有力部队攻长沙、宜昌、经我七月攻势以后，敌人不能抽兵，想抽一师团还容易一点，要抽两师团，直不可能。无论在苏、鲁、冀、察、晋、绥，莫不如此。一抽调，地方即不能维持。

二、九月攻势

继七月攻势而来的九月攻势。此次着重于敌后交通之破坏，使敌人全面兵力不能积极转运。自九月中旬开始，各方面予敌损害甚重。广东方面曾占交通要点之深训[圳]，广九沿线破坏甚多。江浙方面，京沪杭铁路、公路常受破坏，游击炮兵予长江敌舰极大威胁。收效颇宏，数次激战，敌人伤毙五千余，毁敌汽车、运输舰甚多，尤以本月初在杭郊西塘村，炸毁敌人花车一列，其中官兵大部歼灭，计有中将井籐及参谋长长樱以下军官百余人，士兵百余人，共二百名以上，收获甚大。

晋东南于九月中旬开始攻击，长治、长子、壶关之敌遭我猛烈攻击，敌人乃增兵约一万六千至两万人，仍固守据点，我军想夺回此各点。十月八日，敌人曾一度向我反攻，据敌广播，计分七路，皆经我军迎头击退，困守长治、长子、壶关、屯留四据点，我仍续攻中。该处部队原由卫司令长官指挥，卫驻洛阳，距离太远，最近改由朱德总司令指挥，计有庞炳勋、冯钦哉及其他各部队。因此地很关重要，敌人占据了以后，我晋南军队随时有被击危险，势将疲于奔命，军委会很想恢复此处。朱总司令正在筹划中，这方面敌军交通时常为我所破坏。

此外，京、沪、津、浦时常炸毁敌车辆，最近津浦炸了三回，经证实，敌军损失很大。

九月攻势之目的，在破坏敌军交通，使其不能任意调遣军队，此种目的业经收效。

三、湘北战役作战经过概要

鄂南湘北方面。自敌人从第五战区方面抽调第十三师团与第三师团两联队及其他特种兵加于湘北以后，于九月二十三日开始总攻击。计分五路，第一路通城，第二路新墙，第三路洞庭湖及其他二处，洞庭方面由营田等处上陆。通城方面为敌三十三师主力，于二十三日晨攻麦市塘泥港。二十四日以后向南攻龙门场。二十九日攻至长寿街。我杨军团乃由东向西，李军团由西向东取攻势。于一日各路出击，并克桃树港、麦市，并在麦市附近歼敌一部分。三十三师剩余部队乃退回通城。到二日为止，据报告这方面敌军退却时遗弃尸体及重伤者甚多，情况狼狈。

湘北方面，敌军十三师步兵二联队及第六师全部于二十三日晨，分由铁路正面以及洞庭湖方面，向我进攻，被我迎击毙伤敌军四千以上，击沉汽艇六十余只。二十四日，敌集中部队于新墙河，将予我重大打击，我即后撤。二十四日，撤至大金街附近，经二十五日、二十六日激战后，我军转移阵地于汨罗之南，敌因伤亡很重，亦未跟踪追击。二十七日，敌人过汨罗，形成正面进攻态势，我军计划俟敌深入，予以侧面攻击。指挥官认为时机成熟，乃按照指导要领，俟敌人攻进长沙附近，予以彻底打击。长沙以东我军处处有伏兵，此时与敌人正面接触之部队，大体转移，只留少数部队维持接触，悉转移于敌后。敌人以为一举可破长沙，于二十八日、二十九日，敌已攻至安沙、上杉市、青山、桥头驿，先头距长沙十八公里。此时我侧面攻击部队颇为得手，业经遮断敌人后路，敌军伤亡很重。四日，敌军败北，我军追击，五日，我军即克服平江、营田、湘阴、谷地，先头部队到达新墙河、杨林街，恢复敌军于总攻击开始前之阵地。据报告歼敌在二分之一以上。

赣北方面，敌人一〇六师预备援助攻击，挺进万载，攻我背后。十五日攻高安，十七日敌占高安，二十二日我再克高安，并恢复原有阵地，二十五六两日，敌转移兵力向甘坊、上富进攻，二十六日，我向敌反攻，二十七日克甘坊、上富。敌又不能挺进，当时此地有相当激战，以九仙汤一战予敌打击最大。据报告，敌一大队完全歼灭，获机枪三十余挺，步枪数百支，敌遗尸七百余具。

总计此役伤毙敌军三万余人，据敌公布湘北之役阵亡大佐七员，阵亡中佐五员，少佐九人，大尉三十人，中尉四十三人，其中除大佐二人，大尉一人，中尉一人，因重伤致死外，余八十余皆阵亡，由此推算，可知敌人此次伤亡重大，战事亦极激烈。

四、空军两次轰炸武汉之战绩

一、十月三日炸敌机场。汉口为敌重要根据地，时常停一二百架飞机，最少亦百架以上，用以攻击我后方都市。最近我空军业经补充训练好，故决定予敌空军根据地以打击。于本月三日派轰炸机九架，每架挂弹十六枚，每枚百公斤，于上午由根据地出发，十二时四十分，到达敌机场，即以密集队形，瞄准机场中心投弹，机场四面皆停有飞机，以东、西、北三面最多，皆以密集队形排列，我向敌机最多处投弹，弹落处浓烟四起，烈焰冲天，高射炮乱放。以后虽有驱逐机在我机下攻击，但距离在六百公尺至一千公尺间，故无效。追至百余公里，我机毫未受伤，全队而回。事后调查，当我机投弹时爆炸声达于四郊，武汉市民莫不喜形于色，感觉快慰异常。据报告，敌损失驱逐机二十四架，修理中轰炸机十一架，毙敌一三〇人，伤敌三十余人，毁汽油库、材料库一部分，焚烧达一小时，敌人损失在二千万以上。自此以后，敌存戒心，每日由辰至暮皆有机升空警戒，并将襄河至汉口一区禁止燃灯，仅汉市未管制灯火，每日派机巡逻到宜昌附近上空。

二、十月三日以后，敌逐日以轰炸机二十余架，每架挂百公斤爆炸弹、烧夷弹、杀伤弹一千公斤炸我沅陵、芷江、衡阳、南阳、桂林、柳州各空军根据地，我军并不置意，任其消耗弹药。经十日之久，我军全无动静，敌人警戒较弛，于十四日敌警戒机回航，我军即出发轰炸，派机二十余架，分三批到武汉。第一批于十点五十五分到达，投弹后机场起火。第二批十二点二十分到达，投弹后敌弹药库爆炸。十二时卅分到达机场附近，有两机警戒，并未应战即遁去。敌高射炮猛烈射击，我机投弹后，敌驱逐机分批起飞追击。第一批据我飞行员报告，因敌向我火纲乱攒，被我击落三架，系一种单翼驱逐机，似为德国造，速率每小时四百公里。第一、二批轰炸后，敌驱逐机对我并无损害。第三批敌机多了，我机只三架，在襄河附近被击落一架。机落于沙洋东边高地，其中三人皆志愿兵，一名跳保险伞落于襄河边，经我救起，现已到宜昌，另二人死。此机系新自苏方购入，不愿落入敌手，当即电宜昌派人往毁。郭司令悬赏一万元，派一营人过河，我军到达时，已有敌百余人往，被我军勇猛击退。乃即炸毁此机，尸体就近择地掩埋，并取回螺旋桨一片，机翼一块为证。另一架飞至万县因油箱受伤，油已漏尽，强迫降落堕水，驾驶员溺毙，无线电手及投弹手跳伞落水获救，死者为志愿兵。此次配赋志愿兵半数，不幸一勇敢队长及二勇敢战士殉职。事后据确报，十四日毁敌机六十余架，毙敌机司八十余名，重伤入院者二十余名，焚汽油数百桶，毁卡车五十辆，救护车三辆，弹药库被毁，炸弹声历三小时不绝。此次轰炸意义，上海英文大陆报已有评论，可见一斑。经此炸后，汉口每日起飞机数甚少，可见我军此役收获甚大也。

散会。四时十分。

3. 国民参政会第一届第四次大会休会期间驻会委员会第三次会议记录

（1939 年 11 月 3 日）

国民参政会第四次大会休会期间驻会委员会第三次会议

二十八年十一月三日于军委会

出 席 者：

副 议 长：张伯苓

秘 书 长：王世杰（雷震代）

参 政 员：[原缺]

行政院长：孔祥熙

主　　席：张副议长

报告事项：

一、外交报告（雷秘书宣读）

（一）越南运输问题

自欧战发生后，法国公布战时法令，对于越南及各属地均适用之。因此，我国假道越南运输即发生问题。查越南对于运输物品分为三类：1. 德货；2. 禁止出口物品；3. 普通物品。均分别规定出运期限，逾期一律封存，而德货更须证明付款系在九月三日（法对德宣战日）之前，经迭次交涉，始则允展期，继则允许取消期限（德货付款期限仍旧逾期，须纳通过税），经再三交涉，始获如下之结果（河内总领馆二十六日电）：1. 所有官物资均经本馆签过证明或函请免税，故官运德货只须补九月三日以前付讫物价证件。2. 此外官运物资一切期限均取消。3. 十一月一日以后，纳税规定亦取消，即日起所有官运物资及德货均照旧免税。

（二）暹罗华商伍佐南案

暹排华举动渐趋和缓，最近华商伍佐南被暗杀，因此侨胞被捕六七百名，暗杀之原因不明，现已请英法政府代向暹政府设法营救。据顾大使廿一日报告，据法外部亚洲司长称，最近所得报告暹方态度对法、对华均已改善。贵方情报不同，当嘱驻暹法使设法。等语。

（三）英、法、土协定之意义

郭大使十九日来电，苏土谈判将届成功，旋因德外长以关于波罗的海诸国已对俄完全让步，若苏土复订维护巴尔干之中立及宣示苏联对欧战之坚决立场，则德苏关系必受重大打击。苏方遂循德方之请，向土提出新条件。土未肯接受，致无结果。苏联固然失败，但对德已可交卷，甚或私心窃喜。现问土将与英法签订条约，其内容系规定三国在地中海东部之互相协助，倘将来英法履行其对罗马尼亚及希腊之义务，土须相助。尤可注意者，则土仍有开放黑海予英法海军便利之权，故将来由俄运德之货实际上仍不免受英法之封锁。

（四）美方情报

据胡大使二十日电称，美大使在东京之演说，美外长认为符合美政府迭次致日牒交之原则及范围，并表同意。等语。

（五）英方情报

郭大使二十四日来电，午后访丘吉尔，彼谓英国决不出卖中国，本人意志仍与未入阁前无异。对驻日美大使演说甚赞同，认为重要，谓双方似各坚持立场，或将正面冲突。祺谓废约期满后，美当能采取较具体步骤，彼云亦所期望，嗣询汪之组织伪中央运动，依旧有削弱中央地位之虞。祺答汪现为全国所反对，稍有地位资望者均不肯附和，故猝然成立亦完全与现有之北平、南京伪组织同一不足轻重。

郭大使二十六日电称顷晤英外部东方司长贺武，据称格鲁演说或为美国政府对日采取积极步骤之先声，英方甚欢迎，仍未改其平行动作政策，并告据其新返国之驻日商务参赞 Sansom 报告日本财政经济已感困难，欧战起后，困难益深，原料、军火之来源必日减，向赖德国接济之重工业机件与飞机将不可复得。等语。祺嗣询及英法联日对俄之说，彼答日本必欲全力解决中国问题，不肯敌对俄国。如助英法对俄，必要挟英法合作建立所谓东亚新秩序，此均不切近可能事实，且美国反感将如何，尤必为各方所注意。至外传英、法、日、意、西组织新反共阵线之说，尤缺可能性。苏联现不战而丰收，参战何益，英方亦无意敌对苏联云云。据祺所得秘密消息，英政府正拟派商务部长赴俄商订商约，可资印证，但俄国公开敌对英法，则国际情势之变动自难预料。继询驻日英大使近来与外务省接洽情形，贺武答毫无进展，英方已明告日方须视日方能否变更态度云云。

（六）国联定期开会

国联照例于每年九月间开大会，本年因欧战发生，英政府提议经多数会员国赞成，暂缓开会。顷接国联秘书厅通告，会期改定为十二月四日，微闻此次会议专讨论政治以外各问题，如行政院之理事、国际法庭法官之改选、明年度预算之议决等问题，我方虽已准备提案，但能否列入议事日程尚无把握，现此问题正在接洽中。

二、财政报告（孔兼部长报告）

本年九月贵会开第四次会议时，财政金融措施情形曾有详细报告，两月以来，除按照政府已定方针进行之外，没有特别变更，现在只就两个月来重要事件特别提出报告。

（一）国库收支

自八月至十月国库收支除转账部分不计外，计收入已解入国库者，计关、盐、统、所得等税共四千二百四十一万一千元，支出计党政费、军务费、机械费、易货款、建设专款、债务费等共计支付五万九千八百九十八万四千余元。两抵不敷达五万五千六百六十八万余元，亏短之数举债挹注。

（二）实施公库法

公库法于上年公布，立法精神是把政府机关现金全票据等存付保管移转等一律由公库处理，不能自行处置。公库皆由银行代理，以杜各种流弊。最近已将施行细则补充办法等公布，订于十月一日施行，业由行政院核准，国府公布，并与中央银行签定国库代理契约。施行以来，业经一月，尚无不便之处——党务费经中央议决，照原定办法办理。关税因已有一健全收支系统，并因沦陷地各种关系仍维原状外，其余皆准此法办理。游击区域及接近战区地方因为代理国库的银行撤退等得暂缓办理外，其余亦照公库法办理。将来军事结束以后，自然可以全国一致。这件事是财政上很大改革，过去经过许多人研究，一般人以及各机关都有疑问，并有许多人反对，财政部也觉得困难。经再三研究以后，大家认为国家财政做合理改革应该照办，又有人以为十月一日时间匆迫，况在战争期中，可否改到明年实施。个人以为抗战何时结束没有一定，政府既定十月一日施行，无论如何要排除困难，准时实施。实施以后一个月，情形尚觉顺利。

（三）预算

下年度预算正在审核之中，由预算审核委员会负责审核。岁入部分约为五万一千六百六十八万一千余元，岁出部分主计处编，经临岁出十四万二千三百一十五万七千零七十九元。行政院拟编建设事业专款，岁出八万九千七百一十四万四千七百七十八元。此外，战务、购械、易货等非常支出估计数为十二万一千四百八十一万九千七百五十二元，岁出总数为三十万三千五百一十四万一千六百零八元，收支相抵不敷三十万一千一百八十八万余元。国家在抗战建国同时并进之中，所需费用自颇浩大。如目前只求应付抗战，不事建设，则不仅抗战所需物资无从供应，战后亦将空无所有，所以在抗战之今日，吾人仍不顾一切困难，拨款从事建设，现在全部预算正在审核中，审议完毕即可成立。

（四）金融

政府为巩固战时金融机构，颁布巩固金融办法关于战时金融政策与各项措施多由四行办理。四行因本身业务及人才关系推行政策，不能说完全圆满，而长期抗战经济战与阵地战同关重要，不能不健全其机构，增强其力量，使各项政策能确实进行，故财政部提出巩固金融办法，战时增强金融机构办法纲要，业经国防最高委员会通过。国府于九月八日明令施行，并由国府特任蒋委员长为四行联合总办事处主席。十月一日四行总处改组，依照纲要规定积极办理，以后金融力量集中阵线能够巩固，在委员长领导指导之下，法币信用大增，一切战时金融政策必能顺利推进。虽然敌人从前用种种方法来破坏，而法币信用现在比以前还要好，因为我国内任何物产皆为法币准备，粮食、布匹、矿产品皆足为法币准备，国际方面的准备，过去是生金银外汇，现在银子没人要，都要黄金，这层财政部过去已注意到，两年来将收集黄金作为重要工作。八月二十九日公布收购取缔办法以后，又公布金融典当业收购办法，银楼业并停止制造金质首饰。原有金质制成品都交四行典当业质押，金器通统按价交四行代收，希望将所有金子集中银行作为准备金。

（五）推行节约储金及储蓄券

节约储金办法颁布以后，财政交四行与各银行邮政储金局办理，仿欧战时英国先例举办，节约储金券条例已经颁布，由财部转托中央信托局中、交、农三行邮政储金汇业局发行，此种储金能顺利推行，亦可吸收游资。

最近财部令四行办理外币储蓄，此事在汉口时，即已提出，当时银行家很犹豫，觉得不容易办。最近因总行移到重庆，开了几次会，说明了这种意思，大家都谅解，于是举办外币存款目的在吸收外币，表面是为便利国内商民发展经济事业，所以财部制定办法，由四行办理，政府切实保障。此已有报纸公布，使一部分手中有外币的人或怕法币贬值，去买外汇的人免得存到外国银行，因为存到外国银行利息也很小，欧战以后存进去，也提不出来，故给予存款人以便利，免得争购外汇。

（六）物资运销

为履行对外借款义务，我们要运出各种土产品。同时为奖励生产，平衡进出口，换取外汇，适应政府需要，乃由贸易委员会酌斟国际贸易市情形，由贸易委员会酌量提高价格，譬如钨沙从前每吨四千多元，现在提到八千多元，锡原来每吨四千八百元，现在桂锡八千元，滇锡七千元，由各省政府收购转售中央贸易委员会，中央运出去以后还要赔钱。生锑每吨九百九十元，现在提到五千四百元，生铜原价五百四十元，现在是一千零五十元，桐油四月以前每担四十元，现在是四十七元五角到六十元。政府提价以后，卖出去总是赔钱。茶叶亦属如此。政府高价收卖，一面是为便于集中外销，同时也为避免走私及资敌。

（七）结汇

各省外汇过去自己结，去年以来，逐渐由中央统结。最近云南外汇亦由中央统结，事前磋商，经过一年多才得圆满结果，将原有进出贸易委员会撤消，由云南财政厅长、中交两行经理、贸易委员会代表组织贸易委员会云南分会，办理物产外销及结汇等事（关于结汇办法，过去各省曾有误解之处，近亦分别纠正）。最近外汇行市每元合先令为五又六分之一便士，每百元合美金八又三十二分之十五元。从前先令到过四便士，美金到过六元，上海金价从前到过四千六百，现在三千六百，港汇从前到过二十六元，现在三十五元。公债从前伦敦曾经无市，湘北胜战以后，不仅复市，并且上涨，好的涨十元，平常也涨四五元。由此可见，国外对我们的信心今比昔强。我们希望人家投资一定要我们使别人能确信你有最后胜利的把握，打了胜仗一切皆好办。

报告毕。

左参政员舜生：关于收集现金，国内有钱的人很少，越有钱就愈不在乎此，不肯去卖，政府有什么进一步方法要他们缴到政府里来。

孔院长：照强制收集的办法未免太过分。

左舜生：桐油用桶经过改良以后，每桶节省一块板，一年用若干万桶，节省数量也就大有可观，诸如此类的事，主管机关能加以注意，亦颇有可省的地方。

孔院长：最近桐油运出损漏颇多，现在收汽油桶装油运出。

高参政员惜冰：辅币缺乏，如何补救。

孔院长：正在详细研究中。造币厂铸成各种式样供选择。

许参政员德珩：各种日用必须品价格飞涨，各小县亦如此，例如油过去每斤二角五分，现在江津卖六角，猪油过去每斤三角，现在每斤八角，长此以往，后方要普遍的发生种种问题，第一，沦陷区逃来的人不能再住下去，因为无法生活；第二，薪给收入的人，难于生活；第三，促成乡间的不安状态。这种问题溢出财政范围，因为孔院长总负行政院责任。对这种问题应该以有效方法解决，这种问题很应该用政治力量来处置，要让他自由发展就很成问题。

外交报告中说丘吉尔顾虑伪政权成立，恐怕会削弱中央政府的力量，这当然不会。我们不知道关于伪政权的事，除报纸上的消息以外，还另有所知，给我们一点参考。

孔院长：关于物价，过去政府曾用种种方法，以求平抑，但各地方政府不能确切照办法执行，政府对这种事正严密注意之中。关于汪组织的事是日本人急于想求下台的办法，因为他对中央无说话余地，所以想弄出伪组织来，现在所得情报不一，有些日人认为作战是要打倒青白旗，汪来仍是青白旗，过去死的人很冤枉，有的日人认为要和就要不打仗，有汪的组织依然要打仗，又何必多此一举。前途如何难预测，各方面希望中国是整个，如果国民党中有人成立伪组织，国际上看起来很不好，不过就令他成立起来也不能号召国人去投降，日本故与大局无关。外交上英法因为欧洲有战事，自然要对日本让步，但是过去英国并没有希望我们对日本怎样，法国多少有点意思，也只是私人方面的透露。今日英法无论如何，皆唯美国马首是瞻，美国政策不是纯以利益为出发点，有他传统立场与传统政策。最近，美国驻日大使格鲁表示得很明白，在日本未取消东亚新秩序以前，美日商约势不能续订，给予日本打击很大。英法与美国一致，苏联与我们关系很好，愿意帮助我们，甚至德国也想拉拢我们，军械还卖给我们，外交情形完全看我们自己力量如何。最近许多事情好转，就因为湘北一胜，军事上打了胜仗，抗战前途毫无疑问，只要国内精诚团结，一切无大问题。

刘参政员叔模：据我所知，社会局长不信任评价办法有效，恐怕政府在人事上没有尽到力量，否则物价不致于如此。物价中最重要的是纱布，据调查，外面运来的纱要一千多元一包，本地纱成本五百多元一包，政府能多卖一点，本地多运一点外面纱，价格也可以平下去，这是治标办法。治本办法要运到后方纱锭一齐都装起来，现在迟迟不装，是因为保兵险的问题，这要请政府考虑，如果照现在情形，始终要靠外面运来，总不是真正好办法。

孔院长：保险不能只保某某一业，现在政府对此问题正研究中。

胡石青：物价上涨的根本原因是劳动力缺乏，致工价提高，物价也因此提高。目前我们应该节用劳动力，现在因为公私建筑，致滥费无数劳动力，最好这方面要设法节用人力。

左舜生：现在米卖四十八元一担（四百二十斤），继续下去问题很大。

散会。五时半。

4. 国民参政会第一届第四次大会休会期间驻会委员会 第四次会议记录

（1939 年 11 月 17 日）

国民参政会第四次大会休会期间驻会委员会第四次会议

二十八年十一月十七日（星期五）午后三时于军委会

出 席 者：

副 议 长：张伯苓

秘 书 长：王世杰

参 政 员：江　庸等

外交部长：王宠惠

政治部长：陈　诚

主　　席：张副议长

开会如仪。

报告事项：

一、外交部王部长报告。

自欧战发生后，有许多问题影响到我们，具体说起来，近来消极方面工作很多，这种工作并不能获得什么好的结果，只希望各国对我们维持他原有的立场和态度。欧战以后，交战国家公布很多战时法令。这种法令影响到我们的，第一是交通问题，我们货物经过安南的很多，欧战发生后，在英法对德封锁政策之下，我们货物通过发生问题，我们与德国以货易货，我们已到安南或在途的德货，不能继续运达。第二是英国与安南共同的禁止运出的货物，连我们货经过他们道路出去也不允许。他们列举一百多种，凡是我们必须运出的货物，应有尽有。第三是普通货物的限制，这种限制法令颁布以后，安南、香港都通告我们，限于最短期间运出，过期即行封锁，事实上我们绝对运不出来。经在安南及巴黎交涉二个月的结果，当初允许取消期限，但以九月三日以前付款者为限，无论何时均可通过。禁止出口的项目不准取消，后来也允许取消，但要缴税，后来这层也取消了，政府货物都照此办理，并无限制。商人货品另订办法。德货须证明九月三日以前付款者，始能通过，但须经过审查，而审查要送到巴黎审查。我们不允许，他们的理由是：封锁问题不限于属地，是整个国家问题，不能一处和另一处不同。如果办法不划一，对外不便。故在巴黎成立一封锁处，封锁处内有例外委员会。这种已定的法律，不能变更，现在正争论中。昨天顾大使电告说是原则不能变更，而由巴黎将原则交安南执行，凡在法律规定以内，可以通融的尽量通融，而法律本身不能改。以后商量结果，运输期限取消，通过税问题尚未完全解决。顾大使来电告诉我们，法国政府知道我们不满意，他希望我们在法大使来渝时，告知他我们所不满意之处，希望他能帮忙得到解决。法大使本人也愿在法律范围内来帮我们忙。最近法外部东方司长提议一种办法，俟法大使来后可以得到解决。这些都是消极工作，希望与友邦关系不再加坏下去。

华侨汇款的事，安南、缅甸都有限制，他们的理由不是反对我们，是怕在战时金钱外流，影响市面。他定一个数目，是五十万（新加坡方面），安南数目尚未定。我们要求他不定数目，不要限制，要订数目也要以华侨通常汇款数额为准。

暹罗方面，本年内时有问题发生，前三星期一华侨被人暗杀，又捉了一千多华侨，据各方面调查报告，此被暗杀者系因帮助日本贩卖日货的原故。现在暹罗口口声声说他们并非反对华侨，是很想与华侨好好相处，而华侨常常违背法律，最近又常常传华侨去询问他们汇款数目。这种情形我们虽深感痛苦，而因两国无正式邦交，只能间接接洽，倍感困难。

国联大会，原应于九月开会，因英政府提议延期，经多数国家同意，乃展缓。最近接到通知需于十二月四日开会，我们已拟好提案，但能否交议尚无把握。因本次大会只能讨论三种问题，第一为明年度预算，第二为选举理事，第三为选举国际法庭法官，其余问题不讨论，一讨论牵动太大。如果我们问题加进去，其他如波兰问题等都要成问题。据今天消息，荷兰、瑞典提议，大会及行政院会议都不开会，只开第四委员会，研究预算案，使秘书厅能维持下去，而国际法庭停办，行政院也停开。等战事完了，再商量国联应如何处理。问我们意见，我们回电希望照常开会，并讨论远东问题，但大多数中立国在此时不愿表示态度，所以我们意见很难通过。如果大多数赞成不开会，则国联是否存在，其命运于最近将来即可决定。

苏联态度如何外面人很怀疑，尤其英法怀疑苏联对远东态度。因为就表面上看来，苏联与德国政策一样，反对英法，一方面好像与日本人拉拢。据我们所知确实消息，苏联与日本进行边疆划界的事，而对我们根本立场不变，英法政府问我们，我们也以此消息告之。

英国最近态度（法国与英一致）在英大使最近来的时候谈过几次，英大使说英国根本态度绝对不变，也无从变起，也没有变的意思。一些零零碎碎的问题，例如天津问题等，不值得与日本冲突，如果涉及九国公约等根本问题，就不会让步。问他东京谈判是不是再开，他说日本表示过，单是天津问题，就不必开此会议。要牵涉到华北问题、白银乃致英国援华态度以及东亚新秩序问题，英国没有答允，所以东京会议未再开。他的说话与英外长对顾大使所说相同，即零星问题可以让步，根本立场不变。例如五军舰退出以及这次撤退，驻军事先皆告知我们，说并非日本要求，原来早有此计划。因为日本要求撤退，所以为表示态度起见，延展至现在始照计划撤退。据我们所知，英国对远东问题之处理，事事与美国取得联络，军舰与军队退出，事先也与美国接洽过。这比从前要好一些，从前有些事要独自主张，现在则处处与美国商量。

美国态度近来积极一点。日本计划想和缓美英苏联的关系，零碎的事想让步一些，而与美国订立商约，因为美国废止对日商约以后，事实上长期合同不能订，欧战发生以后，日本无形中受制裁。日本所要的东西，英法都要，日本所订飞机，英法出高价买了去，废铁涨价二倍以上，日本购买困难。如果明年再遇法律制裁，则其困难将更增加，所以阿部内阁口口声声要结束中日事件，并缓和日美邦交，就因为近来所受无形制裁的压力很大。现在英法在美国订货，订到连美国自己都不够用的程度，所以美国现在成立优先权委员会，英法定货有影响美国扩军所需的疑问时，先要问一问这个委员会。在这种情形下，日本要获得美国军用品接济，自然大感困难。这种情形实际上与远东影响很好，在这次中立法修正以后，毕德门说远东完全是另外一种形势，上届国会所提出议案，明年国会仍然要提出来。另外美国报纸登载一种消息，说美国大使与日本谈判的第一天就以经济制裁恐吓日本，后来日本否认。但过了两天，毕德门发表谈话，说日本对美国邦交不好，日美不会订商约，或者会要制裁。因此美国议会中对远东所表示的态度很为明显。

以上为今天所要报告的各点，对于目前外交情形很希望各位多所指教。

黄参政员炎培：苏联对我们的态度很友好，这是大家都相信的，不过他对日本的态度近来好像一步一步倾向于妥协方面。万一日本因为德国需要，苏联也愿意接受，将德日货品通过苏联运输，这种情形是否会发生？假定有这种事，就令苏联对我根本政策不改变，已经使我们受一种很不良的影响。日本可以得到经济上的援助，大豆可以出口，外汇可以进来，也许还有日本所需要的其他货物也因此能得到。这件事就于我们极不利，我们有什么方法可以改变这种可能。如果有这种事就说不定要影响到美国，美国现在态度很好，一步一步从经济制裁方面走，但如知道日本在苏联方面开了一个门，他的制裁要无效，不能达到他的目的，也许以后可以实施制裁的希望减少，甚至要完全绝望。王部长看是否有此变化？如果有，我们用什么方法去改正？或者有什么方法去预防？就我看这种变化是否可能关键在英苏关系，现在英苏接近多少有可能。如果英苏能接近，我们的困难就减少一大半，所以如何使英苏接近，这是我们外交上重要之点。最近英苏关系是否暂时停顿，或竟绝望，这种情形很想知道一点。

杭参政员立武：最近苏联方面的情形，社会人士至为注意。近来几件事实，使人不免有多少顾虑。十一月三十一日苏维埃最高会议的外交讲演，没有提到中国问题，对日本还表示可以改善两国关系。本月六日莫洛托夫讲演甚至把远东与欧战连成一起。最近莫斯科日本大使谈话，以及驻日苏联大使谈话，好像日苏关系之间有秘密商量，不仅限于边界问题，并及于其他悬案。今天路透电须磨说甚至谈到日苏互不侵犯条约，这些情形很引起大家怀疑，希望外交部对此能有一些说明。

王部长：这几个问题都涉及美苏态度。关于日货经苏运德，因为大豆要经铁路运出，运费很贵，数量也有限，此事英国也很注意，与英大使谈话中也说到这层。德国有这种意思，把大豆经苏联运出去，而事实上很难做。车辆缺乏，运费太高，英国也曾经调查过，认为事实上很难做到。我们很注意这种问题，对苏联交涉也很慎重，我们只相信他能帮助我们，他的政策怎样，我们不能确定。如果他要变更政策，我们劝也劝不过来。他们帮德国忙，德国正与英国打战，而苏联与英国订商约，所以苏联政策是中立，在中立政策之下扩充他的势力，并保留将来说话的余地。要他与日本恶化也不可能，因为我们与苏联不是同盟国，最多只能劝一劝他。

至于美国是否会改变态度，我们知道美国与苏联的感情不能说好，苏联报纸批评中立法是帮英法的忙，甚至批评罗斯福总统，所以问题的关键的确在苏联。简单的说起来我们的立场希望美国与苏联合作，最少感情不要恶化。前两天曾与苏联有关系的人谈起，觉得苏联报纸攻击美国，美国报纸并未攻击苏联，美国报纸是自由批评的，苏联报纸是受过检查的。这种论调最好稍稍改一改，免得因美苏关系欠善影响中国。

英法对于苏联都不想关系恶化（法国态度与英国一致），英国很想拉拢苏联与苏联订通商协定，力谋与苏联接近，我们关心苏联，英法也很关心苏联。

莫洛托夫演说没有提起中国，就我个人看起来，那天演说既提起日本，要与日本磋商改善国家关系，当然很难说到中日战争。而第三国际的宣言，第一点就说到中日问题，第三国际绝不说苏联反对的话。日本各报纸主张与苏联订互不侵犯条约，据我个人看，要订互不侵犯条约稍远了一些，要先将悬案解决了，才能订互不侵犯条约。

日苏通商协定内容的问题，现在很难知道，因为是否可以通商现在尚不能知，现在他们正研究边界问题。关于通商条约，有几种解释，普通贸易是通商条约，以货易货也是通商条约，德苏商业协定也是通商条约。

左参政员舜生：我们不希望苏联对我们有什么改变态度，不过勘界有问题。如果苏联以日本为对手，进行勘界，这等于承认既成事实，这样下去，影响不好。诺门坎停战协定之类，我们不能反对，他们愿意不打战仗是很好的。如果进一步勘界就与我们本身发生问题，如果这时候我们不说话，无异承认日本与苏联勘界是很对，情形与诺门坎事件大为不同。

王部长：张鼓峰事件发生后也有勘界的事，但当时并未实行。发生这种问题之初，我们就很注意，但讨论的结果认为暂时不表示，看他演变到什么程度再讨论。现在又有划界问题发生，我们正注意其演变。

二、陈部长报告军事。

各位先生兄弟，今天报告湘北战役的经过并愿听取各位先生的指教。

说到长沙战役，不能不想到南岳会议，自武汉放弃后，就准备敌人进攻南昌、长沙。当时军事上有一个很坚定的决定，就是假定敌人攻长沙，我们一定要运用地形给他打击。这种决定到本年三月初南昌放弃以后，四月初更具体化。四月十六日委员长有手令，要我们确定制止敌人进攻长沙的部署。手令上说："如果敌人进攻长沙态势业已暴露，我们要在长沙前方强硬抵抗，然后使敌人进入长沙附近，待其立足未定，予以致命打击，并同时确定反攻计划。如果能布置尽力，运用迅速，必能得到极大胜利。如此我军必须在岳麓山构筑强固工事，添配有力炮兵，控制敌人可到长沙附近之兵舰，并先指定目标、测定距离。各部按照预定计划配置妥善，后方并须协同动作，照此情形在前方对我军民作适合于此战略之宣告，使敌轻入。"因为有此手令，所以宣传时也说放弃长沙不要紧的话。另外有令给岳麓山守军，并要炮兵与阵地共存亡。令七十九军在湘潭附近作战，令关麟征、于 [李] 仙洲部在新墙河第一线不时予敌打击，第二线部队在汨罗江附近迎击敌人。敌人进入长沙附近时由关麟征部转攻敌人侧面，并从敌后反攻，岳麓山守军予敌切实打击。鄂南以杨森等两部向通山、崇阳断敌后路。我们按照这种部署，再三研究以后，并有修正，即以此种部署回复委员长，其他磋商电文甚多，总之这次打仗是比较有计划的。

九月十四日敌人开始进攻高安，以一○一师为主力，另以一旅为后续与交通部队，从侧面攻高安，旋即被占。于是我军增加部队反攻，收回高安。敌人知道此路不通，乃改攻奉新，预备出铜鼓取长沙，另一路由通城攻平江，侧攻长沙。以三十三师团为主，第六师团全部及第三师团、第十三师团各一旅团，海军陆战队一部分，另配赋特种部队，总计有三师团部队，从长沙正面直下，一直到二十四、二十五日，战况比较激烈。敌人海军陆战队与第十三师团部队业已在营田登陆，我军一四五师抵抗甚力，因受陆海空协同攻击，损失相当重大，但并未退下来，我们增加一部分部队，敌军始终无后续部队增加。以后军委会开会并给战区以简单指导，白主任到前方，本人亦奉命前往，于二十八日在衡阳会同白主任到前方会见薛长官。此时我新墙河部队已转移到侧面，汨罗我军亦转移到福临铺、三里桥方面，另外前方部队抽到株洲补充，预备于长沙附近予敌打击。当时情形预定不使东边敌人超过铜鼓，乃将万耀煌部队交罗卓英指挥，南下攻击此方面之敌，因此此方面之敌始终未能到铜鼓。这路站得住，我们侧背就很安全，这是一个紧要关头。以后三十三师团攻通城正面未得手，乃由通城东南下来，一直到修水、平江之间（长营街一线出来即平江）。当即决定将杨楚中部队转移到侧面攻击，杨森第二十军（这次打得很好）原在前方，敌人冲入后，即令他回头攻击，并添派第三师原在崇阳断敌后路的，要他由通城南下攻击敌后。于是敌第三十三师团受我四面攻击，沿途死尸遗弃者四千多具，所冲入部队只三千余，经我到处打击，二千余人窜抵修水。王陵基部因情况不明，放弃修水，旋复收回。自我杨楚中、杨森两部攻入敌人侧背以后，新墙河、汨罗江以南之敌两师团不顾一切窜到福临铺、三间 [里] 桥。此处到处大山，原来我两师预备部队此时正好成为埋伏部队，到处遭遇我军打击，至此敌人知道已无能为力，所以飞机送命令给他们说：敌人节节驻兵，处处埋伏，我军不能再深入。以后他们撤回，连撤退的命令飞机也送到我们手上，我军随即整个反攻。经此打击，敌人狼狈不堪。

以上是此次作战经过大概，详细情形略如报载。自四月十六日委员长手令起，到现在为止，此次战事算是比较有计划、有准备。

此次胜利原因，约有以下几点：

军事上由被动变成主动，官兵精神良好，军民确能协同一致，以及敌人重武器不能运用，以我们的锄头解决了新兵器的威力。这点很值得我们研究，要做到这点，首先要军队方面军风纪良好，然后民众才能帮助军队，否则想帮助也无从帮助起。第九战区对于这一点，在近两年来进步很大。过去武汉附近作战，军队一来，连保甲长都拉走了，如何能运用民众。要打胜仗，军民打成一片是很必要的，这点正是胜利的主要原因。今天民众对于本身力量有多大，他并不知道，我们一样一样分析给他们听。我们要求民众做的事，也都是很容易做，而且一定能做得到 [的] 事，使民众在食衣行的方面发挥力量，制敌死命。以行来说，不仅公路、铁路要破坏，所有可以行走的道路，通统都破坏。告诉民众路挖了敌人就不能来，民众很高兴的把路都掘了，原来是水田的通统还成水田。道路经这种彻底破坏以后，不仅重兵器不能行动，连普通车辆以及马匹都不能行动，高级将领也非徒步行走不可。自前线到长沙附近三百多里路深，高级将领不能不离开部队。步兵过去不带给养，这次每人带七天粮，负担甚重，行动困难。后方给养不能运送，于是到处征发劫掠，增强我民众敌慨之心。我们为使敌人野无所掠起见，要民众不留粮米，把所有碾米用具，随用随藏，以致后来敌人虽抢了几天，都是谷不是米，也不能做成米。所以从九月十四日到十月二日，不到二十天，而沿途敌军饿肚子的非常多。房子我们不烧毁，把所有房子内到处都写成小标语，如"为谁打仗""为什么打仗"，把敌兵心中所想说的话都写出来。散书面给敌人，兵士不敢看，写大标语，他很容易破坏。这种到处有的小标语，敌人无法破坏，敌人到了房子都头痛。这些都是很好的办法，这些是人人都能做的，也是很容易做的。军民一致是要求民众做他所能做的事，如果要求太高，不免会适得其反，过去对民众的要求，未免太欠实际一些。

这次我们前方发了许多优待券，发生效力。过去很难拿到俘虏，这次总算有几十个，而每人都持有优待券。敌尸上有优待券的亦很多，敌士气不张于此可见，这也值得我们注意。

敌人残忍诚达于极点，不仅对待我们，这次敌军退却很为狼狈，伤兵运去的不多，许多受了伤不能走的，都在退却时拿去烧了，我军到时尚在那里哭叫。

敌军这次伤亡总数确计约在四万人左右，我军伤亡亦三万余人。敌人空军只在营田登陆一役发挥效力，以后无法来炸，不仅炸弹无法投，连命令都送到我们手上来。这次受到敌人机炮损害较过去诸战役为最小，敌人因到处受我侧背打击，中我埋伏，故死伤数额必较我为多，确实数字亦无法统计，虏获物品刻尚未有精确数目。

湘北会战以后，各国新闻记者以及顾问等去看的很多，他们对这次战役的感想有三点：第一，这次打胜仗是真的；第二，在重庆时好像敌人天天要来到重庆，危险得很。而这次由重庆至前方，由飞机汽车到衡山，再乘船到长沙，再骑马乘轿才能到第一线，可见敌人要到重庆很不容易，因为中国太大了；第三，一个法国顾问说：我很佩服中国人的勇敢，以及民众创造力之大。我们在第一次欧战结束之后，法国人一年半年之久都未回去，而这次长沙第一天不到两万人，第二天就是五万人，第三天就有七万人。今天被敌人炸去了，明天草棚子搭起来，这是很值得我们佩服的。另外他告诉我们走私的问题，这对于我们经济战上要发生很大影响。这些都值得我们注意。

昨天知道敌人自北海登陆，有万田旅团（以前波田支队为登陆部队，现已改为师），并发现第五师团番号，为一师一旅，照他兵舰及运输舰统计，也差不多是这种数目。我军原有夏威一师，现在预备将夏威指挥的两军集中，大致不成多大问题。这次上陆意义，就我们判断有两种：第一是声西击东。上陆部队太少了不能引起我们多大注意，多一点部队能吸引我们注意，或者乘此再攻长沙或襄樊；第二，取南宁，切断我交通线。这种可能我们尚不能肯定究竟是哪一种，如果真要占南宁，一师一旅人不够用，如果用三师以上的兵力，也许我们这方面成功更大。我们都是照着原定计划去做，如果我这方面原来空间的部队能够牵制他一师一旅人，也很合算。无论如何今后进退攻守皆一本主动，不因局部情形而成被动。此次敌人最多多占几个城市，与我们整个计划并无影响。

报告毕。

黄参政员炎培：湘北胜利给予后方影响甚大，在这次战役中，军民能够合作，这事很好，不过兄弟今天还有一点意见供献给陈部长，我觉得现在军民合作还不够，民众的运用也还不够。就我所看到的，各战区长官对于民众力量之重要，还有很多不了解的。例如江苏现在在敌人后方，有许多兵在那里，而种种行为，无异于帮敌人之忙。湘北一地因为从前对民众用过功夫，还好侥幸得到胜利。如果敌人另外攻击一个其他地方，我们对民众没有用过功夫，情况就不能良好。我以为陈部长应以政治部长的资格，务使各级各地都了解军民合作的重要，并要举出合作的切实办法。要说军民合作已经够了，这话兄弟不敢承认。第二，不仅前方作战有关系，后方也要用十二分力量于民众工作。第三，要扩大军民合作，也要注意一点，就是所有党派摩擦，无论如何要减少。党派摩擦的结果直接影响到民众身上，间接影响到军事身上，目前不能再有党派摩擦。第四，走私问题，从汉口方面偷运到湘西的日本纱布等很多，这样就形成两种战线。如果是我们作战以及生活上所必需的东西，我们作有计划的吸收也可以，但要由政府办，不能由军队私下接受，私自放行。兄弟在成都也看到很多仇货由川北来，实在太不成话了。我希望陈部长给高级领导人知道这种事，赶紧想办法，要不然物质损失不用说，连军风纪也不成话。总之，这次胜利很好，我们对高级将领的努力很钦佩，而其余方面确实要注意。

陈部长：军民合作自应更加努力。党派摩擦照道理不应有，例如前面所举的几件事，任谁人来做，我们都欢迎。大家做完了，事情也做好了，从何会有摩擦起。如果有摩擦，多半是别有用心不革命的行为。走私问题很重要，但要分别是否需要物品，例如药品、纱布是我们所需要的，我们欢迎他能进来。要后方不买仇货，最重要的还是自制代替品。第九战区军风纪甚有进步，买仇货进来尚不致 [至] 于，唯敌后方面较为困难，好在大家都注意到这个问题，自然可以有解决的办法。

高参政员惜冰：因为检查仇货，所有上海来的纱，都算成仇货，所以一定要有一个标准，要不然就以上海的纱完全运来尚不够用。如果断了来源，将来一定要闹恐慌。

褚参政员辅成：二三月以前，我知道衡阳是走私集汇地，并多由军用车自浙赣运到衡阳，转到宜昌，另由汉口到嘉鱼转到宜昌、汉口、沙市之间。日本军队也不闻不问，中国军队也不管。如果从沙市、宜昌设检查机关，可以把这两条路断了。如果运的地方不断，只从卖的地方去禁，事情就很难。

陈部长：已请宜昌郭司令及严主席注意，并另请湖南薛主席注意，希望这次五全会能有具体办法。

散会。五时二十分。

5. 国民参政会第一届第四次大会休会期间驻会委员会第五次会议记录

（1939 年 12 月 1 日）

国民参政会第四次大会休会期间驻会委员会第五次会议

二十八年十二月一日午后三时于军委会会客室

出 席 者：

副 议 长：张伯苓

秘 书 长：王世杰

国防最高委员会秘书长：张岳军

参 政 员：于 斌 林 虎 左舜生等

主 席：张副议长

开会如仪。

报告事项：

一、秘书处报告 [略]。

二、张秘书长岳军报告。

各位先生，本席今天报告分两部分，一为国防最高委员会对参政会第四次大会决议各案处理情形，一为中央对于宪政案之决定，前者已有书面印附，故不赘（附后）。

关于召开国民大会实施宪政一案，国防最高委员会决议送请中央执行委员会核办，中执委会决议提交六中全会讨论，在六中全会第五次会议对此案讨论结果，决议三点：

（一）国民大会于二十九年十一月十二日合开；

（二）代表选举办理未竣事宜，由选举总事务所督饬赶办，限于六月底以前完竣；

（三）其他地方情形变迁，事实上办理选举有窒碍者，由中央常务委员会妥筹办理。

中常会昨日开会，中央秘书处对此案签注意见："此案经全会决议，似可请国府查照办理并饬选举总事务所进行，工作如有第三项困难，应妥察实际情形，批注意见，专函转国府核办。"中常会第一百三十次决议，照秘书处意见通过。

关于国民大会职权如何，中央最近并无新的决定，因为要修改须经由大会决定，目前只着重于选举事务。

毕。

三、于参政员斌报告。

各位先生、兄弟，今天并没有什么特别的材料可以报告，谨将出国经过大概及观察所得的情形，略作说明。

兄弟自二月间到美国，适张彭春、卢铸、陈光甫诸先生均在美工作，因此我们相互间取得联络，在美华侨工作亦有很好联络，以前想联络都不曾做到，这次能够很友谊的合作，是一种很进步的现象。华侨在美各抗日工作团体也有负责专人，我们与他联络，取得帮助不少，并且能把美国每个援华团体也都联络起来。因此中美工作团体都有精神的契合与沟通，因此许多地方也不至于枉费心思，而且收效特别大。因为美国政府对远东态度本来是积极的，所以没有发生力量的是民众。美国政府对民众指导的工作很为有力，我们所做的工作还不及他十分之一二。因此我们工作的范围就缩小，对政府机关不大发生关系，最多只联络参众两院的负责人，大部分工作在民间做，政党、宗教团体、职业团体甚至于工厂、教堂各方面都去接触。因为美国各种事都主张量要大，所以我们都从大规模方面去着眼，并为适应美国人好奇心理，组织美国航空队由中国两位小姐作自南部至北部、自东部至西部的全美飞行，并发动讲演团到处讲演，尤其到过中国在教会、医院服务过的人士特别热心，这种宣传已经深入到小的乡镇城市。因此自一九三七年以后美国舆论对我们战争的认识，一九三七年十二月间他们认为我们是盲目战，总以为中国很混乱，人家要来替你整理，你不认识这番好意，要和人家打仗，认为这是盲目的战争，在这种情况之下，我们的工作很难进展，很难应付。只有一步一步使他们改变这种观点，以后慢慢的放弃这种观点，认识我们是自卫战，认为中华民族在奋斗建国之中，遇到极大压力，因此他们喊出这是为生存而战争，是自卫的战争。但仅仅以为是自卫战，与美国并没有深切的关系，在此时他又认识我们是为文化而战，美国是文明国家，对世界文化负有责任，这也只是一般有学问人的认识，普通人以为只要有商业的生活就可以，文化与他没有多大关系，仅仅有这种认识不能发生多大行动，然而自四月以后舆论的趋势，认为这是"维美战"。美国大经济学家华普生说"中国人抗战是为美国作战，美国国防战已经在中国开始"，这种在我们听起来，很多人以为太过，而美国民众很接受并未发生异议，而且很多大学校长开始迎会以及各种宴会中，都有这种话说"中国是为我们作战，我们有责任要帮助中国"。舆论推动已经到维美战的意识范围，所以民意测验所得结果与从前大不相同。一九三七年测验结果，同情中国的仅占百分之四十七，到今年六月间测验七月发表的结果，同情中国的占百分之七十四。七月廿六国务院通告日本废除商约，美国人认为这就是经济制裁的开端，意义很重、影响很大，而舆论界对此事是一致拥护，仅有少数表示恐慌。最近测验结果，赞成政府废约举动的是百分之八十一，是压倒的多数；赞成禁运军需总赴日的占百分之八十二，更是压倒的多数。在这种情况之下，我们回想到四月间毕德门及诸参议员对中国苦心援助而没有成功的提案，很可能于明年国会中顺利通过。关于美国废约的动机如何，我们应该研究，因为此事在当初只有几个议员议商并未讨论，政府就把这种事办了，当然民意的赞助可以鼓励政府的决心，而真实原因大概因为东京谈判中英国态度表示不大好，再等下去恐怕有意外的问题，所以当即发表废约，并为施行禁运事除去其障碍。我们到各方面接触，他们都承认这是美国的一种决心，我说日本如果软化下去这不是白费事，他们说日本不会软化。这把火已经放得如此之大，以前我们希望他能改善，现在事情弄得如此大，要他整个收拾起来很不容易，不然美国太平洋政策要整个推翻，美国政策是要保持太平洋优势，现在均势都没有了，所以美国感觉恐慌。大家都看到马尼剌、夏威夷的积极布防，以及大西洋舰队转移到太平洋，这都是为维持太平洋优势，如果让日本大陆政策成功就不得了，这次为表示决心起见，所以明白告诉日本要他放弃新秩序，不然要一步步趋于制裁也不见得国会不通过，就令国会不通过，政府也有办法可以援引关税法来实行报复。德国占捷克，美国人很慨愤，政府即加德货百分之二十五的进口税，就把德货输美停止了，其他方面把以货易货的办法停止了，这完全由于正义感而来。美政府可以增加日货百分二十五至百分五十的进口税，摩根索有权可停止购进日金，而做这几件事，恐怕日本要特别紧张。军事上不能不有所准备，这次回来经过夏威夷略作考察，看到他们以两千万美元建筑大飞机场，地下出入，能藏千多架飞机，问他们全美国没有这样大的工程，何以这里造这样大飞机场，他们说现在不能不做国防准备。不仅空军如此准备，海军新战舰、潜水艇停泊的亦非常多，这些是准备着美国实施经济制裁，日本发生排美运动时，就可以用武力来限制。关于封锁政策，美国人也有研究，但希望很少，经济制裁可能很大。

经济制裁一实施，日本所受的影响很重大。欧战发生以前，日本军火进口总量百分之五十六是从美国输入，欧战以后百分之七十五靠美国，美国来源断了，就没有多长时间好宕延。日本出口货向来以美国为最大市场，百分之七十靠美国。到今天，日本军需品百分之八十仰赖美国，出口货百分之七十销售美国，美国今日正是整个握着日本经济生命，尤其日本货币脱离英镑联系以后，表面上是变更兑换单位，事实上是希望美国投资于华中、华北、满洲（日本声明变更汇兑单位，华南无效）。美国对这层更了解，觉得日本既全部投入我的怀抱，对付他的力量就更大一些。过去政府从不发表向 [像] 威尔斯那样负责任言论，现在亦不必顾虑，从前美国人说一切美国可以想办法，只不对日本作战，现在不然，舆论上公开说如果经济制裁不成功，即以武力为后盾，因为知道日本没有力量与美国打仗。最近日本与俄国表示态度，美国人认为只是一种讨价还价的姿态，无足重视。

日本对于美国自然不肯放松，但是无法转寰（圜），日本还没有这样人才能够指导军人照着外交方针的需要去做，一方面要外交上求美国谅解，而刺激美国人感情的事却天天发生。今天这里打美国水兵，明天那里又打美国老太婆，这种事美国都用大字登载，民众看到气愤填胸，政府又积极领导人民向前，把领事报告整个发表，并常常供给新闻界参考资料。到现在如果日本人没有整个的办法，要想以小仁小惠的事改变美国态度是不可能，而且连这点小事的改正都不能做到，确实他已经没有力量控制。自野村上台时就有令要特别保护美侨，而今天汉口还有打美国小军官的事，所以他没有办法使美国高兴。所以明年商约废除进到实际的制裁，如果没有特别的变故，这是推理的逻辑。民众外交到这步已经是白热化了，再进一步应该是政府外交的应用，不仅是政治问题，而且是技术问题。如果日本没有特殊的外交人才，军部也不能与外交一致，他的命运也就完了；如果有这种人才，军部也能唯命是听，也许可以缓和一点民间愤慨；如果连这点也做不到，前途就可想而知。现在美国报纸常常用"我不高兴""I am sorry"作标题，下面记六百次字样来写日本对美国的侮辱，日本现在连小仁小惠的改善都做不到，彻底变更态度自然更不容易。今后国民外交自然要继续努力，而政府外交正是紧要关头，如果明年美日不续订商约，则其余都是逻辑一齐可以下来。现在在美华侨很努力，张彭春先生的活动也很得力，总希望美国能维持这种热力，将来能发生更大的效力。美国人既然认识到我们是维美的战争，就希望美国人能多负一点责任，不要完全抱唯我主义看热闹。我们告诉他，你们就是不帮忙，我们也要打到底，现在你们一百多艘大商船不能到欧洲去，何不向远东开，远东谁不能给你们去，你应该想方法解决。现在英法订军火是几千万一万万的订，你们何必去做日本的二三百万小买卖反落得一身不仁义，你们能把这条路弄通了，我们有四五万万人的生意可做，战后一切经济建设的投资以及技术问题，要借重于美国人的很多，就利害前途想，也应该解决这种问题。现在美国人对我们技术合作的事很关心，对于云南抗疫运动，他们的口号是拿出巴拿马的精神来参加，对于我们铁路公路建筑也非常关心。照这种情形看来，美国对远东政策似乎不会变，日本人在远东也只有放下远东新秩序才有办法。

毕。

四、林参政员虎报告。

南宁失守以后对于国际交通不生影响，因早已另有一路代替此路交通。敌人占南宁后主力不能分散，因为地势不熟习[悉]，南宁地方难攻亦难守，熟悉的人占便宜，目前宜在敌人立足未定时集中主力击其弱点。这次看到我们的兵士人人活跃非常，满面红润，气色很好，比起从前大为不同，而日本兵质量却日益减退，两相比较相差很远，这是很可喜的事。

散会。五时十分。

6. 国民参政会第一届第四次大会休会期间驻会委员会 第六次会议记录

（1939 年 12 月 16 日）

国民参政会第四次大会休会期间驻会委员会第六次会议

二十八年十二月十六日午后三时至五时

出 席 者：

副 议 长：张伯苓

秘 书 长：王世杰

参 政 员：[原缺]

经济部长：翁文灏

主   席：张副议长

报告事项：

翁部长报告最近经济情况。

各位先生今天预备报告平抑物价的工作情形，希望能得到各位先生的指教。

关于物价上涨的问题，大家都感觉着急，但是哪几种涨得特别厉害，一般物价涨到什么程度，哪些地方涨的情形特别严重，这种事实的记载应该要弄出头绪来。因此经济部在很久以前就开始调查后方重要地点的物价，汇总归类得到物价的指数，各处地方标准很不一致，我们以二十六年六月份（"七·七"以前的一个月）为标准指数作为一百，到本年八月统计完成，各处物价总指数如次：

重庆　二百四十四　　昆明　四百三十二

贵阳　二百二十八　　桂林　一百八十二

就物品种类来说，则其指数为：

食料　一一一.四　　衣料　三七三.〇

燃料（汽油在内） 四〇〇.〇 金属电料 六五七.〇

建筑材料 二九九.〇 杂项 二二五.〇

以上是各种物品的总指数。就各地情形来说，昆明食料涨得最高，为各地所无。贵阳、桂林燃料涨得最多，金属、衣料次之。重庆金属品涨得最高，譬如洋钉在二十六年七月以前每桶价仅十五元七角五分，到二十八年八月便涨到一百五十元，已达十倍之多，其次燃料煤油每箱二听原价只售十四元二角，今年八月已涨到八十五元，现在还不止此。由这种情形看来，物价之高涨确为始料所不及的，不过这还不是普遍的现象，只是某几种物品特别涨价罢了。换句话说，就是有一种很不平衡的现象，除了五金以外并不是每件东西到处都涨。

在战事发生之初，有一个时候物价情形并不怎样涨（第一年），所以大家都没有注意这个问题，以后这种问题发生，我们就想办法解决。去年三月经济部呈准公布评定物价及处理投机操纵办法，要地方政府设立评价委员会，由政府有关机关派人并邀同本地商人及同业公会，共同组成评定物价委员会，共同商酌，挑选几种民生日用必需品，核定成本加上少数利息，在这个标准之下拟定价格，然后由商会、同业公会负责任。把这种物品筹划推销办法定了以后，事实上成效并不好，因为各地有种种特殊情形，不能一致，因此我们觉得有由中央机关加重负责的必要。因此本月经济部筹设平价购销处，因为有几种东西常被囤积起来，政府定了价格，他不实行也等于具文。在这种情形之下，只有由政府出钱把他囤积的物品收买存起来，或者由政府强迫他自己出售。于是又订下处理囤积日用必需品办法及日用必需品购销办法，于十二月五日由部令公布，由四行借用资金与经济部会商办理，此种办法已经四行理事会通过。平价购销处组织内分五科：第一服用，第二粮食，第三燃料，第四日用品，第五会计（由四行派任），由平价购销处会同各地国货联营公司及各地重要商家分配执行平价任务。

关于衣料问题我们曾经通盘计算，假定后方人为一万万，每年要布四百四十万匹，现在存货据调查所得不下二十多万匹布，一百二十多万匹土布（合新布一百万匹）。后方出产的纱，陕西大华有二万五千锭，现已被炸，能复工的只一万三千锭，所租的两万锭未开工，宝鸡尚有两万锭未开工，计算起来陕西有相当数量，现在正督促复工。重庆方面已开工有豫丰一万三千锭，豫华一万二千锭，庆新五千锭，一共有三万锭，以前估计今年年底能有四万锭开工，现在少一万锭，经济部正想方法帮助他们解决困难，以达到预期目的。内迁纱厂一共二十多万锭，但损缺很多，确可开工的只十六万锭。云南原有五万锭纱厂，但经烧了一次，现在只剩二万锭。广西原无纱厂，现在经济部也与省府合办了一万八千锭的纱厂，已经开工。后方纱锭总数就算十六万锭，所出的纱能制成布三百二十万匹，另外本地土布亦有相当产量。手工或小的电力纺纱的有一种纺织机，现正在推广之中。陕西在六月中造成两千架，分配于商办土法纺织厂用，照那种组织小纺纱厂，每家要资本二万五千元，现在□奖励商人照做。我们可以每家借予一万元资本，希望六个月至八个月中，这种工作能有头绪。在四川省，经济部定造一千五百架，另有一部分数量是七七纺织机。如果全部计划都实现了，一年之中能出产的布共有二百六十万匹，合起来连土布在内约有三百八十万匹。还是不够就要想从上海运一部分来，这一部分纱厂因环境不同很感困难，因为日本要统制沦陷区的棉花，我们收买浙东等地棉花买［卖］与沪厂交换纱布，并由各银行买运后方。从上海运来的纱，每月最多时达三千包，少的时候也有，布每月有一千多匹。这种东西希望他能源源进来，帮助后方的供给，这样每年希望有三百万匹，照这种数量总合起来就很适合后方的需要。但有一种缺点就是军人用布尚未列入，数量也很大，估计起来需要二百多万匹，内地供给力不够，我们想用其他方法供给，或者可以勉强够用，但是要待各种计划都完成以后，目前仍然不够用。

另外我们想其他方法谋补充，西南各省出产的麻有相当多的数量，现在棉麻交织的方法已试验成功，并成立西南麻织厂有限公司两厂，一设北碚，一设荣昌，现已开始出产，充分出产以后每年可得一万八千匹。另外川人袁少昌成立一羊毛制呢公司，每套衣料成本在二十元，已在五通桥附近购地建筑，生产量每年一万七千匹（双幅等于加倍量）。又一家为章华织呢厂，创办人刘洪琛，预备率一班技术人员完全到四川来，设厂地点在物色之中，成功以后每年生产量为五万匹（双幅等于十万匹），也可以增加我们供给能力。

纱的方面有一点较感困难，上海纱加上运费成本太高，本地纱成本很低，如果没有一种适当的调理办法，不是上海纱吃亏就是本地纱赚钱过分，现在正想法做一种调整工作。

煤炭。重庆煤价涨得很高，每吨五十多元。关于煤的供给量早经筹划，增加原来川省全年出煤一百万吨。我们因为内迁工厂多，用煤的数量加高，去年我们就增加产量到一百六十万吨，帮助各矿工作。尤其希望天府、宝源煤矿在綦江南一地产量相当多，运输力嫌不足，我们就加了一点水利工程，在綦江以上修五个船闸，内地水利工程要以此为最好。但是天府煤矿开到一个地方突然煤气爆发，死了很多工人。宝源煤矿地下出了大水反而减少产量，修船闸的地方修到第五闸就被大水冲毁，要等今年水浅时再做。因为这种原因我们增产计划未能成功，煤源缺乏以及挑力贵都是煤贵的原因。另外，泯江煤因为夏季我们帮助他出产，存有相当数量，现在把那里的煤运几万吨到重庆来济急，那里煤价二十多元一吨，加上运费十八元，每吨售价四十多元，用以平抑市价，以后这种情况当可逐渐好转。

关于纸张的问题，现在也附带报告一下。现在最重要的一家纸厂是嘉乐，多数报馆由他供给，前几天他们来电报说，纸工贵，材料贵，用纸的人多方责备，现在我们生意不做了，请你派会计人来查核，报馆由你们负责。我们复电不准停止供给，成本如何、办法如何，我们查明以后再作决定，情形严重有如此者。现在我们帮助几家小纸厂，最近已开工，第一家为溥泉造纸厂，第二家为昆仑造纸厂，另外还有一家小纸厂，全产量一共每月二千一百令。而嘉乐一家为一千二百令，可见此厂重要。龙章造纸厂设备甚好，出产力大，但该厂在迁移时，机器迁移至相当程度以后，他们股东傅筱庵变节，把所有技术工人扣留。因此政府特别帮助他们造补充机器，照现在情形看，明年四五月可以出产，每月能有二千五百令，纸色是白的。到明年还有新迁来的纸厂以及土纸改良成功，川省纸张每月可出四千五百至六千令，可以自给。为解决造纸原料起见，现已成立川江造纸浆公司，供给木浆，每月产量可达三百吨，明年年底才可成功。另有汉口盛家溪财部造纸厂，已送给我们，明年可以成功。贵州有一纸厂，最近整理复工，每月出四百令。

总之平价工作我们逐步进行，要使平价确得结果，定要我们自己有相当供给能力，我们在供给数量上有把握，规定价格才能生效。

报告毕。

张副议长：昆明米如何救济？

翁部长：正与省府商酌购进越米。

许德珩：除了都市以外，各小地方也都有物价高涨的严重情形，譬如菜油，重庆尚卖八角一斤，江津等买一斤要九角以上。关于谷贱伤农这句话要看在什么国家，如果是在小农的地方，这话很对。而川地是大地主多的地，种田的人要买米吃，谷贵了直接压迫他们的生活。政府一经提倡收买，就有大量人从事屯聚，有钱的人也就屯米不卖，以后谷贵也只便宜了大地主。如果一面收买又不限制囤积居奇，更要影响多数穷人，多数穷人连刚才下种的麦子都卖出了，所以对于囤积居奇一定要严格限制。平抑物价的工作也不能只限于都市中做，并须统筹全局来做。

翁部长：这种情形很对，现在正设法调查存量及限制存期，即以布来说，估计后方存布二十万匹，但调查所得重庆一地已有二十六万匹，菜油问题亦已在注意之中。

高惜冰：后方纱厂如纺十支粗纱，则每天可多出三十包。重庆纱布市场空头太多，并常调期，最好有所限制。

后方纱厂各种机件多有不能配齐的，最好要各厂现在不能配整的机件，互相调整安配，可以多得纺纱机。

未开工的纱厂多少要用一点强力使他开工。

棉麻交织可以推广于产夏布各地，以广产量。

翁部长：经济部很注意此各项意见。

散会。五时。

7. 国民参政会第一届第四次大会休会期间驻会委员会
第七次会议记录

（1939 年 12 月 29 日）

国民参政会第四次大会休会期间驻会委员会第七次会议

二十八年十二月二十九日午后三时于军委会会客室

出 席 者：

副 议 长：张伯苓

秘 书 长：王世杰

参 政 员：江庸等

军政部长：何应钦

报告事项：

何部长报告最近军事情形。

各位先生：

今天想报告最近军事情况，即冬季我军全面出击（敌人称为我冬季攻势）经过概要：

冬季出击之目的

冬季出击之目的在消耗敌人，使国军以后作战处于有利地位。我们在夏季中得到各种情报，知道敌人要在冬季彻底肃清占领区游击队，另外选几个战略上、政略上要点加以占据。我们要打破敌人企图，使他不能集中力量来打我们某一方面，并且不让敌人在沦陷区消灭我们游击队，免得使他以后能任意抽调部队。故此次全国各战场同时出击，出击兵力数量不一，或为此战场二分之一，或为此战场三分之一。我们期望不在拿回某些重要地点，只要击破敌人企图。简单的说来，我们想消灭山西三角地带的敌人，以巩固西北河防，解除北战场之顾虑，使敌人无法攻略西安、洛阳。在南战场予侵入桂境之敌以严重打击，消耗敌人兵力，减少我们顾虑，同时牵制各战场敌人兵力，使敌人无法抽调。此次出击之目的即在此。现在各战场都照此计划出击，规定于十二月十一日前后一周内各战区斟酌发动，现在继续进行中。在此行动中，山西方面发生遗憾事件，我们虽事先知道会发生这种情形，未补救得好。现在把出击以来到本月二十七日止，各路情形分述如下：

甲、长江以北

一、第八战区绥远方面：第八战区任务在牵制敌人，向归绥、包头、固阳、安北一带之敌攻击，由傅作义将军指挥，经过情况良好。本月二十日，我先头部队即已攻入包头城，到二十一日晚上，据报告已歼灭敌军一千五百余人，敌原驻部队歼灭大半，少数敌人退入据点死守待援，获战利品甚多。计毁敌汽车四十四辆，坦克车三辆，装甲车五辆，山炮三门，电台一座，毁仓库一所，弹药武器军用品甚多。

包头地方重要，敌人十分顽抗，二十三日敌人援兵到达，我军仍与敌在城内及外围对战中。马鸿宾部十九日攻安北，另一游击支队长武进方率部约千人袭击固阳，到二十三日止，据报告仍在安北、固阳一带击战中。绥东骑兵部师于十九日晚占领磴口车站，切断敌人包头、归绥间铁道。我军攻入包头事，前昨两日敌发言人亦未否认，只说业已打出去，据报告，包头西北在我手中。

第二战区：第二战区此次任务在扫荡晋南三角地带之敌，想把敌人三十七师团歼灭，在攻势开始以前，敌人就知道了。当我未出击时，就先来进攻，这是第九次进攻中条山。本月五六两日唐万山、马家庙（译音）等地为敌占据，至十二日，我军反击将敌军全部击退，据报战斗激烈，毙敌三千以上。以后敌人附具其他主力在夏县集中，准备打张店镇向我们进攻，十五日，向中条山中部作第十次进攻，我们部队在羚桥坳等地一带，十八日又击退敌人，敌死伤很大。现在夏县张店镇附近激战，此方面敌人击退以后，东部及中部中条山，我们处于有利情况。原来计划要阎先生部队（十余万正规军，另新军十三旅，每旅三团）（据云新军七万人）等晋南得手时，他的部队自北而南压迫敌人到黄河边，加以歼灭，而他的内部发生问题，不仅没有参加战斗，反而使敌人一〇三师及四一师部队能向晋南增加，使我们部队战斗很吃力，使我们扫清三角地带的出袭计划根本不能成立。他的内部新军与旧军发生冲突，主要的有新军四旅共十二团人，其中只有三团没有叛变，而此三团也要军队监视。另外还有六团有怀疑，一共就去了十八团，其中有九团正式开火，有九团要监视，力量对销的很大。因此这方面敌人大为得意，抽调一部兵力加入晋南作战，所以这种事是很不幸的。对于这种事中央早就知道，告诉阎先生新兵要叛变，请他想方法，但他以为有把握，现在却弄出这种情形，关于此事陈长杰来电称：

国军冬季出击，关于第二战区西路军部署计划经电呈钧座，预备于十二月十一日以前完成一切，准备十五日肃清汾河右岸之敌，再向左岸进出。嗣后奉钧座支西电指示情况后，由两翼向汾河左岸进出等因，正在督饬各部积极准备如期进攻。间而奉阎长官电示，第六区专员张文安、独立第二旅政治部主任冯竞率独立第二旅一一九团、二○九团、第六区保安团及第十一、第十二、第二团等部队叛变，着即指挥第十九军、第六十一军、警卫军独立第七十三师暂编第一旅、第三十四军、第八十三军迅速积极施以讨伐叛逆，为变出非常，亟须肃清后患，除将二军各一部在隰蒲里、龙关、新绛等地警戒外，本路主力于十二月十日进驻蒲县、襄陵、陶林、沅河地区，十二日向赤口、陶孟桥一带叛逆盘据地带推进等因。因此西路军五军一旅根本没有参加作战，并向指定的反对方向运动。此事原因甚为复杂，据某参谋长来电说："这次冯竞等叛变，完全为政治意义，编遣是一种借口，根本原因是要乘晋东北、晋西北、河北等地荒灾举行农民大暴动计划。据知道内幕的人都如此说某军是否参加默契不知道。"总之阎先生内部发生这种问题，影响整个战局。因为那方面原来牵制敌军六个半师师团，我们的力量一减轻敌人就能抽调部队，逐渐南移，加重我们晋南三角地及其他方面的压力，因此第二战区攻势行动完全破坏。中条山我军刻仍向黑龙黑、夏县之敌攻击，晋东方面向长治长子继续围攻，这方面敌军我原拟彻底肃清，由朱司令指挥（朱师及庞炳勋、范恒惕等部），现向敌进攻中，据最近报告长子屯留陈家各据点已经为我占领，黎城、东阳关亦于二十二、二十四日相继克复，敌人伤亡二千以上，并获得汽车及步机枪等战利品。

第一战区：第一战区为卫煜煌所指挥，冬季出击之任务在牵制敌军，自开始出击以来，道清西段、博爱、沁阳一带敌人受相当打击，新黄河以东我孙桐萱部十五日袭击开封，占领车站，十六日晚占领南关车站，进攻开封，十七日攻入城内，现在城郊作战，自开始攻击以来毙敌二千以上。

第五战区：第五战区任务在扫荡平汉南段之敌，逐出信阳至武胜关敌人，于十二月十二日开始分数路进行。郭忏指挥江北军在沙市附近汉陆以上攻汉陆，进展顺利，斩获甚多，最初即克复罗汉寺、多宝湾等重要据点，敌伤亡很多，其第十三师团五十五联队几全部歼灭，襄河东南各据点在我控制中。京钟路钟祥附近张自忠集团很努力，予敌人打击很大，敌十三师团一百零四联队三分之二被我消灭，正在围攻杨子、冯家溪。随枣公路孙震部队攻随县、应山这一方面，各部作战努力收效很大，随县四五个据点都拿到，这次孙震部作战有相当的战斗力。长台关信阳方面孙连仲部有一时曾有小部队冲入信阳城，现在信阳近郊作战，长台关信阳间铁道曾被切断，现正向信阳南武胜关、年静关等处攻击。鄂东方面为李品仙、廖磊所部，由东向西出击，汇合鄂中攻击，据报告收到相当效果。平汉南敌交通随时被切断，长江以北田家镇、安庆亦时常袭击，予敌相当损失。

以上为长江以北北战场情况，除阎先生发生问题之外，十八集团军在河北也常与中央军队发生问题，这种特别情形要想方法解除，如果长此自己扩控力量就对消了，敌人可以任意活动，此种情形现正在设法改正。

南战场

南战场出击目的在切断长江交通，并攻击南宁之敌。南宁方面最初登陆之敌为一个半师团，本来是孤军深入，不难歼灭，而敌人因以后从北战场转移两师团兵力逐渐增援。因为我们攻击甚力，敌人亦在逐步增加。我军现注意切断邕钦路，现在广西作战多系新军，战斗力较差，要切断敌路需要从其他方面抽相当军队去，现在已经抽了三军，□为五十五军、九十九军、第六军（？）都是很好部队。敌人为牵制我军广西攻势起见，乃由北战场抽调军队到广州向北攻，原来在广州有两个半师团，现在增加两师团，据其他方面报告是增加三师团，因此我南宁方面军队陷于苦战地步。由于北战场没有达到任务，使敌人能抽调军队；河北方面不能牵制敌人，使敌人能转移军队，并且河北游击军有被敌肃清可能，敌人在冀察苏鲁战区都有增加军力。

南宁方面从十二月十七日开始反攻，开始以后情形颇顺利，二十日克复昆仑关，二十三日包围七八塘，现在敌由台湾增调一师团（第三十八师团）业已到达，于二十七日、二十八日打通七八两塘交通，目前在昆仑关附近对峙中。高峰坳于二十日收复，敌增兵反攻又失陷，此方面第五军作战甚力，敌十一旅在昆仑关被我打击甚重。据报告两联队之敌都被消灭，其中官长有二十七员、步兵三千余，俘获武器很多，轻重机枪三十八挺、炮五门、步枪数百支，情况良好。

广东方面出击予敌相当消耗，敌援兵到达后分三路反攻，从银嘴坳、从化、龙门、江口、梅坑、翁源，拟攻韶关。敌援兵为三十八师团之一部、一○四师团、十八师团、近卫师团（东京来），近卫师团到后即分三路向我进攻，一路自二十五日渡过琶江口，另一部到梅坑一线。此次余汉谋部作战甚力，在牛背脊打一大胜仗，但敌人不畏侧背威胁，一直前冲。二十七日到了三化镇翁源附近，现在在这一带激战，良口、琶江口之敌均被击退，敌系由梅坑攻入。

第三战区十六日开始出击，向长江边进攻。十六、十七日情况良好，敌人警戒阵地大多被占，俘获甚多，敌伤亡甚重，以后攻击敌人主阵地，攻了几次，因敌海空容易增援未下，现在相持中。沿江一带攻了十多据点，此外沪杭、京沪路上袭击敌人，据报告十六日至二十六日予敌很大破坏，据报十日内毙敌二千四百余，伤敌甚多，获机枪十余挺、步枪数十支。

第九战区自十二日开始出击鄂南赣北方面，十九日，杨森集团军占据崇阳，毙敌甚多并俘六十余人（昆仑关一据点敌一大队剩十三人，子弹完了，一两天没吃饭，被俘亦不肯降，不肯吃饭饿死了，只剩三个新兵未死。整个大队武器我们都得到了，计轻机枪十八挺，重机枪四挺。各战区俘虏甚少，第三战区也只得到八人，而且都是受伤的）。十三日关集团占杨楼司车站，杨楼司在我掌握之中。商震集团一部分渡过长江袭击岳州一带之敌，一度占岳阳车站，现在第九战区方面与敌相持之中。

以上为十二月初旬出击以来大概情形，我们所收的效果相当的大，比第一次成绩好。据报告在这二十天之内，自出击至二十七日止，战斗不过二星期，计毙敌十二万四千三百人，俘虏六十九人，步枪数百支，轻机枪八十一挺，各种炮二十余门（以前很少获得敌炮）。虏获击毁敌装甲车一百二十辆，击毁舰艇十四只，破坏铁道十四段，公路三百十三公里，另弹药甚多。

此次出击能否达到预期目的，要在出击告一段落以后始可报告，就目前情况看，第四战区敌人增加较多，我军于二十七八日于翁源、龙门稍稍失利，其余方面都是胜战，各战区亦皆胜利。由出击开始到现在，我军均在有利态势之中，我们出击目的不在夺取城市，是要使敌人不能扫荡我游击队，并不能集中军力攻我军略及政略据点，使敌人不能自由移动兵力，同时消耗敌人兵力。

报告毕。

刘参政员叔模：钦州敌上陆部队原本不多，是否有增援部队？我军如从广东方面去切断敌路是否较便？

何部长：敌上路[陆]部队原为一师团，以后增加一师一旅，我们如从广东方面去则道路更远，现火车通到柳州，由此方面前往比较近便得多。原来南宁之敌西向龙州进袭，经我军于龙州附近打退。敌宣传获得多少东西系虚构，物品早经移往法国且只有汽油、卡车之类，从来无军火通过此处。故敌此次攻击并无收获，龙州仍在我手。

左参政员舜生：山西问题及十八集团军事外面传说很多，此事大家很注意。自抗战以来从无此种情形，现当各方面顺利时有此种情事很感不幸。对于这种事切实解决办法，我们想知道一点，万一此事继续扩大，对我前途当然不好。

何部长：十八集团军问题不如外传的严重，河北及陕北问题前次也谈了好几回，双方高级的人都没有问题，大家认为抗战严重，彼此都要忍让，为国团结一致，最近也谈过共党高级人也认为小问题可以解决。阎先生事早就告诉过他，一种系统之下有两个性质不同的军队，有两种建制、两种思想，一定要冲突，现在阎先生有三种服制不同的军队：一牺牲救国大同盟；一工造团（？）新军；一老军，三部分各不相下，情形很复杂。

左参政员舜生：叛变目的何在？有无电告中央？

何部长：叛变目的在反对阎先生，现无电报来。

散会。四时卅分。

8. 国民参政会第一届第四次大会休会期间驻会委员会第八次会议记录

（1940 年 1 月 12 日）

国民参政会第四次大会休会期间驻会委员会第八次会议

二十九年元月十二日（星期五）午后三时于军委会会议室

出 席 者：

副 议 长：张伯苓

秘 书 长：王世杰

参 政 员：[原缺]

交通部部长：张嘉璈

主 席：张副议长

报告事项：

张部长报告交通现状。

关于交通计划以及路政现状已在上次大会报告，近来皆在进行之中，无甚可述之处。今天谨将运输情况略为说明：

近半年来交通部力求运输便利，以节省运费。现在对外交通以公路为主，但运费奇昂，自缅甸运货一吨至昆明，需运费一千二百元。现在全国必需物品从宽计算，每年要五十万吨，其中军用品二十万吨，汽油十万吨，其他经济交通建设材料十万吨，商品十万吨。用汽车运，自仰光至昆明每吨一千二百元，自昆明至重庆每吨亦需一千二百元，五十万吨货，每年运费要十万万元，运货用的汽车，需数万辆才可勉强应付。这样一来，汽油及汽车折旧损耗，每年所耗外汇甚大，因此极力想减少运费。半年来，总想由河内运到镇南关，到南宁用大车运，再由南宁转水运至柳州，用火车运衡阳，再由水路运重庆，或比到柳州后用汽车运重庆。当初以为这条路运费比较最省，也最近，这样运起来，每吨运到重庆只需五百元运费，每年所省的费用很大。如果柳州到南宁接通铁路，更能节省。当初以为这种计划能顺利进行，不料南宁发生问题，这种计划自然大受挫折。当初计算柳州到南宁段不接通铁路，每年可运二十万吨物品进来，接通以后，每年可运进三十万吨，可以减省运费大半。现在南宁发生问题，只有高平（安南边界）到河池一条公路（支路预备一月底完成，大致可如期完成）（由安南边界到高平二百多公里，要整饬路面，二条桥要改造，路面亦甚窄）来补救运输，但危险很大。从南宁去飞机，几分钟即可到达，此路通了以后，也只能早晚行车，运费无从减轻，安南至重庆每吨要一千四百余元。

南宁问题发生后，大量物资要从滇越路进来。想先运兵工器材及汽油，其他物件从缓。滇越路运量以往每月只七千吨，前几月增加到一万二千吨，本月或可增加到一万五千至两万吨。想在两三月内把政府所需物资运进来，海防存货十二万吨，其中兵工材料及汽油有七万吨，其中最主要的有五万吨，想尽两个月内先运进来。但这两天敌机狂炸，两条桥被炸毁。自去年十二月二十九日起，二十七架机在南岐、马场、白站、白砦一带轰炸，被炸各地当天修复。三十日在复砦车站铁桥炸了一次，小有损失，亦当天修复。元月一日，十八架在"拉回地"炸坏铁桥一座，被毁很重。二日，十八架在磁镇渡河口把山石炸开，石片塞路，当日修复。四日，十四架炸毁路基一处。五日，三十九架炸小龙坎五十公尺大桥，柱子炸入河中，正在修理。七日，三十九架仍炸拉回地桥，被毁甚重，要一月才可修复，现在此桥暂用人力运货过河。

现在敌人知道我们唯一的铁路在此，用密集投弹方式来破坏他。而此路桥梁特多，十公尺桥有三十余，十五公尺以上有十数座，三十公尺以上有一座，五十公尺以上有数座。现在与法国人商洽好，我境内我们组织抢修队与原有修路队协同工作，即移用抢修粤汉路的工人去做工，准备敌人随时来轰炸。另外并布置空防，将来有变成第二粤汉之趋势，不能照我们预期数量运货。现在与安南政府商量，预备自昆明到河口，由河口至河内，修通公路以补充运输。我国境内共五百五十三公里，此段山多人少，赶修困难。总想在四月到六月之内筑成。法境有一段原来修好，现在亦召工人赶修，将来真无办法时，只好靠滇缅路与昆明到汉口的路来补充。滇越路能运多少算多少，以后只能尽最紧要的物资先运。

以上是国际运输部分。

国内运输方面，我们为统一组织增进效力起见，组织中国运输公司。在起初曾经聘请美国顾问，研究如何使汽车运用能够经济，经研究结果，认为必须使运输组织合理化。第一步先拿政府机关的运输工具统一起来；第二，集中机械人才，成立大修理厂；第三，集中司机；第四，成立配件厂。现在先把西南公路与贸易委员会的车辆合并，有二千多辆，然后把资源委员会农本局的汽车亦合并，集中于中国运输公司。此公司已于一日成立，要人事组织等调整完善，尚需数月以后也。

叙昆铁路法国借款已签字，为四千八百万法郎，合现在国币一万万余元。建设银公司借三千万，条件比南宁到镇南关段好得多。取消法人包工，佣钱仍为一二五，担保品为营业税及本身收入。关于沿途矿产，他们要求合作，我们在条文中订得很严，规定照中国公司法办理，外股不能超过百分之四十九。合同虽订而材料运入困难，前途也就有问题。

当南宁事件发生时，我们正抢运物资，当时路上材料及各机关材料，一共有八千多吨。所好是铁路已成，居然能抢回安南。汽油等抢回三千八百吨，铁路材料抢回三千七百吨，各种物品总计抢回者共有一万吨。损失数目很小，最多不过十分之一而已。铁路如不通就不能抢运出去，外传损失数量不确。

报告毕。

许参政员德珩：西北方面路运情形如何？

张部长：目前运输重点在西南，西北方面正从事改良道路，以便以后运用。

散会。四时卅分。

9. 国民参政会第一届第四次大会休会期间驻会委员会 第九次会议记录

（1940 年 1 月 26 日）

国民参政会第四次大会休会期间驻会委员会第九次会议

二十九年一月二十六日下午三时至五时于军委会会议室

出 席 者：

副 议 长：张伯苓

参 政 员：[原缺]

秘 书 长：王世杰

外交部长：王宠惠

主　　席：张副议长

报告事项：

王部长报告外交近况。

最近外交情形，当然以美日废约为最大问题，胡大使对于此事的最后报告，是舆论方面大多数主张禁止军火及军火原料出口，也有主张连农产品都禁止输日。美日商约不能继续，早就可以看出。日本驻美大使曾经两次要求美国，第一次正式提议续订商约，美国没有表示，只不答复。第二次请求有一个临时协定，美国也没有答允。美国政策是在事实上继续下去，但不接受确定办法的约束，看日本在远东情形如何，再定以后态度，所以今后成为无定期通商。条约满了六个月内，当作普通游客每六个月要领一次护照，以无条约人看待。美国要与日本解决问题要整个远东问题都在内，美国不定商约最近目的是维持商务地位及利益，但也是想了结整个问题，要确实保护美国在远东利益，但在日本新秩序之下没有方法保持他条约利益。日本的远东新秩序与九国公约的立场成正面冲突，美国对这点看得很清楚，所以日本拿开放扬子江下游一段的事，希望美国能有好批评，但美国很多报纸上说这事与美国无关，甚至认为这是蔑视美国立场的表示。到最近更因日本的行动牵涉到菲律宾独立问题，如果日本侵略不能停止，则菲律宾独立就要亡于日本，与其亡于日本，不如维持现在的局面还好。因此菲律宾舆论很顾虑这点，因此菲人有许多电报要求美国国会禁止军火输日，要美国制止日本侵略，菲律宾独立才有保障，因此问题发展得与美国有更深一层的关连。现在远东外交关键在美国，日本意思只要日本答允保全美国利益就可以了，但美国看日本纵然答允保全也无法保全，除非日本新秩序取消，维持九国公约，不然美国没有根据。美国舆论说脱离九国公约而享受的权利是日本人所允许的权利，不是美国立场所维护的权利，日本在中国的将领连他的政府都无法管束，这点美国也看得很清楚，今后恐怕美国对远东用力量的时候已经要到了，中国最难的一关在美国。从历史看来，远自庚子之役各国要求赔款及瓜分中国的事起，历经二十一条以及华府会议，以至最近的废除商约，美国对中国的态度和对远东的立场很显明，很一致，今后只看日本行动如何。在日本新秩序之下，纵然日本口头保护也等于无条约的通商一样，加上最近菲律宾的立场更于我们有益。关于今后如何，美国当局曾对新闻记者表示要看日本情形如何，就是说美国对于此事可以随便了结，但是要日本取消这个新秩序才可以了，因此日本对于此事也看得很严重。

欧洲这次发生战争对于我们影响很大，对各国应付也很感不易，战争资源中一个最重要的钨，我们握着全世界百分之六十的产量，各国都要来买，这种交涉也很困难。法国大使说钢铁中没有钨，炮弹就不能穿破铁甲。现在各国都想要，德国也要买，但无办法可运，甚至他愿意出百万元一吨的代价去用飞机运。现在因为英法苏都是我们友邦，因此数量如何分配值得我们详细研究。

关于德货经过安南事交涉结果，十二月一日以前在安南审查，十二月一日以后文件要送法国审查，事实上德货不能运出，十二月一日以后能运到的很少。还有一些货在沿海没有找到，我们请英国代查。

意国外相齐亚诺在两星期前给汪贺电，祝他早日成立法西斯，意大利愿与他合作，汪也谢他一电。我们电罗马去问，在我们问的时候，他没有发表，问了以后罗马报纸把齐汪来往两个电报发表。意大利的问题到底如何，现在有两种可能性，一种是这面不撤退，那方面也承认；第二承认汪的组织，撤退这面的代表。我们觉得如果我们处置得太早，也许逼迫他与日本同时承认，否则他或许较日本迟一点承认。西班牙我们也早就与他商洽，他们说要等他们的领事报告，当时我们就疑心，恐怕意大利在背后拉着他（在齐汪通电以前），以后我们问他是否为订新条约而迟疑，他们的答复是为政治局面不明了。现在意大利很明显，西班牙的关系也是值得顾虑。徐道邻参事来电请求回来，允许他回来恐怕他代表汪去，如果不回来等人家承认伪组织以后，我们再走也难看。

苏联很顾虑国联大会的问题，他们希望中国维持他的立场。我们知道这次不会开会，也告诉苏联大使如果开会弄出苏芬问题来，就很麻烦。我们不赞成开会，要是开会（行政院会议），如果我们弃权，他们就可以通过，如果我们投一个反对票，这案就不能通过，所以责任很重，他们不开会就没有问题。

意大利对苏联态度很不好，他很想在巴尔干制造反苏集团，小之阻止苏联南进，大之阻止他的将来，苏联很注意这点。

在日汪密约公布以后，第二天汪发表一个谈话，说今后他对于英美法苏的关系，以日本为转移，日本怎样做他也怎样做，这话比密约还重要。

最近日本要法国停止运军火原料及与抗战有关的物品，法国答复说依一八八六年国际交通公约，一国唯一通商口岸不能封锁，你无论如何抗议，我们无权过问。

关于浅间丸事日本极力扩大，恐怕他借此报复检查中立国船只，拿捕我们进出口货物。

报告毕。

散会。

10. 国民参政会第一届第四次大会休会期间驻会委员会第十次会议记录

（1940 年 2 月 16 日）

国民参政会第四次大会休会期间驻会委员会第十次会议

时　　间：中华民国二十九年二月十六日

地　　点：军事委员会会议室

出 席 者：

副 议 长：张伯苓

秘 书 长：王世杰

参 政 员：[原缺]

教育部长：陈立夫

主　　席：张副议长

报告事项：

秘书处报告文件 [略]。

外交报告（秘书长代读书面报告）。

外交部书面报告有以下数点：

一、驻比钱大使电，美国派威尔斯赴欧斡旋和平，恐无多大效果。美国如与中立国商筹战后经济善后事宜，比国甚为欢迎，目前美国尚未通知比国。

欧战目前成宣而不战情况，恐春后局势要有变化，一般人以为德国不能直接攻法，或仍将假道比国。传闻德驻比大使称意大利将于三月间加入德国作战。

二、驻德陈大使电，德外部称意国对中国态度将因汪伪组织产生困难而变更。又据驻意代办徐道邻称最近意大利想用事实表示仍然愿与我政府维持正常邦交。美国亦有照会致意表示美国反对日本侵华行为，汪伪组织如成立，美国坚决反对。意大利为九国公约签字国之一，希望意国能维持美国立场。另外消息说意拟向美借款，如果对中国问题与美国意见不一致或将影响意国的经济希望。英驻意大使与齐亚诺谈及齐汪通电事，齐亚诺一笑置之。

三、苏德经济协定。驻苏使馆称于十一日双方签字，以苏联原料换德国工业品，贸易数字提高到大战后未有之程度（报传十万万马克）。

四、埃及对欧战态度。据开罗领事邱作民电称，埃及总理在下议院答复质问，称增强埃及与英国合作谅解事业已成功，内容不公布，据传闻埃土希对德宣战之期已不远。

五、暹罗情形据顾大使电称，法殖民部最近所得报告，暹罗亲英亲法势力大为减弱，亲德日势力日强。法本拟与暹订互不侵犯约，因暹罗不愿谈判而中止，英国联暹之努力日益困难。新加坡高领事电称，暹罗当局最近对华侨领袖虽有很多联欢的形式，而根本对中国态度不良。中国报纸复刊并非事实，只一家中央报复刊而已。

六、河内领事十二日电，昨为日本建国纪念，此间日人邀法人宴会，被邀者百余人，出席者只有四人，可见此间法人对日心理之一斑，此或为日本轰炸滇越路事之影响。

七、伪上海市府与工务局解决狄加多路事，双方拟组织一特别警察队，五部长告知英大使此种办法我们决不同意，希望即告知工务局停止此事实行，英大使称恐难予停止。

八、美国最近态度。（一）对汪伪组织事很注意。据报告上年十二月已经送给日本反对东亚新秩序的照会，去年十一月并照会日本，如果日本组织汪伪府，对美国的问题将一天天困难。巴黎美大使在齐汪通电后，曾向政府建议，如意国态度不与美国一致，就停止对意借款。关于日机炸滇越路事，美外部曾向日本抗议，称此路为美国人民与外交官与国民政府唯一的交通线，此种轰炸行为危及美国官民生命财产，不能忽视。

信用贷款事已见报载。

禁运事美国会很慎重。

美国近增派舰机于夏威夷、菲律宾，最近拟大演习，并增加海军经费，今后或有积极态度。

以上为外交报告各点，原文传阅。

秘书长报告。

一、第五次大会准备在四月初举行,地址将在城内择定。郊外学校因在上课期内,未便借用。

二、议长嘱代报告。现因兼任行政院长职务,未便任本会议长,唯以第一届会期届满,故未即辞,本次大会拟以行政院长资格出席,主席一职请副议长偏劳担任,未知副议长及各位意见如何?(副议长意见开会式、闭会式及重要问题商讨时仍请议长主席较宜)

三、华北视察团经议长选定参政员七人为慰劳视察团员,原拟往山西、陕西、河南、河北等省,因时间关系,拟不去河北。业经出发,工作行前由秘书处电知各有关地方军政首长,请予便利。最近得参政员毛泽东、陈绍禹、林祖涵、吴玉章来复电一件,故已转知视察团请其择定路线,原电请各位传阅。

教育部工作报告。

本学期教育部所预备做的工作已于前次大会中报告,现在只将最近情形略加说明。

一、行政院颁布县以下组织机构纲要以后,教育方面最重要的事,是每保设一个保学,每乡设中心小学事。部中于去年年底详为计划送行政院,其中义务教育包含学龄儿童及成年补习教育二种,合并为国民教育实施纲要以及县教育行政实施纲要中详细订定。政院交县政计划委员会,经过二月讨论,最近送交审查决定以后即实施。此事关系于教育前途很大,按照计划拟五年内完成。每保一学校计划因为许多实际问题一时不能解决,第一年预备平均三保一小学,每校内分三班学龄儿童,义教班二班,妇女义教班、成年男丁义教班每班五十人,预计第一年每保完成三百五十人教育,逐年增加。到第三年每二保平均有一学校,第四五年则每保一个学校,到五年以后学龄儿童可全部受教,成年人至少百分之八十受教育,国民教育可以普遍。照现在数量看,四川平均每两保有一个学校,现有学校二万余,四川共有四万余保,但分配地域不均匀,拟作适当调整(最近四川召集全省教育会议,教部派余次长参加,对于必须解决问题大致得到解决办法)。云南也可有两保一个学校。贵州方面,沿公路线的数县亦可有两保一个学校,其他地方即较少。

目前要普及义教,两大问题需立刻解决,第一师资,第二经费。现在要保长兼校长,校长兼保长，各地方整理土地所得收益能留一部分作教育经费，即能解决。现在各地整理土地结果平均收益增加一倍甚至增加三倍半，但省中要统收统支，这种问题也很难办。现在教部拟定国民学校基金筹措办法，参照广西办法办理，俟与有关部商定后始能解决。

师资很成问题，新兴事业吸收人才，很多小学教师待遇过低，甚至生活都不能维持。现在四川增加七十余万以改善小学教师待遇，其他各省亦商洽中。教师数量甚缺，照师范教育程序办理缓不济急，部中拟定国民学校师资训练办法，要各省推行简易师范教育，并修改中学课程，高中三年级加一些师范学科，以便作小学教师之用，其他国家推行普及教育时亦采用此项办法。最近开国民教育会议，来讨论各省国民教育的实际情形。

关于大学师资培育问题，正在注意之中，困难的是各研究院招生不易，现在拟准许大学助教加入研究院作研究员，以求高深学术能有进步。

学术审议会不久可成立，一共二十五人，学校选出的有十三人，部中聘请的有十二人。

大学用书国立编译馆在努力编定之中，并将各书店已出版可用之书介绍作大学用书。

去年统一招生成绩较佳，取录标准提高五分，取录共五千三百七十一人，先修班一千一百余人，其中每门都及格六十分者仅十人而已，此十人特准免费。

中央药物研究所现改隶教育部。

关于我国固有学术，过去各校很少注意，为发扬我国固有文化及注意本国学术起见，现令各专科学校极力注意，要各科系尽量采用我国自己教材。譬如讲水利，过去所讲完全为国外情形，国内黄河长江淮河的水利反不见有何学校讲授，以致讲授内容往往去国家实情很远。此种情形允宜改正，各校亦有此同感，此事详细指示内容已见报载兹不赘。大致有五点：一、教授内容尽量采用我国材料；二、各教员对我国固有学术，应用科学方法加以分析，并与世界相关学术对比研究；三、我国通史、断代史、专史应特别重视，广收材料充实教授内容；四、各校应与海外各国研究东方学术之图书馆、学术团体等取得联络；五、对各校附近名胜古迹负调查研究保护之责。此为各校所必需亦为事实所应然，我们一面要迎头赶上世界科学，同时要注意研究整理固有学术文化。

为鼓励学术进步起见，部中制定专科以上学校学业竞赛办法。其课目有基本课目、主要科目、毕业论文等项，成绩优良者予以奖励。

近来对农、工、商、医等专修科学生需要甚殷，故本年要各校招收春季始业生一班，共增加十三班，由部另拨经费。委员长指示预备在五年内造就机械、电气等中级干部一万人，以应建国之需。

沦陷区中来至昆明的学生很多，为救济起见，凡考学校未取者一律设补习班收容之。

暹罗关系恶劣，学生来昆明者很多，我们先令友侨中学尽量收容，并筹设国立华侨中学于云南宝山县。

国立十三中学于江西南部成立，原定学额一千二百名，最近学生加至三千人，还没有这样大的范围可以容纳。

大学先修班已有一千一百人，最近战区中又招来七百人。

专科以上学校贷金原额为每月八至十元，因为各地生活程度高，现提高至最多十四元，另给零用三元。昆明学生，委员长近拨十万元，龙主席拨五万元，办理一合作社，伙食问题稍得解决，其他各地学生所吃也非常苦。

国立中学公费生待遇现严格限制，学生家长在后方有工作的，一律不能享受公费待遇。

体育工作本年拟积极从推行工作上尽力，最近体育会议中已将各项原则大体确定。

训育方面各学校训导处都已设立，所难解决的是军训教官问题，大家都认为学校军事管理很重要，而军训教官人选及管理很不易有适当解决。最近拟将中大、重大、南开作为实验区，中央大学派中将阶级的军官，重庆大学派少将，南开中学派上校，把人充实，阶级提高，再看试验办法结果如何。在一个学校中，军事管理实在太必要，这样多的人没有严密组织，实在太散漫了，对于此事进行的困难所在，力谋解决之中。

现在各学校设备都差，书籍购置很困难，各国送我们大批书籍屯于海防无法运入，与交通机关商洽，亦无结果，各处考取学生到校亦甚困难。

中学程度今年较去年为佳，而一般仍不行，此事我们将以大部分精神注意之。

最近教部决定视导办法，组成全国视导网，不久即可进行工作，将来或可得较好效果。

此外教育部进行各种工作，财力缺乏成为最大困难所在，以后尚须力谋解决之法。

关于教育部方面，近来所可报告的大致如上述，盼各位不时指教。

报告毕。

张副议长：个人有一点话想说一说。

陈部长说中学学生成绩差，大概因升学考试成绩不佳看出来的，此事大约因各学生在转学中有许多时间没有上课所致，以后或将稍好。

视察工作人选是很要紧的，视察责任不是一看就完了的，他在看完以后应该分别指示其优劣点之所在，以及如何改良，这点应请注意。

军训问题非做不可。我们能够在近来国际地位提高，就由于我们能打仗，今日非自卫不能立国，但此事靠军训教官一人工作不行，要全校与教官打成一片，合起来做才有效力。

学校课程实在太烦杂，学生应付不来，要全部都好，那学生简直要累死，这点仍请注意。

中学会考是一种最坏制度，此种考试既不能考核学校优劣，亦不能比较学生真正优劣，是否应予保留允宜考虑。

胡参政员石青：小学教员待遇之低，低到不能维持个人最低限度的生活。以三峡实验区而言，每校教员月薪十二元，包饭一餐需费九元，试问小学教师如何能安心工作。此种问题应有切实改正，尤其在交通发达之处更为要紧。普通一个苦力每天也可找数元钱，小学教师如果连生活都不能维持，要望小学教育发展，实在是很难的事。能否要各县土地整理多余所得分一部分作小学教育经费。

陈部长：胡先生意思教部甚为注意，四川最近一年增加七十万元作小学教育经费。关于国民学校基金筹募办法中拟以县中荒地拨作校产，亦为解决国民小学经费一重要办法。小学教师待遇改善问题正在与各方洽商中。主席所指示各点自当注意，现在所订视导制度即一面视察一面指导。军训问题正研究作适宜解决，军事管理则非有不可。会考问题甚大，正在通盘研究中，以后拟与升学考试作一适宜调整。

散会。五时。

11.国民参政会第一届第四次大会休会期间驻会委员会
第十一次会议记录

（1940年3月1日）

国民参政会第四次大会休会期间驻会委员会第十一次会议

二十九年三月一日午后三时于军委会会议室

出 席 者：

副 议 长：张伯苓

秘 书 长：王世杰

参 政 员：张君劢等

军政部长：何应钦

主　　席：张副议长

报告事项：

军政部长报告最近军事情况。

各位先生，关于最近军情在去年年底驻会委员第七次会议时，兄弟已有报告，其中将冬季出击的情况详为说明。冬季出击已在去年十二月底告一段落，故不再陈。今天只就目前较重要的西南、西北战况及晋冀不幸事件简单报告如次：

甲、桂南战况

第四战区桂南方面最近有一次小会战，其概要如次：

去岁敌于钦防登陆，进占南宁，其部队分布为第五师团及台湾旅团。其分布于邕宾路、昆仑关、南宁间者为第五师团主力及台湾旅团一部分，其分布于邕武路、武宁与高峰坳间者为第五师团之一部，邕钦路交通由台湾旅团主力与海军陆战队一部维护。

至去岁十二月十八日，我军对桂南军事大致布置就绪，开始对敌进击。于十二月三十一日克复昆仑关，一月四日克复九塘进入八塘附近，与敌成对峙状。另一部于十二月二十九日一度克复高峰坳，进出于邕宾路四塘间，以后因敌一部迂回于我背后,乃即退出,并随时与敌保持接触。十二月十七日,我某部南渡郁江,进击吴村、苏圩、圩那之敌,威胁南宁之背。敌乃以第五师团一联队附骑兵及装甲车、汽车数百辆西犯龙州,经我军前后夹击,自二十四日激战至二十八日,敌不支回窜。我以有力部队追击,敌伤亡重大,三千之敌,回至南宁者不及一千。

邕钦路之敌一月十五日犯钦那洞、镇南墟(地名人名均译音,以下同),目的在维持其后方联络线,但被击退受创很大,南宁已岌岌可下。敌乃调广州附近兵力增援,将近卫师团第一旅团全部及第十八、第三十八师团各一部连同附属兵总计有三师团以上兵力,布署新攻势,拟击溃我昆仑关附近部队,进出于柳州附近,规模甚大。当敌增兵之初,我军即已知道,乃从旁面增援。因我方道路较远,故敌之援兵先到,彼拟趁我后续兵团未达到时先占优势,遂以第十八、第三十八师团各一部,组成约一师团之兵力,沿邕宾路以北,向我九十九军与第六军阵地行正面攻击。近卫第一旅团沿良津、波津一线,向永淳进攻。另一部北渡邕江,与汨罗圩、陆头圩之敌会合攻甘棠圩,直向宾阳前进,企图包围歼灭我昆仑关一带部队。此时我兵力较少,遭遇敌陆空联合猛攻,情况不利。甘棠附近与敌激战三日后退,至二月二日宾阳、石龙即被侵陷。但我昆仑关部队并未因后路被断而动摇,虽师长阵亡仍与敌相持。以后敌逐步向昆仑关包围,预备切断石龙以北我山地联络。此处我军自一月三十日至二月四日,与敌苦战,敌在广播中亦称赞昆仑关我军之英勇(敌退却时,并向此处我阵亡将士冢致最敬礼)。嗣后因交通被断,补给不继,乃向山那撤退,敌围歼计划乃完全失败。三日,敌小部队窜到周圩,隔清水河与我对战,四日敌侵入山那,七日进占范墟,八日敌到武鸣。我军见敌兵力已分散,歼敌机会已达,我后续部队并已到达指定地区,乃全面移转为攻势,以有力一部由邕宾路方面侧击敌人。我邓集团颇为得力,三日攻克甘棠、波那,四日克复永淳,侧击宾阳之敌。敌乃开始陷于极不利地位,将遭受歼灭打击,乃于十四日仓皇退却,日夜不停。至十五日,自昆仑关至四塘间,皆无敌踪。邕武路之敌退守高峰隘,南宁之敌纷向南退,原自广州开来之第十八师团与近卫师团,均已退回广州。据报告近十日来,钦州上船之敌约三万人。敌最近企图在固守南宁。如使敌原计划成功,占据柳州,则对我第三、四战区之联络颇多故障。

南宁小会战，敌伤亡在一师团以上，其切断我国际联络线的目的，并未达到。现敌兵力已转移，我亦以一部兵力与敌保持接触，准备再行攻击规复南宁。

乙、绥西战况

敌驻绥西部队，原来只有第二十六师团，其十三旅团十三联队驻归绥萨拉旗一带，骑兵第一旅团驻固阳、安北、包头各要点。我军于十二月中旬由傅作义指挥绥西部队会同山西北路主力进击，乃一举突入包头，予敌重大打击。虽未确实占领包头，敌人因此甚感恐慌。由于晋省叛军问题发生，乃致敌人能将晋绥兵力集中，应付我出击部队。敌原驻晋北的二十六师团各部，多调用于包头、五原方面。一月廿八及卅一两日，敌骑兵第一旅团（廿六师团部）乘汽车七百余辆（装甲车数十辆在内），分两路西犯，一路沿黄河于廿九卅、卅一三天在查打、梁公乾轺、归苏一带，与我骑六旅门炳岳部混战。最初，我占优势，以后敌放毒瓦斯（这一带地区敌人常使用大量毒气作战），我军中毒者二百余人，白昼敌并以空军助战。卅一日晚，我归苏一带阵地被突破，敌乃渡黄河（河已结冰如大道）冲入河套。二月二日、三日，伪军杨高明部复与我骑六军作战，此部因连日数战伤亡很大。四日拂晓，骑六军乃转移至回德镇四笔河风奇一带收容。此军以某师为主，配合反正伪军所组成，名虽二三旅，实不过千余人。

第二路敌军以汽车三百余辆，由安北进犯乌兰河北镇（或称城武镇），三十一日与马鸿宾部在乌兰北河乌兰口一带激战。我军控制五原，另以主力向前推进。二月六日，第六军二十一师由乌镇出击，战至次日午前九时。三十五师乌兰口阵地被突破，影响全局，敌沿兰山南路向西推进。十时左右，复由安北增加汽车一百余辆，敌军千余人，会同西犯。至午后三时，在李公乾轺、湾河塘一带，与我新三十一师激战。我一〇一师由乌镇抽出，向李公乾轺出击，但因三十五师放弃阵地向五原撤退，敌人乃跟踪而进。二月五日，敌人增加于湾河塘方面之汽车达四百余辆，由飞机数十架掩护前进，并切断我交通联络线。我乃组成各小游击队，由泽桂乡绕击敌人。三日晨，敌占湾河塘，再分二路进犯，一路以汽车六百余辆向五原进犯。我三十五军游击队与敌在湾河塘附近一度激战，骑六旅攻敌侧背，但未收效。三日午，敌占五原，与由南路进犯之敌会合犯临河。另一路以汽车二百四十辆，由湾河塘沿山西进，四日占临河，五日到黄杨木头与头道桥、古兰路等地。我傅作义指挥各军,仍在五原附近随时机动出击。军委会令傅作义只能在原守地附近相机行动,不准一兵一卒西退。故傅军留于敌后,予敌打击。敌攻五原、临河时,朱代司令长官与马鸿宾一同将宁夏警备旅与新三十二师开出。当敌侵入黄杨木头时,本期望追歼傅军,但未遇,又受我军顽强抵抗,乃向五原后退。我以骑兵一部跟踪追击,在临河之敌,乃完全退去。现敌集于五原附近,据报告,五原城内驻蒙伪军万余人,敌炮兵装甲车驻城外,步兵多驻安北、包头等地。

此次因我晋绥叛军事件发生,敌人乃能抽出其在晋主力之三十六师团(仅以少数部队配合伪军防守各城镇)增援绥西,与原驻绥西之二十六师团一部、骑兵第一旅团会合西犯。我绥西防地辽阔,兵力单薄,加之黄河结冰,机械化部队容易运动,以致敌人突破我正面,五临等地相继沦陷。但敌无深入力量,经我正面牵制、侧背攻击,乃复回窜五原。以后我军当再相机进击,最少当收回五原,逐出包头以西之敌军。

丙、晋冀不幸事件

[略]

关于桂南战役,我军攻击虽未失败,但未成功。照情形这次敌军可以全歼,而在敌人进攻时,各级将领都有错误,以致未能成功,故此次各将领皆受严重处分。前数日,委员长到桂南前方视察,召集团长以上将领做自我批评,认为这次可以歼敌,何以未曾做到,责任应该分明。凡各得力部队均有嘉奖,处置失当者均有处分。委员长自柳州来电略称:此次桂南作战,不能歼灭敌军,坐失良机,以致功败垂成。如不明责任,严赏罚,何以励军心?兹将参与此役各将领奖惩如次:主任白崇禧督战不力,降级;陈诚指导无方,降级;张发奎督率不力,唯情有可原,暂记过;叶肇违令避战,贻误全局,该集团军番号取消,军长撤职,交军法审判;徐庭瑶处置无方,决心不坚,该集团军番号取消,司令撤职查办;……中略……三十五集团军司令邓龙光指挥有方,记大功一次;四十六军长何湘动作敏捷,记功一次;魏礼明达成任务,升一级;……下略。

叶肇此次所占位置很好,原令他进占甘棠,向宾阳方面前进。他看见敌人后卫已过,遂以为我军被消灭,因此未照计划方向前进,以致坐失军机,使敌人能由此脱逃。邓龙光部在我昆仑关部队被迫撤退时,该部遂入昆仑关,叶肇如有邓军决心,此次敌人必可全歼。委员长对参与此役将领罚自上起，主任以下均有惩处。以此例，彼华北军队自由行动，忘记大敌当前，互相残杀，诚堪痛心。在此抗战紧要关头，军民人等均应体谅最高统帅之苦心，精诚团结，一致对敌，以挽救国家之危亡。

各位又颇关心伤兵问题，现在在院伤兵有十二万二千人，已愈而未复原住休养院中者一万二千人，临时残废院中有二万三千人，野战病院轻伤者二千人，临时医院尚未运到者千余人，总计伤病在院员兵十六万九千人（病兵约四成）。抗战以来，伤兵总数为九十五万八千二百三十四人。已残废尚可动者，设生产事业处分配其可能之工作，除给予原薪饷外，并给予全部应得之工资。

关于伤兵之友的工作，最好在前方推广。妇女在院服务的仍少。

报告毕。

黄参政员炎培：兄弟最近担任川南三十一县视察，想把关于兵役的情形大致报告一些。在乡村实地察看的结果，知道兵役工作的确办得不好，但民众还是很好。许多地方征兵根本不抽签，有的虽抽签也不照法定手续，都是由联保主任抽，抽了以后中签的人不能去，就另外找人代，所找的都是一些不相干的人。其他作弊情形还很多。

志愿兵团办得更坏，甚至有借志愿兵团之名借此抢人陷人的。志愿兵团办得上轨道的是太少了，内部分子多半并非良民，因此抢劫之事常有，被告的案件亦有多起，并且抽鸦片的很多。照我的意思，要彻底改善，最好是废除。征兵办法也要力求改善。

征兵办理虽然不善，民众情形仍很好。"一二八"纪念日，泸州曾有一个征兵家属慰劳团，找一般征人家属来送他们一些钱、一些礼物，最后有一个征人家属，自动起来致词。他说："我有四个儿子，最大的十九，其次十八，第三十四，小的九岁。第一、第二两子都于去年当兵去了。如果抗战十年，我愿意第三、第四个儿子都去前线，决不爱惜。但我有一个要求，为什么今天被请的征人家属都是穷人，这不都是穷人当兵吗？如果有钱有势的人都来当兵，我四个儿子都牺牲了决无怨言，今天有一点不甘心的就在此。"这真是沉痛的话，我们三平原则未能实行，所以办理未善。民众实在很好，今后宜力求改善。

四川去年四、五六月各月应征名额，原有命令免征，七、八、九各月名额缓征，事后又令补征，因此一时要筹集许多名额，地方上大感困难。有一次兄弟召集五位县长谈话，他们同说，禁烟"剿匪"不困难，最困难的是补征六个月的兵额，请我转达当局。到成都去以后，各区专员都认为这六个月兵额非另想办法不可。他们希望原来免征的仍免征，七、八、九各月缓期征集。我想要是此刻一齐征，很不好。据我看起来，甲乙两级壮丁已经出发的占百分之二十光景，但因为检验不及格退回的占一半以上。我们既是长期抗战，兵源方面也要预留余地，这几个月应补征额最好能照他们办法做。

南台坝是交通要枢，残废军人很多，与地方相处不洽，也很不安全，最好移地教养。

国民兵副团长宜善加训练，在船上竟有着军服打麻将牌的，到县中也与县长相处不洽。

何部长：志愿兵办法军政部向不主张，国民参政会、四川参议会都有此类建议，川省将领亦有此主张，故只准四川办七团，贵州办三团，以为试验，结果不行。邓、潘来电称，以前建议错误现已停止办理。贵州情形较四川稍好一点。

征兵办法极力改善中，如俟新县制试行成功，收效最少在一年以后，各县目前如能把义勇壮丁常备队组织好，这种情形就可减少。

南台坝残废军人，以后预备开往雷马屏去，因房子现尚未修好。

秦参政员邦宪、董参政员必武：山西情形地方长官来电不实，军委会应彻查。

何部长：正在查之中，适才所读皆双方来电，未加判语，总希望大家把摩擦去了，但尚未能做到。

李参政员中襄：今天大家所最注意的莫若晋冀不幸事件，同为国家军队，在大敌当前，竟自相火并。何部长结论是希望大家精诚团结，共体时艰，这种希望不是今天才有的，打仗打到今天，大家早就有此感觉。何部长既将情形报告于驻会委员会，大家有什么意见，不妨对政府说。现在的解决办法也不外，第一是法理的解决办法。军队是纪律问题，任何部队能自由开火都不对。另外一种是要问为什么。河北、山西、山东会普遍发生这种类似事件，这恐怕不是单纯的部队与部队闹意见，或者是什么小利害小问题的偶尔冲突，也不纯粹是纪律法律的看法所能解决的。譬如说"彻查""究办"这都是官样文章，要有政治意义原因的事件，就要探本穷源，究竟发生这类事件的意义何在，这类事究竟与抗战建国有什么好处，对敌人有何损害。今天任何立场的国民，唯一的任务在渡过当前亡国灭种的难关。要渡过这一关，非有近代化国军不可，何部长几次郑重说明，军队进步如人事经理上轨道。人事经理是否上轨道，我们未详知，而今天大敌当前，正在最前线的敌人后方，竟然有大集团军队自相火并。这不是空口说痛心、说希望团结的话，如果此事不解决，这不是痛心，而是今后抗战有什么把握，建国有什么把握，想建立近代化的军队有什么把握的大问题，无近代化的军队怎能有近代化的国家。我们希望无论是纪律意义的处置方法，或者是政治意义的处置方法，总要找着事情的负责人，要弄清楚究竟是为什么。过去可以不究，今后应该如何办。今天事情无有再重于此者，我们不能避而不谈。今天既然河北、江苏、安徽普遍同时发生这种事，决不是什么人的问题、部队问题，不见得没有政治问题。有政治问题就用政治的办法，有什么要求尽管说出来，如果当外御其侮的时候而兄弟阋于墙，前途如何真不堪说。要是有人天天讲团结而内部却尽量发生问题，这与日本人讲亲善有何区别，真是不幸之至。希望此事能得合理解决。

左参政员舜生：四次大会开会以前，时间无多，宪政期成会应该有一个段落。不久以前有几位同人与政府中人商量，希望政府对宪政期成会的工作能仿川康建设期成会的办法，对于工作如何进行，能有一个简单规划。现在近在二十日就要开会，召集人也在此，总要使这件工作能有一些成绩。如果此事能做得好，也不失为参政会的一种成绩。要是没有什么结果，也真很可惜。希望政府对这件事不能不有一点简单规定，个人希望宪政期成会能在参政会期满前的一次会中，得到圆满结果。

关于大会会议主席的问题，前次副议长已有说明，个人同样觉得，在这次会中，恐怕重大的问题很多，还是议长自己多劳一些神，亲自主持为宜，多用一点力，把要做的事都做一下。

黄参政员炎培：政府对于宪政问题非常慎重，希望大家研究，同时也希望有一个轨道，但没有一点规定总不大好。最好能明定宪政期成会的规程或研究宪政的手续，有了明白规定可以免得一般人的怀疑。这点希望在二十日以前得到指示，二十日以后可以照新轨道进行。这种意思希望副议长、秘书长转陈议长。召集人周鲠生二十日以前不能回渝，亦请秘书长签呈议长，再指定一人担任为宜，因为事情很重大，有三个召集人比较妥当。

散会。五时卅分。

12. 国民参政会第一届第四次大会休会期间驻会委员会 第十二次会议记录

（1940 年 3 月 15 日）

国民参政会第四次大会休会期间驻会委员会第十二次会议

二十九年三月十五日午后三时于军委会会议室

出 席 者：

副 议 长：张伯苓

秘 书 长：王世杰

参 政 员：刘叔模等

内政部长：周钟岳

主 席：张副议长

报告事项：

周部长报告内政部工作情形。

原文见内政部工作报告中公共卫生及禁烟两部分，兹从略。

秘书长报告：

本会常会尚余一次，此次常会拟用以检讨本身工作情形、交换意见，不请政府报告。最近拟请各组召集人将政府对大会决议案实施情形予以检讨，列出意见交下次常会讨论通过，以后报告于大会（下星期一午后三时集会）。宪政期成会于二十日开会，川康建设期成会常务委员及各办事处主任均在渝，下次常会拟请两会对大会意见先行报告常会。

散会。四时正。

13. 国民参政会第一届第四次大会休会期间驻会委员会 第十三次会议记录

（1940 年 3 月 [1]）

国民参政会第四次大会休会期间驻会委员会第十三次会议

出 席 者：

副 议 长：张伯苓

秘 书 长：王世杰

参 政 员：张君劢　莫德惠 等

主　　席：张副议长

报告事项：

主席：三月十八日，各组开会检讨政府对本会决议案实施情形，已作成报告稿。几次大会以来，政府尚有未处理之案件，是由本会提出询问，抑重行提案？

褚辅成：在大会开会中各参政员均可提出个别询问，最好还是由秘书处总的催政府提出报告。此次大会送去案件共六十二件，实施情形有报告的只三十四件，几乎有廿八件并无着落。这不免是政府对我们建议案太漠视了，所以应由秘书处催政府在大会中来一个总报告。

秘书长：各案件送国防最高委员会后一个月左右都有决定，决定以后分交各有关机关办理。到主管机关以后，有时因为种种关系（如经费预算等）一时不及报告实施情形。现在所未报告的就是实施情形，并非国防最高委员会没有处置。现在由秘书处汇集未经报告之件送政府，请他在四月底以前做一个总的报告。

另外有许多案件办理情形是附在其他案件中的，譬如现在订的县组织纲要，有

---

[1] 原件无时间，根据上次会议判断，此次会议当在 1940 年 3 月 20 日左右。

许多提案都并在那里面去规定了。

一、川康建设期成会工作报告（详见第五次大会报告书中，此处略去）。

副议长：禁烟问题川康建设期成会最为重视，政府也有此决心。目前大家最注意是存土问题，政府预备以一万万元购买以免其流转。政府既以一万万元买土，不如用以救济戒烟的烟民及开设医院之用。现在法令虽严，如果没有人执行，也就不发生效力。

褚辅成：政府要以一万万元收存土，何以这回未能用掉，因为现在存土有两种，一为有花存土——已纳税；一为无花存土（未纳税）。政府定价是无花存土每两四元五，有花存土每两八元五，政府要各县办无花存土登记。川东各县存土较多，早已纳税成有花土，有花土因与银行大资本家有关，且与大力者有关，可以大家联合应付。因此政府为肃清存土，有肃清存土督办公署，该署派许多纠察员到各处搜查，颇多滋扰。以后无花存土各县都已登记，政府去买并无问题。而有花烟土反开了一个大门，因为市价十八元一两，土商要求政府加价，此种问题恐怕不仅商而且有官在后面始终在磋商加价（省参议会就如此主张），加价未得结果。现在是对于有花存土，在川省不准卖而准运往邻省，特商就得其所成。目前川东存土向富林集中，准备外运，这就禁烟整个政策来说是不会成功的。前些时内政部令各省要六月底禁绝，而川土又大量外放，将来各地私土私吸无法禁绝。政府不开这个门，一万万或者可以用得了，开了这个门，现在市价二十元一两，土商怎会卖给你。有花存土现在真成问题，无花存土数量极少，土多半集中于特商手中。此外，现在对于种、运、售、吸皆有治罪办法，独于存土并不处理，办法以后应谋补救。

胡石青：现在民间对政府禁政存观望心，因为以前无论怎样严厉，只要有人舞弊就可以过去。例如前年禁种，政府令存烟土不准动，当时每包土连税及开支前一千二百六十元，但后来不知怎样，此种土政府准其流通，每包价格最低是三千五百元，高到八千，重庆卖一万八千。究竟是什么人能如此玩法，应该彻底查出，明正典型，然后禁政才有效，要不然自禁烟以来，从十万发到千万的人已不知有多少了。

二、宪政期成会报告（详见第五次大会报告及说明中，此处略）。

主席：各位对宪政期成会的报告有无意见？

孔庚：省在各地方为与人民很为接近，如果省政府不好而要各县自治，能办得好是没有的事。因此省长由中央任命固然很好，但要人民有提出不信任之权，否则人民对不好的省长就没有办法。

胡石青：在期成会草案未定以前想贡献几句话。

我觉得过去宪法演进历史与近二十年是两条路，这种变迁是由于苏联共产主义宪法来的。我自苏联回国以后说了两句话："苏联经济制度前途还要有很多变化，而苏联政治结构是巩固的，不会有多大变更"，因为苏联宪法现在另成一个系统。我们与其说苏联对共产主义、马克斯主义研究得有多大进步，毋宁说列宁研究政治结构在人类政治史上成了一个新的东西。我们留心苏联的事情，看他在二十年之内经济政策上时而快车，时而慢车，甚至时而倒车，从旁面看去，总是向进步的路上走。但无论他经济上如何变化，而政治上总是整一的，这点我们值得注意。我们现在宪法如不以苏联宪法为重要参考，我们宪法是不能赶得上时代的。苏联现在是把三权集中行使，我们就以旧的宪法来看，也都是趋于合而不趋于分。苏联因为权力集中，因此中央政治如何变动，皆限于中央，不影响于地方，谁要反对中央是绝对不可能。为什么我们过去常常有人拿着地方政府对抗中央，这种教训值得我们重视。今天中国是不是需要国家有一个中心势力，不再让地方拿着地方政府对抗中央。如果有此需要，那我们宪法无论是什么名称，精神上总要向前进步。过去宪政的轨道是立法权向外拿，今天宪政总轨道是苏联宪法，苏联宪法的立法权是绝对集中、绝对统一，用人权是向外分，他的预算就是单一预算制，各级地方预算概由中央编定。地方行政自己选人主持而一切只能照中央法令办，如果有违法舞弊的事，中央虽不知道，而地方人士可以检举。你在这种办法之下，使全国人才尽入够[手]中，任何一级皆由选举选出，以后不仅有位置，而且有事业可成，如此做去，谁愿意违反中央。所以苏联反动派始终不能拿到地方，原因在此。苏联以此成功，土耳其革命以后也在此原则之下宣布他的国家组织法，形式上与苏联无关，实质上完全相同，几个月内全国统一，其成功即在此方法，使政治结构稳定。而民国十三年以后联俄容共政策实行，苏联并未以此方法给我们。中国人研究苏联政治结构的只有李达一本《苏联政治制度比较》，如果有人继续研究，也许中国政治建设早就成功。现在某些地方已由摩擦变成冲突，如果要再等共产党政治机构完成，共产党就可以整个推翻南方国民党。要拿几十年前宪法的原则以及总理订了大纲而未完成的东西照着办，怎能赶得上潮流。希望这次宪法能成为一种进步的、适合潮流的宪法，在政治结构与经济制度上能孚众望，以稳定国家基础，消弭内部隐忧。因此整个宪法原则有根本探讨的必要，不然没有什么意思。宪法是治国家病的，要以过去宪法的原则来治现在国家的病也是不可能的。

许德珩：关于"中华民国领土非经国民大会决议不得变更"一点，在目前汪逆要成立伪政府，也要弄伪国民大会的时候最好取消，就写成中华民国领土不得变更即可。否则伪组织的伪大会倒可以把领土送给敌人。

董必武：许先生意思我在宪政期成会也提出过，并且有此提案，以后宪政期成会报告最好连同各种意见一并送过去。

散会。六时。

四

国民参政会第一届
第五次大会休会期间驻会委员会
会议记录

1. 国民参政会第一届第五次大会休会期间驻会委员会第一次会议记录

（1940 年 4 月 26 日）

国民参政会第五次大会休会期间驻会委员会第一次会议

二十九年四月二十六日午后三时于军委会会议室

出　席　者：

副 议 长：张伯苓

秘 书 长：王世杰

参 政 员：[原缺]

政治部长：陈诚

主　　　席：张副议长

开会如仪。

陈部长报告政治部工作情形及最近军事情势。

说到政治部个人很感惭愧，自二十七年二月十日在武汉成立以来，迄今二年又二月，实际在政治部负责任的时间只不到五分之一的时间。一个新创始的机关才有一点头绪，个人就到前方去，因此疏忽之处在所不免，今天仅将两年来的工作作自我检讨并请各位指教。

一、政治部组织机构与业务范围

组织，内分四厅：一、人事；二、训练；三、宣传；四、经理。二处：一、交通；二、总务。

原来为：一、军训；二、政训；三、宣传；四、总务。

从前照单位分，弄成一厅一个系统，整个部不能连系，很不合理。现在因整个政治部最困难的是人事与经理，各单独成立一厅。政治部初着手时所属仅三五〇单位，三千五百多人，过去皆直接属部。现在一千一百多单位，人员二万八千余，每日公文平均一千五百件，故必须成立中间机关，而后设行营政治部、战区政治部、集团军特派员、军政治部、师督导员以次到团称指导员，此种系统为南岳会议所决定，今年始改正。

二、政治部一般缺点

政治部情形不仅外面不满意，我个人更不满意，兹略述数点：

组织。过去单位多、范围大、组织松懈，照过去系统，单是公文转交非三个月不能出去，故一般批评认为政治部公文为无期徒刑与长途行军，因此许多人事问题都解决不了，自南岳会议后切实整组织系统，明确规定各级职权及责任。

干部。因为事实需要，故组织不能不扩大。原来只三千人，现在要二万八千人，其中青年占二万五千人，大部分担任政治部基层干部的工作，此种人优点很多，所犯的是幼稚病，经验少。干部的不健全，人事的复杂，是我们不能讳言的缺点。现在极力向统一人事、健全干部的方向做。

经费。照预算需要五百万，以后规定只有一百八十万，去年加了一百万，共二八〇万，青年训练经费占三十万，只余二百五十万。现在人员有二万五千多，照比例算起来，这种经费只能勉强维持人员的生活费，没有事业费。因此用人困难，工作推进亦困难。在南岳会议中决定以现有的人力、财力就目前最必须的工作，以后当不致因经费困难而不能推进工作。

环境。有许多地方很欢迎政工人员去工作，也有许多部队不愿意政工人员去，恐怕揭穿他的黑幕，因此，工作同志到下面时常发生与主官对立或者与主官同流合污的。

以上是比较重要的缺点，即此已足够我们惭愧了。今后，希望各位就所知的尽量指导，我们一定能接受。

目前政治部推行工作概况：

一、部队政训。部队政训的目的在加强全体官兵抗战意志与同仇敌忾的心理，使全体官兵能确实为国家民族而奋斗。抗战迄今，我全体官兵敌忾同仇的情形非常旺盛，决无投降敌人的事。在我们工作进行之中，数万青年在前方刻苦耐劳的精神，可以告慰于全国同胞。他们见习期间只有十五元，见习期满只二十元，他们待遇尚不如士兵。这在他们个人说是很好的精神，而也实在是政治部的重大问题，部中正在研究这种问题，想以后与士兵同粮饷划分。同时，对政工人员家属亦想方法救济。现在最困难的是政工人员子女教育问题，个人无法解决这类工作人员切身问题，如不解决，没有方法推进工作。

军民合作。因为历史的关系，民众对军队绝对不是自动帮助。就我们所知道，有几部分民众很帮忙，这种帮助完全是强迫的，照此情形造成民众怕军队的情形，这是事实。抗战以来，大家感觉得要争取抗战胜利非军民打成一片不可。而目前军队对民众的信用一时建立不起来，由政工人员为之排解，未能收很大效果。因此，政治工作最近没有发展原因在此。今后，对这方面工作极力进行，首先求军队与民众合作，第二另求军队成为民众武力。

国民军训。各学校都感觉，国民军训的需要问题最大的是干部，军队优秀干部都愿意到前方去，学校中要好的干部很为困难。现在预备把副军、师、旅长调一些来作高中以上学校的教官，但事实上颇难做到。目前拟择南开、中大、重大做一试验，而学校认为不穿军衣不能军训，要公家拨服装，此层亦难做到，现在正想方法解决。

宣传与文化工作。一、前方服务最感痛苦者为文化粮食的缺乏。因此，政治部预备自办报纸，但因所需印刷机器虽已购得（一五〇部），运来也成问题，新闻记者也很少到前线去。现在报馆办《扫荡报》，办重庆、西安、桂林三处《阵中日报》。每战区一个简报，原定每师一个，现因人才关系只能每军一个，已成立者共六十个。另外，刊物发行也成立了四十八分店，分布全国，但未办得好。今年下半年预备再增加三十个，但仍不够用。

电影。原来预备每战区一个放映队，现仅成立六队。宣传队及抗敌剧团各政治部都有一点。

战地广播。用扩音器对敌讲演效力甚大，正拟极力扩充。

标语传单。大量对敌放送，并大送优待证。目前有俘虏也是因此，其效力颇大，并用游击队对敌放散。

在整个工作中，有几点稍可告慰于国人，亦略述为次。

1. 青年的热情。已经毕业的青年二万五千人；在训练中的，第一干训团三千多，第三干训团一千多，第四干训团七千多，共万余人，总数不足四万人。一方面消极收容青年，使不致因战事而流离失所，积极的予以训练使能工作，其中自愿到敌后工作者达百分之六十，而牺牲的也不少。

2. 与部队相融洽。有时部队长官阵亡，政工同志即领导作战，如昆仑关之役，因作战牺牲者，经调查确实的有二百七十多人（山东死难的不在内）。

3. 力谋军民联系。到处从事民众工作，在二十七年募七七献金，武汉一地得二百余万，冬季征募寒衣得四百万套，数字亦不小。

个人本身目前只负于政治部及青年团的责任，以专职守。

最近军事情势：

（一）敌军部署

总兵力：三十五师团、骑兵一旅团。

1. 广州及潮汕　二师一旅；

2. 桂南　三师团（其中，近卫师团系全部抑只一旅未证实）；

3. 第三战区内　五师团；

4. 九战区内　四个半师团（最近调一师至武汉）；

5. 第五战区　四个半师团（原为第三、十三、三十九，最近加三十三等师团）；

6. 苏鲁战区　三个半师团；

7. 冀察战区　三个半师（其中驻平津者为一师二旅，又平汉北段一师一旅）；

8. 第一战区　一步兵师，一骑兵旅；

9. 第二战区　五师半；

10. 第八战区　冀察一带，步兵一师半，骑兵一团。

此外，一〇六师团返日复员，一一四师团转移之中。

伪军：总数三十九万人，计第一战区九万，第二战区二万七千，第三战区七万，第四战区三万四千，第五战区四万五千，第九战区二千，冀察战区八万九千，苏鲁战区三万三千。

到今年四月止，反正伪军十九万人，枪十一万支。现正积极进行伪军反正工作，有的因为时机未成熟，尚须暂缓反正。

敌军危机：敌军士气日就衰颓，以空军而言，照例是出发以前指示地点及目标。现在只有领队事先知道目标及地点，并且出发以后不许带降落伞，以置之死地而后生的办法。由此可见敌军作战的情绪的低落。

最近军情：

1. 第四战区调整军队无动作。

2. 第九战区情况正见报载。

3. 第三战区无动作。

4. 第五战区敌人增加部队，据传要打宜昌襄樊（敌增加第三十三师及第四骑兵旅）。个人认为，敌人占宜昌，其利一在切断长江交通，我第五、第九战区军队转移困难，阻隔我们交通；二在作成空军根据地，战斗机可到我后方；三使我物资转运不便。但以我军现在兵力及部署必须很大牺牲，并且要另外以一二师团确实控制樊襄。由此看来，敌人是否要占宜昌很值得我们研究。个人以为，公算不多，但要积极准备。

5. 第一战区，我攻开封，适才接孙桐萱电，攻入城省者已四千人，开封已确实占领。

6. 第二战区，敌计划攻中条山，以我军力而言，敌亦不能占领。另息[悉]敌拟自茅津渡过河，此或为我军空气，敌由此过河无大作用。

7. 第八战区绥远方面，五原克服后，最近无多大动作。

今后敌人企图：

敌人今后是否停进攻，大家所见都相差不远，恐怕积极的动作不能有。自抗战以来，我们可以知道，起初他想不战而亡中国，想我们自动屈服。以后我们抗战，他的方针是速战速决，但战事延展将近三年，也没有打服我们。今后，他的方针是围服我们，困服我们，但围困能否解决我们，也解决不了。因为真要围困，在国际上要把西南、西北国际路线完全切断，在国内要把我们东西南北的交通都完全切断，非确实占领平津粤汉不可，但至今敌人未能做到此点。在二十四年时，我们预定的最后线是鄂西、豫西、湘南、湘西之线，而敌人至今尚未到我预定线。当初预定敌人一开战最少长江占重庆，陇海路占西安，湘赣路到宝庆，现在也都未做到，以后敌人能否做到也很难说。目前敌人正在加紧困服工作，敌人以亡中国为目的，但任何方面都无办法，问题在我们本身。就军事上来说，现在胜利的基础已经确立，敌人要消灭我们是不可能，要再进一步也不可能。而我们要反攻，恐怕也要积极增兵，积极训练。现在我们高级指挥官及下级干部程度都不够，现在各级将领有此觉悟，认为个人地位愈高，国家地位反愈低，因为个人能力不行。大家有此感觉，军队指挥官的素质或者可以提高一些，今后能大量训练干部到前方，前方部队或者可以充实一些。关于这两者的必需解决，比我们需要飞机大炮的程度还要迫切。现在不是没有炮，而是有炮未能充分的用，以致丢了多少炮。好几次战役，我们大刀超过敌人，而不能解决敌人，例如陇海战役，土肥原十四师团之一旅团，我十多师人攻他，炮兵战车都有，而解决不了。昆仑关之役，我军重炮、山炮也有二百多，而不能用，所以训练问题比大炮更重要。因此，今后要能收复要点，军队训练上必需加强。

张副议长：

1. 报纸上登的军事消息有几成是可信的，请陈部长指示。

2. 议长说再作三年抗战的准备，是否三年内不反攻？今后人如何使他健全，亦请陈部长说明。

陈部长：我们宣传皆以诚为主，消息时间虽迟一些，而内容总是真实的。

长期抗战的精神我们必须坚持。我们说三年抗战的准备，是说从人力、物力方面，至少要准备再支持三年，自己能力所及，尽量充实，尽量去做，这是政略上的问题。至于三年内是否反攻，那是战略问题。我们在战斗上、战略上，应该时时反攻，随时准备反攻。

至于飞机大炮数量少，能否应敌的问题，这可以说我们是被侵略的国家，我们的战争是革命的战争。如果势均力敌，人家也不敢来侵犯我们，并且现在即使有飞机与炮，要成立炮空部队也不是一年半载可以做到的。天下事总不致于完全无办法，我们要攻敌人不备，也许可以攻得下。我们要守，也不必直接的守，守于内不如守于外。攻击重要据点需要重武器，攻击小据点也不一定要重武器，而要我们指挥官素质良好，责任专诚。今后，带兵官一概不准兼其他职务，尤其不准兼省政府主席，以专职守。没有重武器不能攻击，也不是事实。

黄炎培：有两点请政府今后注意。

1. 敌人今后着重于对我们经济的困服工作。敌人今后以经济困服为目的，我们要针对此点，一切以经济计划为中心，以后军事要与经济相配合，这点应请切实注意。

2. 国民军训固然要统一，而应该对地方上特别情形顾虑到，保留一点活动的余地，例如襄樊一带，有许多民团很有力量。今年五月（原文如此，疑缺下文）

卢前：新野唐河之役，民团死难者之抚恤应注意。

散会。

2. 国民参政会第一届第五次大会休会期间驻会委员会 第二次会议记录

（1940 年 5 月 10 日）

国民参政会第五次大会休会期间驻会委员会第二次会议

二十九年五月十日午后三时于军委会会议室

出 席 者：

副 议 长：张伯苓

秘 书 长：王世杰

参 政 员：等人 [原缺]

外交部长：王宠惠

主　　席：张副议长

开会如仪。

王部长报告最近外交情况。

最近国际重要事件约为以下各项：

一、挪威战争 英法退出挪威影响很大，退出原因是没有空军根据地，德军取得空军根据地，对海军控制力颇强，因此英国立足不住。各小国看到此种情形都很感悲观，荷、比、瑞诸国均感恐慌。挪威距英国很近，英国无能为力，距英较远的国家，英国更无力可以援助，即想援助，亦恐不及。此事英国议会很反对政府，星期二国会讨论此问题也有摇动内阁的形势。国会开会情形据部大使电表面上有一部分赞成，实际上都是反对政府的。国会中有力各派，甚至政府党中重要分子，亦大多数持反对态度。张伯伦恐不能继续，最有希望的为丘吉尔氏。今天路透电张伯伦要辞职，国内反对张伯伦的原因，不仅为挪威问题，是对他整个政策不满意。今后内阁改组，也许情况要比现在外交政策好一些。

二、意大利态度　意大利报纸及要人都说要参战，顾大使报告法国国防次长很怕意大利参加德国。据可靠报告，美国也很关心，劝意大利慎重一点。另据报告，墨索里尼原定发表一篇演说，内容亟为反英，但后来并未发表。大约经美国劝告，意大利或者暂缓行动，但随时看情况的变化而随时均可参加。

三、日本动作　日本提议与英法合作，此事我们很注意。顾大使询问美国驻法大使是否知道此事，美大使说日本要求法国目前与日本消极合作，答允法国某几种原料不去德国，但不帮助法国妨碍德国，只作一种消极合作，要求法国供给他几种原料。对英国也有同样提议，英法尚无具体答复。郭、顾大使也分别向英法政府劝告不要作这种交换，以免增加我们抗战困难。

四、美总统对远东态度　今年美国大选，远东政策或有变更，亦未可知。据可靠消息，美对远东政策不因总统选举而变更，罗总统不一定连任，但对远东态度绝对不变。

美海军最近命令无期停泊太平洋，此与其远东政策及荷印问题均有关系。

五、墨西哥汽油售日　本来墨西哥禁止汽油到日本，后来改变宗旨，问他的原因，他说各国均卖油与日本，我国存油如此之多，不卖出去，无人来买。据墨西哥驻法公使答顾大使的话，卖油与日合同已签定，但数量不多，只要有人买，也不情愿卖给日本，所以他请顾大使劝法政府购墨油。我们也想请英法在汽油方面给他以出路，不必卖给日本。

六、德国召集与挪威有关国家的公使谈话说，德国政府已经声明四月二十四日德已在挪威占领区派军民长官，其后各国与挪政治问题不必在挪威办，只由驻柏林使馆直接与德政府解决，其他零碎与局部地方问题直接与驻挪军民长官解决。现在挪政府仍存在，此后恐德国有永久占领之意。政府接到报告后，训令驻德大使非有政府特别命令，挪威问题不能与德政府谈。

七、欧洲局势　概括的说，有以下各点：

挪威战事影响很不好，恐怕荷兰也要不保。挪威接近英国，荷兰更接近英国，海空攻击都比较容易，并可两方面夹攻英国。此很有可能，此只看德国计划如何。

意大利态度很可虑。

英国实际上封锁苏联使我国钨砂不能经安南运去，并有两船在赴海参崴途中被扣，以后送交法国，在西贡受裁判称为违禁品，这种零碎问题颇多麻烦。

就大体看，我国国际形势仍然很好，最可顾虑的是英法地位。英法能撑得住就很好，再打败仗就很困难，牵动就很大，其他国家如意大利等，也许要趁机瓜分英法。英国在欧洲对付德国最感困难的是空军远不如德国，陆军也差，所长在海军，经挪威一战，许多人对海军信仰为之动摇。美国也长于海军，因此对此层颇为注意，过去以为空军不能控制海军，现在认为有相当控制。

对于汪伪组织，过去意大利很有承认的可能，现亦无甚举动。西班牙邦交正进行中，近来他的态度较前转好，他的意思在恢复领裁权，当初因为他的使领退出中国，无人执行，故转移于我国法院办理。抗战以后，不独西班牙的领裁权，整个各国在华领裁权要一体解决，因此我们亦不坚持，因此西班牙承认汪伪组织的顾虑减少很多。

德国不独不承认汪伪组织，很想与我们有进一步邦交。意大利亦无承认之意，我们在此情况之下很想用一点功夫。

美国国会禁运案，我们很想他早一点通过，但国会要等总统或国务卿提出才加讨论通过。而行政方面始终不发动的原因，是美国不愿逼日本另找出路，还是希望他向民主国家来商洽共了远东问题，同时又怕因此牵动美国战争，认为现在可以通过而悬置是一种最好的压迫方法。看日本如何变化，连在中国的美国人士亦作如此想，所以国会当不会通过禁运案。

报告毕。

王家桢：巴尔干有无动静。

王部长：德国目前不至于在巴尔干有何举动，其注意点恐在荷兰，以便进攻英国。荷属东印度事，日本有表示，美国亦有表示，故日本要想占领尚须考虑一下。

范予遂：苏日情形如何？

王部长：各项交涉在停顿中，苏联因荷兰问题一度对日表示好感。此种情形，个人认为时期已过。

黄炎培：英国新内阁的主张，我们要事先研究，以便早定方针。

过去政府外交活动的方式能否稍有变更，如果英法国力有问题，今后最应注意的是美苏两国，今后我国外交方针是否可活动一点。

王部长：英国如为丘吉尔上台，对于远东政策或将加强一点，新内阁如有西门在内，对我们总不会好。

英法国力能否支持很可顾虑，因为他们内部变化很大。美苏关系我国向来注重，不过外交工作不一定立刻见效，近来两国对远东问题的意见已渐趋一致。

散会。四时。

3. 国民参政会第一届第五次大会休会期间驻会委员会第三次会议记录

（1940 年 5 月 24 日）

国民参政会第五次大会休会期间驻会委员会第三次会议

二十九年五月二十四日午后三时于军委会会议室

出　席　者：

副 议 长：张伯苓

秘 书 长：王世杰

参 政 员：等人 [原缺]

军政部长：何应钦

主　　　席：张副议长

报告事项：

何部长报告最近军事情况。

最近军事情形，本人在中央纪念周有详细报告，业已发表，各位想已见到。

最近数日广东敌人活跃一些，占花县以后继续北进，行一程威力搜索[1]，试探我方准备，其他各地无甚变化。

武汉外围战仍在进行之中，襄东会战尚未完毕。襄东战是武汉外围的主力战，胜负足以影响长江中部军事局势。我如失败，对全局影响并不甚大，敌如失败，武汉即感受威胁，长江中部形势即将改观。所以我军反包围成功以后，敌人至今仍在圈中亟力挣扎，续在各处运兵增援，不敢轻易放弃战斗，很想予我们突破的打击以后再来撤退。本月二十日以前的情形报纸上已经发表，为明白全般情况起见，亦从

---

[1] "威力搜索"，为军事用语，指依战斗行为，搜索敌情。

头作简单说明。

襄东会战自五月一日开始，由敌发动。最初敌居主动地位，以围歼我襄东野战军为目的。敌判断我主力在随枣附近地区，拟来围歼。此就战术言，敌为主动，如就战略言，敌处于被动。自二十八年我不断攻击鄂东、鄂北以来，武汉时时在威胁之中。敌为解除威胁计，本年四月由南浔路瑞昌一带军队抽调三十三师一师人至鄂北，并将武岳路之第六师团抽调二团，又调第二十混成旅及四十师团之一部，苏嘉路上抽二个守备队，拟在襄东作孤注一掷，图歼灭我野战军（因汤恩伯军团时常进出于平汉路）。

自我反包围成功以后，其战术上主动地位亦丧失。现全部处于我包围圈中，一切挣扎行动皆成被动，想歼灭我任何一部分亦不容易，要解除危机亦颇困难。现敌到各处调援，拟变更不利态势为有利态势，但亦不易。

敌人作战计划以南阳、襄阳为目标，采分进合击战术，企图由两翼包围，在南阳以南、襄河以东歼灭我军。使用兵力约七师团，分别在信阳、随县、钟祥三地集中，并置重点于右翼—信阳，左翼在钟祥推进，左右包围，在枣阳附近实施歼灭我野战军。

五月一日，敌于信阳、随县各分二路进攻，钟祥则一路前进，其五路为：

一、自长台关前明港向泌阳进攻；

二、由信阳攻桐柏；

三、由随县攻枣阳；

四、由随县攻吴家店；

五、由钟祥打双沟。

其目的在消灭我汤（恩伯）孙（连仲）李（仙洲）诸军。敌军行动之始，委员长即将汤军调至泌阳西北、唐河与泌阳一带地区，李孙二部调至榷[确]山一带，进入敌军之外围。因为该地区机械化部队容易运用，故知道敌军企图以后，把机动部队调至外围同时将中央部队八十四、四十五军逐次抵抗，转进于唐河流域，另有两部守桐柏山与大洪山，置于敌人背后。此外，各军都在敌左右翼之外围移动，张总司令指挥的襄阳附近部队亦移至樊城，我军对敌争取外线的主动地位。敌不知我移动，盲目前进，于六日占泌阳，八日到唐河中路，八日到枣阳左翼，七日占张家集以后，敌续向新野突进。至十日敌已在襄东及唐白河畔会合，其中路军猛烈突进，以大量战车前驱，然而包围扑空，企图粉碎，我外围大军向敌左右压迫，敌大部兵力被包围于枣阳东平原地区。十日我合围势成，一战克泌阳、唐河，把敌人四师团确实包围，枣阳附近之地区，开始猛烈之聚歼。另以有力一部进出汉宜路、京山、皂市、安陆附近活动，攻入敌人后方威胁汉口，另一部攻平汉线武胜关附近各据点，切断敌之联络接应。十四日，我克长台关进逼信阳。枣阳附近被包围之敌死伤甚重，唐县镇被切断补给完全隔绝，遗尸遍野。十六日下午，我克枣阳，各方战果均佳，虏获甚多。据前方电告，攻击开始六日之内，毙伤敌四万五千人以上，获大小炮六十余门，马二千匹，战车七十多辆，汽车三十多辆，俘虏亦有，因战况激烈未及详报。

十八日午后，一度攻入信阳城，并占飞机场，毁敌机十二架。至二十日，信阳数次得失。现在信阳附近。

敌自败溃后，知我军均在外围，乃由京沪一带调援军，以三十多支船运输，约二十日可到。委员长令前线将士在二十日前歼灭所围敌军，不容其增加部队。敌人先在赣鄂抽调军队将我京山、安陆等地部队排除，于是敌交通线得以恢复。自十七日下午起，枣阳附近被包围之敌，极力挣扎，想突破包围。钟祥方面无多大战斗，汉口敌以五十多架飞机连续轰炸，使我部队移动感受困难。十七日，敌反攻，枣阳复被占。十九日，敌兵西犯。二十一日，陷新野。二十二日，我反攻，击退新野之敌，再逼枣阳，敌拟扩大战场，突破包围。襄河方面，敌突破唐白河到泌阳附近。至昨日止，唐白河西敌被击退，现敌总退却至枣阳附近。此次为有计划撤退，敌无多大损失。因为敌利用河收容桥梁、船支均被破坏，故我不能遂行追击。照目前情况看，敌攻襄樊、南阳均无可能，兵力已颇疲惫，后方又只有一条交通路，且随时可被切断，作战颇感不便。我军仍继续加紧包围，务使敌人不能安全退却，以收此战全功。据我们判断，敌将由枣阳撤至随县，恢复上月敌我态势。

鄂南赣北，我军作牵制敌兵力之攻击。

此次会战中，张总司令自忠英勇殉国深可惋惜，此事俟会战完了再行公布。此外，八十四军一七三师师长钟立，会战初期因转进唐河为敌机械化部队包围受伤甚重，因敌人逼近乃拔枪自杀。

山西事件这一个多月来较平静，最近接阎长官报告，亦略有冲突，业已电朱总司令制止。报告毕。

杭参政员立武等提议：

一、全体起立默念张总司令。

二、授权秘书处俟此消息公布后，即以同人名义致电其家属慰问。

全体通过，并起立默念。

散会。

4. 国民参政会第一届第五次大会休会期间驻会委员会第四次会议记录

（1940 年 6 月 7 日）

国民参政会第五次大会休会期间驻会委员会第四次会议

二十九年六月七日午后三时于军委会会议室

出 席 者：

副 议 长： 张伯苓

秘 书 长： 王世杰

参 政 员： 等人 [原缺]

经济部长： 翁文灏

报告事项：

一、外交报告【略】。

二、翁部长报告经济部工作情况。

自参政会开会以后，兄弟出去一个多月，想把经过情形大略说明。

在港与港当局商洽关于钨砂缉私的事。兄弟告诉港当局，因为广东几县沦陷，许多钨砂皆经港私运赴日，我们希望港当局帮助我们想方法制止走私。商洽的结果，由香港成立一个组织，收买政府命令所指定的各种货物，钨砂在内。以后除中国政府运出之钨砂外，任何人【的】钨砂皆由他收买，并由中国保荐一个公司，代表他们去收买，收买以后充分供中国政府的需要。出口则依照他们的规定，每次出口取得他们的特许。此种办法已商妥，唯尚未得其殖民地政府之批准（亦未批驳），果能成功，亦为对付走私的一种力量。

在安南时，曾往西贡见其总督及经济负责人。他对中国态度很好，据他说，自他就任之始，日本即派重要人员与他交涉，要安南不准通过中国军用器材及汽油，当时即置之不理，对中国实情绝对谅解。法国因欧战关系，虽不能明白像美国一样反对日本，但是相信有一天民主国会联合起来反对日本。谈到安南海防能否为中国利用为自由港一事，他说中国要以此作自由港，法国自然要投资。但如果有一天中国在去越很近的地方辟港口，如北海等处，法国岂不受重大损失。如果中国能在两不损失的条件之下商量这种事，自然有成为事实的可能。

在海防看我们进口的情形，实在十分困难，栈房中堆集[积]非常多而且相当的乱。当时正是西南运输处接到运输统制局的命令，要政府物资全部由他去运，此种命令是很忽落[略]实际情形的，要一个机关负责任是很难办的。滇越路运输量是每月一万五千吨，军用材料支配六千吨，而有二千五百吨是汽油。经济部三年建设计划所需的器材，在目前情况之下无法进入。到七月底为止，所运限于兵工器材。我们希望在此时间以前，局势不要有变化。

国内经济建设办理情形：

在抗战以后新成立的公司以及移到后方来的公司，其资本在百万以上的有三十五家，在一千万以上的七家，此类公司资本总额为二〇四八〇万。此数字颇为确实，因系现成机器搬进来。此外几家机器厂，原来资本不到一百万，到后方来的机器价值总在百万以上，汉冶萍煤铁公司移到后方的重要机器四万吨，假定每吨三千元，已在一万二千万，约计全数在三万万以上。此为很短时间内在后方建立者。

从事后方经济建设最重要的条件是资本与劳力，如何以最适当方法得到充分资本，是值得我们研究的。

现在政府机关无论是中央抑地方，有一种倾向，就是把行政工作与业务划分，例如贵州成立贵州企业公司，凡省府经营的事都交此公司管理，建设厅只管行政。福建亦如此，组织一个公司，省政府做股东，并拟组织数个支公司，分别经营各种事业。此种办法已在进行之中。中央方面办法更彻底，政府加入商股做股东，因为这种情形与现在公司法颇有不相应的地方，以后重要事业由政府提倡，组织公司办理，部中最近规定特种公司组织条例即为此。

云南锡业现在由中央与地方合办，成立云南锡业公司，资本五千万，省府百分之四十，余由政府与中国银行各认一半，原来的两个公司成为新公司股东，预备仿照广西方法改良炼锡工作，并拟利用屯湖的水改良洗砂工作，提高品质，正在加紧改良锡业工作。

平价工作正在进行之中，但不易获得如何成效。关于平价购销处工作情形，另由章处长报告（略）。

报告毕。

许孝炎：各工厂被炸情形如何？

翁部长：炼铜厂死三人，重伤五人（其中三人已死），中三弹，材料库被毁，唯尚不致停顿。电工器材厂中数弹，损失不大，短期可恢复。以上五月二十六日被炸。二十七日动力油料厂无损失，渝鑫炼铜厂中十余弹，无重大损害。豫丰纱厂中弹较多，损害较大，须相当时间修理，始可复工。另有数个小工厂亦有损失。

工厂疏散因动力及交通关系颇有困难，现在极力劝他们保兵险，同时积极建造防御工程。

关于平价，重庆米要靠其他地方来供给，现因轰炸等关系，各路米均不易来。唯此事在必要时我们已有应付方法，重庆每月销米九万石，我们存在重庆的米有七万石，必不得已时可以应急需。

许德珩：钨砂产量及收买价格如何？

翁部长：去年全国钨砂产额一万二千吨，问题不在增产而在运输。各省钨砂因环境及成本不同，收买价亦各有高低，数量最多价亦最低的是江西，量最少价最高是云南。原因有二，一是自江西运至海防费用最贵（每吨约需三千五百元），二其他各地是由公司组织开采矿山，经过一道中间手续，江西钨砂是直接自开矿者手中购买，对于工人福利事项并负责任，此种费用每年达百余万。

关于钨的运出问题发生多种困难，正在极力交涉之中。钨价百分之六十五单位，每吨伦敦价二百镑，纽约价二百五六十镑，我们以纽约市价为标准（含量中每百分之一氧化硫为一单位）。最近国内钨价提高，自六月一日起，江西每吨一千八，其他各地二三千不等。

散会。

5. 国民参政会第一届第五次大会休会期间驻会委员会 第五次会议记录

(1940 年 6 月 21 日)

国民参政会第五次大会休会期间驻会委员会第五次会议

二十九年六月二十一日午后三时于军委会会议室

出 席 者：

副 议 长：张伯苓

秘 书 长：王世杰（雷秘书代）

参 政 员：等人 [原缺]

财政部长：孔祥熙

主 席：张副议长

报告事项：

一、外交报告【略】。

二、孔部长报告财政。

几个月来，财政情形大致如左：

收支 收入尚可维持从前情况，支出增加颇大，不敷之数甚多，举债弥补。计三、四、五三个月收入一万一千万，支出九万万余，其中军务费百分五十六，建设费二十七，债务费九，党政费八（财政部每月预算七万元）。

本年发行军需公债十二万万元，建设公债英金一千万镑，美金五千万元。我对外信用仍能维持，例如美麦借款仍到期照付，最近一期付美金十二万元。因此，在外借债尚不至于万分困难。在美借款接洽，很多时候借了以后，买东西也不容易，而运输更困难。自越来 [南] 情势紧张以来，存越货物只得想方法转移，主权事情也颇复杂。

税务方面 一切如旧，而直接税处成立以来，工作成绩颇佳，办理得当，将来颇有希望。盐税目前注重盐产，不重税收。

公债方面 过去用摊派办法，现在成立劝募委员会，积极劝募，广为推销，并拟请参政员各位先生参加劝募。

金融方面 美顾问巴得到美国，他来电说，在美国见了许多人，没有一人赞成上海自由买卖的。杨顾问说，我赞成现在的办法。胡大使来电说，罗斯福很赞成德国的办法，但恐中国行不通。由此可知，我们从前的办法不是不对，欧战一发生，各国所行的办法就可证明，而各顾问都是以他本国的利益着想，不是为我们考虑。过去我们办事吃亏是相信外国人太过，以为他们都是专家，说话是金口御言一样，不相信自己人的话。

欧洲战局对我们金融不是毫无益处，过去外汇平准基金业已卖完，因为战事，许多人又把外汇卖出，平准委员会乘机吸收维持英镑，我们也希望能有一个稳定价格。

上海方面万一有一天我们四行不能立足，局面就要另想办法。

工业方面多办[半]为国库及四行投资，国营工业方面投资一万六千六百万，民营投资三千八百万。

币制。汉口有一部造纸厂机器很好，很想予以恢复应用，但因种种关系，等我们能用时，敌人业已进来。以后与中华书局商量，因技术不够，不能办理。最近道拉鲁公司在上海及英国设厂，而在目前英国印恐有意外，买纸来自己印，运输也非常困难。

物资方面 尽量抢运。有人说收价很低，其实我们所需运费很多。有人认为要多产，其实产多了卖不出去。去年桐油在美国能卖二角八分一磅，因为政府统制，我们照需要量供给，所以价格能维持。今年因为汉口有走私运出，所以市面货多跌至二角一分一磅，这也是我们贸易上很困难的事。

报告毕。

左舜生：最近外交情势很可注意，下次希望请王外交部长出席报告。

杭立武：敌人近来对我进出口额皆占第一位，政府对此曾否注意？

孔部长：沦陷地皆富庶之区，日本货比欧美便宜，故无多大办法（海关亦在敌手）。

李中襄：行政院对外交问题讨论得很详细，我们今后究竟在哪一方面用一点功夫，希望孔先生作可能的说明。

孔部长：欧洲变化异常迅速，法国打战不过几天就投降，英国卅五万大军皆是徒手回国。目前法国情形最困难，新政府不为国人所满意。而英法关系的变更对我影响颇大，今日港电、港越航邮均已停顿，前途演变颇难预测。美国方面罗斯福改组内阁，陆长请史汀生担任，海长请诺克斯担任。此事颇有参战姿态，如何参法尚难知道。我们希望他不以武力参加欧战为宜，免得减轻太平洋方面力量。

由欧战情形看，我们能抗战三年，独立支持暴力侵略，实在是很了不起的事。

政府最近急运越来货物，水陆两路并行，其不能及时运走者即转移美国商人或他国商人，现尚有几万吨货在越。欧洲局面目前即判定德国胜尚嫌过早。法国内部如果政府主张和，下面主张战，必然要分成两个政府，力量就更小。英国要继续抗战，这要看他自己的决心如何。苏联则乘机把附近的小国拿到手中，局面如果持久下去，德国也难占便宜。我们自己是本自力更生的原则做下去。过去各国看不起我们，今天打到如此，我们有胜利的可能，即令日本占越南也无关系，我们仍可维持国际路线亦不致断绝。如日本乘机实行南进政策，对中国力量就要减少，今后只要大家精诚团结，即令日本占越南亦无关系。

主席：下星期五开驻会委员会，请王外交部长报告。

散会。五时。

6.国民参政会第一届第五次大会休会期间驻会委员会临时会议记录

临时会议记录

（1940 年 6 月 28 日）

国民参政会第五次大会休会期间驻会委员会临时会议

二十九年六月二十八日午后三时于军委会会议室

出 席 者：

副 议 长：张伯苓

秘 书 长：王世杰（雷秘书代）

参 政 员：等人 [原缺]

外交部长：王宠惠

主 席：张副议长

报告事项：

王部长报告最近外交情形。

在上次报告到现在只一个多月，在报告中说德国进攻方向是荷比，报告后一小时接到德国进攻荷比的消息。自德国正式打战到法国要求停战，一共不过卅八天。在此卅八天中，屈服的国家共有七个，在他正式进攻之前，又并奥吞捷灭波，在此情形之下，影响远东的具体问题很多。

一、天津白银。此事谈判了六个月，争执要点是以后的处置问题，即今后所有权问题。我们只认定英国说话，英国对日本商量的办法我们置之不理，只以英国作信托人，要动此非经中国政府许可不可。我们声明所有权不变更及以英政府为信托人，日本也答允这种办法。法租界我们存银比英租界更多。我们几次问法国政府有无与日本接洽此事，并告他如有商洽，只可与我政府商量，法国均否认有与日商洽事。自英租界存银处置办法确定后，日本广播说，法租界存银一样办法解决。但后来法国大使馆参赞来说，接到法大使电告，驻日大使十九日与日本商订协定，内容与英国所订差不多，提出数额为廿万镑，详细内容连戈思默尚未确知，因为英国协定要法国协定签字后才能解除封锁。这是法使馆十九日口头通知我们，我们不等他书面发表，于星期一提出很严重抗议。我们说，英国是事先与我们商量好，现在你未经商量就签了字，我们保留所有权。事实上是法国战败以后，国际地位异常低落，不敢得罪日本，因此才单方处置此种问题。

二、运输问题。此事日本一年来吵闹不休，抗战一开始即压迫法国，法国答允军火不运入，日本当时认为满意。此所谓军火以国际军火贸易公约的定义解释，汽油不在内，日本也满意。因为法国失败太快，日本于十七日旧事重提，并把范围扩大。十七日，越政府突然通知海关，停止汽油运输，当即抗议。越督说此为国防需要，并非完全受日本压迫，以后再慢慢研究办法。到二十日越总督命令一切货物停止运输，结果变成绝对封锁，我们提出严重抗议（因法政府授权越督便宜行事）。我们并向安南交涉，他说这是暂时办法，俟局势和缓再行商量。我们正知东京法大使与日本商量的一张单子，规定以后某些可以通过，其余均不可通过，要等此单到后（真与战争不相干的），现在只能靠法国政府与日本交涉，而法国又是新败。法国也曾与美国商量，美国说不变再表示态度，所以今后安南交通不能恢复从前现象。条约立场法国并非不知道，英法同盟且不可靠，遑论普通国际条约，今后也只能能弄几多算几多。法国正在商量一些例外的东西。

对于香港也有问题。法国接受压迫以后，他接着压迫英国。据兄弟推测，英国恐怕要有相当让步，我们希望他原则上能通过例外，禁止的愈少愈好。就个人所知道，英国法国尤其美国对于日本有一点不如从前，美国意思是现在不逼日本赶快参加欧战，以便美国对英法荷在西半球属地有整个说话权。

此外，租界也一天天发生问题，大之为伪组织整个取去，小之是拿法院不许我政府机关在沪港。

目前，日本对苏对美力求和缓，解决悬案。对苏划界的事，过去争执很久，现在整个接受苏联的主张。美国的要求赔偿的悬案也逐一解决。

在此局面之下，个人以为英法十多年的外交政策自受其害。一面玩弄国联，一面对强敌不加戒备，口中说维持条约，而说完了毫不维持。希特勒早就说以武力解决，这是一种办法，英法所为根本不是办法。今后局面很可注意，停战协定中，法国大部分东西受德国支配以攻英国，答应德意通过法国攻英，占领区、非占领区军火武器都要交出。欧局变化如此，我们今后外交应切实注意的有几点：

一、美国究竟如何。美国对英帮助只能卖军火飞机，武力不能接济。美全国兵力只五十万，全部送去亦无用。德国自战事发生以来，解决的兵力达一千多万。美国所长的海军，英国并不需要。据个人看，美国能予他们的帮助不过如此。美国对远东很怕日本对英国宣战，以致英法属地发生问题，影响美洲。英国如果支持不来，日本要插手分赃。日本国内正酿酝一党运动及检讨对欧战介入问题，不久将有宣言发表，无非要保护其他国家远东属地及早日结束中国事件。

二、我国外交方面。在此局面之下，我们外交方向很难。具体办法不必说，我们今后方针是一直到底不变，还是要稍为变更一点，从旁面做一点功夫，这要请各位指教。

报告毕。

黄培炎：外交方针我认为有考虑之必要，而考虑之前应该各方面的现状都观察清楚，关于德苏情况希望说明一些。

王部长：在德国未如此大战之前，个人认为德国对我们怎样好说不到。但是他有力量可以对中国作恶，他要承认伪组织或者与日本交换货物，都足以加重我们困难，最少限度我们不必得罪他。现在他对我们感情不好，所以作恶多于为善。打战前后，驻德陈大使有电，主张对德国不宜太疏忽，能接近一点好一点，也不必得罪英法。我们也想做这种功夫。德国经济界、实业界对中国无恶感，很想加强我们友谊。最近德国举行展览会，希望我们参加，也谅解我们情形，说如果政府不参加，可由商会名誉参加，我们也很同意。据个人看，中国事情德国不愿怎样放手给日本，不甘放弃这种市场，所以对德要接近一点不是没有机会，而先要确定我们方针才行。

苏联方面，我们也进行，他的政策是大家都知道。我们要他物质的帮忙，也不外这笔账（很大一笔账）。物质上不必再讨论，我们希望他在精神上帮忙。我们希望他帮助民主阵线与英法邦交恢复好一点，对我比较便利。英法也进行，可惜晚了一些。

黄炎培：今后远东问题美、苏、德、日较有关连，我们能否想方法，使德日对远东不走一条线，以减少我们困难。对于德国攻英一事，颇值得我们注意，今后外交方针应慎重考虑。

关于苏联，我以为解决国际问题时，对于内政要避开，要把内政外交分成两项，德苏往例即如此。认请这点以后，来定对苏方针，王部长的意思很好，我以为物质精神都要注意。听说苏联借款数量虽然大，也是物物交换，条件很好。而从前对苏联的路走得通，现在是否有问题，此种问题在目前应否重加考虑，重加商量。

关于精神方面，我们对人家的希望不必责望太过，如果在军事行动上能表示一些，也是一种暗中帮助，使敌人也可多少顾虑一下。

张副议长：今后外交要注意到欧战是否继续，或者可以停止。英国如果战败，印度问题如何，是由德意来分或日本也参加进去，我们改变方针如何改法，对于国际未来演变，是否要看清楚。

王部长：德国目前占上峰[风]。个人推测，今天丘吉尔宣言，是只想保守英伦三岛，使德国不能登岸，并不说去打德国。上次欧战只是封锁俄败德国，并非军力打败德国。天下三十多国，没有一国能攻入德国。今后英国只有两个办法，第一是以兵力占领德国领土，占完了请他停战，第二是封锁饿死德国。现在德国统治全欧洲，粮食到处都有，此两种办法均做不到。英国最大努量[力]只是维持英伦三岛，从前四面包围德国，德国尚能维持四年。因此，英国只能求维持英伦三岛。听说希特勒最近将有演说，对英国提出和平条件，不接受就继续打下去。如果希特勒认为吃得够饱了，就只看他的条件怎样。个人看，英法属地是要分，分多少是另外问题，德意所提要求都是要分殖民地。

德国对法停战协定中有一条很可注意，即允许法国海军能保全他的属地，其余解除武装，另行成立委员会详细商量。恐怕是预防其他国家抢他的领土，使法国殖民地通统不能动，要说德国对法远东属地没有野心也难说。

日本对欧战能否同时参加，此也有可能。他想避免，避免不来也，就不得不参加。要参加不得不用海军，要了结中国问题，他的海军才可自由行动。敌人恐怕欧战解决了以后，他的地位发生问题。

左舜生：现在我们需要国际帮忙，没有国际帮助不足立国。这几年所说的自力更生、抱负固不能没有，而不能没有国际帮助。安南问题是生死交关的问题。开仗以来，日本对安南一着是很厉害的。日本广播说已经占领两个县份，现在日本自己目的已达，不会用兵，我们宣言事实上也无用途。日本再进一步压迫，英国缅甸的路也不通，西南国际路线就完全隔绝，就有一些也无多大相干。现在日本连粮食都禁止，有一些例外与抗战有什么了不得的关系都很难说。外交途经所能解决的只是目前情形，不能更进一步，此两路是我们生命相关，两路一断，对抗战前途很危险。西北路线不仅道远路长，有许多地方且是有名无实，大量运输非常困难。苏联即有物品，也不一定可以运入。而对苏联外交与他国不同处：与内政相关连，内政无好的安排，对苏外交没有好的结果。今天外交已临到生死关头，恐怕有一天要没有东西可以作战。过去外交以不变应万变是英、美、法、苏的关系，现在英法已不成问题，只余美苏。美国不会打战，苏联也决不为中国而打战，如何取得两国帮助，恐怕就外交谈外交问题是解决不了，恐怕许多方面都要顾到。日本一切办法都是针对解决中国有利途径而来，我们如没有很大决心与较大做法，恐怕外交前途要弄得四面都关起门来，窒息而死。

莫德惠：自开仗以来，国际友邦德国希望我们早日了结，苏联希望我们支持长久。最近两国有如此表示。

王部长：苏联希望我们继续支持，最近他们问英法大使有没有劝我们了结战事的事，我们告诉他并没有提及此事，由此可知他注意之所在。英法劝我们了，是在去年九月欧战初起之时，并且是间接的说。

杭立武：我很同情左先生的说法，有一句要补充，即自力更生是决心与自信，否则早就不是这种局面。国际政策要变，应看一看英德战事是否结束。

李中襄：就个人主观看法，苏联无论如何这次不参加战争，无论东西两方同情中国，要中国拖住日本，只余一个美国。就利害讲，美国应该先对付日本，德国在欧洲强大，对他没了不起的问题，如果德日同时予他威胁，他就很困难。如果此时能以主动姿式先击败日本，就可以解除他根本威胁。此事能否做到是另外问题，而我们不能不走此路。欧洲不妨英国先对德让步，击败意大利，局势要比现在好得多。

王部长：欧战之初，有人劝英国先击败意大利。

散会。五时十五分。

7. 国民参政会第一届第五次大会休会期间驻会委员会第五次会议记录

（1940 年 7 月 12 日）

国民参政会第五次大会休会期间驻会委员会第五次会议[1]

二十九年七月十二日午后三时于军委会会报室

出　席　者：

副　议　长：张伯苓

秘　书　长：王世杰

参　政　员：孔　庚等

交 通 部 长：张嘉璈

主　　　席：张副议长

开会如仪。

报告事项：

一、外交报告：秘书长代读【略】。

二、交通报告。

关于滇越路，自日本要求到安南答允以后，当初我们不知道他们究竟是要停止运输还是要假道攻滇。因此，我们把路拆断了一节，并防他将车辆完全南开，以致滇境无车。我们就通知他所有机车车辆概不南放。第二天，法国人要求说绝不致有假道的事，目前日本人未到以前，货运暂停，客车照开，而要有相当车辆，愿以一半之数放在云南。我们看情况并无预料之严重，就答允他的要求，把已拆的路接起来，并扣留九百辆货车、五十辆客车、数十辆机车，足敷滇境之用，以后又放给他

---

[1] 此处应为第六次会议，原文如此。

们一百辆货车。为使以后道路被拆仍能维持滇境交通起见，滇境内现派总视察以为监督。

日越交涉进展如何，现在不知道，前几天法国人把路拆了一段，客车到就换车而行，有外国重要人到就接通过来，未商洽好以前货车绝对不开。故拆轨一节，以对日人表示诚意。

海防存货日本人看了一下，并无若何处置。我政府的处置：1.交通用货物因有法国借款关系，退还法国，借款本息暂停付；2.美国购买货物，认为并未收到，仍由美国派人接受。各机关所购物，凡未接受者，退还原公司，或设法南运至西贡。出口货最大宗为矿砂，正与美国商洽作为美国已买之物。

航空方面，尚维持现状，日本派员到场检查，政府信件暂停送，以免检查。

政府意思是第一步不使物资落于敌手，出口货敌人拟在安南收买。

现在所余只缅甸一路，政府抢去的物资有二万多吨，汽油也向那方面运。如果缅甸发生问题，十分之九的国际路线都要被封锁完了。安南一断，十分之七的路被断绝。此次影响第一是交通建设无法进行，汽车运输困难，各种建设更困难。宜昌断后，自衡阳至重庆的水运亦不通，影响颇为重大。水路现测勘常德、沅陵、宜阳接富林的路。

西北方面运量很小，每年只一万多吨。现正商量改善运输办法之中。

现在只计划着人力、水力的运用，这只是表示我们的决心，从无办法中去想办法，而用力大收效少。

对于交通，我们只能尽自己可能努力，现在形势变更太快，往往若干时期的努力，临时一变，以往努力皆无用处。而今后材料之补给困难更大，今后只能尽力节约消费。

报告毕。

范予遂：安南货物除转移者外，是否皆已损失？

张部长：法国人尽可能为我们移到东京省以外的地方去，据他们说决不交日本人。

散会。五时三十分。

8. 国民参政会第一届第五次大会休会期间驻会委员会第六次会议记录

（1940 年 7 月 26 日）

国民参政会第五次大会休会期间驻会委员会第六次会议 [1]

二十九年七月二十六日午后四时于中华路本会秘书处

出　席　者：

参　政　员：孔　庚等

秘　书　长：王世杰

参谋次长：白崇禧

主　　　席：孔　庚（副议长因病未出席，临时推选主席）

报告事项：

一、秘书长宣读外交部书面报告【略】。

二、白次长报告最近军情。

各位先生：

第二期国民革命已到第四个年度，也进入了一个最严重的阶段。就国际现状看，滇越交通断绝，滇缅运输受限制。美国态度不积极，苏联虽然帮助而其注意力着重于欧洲。就此种形势看，我国外交环境是处在一个困难情况之中。就敌情来看，近卫重行上台，少壮军人操纵政府要较以前更进一步，对于中日战事将力求早日结束。南进尚在准备之中，因为他对于美国、德国均有相当顾虑。如果英国能确保三岛，日本南进总是一种投机姿态。他的注意点在解决中国战事，要解决中国战事，军事上重要目标有三，即重庆、昆明与西安。重庆是中央政府所在地，昆明对外交通虽断，

---

[1] 此处应为第七次会议，原文如此。

他可以借此扰我最后根据地，西安为仅余的国际通路的要点。敌人究竟向何方发展，很难预知，我们只能准备敌人来。敌人既要结束战事，首先要消灭我野战军与打碎我政治经济的根据地，因此，他或者再冒险调五师团以上的兵力来是可能的。国际上对他没有多大牵制，再冒险是很可能的。所以目前敌情是以结束中国事件为第一，南进则在准备之中。政治上则加强伪组织以加紧对我分化，经济上则确实加紧封锁以断我资源，以求达到其早日了结战事之希望。

中日战争本是世界战争的一部分，远东战局与欧洲战局相互发生影响。最近委员长召集党政军负责人讨论当前情势，以及在七中全会与联合纪念周的训示，大意是说："我们抗战本是求自己民族的独立解放，并没有事先与任何国家约好了才抗战的。外面有帮助，我们的胜利能早一点；外面没有帮助我们困难多一点。外面没有一点帮助，我们仍然要独立抗战的。这种抗战的国策从七七开始的一天，就决定了。外援当然尽力寻求，而独立抗战的决心是必须要有的。敌人今天的封锁还没有使我们完全孤立，我们就是完全孤立了，也一定自己想办法求最后胜利。"所以，军事上要保持野战军的力量，战略上当然无所变，战术上多少要有一点改变。凡属没有利的时间与空间，不作不必要的消耗，尽量发展机动的游击战，我们的军力军火足以支持长期战。目前正规战术我们的消耗非常多，以我们殖民地国家对帝国主义国家的战争，不宜采用正规消耗战，战术应该有所改变，随便决战要想获得胜算是做不到的。今后军事上要采取全面的游击战，政治上要使伪组织不能存在，不能用中国人打中国，使日本军队最多只能保持点线，如此我们所消耗的械弹兵员很少，而收效很大。例如现在有八个战区，每个战区每天消耗敌五百人，全部就是四千人，集合全月就达十万，每年就达百万。一天几千人不算是大战，而集月一算就是大胜。堂堂正正的大会战，我们牺牲重于敌人，因为我们没有制空权。据调查敌人可用于第一线的飞机达二千五百架，我们的数量很少。以欧战来看，英法没有制空权，所以陆军不能支持，我们没有制空权，敌人飞机在天上轰炸扫射，我们兵士仍能支持作战，这是世界上所没有的。在这种情况之下，要有大规模的会战，获胜是很难的。战车炮兵的不敷，使我们无法攻击重要据点。缺乏这三种力量，要打堂堂正正的战而获胜，在战术上无此前例，因为步枪使用不上，还未见敌人面已被敌人消耗完了。所以要想在短时间内希望以我们的力量打走敌人，以现在我军装备素质来说，是做不到的。以英法对德的战争情况可为佐证，近代战争的特性是包括着速率、冲力和破坏力，三者缺乏其中之一不能成为近代部队，因此我们抗战是异常艰苦的。在这种艰苦局面中我们的战略是持久消耗，以少数牺牲求多数代价，发展所谓机动战、游击战、全面战，这就要使军队与民众力量有充分配合才行。过去湘北、粤北的胜利都不是正正经经的打退敌人，是敌人因为后路被切，知难而退，在敌人退的时候我们攻击他。今后我们应该注意如何使各地民众配合军队消耗敌人，使敌人知道军事上无法使中国屈服，以后愈深入消耗越大，然后他有一天敌难而退。一如拿破仑征俄，不是军事上打败战，而是因给养等困难不支而退。十月革命后，十几国联军打苏俄，因为民众起来了，使一般攻击国家知难而退。日本在西北[伯]利亚撤兵亦属如此。我们想只有以此种战术应敌为宜。三年来的经验，这种战术改变并不困难，沦陷区游击战敌人始终无法消灭，今后更造成他大规模的发展。在今天没有友邦大量接济我们军械，我们要求胜利只有如此做法。这种办法虽然苦而必能获胜，最多是人员多辛苦一点，时间延长一点。这种办法最为可靠，完全是尽其在我，不必靠任何国家，甚至西北路断了也无关系，所需弹药量极少。我们在台儿庄打战打了十多天，每个兵平均使用只一百发子弹，要是游击战更不用如此消耗。目前各方面战术均已向此种方向逐渐改进。

第二个可以胜利的时期是我们把敌人消耗得经济上不能支持，军心民心不能维系，内部发生变化。这要看我们做法如何。

第三个可以胜利的时期是打到国际上发生重大变化，有其他国家以最大力量帮助我们参加远东战争。

以上三个时期以第一个时期为最可靠，第二第三时期就太依赖外力了。今后军事上我们可以持久，敌人要进一步攻任何一个据点也是可能，但消费很大，而战事不能结束。今后胜败已不决定于一点一线的争夺，只看军心民心能否坚持，能坚持就可以得到最后胜利。这不但要军事上努力，尤需政治上能够配合着进步才行。

关于国内政治大家最担心的是摩擦问题。关于此事兄弟一向主张在政治上划定区域，军事上亦划定区域，指定任务，大家遵守，不越出范围以外。中央一视同仁，不问过去历史，以总裁在五中全会中所说"作之君，作之师"的态度为主。去年兄弟参加讨论时，因湘北粤北战起，奉命出去，这次兄弟又提出这种问题，政治部周副部长集合延安方面的意思，大家开诚商量。大体已决定陕北方面划定十八县为政治区域，军事以旧黄河以北、山西、河北、察哈尔、鲁北，第二战区扩大，冀察战区取消，阎为司令长官，朱德、卫立煌为副司令长官。新四军及其他有关军队，一律集中于十八集团军战斗序列。十八集团军编成三军二补充团，一切饷章照中央规定。此种办法与延安方面意见大体相近。我们认为中华民国的敌人只有日本与汉奸，全国同胞应集中一切力量对付当前的敌人，完成民族革命。这是天经地义的事，所以这次我们很希望能对此问题得到确实的解决。解决以后不仅政治上能团结一致，增加抗战力量，并且可增进中苏邦交。我认为军事的努力应该配合政治，而政治进步首须消灭摩擦。

外交方面最近也有整个的检讨，我们的决心是在任何艰难情况之下，独立抗战。抗战国策不变，而外交运用应该适应时势。抗战以来，我们最可靠和接济最多的朋友是苏联，这是事实，其次是美国。今后军事上能照我们检讨以后的战术运用，政治上消灭摩擦，外交上正确运用，则长期抗战毫无问题。蒋百里先生对这次战事的指示是："胜也罢，败也罢，只是不要与他讲和。"以我们今天的力量，只要善于运用，敌人无法以力服我们，敌人想以中国人制中国人，而汪精卫无此能力，伪军更大批反正，使敌人不敢用伪军。我们的军人有被俘的而无投降的，民众更是死而不怨、劳而不怨，以这种士气、民心，来应今日的局面，战术上加以适当的运用，未始不是一种良好的补救之道，前途依然充满着希望。

报告毕。

孔庚：此次宜昌放弃，外面谣言很多，对于军事上的信心起动摇。据说我军五十余师，敌人才不过六百，即不能守，而且军士战志不佳、纪律不良，未战先逃、未逃先抢。照此情形，民众对军人信心难得树立，合作无从说起。又传言军队平素留难运输、贩卖仇货，且军队内部时生摩擦，我们希望这些都不是事实。如果要有，应该要立刻改正。

左舜生：听到白部长的报告很为安慰，今后军事内政外交都只能如此做。有一层应特别提起注意，即敌人今后政治分化政策以及在占领区的做法应予注意，我方努力颇感不够，近卫登台以后，政治上恐有新姿态表现，应加预防。

白次长：关于宜昌方面情形，原属第五战区，其后分左翼兵团与右翼兵团，左翼由李司令长官兼，右翼委座临时指派陈辞修担任。本人在桂林，对此方面详情不清楚，失守真相不知道，要以军事力量推测，敌人既以全力攻宜昌，任何人去也守不住。敌攻宜部队为第三、十三、六各师团，约二师半，每师团为步兵四联队，炮、辎、骑各一联队，共约八联队，有时附战车、重炮等特种兵，合计攻宜兵力约七万人，另以百余架飞机连续袭宜昌，固守是不可能。关于失守的情形，委员长有手令要检讨，现正检讨之中。能守与否的关键百分之九十九是在制空权。军队的纪律不及从前，因为来不及补充和训练。各位意见我们严密注意。

莫德惠：敌人今后军事进攻必然加紧，我们总要有一个必守的据点才好。

白次长：自渝至宜，四百八十公里，形势险要，我们亦加紧防范中。

散会。六时。

9.国民参政会第一届第五次大会休会期间驻会委员会 第七次会议记录

（1940 年 8 月 16 日）

国民参政会第五次大会休会期间驻会委员会第七次会议

二十九年八月十六日上午八时（星期五）于中华路一二一号本会秘书处

出 席 者：

参 政 员：孔　庚等

秘 书 长：王世杰

外交部长：王宠惠

主　　席：孔　庚（副议长因病请假，公推孔参政员任主席）

开会如仪。

王部长报告最近外交形势。

主席、各位先生：

今天有机会来报告外交情形，个人很感快慰，谨将最近情况略述如次：

一、安南运输。当法国对德屈服之初，情况很紊乱，因此越督为谋苟安，与日本成立协定。起初以为仅禁军火，后来知道全部禁止并允许日本视察团。日本并要求假道及有海陆军根据地，前越督亦口头允许。法政府安定以后，我们问法政府，他说旧总督尚无报告，也许他口头答允，以后证实此层，法政府即免前越督职务。现在法国知道自己太错误，起初以为答允视察团只二三人，后来日本派去的竟有几百人，都是武官，军用飞机甚至轰炸机都也去过。最近法政府乃不承认日本这种协定，日本也不强迫实行。法国最近强硬也有几种原因，首先是美德态度有关，胡大使报

---

[1] 此处应为第八次会议，原文如此。

告美国很注意安南问题，美国驻日大使曾质问日外务省，据答不如外传之甚。法国当初为碍于停战协定，军事处置颇为顾虑。我们就与德国接洽，德国解释说法国陆军当然不能随便动，但与德国利益无妨碍的法国还是有权处理，法国政府也以两点交由停战委员会通知德国：1. 停战协定给我们一部分海军，当然在和约未签字以前所有领土法国有保护之责。安南这次军事行动，德国如认为违背利益，则将来安南前途德国负其责任。2. 安南与中国关系密切，中国是远东最大国家，希望德国把问题看远一点，顾及中国立场。此外，中国也提出过警告，军事上也有一点布置，法国态度也就逐渐强硬起来。至本月七日，出口货已可运出，凡铁路局及使领馆人员用品亦可进来，其余俟八月十六日安南总督与日本谈判情形为定。安南问题与我国关系最为重大，目前情况略见好转，自日本宣布大东亚新秩序后，各国对南洋方面情形倍加关切。

二、泰国。法国于十四日与泰成立互不侵犯协定，据传前越督允将越泰边境一部分地方让予泰国以后，安南不履行旧督协定，泰国非常愤慨。泰总理见法大使说，如果你不履行此协定，我们要采取适当步骤。泰民上书政府要求收回失地，泰国军政部发言人九日广播说，国际形势日益危急，泰国曾亡于缅甸，我们应力谋收回失地，国民应注意国家利益。泰国问题不仅与安南有关，并与我国有关。他们宣传说云南、广西以至四川都有他们的民族，所以这种问题实质不限于缅越。

三、据使馆报告，罗马尼亚对保加尼亚决全部让步，正式谈判将开始。据说匈牙利要求尚未接受，德国劝双方让步，不要破裂。罗苏邦交已恢复，由此看东南欧情势已较缓和。

四、美苏关系由最近事件看起来显然趋于好转。

五、苏联合并波罗的海三国以后，照会各国驻该三国代表，限十二日以前退出，以先各该国派出外交官一律无效。我们答复是本无外交官及领事驻各该国。美国初以为苏联对此三国压迫，故禁止此三国提取款项，自三国国会通过加盟以后，态度或将改变。

六、英德战争。德要攻击英国，只可在二月以内，过了九月，则海上风浪很大，水雷不易布。同时雾很大，飞机不易活动。英国从美国购飞机极力补充，我们还是希望英国能支持缅甸禁运，也是三个月。英国如能支持，届时或将好转。

报告毕。

孔庚：有人说我们外交方针要变，如何变法？是跟着俄国一路来，究竟如何跟俄国做，办法如何？或者像波罗的海三国加盟方法，如何才能得到俄国帮助？大家总觉得军事与经济都很严重，自己力量打日本打不出去，希望有一国来帮忙。邵大使赴苏之初，我们很盼望，但至今未有进步。而日本与其他国家交涉就有结果，我们至今还是平常，这层请王部长说明。

王部长：苏联情形我们向来注重。苏联国策，就个人看目前不能与其他国家打战，国际此次大变迁，收获最大的是苏联，他目前积极巩固自己国防。

关于军事援助，我们不是不注意，但他自有顾虑，易货东西我们欠缴的数目很大。他的国策将来能否对日本进一步是另一个问题。在莫洛托夫报告中说，两国如开诚布公，则悬案可了。对英法美皆致攻击之词，其外交方针逐渐离开民主国家。我们友邦国策最难测的是苏联，而其物质帮助为最多。

许德珩：邵大使去后我们主动情形如何？

王部长：各国驻苏大使只能与苏联指定之人员谈话，工作颇难开展。如有接洽，还是在外交部以外进行。

对德邦交我们也极力推进之中，但因德日关系之故，不能有明显表示。

左舜生：过去我国外交对各友邦无所轩轾。各友邦对我希望不一致，有的国家希望我们战到底，有的希望我们适可而止，和平了结。因此反映到国内的，一面是坚持抗战到底的文章，一面是和平谣言广为传播。今后外交仍是对各友邦一律待遇，还是有所择重？

日本最近制造军事上南进姿态，图获取外交效果，故安南外交与我影响重大。在外交进行之外，对于接壤地方应有所措置。

杭立武：香港人士对英国作战自信心近来增加。英港舆论认为，中国除继续打下去以外，别无办法。

李中襄：我们对泰能无进一步工作？

王部长：中暹国交难进展，最大原因在华侨国籍问题。

范予遂：英德之战，吾人盼英胜。而苏联逐渐走上与民主国相反道路，此为我国国策与苏联矛盾之处，是否将影响中苏邦交之发展？

王部长：个人以为，苏联也不一定希望德国胜，只希望他们多打几年，使苏联成为最强国家。

褚辅成：莫洛托夫演说中有"英国驻苏大使很为我们欢迎"，可见苏联并非不欲改善英苏邦交。

王部长：苏联只说英国对他不好，并非说不欲改善英苏关系。

杭立武：由秘书处代致函慰问张副议长——全体通过。

散会。九时四十分。

10. 国民参政会第一届第五次大会休会期间驻会委员会第八次会议记录

（1940 年 8 月 30 日）

国民参政会第五次大会休会期间驻会委员会第八次会议[1]

二十九年八月三十日上午八时于中华路本会秘书处

出席者：

副议长：张伯苓

秘书长：王世杰

参政员：孔　庚等

经济部长：翁文灏

主席：张副议长

报告事项：

一、外交报告（书面秘书长宣读）。

此次外交报告完全关于越南问题。

据最近可靠报告，法国因自己没有实力抵抗，又不能得到其他国家确实援助，原则上已经答允敌人的要求。此种允许到现在为止仍为口头而非书面，详细内容尚不能确知，大致为取得海空军根据地、陆军可以通过等项，并闻有共管安南之息。法国对此事内容不发表，亦不告知我国。现其原则上已经敌人假道，在东京继续商谈详细办法。此为越事最后发展之经过。

我国为此事分别向法、德、美诸国交涉。德国对我们说，法国殖民地除有妨碍德国意义之行动外，当然有自主之权。另传德政府不满意日本对德态度，故亦不愿

---

[1] 此处应为第九次会议，原文如此。

法国对日让步，又恐日本极力南进，使苏联注意力转移于远东，于德不便。此仅为传说，西德亦不便作鲜明表示。

美国方面，因英、美、法、日四国条约曾保证太平洋领土不变更，日本对越如有举动与此条约相背，认为越南现状不容变更。

法国方面多次接头，他总不承认对日原则已允许的话。顾大使对法当局说明我们已接获确实报告，请法当局不必隐瞒。法当局说，我们也希望你们有所表示，如果日本有军队来，你们军队就开过来。我们即对法保证，如果日本军队不来，我们决不进入越南，同时并公布外交部的声明。

过去维琪发表许多中国军队侵入越境的消息，我们为防敌人诬我先破坏越境中立起见，乃揭破同盟社造谣的真象 [相]，并由河内外国记者亲自调查证明并无其事。

到现在为止，法政府允许日军入境是必然的，因此我政府对此方面积极布置，大体业已完成。

二、翁部长报告平抑物价进行情况。

关于平价工作，本部深感关系重大，而办理不容易。现在先将办理情况略作说明。

在抗战第一阶段，我国物价上涨较世界其他各国为慢。至去年夏，问题逐渐严重。政府对付的办法可分为几个阶段，政府对此事办法约分数阶段 [1]。第一时期为去年夏秋，政府规定非常时期平定物价及取缔投机操纵办法。此时的方针着重于由各地方政府负责联络各商会、同业公会，评定物价最低标准，以成本之上加百分之二十利润为最高价格，不准暴涨滥涨与囤集 [积] 居奇。有囤集 [积] 居奇者可以评定公平价格，予以收买或限期流通市面，否则照农矿工商管理条例予以处罚。此种办法处理，全无效果可言。

此后感觉到此事应由中央政府负责，乃于去年十二月规定几种办法。1. 日用必需品平价购销办法；2. 处理囤集 [积] 日用必需品办法（内分服用、粮食、燃料、其他四类）。关于购销办法由政府设购销处，四行借予资金二千万元购存必要物品，以备必要时平价出卖。兹将以上四类物品平价情形略述为次：

---

[1] 原文如此。

服用品的纱布内地向来不足。内迁纱厂十九万四千锭，全部开工可日出三百七十件，年达八万件。现已开工五万三千锭，年产三万件。土纱经提倡结果，每月产一千担，继续推广。全部工作完成后，每月产五六千件，年产六万件（工人达五十万）。故目前纱颇缺乏，加上军队用布，量非常大。为弥补起见，平价处曾以七百万元托农本局收买沪纱二千多包。在沪纱未到以前，由福生庄以存纱应市，而此种办法很难，农本局所买纱现在半途搁浅的有二千包，处理相当为难。后来福生庄的纱将近售罄，我们办法乃不能不有变更，想设纱布管理委员会，由经、军、财三部会同组织，将后方纱布出品完全收买，以土纱、机纱交织增加产量，并以作合理分配。另外再将存布作适当的处理，现在存布有五十万匹（相当于一万五千件纱）。存纱亦有一万五千件，全部约等于已经复工纱厂的一年产量。此事处理正在想妥善办法，而总不及需要量之巨。最近，美国表示可以由红十字会送我们纱布及药品，而限于民用，正在商量之中。再有不够，预备购印度纱。

粮食平价购销处成立后，曾拨三百五十万委托农本局购粮，其中一百万交成都方面用，自流井方面去年农本局运一部分粮去，自贡市成立粮食管理委员会，借去十万元购储六、七、八三月粮食，目前该地尚无粮荒。重庆方面，农本局自五月起即由农本局运用平价米供给重要用户（军粮、兵工厂、机关），七月初拟定办法，经委员长核定"重庆市秋收前（七、八、九月）食米公运统销办法"，另与市政府商定"督导商运粮米办法"。渝市月需米六万至八万石，要适应此种能力，重要用户由农本局供给，另由米商运米照公平价格出卖。由委座令谕各地凡有平价处旗之米船绝对不许截留，然后商人卖米而有亏本时，政府予以津贴。

管理粮食的机关非常纷杂，中央有农本局平价购销处，战区有屯粮监理委员会、购粮监理委员会。因此，委员长认为有设总机关的必要，乃决于行政院下设粮食管理处，各省设粮食管理局，市设粮食管理委员会，以后粮食事项由此一家机关负责。因此，这种事到现在又是职权的过渡时代。

燃料，液体燃料由行政院管与经济部无直接关系，经济部专门管理煤炭。嘉陵江与泯江因产销情况不同，分别管理。现在办理方法亦略有改正。近来情形，供求略能相应。

办理平价的事情有几种困难。第一是囤集[积]居奇无一定定义,因而取缔很难着手。第二机关甚多,而各皆平立,无法统一办理。照目前情形下去,要平价收实效,颇有困难。例如,纱布供求相差太远,粮食四川本不成问题,宜沙失守,湘西、鄂西部队要川米供应,云南、广西有军事行动,亦须仰仗川米接济。此外,纸币缺乏,许多事业发生困难。平价机构运用不当,同业工会组织不健全,实亦使事情不易推动之一因。

报告毕。

散会。十时二十分。

五

国民参政会第二届
第一次大会休会期间驻会委员会
会议记录

1. 国民参政会第二届第一次大会休会期间驻会委员会第一次会议记录

（1941 年 3 月 21 日）

第二届第一次大会休会期间驻会委员会第一次会议记录

时　　间：民国三十年三月二十一日上午八时

地　　点：重庆中华路本会秘书处会议室

出 席 者：

主 席 团：吴贻芳　张召仑　左舜生

驻会委员：刘　哲　沈钧儒　邓飞黄　孔　庚　江一平　林　虎　高惜冰
　　　　　褚辅成　张　澜　梁漱溟　范予遂　黄炎培　冷　通　许孝炎
　　　　　陈博生　杭立武　傅斯年　李　璜　童冠贤　李中襄　王启江
　　　　　李仙根

主　　席：吴贻芳

秘 书 长：王世杰

记　　录：雷　震　谷锡五

主席恭读国父遗嘱——全体肃立。

决议事项：

一、修正本会驻会委员会规则案

决议：修正通过（全文附后）（附件一）。

附记：1. 各分组开会时，他组委员可自由参加。

　　　2. 主席团主席为驻会委员会构成之一部分，有表决权。

二、本届驻会委员会委员分组事项案

决议：依本委员会规则第四条办理。

当经出席各委员自行认定并各推定召集人（名单附后）（附件二）。

三、大会对于物价问题，特种审查委员会总报告之决议案，关于本驻会委员会部分如何处理案（附件三）

决议：先交第三组研究。

附记：陈委员博生希望驻会委员会每次开会均有政府对于物价问题之报告。

上午十一时半散会。

附件一：

国民参政会驻会委员会规则

第一条　本规则依据国民参政会组织条例第十二条之规定订定之。

第二条　驻会委员会之任务如左：

一、听取政府各种报告；

二、促进业经成立之决议案之实施，并随时考核其实施之状况；

三、在不违反大会决议案之范围内，得随时执行本会建议权暨调查权。

第三条　驻会委员会为研究政府报告，促进及考核决议案之实施，应为左列之分组：

一、军事国防组；

二、外交组；

三、财政经济组；

四、内政及教育文化组。

第四条　前条分组以由驻会委员会自行认定为原则，每人得兼二组。

每组至少须有五人，互推一人为召集人。

主席团认为必要时，对于各组人选，仍得酌量分配。

第五条　驻会委员会开会应先期通知政府，俾便派员出席报告。

驻会委员会对于特种问题，经主席团之许可，亦得请政府派员出席报告。

第六条　驻会委员会为执行其任务，得向政府机关征求必要资料。

第七条　驻会委员之建议，应以书面为之，除由主席团提出者外，并须有驻会委员三人之连署。

前项建议案得由主席团径付驻会委员会讨论，或交第四条之有关分组先行审查，连同审查报告提付驻会委员会讨论。

第八条　第四条之分组决议或驻会委员之建议，须经驻会委员会过半数驻会委员之出席及出席者过半数之通过，移送政府办理。

第九条　驻会委员会开会时由主席团互推一人为主席。

第十条　驻会委员会例会，每两周举行一次，有必要时得由主席团召集临时会议。

第十一条　会议仪式，遵照国民参政会议事规则第二条之规定。

第十二条　国民参政会议事规则第二十五条、第二十六条、第二十七条及第三十五条之规定，于会议时均适用之。

第十三条　驻会委员如因故不能出席会议，须以书面申明理由，向主席团请假。

第十四条　驻会委员概不得以驻会委员会名义，对外发表文字。

第十五条　驻会委员对于国民参政会议事规则第八条、第九条之规定，均应遵守。

第十六条　本规则经驻会委员会议决施行，并送请政府备案。

附件二：

驻会委员会各组委员名单

第一、军事国防组：李中襄　褚辅成　孔庚　张君劢　沈钧儒　江一平

召集人：孔庚

第二、外交组：范予遂　杭立武　陈博生　左舜生　吴贻芳　刘哲　沈钧儒

召集人：范予遂

第三、财政经济组：邓飞黄　童冠贤　杭立武　陈博生　李中襄　冷遹　高惜冰　王启江　林虎　褚辅成　傅斯年　左舜生　李仙根　黄炎培　李璜　江一平

召集人：邓飞黄

第四、内政及教育文化组：范予遂　许孝炎　孔庚　傅斯年　李仙根　吴贻芳　黄炎培　梁漱溟　张澜　梁实秋

召集人：许孝炎

附件三：

大会对于物价问题特种审查委员会总报告之决议

本委员会接受议案共计十五件，除其中政府交议三十年度政府对内对外重要方针（物价粮食部分）移送第四审查委员会，又孔庚等二十五人提案（原提案第四十四号）移交第三审查委员会外，尚余十三件，分为两部分：（一）粮食部分计七件；（二）物价部分计六件。经逐案讨论，通过审查意见，报告大会，各案中所提办法，颇多可资采择之处。兹更就本委员会同人对于物价问题整个意见略贡数言，以供政府采择。本会以为一国之物价乃一国许许多多经济现象结晶之表现，其因子至为繁杂，故政府欲解决物价问题，应对各种因子深切注意，作整个的计划，从多方面进行，方可收效。除关于改进运输，取缔囤积居奇，促进生产、金融、运销各机关之切实联系，以及其他所熟知之各种办法以外，政府尤宜认识（一）法币之发行及流通，（二）政府收支之调节，皆与物价有重大关系。政府若能尽力设法改善，则对于平衡物价，当能发生相当效力。本届驻会委员会应根据本会组织条例第十二条之规定，对物价问题继续随时听取政府报告，加以研究调查，提供意见，以供政府采纳。

2. 国民参政会第二届第一次大会休会期间驻会委员会 第二次会议记录

(1941年4月4日)

国民参政会第二届第一次大会休会期间驻会委员会第二次会议记录

时　　间：中华民国三十年四月四日（星期五）上午八时

地　　点：中华路一二一号本会秘书处

出 席 者：

主 席 团：左舜生

驻会委员：黄炎培　沈钧儒　范予遂　邓飞黄　刘　哲　江一平　陈博生
　　　　　许孝炎　高惜冰　冷　遹　杭立武　孔　庚　李仙根　李中襄
　　　　　童冠贤

军政部部长：何应钦

主　　席：左舜生

秘 书 长：王世杰

记　　录：雷震谷锡五孟广厚龚光朗

主席恭读国父遗嘱——全体肃立。

报告事项：

一、外交书面报告（秘书长代读）[原缺]。

二、何部长报告最近军事情形（略）。

上午十时散会。

3. 国民参政会第二届第一次大会休会期间驻会委员会 第三次会议记录

（1941 年 4 月 18 日）

国民参政会第二届第一次大会休会期间驻会委员会第三次会议记录

时　　间：中华民国三十年四月十八日（星期五）上午八时

地　　点：中华路一二一号本会秘书处

出 席 者：

主 席 团：张伯苓　左舜生

驻会委员：刘　哲　范予遂　童冠贤　陈博生　许孝炎　孔　庚　李仙根　高惜冰

　　　　　江一平　沈钧儒　邓飞黄　王启江　冷　遹　李中襄　杭立武

外交部部长：王宠惠

主　　席：张伯苓

秘 书 长：王世杰

记　　录：雷　震　谷锡五　孟广厚　龚光朗

主席恭读国父遗嘱——全体肃立。

报告事项：

一、秘书处报告：

（一）褚参政员辅成函：因公赴美，不克出席，自四月一日起请假四十五日由。

（二）国防最高委员会秘书厅函：《国民参政会驻会委员会规则》经国防最高委员会常会决议准予备案，函请查照由。

（三）黄参政员炎培函：因病请假由。

二、外交部王部长报告最近外交国际情形（略）。

散会。上午十时三十分。

4. 国民参政会第二届第一次大会休会期间驻会委员会第四次会议记录

（1941 年 5 月 2 日）

国民参政会第二届第一次大会休会期间驻会委员会第四次会议记录

时　　间：中华民国三十年五月二日（星期五）上午八时

地　　点：中华路本会秘书处

出 席 者：

主 席 团：张伯苓　左舜生

驻会委员：童冠贤　李仙根　邓飞黄　李中襄　刘　哲　高惜冰　范予遂

　　　　　杭立武　陈博生　黄炎培　孔　庚　王启江　沈钧儒　江一平

财政部部长：孔祥熙

主　　席：张伯苓

秘 书 长：王世杰

记　　录：雷　震　谷锡五　孟广厚　龚光朗

主席恭读国父遗嘱——全体肃立。

报告事项：

甲、秘书处报告：

一、国防最高委员会秘书厅函：国民参政会第二届第一次大会对于政府交议两案，经陈奉国防最高委员会分别决议，相应抄同清单，函达查照由。

二、国防最高委员会秘书厅函：国民参政会第二届第一次大会关于军事国防建议案，经陈奉国防最高委员会分别决议，相应检同清单，函请查照由。

三、国防最高委员会秘书厅函：国民参政会第二届第一次大会关于外交及国际事项建议案，经陈奉国防最高委员会分别决议，相应检同清单，函请查照由。

四、国防最高委员会秘书厅函：国民参政会第二届第一次大会对于政府施政报告各决议案，经陈奉国防最高委员会分别决议，抄送清单，请查照由。

五、国防最高委员会秘书厅函：国民参政会第二届第一次大会关于送请政府参考各案，经陈奉国防最高委员会分别决议，检同清单，函请查照由。

六、国防最高委员会秘书厅函：国民参政会第二届第一次大会对于物价问题之决议一案，奉国防最高委员会决议，交行政院注意，函复查照由。

乙、外交书面报告（王秘书长代读）[原缺]。

丙、财政部孔兼部长报告最近财政金融情形（略）。

讨论事项：

一、沈参政员钧儒等提：加强对苏外交之建议案。

决议：交第二组审查。

二、电唁谢晋元团长家属案。

决议：以驻会委员个人具名形式。

三、第三组提议：请全国粮食管理局局长出席驻委会报告最近粮食情形案。

决议：下星期五加开常会一次，仍请交通部张部长出席报告，并由秘书长约卢次长出席报告。

散会。上午十一时三十分。

5. 国民参政会第二届第一次大会休会期间驻会委员会 第五次会议记录

（1941 年 5 月 9 日）

国民参政会第二届第一次大会休会期间驻会委员会第五次会议记录

时　　间：三十年五月九日（星期五）上午八时

地　　点：中华路本会秘书处

出 席 者：

主 席 团：张伯苓

驻会委员：邓飞黄　高惜冰　范予遂　陈博生　许孝炎　沈钧儒　孔　庚

　　　　　杭立武　李中襄　刘　哲　李仙根　王启江

交通部部长：张嘉璈

列 席 者：交通部卢次长兼全国粮食管理局局长代表卢郁文

主　　席：张伯苓

秘 书 长：王世杰（雷震代）

记　　录：谷锡五　孟广厚　龚光朗

主席恭读国父遗嘱——全体肃立。

报告事项：

甲、秘书处报告：

一、江参政员一平函：因事赴蓉，特函请假由。

二、国防最高委员会秘书厅函：国民参政会第二届第一次大会关于内政事项之建议案，经陈奉国防最高委员会分别决议，相应检同清单，函请查照由。

三、国防最高委员会秘书厅函：国民参政会第二届第一次大会关于教育文化等建议案，经陈奉国防最高委员会分别决议在案，相应检同清单，函请查照由。

四、国防最高委员会秘书厅函：国民参政会第二届第一次大会建议从速筹设甘肃省审计处一案,经陈奉国防最高委员会常会决议"甘肃省准设审计处",函请查照由。

乙、交通部张部长报告最近交通设施情形（略）。

丙、交通部卢次长兼全国粮食管理局局长代表报告粮食管理情形（略）。

散会。上午十时二十分。

6. 国民参政会第二届第一次大会休会期间驻会委员会第六次会议记录

（1941 年 5 月 23 日）

国民参政会第二届第一次大会休会期间驻会委员会第六次会议记录

时　　间：中华民国三十年五月廿三日（星期五）上午八时

地　　点：中华路本会秘书处

出 席 者：

主 席 团：张伯苓　左舜生

驻会委员：范予遂　高惜冰　沈钧儒　陈博生　李中襄　邓飞黄　许孝炎

　　　　　孔　庚　刘哲杭　立　武　李仙根　王启江

经济部部长：翁文灏

主　　席：张伯苓

秘 书 长：王世杰（病假）

记　　录：谷锡五　孟广厚　龚光朗

主席恭读国父遗嘱——全体肃立。

报告事项：

甲、秘书处报告：

一、傅参政员斯年函：病体尚未全愈，谨函续假由。

二、江参政员一平电：十九日到西安，下月初返渝，请假三星期由。

三、关于沈参政员钧儒等提加强对苏外交建议案，外交组审查意见：对苏联外交，政府已有一贯政策，本案不必提出。

四、国防最高委员会秘书厅函：国民参政会第二届第一次大会关于财政经济事项建议案，经陈奉国防最高委员会分别决议在案，相应检同清单，函请查照由。

　　五、国防最高委员会秘书厅函：准行政院函复办理国民参政会第二届第一次大会对于禁烟报告之决议一案情形，遵批函请查照由。

　　乙、外交书面报告（左主席舜生代读）[原缺]。

　　丙、经济部翁部长报告：最近经济设施情形（略）。

　　讨论事项：

　　关于沈参政员钧儒等提加强对苏外交建议案。

　　决议：照第二组审查意见，此案不提出。

　　散会。上午十时。

7. 国民参政会第二届第一次大会休会期间驻会委员会 第七次会议记录

(1941 年 6 月 6 日)

国民参政会第二届第一次大会休会期间驻会委员会第七次会议记录

时　　间：三十年六月六日（星期五）上午七时

地　　点：中华路本会秘书处

出 席 者：

主 席 团：张伯苓　左舜生

驻会委员：孔　庚　褚辅成　范予遂　杭立武　高惜冰　沈钧儒　童冠贤

　　　　　刘　哲　江一平　陈博生　李中襄　黄炎培　冷　遹

秘 书 长：王世杰

外交部部长：王宠惠

主　　席：张伯苓

记　　录：雷　震　谷锡五　孟广厚　龚光朗

主席恭读国父遗嘱——全体肃立。

报告事项：

甲、秘书处报告：

一、国防最高委员会秘书厅函：为行政院函报对于国民参政会建议迅速确定挽回国运、团结民族根本方策一案办理情形，遵批复，请查照转陈由。

二、国防最高委员会秘书厅函：为行政院函复国民参政会建议从速改善各级行政机构及少添机关、简化系统二案，已分别另饬遵照，函请查照转陈由。

三、国防最高委员会秘书厅函：为行政院函报对于国民参政会建议赶快抢修滇缅铁路等三案办理情形，遵批商复查照转陈由。

四、国防最高委员会秘书厅函：为军事委员会转报对于国民参政会建议厉行优待从征军人家属一案军政部办理情形，遵批，函请查照转陈由。

五、国防最高委员会秘书厅函：为行政院函报国民参政会建议速办地价申报以便征收地价税一案办理情形，遵批，函请查照转陈由。

六、国防最高委员会秘书厅函：为行政院函复国民参政会建议请政府通令禁酒禁宰耕牛一案办理经过情形，函请查照转陈由。

七、国防最高委员会秘书厅函：为行政院军事委员会先后函复对于国民参政会建议改进运输编制办法一案办理情形，遵批，函请查照转陈由。

八、国防最高委员会秘书厅函：准军政部函复对于国民参政会建议废止纳金缓役办法一案办理情形，遵批，函请查照转陈由。

九、国防最高委员会秘书厅函：为行政院转报国民参政会对于蒙藏报告之决议一案蒙藏委员会办理情形，遵批，函请查照转陈由。

十、国防最高委员会秘书厅函：准军事委员会函复国民参政会建议请褒扬办理兵役成绩已故河南登封县长牛明恕一案办理情形，遵批，函请查照转陈由。

十一、国防最高委员会秘书厅函：准军政会函为关于国民参政会建议征兵与练兵应改进加强其质量一案，已分电政治、军训两部查明，并电令军管区饬遵照办理，遵批，函请查照由。

十二、国防最高委员会秘书厅函：为行政院函报国民参政会建议建立人事定期调动制度等三案，该院已制定公务员内外互调条例，明令公布，遵批，函请查照转陈由。

十三、国防最高委员会秘书厅函：准战地党政委员会函报国民参政会建议收复沦陷区民心及分化伪军力量一案分别办理情形，函复查照转陈由。

十四、国防最高委员会秘书厅函：为行政院军事委员会先后函报国民参政会建议请政府通令各省市地方重申保护古代寺观神相壁画及其他陵寝坊表有关历史文化公共纪念物一案，已通饬所属一体注意，遵批，函请查照转陈由。

乙、外交部王部长报告最近外交及国际情形。

讨论事项：

关于大会决议案中所拟组织新县制协进会事项案。

本届第一次大会时关于新县制问题，共有提案要三件，经大会合并决议，其决议文中有"应由本会组织新县制协进会，一方面研究实际情形，提供意见，贡献政府参考；一方面协助政府切实推行"一项。兹查本驻委会第四组原系研究内政等事项，新县制问题应在研究之列，如有意见，可提出驻会委员会议决，建议政府，似无另行组织协进会之必要。可否，即以此案交第四组，不另组协进会，敬请公决。

决议：以第四组全体委员为新县制协进会会员，如有必要得由主席团约其他在渝参政员参加。

散会。上午九时。

附：

外交报告（王部长报告）

主席、诸位先生：

今天承邀来贵会报告最近外交现况与国际情势，现在简单分述于下：

上月廿四日我国驻罗马尼亚使馆来电报告，该国报载：是月十九日东京广播消息，日本政府现正与德意交涉承认伪组织。外交部接得此项消息，一面在渝分向德意使馆人员探询，俱答不知，并不信有此事实，要求他们电询本国政府，并提醒他们重视中国政府去年？[1]月卅日声明——凡承认伪满洲国者，中国政府即与之断绝邦交。一面电知我国驻德意使馆人员，分向驻在国政府切实声明我国政府态度。上月卅一日，驻意大利使馆复电，报告与意政府交涉经过，意外交部答复云，意大利对中国政策并未变更，同时意大利使馆代办申述意国政府绝未与日本交涉此事。柏林大使馆亦于三十日复电称：德国外交部答复近几个月来日本外交官始终未提及承认伪组织事件，即松岗亦未谈及，并表示东京广播是项消息含有对内作用。上次参政会决议案曾有建议政府重新申请各国不承认伪组织案，外交部以前次已经声明，似可不必旧事重提，故于呈报行政院处理本案经过时，声明不重发宣言，俟有此种事件发生或消息传播时，随时向有关国家交涉提起注意。此次外交部于获得上项消息后，即按

---

[1] 原文如此。

预定步骤分别进行。

此外，还有一件关于日美妥洽的传说，国内报纸未有刊载，其经过及传说内容，可向各位报告。上月底外交部接到我国驻德大使来电报告，德方盛传日方请美国调停中日战争，但电文甚简，内容不明。三十日有详细电文，并附有德方所传美国调停战事之条件：（一）日美互约不参加欧战；（二）美国调停中日事件；（三）日美重订商约，并在经济上共同经营远东及南洋；（四）承认伪满洲国。其附件：美国贷予日本大量借款，同时承认日本在远东特殊地位，而日本允许撤退在华军队。据传说提出此项意见主持洽商者，在日方为驻美大使野村，而松冈在后面主持。日本海军对于此项条件表示赞成，陆军方面有一部分尚未同意。松冈认为如果交涉能够成功，日本可以退出三国同盟，而美国可以集中援助英国，况且美日在经济上共同经营南洋，便是放弃三国同盟，放弃三国同盟，便无所谓东亚新秩序。苏联与美国报纸也曾透露此项消息，而若干美国报纸且认为有实现可能。但自赫尔宣言发表后，此项消息旋即消沉。从此谣言，我们可知敌人急于结束中日问题而愿与美国联系，但是美国已明白拒绝日本的建议。

最近在国际间还有一个事实不能忽视的，便是英国在军事上的失败。英国在地中海上放弃了克里特岛以后，德意势将一面进攻苏伊士运河及伊拉克，一面封锁地中海，以期毁灭英国地中海舰队，然后向英伦进攻。此次希墨两氏的晤谈，关系今后欧战甚大。我们的立场希望英国能够支撑下去，可是现在是英国严重时期。此次英国海军虽然击沉卑斯麦战舰，但这是以大量军舰围攻的结果，在追击卑斯麦战舰时，若干炮弹虽然击中，但不能损毁其铜甲，最后用空中鱼雷才击沉。同时从克里特岛争夺战中，证明空军可以攻击海军，英国现在所顾虑的，便是空军的缺乏，影响其海军的实力。美国政府得英国许可，公布英国商船被击沉的吨数，超过英国现有造船能力三倍，英美两国造船量两倍。这个严重的局势值得注意，因为这次欧战所影响的不只欧洲，同时也影响到远东问题。

王部长报告毕，孔、左两委员提出询问几点：

孔委员庚：听到王部长报告，现在远东与欧洲已经成为一个联系，英国的胜败与我国抗战的关系极大，而英国胜败的关键在乎美国的援助。究竟美国能援助英国到何种程度？美国是否会因援英而参战？到今日为止美国究竟有没有参战的决心？参战的能力如何？何时才能参战？

左主席舜生：个人怀疑美国会因远东问题而与日本冲突。我以为美国舰队一天不到新加坡，美日间便一天不会发生战争。最近美日间妥洽的消息虽然消沉下去，但是这一类消息会不断传来。据个人的看法，即使日本压迫美国两洋作战的时候——英国海军失败，必须美国在大西洋参战，英国实力顾不到远东而日本发动南进时——美国还得要考虑。何况在日本人心目中日美的冲突能够避免是最好的。第二，美国帮忙我们的，与她们所称援助中国的目的是不够的。美国希望中国的目的很大，她希望中国拉住日本，维持太平洋和平，美国要防止日本南进，惟有希望中国抗战。此次日苏条约签订后，日本仍不敢南进，就是因为有中国在抗战。中国抗战的影响既如此之大，而美国所帮忙我们的又如此之小，实在是不相称。英国是现实主义国家，所以在过去几年中有白银封闭滇缅路等事实，美国虽然是比较有理想的国家，但是照现势看，我们不敢说美国绝对不走上现实这条路上去。

王部长答复：

英美两国到现在已承认中国的抗战是此次世界大战中的一个阵线，换句话说中国的抗战与他们发生了密切关系，既然有此认识，何以美国物质的援助如是之少呢？这一点我们不能不顾到事实（并非为美国推诿），美国的军火工业操在商人手里，美国政府没有一个工厂，所有政府需要军用品，都是交由各厂依照图样制造。此种现象十分严重，所以美总统炉边谈话中要求工人不罢工，必要时延长工作时间。英国向美国以现款订购之军火，现在还没有全部交货。美国为了出量有限，所以在物资援助上只能说是应付。此外，在美国人看来的一个理由，在美国人的信念中，认为现时日本海军力量不能压迫美国，但是有一天英国失败，希特勒胜利了，日本便也因着希特勒之胜利而胜利，因而在物资援助上总是着重英国，而注视力也集中在大西洋。

至于美国参战问题，或者会由运输问题而决定，希特勒已经宣告不许别国运输船只驶往英国，而罗斯福总统声明美国维持海洋自由，援助英国的物资必须送达英国，假使美国政府改用"西林"方法——以军舰排列成为一条水上保护航道——输送物资，德国一定也用各种方法阻挠，那时美德间的冲突不能避免。

美日间何时会冲突，这不是一个简单问题，按理说，美国参战后，假使日本履行三国协定，应该向美国进攻，这一个美日冲突的可能是美国被攻。但据个人的观察，日本不至因美国参战而向美国进攻，因是日本决不冒险将自己的海军为德国打仗，如非德国在大西洋站不住。在美国方面，因为鉴于大西洋方面的冲突无法避免，只有尽量避免在远东方面与日本的冲突。美国的两洋舰队要在一九四六年才完成，在此时期前，美国不愿在两洋同时作战，除非日本先向美国进攻。另一方面，在美国人看来，现在欧洲已是希特勒的天下，法国受他的支配，若干未亡的国家也要低首听命，所以在整个世界战局中，德国比日本凶也比日本强，这又是一个事实。我们希望美国常常帮忙大量援助我们，或者先解决远东问题。我们的希望我们的要求，美国政府在上述的一个事实下能不能接受，确是一个问题。

杭委员立武：大体上我们是要相信美国政府，事实上也不能不相信，个人以为美国现在的做法是在拖延时间。

左主席舜生：美国的做法固然在拖延时间，但是她的一切都是惠而不实的，譬如此次赫尔声明美国在战事结束后放弃领事裁判权，领事裁判权的废止是我们抗战胜利后对国际的起码要求，不幸抗战失败了，就根本谈不到。这种不实惠的允言，何补于我们抗战呢？

褚委员辅成：此次郭大使在美谈判，除废除领事裁判权外，还有别的谈话？

王部长：郭大使与美国当局谈话范围很广，详细内容须待郭大使返国报告。

黄委员炎培：我们希望以后行政报告的内容要重要而真实，如果行政长官所报告的内容是次要的，那我们何必要在此地来听取？

雷秘书：前次驻会委员孔兼部长财政报告中若干数字在报纸刊载，财部提出询问，此后关于政府报告各项消息，除由秘书处发表外，其余概请保守秘密。

王秘书长：我们希望政府多提供一些秘密的消息，我们也应该负绝对保守秘密的责任，孔兼部长、王部长两次报告内容与在国防最高委员会所报告的完全一样，本席出席两处会议，故敢负责声明。

8. 国民参政会第二届第一次大会休会期间驻会委员会
第八次会议记录

（1941 年 6 月 20 日）

国民参政会第二届第一次大会休会期间驻会委员会第八次会议记录

时　　间：中华民国三十年六月廿日（星期五）上午七时

地　　点：中华路本会秘书处

出 席 者：主席团：张伯苓

驻会委员：孔　庚　范予遂　江一平　刘　哲　邓飞黄　沈钧儒　高惜冰

　　　　　陈博生　许孝炎　李中襄　杭立武　黄炎培　王启江　冷　遹

　　　　　李仙根

秘 书 长：王世杰

社会部部长：谷正纲

主　　席：张伯苓

记　　录：雷　震　谷锡五　孟广厚　龚光朗

主席恭读国父遗嘱——全体肃立。

报告事项：

甲、秘书处报告：

一、左主席舜生函：因事不克出席本日会议，特请假由。

二、童参政员冠贤函：第八次驻委会因事不克出席，请假一次由。

三、国防最高委员会秘书厅函：准行政院函复国民参政会建议普及国术训练以增强抗战基本力量一案教育部办理情形，遵批，函请查照转陈由。

四、国防最高委员会秘书厅函：准行政院函复国民参政会建议发展华侨经济一案办理情形，遵批，函请查照转陈由。

五、国防最高委员会秘书厅函：准军事委员会函为国民参政会建议迅速确定察省主席人选一案，业以陆军第六十九军军长毕泽宇兼代察省主席等由，遵批，函请查照转陈由。

六、国防最高委员会秘书厅函：准军事委员会函复国民参政会建议改善战地公民证之发行以免奸伪冒用一案办理情形，遵批，函请查照转陈由。

七、国防最高委员会秘书厅函：准行政院议复国民参政会建议从速实现贵州建设视察团一案，认为贵州省各种建设目前尚无派遣视察之必要，奉国防最高委员会常会决议，应暂从缓议，请查照转陈由。

八、国防最高委员会秘书厅函：准行政院议复国民参政会建议请实行蒙旗视察慰劳团一案，认为目前无组团前往视察之必要，奉国防最高委员会常会决议，暂缓组织，函请查照转陈由。

九、国防最高委员会秘书厅函：准行政院函复国民参政会建议确定国民学校及中心学校现任教师之进修办法一案教育部办理情形，遵批，函请查照转陈由。

十、国防最高委员会秘书厅函：准行政院函复国民参政会建议在闽粤两省及其他适当地方创设国立华侨师范学校并在闽省分区加设普通师范学校一案办理情形，遵批，函请查照转陈由。

十一、国防最高委员会秘书厅函：准行政院军事委员会函报国民参政会建议普通军事政治学校之军训员生应随时调查登记加以统制管理，在校受训时应添生产教育，以训练其生产技能一案办理情形，函请查照转陈由。

十二、国防最高委员会秘书厅函：准行政院函复国民参政会建议严密查缉烟毒尽法惩治一案办理情形，函请查照转陈由。

乙、外交书面报告（王秘书长代读）[原缺]。

丙、社会部谷部长报告社会部最近施政情形及本市大隧道发生惨案经过。

讨论事项：

杭参政员立武等四人提：对本市大隧道惨案建议案。

决议：本案案情惨重，切望政府于查明真相后公布，依法为迅速之处理，并将审查委员会及管理、技术两委员会报告连同处理情形函送本会。

散会。上午十时十分。

附：

社会部谷部长报告

主席、各位先生：

本席奉命到会报告社会部施政情况及此次大隧道惨案经过。现在先报告本部施政近况。

社会部三十年度行政计划及进度表曾送第二届第一次国民参政会，并经决议指示六点，本席想依此六点指示，说明本部办理情形。

（一）关于社会行政机构的，第二届第一次参政会决议要旨为各省社会处似应从速普遍设置，各县社会科亦应依新县制实施计划如期增设。关于各级社会行政机关的设置，本部经遵照中央第一六五常会通过五项原则（是项原则已由国府公布），分别拟具各省社会处组织通则及各省（市）设立社会处（局）、各县（市）设立社会科之期限程序，现正秉承行政院核示办理中。县社会科依县各级组织纲要应该设立，但各省实行的程序互有不同。四川全省一百卅一县已设立社会科的只有六十一县，到本年底或者可以增加到一百一十县。

（二）关于人民团体的，决议要旨为：现有者似应从速举行总登记，切实检查与调整，各种职业团体应加强其组织，县以下各级民众组织应配合新县制之实施，加紧完成。本部遵照指示：1. 拟具全国人民团体登记办法，一俟各省市社会行政机构设立，即可着手办理，并与内、教两部全衔公告，撤销未依限呈报会务之全国性人民团体一百余个。2. 关于加强各种职业团体，我们想组织、训练、福利三方面配合进行，有组织而无训练，只是空的形式，有训练而无福利，难以持久，所以我们采用了以训练充实组织，以福利加强组训，此后各地职业团体概由地方政府指导监督，本部根据非常时期人民团体组织纲要，拟订非常时期人民团体组织条例，现在行政院审核中。3. 关于战时农工商各种职业团体的管制法规，经与经济部会衔公布的，有督导工商团体办法。此外尚有示范农场会实施暂行办法、非常时期工会管制暂行办法、非常时期工商团体管制办法，已经拟订正在审查中。最近本部鉴于事实之需要，由部直接主持重庆市各种工会组织事务，首先将重庆市七万劳力工人组织起来，成立渝市劳力供应社，并拟在渝、蓉、乐山、内江、万县、自贡市等六地区积极推进国营工厂及邮电、矿盐各工会组织，自流井有盐工四十万，已与财政部商妥即各组织盐业工会。云南个旧锡矿工人过着非人生活，本年商得经济部同意委托该地基督教会工作人员主办福利事务，并由云南省政府派人组织工会。此外，对于交通、文化、市政等各业工人，因人力、财力有限，不能同时并进，只能就与军事、经济、治安有关系者先行组织。至于农会，在推行上拟配合农贷，以求其迅速进展。农会在江西、浙江等东南几省数量较多，而组织亦较健全，西南几省因党的力量薄弱，农会往往不易组织。4. 关于县以下各级民众组织应配合新县制之实施，加紧完成。民众组织与人民团体在组织上稍有不同，民众组织必须配合保甲，应由内政部主办。本部现已拟订长老会、妇女会、少年三种组织条例，在呈院审核中。

（三）关于各种社会运动，议决要旨为：关于新生活运动国民经济建设运动、节约储蓄运动等，似应从管理与督导上取得更密切之联系。本部现正与各有关机[构]，如新生活运动促进总会、国民精神总动员委员会等，会商修订法规，调整组织。

（四）关于农工福利事业，议决要旨为：似应尽可能的扩大与充实，藉以改善农工之生活。本部以为改善农工生活，必须确知现时农工生活状况，故从调查及编制各种生活指数表以为改善之张本。在消极方面，筹办农工经济保护事业，如合作、保险、储蓄及社会公当等，并在各地分别设立工人福利社。工厂检查，国府于二十三年公布有工厂检查法，最初以各地租界外商有领事裁判权的关系，未能切实执行，抗战以后，内地各工厂限于环境，一切设备均未能适合原定标准，此后在可能范围内尽量求其安全。本部为推行工商检查，现在开始训练工厂、检查人员。此外，有关于工人福利的劳工教育子弟学校、劳工宿舍等，正与各有关方面分工合作。谈到工人福利，很容易使我们联想到工价问题，谈到工价问题，就要注意到粮价与物价。本部现正依据粮食物价拟订工价，使工价与生活指数相差无几。

（五）关于合作组织，议决要旨为：似应注意质素之精纯，尤其合作贷款机关系统应加以调整。此点社会部认为质的改善是必要的，已从训练合作指导人员及合作社职员。本年全国合作会议对于合作教育非常注意，决议咨请教育部部令饬各校院添设合作课程。至于合作贷款机关之调整，拟创设合作金库制度，建立合作金融系统，设立各级合作金库。现在合作金融由四行总处主持，惟以下层执行农贷的各银行分支行，都是习于商业银行，往往以商业银行的认识与手段办理农贷，以致不能实现国家举办农贷的目的，结果获得农贷利益的是自耕农与富农，一般需要贷款的农民反而未能获得实利。再则现在经办农贷的银行，大都是分投在都市大县，僻域农民根本无法向银行贷款。现在本部与财政部及四行总库详细研究建立合作金库问题。

（六）关于各地方原有之各种慈善事业，议决要旨：有须扩充者、有须改进者似应加以督导整理。本部对此救济事业，向素重视，嗣已制定各地方救济院概况调查表，咨请各省市政府饬属填报，以为改进张本。慈善团体的整理，亦经制定县市慈善团体调查表，分发填报，并修正监督慈善团体法施行规则，呈院核定颁行。本部对于慈善救济事业，抱定一个新观念——从消极的救济转到积极的教养，政府对于不能自养的人民应设法救济，但是救济以后，应教以生产能力，使其有生产能力，达到自食其力的目的。在重庆因为突袭关系，特采办空袭时期安全生产设备。救济灾童，特在康家沱设立托儿所，收容灾婴，将设立育婴院，并设立收容所收容老弱妇女，委托基督教人士办理。

关于本部最近行政设施，概述如上，此外日常事务比较琐碎，暂略报告。

六月五日大隧道惨案是一不幸事件，即我负救济责任者，亦感觉十二万的惭愧，现在分两部分报告：（一）惨案发生经过；（二）管理改善办法。

惨案的经过详情，现正由审查委员会详细审核中，不久即可有详尽而准确报告公诸国人。今天本席仅就个人所得的情况约略说明。六月五日空袭系本年第一夜袭，是日下午六时〇分悬挂红球，六时十七分发出空袭警报，六时四十八分紧急警报，十一时四十分解解[除]警报。前后时间共计五小时有余。是日，敌机共二十四架，分三批侵入市空，四次投弹。当第一批敌机离开市空后，空袭服务纵队得报左营街（即总队门口）大隧道发生窒息情事，当派救护队前往施救，结果有一人死亡。敌机第二次投弹后，获得小观音岩、石灰市、演武厅、夫子池各大隧【道】均发生窒息情事，且情况极为严重。本席于敌机离开市空后，即偕洪、陈两副队长赴演武厅，至则康局长东及督察长克在指挥人员抢救。当时隧道内之气味极为难闻，本席与程来溪同志等三人进洞视察不及三分钟，俱感有呕吐之意。洞之下层空气已似雾样，而窒息的避难者则满身汗腻，彼此互相压住，不能从正面施救，于是一面下命先救活者，一面用奖金方式，拉一人出洞发给十元，相当发生效力。至于窒息时间未久者，经救出洞外施以人工呼吸，二三分钟后即可恢复。正施救中，获悉十八梯隧道旁纸业公会建有防空洞一道，可通大隧道，当即设法将太平门打通，救出一千余人。三时以后，拖出者甚少救活。本席于三时半离开商业场。当各洞惨事发生后，救济方面认为必须清洁各洞，以减轻人民恐怖心理，故对于伤者分别送各医院诊治外，其已死者的尸体未能依照过去惯例停尸六小时以凭家属认领，而自四点钟起即由市工务局派卡车运尸，后又加以红十字会卡车，两共卡车六辆分任运尸。此事由救护委员会抚济组掩埋股办理。所有难胞尸体，初均装入木棺，十时以后，以市区所存木棺已用完，改用席包。至于死亡人数，各方报告，互有出入：（一）防空司令部公布是日死难者为四百六十一人；（二）当天警察局公布数为七百至八百九十人；（三）救护委员会掩埋股公布数为八百八十八人。外间传说，自一千至三千不等，依个人的推测，警察局与掩埋股的数字，双方所差无几，大致可靠。受伤人数，据市卫生局报告当场治疗返家者有七百六十九人，重伤送院者一百五十四人，其中有三分之一于二十四小时出院返家，截至十五日止，住院者仅有二十三人。此外，有伤重而死亡者，但并非中毒，实系被踏伤及内脏。

当时被救出洞者，大都衣服拉破，且有裸体者，以致外间有无稽之谈。据当时在洞者云，初起感觉口渴盗汗，而满身难过，下意识的将自己衣服拉破或脱下。至于遗物的处理由警察局负责办理，外间传说几百万钞票实非事实，趁火打劫的事或难免，但拉尸出洞者俱经检查，某次有警察由洞处【拉】出手提皮箱一只，当送卫戍司令部。救济抚恤费计轻伤每人发五十元，重伤八十元，被难家属领抚恤费一百二十元。据抚济组报告，截至十五日止，请领死亡费者九百七十七人，领重伤费者一百人，领轻伤费一百几十人。

惨案发生原因：（一）由于是日隧道人数超过容量，空气因人多而被阻塞，以致发生窒息情事；（二）通风设备未周全；（三）管理松懈；（四）人民不能遵守秩序。

惨案发生以后，蒋委员长即召集全体有关人员详询经过并严予训责，一面下谕组织三委员会：审查委员会由张伯苓先生等主持，防空洞改善委员会由陈立夫先生主持，管理委员会由本席主持。现在将管理委员会几次会议所拟定办法，提请各位先生指教。

在整个管理方案尚未核准施行以前，经会议决定：各大隧道秩序之维持，暂由宪兵负责，并得指挥洞内外警察及防护团团员。一般防空洞之秩序由防护团维持，每洞加派曾受一二年训练之防护管制管人员主其事。至于防空洞管理改进方案，以及补充法规、增加预算等，均经拟定呈核中。兹将几项原则分列于下：

（一）公私防空洞一并管理。过去防空洞管理机构仅管理公共防空洞，今后拟将私家防空洞亦加管理，惟采取不同方式。

（二）防空洞管理费用。公共防空洞所需人力物力一切费用，俱由政府负担，私家防空洞管理费用由私人担负。

（三）防空洞主管机关。今后防空洞主管机关，各人主张不一，有人主张防空司令部，有人主张防护团，也有人主张市政府。经决定由市政府主持防空洞管理事务，其他有关机关绝对受市政府指挥。

（四）设备方面：

1. 通风。千人以上者用电力，小防空洞用人力。

2. 照明。除用电灯外，并备油灯以为不时之需。

3. 情报。各洞添设电话，并拟筹设无线电话。

4. 卫生。除随时注意清洁外，拟于洞内外装置便所。

5. 供应。由公家设备大量茶水点心，实为事实所不许，劝导人民自备茶水点心。

6. 安全。全市各防空洞的安全由警察局派员检查。

7. 机会教育。利用突袭时期推行教育，同时可以使人民安定，加强同仇敌忾之决心。

8. 管理方法。洞设洞长，大洞按其长度分设段长，管理人员拟采用有给职，任职前加以训练。

谈到管理防空洞，便会联想到洞的容量与全市人口的问题，据防空司令部调查市区防空洞的总容量为二十八万人，而现在市区人口有四十三万，依此计算，每次警报后应有十五万人无洞可进。事实上，现在全市人民除极少数外，都有洞可进。

这可以证明我们的调查尚未精确，我们的组织尚未严密，现在为防止大隧道人数超过容量而发生窒息情事起见，拟发给大隧道入洞证，按段出入，并拟采用不同形体、不同颜色之布标为入洞证，以便入洞时之检验，并酌留若干坐［座］位，收容紧急警报后不及赶回者。

谷部长报告毕，主席及各委员分别提出意见，最后复由谷部长答复，兹分记如下：

（一）张主席伯苓：审查委员会自成立以来，前后举行七次会议，今日下午再度开会后，即可制定报告呈委员长核示。兹将六月五日惨案经过补充约略说明。渝市大隧道共分七段，互不相通，每段有二三洞门。是日发生惨案隧道有三个出口：1. 十八梯；2. 石灰市；3. 教场口。此隧道并非全市之最大者。石灰市、教场口两处出口很陡，惟有十八梯的出口是平的。门的方向，十八梯是向外开，其余两处系向内开，而石灰市洞门已坏。至于此隧道容量，可坐四千四百人，如果站立可以增加二分之一，共计六千六百人。当日隧道人数总在此两数之间，突袭警报后二小时，洞内即发生扰动，洞内部者感觉向外走，而洞口者因有敌机之声而向内走，因而挤踏跌倒受伤压死者不少，而真正窒息者并不多。这是惨案发生的情形。当时幸而有纸业公会的防空洞太平门，救出一千余人。至于通风的设备，在四月间已经运到，五月间购妥，六月三日且曾试车，约定六月五日下午二时至五时接收，当日防空司令部主管人员未能按时前往，事后据云，防空司令部工程处人员对于电机是外行，另约电机人员代为点收，届时该人因事未往。据承包人云，是日有情报前半小时尚留洞口等候接收。这是一件很可惜的事，假如当日有人接收开车通风，是日或将不至有此惨案。此次死亡的人数绝没有如外间传说的这样多，我们用各种方法调查证明，大概死亡者约九百余人，所有遗物都有登记保管。至于防空洞的设备不全，通风工具缺乏，洞口太少等，按理应由防空司令部工程处负责，然而工程处主管人员薪金仅一百八十元，工程司仅支一百元。管理方面的机关太多反而无人主持。现在专设防空洞工程改善及管理两委员会，详密研究计划后，一切均可合理的进行。

（二）黄委员炎培提四点意见：

1. 希望将惨案经过情况公正坦白公布于国人之前。

2. 谷部长所述造成惨案第四原因为人民不守秩序，最好不要提及，因为人民不守秩序，多半由于政府管理不善。

3. 今后管理固应整齐划一，我们仍希望多留余地，以免因整齐划一而发生其他问题。

4. 尸体掩埋，政府发有掩埋费，而白沙渡保甲长仍向各家摊派费用，中华职业学校立摊派百余元，请谷部长为之一查。

（三）范委员遂予提出三点意见：

1. 死难人民的数目必须确实报告。

2. 以后管理者应以服务态度出之。

3. 私人防空洞的管理，只要在技术上指导。

（四）李委员中襄说明第四组提案经过。

（五）杭委员立武提出对第四组提案决议文："本案案情惨重，切望政府于查明真相后公布，依法为迅速之处理，并将审查委员会及管理、技术两委员会报告，连同处理情形，函送本会参考。"

（六）谷部长答复：

1. 刚才所提及之第四原因，虽系事实，但不对外公布。

2. 整齐划一之中当留有余地。

3. 白沙渡保甲长摊捐事，查明后依法处理。

4. 死难者确数，主管机关将有准确报告，本人所报告者，仅系个人之判断。

5. 私人防空洞的管理，当然不同于公共防空洞。

9. 国民参政会第二届第一次大会休会期间驻会委员会第九次会议记录

（1941 年 7 月 11 日）

国民参政会第二届第一次大会休会期间驻会委员会第九次会议记录

时　　间：中华民国三十年七月十一日（星期五）上午七时

地　　点：中华路本会秘书处

出 席 者：主席团：张伯苓　左舜生

驻会委员：邓飞黄　范予遂　孔　庚　高惜冰　沈钧儒　冷　遹　李仙根

　　　　　李中襄　杭立武　陈博生　许孝炎

秘 书 长：王世杰

粮食部部长：徐　堪

主　　席：张伯苓

记　　录：雷　震　谷锡五　孟广厚　龚光朗

主席恭读国父遗嘱——全体肃立。

报告事项：

甲、秘书处报告：

一、刘参政员哲函：因事赴蓉，不克出席第九次会议，特函请假由。

二、陈参政员复光来函：对德苏战事提出意见由。

三、国防最高委员会秘书厅函：准军事委员会转报军令、军训、军政三部关于参政会对卅年度政府对内对外重要方针之决议一案办理情形，函复查照转陈由。

四、国防最高委员会秘书厅函：准军事委员会函复关于国民参政会对军事报告之决议饬办情形，函达查照转陈由。

五、国防最高委员会秘书厅函：准行政院转报关于国民参政会对外交报告决议一案外交部办理情形，函达查照转陈由。

六、国防最高委员会秘书厅函：准行政院函复国民参政会建议改善河南各县代购军粮及运输办法一案办理情形由，函请查照转陈由。

七、国防最高委员会秘书厅函：国民参政会建议统一军令政令以利抗战一案，经军委会、行政院会商，以依情况随时办理为宜，函请查照转陈由。

八、国防最高委员会秘书厅函：行政院函报国民参政会建议救济安徽、鄂省、青海及黄沁灾黎四案办理情形，函请查照转陈由。

九、国防最高委员会秘书厅函：准行政函复国民参政会建议提高小学教员待遇一案办理情形，函请查照转陈由。

十、国防最高委员会秘书厅函：准行政院函复国民参政会建议统筹沦陷区域青年教育问题一案教育部办理情形，函请查照转陈由。

十一、国防最高委员会秘书厅函：军政部函报国民参政会建议改善役政一案办理情形，函请查照转陈由。

十二、国防最高委员会秘书厅函：准行政院函复国民参政会建议积极推广邮政储金一案交通部办理情形，函请查照转陈由。

十三、国防最高委员会秘书厅函：准行政院函复国民参政会建议沿黄河水系各山源应使用掘沟造林之根本治河方法一案办理情形，函请查照转陈由。

十四、国防最高委员会秘书厅函：准行政院函复国民参政会建议迅速疏浚清江一案经济部办理情形，函请查照转陈由。

十五、国防最高委员会秘书厅函：准行政院函转报农林部办理国民参政会建议切实推行合作耕种制度一案情形，函请查照转陈由。

乙、外交部书面报告（王秘书长代读）[原缺]。

丙、粮食部徐部长报告：最近粮食供给情形及今后管理粮食方案（略）。

讨论事项：

一、褚参政员辅成等提：请政府拨英国贷款一部分向缅甸购米一百万石供给陪都民食以平米价建议案。

决议：本案用意甚善，送请政府斟酌交通情形，迅速办理。

二、沈参政员钧儒等提请政府特派专使赴苏之建议案。

外交组审查意见：自德国侵苏以后，中苏两国同为被侵略国家，为增强反侵略阵线起见，我国应设法使中苏两国关系更加密切，务期达到切实合作之目的。原案所举三项意见尚妥，惟所拟简派大员充任专使一点，拟删去，改为"政府应从速促进下列三项办法"。对于第一项办法中"代表政府"，应改为"我国应"字样。

决议：照审查意见通过。

散会。上午十时三十分。

10. 国民参政会第二届第一次大会休会期间驻会委员会 第十次会议记录

（1941 年 7 月 25 日）

国民参政会第二届第一次大会休会期间驻会委员会第十次会议记录

时　　间：中华民国三十年七月廿五日（星期五）上午七时

地　　点：中华路本会秘书处

出 席 者：

主 席 团：张伯苓　左舜生

秘 书 长：王世杰

副秘书长：周炳琳

外交部部长：郭泰祺

驻会委员：江一平　李仙根　高惜冰　沈钧儒　孔　庚　邓飞黄　范予遂
　　　　　许孝炎　冷　遹　李中襄　刘　哲　杭立武　黄炎培

主　　席：张伯苓

记　　录：雷　震　谷锡五　孟广厚　龚光朗

主席恭读国父遗嘱——全体肃立。

报告事项：

甲、秘书处报告：

一、张参政员一唐等函述陈参政员经畬在沪被敌伪拘捕情形，嘱转陈由。

二、国防最高委员会秘书厅函：准军事委员会函报国民参政会建议提高士兵待遇改善士兵生活两案办理情形，函请查照转陈由。

三、国防最高委员会秘书厅函：续准军事委员会函报国民参政会对于军事报告之决议一案办理情形，希查照转陈由。

四、国防最高委员会秘书厅函：准行政院函报国民参政会建议请政府特准广东省银行在国外及省外各部设立分行或代理处一案，财政部核复应暂从缓议，希查照转陈由。

五、国防最高委员会秘书厅函：准行政院函报国民参政会建议从速奖助后方农民大量蓄储耕畜，以备战后归田壮丁急需一案农林部办理情形，希查照转陈由。

六、国防最高委员会秘书厅函：准行政院函报国民参政会建议请中央严厉监督并限制地方发行公债及钞票一案财政部办理情形，希查照转陈由。

七、国防最高委员会秘书厅函：为国民参政会建议成吉思汗灵柩迁甘后保管崇隆未能适当呕应设法改善一案办理情形，希查照转陈由。

八、国防最高委员会秘书厅函：准行政院函复国民参政会建议积极提倡采用各种代汽油设备之汽车一案交通部办理情形，希查照转陈由。

九、国防最高委员会秘书厅函：准行政院函复国民参政会建议改进湘川沅水工程一案，经济交通两部办理情形，希查照转陈由。

十、国防最高委员会秘书厅函：准行政院函复国民参政会建议切实提高钨锡收买价以维生产一案办理情形，希查照转陈由。

十一、国防最高委员会秘书厅函：为考试院函复国民参政会建议关于建立人事定期调动制度等两案铨叙部办理情形，希查照转陈由。

十二）国防最高委员会秘书厅函：准军政部函复国民参政会建议征兵与练兵应即改进以加强质量一案，关于政治工作情形，希查照转陈由。

十三、国防最高委员会秘书厅函：准军事委员会函复国民参政会建议改善河南各县代购军粮及运输办法一案办理情形，希查照转陈由。

十四、国防最高委员会秘书厅函：准军事委员会函报国民参政会建议解除棉花纱布来源困难之基本办法一案，军政部提供意见两项，希查照转陈由。

十五、国防最高委员会秘书厅函：准军事委员会函报国民参政会建议训练二、三等轻伤军人之生产技术俾有服务机会一案办理情形，希查照转陈由。

十六、国防最高委员会秘书厅函：准军事委员会函报国民参政会建议严禁各战区军队直接征发粮秣一案军政部办理情形，希查照转陈由。

十七、国防最高委员会秘书厅函：准军事委员会函报国民参政会建议统筹战时粮食一案，军政部后方勤务部办理情形，希查照转陈由。

十八、国防最高委员会秘书厅函：函送国民参政会关于本市大隧道惨案建议案，嘱转陈一节，查本案之处分及审查委员会暨管理改进工程技术两委员会报告，业经公布报端，复请查照由。

十九、国防最高委员会秘书厅函：准函送国民参政会驻会委员会建议拨英借款购米及加强中苏联络二案，经陈奉批：关于拨英借款购米案，交行政【院】核办；关于加强中苏联络案，交行政院斟酌办理。除函行政院外，函复查照转陈由。

乙、外交部郭部长报告最近外交及国际情形（略）。

散会。上午九时四十分。

11. 国民参政会第二届第一次大会休会期间驻会委员会第十一次会议记录

（1941 年 8 月 8 日）

国民参政会第二届第一次大会休会期间驻会委员会第十一次会议记录

时　　间：中华民国三十年八月八日（星期五）上午七时

地　　点：中华路本会秘书处

出　席　者：

主　席　团：左舜生

秘　书　长：王世杰

副秘书长：周炳琳

军令部次长：刘　斐

驻会委员：高惜冰　范予遂　孔　庚　陈博生　许孝炎　童冠贤　李中襄

　　　　　邓飞黄　杭立武　黄炎培　江一平　李仙根　刘　哲　王启江

　　　　　沈钧儒

主　　席：左舜生

记　　录：雷　震　谷锡五　孟广厚　龚光朗

主席恭读国父遗嘱——全体肃立。

报告事项：

甲、秘书处报告：

一、军政部何部长、军训部白部长均因公不克出席，本会报告由。

二、（密）国防最高委员会秘书厅函：为国民参政会建议，提借国人在外行存款两案，经交行政院妥筹办理。兹准函开：据财政部呈议略称，此事早经密洽，并拟具管制办法，俟英美当局对所商原则同意，即为提出洽商。等情。先行函复查照。

等由。经陈奉批，先密函复国民参政会。等因。相应函请查照转陈由。

三、国防最高委员会秘书厅函：准行政院函复国民参政会庭议，请中央妥定省营企业范围，俾免与民营抵触一案办理情形，希查照转陈由。

四、国防最高委员会秘书厅函：为军事委员会转报关于国民参政会对于蒙藏报告之决议一案，军令、军政两部办理情形，希查照转陈由。

五、国防最高委员会秘书厅函：准行政院函复国民参政会建议从速开采甘肃陇南煤矿一案办理情形，希查照转陈由。

六、国防最高委员会秘书厅函：准行政院函复国民参政会建议促进学术效能一案教育部办理情形，希查照转陈由。

七、国防最高委员会秘书厅函：准行政院函复国民参政会建议，加强蒙藏政治机构，积极发展蒙藏教育与开辟蒙藏交通线案内关于蒙藏失业、失学青年一节办理情形，希查照转陈由。

八、国防最高委员会秘书厅函：为行政院函送内政部地价申报处组织规程，业奉国防最高委员会常会决议，修正准予备案，希查照转陈由。

九、国防最高委员会秘书厅函：准行政院函复国民参政会建议迅速确定挽回国运、团结民族之根本方策一案继续办理情形，希查照转陈由。

十、孔参政员庚等五人询问：关于东川邮政管理局招考邮务佐拒绝已婚女性报考案一件。

——以上询问案一件，主席宣告送请主管机关书面答复。

乙、外交部书面报告（王秘书长代读）[原缺]。

丙、军令部刘次长报告最近军事情形（略）。

上午八时三十分散会。

12. 国民参政会第二届第一次大会休会期间驻会委员会第十二次会议记录

（1941 年 8 月 22 日）

国民参政会第二届第一次大会休会期间驻会委员会第十二次会议记录

时　　间：中华民国三十年八月二十二日（星期五）上午七时

地　　点：中华路本会秘书处

出 席 者：

主 席 团：张伯苓　左舜生

秘 书 长：王世杰

副秘书长：周炳琳

经济部部长：翁文灏

驻会委员：孔　庚　邓飞黄　刘　哲　陈博生　许孝炎　高惜冰　王启江

　　　　　杭立武　李仙根　李中襄

主　　席：张伯苓

记　　录：雷　震　孟广厚　龚光朗

主席恭读国父遗嘱——全体肃立。

报告事项：

甲、秘书处报告：

一、国防最高委员会秘书厅函：准行政院函复农林部办理国民参政会对于农林部报告之决议案一案情形，遵批函请查照转陈由。

二、国防最高委员会秘书厅函：准行政院函复国民参政会建议救济盐荒一案办理情形，遵批函请查照转陈由。

三、国防最高委员会秘书厅函：为行政院转报各机关对于国民参政会建议解除棉花纱布来源困难之基本办法一案办理情形，函请查照转陈由。

四、国防最高委员会秘书厅函：为行政院转报教育、财政两部对于国民参政会建议确筹国民教育经费，俾得如期普及国民教育等案议复情形，并由院会决议，照财政部意见办理，函请查照转陈由。

五、国防最高委员会秘书厅函：准行政院函复国民参政会对于交通报告之决议一案办理情形，遵批函请查照转陈由。

乙、外交部书面报告（王秘书长代读）[原缺]。

丙、经济部翁部长报告最近经济设施及计划。

散会。上午九时。

附：

最近经济设施及计划　翁部长报告　三〇. 八. 廿三

主席、各位先生：

最近一次经济部工作报告时，本人曾谈起在此抗战时期，因着交通困难等原因，各省政府对于本省经济事业，俱各自订办法。此种趋势，发展极速。因此，本年五月，公布省营贸易监理规则，七月公布省营工业矿业监理规则，其中规定省政府有权经营工矿商业，并规定其三种方式：（一）省政府单独办理；（二）省政府与其他各机关（如中央主管机关）合办者，设主理事会员处理与监督之责，其权等于公司之董事会；（三）如容纳商股，则须依公司法组织公司。此项办法在防止省政府以贸易组织妨害商人正当营业。

三年经济计划，经济部根据八中全会决议拟定三年计划之外，并拟就分年计划。各省经济事业计划，亦在分别拟订。在此时拟订分年计划，我们必须顾及实际环境，例如各种工厂的重要机器，都须向外国购买。购买外国机器，需要外汇，现正在进行中。机器运输需要大量工具，最近当局下令所有政府各机关运输汽车统归运输统制局接管，运输量关系于经济事业工作的进行者甚巨。这些事实上条件会影响经济事业的发展。现在将重要生产事业最近情况扼要报告：

（一）煤油矿的生产量有相当进步，以今年七月产量与去年七月份相比，约增三倍。去年七月出产原油为五万加仑，今年为十四万加仑，今后产量仍可继续增加。这中间因提炼技术关系，出产汽油仅二万八千加仑，柴油四万二千加仑，灯油二万加仑。其所以不能增高提炼汽油的原因，是完全在油矿中所用各种机器，全系国内自制，现在已向美国定购一批机器，俟机器装就，提炼汽油的成分可以增加到百分之六十以上，即以现产原油计算，可以提炼比现时所产汽油数量之三倍。

（二）锡的生产，亦较前增加。现时，世界各国锡的产量以马来亚为第一，东印度第二，中国产锡量占世界的第三四位。中国境内产锡最丰富的是云南省。云南省锡的产量固然丰富，但锡的品质非常低劣。云南每年所产一万二千吨的锡，能合乎美国所需锡的品质只有二千余吨。因此，不能不从改进提炼技术着手，以提高锡的品质。故于云南特以五千万元资本、三千万元借款设立提炼公司。该公司所属昆明提炼厂，每年可炼百分之九十九成分之净锡十吨，个旧提炼厂每天六吨，统计每年可以提炼五千吨，如能技术方面加以改进，产量可以增加到两倍。除云南以外，广西省每年亦可产净锡二千吨，其品质较云南所产者为优。

（三）钢铁产量可以说是畸形的发展，一般说现在所缺少的是钢不是铁。现在重庆附近一带有六家热风炉、八家冷风炉，共十四家化铁炉，出产生铁平均生产量每月可有二千二三百吨，实际上每月平均只能产铁一千三四百吨左右。此外，装置中的有中兴、裕生等数家，如果新设各厂开工以后，每月铁的生产量可以提高到八千吨。本年度内四川境内铁的生产是大量增加，但是炼钢的工作不能与产铁量的增高而加速，以致钢的提炼赶不上铁的生产。

（四）水泥关系各种建设，故进行的很火，可是现在水泥的产量不够实际的需要。现时全国有三个水泥厂，即是重庆、湖南辰溪以及云南昆明。重庆厂今年半年的生产量，以五月份为最高，计制造一万余桶，辰溪华中厂最高额为六千桶，昆明厂为五百桶，三厂五月份生产最高纪录为一万六千九百桶，但是现时的产量，六月份重庆厂仅产三千桶，华中厂五次被敌机轰炸，现正赶修中，昆明厂现时实际只产二百余桶，为谋供给滇、缅、湘、桂以及各公路等铁路所需的水泥，故分别在贵阳、甘肃、五通桥、川北、广西等五处筹设水泥厂。

（五）纱厂开工的锭数，四川境内有九万二千锭，陕西有二万六千锭，云南有二万二千锭，湖南有一万锭，军政部纺纱厂有一万锭。后方各省纱厂开工的统计十六万锭。最近敌机空袭各地，纱厂机器被炸，损失的甚微，惟以空袭而停工影响生产的为数甚巨，故两月来棉纱的生产减少很多。

（六）物价，一年以来各地物价变动最剧的是粮食，现在挑选几种物品，将去年八月、今年一月物价与今年七月物价作比，看其增涨的比率。

物品	去年八月售价	今年一月售价	今年八月售价
粮食　中山熟	一，〇〇	二，五〇	五，五〇
棉纱　20支双马	一，〇〇	一，〇〇强	一，四〇
棉布　阴丹布	一，〇〇	一，〇〇弱	一，四〇
煤　大通	一，〇〇	一，二〇	二，五〇
日用品　肥皂	一，〇〇	一，二〇	一，六〇
毛巾	一，〇〇	一，三〇	一，七〇

（七）货物管理分进出登记、核发运输执照、支配用途、规定价格等四种办法。货物进出口登记现时全力办理纱布登记。本年七月份登记棉纱计本地产品二千四百二十八件，其生产量可以增到三千件，外省运来者五百五十九件，平时每月可运六百件。其总额与市场上需要数量相差无几。布匹由外省运来的计七万〇九百余匹，转运各地的三万五千余匹，售出二万二千余匹，差额为一万三千余匹。现时重庆市场所需纱布与本地生产尚感不足，须由外埠运入。重庆纱价原以申纱成本（批价、运费、利纯）定价，其他各地所产棉纱，亦以申纱价格为标准。现在上海虽未禁止棉纱出口，但事实上出口的数量已经减低。最近两月来运入印纱比申纱多一点，因而影响重庆及各地纱价。核发执照一项工作，亦仅指定几种货物，例如最近一月核发，生铁运输川省境内者计一千二百四十吨，湖南省六票计九十五吨，云南省一票二吨，其他各省十二票三百八十六吨，重庆区内十四票计一百二十五吨。此项运输数目与需要数量相差不多。现在后方各种重要建设所需原料往往因产量过少而不够分配，无形有形的刺激物价，故由管理机关支配用途，如水泥管理，其用途分配：（1）军用百分之二十九；（2）交通百分之三十六；（3）水电工程百分之九；

（4）各项工业建设百分之二十；（5）其他百分之六由管理机关规定物价，亦是因着求过于供，物品不敷分配的一种不得已的办法。例如规定官收生铁价格是为帮助各兵工厂收购，事实上此项官价与生产成本相差甚巨，故不能不将其余生铁售价提高，以弥补亏空。煤炭的售价规定得相当公道，两不吃亏。纱布只规定限价，即是某项布匹最高售价的数目不准超过限价。

关于限价制度，各方意见极不一致，各地方政府对于当地物价的限制，亦有各种不同程度的办法，例如贵州省政府吴主席是反对限价的一人，他在贵州对于一向缺少的纱布虽未限定其售价，惟恐因限价而来源断绝，但对于囤积居奇者则严加取缔。他们认为重庆物价的混乱，半由于限价。广西省境内也没有限价的规定，对于价格飞涨过高时，由当地平价委员会加以平价，绝对不由政府制裁。此外也有若干省份对于当地物价严加管制，但是物价并不因管制而减低，因此大家对于管制物价（限价）是否能压低物价发生了怀疑。当然物价增高的原因很多，例如工资的增高，普通工资俱由二元增加到十二元，一切生产的成本增高。运输方面，汽车运费高涨，即木船、板车运费亦因工资贵而提高。现时粮价虽然低落，但是工资决不能因而减低，一般物价亦不能随粮价而等率减低。

从粮价与物价的关系上，有一个事实要附带向各位报告的。去年各工厂没有一个不赚钱，目前的情况，除了极少数以外，都是在困难中度日子。现在四川各地产煤区都有剩余，岷江区存煤八万吨，嘉陵江区存煤二万余吨。两共存煤十万吨，因而缺乏资金，周转不灵。铁的生产情况，亦是如此。酒精厂是后方新兴工业的一种，川省境内各厂生产总量为六十万加仑，实际生产是四十万加仑，出产总价值为一万万元。在过去各厂都可以赚钱，现在非亏本不可，因为成本过高。现在后方生产事业不景气的时期，这一个时期政府不能不设法救济，使其渡过难关。经过几处会议商讨决定，向四行筹借六千万元，以一千万元维持各工厂，使其能继续生产，以三千万元由管理机关负责处理，借垫于重要生产事业工厂，以二千万元计划各种建设事业工作。总之，政府拨款的目的，在帮助各厂渡过此不景气的难关。

13. 国民参政会第二届第一次大会休会期间驻会委员会
第十三次会议记录

（1941 年 9 月 5 日）

国民参政会第二届第一次大会休会期间驻会委员会第十三次会议记录

时　　间：中华民国三十年九月五日上午七时

地　　点：中华路本会秘书处

出 席 者：

主 席 团：张伯苓　左舜生　吴贻芳

驻会委员：邓飞黄　孔　庚　李仙根　范予遂　高惜冰　许孝炎　陈博生

　　　　　李中襄　沈钧儒

秘 书 长：王世杰

外交部部长：郭泰祺

主　　席：张伯苓

记　　录：雷　震　孟广厚　龚光朗

主席恭读国父遗嘱——全体肃立。

报告事项：

甲、秘书处报告：

一、江参政员一平自北碚来电：因校务羁身，不克出席。本次驻委会请再请假一次由。

二、蒋委员长代电：抄送闽省省政考察团报告，现省府业已改组，此案可告一结束，报告无须向外发展，希查照由。

三、国防最高委员会秘书厅函：为行政院函报国民参政会建议确定省县参议职权等二案核议情形，希查照转陈由。

四、国防最高委员会秘书厅函：为行政院函复交通部对于国民参政会建议国防经济建设案办理情形，希查照转陈由。

五、王参政员卓然等六人询问：关于上届大会建议"请政府明定东北四省府工作纲领"案政府实施情形案一件。

——以上询问案一件，主席决定送请政府书面答复。

乙、外交部郭部长报告最近外交情形及国际形势（略）。

散会。上午九时。

14. 国民参政会第二届第一次大会休会期间驻会委员会 第十四次会议记录

（1941 年 9 月 19 日）

国民参政会第二届第一次大会休会期间驻会委员会第十四次会议记录

时　　间：中华民国三十年九月十九日（星期五）上午七时

地　　点：中华路本会秘书处

出　席　者：

主　席　团：左舜生

秘　书　处：王世杰

教育部长：陈立夫

驻会委员：邓飞黄　孔　庚　高惜冰　沈钧儒　范予遂　许孝炎　李中襄

　　　　　王启江　杭立武　江一平　李仙根

主　　席：左舜生

记　　录：雷　震　谷锡五　孟广厚　王德芳　龚光朗

主席恭读国父遗嘱——全体肃立。

报告事项：

甲、秘书处报告：

一、国防最高委员会秘书厅函：准军事委员会函复国民参政会建议参办前线作战之地方武装团队分别勋绩铨叙一案办理情形，函请查照转陈由。

二、国防最高委员会秘书厅函：准行政院函报国民参政会建议解除棉花纱布来源困难之基本办法一案经济部办理情形，函请查照转陈由。

三、国防最高委员会秘书厅函：准行政院函报重行审查国民参政会建议确筹国民教育经费普及国民、国民教育及五届八中全会关于增拨补助经费、推行国民教育两案情形，函请查照转陈由。

四、国防最高委员会秘书厅函：准行政院函为国民参政会建议成立东北青年招致机构一案，已送请三民主义青年团中央团部参考，函请查照转陈由。

五、国防最高委员会秘书厅函：准函送王参政员卓然等询问，请政府明定东北四省政府工作纲领案实施情形一案，已函催行政院、军委会迅将办理情形见复，函请查照转陈由。

乙、外交部书面报告（王秘书长代读）[原缺]。

丙、教育部陈部长立夫报告：最近教育设施情形。

散会。上午九时三十分。

附：

最近教育设施情形教育部陈部长报告

主席、各位先生：

今天奉邀出席报告最近教育设施情形，非常快慰，为简明起见，想依着贵会二届一次大会对教育报告所指示各点顺次作概括的说明：

（一）在战区维持正常教育，其办法宜具有伸缩性。战区两字的地域包括很广，一部分是指作战区域，一部分是指敌人的后方。到现在为止，敌人的后方，如上海、天津、北平等地，我们还能够维持正常教育，虽然敌伪不断的威胁，幸而还没有直接的行动。但是我们为防患万一计，已经妥拟应付办法及处置方案，详为指示，以免措手不及。沦陷区域的工作，还是继续进行，分区指导。现在冀、鄂、赣、晋、豫、浙、皖、粤、察、绥省境内，已成立十三个战教工作队，散布各战区，从事战区教育工作。此外，并组织秘密团体，吸收敌伪学校教师，以粉碎敌伪奴化教育的阴谋。是类团体已组成的有六十三个，敌伪学校教职员发生关系的有五六千人。上海教育界艰难苦撑，本部不时派员前往安慰。敌后各地教科用书，伪教育部屡向上海租界当局交涉，禁止防日教科书的发行。在此世界局势动荡中，我们也难保租界当局能坚拒到底。同时，伪组织方面对于与中央有关系的正中书局直接行动，至[致]使无法发行。至于敌后的若干区域，课本的运输，反而通畅无阻。本部为战区高中毕业生升学便利起见，特规定战区各省就事实需要，得设立临时政治学院。现在山东、安徽、江苏各设立临时政治学院一所，初意此种学院单设大学一年级功课，一年以后调至后方入正式学校肄业，但是各省主席俱要求改临时学院为大学，部方以为与其在设备师资缺乏情况下开设大学，不若拨少数旅费令学生转移后方入学，较为合理。战区中小学校能维持的，都尽量维持。但为适应环境，对于假期及上课时间，均酌予变更。

（二）各公立专科以上学校间有名不符实者，应加以调整充实。本部对于专科以上学校的政策，大学由中央主办，省致力主办专科学校，用特鉴于经费、教授有限，决定除中央有案各校继续筹办外，不再增设新校。计本年成立的有国立社会教育学院、国立贵州农工学院、国立体育专科学校、国立贵阳师范学院。大夏大学贵阳部分停办教育学院，改设文、理、法商三学院。省立专科以上院校经核准开办及调整的有福建省师范专科学校，湖南省农、工、商三个专科学校，四川省高级工艺职业学校改办技艺专科学校，湖北省农业专科学校改办农学院，苏皖联立临时政治学院亦改办技艺专科学校。江苏省立教育学校准其停办，原有学生分别归并国立社会教育学院。私立学校方面，经核准开办的有私立川康农工学院、私立求精商业专科学校、私立西北药学专科学校。私立政治农商专科学校由部令停办专科，改办高级商业职业学校。私立沪江英专科学校校董会核准立案。现在专科以上学校所感觉最困难的是师资的缺乏，而以工科及经济系的教师为最甚。造成学校师资缺乏的原因，是由于银行与工厂的聘调。当此生活程度日渐高涨的情况下，银行与工厂以巨额薪津邀聘，全国人才的储备原已不足，现在又以种种不公道的方法造成人才分配的不匀。他如卫生、行政人员的需要日增，也发现人才缺失的现象。最近卫生署呈准卫生技术人员另给六十至六百元生活津贴。这实在是在建国工作上的一大危机。国立学校受此影响，既至不能维持，私立学校的处置更可想见。

（三）师范学院之设置，于数量之扩充外，尤须注意内容之充实。国立师范学院除原有之外，本年度仅设立贵州师范学院一所。师范学院不能多设，其原因是师资的缺乏，但是本部为应各省师资的急迫需要，特令各师范学院设置初级部，缩短修业期限为二年，以造就初级中学及简易师范学校师资。学生则由各省保送，分发入附近师范学院肄业。又规定国立大学得设师范专修科，比照初级部办法办理。本年已设立初级部十六班，师范专修科二班，每班学生四十名，共计可收学生七百二十名。

国民教育师资的缺乏，情形更为严重，以教育向称发达的湖南省为例，全省共有六万小学教师，其中合格的仅二万人，但是去年一年辞职改业的有八千人，其中大多是合格教师。湖南全省师范学校毕业生还不够补充空额，何能发展。这是国民教育的前途的危机。对于今后师范教育的推进，本部于本年六月遵照八中全会决议，一面订定要点，令饬各省市教育厅局拟具推进师范教育计划或方案，呈部施行，一面拟定增班原则四项，各省每一师范学校区应设立师范及女子师范学校各一所，每校设六班，各省每三县市应设立简单师范学校一所，每校设八班。现在浙、赣、豫、湘、鄂、闽、粤、桂、滇、川、黔、陕、甘、青、康、宁都已分区实施，就已呈报之浙江等十余省共有师范学校一三六校，简易师范一九二校，依据上项原则，各省尚应增加师范一八二校，简师二八八校，方能足够训练当地所需要的教师。

（四）省私立专科以上学校补助费尚宜增加。去年本部补助省立私立专科以上学校临时费总额为一百万元，本年为一百八十万元。去年年底鉴于物价飞涨，特别发给迁川学校救济费一百万元，上海方面中小学教师救济费一百六十万。今年私立学校的情况更是困难，更不能维持。到今年年底或者仍需要拨款补助，但是区区此数，实不能解决实际问题。

（五）大学用书编竣发行以后，可供各校自由采用，或作教本，或作参考。大学用书的编辑工作，现在由大学用书编纂委员会担任，我们以为大学用书必须有一套发行，但是将来也不至于强迫各校一致采用。

（六）统一招生本年度已停止，各校招生名额均依部方规定办理。

（七）关于留学生的派遣与大学研究所的增设改进。留学生的派遣需要外汇，所以除英庚款及清华两项继续招考选送外，政府方面的公费生极少派遣，但是战后建设中所需的人才，不能不早为培养。本部对于自能在美筹措学膳费用者，尽量派遣。国内各大学研究所本年共增加十三个学部，连前共计六十六个学部。最近由中美文化协会孟禄博士与郭任远先生在美向各大学接洽，准许每年免费收录学生一名，拉铁摩顾问也愿从旁协助。如能做到每校保留免费生一名，每年即可派遣一二百名留学生，除设法派遣学生以外，在此国内师资因各种建设事业日渐发达中更感缺乏，想聘请国外学者来华讲学，此事亦正在分头接洽中。

（八）保障中小学教师生活，以减低其流动性，这与国家的基本教育关系甚大。中小学教师的处境，实在是苦难异常，而其中尤以小学教师的处境更苦，因此本部对于各省市小学教师的待遇设法改善。据川、黔等十七省市呈报材料统计，小学教师月薪最高为八十元，最低为二八元，平均为三十五元。以此平均三十余元之薪金，实不足以维持本人之生活，故本部除通令各省市教育厅局提高教师薪金以外，特颁订地方津贴小学教员米谷办法及小学教员年功加俸办法，稍苏小学教员的痛苦，然而这许多办法，还不能转移小学教员改业的趋势。

（九）由部编纂中小学教科用书，并由各省市教育厅局另编乡土补充教材，这一件工作，本部特设教科用书编纂委员会负其全责，希望能于短期内完成。关于乡土教材，本部已分令各省市厅局，着手编纂，以供教师采用。

（十）国立中学及中山中学班在教部直辖之下各方观感所系，尚望力求美善，树立楷模。这一点我们感觉非常惭愧，国立中校不但不能为各校之楷模，有时甚且发生风潮。国立中学之所以未能如我人之理想，其原因由学校教师与学生大都来自战区各校，分子既复杂，程度又不整齐。集合千数以上程度不齐的学生，由分子复杂的教师来担任教职，希望其能为学校的楷模，原属过分的要求。当初本部鉴于各战地学生退至后方，不加收容，势必流落，故当时收容一半含有救济性质，所幸各国立中学经两年的整理，已渐上轨道。事后，本部以收容二千青年之学校不易办理完善，乃化整为零，改设中山中学班，每班招收二三百至四五百学生，略经整训，再为归并。本年暑假已将中小学教师第三服务团所办之各中山中学班合并国立第十（六）十七两中学。另为收容保育院学生起见，成立国立第十五中学、国立第十四中学以便利国立中央大学师范学院学生实习计，改为该院附属中学，以在贵阳之该院实验中学改称为国立第十四中学。关于国立中学的改进与充实，本部已遵照参政会的指示，拟订国立中学改进办法，通令各校切实遵办。

（十一）县各级组织纲要施行后，小学校长之地位变迁，师范学校课程从而受其影响，惟影响至如何程度，则视政府政策而定。小学校长须由具有教育资养之专职人员担任之，故小学校长对于地方自治，只可居于辅导之地位，不能兼顾自治事务之执行。若然师范学校课程，除酌加自治科目外，仍当看重于学术科目。新县制实行以后，在教育上之困难，不仅师范学校课程受其影响，到现在为止，已经发生两个严重问题，第一是校长兼任问题，新县制原规定乡保国民学校校长兼任乡保长，原意在使教育与地方自治发生密切联系。换言之，拟以教育的力量改善保甲制度。但是，现时乡保长职务极为繁重，故八中全会对于教育报告决议案关于国民教育一项，特别指示急应设法补救，免使此项基本教育发生影响。二届一次参政会亦曾建议，凡国民学校中心学校校长应尽量改为专任。惟本年八月九日公布之《乡镇组织暂行条例》，其中第二十八、第五十三两条，明白规定中心学校校长以乡（镇）长兼任为原则，国民学校校长以保长兼任为原则，这与八中全会指示参政会建议及县各级组织纲要所规定之精神大相径庭。本来政、教、军三位一体制是当年广西人才不够时无办法中的一个办法，现在要把有校长资格人选的区域，国民学校与中心学校校长一律由保甲长与乡镇长兼任，这似乎是因噎废食了！半年以来，据本部派赴各省视察国民教育人员报告，乡保长兼任校长，流弊滋多。乡保长教育程度低劣，大都难能胜任校长职务，而乡保长目前职务繁巨，更无精力兼顾校务。在国民教育推行时期，实为一极大障碍。第二是学校经费问题。各省国民教育经费，原依照原定办法，指定专款，切实办理。自县财政收支统一以后，各省县原经指定为教育专款的，均因统一收支，解归公库。财政收支的统一，原属应办之事，但是处此抗战时期，地方当局往往因着军事与建设的关系，统一支配地方收入时，未能将原指定教育专款之款项保留，移作他用，结果势必不但无以推进国民教育，即原有教育现况，恐难继续维持。这个事实也是一个不了的局面。湖南的教育经费已经独立了二十年，现在要统收统支。后经部呈准行政院，明白规定所有该省各县原有教育专款在统收统支后，仍为办理教育之专款。国民教育的推行，在刚开始的时候，遇到了这两个难题，前途实在未可乐观，所以希望各位多多注意，提贡主张。

（十二）学校教员进修办法，已由部遵照指示拟订办法，通令各省市教育厅局切实遵行。

（十三）国民教育经费，须从速确筹，俾得如期普及国民教育，而于教员之待遇，尤宜力谋改善。国民教育的推进，去年国民教育会议决定，自去年七月开始，五年以内完成一保一校之目的，后因财政关系，院令暂缓办理，惟以各省业已开始办理，若即使其停顿，耗费更多，复经呈准已经办理国民教育各省县，就现在情况继续办理。国民教育的担负，原规为地方二分之一，省四分之一，中央四分之一。本年度中央所应担负之数，最初核定为一千万元，其中七百万元原为义务教育经费，实不敷分配，经部一再请求追加，乃核定加拨四百万元。如照全国新设中心及国民学校十四万五千余校计算，平均每校所得补助费尚不足一百元。照现状估计，最初两年可以达到完成一万八千余中心学校、十二万六千余国民学校的目的。国民学校数目勉强达到预定的计划，但是国民教育的困难并不因此减除。因此，本部特派视察人员分赴各乡、镇、保实地视察，现已视察一万五千余县，希望在本年年底可以视察三百县，完成全国推行国民教育县份四分之一之视察——全国已推行国民教育者有一千二百县——以为今后推行及改善国民教育的张本。

（十四）社教人员所须具备之条件本多，短期训练自不如长期教养收效之宏，于社教人才之培养，宜具一永远之计划。本部先此指示已有筹设国立社会学院之拟议，本年秋季已招生开学，同时，为着适应目前之需要，各种短期训练班仍由各省继续办理。各省原有教育学院，除江苏教育学院并入国立社会教育学院外，均继续办理，以训练社会教育师资。此外，在社教方面的动作，有筹设教育电影制片厂，督设各省电化教育服务处，至于音乐教育家应教育国语教育，都是按照预定计划继续进行。

（十五）关于边疆教育方面，上次参政会并无指示，但是有几点值得提出向各位报告。过去中央组织部在西北各省所办的边疆学校以及中央政治学校所办各分校，自本年起一律移归本部继续办理。现在本部对于边疆教育的政策是专办两种学校，第一是师范学校，第二是职业学校，所有边疆各省普遍中学仍由各省教育厅办理，就是师范学校及职业学校一俟办有成绩，仍须交还各省办理。中央庚款董事会所主办之各边地学校，现在本部亦与之取得联系，该会亦愿于将来交还各省。甘肃伊斯兰师范及桂林成达师范两校，均为培养回教徒小学教师及阿訇之所，本部为谋切实管理回教徒教育起见，特呈准行政院将该两校分别改为国立陇东师范及成达师范。西北各省回教徒教育经马步芳、马鸿逵两主席的注意及马步青军长的热心提倡，年来非常进步，这是回教徒教育前途的一个转机。西南边境各省教育仍由省政府办理。

（十六）体育方面，最近本部根据国民体育会议之决议，呈请修正国民体育法，已经立法院通过，国民政府于九月九日公布。本部现正从事于法定事项之计划，切实锻炼国民体格。几年来，关于国民体育的训练，各有关机关都在分头进行，最近依国民体育法的规定，国民体育事务由本部主办。

此外，还有几件事务，特分别向各位报告的：

（一）大学及独立学院师资资格审查，自开始以来，经各校汇转送审者共计一九八五人，经学术审议会三次审查会核定者有七六二人。

（二）大学生纪律之整顿，多少年来，各大学当局对于学生生活都采用自由放任主义，此种风气，渐渐由大学生而影响到中学生，由中学生而影响到小学生。到现在为止，大学学生在校里遇到校长可以毫不理睬，这不仅是说学生对长者没有敬意的表示，就是人与人间的情感是没有了，我认为这个现象非常严重。我所参观过的几个大学，内部情况大都如此。譬如中央大学、武汉大学，用学术标准来衡量，是有相当地位，但是学生在校里校外所表现的礼貌，实在是太差了！礼是建国过程中一个不可缺少的精神条件，也是一个不可缺少的重要基点。一个在将来要负担建国中一部分责任的青年，最低限度要知道做人之道。因此，教育部不能不做一点有些人认为回过头来的工作。对于大中小学学生订定了各种应守的规则。委员长之所以主张学校军事化，要使学生能做到整齐、严肃、迅速、确实，就是因为看到大学生的纪律实在太松肆。考学校纪律所以松肆的原因，在于：1. 主持学生训育人员的不负责任；2. 学校军训未能获得预期的效果。因此，本部一方面在礼节方面订下了各种标准，一方面在军训方面加以改良。

（三）关于学校军训问题，本部与军训部一再会商，原则已经决定，惟在行政技术上尚有若干问题待决。本部主张学生军训在高中毕业以后，有四五个月的集中训练，平时大中学仅实行军事管理，我们的主张已得军训部的同意。在集训时期养成生活的良好习惯，同时各种考试都可在集训场所举行，军训结束以后升学的入［各］大学实行严格的军事管理。

（四）现时大中学校常常因吃饭问题而发生风潮，更有由吃饭问题牵连到贷金问题。过去本部审查学生贷金非常困难，太宽国家财政非 [无] 法负担，太严有失中央救护青年之本意。现在大学中学生一月贷金是四百余万元，全年共计五千余万元，国家的负担不能说不重。贷金的总额有限，而物价的高涨无定，因此本部于今年特另订学生申请贷金办法，将原有贷金制度酌予变更，明白规定：1. 贷金的贷予与学生的学业操行应有一些相连的关系；2. 贷金必须归还；3. 必须由家长或保护人申请。这样或者可以用贷金制度维持或改善学风。

（五）重庆大学的解散，是各方人士所注意的。重庆大学几年来的成绩，比较差一些，这可从重大每年招生的情况可以证明的。通常每年重大招生，正取二百名，备取也是二百名。学生素质既差，而这几年的管理又松肆，以致养成了学生嚣张之气。这次省政府派梁颖文为校长，学生因表示反对，而发生风潮。改派梁颖文为校长，虽由省政府提出，但已经行政院通过，由政府任命。是以学生反对梁氏为校长，无异违抗政府的命令。后经张主席到校开导，经由学生开会决定，关于此次事件，推由干事会处理，复由干事会决议停止活动。梁校长于八月廿五日前往重大接事，迄至九月一日发生驱梁风潮，未向学生训话。九月一日，学生前往总务处询问贷金及平价米情形，与总务长发生冲突，总务处与校长室，两室相通，梁校长见此情形，外出排解，言语间学生要求梁氏即时离校，并声明不再回校任职。梁校长即在学生簇拥之下离开重大。后据报告，学生于梁氏离校时，用红布书写欢送梁校长，并燃放鞭爆 [炮]。事件发生以后，委员长即下令解散学校。所有住校学生着令即日离校。二日后，本部战区教育指导委员会战区来渝学生登记处派员前来办理登记。经核准者共一百六十余人返校居住，并供给膳食。所有学生自治会干事会代表十五人，其中四人系共产党，此次指挥开会鼓动风潮者即此四人，其中也有本党党员及青年团团员，现在一律暂为管教。重大解散以后，张主席的意思，希望能于短期内即为恢复，但与委员长的原意稍有不同。本部对于重大今后的处置毫无成见，另候委员长批示，再为办理。对于重大的处置，若干川省人士表示不满，以为此次重大风潮仅系少数留校学生所为，而处分及于全体离校学生，似稍过分。但在当局看来，重大平素的风气太坏，这次风潮是坏风气所造成的必然结果，非彻底整顿不可。总之，重大问题在几天以后一定有妥善的办法，我想一个有历史的学校，也不至于永久停办的。

重庆大学解散令发表以后，正在拒绝新校长到任的广西大学风潮于第二天即平安解决。本部现正趁此机会，整饬学风，务必使学生知道守法精神的重要，而切实做到遵守法令的地步。

15. 国民参政会第二届第一次大会休会期间驻会委员会第十五次会议记录

（1941 年 10 月 3 日）

国民参政会第二届第一次大会休会期间驻会委员会第十五次会议记录

时　　间：中华民国三十年十月三日（星期五）上午七时

地　　点：中华路一二一号本会秘书处

出 席 者：

主 题 团：左舜生

秘 书 长：王世杰

副秘书长：周炳琳

军政部部长：何应钦

驻会委员：范予遂　江一平　高惜冰　邓飞黄　杭立武　李中襄　孔　庚

　　　　　李　璜　沈钧儒　陈博生　许孝炎　李仙根　王启江

主　　席：左舜生

记　　录：雷　震　孟广厚　王德芳　龚光朗

主席恭读国父遗嘱——全体肃立。

报告事项：

甲、秘书处报告：

一、国防最高委员会秘书厅函：准行政院函复办理关于限期成立各级民意机关各案情形，遵批，函达请查照转陈由。

二、国防最高委员会秘书厅函：准行政院函复关于建议从速设立物资管制机关一案，财政、经济两部办理情形，遵批，函请查照转陈。

三、国防最高委员会秘书厅函：为行政院函送经济部呈拟修正非常时期工矿案奖助条例草案，经通过交立法院审议，函请查照转陈。

四、国防最高委员会秘书厅函：为行政院函报关于建议请政府明定东北四省政府工作纲领一案，拟俟辽、黑两省府复到再行汇办，遵批，函请查照转陈由。

五、交通部函：为关于邮局暂不招用已婚女性一案，函请查照由。

乙、外交部书面报告要点如下：

一、敌人在越南横行压迫我侨胞情形；

二、中缅移民交涉；

三、国际近状。

丙、何部长报告最近军事情形：

一、视察滇边防务情形；

二、湘北会战详情。

散会。上午九时。

16. 国民参政会第二届第一次大会休会期间驻会委员会第十六次会议记录

（1941 年 10 月 17 日）

国民参政会第二届第一次大会休会期间驻会委员会第十六次会议记录

时　　间：中华民国三十年十月十七日（星期五）上午八时

地　　点：中华路一二一号本会秘书处

出 席 者：

驻会委员：范予遂　李仙根　孔　庚　高惜冰　沈钧儒　杭立武　李中襄

　　　　　许孝炎　邓飞黄　冷　遹　王启江

秘 书 长：王世杰

副秘书长：周炳琳

兼财政部部长：孔祥熙

主　　席：公推孔参政员庚

记　　录：雷　震　王德芳　龚光朗

主席恭读国父遗嘱——全体肃立。

报告事项：

甲、秘书处报告：

一、张主席伯苓因健康未复，左主席舜生因眼病甚剧，均不克出席，本日会议嘱为请假由。

二、接罗明邃电称其父罗文干不幸于十六日晨在乐昌病逝，请转陈委座暨在渝各人由。主席宣告为罗参政员致哀——全体起立，默念一分钟。

三、国防最高委员会秘书厅函：准行政院函报财政、经济、粮食三部办理建议改善统制物资办法，并撤销各省贸易局及省营贸易公司一案情形，遵批，函请查照转陈由。

四、国防最高委员会秘书厅函：为军事委员会续报国民参政会对于蒙藏报告之决议一案办理情形，遵批，函请查照转陈由。

五、国防最高委员会秘书厅函：准行政院函复办理建议粮食管理治标治本办法一案情形，遵批，复请查照转陈由。

乙、外交部书面报告要点如下：

一、苏联最近情势；

二、英援苏近情；

三、德土商约；

四、泰国近情；

五、古巴援华情形；

六、敌近卫内阁总辞职情形。

丙、孔兼部长报告最近财政金融情形要点如下：

一、财政收支情形；

二、田赋征实开办情形；

三、外汇管理情形。

报告毕，参政员李中襄、范予遂等提出关于食盐增产询问案，当由孔兼部长即席口头答复。

散会。上午十时。

密件：

孔兼部长报告　最近财政金融情况

民国十七年第一次全国财政会议通过田赋尽归地方接管以后，中央税收的重要者仅关、盐、统三税。抗战以后，战区日渐扩大，税收反而逐渐减少。关税的收入，在数额上虽未减少，而关余无法运用。盐税原以长芦为大宗，现仅余川盐产区。统税以后方生产抵 [低] 落，为数亦微。

　　因此，政府一面整顿旧税，一面另创新税，如所得税、遗产税等等直接税，以开辟税源。是以抗战四年来，税收总额年有递增。然而政府每年之支出，其增额高过收入，故八中全会决定田赋暂归中央，并改征实物。同时改进财政收支系统，将全国财政分为国家财政与自治财政两大系统，原属省之收支，均归入国家财政系统。

　　田赋移归中央改征实物以后，不但政府把握着二千五百万担实物以调节战时军粮民食，实际无形减轻佃农的负担。过去佃农每于秋收后，粜米完粮，而粮商故意压低粮价，屯粮以操纵市场，今则佃农直接以实物完粮，减少粮商之剥削。二千五百万担实物以平均价每石六十元计算，合计收入十五万余万元，除照三十年度县市预算所列田赋附加数分结市县，约计二万万元，列入国家预算者，约计十三万余万元。此外，营业税以及省原有各项收入，自卅一年度起亦一概归入国库，约可征收二万余万元。除以三成归县外，列入国家预算者，约一万二千万元。契税除附加仍旧归县外，列入国家预算者，约三千二百万元。总计接收田赋、契税、营业税三项，国库共增收入十五万五千余万元。除田赋等收入外，财政部正计划实行盐、糖、烟、酒、茶叶、火柴之专卖，每年可以收入二十万万元。两者总计可收入三十五万余万元，加之其他零星各税，三十一年度之总收入比之三十年度之十四万万元，增加不至[止]一倍，但是三十一年度之支出数，增加更大。在战时任何一国，其收入决不能平衡支出。现时英国政府预算已不再公开宣布，即今日之美国亦不愿公布其预算。但是，我们总希望在人民经济力量能担负的原则下，达到增税的目的，而在支出方面，则尽量紧缩，使国家预算在增加收入减少支出中间发生联系，以达合理的分配。

　　金融方面，自法币集中发行以后，国民对于法币之认识与信仰更深一层。抗战军兴，法币发行总额，虽年有增加，政府总顾及以不妨碍国计民生为原则。但一年来，敌后伪组织一面发行伪钞，一面拒绝法币流通市面。敌人为达到以战养战的目的，亦在占领区内大量发行军用票，以至问题渐趋严重。政府一面必须顾及全国金融，一面应付敌伪伪钞之发行。沦陷区域为政权所不及，只有善用金融力量以维持法币信用，所幸现时国际间认识法币价值，继续维持外汇，虽其汇价较前减低。现时汇率，计英金价为三又三十二分之五，每英镑合法币七十六元零四分，美金价为五又十六分之五，每美元合法币十八元八角二分。政府为稳定法币汇率、平衡基金起见，于本年四月一日与英美分别签订平准汇兑合同。八月间复由政府派代表五人（内华籍二人，英美各一人），成立平衡基金委员会，负保管运用之责。其基金总额为一万一千万美元。现基金业已开始运用，采用审核制度，按规定汇率，供给正当商业所需之外汇。外汇经严密管理以后，沪港外汇黑市渐前敛迹，但仍未绝迹。盖沪港一般仅知私利之徒以及外人敌阀等，以法币收购外汇，以至造成三十五元一美金之黑市，现正多方设法以达消灭黑市之目的。最近英国经济考察团在倪米亚爵士领导下来华协助我政府解决各项财政经济问题。倪米亚爵士系英国经济界领袖人物，财政部顾问，国际平兑银行主任，英伦银行常务董事，在英国金融界有权威之称。英政府此次选派倪米亚爵士为财政经济考察团团长，一方面表示英国之重现中国经济情况，一方面表示英国对中国合作之诚意。同时，美政府为表示合作起见，亦选派柯克朗氏为专员参予工作。深盼伊等在华时期对于中国目前经济财政诸问题有合理的解决，庶于国计民生与抗战前途两有裨益。

17. 国民参政会第二届第一次大会休会期间驻会委员会 第十七次会议记录

（1941 年 10 月 31 日）

国民参政会第二届第一次大会休会期间驻会委员会第十七次会议记录

时　　间：中华民国三十年十月三十一日上午八时

地　　点：中华路一二一号本会秘书处

出 席 者：

主 席 团：张伯苓　左舜生

秘 书 长：王世杰

副秘书长：周炳琳

外交部部长：郭泰祺

驻会委员：黄炎培　邓飞黄　陈博生　许孝炎　孔　庚　范予遂　冷　遹
　　　　　高惜冰　杭立武　李中襄　王启江　沈钧儒　李仙根　童冠贤

主　　席：张伯苓

记　　录：雷　震　孟广厚　王德芳　龚光朗

主席恭读国父遗嘱——全体肃立。

报告事项：

甲、秘书处报告文件：

一、（密）国防最高委员会秘书厅函：函复贵会第二届第一次大会建议关于防空战备应增益纠正一案饬办情形，请查照转陈由。

二、国防最高委员会秘书厅函：为准军事委员会行政院先后函复关于建议考察物价高涨原因及调整方法一案办理情形，请查照转陈由。

三、（密）国防最高委员会秘书厅函：函复关于建议调整汇率改善交通藉以平抑物价一案办理情形，请查照转陈由。

四、国防最高委员会秘书厅函：为准行政院函复国民参政会建议组织民食调剂委员会统筹米盐供销平准市价一案，经饬据财政部呈复拟议情形，奉批转复国民参政会，函请查照转陈由。

五、国防最高委员会秘书厅函：为关于建议请政府与华侨驻在地政府交涉提高汇款数额一案饬办情形，请查照转陈由。

六、国防最高委员会秘书厅函：准司法院函据司法行政部呈报关于西康司法人员养成厅改为学校，招生改为考试，毕业时由考试院举行考试，经与考选委员会洽商情形，请查照转陈由。

七、国防最高委员会秘书厅函：准行政院函报财政、粮食两部办理，国民参政会建议重新确立粮食平价政策，以济民食一案情形，请查照转陈由。

八、国防最高委员会秘书厅函：为关于请从速奖励抗战期间出钱出力之侨胞一案，业奉国防最高委员会交由行政院饬据财政部拟具奖励条例及办法，兹经第六十九次常会修正通过，抄同修正条例，函请查照转陈由。

九、国防最高委员会秘书厅函：为准行政院函送国民参政会建议成立东北青年招致机构一案，三民主义青年团中央干事会办理情形，经陈奉批函复国民参政会，请查照转陈由。

十、国防最高委员会秘书厅函：为行政院并案函报对于国民参政会建议文武公务员应平等待遇等五案办理经过情形，请查照转陈由。

十一、国防最高委员会秘书厅函：准军事委员会函报国民参政会建议建立人事定期调动制度及制定内官外用、外官内调条例，二案办理情形请查照转陈由。

十二、国防最高委员会秘书厅函：为行政院函报对于国民参政会建议完成农工商各级人民团体组织并充实其工作以植自治基础一案，社会部呈复办理，请查照转陈由。

十三、国防最高委员会秘书厅函：准行政院函为解除棉花纱布来源困难之基本办法一案，关于经济部呈送奖助纱布内运办法，现经修正，饬行函请查照转陈由。

十四、国防最高委员会秘书厅函：为行政院函报关于国民参政会平抑物价问题之基本建议及建议粮食管理治标治本办法二案，粮食部呈复遵办情形，函请查照由。

十五、国防最高委员会秘书厅函：为行政院函复国民参政会建议调节劳力、整理交通、改善金融等以平物价一案办理情形请查照由。

十六、国防最高委员会秘书厅函：准行政院函复内政部转报川省府办理国民参政会建议调节劳力，整理交通、改善金融与粮食管理以平物价案内工役改善一案情形请查照由。

十七、国防最高委员会秘书厅函：准行政院函复关于平抑物价问题之基本建议一案，经济、交通、社会、农林各部办理情形，函请查照由。

十八、驻会委员会第一组报告，关于军事及国防建议案实施情形（印附）。

十九、驻会委员会第二组报告，关于外交及国际事项建议案实施情形（口头报告）。

二十、驻会委员会第三组报告，关于财政、经济事项建议案实施情形（印附）。

二十一、驻会委员会第四组报告，关于内政及教育事项建议案实施情形（印附）。

以上四组报告，经主席决定，交秘书处汇编《驻委会检讨第二届第一次大会决议案实施情形报告》，以便提报第二次大会。

乙、郭部长报告最近外交情形及国际情势要点如下：

一、英美对于远东之态度；

二、中苏关系；

三、最近远东情势。

上午十时散会。

驻委会第一组报告

关于军事及国防部分

查本会第二届第一次大会关于军事及国防建议案凡十五件，政府已有实施情形报告者十四件，就政府实施情形暨军事当局之历次报告，觉政府对于军事攻坚力量确已加强，作战方略亦叠奏奇效，行见失地收复为期不远，惟尚有数事项请注意办理者：

一、士兵主食定量虽已略有增加，但单棉制服是否按时如数制发，以报告中未曾提及，应请补报。

二、军队直接征发粮秣，流弊兹多，三十年度军粮经理虽经定有实施办法通饬遵照，但阳奉阴违者，仍时有所闻，应请政府查明取缔，以免扰民。

第一组召集人孔庚

驻委会第三组报告

关于财政经济部分

查本届第一次大会关于财政经济事项建议案凡五十三件，政府已有实施情形报告到会者二十九件，未报告者除参政案八件不计外，连同财政报告暨经济报告决议案尚有十八件，就政府实施情形与各主管部长之口头报告加以检讨，觉政府对于本会建议各案大都已交各主管部会从事实施，且有若干案件已获相当进展，如财政方面，提借国人在外行存款，因英美之封存中国资金本案已得相当解决，倘政府继续洽商切实执行，不难获预期之效果；交通方面，滇缅铁路之续修与滇缅公路运输之整理，政府一再筹拨巨款，增加设备，确在切实举办之中；经济方面，统制物资办法之改善与省营贸易权限之划分，政府已定有详细办法；粮食方面，政府对于军粮民食之通盘筹划，计虑颇为周详。惟尚有数事，似未能尽洽人意，兹并陈如左：

一、平抑物价，本会在治本与治标方法上建议殊多，而物价之飞涨如故，是政府之执行力量有欠切实。

二、公路运输关系后方交通至巨，政府对于运输机构叠经改组，而运输工具依然未见改善。

三、官吏利用权位私营商业，操纵物价，早已悬为厉禁，本会建议办法多种，送请政府采行，但就考察所得，此风并未稍煞。

以上三项，应请政府查照原案切实办理，务期后方交通得以畅行无阻，各地物价不致起伏不定，其裨益抗战宁有涯矣。

第三组召集人邓飞黄

八月卅日

驻委会第四组报告

关于内政及教育部分

查本届第一次大会关于内政及教育事项建议案，计内政四十三案，教育三十案，政府已有实施情形报告到会者，内政三十七案，教育十案，未报告者，内政六案，教育二十案，其中教育案除参考案十二案不计外，连同教育报告决议案，实际只有九案。尚未接到政府对于情形之报告。兹就政府实施情形报告暨教育部陈部长之口头报告加以检讨，觉政府最近半年来对于社会团体之组织、各省灾情之赈济、教员待遇之提高、战区青年之救济以及国立中学之调整、师范学院之设置等，正在积极进行，殊堪欣慰。惟尚有数事，似应请政府特加注意者：

一、新县制之实施，政府已在推行，且以兹事体大，如有意见奉献者，尽可依法提请政府采纳，故本会新县制协进会实无组织必要，惟完成各级民意机构为实施新县制之基础，政府对于县参议会组织及选举等条例，虽经颁布，而施行日期迄未确定，甚盼政府于规定期限内普遍设立，以竟地方自治之全功。

二、提高公务员待遇，已为普遍一致之呼声。政府对于非常时公务员生活之改善，虽经订有种种办法，然就考察所得，其所提高者仍不能随物价指数而增加，且公务员平价米之领得有无不均，而其代金之拨发又不能按时，且有拖欠至半年以上者，似此情形，于公务员生活之改善似无裨，实际应请政府察酌实情，妥为改正，切实调整。

三、国民教育补助经费建议案，原定本年度请中央增筹二千六百四十万元后，经国防最高委员会决议，交行政院照案切实办理，而行政院复称只列一千四百万元，较原案尚差约一千万元，其影响于国民教育之发展当非浅鲜，应请政府补筹足数，以利推行。

四、国民体格日趋衰微，据军事当局报告，历次战役会报检讨之结果，佥以士兵近战格斗不能支持至最后五分钟为不能取胜之一大缺憾，闻之益信而有征。当此与敌作殊死战之际，国民体育之倡导实属刻不容缓，如国术一道为锻炼体格与充实格斗技能之良好训练，政府对于本会建议，虽经大致采用，然收效不宏，亟应切实推行，用期普及。

　　此外，关于现行学制之改革、边区文化之发展，以及工业教育之调整，俱关系整个国家教育，至为重大，本会建议已详及之，尚望政府从速予以参酌施行。

　　以上所拟，是否有当，理合提请公决。

召集人许孝炎

六

国民参政会第三届
第一次大会休会期间驻会委员会
会议记录

1. 国民参政会第三届第一次大会休会期间驻会委员会第一次会议记录

（1942 年 11 月 20 日）

国民参政会第三届第一次大会休会期间驻会委员会第一次会议记录

时　　间：民国三十一年十一月二十日上午九时（星期五）

地　　点：重庆中华路本会秘书处

出 席 者：

主 席 团：莫德惠

驻会委员：褚辅成　林　虎　王普涵　陈启天　邓飞黄　黄炎培　许德珩
　　　　　江一平　阿汪坚赞　罗　衡　孔庚　王云五　董必武　何葆仁
　　　　　杭立武　于　斌　李中襄　但懋辛　冷　遹　江　庸　郭仲隗
　　　　　许孝炎　陈博生

外交部次长：傅秉常

主　　席：莫德惠

记　　录：雷　震　谷锡五　孟广厚　龚光朗

主席恭读国父遗嘱——全体肃立。

报告事项：

甲、秘书处报告：

一、关于本届第一次大会决议案处理之经过。

二、经济动员策进会筹备情形。

乙、外交部傅次长报告最近外交及国际情形，其要点：

一、同盟国在非洲之大捷及其影响；

二、苏德战况；

三、废除不平等条约进行之经过。

分组事项：

一、依据驻会委员会第三、四条之规定分为四组，由各参政员自行认定一组或二组，各组互推一人为召集人。其名单如下：

（一）军事国防组

召集人：孔　庚

阿汪坚赞　孔　庚　董必武　李中襄　但懋辛　郭仲隗

（二）外交组

召集人：江一平

江一平　杭立武　王云五　于　斌　何葆仁　江　庸　王普涵　许孝炎

莫德惠　陈博生

（三）财政经济组

召集人：邓飞黄

褚辅成　林　虎　王普涵　邓飞黄　黄炎培　许德珩　李中襄　冷　遹

（四）内政及教育文化组

召集人：王云五

陈启天　罗　衡　王云五　江一平　何葆仁

散会。上午十一时。

最近外交情势

三届一次驻委会第一次会议报告
外交部傅次长报告

（三十一年十一月二十日上午九时）

主席、各位先生：

今天奉邀出席报告最近外交情势，非常快慰。一般外交情势以及国际情形在此次参政会中已经详为报告，今天只是补充报告几点。

自从北非战事发生以后，大家注意到欧洲现在局势，尤其注意法国维琪政府的情况。据我们所接驻维琪法国郭代办的报告，知道现在维琪的态度非常微妙。达尔朗与贝当的关系怎样，不敢说一定，可能是在做双簧，也可能是真的分离，但是据他的判断，恐怕是唱双簧的成分占多数。关于土伦的法国海军，其情况与报纸所载的差不多。维琪海军还是维持一向的态度，在他们的意思，能够保持一天就保持一天，只有保持自己的力量，将来才能有讨价讲价的余地。因此土伦海军抱着强硬态度，无论轴心国或同盟国迫得太急了，一定起来抵抗，所以轴心国也不敢迫之过甚。而土伦海军也不愿与英美联合，当然也不愿意参加轴心方面。现在法国海军舰只吨位，在德意看来固是很大的力量，与同盟国方面海军相比较，仍是很小的一部分。假如法舰加入轴心作战，很容易消灭，加入同盟国方面，也难保全实力，所以保持中立态度是最好的办法。

前天起维琪政府受德国的压迫，不准驻维琪的十九国使领馆拍发电报，以后的消息，我不易直接获得。法国代办昨天到部来说明停发电报的原委，并希望我们不要采取报复手段。他特别声明，维琪的举动是被迫的，要求保留发报之权，或者可以获得一些情报。在三五天以内，法国局面可以明朗化，尤其达尔朗在北非的地位也可以有所决定。假如达尔朗在北非成立政府，法国驻外使馆也许会受达尔朗政府的指挥也说不定。现在法国驻土耳其大使馆已经明白表示接受达尔朗政府的指挥。此间使馆，据他的口气，也许会受达尔朗指挥的，因此我们答应他的请求，允其继续发报，同时也希望他能替我们转递消息。

在两个月以前，我们曾从法国人方面得到一些消息，美国有不久在北非登陆的企图是消息之一。同时法国代办于谈及开辟第二战场时曾说，盟军要在法国本土登陆没有希望，就军事立场看来，或者可能在非洲登陆。据他的推测，假如盟军要在北非登陆成功，一定要运用大量军队，少数军队无济于事。因为现驻北非的法军已无斗志，仅是少数盟军登陆，而以北非法军为主力与轴心作战，法军是不愿意的，必须有大量盟军与法军共同作战，才能鼓励法军的士气。从此次盟军在北非登陆的经过论，大概盟军与北非军事当局事先曾有接洽。

北非战事发生以后，土耳其的态度较渐良好，葡萄牙、西班牙两国的态度，也与前不同。

至于法属安南问题，比较复杂一点。据法国使馆的人说，安南总督德古是达尔朗的心腹，要是他有一点自由，一定与达尔朗在一起。法国在安南的军队，据说有一万五千人，实际只有一万人，越军约计四五万人，大多是靠不住的。假如德古有一天宣布接受达尔朗的指挥，日军一定也解决他。在此间使馆的人看来，德古现在的态度能够维持一天、能够敷衍一天是有利的，等到将来中国的力量充实以后，希望他改变做法。

德苏战争在北非战事发生后，无形停顿。据邵大使的报告，苏联的军力还是强大，将来反攻时苏军仍是主力之一。

芬兰现在的处境，非常困难。内部缺乏粮食，接济断绝，补充无法，所以近来常传说芬兰与苏联有单独议和的可能。

英美废除不平等条约的情况，在参政会开会时曾向大会报告。现在草约已经送来，其内容还不能向各位说明。大体讲来，此次英美废除不平等条约的范围非常广大，上海租界、辛丑条约等都包括在内，这可以证明他们提出的方案是相当诚恳的。他们主张先把旧约废了，然后再商订新约。废约的范围虽然相当广大，但是在换文中还有些他们没有提到的，我们于对案中一一提出，大概他们都有接受的可能。我们的对案已经送去，预料美国方面在短期内即可有一满意的结果。英国方面的问题比较多一点，提案中也提及天津租界、广州沙面租界。我们提出的对案，内容更广些，或者商洽的时间需要延长些，但是英国的态度非常诚恳，进行是可以顺利的。

维琪法国于英美提出废除不平等条约后，也曾表示，如果不是现在的情况，他们可与英美取一致的行动，但是现在的环境，实在是太困难。现在法国宣布废约，究竟与同盟国或中国有利与否，是值得考虑的问题。上海法租界有一百二十万中国人民，汉口租界、天津租界都有几十万人口，他们的利益以及同盟国人民的权益，现在都藉着法租界来保护。如果法国政府宣布交还中国，日本人或伪组织立刻接收，那时候是利少害多。现在维琪的处境确是困难，希望他们觅得一个使中国满意同时能应付轴心国的方法是不容易的，我们以为暂时拖延也是一个办法。

其他各国，也有随着英美之后，表示意见。苏联已经取消，德、意、日三国是我们的敌国，战后不成问题。墨西哥已于十八年十一月自动宣布取消。丹麦、西班牙、比利士、葡萄牙于一九二八年新约中订明，如别国取消不平等条约时，他们也随着取消。瑞典、挪威、荷兰、秘鲁、巴西、瑞士等国，也都是表示愿与英美取一致行动。荷兰使馆表示荷兰不仅愿意废除不平等条约，并且表示将来荷印收复以后，那方面许多种族不平等的条约，政府可以提出立法机关修正。瑞士的不平等条约是根据最惠国权利而取得的，昨天接得驻瑞使馆电报，他们愿意取消，但以处境困难，不能即时宣布。在外交习惯上，许多小国的外交政策，往往以大国为依归的。同时，英美在废除不平等条约的提案中，曾表示不但英美自己宣布取消，同时也劝告其他国家一致的废除。所以许多小国的不平等条约在战后取消是不成问题的。

2. 国民参政会第三届第一次大会休会期间驻会委员会 第二次会议记录

（1942 年 12 月 4 日）

国民参政会第三届第一次大会休会期间驻会委员会第二次会议记录

时　　间：民国三十一年十二月四日（星期五）上午九时

地　　点：中华路本会秘书处

出 席 者：

主 席 团：张伯苓　莫德惠

驻会委员：林　虎　陈启天　何葆仁　邓飞黄　王普涵　许德珩　黄炎培

　　　　　褚辅成　杭立武　罗　衡　于　斌　江一平　王云五　王启江

　　　　　冷　遹　董必武　孔　庚　许孝炎　江　庸　郭仲隗　但懋辛

　　　　　陶百川　李中襄

粮食部部长：徐　堪

秘 书 长：王世杰

主　　席：张伯苓

记　　录：雷　震　谷锡五　龚光朗

主席恭读国父遗嘱——全体肃立。

报告事项：

一、外交部书面报告（秘书长代读）。

关于北非战事发动后中立各国对整个战局之观察与态度。

二、粮食部徐部长报告最近粮政设施情形，其要点如下：

（1）物资管制方案中关于粮食部分限价之要点；

（2）本年度各省征购之情况。

散会。上午十一时三十分。

粮政近况

粮食部徐部长报告　卅一年十二月四日上午九时

主席、各位先生：

自委员长在参政会提出管制物价方案以后，复在国家总动员会议常会中限令各部将实施办法于十一月内拟定公布，十二月开始实行。中间因十中全会会期延长，最后一次会议且有一切物价以粮盐价格为标准比价的决议，所以各部所拟定的实施办法有重新考虑的必要。本星期三，总动员会议常会中各部分所拟之实施办法，均经提付讨论。

订定管制物价实施办法中，最重要的即是限价问题，限价稍有不当，便会发生弊病。以粮食而论，可能发生两个现象：（一）发生黑市无法阻止，无法根绝；（二）粮食不能从产粮区域运输到消费市场。现在重庆若干种物资已经采用限价制，如花纱布、糖、油、煤炭等，但仍有黑市，花纱布、糖、油、煤炭等虽是日用品，但是还不致影响市民的生命。一二月来，常闹煤荒，究竟还容易补救，万一不幸粮食也遇到煤荒的现状，那时的情势，便不易对付了！所以，我们对于粮食的限价，一再考虑研讨，务使不致因限价而发生他种弊病。兹将粮食部分限价实施办法各要点先向各位报告：

（一）点与面情况不同，管理与限制的办法，必须分别规定。点即是消费市场，面即是产粮区域。我们以为重要消费市场的粮价，必须规定限价，次要市场依据实际情形，斟酌办理。而产粮区域的主要工作，在使其粮食能源源运达消费市场，使需要粮食的点不致有缺粮的现象。

（二）十中全会对于管制物价，曾决定各省物价管制由各省政府办理。所以粮食部分的实施办法中规定，首都由中央直接办理外，其余各地由地方政府负责办理。惟以四川情况稍有不同，另拟实施办法两点。经委员长指示，成都自贡市、川北盐区以及主要消费市场粮食供给决定由粮食部负责，省府协助。所幸一年来，我们在上列各地已设有供应机构，当不致有若何困难。

（三）限价必须顾及生产，切不可因限价而妨碍生产，或者阻止了粮食向市场运销，甚而至于影响生产。目前的煤荒，正可供我们借镜的。如果粮食限价，因而影响粮食的生产，危险更大，所以限价必须顾及生产。现在我们想规定每半年每种作物的限价改订一次，即春季作物的限价每半年改订二次，秋季作物的限价，改订二次。换言之，每年共有四次改订限价的机会。

（四）粮食限价以后，重要之点，如首都、省会以及重要、次要市场，其供应对象均有规定。所有各地公教人员的食粮，均由政府负责供应，政府以限于人力、财力，所有除自办者外，其余各地业务由民营机关办理，其主要任务，务使其需要数量不至有缺。民营机关，即是登记粮商，由其组织同业公会，政府责成粮商办理采购、运售的业务，并由政府限价与管理。政府能够控制同业公会，即能控制整个粮食市场，粮商如有困难的地方，政府当设法协助之。

（五）政府所定限价为最高的价格，而且是趸数的最高价格。零售价格可较趸数限价比例提高，但不能高于最高限价。各地粮价如能低于限价，原是极好现象，如一地粮价过分低落时，可由政府收购，高于限价的，设法纠正。如有仇外行动时，可以政治力量加以取缔。

（六）各地限价工作，全靠地方政府负责办理。所谓地方政府，包括各省各级政府，其主要执行机构为县政府，是以各县政府的工作尤关重要。县政府的工作进行顺利，可使散在产粮区域的粮食源源不断运输到各消费市场，有余粮不至于囤积，沿途运输亦可通畅。不过照现在县政府的工作效率，颇有过虑。但是此项工作不由县政府担任，完全靠中央政府办理，也是办不到的。所以决定各地工作由各地各级政府办理，重要的消费市场由中央派员协助。

至于以粮盐价格为一切物价的标准价，如何规定，须要详为规定的。本星期三总动员委员会常会中，委员长曾指示所谓以粮盐为标准价，并不是规定斤米或斤盐在某地可以换多少肉、多少糖，而是以粮盐售价作大体的比价。同时粮盐价格时因地区而异，在自流井采盐区，盐价低于粮价，湖南、江西粮价低于盐价，所以事前必须求得一个合理的比价。现在粮盐已由政府控制，其价格比较易限制，但是还需要其他日用必需品的限价能彻底做到，然后粮食的限价能保持一定限度。其粮盐与其他物资的比价详细办法，正与经济、财政各主管机关详细拟定中。

本年度各省征实征购的情况，一般的说较去年进步。到现在为止，除宁夏省已扫解外，其他各省已开征一二月。四川全省已收购一千二百万担以上，其中已有四十七县已经悉数扫解，其余各县本月底大概都可结束。湖南已收购五百万担，江西已收购三百万担，陕西已收购二百五十万担，照此情形估计，各省都可以达到完满的结果。

至于全国各地粮价，四川最近几月的粮价比较稳定，有几处还在下跌。四川一百余县中，粮价超过五百元以上只有十八县，四百至五百元的四十二县，三百至四百元的最多，最便宜的地方如南江、雷波等处，粮价仅百余元一担。贵州粮价，因今年丰收，各县均在往下低落。江西省粮价亦平稳，目前尚且有每石六十六元粮价的地区，惟赣州粮价微扬。广东东江区域，因有游击队收购军粮的事情，当地粮价亦有高涨。目前粮价最高的区域是河南。西康原是缺粮地区，粮价亦时有涨落。其余各地粮价无多波动。

四川全省征实征购的数额，如能收足，尚敷各方需要。照今年四川一省收购的总额，如军粮数字不增加，本年颇有富余。去年军粮原定额为六百万担，结果全年供应额为七百万担。今年军粮预定额为七百四十万担，现在准备八百万担。省县两级公粮为三百万担，其余供应中央、公教人员及主要消费市场。此外尚须顾虑到两个现象：（一）今年四川有几处歉收，有十余处地方须由政府存粮于必要时加以救济的；（二）重庆市消费数量亟增。粮管局时代每日供应额为三千担，现在差不多增加到一倍。三个月以来，每日供应额均在五千担以上，一月总额超过十七万担。现在全市需要粮食百分之九十六由政府供应，山米供应仅及全市需要额的百分之一。

四川以外，情况比较严重的是河南。河南本年灾情特重，当地驻军食粮不能不供应，所以军粮不能全免，另由政府在陕西、安徽多方收购。军粮或可收足，民食颇成问题，恐怕在两月以后，河南或有发生饿死人的现象。现在政府正在各方进行救济工作，一面由政府拨发三千万元办理急赈，一面由中国农民银行拨借一万万元，交由河南士绅委员会负责办理平粜。有组织有经费，但是粮在哪里，这是一个严重的问题。云南方面所缺少的军粮，本年度原定配备数为八十五万包，后又增加四十一万包，到现在为止，已准备妥当，仅差十一万包。现在又要不断增加，尚需由西康、贵州运往，以应急需。河南、云南两处所需民食、军粮，是否能得到解决，尚无绝对把握。

3. 国民参政会第三届第一次大会休会期间驻会委员会第三次会议记录

（1942 年 12 月 18 日）

国民参政会第三届第一次大会休会期间驻会委员会第三次会议记录

时　　间：民国三十一年十二月十八日上午九时

地　　点：中华路本会秘书处

出 席 者：

主 席 团：张伯苓　莫德惠

驻会委员：郭仲隗　林　虎　罗　衡　黄炎培　阿汪坚赞　许德珩　江一平
　　　　　褚辅成　何葆仁　孔　庚　但懋辛　邓飞黄　冷　遹　杭立武
　　　　　陈启天　董必武　陈博生　许孝炎　王云五　李中襄　王启江
　　　　　于　斌　江　庸

农林部部长兼国家总 [动] 员会议秘书长：沈鸿烈

秘 书 长：王世杰

主　　席：莫德惠

记　　录：雷　震　谷锡五　龚光朗

主席恭读国父遗嘱——全体肃立。

报告事项：

一、秘书处报告：王参政员普涵函，因事返陕，请假两月由。

二、外交部书面报告（王秘书长代读），其要点如下：

（一）太平洋战场及北非战场；

（二）印度问题；

（三）土耳其动向；

（四）法国动态；

（五）远东近况。

三、沈部长鸿烈报告农林部最近行政实施情形及物价管制问题方案，其要点如下：

甲、关于农林行政者：

（一）调整并充实中央农业、畜牧、林业三实验所；

（二）成立农业推广委员会，并在各省设立垦区；

（三）宽筹经费，举办小型水利，并储备种籽、农具、肥料等；

（四）在西北各地增设防疫机构及血清制造厂，以防治兽疫；

（五）下年度中心工作，除食粮外，兼注意棉花、菜籽、蚕桑、鱼类、蔬菜之增产。

乙、关于物价管制者：

（一）国家总动员会改组经过；

（二）总裁限价通电所举七项实施办法中之要点。

讨论事项：

林参政员虎等六人提：请准贵州商民集资接办仁岸食盐运销案。

决议：本案交财政经济组审查后再提会讨论。

散会。上午十一时十分。

附：

外交部致参政会书面报告

一、太平洋战场

本月九日为太平洋战争爆发周年纪念，英美方面对于根本击溃日本，均有坚决之表示。据驻英大使馆本月十三日电：丘吉尔电罗斯福关于美国参战周年纪念，谓日本侵略力量必须消灭。每日电闻报甚赞扬，并云："美对日已报复一部分，日方亦自认其战斗力损失五分之一。但对日之生产力与其民众之战迷，决不可轻视。"该报对前驻日美大使格鲁所言，对日武力未可忽视之说，尤为注意。格鲁称日有两弱点：一、不能夺取联盟国之坚强根据地；二、不能自身严守海上交通，倘船舶损失，补充不能如联盟国家，则败更速。日本败北后，太平洋可无虞，盖彼实为亚洲民族之共同敌人也。

时与潮周刊谓日之暂时沉寂，非厌战或罢侵略野心，系因整理其所获之大宗战利品，以备大举，联盟国须长期抗战，方可集其厚力以御之。

二、北非战场

最近北非突尼斯方面，战事较为沉静。据驻瑞士公使馆十三日电，联军在突尼斯缓进原因为：（一）该处大地主多已与义侨通婚，主张法义合作；（二）该处驻军半数以上拥护戴高乐 DEGAULLE，此项军队虽不抵抗联军，但亦不愿听达尔朗命令。

又据驻美大使馆三日电：自美进据法属北非后，德义军队已全部自巴尔干西撤，集中义境，以防英美登陆。美方认为，义国内部不安现象甚确，但联军进入欧陆可能之地点甚多，须视北非军事结束后情形如何而定。惟英美在北非对义宣传颇力，义士气销沉，如联军入义，当不致抵抗为众所共信。至目前单独媾和，因德军遍布义境，势所难能。观测现局，联军占领 TUNIS 及 BIZERTE 后，与义境密接，义国骚乱，当非意外，其海空军较能自由行动，或有归向联盟国可能。

三、印度问题

关于印度问题，据驻加尔各答总领馆九日电：印度总督前以任期将于明年届满，各方对继任人选推测甚多。昨日（八日）印度政府突公布英已决定将现任总督任期延长六个月。印度人士对此消息，似有失望者，惟各报宣传则称此为英内阁对现任总督信仰之表示。

又本月十一日美方发表：罗斯福总统派前美驻义大使费立泼斯 William Phillips 为总统私人驻印代表。据驻加尔各答总领馆电：费氏大约下月赴印，不讨论印度政局问题，只调整美国在印各机构，且因印缅边境战事发生，故有此举。

四、土耳其动向

最近土耳其态度倾向联盟国家，一方面固由于联军大势好转，而另一方面，土记者团先后访问德、英、美实际视察，比较优劣使然。此外，土耳其生活程度日益高涨，极感中立之困苦。据驻土公使馆十日电：驻土德大使巴本问土外长，土耳其是否将参战？外长答称，土耳其参战，将以本身利益为前提，土耳其对各方侵略，将以全力抵御之。又土耳其派空军六十名赴英训练，内五名专习指挥，另派赴埃及二十名，习地上工作，据观测此为土耳其参战之准备。

五、法国动态

自德军占据自由法国后，法国政府已呈崩溃状态。各部职员纷纷辞职，各级职员脱离政府者已有百余人。

又据驻英大使馆十三日电：此间各报对英下院秘密讨论达尔朗事，颇多评论，多以英美暂时权宜之计为失当。新闻纪事报云，虽悟军事上变通，亦无认达尔朗为法殖民地新首领之必要，舆论殊不可忽。新政治家周刊谓，此举不啻助长法西斯制，妨碍自由法国战后之复兴。旁观周刊谓，优容叛徒，群将寒心。罗斯福言暂时权宜，军事便利，须在华盛顿与伦敦重言以申明之。

六、远东方面

（1）英访问团离华返国：英国会访问团已于日前离华返国，我国此次欢迎英访华团，实深欣幸。在各团员留华期间，吾人能示以新中国之生活与精神，尤感忻欣 [欣忻]。吾人深信中国政府以及人民所予彼等之热烈欢迎，亦必使彼等深受感动。就各方面而言，此次访问团之来华，对于中英谅解及合作之促进，贡献极大。

（2）美国运华物资，将设法使增加：本月十二日罗斯福总统向国会提出租借法案实施第七季报告，除申述租借物资运往中国之困难情形外，并谓吾人必将设法使其增加。

（3）美国派遣专家来华服务：本年三月，外交部据美大使高思报称，美政府拨有专款，备作派遣专家来华服务之用。当经我政府斟酌实际需要，开具需用人才种类，转达美国大使馆。本月十三日，美国务院宣布，美专家三人已抵渝，协助中国。一为美国农林水土保持局副局长罗德氏，一为国艺专家戴兹创，一为合作专家史蒂芬斯。上述各专家系由国务院指派在华服务，为借用性质。此外，下列专门人员，亦经国务院指派赴华：俄勒冈洲 [州] 学院牧畜系主任约翰逊教授赴华协助中国教育部；贸易管理专家雷门教授、长途电话工程师巴格威尔将协助中国交通部、农林部；动物繁殖专家费立浦斯教授将协助中国农林部。约翰逊氏现在赴华途中，其余三人，亦准备启程。

4. 国民参政会第三届第一次大会休会期间驻会委员会第四次会议记录

（1943 年 1 月 8 日）

国民参政会第三届第一次大会休会期间驻会委员会第四次会议记录

时　　间：民国三十二年一月八日上午九时

地　　点：中华路本会秘书处

出 席 者：

主 席 团：张伯苓　莫德惠

驻会委员：江一平　郭仲隗　邓飞黄　何葆仁　许德珩　王启江　陈启天

　　　　　于 斌　黄炎培　许孝炎　阿汪坚赞　陈博生　董必武　杭立武

　　　　　江 庸

财政部次长：俞鸿钧

秘 书 长：王世杰

主　　席：张伯苓

记　　录：雷 震　谷锡五　龚光朗

主席恭读国父遗嘱——全体肃立。

报告事项：

一、秘书处报告：

（一）国防最高委员会秘书厅函：国民参政会对于蒋兼院长关于加强管制物价方案报告之决议文，业奉国防最高委员会决议交行政院切实规划办理，复请查照转陈由。

（二）国防最高委员会秘书厅函：国民参政会对于政府交议三十二年度政府对内对外重要方针案之决议文，业奉国防最高委员会决议函请国民政府文官处转陈分令五院及军事委员会查照办理，复请查照转陈由。

（三）国防最高委员会秘书厅函：国民参政会建议请政府切实实施本会上届决议之第二、第十四、第十五、第二十七、第三十二各案，业奉国防最高委员会决议交秘书厅查案函复，函请查照由。

（四）国防最高委员会秘书厅函：国民参政第三届第一次大会关于军事国防事项建议各案，业奉国防最高委员会分别决议开列清单，函请查照转陈由。

（五）国防最高委员会秘书厅函：国民参政第三届第一次大会关于外交国际事项建议各案，业奉国防最高委员会分别决议开列清单，函请查照转陈由。

（六）国防最高委员会秘书厅函：国民参政第三届第一次大会关于内政事项建议各案，业奉国防最高委员会分别决议开列清单，函请查照转陈由。

二、外交部书面报告（秘书长代读），其要点如下：

（一）太平洋战场；

（二）德国近况及轴心国家会议；

（三）智利态度；

（四）印度问题；

（五）土耳其动向；

（六）法国动态；

（七）中巴关系。

三、财政部俞次长报告最近财政情形，其要点如下：

甲、最近财政之重要措施

（一）实施棉纱麦粉征实，加强控制物资；

（二）征课财产租赁及出卖所得税，增补库收；

（三）加紧征实购粮，裕筹军糈民食；

（四）扩大专卖实施区域，普遍推行专卖事业；

（五）积极推销公债，协济公用；

（六）分区设立银行监理官，全面管制金融；

（七）厉行储蓄保险，吸收游资；

（八）废除比期存放款制度，指导运用资金；

（九）推广统销货物范围，平衡物资供需；

（十）裁废自治户捐，减轻平民负担。

乙、本年施政方针

（一）调整收支，平衡预算；

（二）厘定税制，增加收入；

（三）健全专卖政策；

（四）筹募公债，吸收游资；

（五）整顿国营事业及国有财产；

（六）厉行管理金融政策；

（七）加强控制物资，稳定物价；

（八）促进自治财政。

丙、卅二年度预算编制情形

讨论事项：

财政经济组审查报告

奉交审查林参政员虎提：为据贵州公民代表袁干臣等六十六人呈请准由地方集资接办仁岸销盐，以免游资散在各地案。

审查意见：

（一）据财政部盐务总局代表张溥文称，仁岸销区官盐运销营业处业与该局签订两年合约，至民国三十三年六月十日为止，并赍呈有关文件前来。查该代表所称确属实情，在合约未届满以前似未便中途废除。

（二）合约规定每月应运销二十二担，复据盐务总局代表称，仁岸销区官盐运销营业处，自卅一年六月十日至同年十二月，已照合约规定运销数量运销一五四担。具见对于食盐供应尚无遗乏，合约规定亦能遵守。

（三）根据上述情形，本案似无成立之理由，拟请予以保留。

决议：照审查意见通过。

散会。上午十一时。

5. 国民参政会第三届第一次大会休会期间驻会委员会第五次会议记录

（1943 年 1 月 22 日）

国民参政会第三届第一次大会休会期间驻会委员会第五次会议记录

时　　间：民国三十二年一月二十二日（星期五）上午九时

地　　点：中华路本会秘书处

出 席 者：

主 席 团：张伯苓　莫德惠

驻会委员：陈启天　阿汪坚赞　邓飞黄　郭仲隗　于　斌　孔　庚　黄炎培

杭立武　许德珩　　陈博生　许孝炎　江一平　董必武　何葆仁

秘 书 长：王世杰

外交部次长：吴国桢

主　　席：莫德惠

记　　录：雷　震　谷锡五　孟广厚　龚光朗

主席恭读国父遗嘱——全体肃立。

报告事项：

一、秘书处报告：

（一）国防最高委员会秘书厅函：国民参政会三届一次大会关于财政经济事项建议各案，业奉国防最高委员会分别决议开列清单，请查照转陈由。

（二）国防最高委员会秘书厅函：国民参政会三届一次大会关于教育文化建议各案，业奉国防最高委员会分别决议开列清单，请查照转陈由。

（三）国防最高委员会秘书厅函：国民参政会三届一次大会对于政府各部会工作报告之决议文，业奉国防最高委员会分别决议开列清单，复请查照由。

（四）国防最高委员会秘书厅函：国民参政会三届一次大会关于送请政府参考各案，业奉国防最高委员会分别决议开列清单，复请查照由。

二、外交部吴次长国桢报告最近外交情形，其要点如下：

中美中英新条约订立之经过及其内容。

报告毕，各参政员提出关于华侨待遇等询问案数起，俱经吴次长即席答复。

三、经济动员策进会常务委员黄炎培报告该会筹备经过及最近工作概况。

报告毕，各参政员对渝市各重要日用品实施限价以后所发生之种种现象有所讨论，并拟建议政府予以纠正。

散会。上午十一时。

附：

外交报告

卅二年元月廿二日上午九时　第五次驻会委员会会议吴次长报告

主席、各位：

最近两周内外交方面最重要的事件，莫过于中英、中美新约的签订。中英条约全文已经在报纸公布，中美条约依美国法律非经参议院通过，双方不能公布，故于事前在华盛顿议定一个节略与中英条约同时公布。现在将中英、中美新约签订经过向各位简单报告。

自从去年十月九日英美宣布取消在华领事裁判权以及有关的特权，并表示愿意进行签订新约。当时英美所提出取消的范围，仅是领事裁判权及其有关特权。在中国方面认为，在此时期所有不平等条约应全部取消，提出对案范围比英美最初所提及的范围比较广泛。在外交部立场看来，这是比较困难的问题，经过三月的交涉，除了英国方面未能达到预定的目的（如九龙租借地未缴还等），所有美国方面的全部不平等一律取消。此次交涉虽未能达到百分之百的目的，但是，以英美最初准备提出谈判范围与今日之成就，可以说是满意的。

中英新约，除了条约正文之外，与条约同时宣布另有换文。条约要点，可分七点：（一）废除领事裁判权，所有未结案件，于可能范围尽量适用原有法律；（二）废除辛丑条约所赋予英美之特权。辛丑条约系八国联军所共同签订的条约，故英美两国只能废除辛丑条约所规定之特权。同时英美两国为友好起见，愿与中国政府向各签字国交涉共同废止；（三）东交民巷使馆界，上海、厦门等租界，归还中国；（四）居住、经商、旅行权利之规定。当英方提出英国人民在中国境内经营商业与本国人民同样待遇时，我国声明此项经商权利，可在通商条约内订定。通商条约有一定时效（五年十年），超过时效后可以废除或修订，而条约无年限规定，故未有明白答应；（五）取得不动产权的保障。但非经中国政府之明白许可，所有权人不得将权益转让于第三国人，必要时可由中国政府备价收回；（六）在双方同意之口岸地方与城市设立领事馆，其领事有与其本国人民有晤面通信之权，其人民被逮捕或拘留时，应通知领事；（七）在战事停止后至迟六个月内，进行谈判通商、航海、设领条约。

换文中，中国政府特别提出的有：（一）废除通商口岸制度。通商口岸制度废除后，仍许其商船驶至已开放或将来开放之口岸地方；（二）内河航行权全部取消；（三）军舰无权开入中国领水内；（四）取消外籍引水制。英政府提出几点：（一）广东广州租界交回中国；（二）海关总税务司取消；（三）外籍引水制可取消，但上海港口华籍引水不敷应用，暂由中国政府财政部税务司通告上海港口华籍引水不敷前得雇用有资格外籍引水。此项情事不载入条约及换文中，彼此互为谅解；（四）关于取消内河航行权，英方以为英国境内河道全部开放，准取任何外籍船只航行，故仍要求在互惠原则下准予维持。但以有关于最惠国待遇关系，我方坚持主张废除，并自愿放弃金沙江航行特权。

中英商定新约中，中国政府曾提出九龙问题，英国亦复若干噜苏问题，如同双重国籍问题、经营商业的国民待遇问题等。九龙问题交涉经过未至宣布时期，谈判中曾一度僵持，有一时期几乎不预备签订新约。后经多方考虑，以为中英新约不签字，或将影响中美新约的签订，及同盟国间的友谊，故而在保留要求下签订新约。英国何以对于九龙问题不愿提及？在谈话中可以测知其原因的。英国内阁曾为九龙问题召开两次会议。中国方面提出九龙系租借地，原是中国土地，应与上海等地租界一并归还中国。但英方以为：（一）英方最初提出者，仅系废除领事裁判权及其特权，现在所谈及的内容已经超越几倍，九龙问题并未在原定讨论范围之内；（二）华盛顿会议中对于租借地与租界有不同的解释；（三）从英方发言人的口气中揣测，英国政府似曾决定一个政策，即是在胜利未实现以前，所有属地问题，一概不愿谈判。英方惟恐因九龙问题引起各国的不断要求——从西班牙的直布罗陀至香港九龙间各租借地之主权国将纷纷要求归还，将无以对付。英方根据三项理由，不愿提及九龙问题。此次中英签订之新约，除九龙问题外，其余各项内容，均详见条约原文及换文中。

两星期以来，除中英、中美已签订新约外，如挪威、瑞士、巴西、比利士等国家，以及加那大、澳大利亚（此项中英新约为中国、英本部政府及印度政府的条约）先后与外交部接洽商订新约，现正在分头进行中。

本月五日十四个同盟国家共同联合宣言，敌国在占领区侵夺资产，不论采用何种方式，均保留宣告无效之权。宣言发表后，英国召集会议讨论对付方法，并征集各国抵制敌人侵夺其控制区域的资产以及敌人侵夺的方法。

北非的情势尚未澄清，英方接近戴高乐，美方协助吉罗德。美国政府已经允准吉罗德在华盛顿设立办事处。北非的局势的好转系于戴、吉的会晤与谅解，今日北非军事的不能迅予进展由于此。故中国站在同盟国立场，深盼戴、吉的早日会晤与互谅。

土耳其记者团访问印度。该团曾访问战后德国及英国。记者团访问英国时，曾要求并蒙允准自由参观，不受任何限制。访问团归国后表示，此次战争的胜利属于同盟国。此次要求访问印度，虽亦蒙英政府允准，但不能自由参观。土耳其记者访印团未出发前，土代办曾以私人资格征询中国政府，是否欢迎该团访问中国。大约以土代办事先未向土外部接约，所以我们表示欢迎该团的电报送达土外部时，该团已出发且以时间关系不及来华访问。

印度政情犹如前，而且更为复杂。英国政府初则联络回教同盟之真纳以压制国民大会，近则联络大乘教以压制回教同盟，致使真纳感觉不满。

附：

经济动员策进会工作近况

主席、各位先生：

经济动员策进会自去年十二月二十三日成立常务委员会以后，驻会同仁即开始办公，秘书处亦同时组织。各办事处主任当即先后分赴各地主持，但以交通关系，各地工作开展情形未有详细报告。惟从直接间接公私函电中，可知各位同仁与各地当局洽商的经过，已见成效。例如，王云五先生在昆明商议核减粮价，算是一个成就。昆明米价原为八百余元，自粮食部电滇规定限价，昆明米价当即飞涨，一度高至一千三百四十元一市担。王先生到昆后，商准龙主席召集当地粮商商议，平定米价每市石为八百五十元。本会全体同仁在第一次参政会后，归返各地，分头工作，不时有函件报告当地情况，我们尽可能向当局转陈。至于本会总会所在地的三驻会委员的任务，除参予重庆市经济动员业务外，尚兼理川中区业务。关于重庆市限价问题，本会曾向政府各机关如总动员委员会、市政府几度接洽，现与总动员会委员会商定每周约谈一次。市政府召开之五次评价会议，本会均派员旁听。社会方面，本会亦曾派员与市商会主席接洽，并召集十四个同业公会代表举行会谈，到会人员除口头陈述外，另有书面报告。

十五日以前，本会所注意者为平价定价，十五日限价发表以后，各方面纷纷评论，生产者与消费者观念不同，意见各异。我们所希望的是在求其合理，限价的合理必先有精细调查与研究。现行限价中，以印刷工资增加较多，以至计算印工由一张（两页）计改为以一页计算，同时又规定印刷书籍文件以三令为起额，凡不足三令者概以三令计算，与原定惯例以一令为起额之规定，增加两倍，致使买卖交易双方都感觉有困难。已由本会将其中实情函告总动员委员会与市政府，希望加以注意与修正。

孔委员庚：自一月十五日公布限价以来，粮价反而增高，应请政府解释并说明理由。

郭委员仲隗：实行限价之后一日，政府经营之公共汽车即由三元增至五元，此事给予人民之影响太坏。河南粮价，自去年十二月二十日起到现在，不到四十天中，平均上涨一二倍，亦应由政府设法制止。

邓委员飞黄：汽车轮船涨价，都是限价以前已经决定之案，盖汽车轮船，若不加价，都无法维持。至于限价公布以后，米价高涨的，只是一般人所谓山米的。据粮政当局说明，熟米依据十一月十五日之市价规定，山米价格以数量较少，暂不限价。

许委员德珩：平价米于此时自二百四十元一担涨至三百八十元，颇为不当。公营事业随物价高涨而涨价的原则，应予纠正。政府为推行限价政策，即使亏蚀，亦应维持。

江委员一平：限价必须公平，同时尤须顾及其成本与运费。

6. 国民参政会第三届第一次大会休会期间驻会委员会第六次会议记录

（1943 年 2 月 12 日）

国民参政会第三届第一次大会休会期【间】驻会委员会第六次会议记录

时　　间：中华民国三十二年二月十二日上午九时

地　　点：中华路本会秘书处

出 席 者：

主 席 团：莫德惠　张伯苓

驻会委员：许德珩　王启江　陈启天　董必武　于　斌　黄炎培　　邓飞黄

　　　　　许孝炎　何葆仁　江　庸　杭立武　陶百川　阿汪坚赞　冷　遹

内政部部长：周钟岳

主　　席：张伯苓

秘 书 长：王世杰

记　　录：雷　震　谷锡五　龚光朗

主席恭读国父遗嘱——全体肃立。

报告事项：

一、秘书处报告：

（一）国防最高委员会秘书厅函：国民参政会建议请设法救济鄂省灾情一案，行政院函报办理情形，请查照转陈由。

（二）国防最高委员会秘书厅函：国民参政会建议河南灾情惨重请政府速赐救济一案，行政院函报办理情形，请查照转陈由。

（三）国防最高委员会秘书厅函：国民参政会建议请拨巨款购贮民食以济湖北灾荒并整理游击队案，行政院函复办理情形，请查照转陈由。

（四）国防最高委员会秘书厅函：国民参政会建议晋东南旱灾奇重请速拨款振济一案，行政院函复办理情形，请查照转陈由。

（五）国防最高委员会秘书厅函：国民参政会建议请政府依照中央拨定粤省侨贷三千万元数额转饬主办侨贷机关迅速举办侨贷一案，行政院函复办理情形，请查照转陈由。

（六）国防最高委员会秘书厅函：国民参政会建议收回航权一案，行政院函复办理情形，请查照转陈由。

（七）国防最高委员会秘书厅函：国民参政会建议开发西北请政府迅设专责机构并制颁奖助条例切实移民西北一案，行政院函复办理情形，请查照转陈由。

（八）国防最高委员会秘书厅函：国民参政会对交通报告暨政府交议三十二年度政府对内对外重要方针案关于交通事项之决议文内公路工程应划归交通部行政来统一节，行政院函报办理情形，请查照转陈由。

二、外交部书面报告其要点：

（一）太平洋战局；

（二）卡萨布兰卡会议；

（三）智利与轴心国绝交；

（四）德国军力之估计；

（五）所谓德、意、日经济协定。

三、内政部周部长报告三十二年度中心工作，其要点：

（一）实施新县制；

（二）完成户籍行政；

（三）充实各级警察；

（四）彻底肃清烟毒。

散会。上午十时四十分。

附：

内政部三十二年度中心工作简述

查抗战建国同时并进为国家既定政策，内务行政自应根据国策以适应战时之需要，并树立宪政之基础。本部年来依照抗战建国纲领所昭示，健全民众自卫组织，加速完成自治条件，改善各级政治机构，整饬各级官吏纲纪，加强民众国家意识，发动全国民众力量数者，以为施政之准绳。去年，国民政府拟订民国三十二年度国家施政方针提经贵会决议，送由政府查照施行，其中关于内政部分为：（一）关于地方自治实施方案，应继续督导各省推行新县制，以期奠定民治基础；（二）充实各级警察机构，督促树立县以下区乡镇警察组织，并继续整顿各省保安队，或予裁撤，以达成警察替代保安队维持地方秩序之目的；（三）各省市户政机构之完成暨户口调查工作之实施，应如期完成，切实督行；（四）彻底肃清后方各省残余烟毒，查铲边区烟苗。对于沦陷区域，亦应多方设法以防止敌人广运毒品消灭我种族之奸谋。故本部三十二年度政务设施，以促进自治事业、充实各级警察、督行户籍行政、消灭残余烟毒四者为中心工作。曾依照施政方针及十中全会决议案拟具实施程序，呈请行政院鉴核有案，兹谨撮要叙述如下：

一、实施新县制　自县各级组织纲要颁布后，各省于二十九年开始实施，迄今将届三年，其各县照纲要规定，组织完成者已达三分之二以上，地方自治事业亦次第进行，惟因地方人力、财力之条件不足，故尚未能达到预期计划。本年度应查照地方自治实施方案，督促进行，而在实施进行期间所发见之缺点，亦宜随时加以改进，并依照十中全会决议各案及总裁对于党政工作检讨之提示意见切实施行：（一）督导各省调整县政府组织及乡镇公所保办公处组织；（二）确定分期推进地方自治之程限；（三）切实考核各省实施地方自治及新县制成绩利弊，并随时提供改进意见；（四）督促各省成立县各级民意机关，并训练人民行使四权；（五）督促各省训练机关积极训练县各级干部人员；（六）督促各省奖励或征调曾受中等以上教育之知识分子从事基层政治工作；（七）督促各省普遍推行乡镇保长候选人检核工作；（八）清理县市公有款产；（九）督促各省实施乡镇造产。

二、完成户籍行政　户籍行政为全国庶政之枢纽，总理建国大纲及地方自治开始实行法皆以调查户口为首要工作，而在战时于征兵、征工、征粮尤有密切之关系。十中全会议决策进役政宏裕兵源案，其办法第一项即为各县市政府应切实调查户口，举办户籍，健全基层组织，于一年以内办理完竣。本部依照议决案及三十二年度施政方针规定本年度实施户政计划：（一）完成各级户政干部训练；（二）完成各级户政机构；（三）审核各省市户政经费；（四）推行户籍及人事登记；（五）实施户口调查计划；（六）规划举办国民身份证；（七）督促办理兵役工役行政。

三、充实各级警察　自抗战军兴以来，维持地方治安不能不加强警卫力量。本部依照施政方针规定本年度警政计划为：（一）调整各级警察机构；（二）督促树立县以下区乡镇警察组织；（三）厘订乡镇警卫人员实施训练办法；（四）继续整顿保安团队；（五）添设外事警察人员训练班以应需要，已于二月二日提经行政院会议通过；（六）扩编警察总队，以为战后复员调派大量优秀警察维持收复地区秩序之准备。

四、彻底肃清烟毒　肃清各省残余烟毒为禁烟善后期间之重要工作，本年度所注意者为：（一）继续派员分区检查；（二）督促各省切实办理调验；（三）查铲边区烟苗；（四）防止敌人广运毒品。

以上四纲，为本年度施政方针所规定本部之中心工作。此外，经常政务则仍按照计划赓续进行。惟内政设施类皆由各省市县执行，而本部只负计划、督导、扶助、考核之责，故其事业费亦多列入各省市县预算之中。如各省市县地方经费不敷，则内政亦即无由推进，故本部现正呈请行政院于审核地方预算时，多划拨自治经费，以期地方自治建设事业能顺利进行矣。

7. 国民参政会第三届第一次大会休会期间驻会委员会第七次会议记录

（1943 年 2 月 26 日）

国民参政会第三届第一次大会休会期间驻会委员会第七次会议记录

时　　间：中华民国三十二年二月二十六日上午九时

地　　点：中华路本会秘书处

出 席 者：

主 席 团：莫德惠

驻会委员：罗　衡　陶百川　许德珩　孔　庚　邓飞黄　于　斌　何葆仁

　　　　　董必武　杭立武　冷　遹　黄炎培　陈启天　陈博生　许孝炎

　　　　　江一平　王云五　江　庸

经济部部长：翁文灏

主席：莫德惠

秘书长：王世杰

记录：雷　震　谷锡五　龚光朗

主席恭读国父遗嘱——全体肃立。

报告事项：

一、秘书处报告：

（一）国防最高委员会秘书厅函：国民参政会建议关于实施统制经济以安定物价等建议十六案，业奉国防最高委员会合并决议在案，复请查照转陈由。

（二）国防最高委员会秘书台函：国民参政会建议甄审官吏、淘汰冗员、裁撤骈枝、调整地方机构一案，行政院函复办理情形，函请查照转陈由。

（三）国防最高委员会秘书厅函：国民参政会建议利用现有人才设备及材料分期

建筑贯通西北、西南之内线铁路一案，行政院函复办理情形，请查照转陈由。

（四）国防最高委员会秘书厅函：国民参政会建议筹募公债应特重富户现行办法尚须强化一案，行政院函复办理情形，函请查照转陈由。

（五）国防最高委员会秘书厅函：国民参政会建议请补助经费，改良学校教科书之纸张印刷一案，行政院函复办理情形，函请查照转陈由。

二、外交部书面报告，其要点：

（一）义阁改组内幕；

（二）德国军政情形；

（三）巴尔干及意大利最近之倾向；

（四）美对法属美洲殖民地之态度；

（五）伊朗新阁；

（六）甘地绝食近情。

三、经济部翁部长报告最近经济设施情形，其要点：

（一）后方工矿业生产情形；

（二）政府工矿政策与协助民营工厂之设施；

（三）目前限价业务之推进。

报告毕，江参政员一平、黄参政员炎培、邓参政员飞黄等提出关于燃料供应与限价问题询问案三件，俱经翁部长即席答复。

散会。上午十一时十分。

附：

经济报告

翁部长报告 卅二年二月二十六日第七次驻委会

诸位先生：

经济事业的进展，应注意到产、运、销三部分。现在因为物价高涨的关系，大家十分看重销货，而忽略生产与运输，这是绝大的错误。所以今天的报告，即从产、运、销三部分来陈述。不过目前后方的生产事业，并非全部由经济部主管，例如丝、猪鬃、糖等，由财政部主办，现在仅就经济部过去所努力的事业论。战时的后方与战前的后方，各种物资都有相当大的数量的增加。兹将战前、战后，后方几【类】日用必需品的产量总额列表如下：

货物名称		战前产额	去年产额	增加倍数
面粉		一，九二〇，〇〇〇袋	四，七〇〇，〇〇〇袋	二.四
棉纱		二九，七〇〇件	一二〇，〇〇〇件	四.〇
肥皂		一四四，〇〇〇大箱	四二〇，〇〇〇大箱	三.〇
火柴		五〇，〇〇〇箱	一三〇，〇〇〇箱	二.六
皮革		估计数一二，〇〇〇张	二四〇，〇〇〇张	八.〇【原文如此，疑为二十.〇】
纸张	机制	一四，〇〇〇令	二五〇，〇〇〇令	一七.〇
	土纸	七八，〇〇〇令	一九二，〇〇〇令	

生产用品的煤、铁、钢、铝、漂白粉、硫酸、水泥产量，亦有增加。

货物名额【称】		战前产额	去年产额	增加倍数
煤		三，〇〇〇，〇〇〇吨（不足）	五，五〇〇，〇〇〇至六，〇〇〇，〇〇〇吨	一
铁	土白口铁	四四，〇〇〇吨	六六，〇〇〇吨	
	灰口生铁	无	二八，〇〇〇吨	
钢		无	三〇〇〇吨（生产能力有一万四千吨）	
铝		二〇，〇〇〇吨	四〇，〇〇〇吨	
漂白粉		无	一，〇〇〇吨	
硫酸		无	二，〇〇〇吨	
水泥		无	三〇〇，〇〇〇桶	

生产工具方面的动力机，民国卅一年民营工厂的出品计有四千七百匹马力，国营工厂的出器[品]计有六千三百匹马力，预计卅二年民营工厂可以制造八千七百匹

马力的动力机，国营工厂则已不能增产。后方各省现有的发电机，都是不足供给各该地的需要，即以重庆而论，重庆全市用电已超过电厂所发电力。因此，经济部年来积极计划增设新电厂，现正筹划中者有下列各厂：

地点	发电量	
叙府	六〇〇〇千瓦	
五通桥	五〇〇〇千瓦	
柳州	二〇〇〇千瓦	
湖南	七五〇〇千瓦	官商合办后方最大电力厂
	二〇〇〇千瓦	地点未定
	一〇〇〇千瓦	地点未定
重庆附近	一〇〇〇千瓦	
泸州	二〇〇〇千瓦	中央机器厂自制

除上表所列者外，尚可增加一万余千瓦的发电机。上列各厂发电机，俱系现货，惟一套机器的装置以及经费的筹划，费时甚久，故除增设大发电厂外，尽量设法增加小模轨发动机。卅一年中民营工厂制造发动机有二八〇〇千伏恩，国营工厂制造的有四八〇〇千伏恩，合计七千六百千伏恩。

工具机卅一年中民营工厂制造的八千七百匹马力，国营工厂制造的三千三百匹马力，以机件部数论，卅一年共制造一千〇九十四部，卅二年拟增产两千部。

液体燃料的汽油、酒精、柴油，几年来产量大增，现将卅一年的产额与卅二年增产额列表如下：

类别	卅一年产额	卅二年增产额
汽油	一，九五〇，〇〇〇加仑	五，〇〇〇，〇〇〇加仑
酒精	七，〇〇〇，〇〇〇加仑	九，〇〇〇，〇〇〇加仑
柴油	二〇〇，〇〇〇加仑（不足）	一，五〇〇，〇〇〇加仑

政府对于生产事业，除在各方面予以便利外，尽可能贷款补助，外界对于工矿贷款不大明了，现将经济部与四行放给工矿业的款项（其他政府机关放款不计在内）

【列表如下】结至卅一年十二月底后方各工厂欠政府的，共计四万二千六百余万元。

种类	贷款额			产额	贷款与产额百分比
	经济部	四行	总额		
煤矿	四，一〇〇，〇〇〇元	二八，二九八，〇八〇元	三二，〇〇〇，〇八〇元	五，〇〇〇，〇〇〇吨	除八十万吨计国营矿厂出品，余数大部货款。
钢铁	十二，一六六，六〇〇元	七五，九八八，八七〇元	八八，一五五，四七〇元		
机器	九，六三六，五三〇元	四，六四〇，〇〇〇元 [1]	五六，〇〇〇，〇〇〇元		
化学					
纺织					
食料					
合计	五三，〇〇〇，〇〇〇元	三七三，〇〇〇，〇〇〇元	四〇六，〇〇〇，〇〇〇元		

　　政府帮助各矿厂贷款，为数不算少，惟年来物价高涨，工资增加，各工厂同感流动资金的不足，现在政府虽在多方设法增加贷款额，但是厂商仍有理由说明政府的补助还不够。

　　国营事业就目前的情况论是可以乐观的。国营事业中以液体燃料的制造占最大额。全国液体燃料全年产额中，国营工厂产品占百分之九十五。甘肃油矿每年初，拟订全年产额以及每月进度表，每月月底由矿呈报经济部当月汽油生产量、原料存额、人员进退、现金收付等。卅一年初预计产量为一百八十万加仑，实产一百九十六万加仑，卅二年预计产量五百万加仑，希望能有超额。柴油卅一年产十四万加仑，卅二年预计产一百廿万加仑。动力原料厂利用植物油提炼汽油、柴油，卅一年产汽油十五万加仑，柴油十四万加仑。犍为油厂由煤中提炼汽油，卅一年中产汽油一千加仑，柴油一万加仑，产额虽少，品质甚优，所产汽油，飞机上可以应用。

---

[1] 原文如此，疑为四六，四〇〇，〇〇〇。

酒精一项，近三四年来产额大有进展，其历年产额如下：

年度	产额
三〇	二〇〇，〇〇〇加仑
三一	一，八〇〇，〇〇〇加仑
三二	五〇，〇〇〇，〇〇加仑

惟其产额增加过速，品质日劣，现正设法改良中，预计再过五六月后，酒精品质可渐提高。制造酒精的原料，干酒、桔糖、糖蜜现以生产增加，原料供应不及，市场存货不足，因而涨价。糖蜜一万公斤原价为三万六千余元，现涨至六万八千四百元，桔糖每万公斤原价为六万九千元，现涨至十一万八千元。酒精原料价格增高近一部[倍]，而酒精售价以限价关系不能提高。四川境内国营酒精厂有四所，年产二万四千加仑，原有流动资金也不足应付目前需要。

钢铁生产情形有一种不同的观察，一部人以为中国钢铁生产太少，而办理矿厂的人以为目[前]后方钢铁的生产太多。去年钢铁的产额如下：

种类	国营工厂	民营工厂
钢	一，六八九吨	四，七三九吨
铁	一三，九九一吨	二八，〇七三吨

生铁的产额在有些地方确有不够现象，但在四川确是感觉太多。今年预计增加二万吨，如没有销路，矿厂便应无法维持，因此，我们想到要使中国工业化，现行的金融制度还不适合。

除上述几项外，国营事业中尚有军用电话——卅一年度制造三千七百余套、电讯器材、工具机——中央机器厂所出工具机，其精密程度与外国制品相同。

现在政府为增加工业机器设备，特由财政部、经济部、四行集合资金一万万元，向各工厂定制价值二万万元的机器，如此计划可使若干工厂，能大量制造。

至于政府对于工业之政策，按照总理遗教之规定，重要工业分由：（一）个人经营，即现在所谓民营；（二）国家经营，即是国营。同时我们也注意到，民营、国营的壁垒不能太深，更不可相互竞争，相反的，各自出其所长，互求进步。如何才能达到这个目的？以特种公司制。在抗战时期，政府制办特种股份公司，规定政府举办某种事业可设立公司，招募社会资金。规定若干种事业，如矿业法所规定有若干种矿产须由国营，故另有国营矿区管理规则之规定，现在通融办法：（一）国营矿区租给民营公司；（二）领得国营矿权组织公司，主管机关投资，不得超过三分之一，除董事长由政府指派外，其余一切均照一般民营公司之规定；（二）由国营事业机关帮助民营工厂，例如由政府设置相当大规模之发电厂，廉价供给动力，及设法使民营工厂获得工厂需要之机器与材料，当此国际陆地交通断绝之时，若干机器与材料，须由政府主管机关经办，方能购得与输入。

目前还有一个问题是一般人所注意的，即是物价统制问题。物价固须统制，生产亦应统制，我们必须设法引导游资投入正当事业，然后能树立工业化的基础。但事实上目前投资于非必需品的制造获利厚，必需品的制造获利薄，年来钢铁厂能不亏本的已经是幸事。按照目前限价的规定，铁每吨一万元，四川境内只有两家工厂勉强可以维持，其余都要亏本，所以此后政府应设法禁止非必要品的制造，使社会资金尽量转入制造必需品之用。现在政府对于统制经济是诚意的推行，但是对于生产统制还不够，这又要牵述到政府分权与能力的问题。虽则几年来政府对于生产的统制不够严，说是几年来毫无成绩，亦非确评。

到现在为止，各工厂的困难是增加了，一方面运输能力有限，一方面运费亟增。单就国营事业而说，甘肃油矿以及各酒精厂，曾因出品无法运出而中途有短时期的停工。同时各工厂都感觉资金周转不够，即是每年分发巨额红利之工厂，亦是同样情况。国营工厂由经济部主管者，去年结算获利约计三千万，除去公积金、公益金、福利金外，净余八百万元，解还国库。记得参政会大会时有人提案述及国营事业机关，资本大，效能低，其实也不能一概而论。譬如（国营）四川酒精厂等四厂都是赚钱的，出产数量占全省产额半数以上。四川境内民营酒精厂共计九十余家，其产额不及四厂，所以国营工厂如能善为经营，效率不比民营差。四川境内虽有四家国营酒精厂，但我们认为酒精厂应由民营，政府只负提倡之责。在南京时，政府鉴于未来的必要，决定在内江设立酒精厂，定名为四川酒精厂。后以陕西酒精厂机器闲置未用，迁至资中设立第二厂。同时复在泸州设立第三厂、第四厂。初由交通部办理，后移交经济部办理。四川酒精业自政府提倡以来，民营酒精厂日渐增多，故本部即停止在川设厂。去年起，本部且停止增设民营酒精厂，原因由于现有各厂生产能力已超过原料一倍。

自从今年一月十五日，政府公布限价以来，若干物品之限价不合理。即如菜油一项而论，菜油每吨限价九百元，自合川运渝，运费每吨二百元，而重庆市之限价与合川相同，如不能提高渝市限价，即须设法压低合川售价，现正派人前来洽商中。再如纸张，铜梁出品之粉工纸，铜梁限价高于重庆，来源断绝，现责成同业公会设法运输，其运费由政府负担。因此，我们认为限价必须产销两方有密切联系，不必 [然] 上述困难便无法解决。

8. 国民参政会第三届第一次大会休会期间驻会委员会第八次会议记录

（1943 年 3 月 12 日）

国民参政会第三届第一次大会休会期间驻会委员会第八次会议记录

时　　间：中华民国三十二年三月十二日上午九时

地　　点：中华路本会秘书处

出 席 者：

主 席 团：莫德惠　吴贻芳

驻会委员：冷　通　许孝炎　邓飞黄　李　璜　孔　庚　许德珩　黄炎培

　　　　　杭立武　王云五　褚辅成　陈博生　江　庸　阿旺坚赞　何葆仁

　　　　　郭仲隗　陈启天　董必武

交通部部长：曾养甫

主　　席：莫德惠

秘 书 长：王世杰

记　　录：雷　震　谷锡五　孟广厚　龚光朗

主席恭读国父遗嘱——全体肃立。

报告事项：

一、秘书处报告：

（一）张主席伯苓函：病体初愈，本星期五驻委会恐仍不能出席。

（二）国防最高委员会秘书厅函：国民参政会建议国营各事业机关实行考核一案，行政院函复经济部办理情形，函请查照转陈由。

（三）国防最高委员会秘书厅函：国民参政会建议扩大并加紧边疆学术考察工作一案，行政院函复办理情形，函请查照转陈由。

（四）国防最高委员会秘书厅函：国民参政会建议切实推行国家总动员业务一案，行政院转报国家总动员会议呈复情形，函请查照转陈由。

（五）国防最高委员会秘书厅函：国民参政会建议改革领料手续、调整限价，以发展炼油工业一案，行政院函复办理情形，函请查照转陈由。

（六）国防最高委员会秘书厅函：国民参政会建议请移送灾区难民于西北各省垦殖一案，行政院函复办理情形，函请查照转陈由。

二、外交部书面报告其要点如下：

1. 甘地绝食终止后各方之批评；

2. 智利对轴心绝交后之情况；

3. 埃及学潮；

4. 广州湾敌登陆事件；

5. 北非战况；

6. 两洋军事；

7、英舆论界对当前战局之意见。

三、交通部曾部长报告最近交通设施情形，其要点如次：

1. 交通事业建设及业务概况；

2. 交通机构调整情形；

3. 接管公路经过；

4. 对三届一次参政会关于交通建议案处理情形；

5. 协助限价工作；

6. 目前交通事业困难之一般。

报告毕，参政员褚辅成、王云五、黄炎培提出关于轻便铁道、教育、文化、邮包、华侨、机工及交通事业应予限价政策相配合等问题询问案数起，俱经曾部长即席口头答复。

散会。上午十二时。

9. 国民参政会第三届第一次大会休会期间驻会委员会 第九次会议记录

（1943年4月2日）

国民参政会第三届第一次大会休会期间驻会委员会第九次会议记录

时　　间：民国三十二年四月二日（星期五）上午九时

地　　点：重庆中华路一二一号本会

出 席 者：

主 席 团：莫德惠　李　璜

驻会委员：邓飞黄　阿旺坚赞　黄炎培　江　庸　许德珩　许孝炎　陈博生

　　　　　杭立武　孔　庚　冷　遹　董必武　罗　衡　王云五　江一平

　　　　　何葆仁　王启江　陶百川

秘 书 长：王世杰

军政部部长：何应钦

主　　席：莫德惠

记　　录：雷　震　谷锡五　孟广厚　龚光朗

主席恭读国父遗嘱——全体肃立。

报告事项：

一、秘书处报告：

（一）国防最高委员会秘书厅函：国民参政会建议限期完成陇海路宝兰段以奠定西北国防及开发西北请先建设西北交通两案，行政院函复办理情形，请查照由。

（二）国防最高委员会秘书厅函：准函为张参政员爱松已任县长来函辞职请转陈核办一案，经函准中央秘书处复，已奉批应准辞职，请查照由。

（三）国防最高委员会秘书厅函：国民参政会建议改善侨汇及侨属贷款办法一案，

行政院函复办理情形，请查照由。

（四）国防最高委员会秘书厅函：国民参政会建议边疆文教应早定大计一案，行政院函复办理情形，请查照由。

（五）国防最高委员会秘书厅函：国民参政会建议积极推行公医制度一案，行政院函复办理情形，请查照由。

（六）国防最高委员会秘书厅函：国民参政会建议国立大学应增设东方语文学系一案，行政院函复办理情形，请查照由。

（七）国防最高委员会秘书厅函：国民参政会建议扶植边地教育发展一案，行政院函报教育部办理情形，请查照由。

（八）国防最高委员会秘书厅函：国民参政会建议发展地方实业应以吸收地方社会游资为原则案，行政院函报财政部办理情形，请查照由。

（九）国防最高委员会秘书厅函：国民参政会建议请政府提倡西北畜牧分养合作一案，行政院函复办理情形，请查照由。

（十）国防最高委员会秘书厅函：国民参政会建议指定学校负责训练各级工业学校师资一案，行政院函报教育部办理情形，请查照由。

二、外交部书面报告（王秘书长代读），其要点如下：

（一）对日作战问题；

（二）美参议员所提加强同盟国案；

（三）英在欧之外交方针；

（四）土与英德两方关系；

（五）法属殖民地及越南近情；

（六）自由法国抗战统一政府问题；

（七）援华问题；

（八）印度问题。

三、何兼部长报告国内外军事近情，其要点如下：

甲、国内

（一）东战场方面；

（二）南战场方面；

（三）北战场方面。

乙、国外

（一）西南太平洋及越南、缅甸、泰国方面；

（二）北非战场；

（三）苏德战场。

报告毕，参政员黄炎培、陶百川、邓飞黄、王云五、许德珩等提出关于兵役、士兵待遇及熊式辉团长行踪等询问案数起，俱经何兼部长即席答复。

讨论事项：

（一）参政员黄炎培、邓飞黄、冷遹提：拟据重庆市商会等请求建议政府增课所得利得两税不必溯及既往案。

决议：先交财政经济组审查再提会讨论。

散会。上午十二时。

10. 国民参政会第三届第一次大会休会期间驻会委员会第十次会议记录

（1943 年 4 月 16 日）

国民参政会第三届第一次大会休会期间驻会委员会第十次会议记录

时　　间：民国三十二年四月十六日（星期五）上午九时

地　　点：重庆中华路本会

出 席 者：

主 席 团：莫德惠

驻会委员：许德珩　江一平　李中襄　邓飞黄　何葆仁　王云五　陈博生
　　　　　许孝炎　陈启天　杭立武　黄炎培　董必武　王启江　阿旺坚赞
　　　　　孔　庚

教育部部长：陈立夫

主　　席：莫德惠

记　　录：雷　震　谷锡五　孟广厚　龚光朗

主席恭读国父遗嘱——全体肃立。

报告事项：

一、秘书处报告：

（一）国防最高委员会秘书厅函：国民参政会建议改善侨汇办法一案，行政院函复办理情形，函请查照转陈由。

（二）国防最高委员会秘书厅函：国民参政会建议迅速实施社会保险一案，行政院函报财政部办理情形，函请查照转陈由。

（三）国防最高委员会秘书厅函：国民参政会建议励行盐专卖制应统一机构、限制开支、加强运输组织、改进制造方法、废除行盐地域一案，行政院函复办理情形，函请查照转陈由。

（四）国防最高委员会秘书厅函：国民参政会建议设置蒙藏卫生院以资防治人畜疫疠一案，行政院函复办理情形，请查照转陈由。

（五）国防最高委员会秘书厅函：国民参政会建议请政府维护佛教一案，行政院函复办理情形，请查照转陈由。

（六）国防最高委员会秘书厅函：国民参政会建议就目前教育上各项重要问题详加考察并从速设法解决一案，行政院函复办理情形，请查照转陈由。

（七）国防最高委员会秘书厅函：国民参政会建议积极推进社会教育案，行政院函报教育部办理情形，请查照转陈由。

二、外交部书面报告（雷主任代读），其要点如下：

（一）德意军政情势；

（二）土葡对维琪关系；

（三）越南敌伪近情；

（四）艾登在美商洽要点。

三、教育部陈部长立夫报告最近教育设施情形，其要点如下：

（一）高等教育；

（二）中等教育；

（三）职业教育；

（四）国民教育；

（五）社会教育；

（六）边疆教育；

（七）学生生活情形。

报告毕，参政员黄炎培、何葆仁、杭立武、邓飞黄、李中襄、许德珩、王云五、江一平等提出关于沦陷区青年华侨教育、高中学生服务、膳食、贷金、会考招生合并举行及采购外国书籍等询问案数起，俱经陈部长即席答复。

散会。上午十二时。

附：

教育最近设施情况

现在全国教育已经到了最困难的阶段，主要原因是经费。各学校校长天天筹划油盐柴米，一般教职员以待遇低薄不安于位，学校纪律受到不良影响。同时沦陷区域的青年为逃避敌伪的强抽壮丁，而大量向后方退来，我们不能不收容，但是收容，在河南一个学生单是伙食一月即要七八百元，假定有一万人进来，政府便要开支一百万一月的伙食费。接近沦陷区的各地，青年是无限制的进来，各地物价又是无限制的高涨，以有限度的经费，应付这两个无限制的人数与物价，各位可以知道我们的处境。就目前情况说，今年这一年要维持现在的状况，已经是感觉非常吃力，至于发展，自己实在不敢妄想。现在先将各级教育的近况，向各位陈说。

（一）高等教育

专科以上学校，本年度并未增设。浙江省立英士大学与东南联大合并成为国立英士大学，此外所有省立大学一律改为国立。专科以上学校经费，去年增加三成，今年又加三成，但是物价关系，没有一个学校是足够的。本部鉴于学校仪器及设备缺乏，特于教育文化费中提出一千一百万专为增加学校设备。前向美国购买之一百万美金图书已运入一百十三箱，另有六十八箱在印度。私立学校补助费去年曾列有三百余万元，今年增加为四百八十万元。私立学校中除教会学校有外汇接济外，其余因收费受限制，一般的情况，都是艰苦的。学校教职员的处境是够苦了，可卖的东西，衣服、图书已经卖完了，所以特提出二百万元补助各专科以上学校教员，凡任教三十年以上者补助三千元，计一百廿人，任教十年以上者补助一千五百元，计一千一百余人，总额超过二百万元。部聘教授，去年由学术审议会用选举方式选定三十名，今年预定增聘十五名。教员进修名额本年定二十名，拟选派赴国外进修。教授资格审查常年办理，已审查者四千余人。现在教授每月生活费收入总额不到一千四五百元，实难维持一个五口之家。本部曾按照杨端六先生提议（即是以战前生活标准十分之一计算，而以一百元为最低额），拟定办法呈院核议（本部建议案最低额增加为一百五十元），院方惟恐影响公务员的生活津贴，特交付审议。战区侨生之救济，去年一年中入大学先修班肄业之高中毕业生有四百七十二人。去年为适应实际需要，令由复旦大学、广西大学、广东文理学院各添设华侨先修班一班，到现在止，全国各大学校先修班及特设大学先修班共计五十三班。本年专科以上学校招生办法，因实施高中毕业生服务办法，将另行规定。高中毕业服务办法已公布，实施此项办法，利弊各半，使学生有一点生产技能与服务经验原是需要的，但是在目前实行所感觉困难的：（一）交通不便；（二）经费无着；（三）派往工厂服务，是否能获得指导。此办法是否实行，正在呈核中。如果实行，本年度专科以上学校入学考试与高中毕业会考合并举行。国防科学技术之研究，奉命组织国防科学技术策进会，对于国防科学之研究作通盘筹划。国防文化合作，本年派往英国者有九个学生，一位教授，同时另有卅一人赴英实习。美国方面，造船科学生十六名已经出去，其余现正在商洽中。派往印度之研究生十名，由中央政治学校选派。

（二）中等教育

中等教育现在有一种不好的现象，即是各地私立学校的情况比公立学校优。一般私立学校都直接向学校收米，所以私立学校教员表面上薪水并不高，因为有米可分，每月收入总额超过公立学校甚多，以致公立学校教员纷纷向私立学校去任教，竟致国立省立学校一时无法维持。现在只有一方面限制私立学校收费，一方面尽量提高公立学校待遇。并仿照大学办法，实行中等学校优良教师补助金及进修办法。国立中学现已有二十二所，原不希望再增加，后以云南、广西两省要求，在云南设立西南中山中学，广西省汉民中学改为国立。科学仪器制造所，已经正式成立，今年可以出货。各省有制造厂所者，本部尽力补助。教科用书决定由七联书局承印，此后一切改用白报纸，本年下学期在川境内各校可一律改用新本。

（三）国民教育

后方十四省市截至卅一年底止，第一期国民教育结果，共有中心小学二万一千余所，国民学校十六万余所，合计十八万二千八百〇四所，全国共计三十七万七千三百五十八保，平均接近两保一校，超过原计划三保一校之目的。全国学龄儿童约计二千九百五十万余，卅年度入学儿童，中心小学国民学校总计一千九百六十万余，约占全体百分之六十六。国民学校成人班、妇女班的成绩较差，入班受教者仅一千四百余万人。自今年起，以充实中心小学为各省初等教育的中心工作。

（四）社会教育

中央民教馆于去年十一月成立，其任务为供给各省民教馆材料、设备、绘图，并负一切指导责任。礼乐馆现正筹备成立，办理制礼作乐事务。各种社教业务继续进行中。今年第三次全国美展，共收到作品一千一百六十八件，经审查结果选入者六百六十三件，参考人数共计十四万人以上。

（五）边疆教育

蒙藏文教科书已大致编就，印刷蒙藏文件之铅字亦已铸好，可以开始印刷。蒙古方面，曾拨专款二百五十万元，增设九个小学。新疆方面情况逐渐好转，最近本部曾代新疆代聘中等学校老师前往任教。此后新疆教育可照中央法令办理，若干学校正在办理备案手续。犍为县设立清溪职业学校。

（六）战区教育

去年招致战区青年五六四七〇人，本年起在各战区招致青年，各地特设招训分会，担任招致训练与就地分发工作。分发学生以现有学校为对象，必要时就原有学校增班或增设临时学校收容。战区教师服务团团员，前后共登记小学教师一万余人，陆续安聘，现时仅余一千三百余人，现拟于下年度六月底结束。战区教育机构，最近曾一度调整，将接近战区之省区分设若干督导专员，每区下设主任督导员，每县设督导员。

（七）膳食问题

各级学校教职员学生膳食费、米、贷金等去年全年合计一万七千余万元，今年预算略为增加，计每月为一千八百万元，不料各地物价飞涨，一月份结算总额为二千九百万元，不足一千一百万元。学生贷金、伙食费等等名额分配为：大中学战区学生贷金约计五万名，自费生补助贷金者约计一万四千余名，公费生包括师范生、公医生以及成绩优良者，约计一万六千余名，三项共计约八万人。现时全国大中学校学生约计八十余万，占全体十分之一。八万学生平均每生每年费公帑一千元，全体总计八千万元。全国教职员及其眷属之米贴，较此数略巨。今年一二两月以来，每月照预算超额一千一百万，上周院会准予预支两月，以应亟需。因此，本部不能不另定紧缩办法，现拟将学校工友减少至最低限度，凡一切工作可由学生轮流担任的，悉由学生自己担任。学校职员，亦尽量由教员担任。

前月起，粮食部通令将学校员生米贴制改为实发食米，重庆三月份实行，其他各地四月份实行。改发食米以后，发生一种实际问题，因米质低劣，二斗一升食米是不够的，所以要求改发二斗三四升，但未获通过。最近本部根据军事学校学生每月吃二斗五升之例，呈委员长请求增加。现在学生的营养实在太差了，我们为了他们的前途，必须另谋办法，希望下次报告有较好的办法。

贷金制度有不少弊病，现准备自下半年起取消，尽量增加公费生名额。至于现时已为贷金生者，一律贷至其毕业为止。

11. 国民参政会第三届第一次大会休会期间驻会委员会第十一次会议记录

(1943 年 4 月 30 日)

国民参政会第三届第一次大会休会期间驻会委员会第十一次会议记录

时　　间：民国三十二年四月三十日（星期五）上午九时

地　　点：重庆中华路本会

出 席 者：

主 席 团：张伯苓　莫德惠

驻会委员：江　庸　　陶百川　　陈启天　　王云五　　何葆仁　　黄炎培　　冷　遹

　　　　　阿旺坚赞　董必武　　郭仲隗　　王启江　　陈博生　　许孝炎　　孔　庚

　　　　　许德珩　　江一平　　李中襄　　杭立武

秘 书 长：王世杰

赴英美军事代表团团长：熊式辉

主　　席：张伯苓

记　　录：雷　震　谷锡五　孟广厚

主席恭读国父遗嘱——全体肃立。

报告事项：

一、秘书处报告：

（一）国防最高委员会秘书厅函：国民参政会建议请令全国军官学校及全国军队对白兵战术应特别重视实施严格训练一案，军委会函复办理情形，函请查照转陈由。

（二）国防最高委员会秘书厅函：国民参政会建议发展地方民生实业应以吸收地方社会游资为原则一案，行政院函报经济部办理情形，函请查照转陈由。

（三）朱参政员贯三等电：为甘肃连年歉收民众负担过重匪势蔓延建议治理之法

祈公裁，并转主管院部速予设处由。（本件已由处函送行政院核办）

（四）国防最高委员会秘书厅函：国民参政会建议充实北战场兵力一案，军委会函报办理情形，请查照转陈由。

（五）国防最高委员会秘书厅函：国民参政会建议设立全国公路总机关负责统筹全国公路事宜一案，行政院函复办理情形，函请查照转陈由。

（六）国防最高委员会秘书厅函：国民参政会建议请政府维护佛教一案，军事委员会函复已通令所属知照等由，函请查照转陈由。

（七）国防最高委员会秘书厅函：国民参政会建议根绝考试漏题之恶习一案，行政院函复办理情形，请查照转陈由。

（八）国防最高委员会秘书厅函：国民参政会建议切实辅助回胞国民教育一案，行政院函复教育部办理情形，函请查照转陈由。

（九）国防最高委员会秘书厅函：国民参政会建议振兴西北农田水利积极移民实边及十中全会大兴西北农田水利用备战后复员二案，行政院函报军政、农林两部及水利委员会会复商办情形，请查照转陈由。

（十）国防最高委员会秘书厅函：国民参政会建议确定军事委员会战时工作干部训练团学籍一案，军事委员会函复军训部办理情形，函请查照转陈由。

二、外交部书面报告（王秘书长代读），其要点如下：

（一）英报对印缅越军事及艾登赴美等事之观察；

（二）德军动向；

（三）保国近情；

（四）越南情形。

三、赴英美军事代表团熊团长式辉报告英美军事情形，其要点如下：

（一）英美军事状况；

（二）英美军力生长之原因；

（三）英美年来生产增进情况；

（四）对于英美现势的观察与感想。

报告毕，黄参政员炎培提出询问数项，均经熊团长即席分别答复。

散会。上午十二时。

附：

英美军事状况

主席、各位先生：

今天承邀报告英美军事状况，非常荣幸。现在本人想分三段来说明英美两国军事方面过去的概况、现在的情形、未来的计划与趋势以及个人此次考察英美军事状况后所发生的感想。先说英国的。

一、英国军【事】情况

英国的军事状况可以分三节来陈述：（一）自一九三八年九月张伯伦氏在慕尼黑签订协定以前的情况；（二）慕尼黑协定以后至一九四〇年六月英军自敦刻尔克撤退；（三）自敦刻尔克撤退至现在为止。

（一）慕尼黑协定以前的情况

一九三八年九月以前英国在军事毫无准备，不但陆空军的力量非常单薄，便是海军力量也并未扩充。因为英国重视政治与经济，一向运用政治手段保持欧洲的平衡，不预备派兵在大陆作战，因此也不愿意多费经费来建军扩军，所有军备以及各种飞机，仅制就模型，并未大量制造。英国虽是以海军立国，但是这几年德国准备与英国交战，充分扩充攻击海军之潜艇。张伯伦氏在慕尼黑时受着很大威迫，所以他不能不妥协，这真是一件不得已的事。许多外国人不了解这个事实，以为张伯伦上了希勒拉［希特勒］的当，但是在英国人看来，这正是拖延时间，使英国多一点时间准备以抵抗德国，所以在慕尼黑协定签字以后，英国人都是非常高兴。

（二）慕尼黑协定以后至敦刻尔克撤退为止

慕尼黑协定签字以后，英国上下，都知道欧洲的平衡不能再以政治手段来维持，同时预料到今后的战事是无法避免，所以开始积极准备。英国虽然是工业国，但因平时毫无准备，工厂机器的改装需要相当时日，所以一时无力大量制造。同一时期，德国的准备更是积极，更为努力。自一九三九年九月英德双方宣战，到一九四〇年六月英军自敦刻尔克撤退以前，这一个时期，英国是一面仓皇应战，一面努力准备的情况下作战。在准备方面，实行工业动员，改装一切可以改制军器之机械，依照标准大量制造，同时美国也大量的供应。英军自敦刻尔克撤退，正是英军最危险的时期，假如德军在那时追击，英军是无法抵御的。

（三）从英军自敦刻尔克撤退至一九四一年十二月美德宣战

这一时期是英国历史上最危险的时期。英国政治史上有一个基本原则，即是英国必须有强大的海军才能维持殖民地，所以英国陆空军方面并未有大规模的组织。英国陆军建军原则有两个要点：（一）欧洲大陆有一个陆军的敌国，必须另觅一个与国，自己的陆军以协同作战为目的而配备的；（二）英国陆军只是维持殖民地治安与防止叛乱，所以并未单独作战的计划。英军自敦刻尔克撤退乃至一九四〇年法国失败以后，德国与英国在海军方面方开始直接冲突。一九四一年十二月美德宣战，中间是新加坡、缅甸等地的失陷，以及北非的败退。北非英军的失利，当时的情况虽属危急，但还不是英国的危机。英国最怕是单独作战，现在已有美国联合作战，所以在英人看来德军侵入英伦的危险时期已经过去。美日战争以后，英国即以其全力扩充军备。在海军方面，英国特别注重海中战斗工具。他们认为要维持长时期的作战，一定要保持安全的运输，所以他们积极增加潜艇，以及反潜艇的工具。现在德国长期保持四百艘潜艇，而且其生产量超过其击沉量，英国为了抵抗德国潜艇的攻击，必须增加潜艇产量，将全国工厂凡能改装制造潜艇的全部改造潜艇，所以现时英国潜艇的制造比美国进步，反潜艇的方法也比美国进步。陆军方面有相当数量增加，全国动员额有正规军四百万，国民兵二百万，数量增多，质量精良，训练认真，准备充分，以集体方式训练官兵。英伦本土由正规军与国民兵合力保卫，海岸设有各项防御工事，如铁栅、地雷、海岸炮台。英伦前次被德空军继续不断轰炸时，当时英国飞机数量极少，到德空军最后一次狂炸伦敦时，英国只有六十五架飞机，如果德国继续轰炸，英国便无法抵抗，那一次轰炸，英国全力抵抗，所以最后一次的损失最大。到现在英德双方空军实力适成反比，英国空军平均每周大规模轰炸德国二三次，而英伦境内的警报已少有所闻了。

二、美国军事情况

（一）珍珠港事变以前的状况

美国对于远东外交政策，追随英国，徘徊不定，罗斯福总统三任连任时，美国外交政策，仍是未定，因此国内孤立派势力相当稳固，军事方面未有整个扩军计划。是故一九三一年日本侵入东三省，意大利之侵占阿比西尼亚，以及德军之进兵莱茵等等事变俱未有具体表示。当美国对德国宣战时，全国共有三十三师，计陆军九师，保安部队十八师，骑兵二师，装甲部队四师。美国海军原是一洋海军，即是美国所有海军仅能维持一洋的优势，以其一洋之优势海军，利用巴拿马运河之交通，输送军舰维持两岸的安全。所以美国在海军会议中提出五五三比例之规定，其实日本在一二八后积极扩军，已超过原定数额。空军方面，其战略仅是消极的防御，当时全国只有飞机五千架。

（二）珍珠港事变以后的情况

珍珠港事变以后，美国在陆军方面积极扩军，陆军方面已扩充到四十二个师，仍在继续大量训练官佐，以达到陆军一千万之总额。美国全年军需品产量分为八份，七份留为美军自用，八分之一供给全世界盟国中与美国租借法案关系的各国。中国目前所得美国租借法的军需用品占美国产额八分之一之百分之一点八。所以盟国方面对于美国的物资供给俱感不满，其实这也【是】美国多少年来，未及随时准备而现在必须积极增强国防以防轴心侵入，不能不如此的苦衷，我们在另一方面看来，也有可以原谅之处。

事变以后，美国海军实力已由一洋舰队降落为半洋舰队。前年十二月七日以前，珍珠港方面美海军全无准备，以至日本飞机在珍珠港上空无抵抗的低飞轰炸，前后计一百十分钟，共计被击沉、损伤船只计八十六艘，占美国太平洋舰队军力之百分之八十。其舰只之分别为：主力舰八艘，巡洋舰七艘、驱逐舰二十八艘、潜艇五艘、其他三十六艘。

空军方面在事变时亦蒙不少损失。虽经积极补充，但人员的训练亦非易事，而时前所制造之各种飞机，大多分配各国应用。当时美空军不单人才缺乏，机数亦感不足。

（三）目前生产及扩军情况

从去年起到现在乃至以后一二年内，美国正在积极准备继续加紧制造中，预计到明年底可以完成陆军二百师之配备，战车七万五千辆，装甲师三十师，六师，[1]今年年底可以完成半数。海军方面往一年半的经营，差不多已达到两洋舰队的目标。美国今后建设海军之总目标为五洋舰队。空军方面一年来大有进步，其所以然的原因，由于（一）大量制造；（二）集中训练。美国空军现有飞机六万架，预计本年底可有十二万五千架，训练二百万空军。美国陆、海、空三方面经政府主持，全国人民共同努力下，已有长足之进步，因此全国人民全体军士对于军事胜利绝无怀疑。

三、个人考察英美军事的感想

英美军备向不重视，而竟能于一二年内获得如许进步，何以中国抗战六年，在军事建设方面，未能树立良基。就个人观察，除了军事本身力量，另有其产生军事力量的环境：（一）政府力量坚强；（二）人民力量伟大。有健全的人民才有健全的政府。政府有力量，才易受人民拥护，人民的力量必须有政府领导方能充分表现，人民与政府合作下完成其任务。英美人民有三种特点：（一）政治天才；（二）丰富常识，（三）工商业习惯。

政治方面可以从几方面来说明：（一）英国侨民移居一地，立刻可以组织成功一个政府，例加拿大、澳洲自由邦等都是显著的事实。（二）从议会政治论，英国虽是多党政治的国家，可是在战时各党所表现的合作精神，值得佩服。丘吉尔首相自一九三五【年】选任，迄今已届八年，依现状论，在战时不致改选。英国除保守党外之各党，现在都自冠为保守党之某某党。战时英国一切政治斗争，完全停止，凡首相提案，莫不一致通过。此项光明态度正是英人政治天才的表现。（三）在国际舞台上，英人有一句口号："在战场上不一定能打胜仗，在会议席上必然打胜仗。"现在盟国的英美举动是一致的，参加盟国方面已有二十九国之多。中立国之葡萄牙，最近有转变的趋势。西班牙过去虽曾与德国接近，但是西班牙需要英美粮食的接济。土耳其最近态度，也更明显。这些都表示英美政治天才值得佩服。

---

[1] 原文如此，疑缺漏。

英美人民一向过着享受与自由的生活，到了战时，人人了解战事与国家前途的关系。现在美国人民全年收入，大部分约计百分之七八十转入国库，因此美国政府能支付巨额开支。在政治方面，英美人民向不愿意受任何意外的束缚，现在他们都自己管制自己，例如举行灯火管制，都是由人民自动办理。在经济方面，市场上偶然也有黑市，可是十件黑市交易，九件是破获的，其所以能迅速破获大半，由于人民的告发。英美人民战时生活确是相当刻苦，并非由于政府的强制，而是发于人民的自愿，这种精神，值得效法。

英美人民对工商业的制造与管理，俱有良好的习惯，所以要增产与加紧管理都是有其可能。英国农产品原靠外洋输入，然而在此战时经人民的努力，农产品生产总额增加百分之七十。美国农产品的增产情况亦复如此。美国五年来军事生产力量逐年增加，占全国生产总值的比额逐年提高，其详情如下：

年份	生产总值	军需品百分比
一九三九	八八一万万元	一．六
一九四〇	九七一万万元	二．九
一九四一	一，一九五万万元	九．四
一九四二	一，五二二万万元	三二．九
一九四三		五〇．【〇】以上

战时运输，关系军需品的供给、民食的输送至大，现时英国所需粮食以及北非战区之军粮弹药，都须由海外运去。珍珠港事件以后，英美参谋本部联合组织各种机构主持生产、运输、分配等各种合作，收效甚巨。

上面所述的是我个人考察的一点意见，在本人出国以前，总觉得我国各方面有许多缺点或者可以说在各方面的努力还不够。此次出外考察，得睹英美两国的许多优点，可是英美两国还有不少缺点亟待改进的。

12. 国民参政会第三届第一次大会休会期间驻会委员会第十二次会议记录

（1943 年 5 月 14 日）

国民参政会第三届第一次大会休会期间驻会委员会第十二次会议记录

时　　间：民国三十二年五月十四日（星期五）上午九时

地　　点：重庆中华路本会

出 席 者：

主 席 团：张伯苓　莫德惠

驻会委员：许德珩　林　虎　冷　遹　江　庸　陈启天　邓飞黄　黄炎培
　　　　　许孝炎　孔　庚　董必武　江一平　李中襄　杭立武　王云五
　　　　　何葆仁

秘 书 长：王世杰

副秘书长：周炳琳

司法行政部部长：谢冠生

主　　席：莫德惠

记　　录：雷　震　谷锡五　孟广厚

主席恭读国父遗嘱——全体肃立。

报告事项：

一、秘书处报告：

（一）郭参政员仲隗函：因事请假返豫由。

（二）国防最高委员会秘书厅函：国民参政会建议奖励制造机器工业一案，行政院函转教育部呈复到厅，函请查照转陈由。

（三）国防最高委员会秘书厅函：国民参政会建议请拨发巨款购贮民食以济湖北

灾荒并整理游击队一案，军事委员会函复军令部办理情形，函请查照转陈由。

（四）国防最高委员会秘书厅函：国民参政会对于内政报告之决议第二项乡镇民代表考试部分，行政、考试两院会转考选委员会呈复意见，函请查照转陈由。

（五）国防最高委员会秘书厅函：国民参政会建议充分发挥国民劳力案，行政院函复办理情形，函请查照转陈由。

（六）国防最高委员会秘书厅函：国民参政会对于交通报告暨政府交议民国三十二年度政府对内对外重要方针案关于交通事项之决议一案，续准行政院函复办理情形，函请查照转陈由。

（七）国防最高委员会秘书厅函：国民参政会建议战后马来亚华侨教育推进一案，行政院函复办理情形，函请查照转陈由。

（八）国防最高委员会秘书厅函：国民参政会建议限制公营事业涨价以免刺激物价一案，行政院函复办理情形，函请查照转陈由。

（九）国防最高委员会秘书厅函：国民参政会建议在边疆要冲蒙、回、藏聚居地点各设一社会服务处及救济院一案，行政院函复办理情形，函请查照转陈由。

（十）国防最高委员会秘书厅函：国民参政会建议缩小省区，调整战区及明定中央各部与各省权责一案，行政院函复核议情形，函请查照转陈由。

（十一）国防最高委员会秘书厅函：国民参政会建议征购征实搭征杂粮并从严查究收粮人员渎职案，行政院转报财政部办理情形，函请查照转陈由。

二、外交部书面报告（王秘书长代读），其要项如下：

（一）苏波邦交近情；

（二）希墨会谈及轴心间近情；

（三）意大利近情；

（四）印度近情。

三、司法行政部谢部长冠生报告司法行政设施情形，其要项为：

（一）关于审判之简单迅速；

（二）关于监犯之生产自给；

（三）注意收回法权后及战后复员工作。

报告毕，参政员杭立武、黄炎培、王云五、江一平等提出询问数项，均经谢部长即席分别答复。

四、经济动员策进会驻衡阳办事处主任林参政员虎报告自到衡后协助湘、桂、粤、赣四省推进限价情形。

散会。上午十二时。

13. 国民参政会第三届第一次大会休会期间驻会委员会第十三次会议记录

（1943 年 5 月 28 日）

国民参政会第三届第一次大会休会期间驻会委员会第十三次会议记录

时　　间：中华民国三十二年五月廿八日（星期五）上午九时

地　　点：重庆中华路本会

出 席 者：

主 席 团：张伯苓　莫德惠

驻会委员：许德珩　何葆仁　邓飞黄　陈博生　江　庸　孔　庚　阿旺坚赞

　　　　　冷　遹　罗　衡　黄炎培　王云五　陈启天　董必武　江一平

　　　　　杭立武　李中襄

秘 书 长：王世杰

副秘书长：周炳琳

外交部次长：吴国桢

主　　席：张伯苓

记　　录：雷　震　谷锡五　孟广厚

主席恭读国父遗嘱——全体肃立。

报告事项：

一、秘书处报告：

（一）国防最高委员会秘书厅函：国民参政会建议改善公路运输统制办法一案，行政院函复办理情形，函请查照转陈由。

（二）国防最高委员会秘书厅函：国民参政会建议实施妇女动员加强抗战力量一案，行政院函复办理情形，函请查照转陈由。

（三）国防最高委员会秘书厅函：国民参政会建议加强检察职权、检举奸伪贪污及一切妨害抗战建国之犯罪一案，行政、司法两院及军事委员会函复商办理情形，请查照转陈由。

（四）国防最高委员会秘书厅函：国民参政会建议普设边疆卫生机构以解除边民疾病痛苦一案，行政院函转卫生署陈复办理情形，函请转陈由。

（五）国防最高委员会秘书厅函：国民参政会建议指定国立大学添设伊斯兰文化暨阿拉伯语文讲座一案，行政院函转教育部核复情形，函请转陈由。

（六）国防最高委员会秘书厅函：国民参政会建议增扩童婴教养机关尽量收容孤苦童婴及抗属子弟一案，行政院函复核办情形，函请转陈由。

（七）国防最高委员会秘书厅函：国民参政会建议增加蒙藏教育经费普设蒙藏校一案，行政院函复办理情形，函请查照转陈由。

（八）国防最高委员会秘书厅函：国民参政会建议奖励移民西北以充实边疆人口一案，行政院函复办理情形，函请查照转陈由。

（九）国防最高委员会秘书厅函：国民参政会建议请政府裁撤振济委员会以实行撙节财政开支划一行政机构一案，行政院函复办理情形，请查照转陈由。

（十）国防最高委员会秘书厅函：国民参政会建议注重小型农田水利宽筹经费严定考绩以防旱灾一案，行政院函转内政部等会同呈复办理情形，函请转陈由。

（十一）国防最高委员会秘书厅函：国民参政会建议在川边、雷马、屏峨各县主办公营垦场以屯垦为开发之始基一案，行政院函报农林、军政两部及四川省政府办理情形，函请转陈由。

（十二）国防最高委员会秘书厅函：国民参政会建议为开发西北请政府迅设专责机构并制颁奖助条例，切实移民西北一案，行政院函复办理情形，函请转陈由。

（十三）国防最高委员会秘书厅函：国民参政会建议浙江战区兵燹、水旱灾情奇重应请政府加紧救济一案，行政院函复办理情形，函请查照转陈由。

二、外交部吴次长国桢报告最近国际及外交情形，其要点如下：

（一）中英、中美新约互换经过；

（二）新疆方面中苏关系；

（三）中国与维琪政府目前的关系。

报告毕，参政员许德珩、杭立武等提出询问，经吴次长即席解答。

三、王秘书长报告：

（一）第三届第二次大会将于九月内举行；

（二）改进议事程序方案下次驻委会提出讨论。

散会。上午十时三十分。

附：

外交报告

主席、各位先生：

今天奉邀出席报告外交近况，除书面外，将两周来比较重要事件，分述于下：

（一）中英、中美新约批准书互换于本月二十日同时在重庆、华盛顿两地签字。互换手续中有一点需要补充说明的。按照英国换约习惯，与外国换约只是在条约签字，换文可与条约有同等效力，此次中英换约亦仅在条约签字。本部为慎重起见，另具照会声明此意。英大使答复换文虽未签字，亦有同等效力。条约批准以后，发生一个外人民刑事务审判问题。新约规定，外人应与我国民受同等法律限制与待遇，惟目前同盟国军队在我国服役者为数不少，依照国际公法，军人犯刑事案件，应由其本国军事法庭处理，民事案件由驻在国法院处理。我国与美方关于处理美国人民在中国境内发生民刑事件办法，当于条约换文后第二日互为换文。英国方面，我国亦曾拟具办法转英，请其考虑，换文尚未交换，但英方表示愿与美国同样办理。

（二）苏联在新疆原驻有陆军一团，空军一支队，此外并设有新西公司、物资调查局、石油提炼厂、农具制造厂（该厂名为制造农具，实为飞机零件制造厂），苏联当局分别通知中央政府及地方政府（其中有一部分事务中央有案可查）表示撤退，这是证明中苏关系日渐增强。

（三）我国与维琪政府的关系

维琪政府与我国政府在最近时期发生四件事：1. 宣言放弃在中国之治外法权及交还租界；2. 广州湾事件；3. 我国驻维琪使馆人员被迫撤退至里斯本；4. 维琪宣布汉口、天津、广州租界交给伪组织。

二月初，维琪驻华大使（现仍住北平）声言赴沪，我方当即通知在渝代办，请其转告法大使，不能与伪组织举行谈判或签订协定。后接此间法代办以私人资格函复，对于我国敬告深愿接受，惟望我方谅其处境困难，并声明对于我国决不有不友好的举动。法国为便于应付当地情况，正预备发表宣言，声明愿意交还租界。我国再度敬告，认为法国宣布放弃特权，当可赞同，惟须另订新约，但各地租界不能交给伪组织。维琪回电，说明仅预备声明放弃，关于租界问题未曾谈及。当时适敌人在广州湾登陆，因此维琪不能不发表宣言，并准备租界交还中国。维琪发表宣言后，我们曾考虑到几种应付方式，准备绝交是方式之一种，后来所以未绝交的原因，是为安南问题。假如我国与维琪绝交，敌人势将压迫维琪，坚决处置我国在安南之侨胞。照目前情况论，我们不好即刻与维琪绝交，维琪也不愿即刻绝交，恐敌人再加压力，或者敌人正愿意我国与维琪绝交。

我国驻维琪使馆人员撤退至里斯本，其原因已久。本年三月底，维琪代办通知我国政府，自从德国军队占领法国全境，所有与轴心国宣战各国驻维琪使馆人员被德当局送往德国及法沦陷区。中国政府使馆人员一直能驻在维琪于三月底已属不易，今后恐难常此维持。现时得德方允许中国使馆人员可以离法赴里斯本，希望中国政府原谅他们的处境，允于离法。

三月下旬，法代办复来谈及日本要求赖伐尔几事：（一）要求维琪与中国绝交；（二）将中国境内租界交给伪组织。赖伐尔过去对于若干中国事件处理尚称友好，并未有绝交之表示，对于交还租界始终未有确切答复，直至本月初旬，敌人对维琪之压力加重，维琪不得已于十八日将各地租界管理权交给伪组织。事后，法代办来部声明，法方交还租界，实系被迫，主持签字者两人，并非用维琪政府代表，亦非用大使代表名义，仅以交还租界委员会委员名义签字。法方交还租界后，曾多方考虑绝交问题并请示决定办法，金以我国与维琪绝交最好的时期为美国宣布绝交时同时宣布，现在事隔几月，时过境迁，无此必要。同时在与维琪绝交后，必须承认在法境外之政府组织，而戴高乐与吉尔德两组织尚未合流，应付反感困难。

14. 国民参政会第三届第一次大会休会期间驻会委员会
第十四次会议记录

（1943 年 6 月 11 日）

国民参政会第三届第一次大会休会期间驻会委员会第十四次会议记录

时　　间：民国三十二年六月十一日（星期五）上午九时

地　　点：中华路本会秘书处

出 席 者：

主 席 团：张伯苓　莫德惠

驻会委员：王普涵　董必武　黄炎培　孔　庚　许德珩　阿旺坚赞　江　庸
　　　　　许孝炎　冷　遹　陈启天　何葆仁　邓飞黄　陈博生　　王启江
　　　　　李中襄　杭立武　江一平

秘 书 长：王世杰

主　　席：莫德惠

记　　录：雷　震　谷锡五　龚光朗

主席恭读国父遗嘱——全体肃立。

报告事项：

一、秘书处报告：

（一）国防最高委员会秘书厅函：国民参政会建议加强培植法律人才一案，行政院函转教育部及司法行政部会同呈复办理情形，函请查照转陈由。

（二）国防最高委员会秘书厅函：国民参政会建议开发西北请先建设西北交通一案，行政院函复办理情形，函请查照转陈由。

（三）国防最高委员会秘书厅函：国民参政会建议改善各级学校学生宿舍膳食一案，行政院函复教育部办理情形，函请查照转陈由。

（四）国防最高委员会秘书厅函：国民参政会建议请政府对于四川公路增加交通工具厉行路政法规厚遇公路员工一案，行政院函复交通部办理情形，函请查照转陈由。

（五）国防最高委员会秘书厅函：国民参政会建议切实施行兵民屯垦使趋合理化一案，行政院函复办理情形，函请查照转陈由。

（六）国防最高委员会秘书厅函：国民参政会建议切实规定国营与民营事业之界限并改进及加强统制一案，行政院函转财政、经济两部呈复关于原案办法之意见，函请查照转陈由。

二、外交部书面报告，其要点如下：

（一）欧洲军事；

（二）瑞典对德态度强化；

（三）匈、保、土近情与战局；

（四）印度近情；

（五）埃及政潮结束；

（六）驻日土使论日本近情。

讨论事项：

一、主席团提：改进开会议事程序草案案。

决议：修正通过。修正之点如下：

（一）第二项"性质相同"改为"性质类似"，"尽量归并"改为"并案审查"，"综合决议"改为"综合审查意见"。

（二）第四项"相同"二字，一律改为"类似"。

附注：许参政员孝炎、黄参政员炎培提出关于改善政府报告之意见，经主席决定，留交下次会议讨论。

散会。上午十一时三十分。

15.国民参政会第三届第一次大会休会期间驻会委员会第十五次会议记录

（1943 年 6 月 25 日）

国民参政会第三届第一次大会休会期间驻会委员会第十五次会议记录

时　　间：民国三十二年六月二十五日上午九时

地　　点：中华路本会秘书处

出 席 者：

主 席 团：张伯苓　莫德惠

驻会委员：王普涵　许孝炎　王云五　陈博生　江一平　邓飞黄　罗　衡
　　　　　何葆仁　江　庸　冷　遹　李中襄　许德珩　黄炎培　董必武
　　　　　陈启天　杭立武

秘 书 长：王世杰

副秘书长：周炳琳

社会部部长：谷正纲

主　　席：张伯苓

记　　录：雷　震　谷锡五　龚光朗

主席恭读国父遗嘱——全体肃立。

报告事项：

一、秘书长报告：英国方面希望本会组织访英团，此事现正由蒋委员长考虑中。

二、秘书处报告：

（一）国防最高委员会秘书厅函：国民参政会建议扩充蒙藏教育案，行政院函转教育部及蒙藏委员会会复办理情形，函请查照转陈由。

（二）国防最高委员会秘书厅函：国民参政会建议救济福建渔民一案，行政院函报办理情形，函请查照转陈由。

（三）国防最高委员会秘书厅函：国民参政会建议整饬吏治、确立人事制度一案，考试院函报考选委员会办理情形，函请转陈由。

（四）国防最高委员会秘书厅函：国民参政会建议调整地方财政收支一案，行政院函转财政部办理经过，函请转陈由。

（五）国防最高委员会秘书厅函：国民参政会建议发动全国贫寒教育金募集运动、嘉惠贫寒子弟一案，行政院函转教育部呈复留部参考，函请转陈由。

（六）国防最高委员会秘书厅函：国民参政会建议集训流落机工一案，行政院函转交通部拟具办法四项，函请转陈由。

（七）国防最高委员会秘书厅函：国民参政会建议加强战区物资管理及抢购工作，以防制倒流现象一案，行政院函复办理情形，函请转陈由。

（八）国防最高委员会秘书厅函：国民参政会建议利用各县原有之废地荒山设立保有农场或县有林场以期地尽其利一案，行政院函复到厅，函请转陈由。

（九）国防最高委员会秘书厅函：国民参政会对于粮食报告暨政府交议民国三十二年政府对内对外重要方针案关于粮食事项之决议一案，行政院函复办理情形，函请转陈由。

（十）国防最高委员会秘书厅函：国民参政会建议奖励制造机器工业一案，行政院函转财政部呈复办理情形，函请转陈由。

（十一）国防最高委员会秘书厅函：国民参政会对于振济报告之决议一案，行政院先后函复办理情形，函请转陈由。

（十二）国防最高委员会秘书厅函：国民参政会对于内政报告之决议一案，行政院函复内政部办理情形，函请转陈由。

（十三）国防最高委员会秘书厅函：国民参政会建议举办财产登录以利税收一案，行政院函转财政部办理情形，函请转陈由。

（十四）国防最高委员会秘书厅函：国民参政会建议改善西北公路管检手续一案，行政院函复办理情形，函请转陈由。

（十五）国防最高委员会秘书厅函：国民参政会建议切实推行后方农业及手工生

产一案，行政院函复办理情形，函请转陈由。

（十六）国防最高委员会秘书厅函：国民参政会对于社会工作报告之决议一案，行政院函转社会部呈复办理情形，函请转陈由。

（十七）（密）国防最高委员会秘书厅函：国民参政会建议彻查办理军运不力官吏严加惩处一案，军委会行政院先后函转运输统制局及交通部呈复当时办理情形，函请转陈由。

（十八）国防最高委员会秘书厅函：国民参政会建议此次浙赣会战赣省灾情特重请特派大员前往灾区抚慰并从速指拨巨款办理急振、工振、农贷一案，行政院函复办理情形，函请转陈由。

（十九）国防最高委员会秘书厅函：国民参政会建议鲁省灾情惨重请中央加拨巨款迅放急赈并实施根本救济办法一案，行政院函复办理情形，函请转陈由。

（二十）国防最高委员会秘书厅函：国民参政会建议表扬忠义、严惩贪顽一案，行政院函复办理情形，函请转陈由。

（二十一）国防最高委员会秘书厅函：国民参政会建议增进农田水利及发动民力宽筹基金大举兴办农田水利两案，行政院函复办理情形，函请转陈由。

（二十二）国防最高委员会秘书厅函：国民参政会建议充裕县乡财政，以利自治推行一案，行政院函复办理情形，函请转陈由。

（二十三）国防最高委员会秘书厅函：国民参政会对于农林报告暨政府交议三十二年度政府对内对外重要方针一案关于农林事项之决议一案，行政院函复办理情形，函请转陈由。

（二十四）国防最高委员会秘书厅函：国民参政会建议慎重县长人选提高县长地位及健全县政府机构一案，行政、考试两院先后函复办理情形，函请查照转陈由。

（二十五）国防最高委员会秘书厅函：国民参政会对于内政报告之决议一案，考试院函送县参议员及乡镇民代表候选人汇转检核补充办法，业奉国防会常会核准备案，函请查照转陈由。

三、外交部书面报告，其要点如下：

（一）英报论远东军事；

（二）意大利近情；

（三）德国军事；

（四）驻瑞士盟国使节座谈会报告；

（五）古巴政府成立战后问题研究会。

四、社会部谷部长报告最近施政情形，其要点如下：

（一）全国各地工商团体管制情况；

（二）各地工人生活费指数及工资情况；

（三）全国合作社社数及社员人数增加概况；

（四）中央合作金库筹设情形；

（五）调整社会救济团体办法；

（六）儿童福利、劳工福利实施情况。

报告毕，参政员王普涵、许德珩、王云五、江一平提出关于西安物价暴涨真实原因，及弃婴、劳资纠纷等问题数起，俱经谷部长即席口头答复。

讨论事项：

一、改善政府报告案

决议：将许参政员孝炎、黄参政员炎培所提意见并交秘书处整理，送请主席团决定施行。

二、暑期例会应否照开案

决议：暂停举行，但遇必要时，或经驻会委员三人以上之提议，得召集之。

散会。上午十一时二十分。

16. 国民参政会第三届第一次大会休会期间驻会委员会第十六次会议记录

（1943 年 8 月 12 日）

国民参政会第三届第一次大会休会期间驻会委员会第十六次会议记录

时　　间：民国三十二年八月十二日（星期四）上午九时

地　　点：中华路本会秘书处

出 席 者：

主 席 团：张伯苓　莫德惠

驻会委员：许孝炎　陈博生　孔　庚　何葆仁　冷　遹　王普涵　王云五

　　　　　黄炎培　江　庸　陈启天　杭立武　许德珩　李中襄

秘 书 长：王世杰

副秘书长：周炳琳

军政部兼部长：何应钦

主　　席：张伯苓

记　　录：雷　震　谷锡五　孟广厚　龚光朗

主席恭读国父遗嘱——全体肃立。

报告事项：

一、秘书处报告：

（一）国防最高委员会秘书厅函：国民参政会建议请政府在可能范围内变通土布棉纱统制收购办法一案，军事委员会函转军政部办理情形，函请查照转陈由。

（二）国防最高委员会秘书厅函：国民参政会建议鲁省灾情惨重请中央加拨巨款迅放急振并实施根本救济办法一案，军事委员会函报办理情形，函请查照转陈由。

（三）国防最高委员会秘书厅函：国民参政会对于教育报告决议案内关于学生服

兵役一节，军委会函复办理情形，函请查照转陈由。

（四）国防最高委员会秘书厅函：国民参政会建议扩充中等以上各公立学校学生名额增加中等以上各私立学校补助金一案，行政院函转教育部办理情形，函请查照转陈由。

（五）国防最高委员会秘书厅函：国民参政会建议应速着手建立地方警察网一案，行政院函复办理情形，函请查照转陈由。（附件五）

二、外交部书面报告（王秘书长代读），其要点如下：

（一）墨索里尼去职及意大利和、战之观测；

（二）自由德意志民族委员会之组成；

（三）东欧联邦计划；

（四）土希及土英关系；

（五）印度政讯；

（六）英美对日作战问题。

三、军政部何兼部长报告最近军事情形，其要点如下：

（一）国内战场方面

1. 太行地区作战经过；

2. 鲁南沂蒙山区战斗经过；

3. 沿江滨湖地区作战经过。

（二）国外战场方面

1. 苏德两军态势；

2. 西岛盟轴军战斗经过；

3. 太平洋盟敌态势。

报告毕，王参政员普涵询问陕北最近情形，何部长答谓：近来外间有中央将进攻或已进攻中共军队之谣言，敌寇亦有此宣传，实则陕北近来平静无事。

散会。上午十一时。

七

国民参政会第三届
第二次大会休会期间驻会委员会
会议记录

1. 国民参政会第三届第二次大会休会期间驻会委员会第一次会议记录

（1943 年 10 月 15 日）

国民参政会第三届第二次大会休会期间驻会委员会第一次会议记录

时　　间：中华民国三十二年十月十五日（星期五）上午九时

地　　点：中华路本会秘书处

出 席 者：

主 席 团：莫德惠　王宠惠　张伯苓　王世杰　江庸

驻 会 委 员：何葆仁　王普涵　郭仲隗　许德珩　王云五　陈博生　许孝炎

　　　　　　李永新　朱贯三　冷　遹　黄炎培　董必武　孔　庚　杭立武

　　　　　　范　锐　李中襄　江一平

秘 书 长：邵力子

副秘书长：雷　震

记　　录：谷锡五　龚光朗

主席恭读国父遗嘱——全体肃立。

报告事项：

一、秘书处报告：陈参政员启天函，因病不克出席驻会委员会第一次会议，特函请假由。

二、外交部书面报告（邵秘书长代读），其要点如下：

（一）英美与苏联关系；（二）国军政情形与欧局；（三）丹德关系；（四）关于苏德停战之传说；（五）顾大使与艾登十月五日之谈话：A. 关于义 [意] 对德宣战问题；B. 关于三强会议问题；C. 关于苏德战事。

三、主席团报告：

（一）国民参政会经济建设策进会组织大纲

本会第三届第一次大会决议设置经济动员策进会，复经第二次大会第七次会议，以该会对于辅助战时经济法令之实施，以及管制物价之工作，颇多贡献，决议继续设置。嗣蒋主席莅临于第八次会议报告时，提示本会应设置经济建设策进会或期成会，以为策进全国经济建设之机构。兹经主席团详加研讨，并经商承会长蒋公决定，合并设立，名曰"国民参政会经济建设策进会"，用将国民参政会经济建设策进会组织大纲，提出报告。

（二）关于设置协助宪政实施机构之筹备情形（王主席报告），其要点如下：

1．机构名称，定为宪政实施协进会，隶属国防最高委员会。

2．会员定为三十五人至四十九人，包涵中央委员、参政员及其他富有政治学识经验或对宪政有特殊研究之人士。参政会主席团为当然会员，并以国防最高委员会委员长为本会会长。

3．本会置常务会员九人至十一人，由会长就会员中指定之，并就常务会员中指定三人为召集人。

4．本会之任务有五：①向政府提出与宪政筹备有关之建议；②考察关于地方民意机关设立情形，并随时提出报告；③考察与促进宪政实施有关各法令之实施状况，并随时提出报告；④沟通政府与民间团体关于宪法问题暨其他有关政治问题之意见；⑤依政府之委托，审议一切与宪政实施有关之事件。

5．工作方式：本会每两月开全会一次，每月开常会一次。其建议之重要者，提请会长核定，交有关机关办理，其余由常务会员与有关机关商洽办理。以上数点，业与政府方面商妥，组织规则不久即可公布。

（三）大会决议交主席团及驻会委员会案件

1．拟请由本会组织战后国际问题研究会案。

处理办法：查本会上次大会建议组织战后问题研究会一案，经主席团指定王参政员云五等七人起草组织章程，该项章程业经拟就核定，俟该会成立后，本案即送由该会外交组处理。

2. 参政会宜组织战区视察团，对政、军、民诸方面作总的研讨，以作战后复兴大计之裨助案。

处理办法：查战区视察团，政府早有组织军委会军风纪视察团，本会经常有参政员数人参加，似可不必再有战区视察团之组织，惟对于参加军风纪视察团之参政员，希望会后在可能范围内，同时对本会提出报告。

3. 检讨上届决议案，促请政府切实施行案。

处理办法：请本届驻会委员会检讨政府对于此次大会决议案实施情形时，并予注意。

4. 拥护政府，促进宪政政策，并组织国民参政会宪政实施研究会案。

处理办法：按政府业已决定组设以本会为主体之宪政实施协进机构，本案用意已包括在内。

——以上主席团报告毕，有参政员黄炎培、孔庚、郭仲隗、李中襄发言，略有讨论结果，接受上项报告。

散会。上午十一时。

2. 国民参政会第三届第二次大会休会期间驻会委员会 第二次会议记录

（1943 年 10 月 29 日）

国民参政会第三届第二次大会【休会】期间驻会委员会第二次会议记录

时　　间：中华民国三十二年十月二十九日（星期五）上午九时

地　　点：中华路本会秘书处

出 席 者：

主 席 团：莫德惠　张伯苓　王宠惠　王世杰　江　庸

驻会委员：许孝炎　王普涵　陈博生　许德珩　褚辅成　孔　庚　冷　遹

　　　　　范　锐　王云五　江一平　李永新　董必武　黄炎培　何葆仁

　　　　　王启江　杭立武　李中襄　郭仲隗　阿旺坚赞

秘 书 长：邵力子

副秘书长：雷　震

财政部兼部长：孔祥熙

主　　席：莫德惠

记　　录：谷锡五　龚光朗

主席恭读国父遗嘱——全体肃立。

报告事项：

（一）主席团报告：去年秋间，英国国会曾组织议员团来中国访问。嗣本会第三届第一次大会有"中国应组访英团赴英报聘由本会主席团会同政府商酌办理"之决议，最近英政府复有希望中国组织赴英团之表示。国民政府蒋主席近曾向本会主席团征询意见，并曾征询立法院院长意见。现经商定，就本会及立法院选派王世杰、王云五、胡霖、杭立武、温源宁五人赴英访问，以敦国交。除由政府通知英政府外，特此提出报告（王主席提出本报告暂不发表）。

（二）外交部书面报告（邵秘书长代读），其要点如下：（一）英、美、苏三国会议情形；（二）各小国对承认义[意]大利为交战团体之态度；（三）欧洲形势；（四）巴尔干形势；（五）义[意]大利形势；（六）南美形势；（七）日苏关系；（八）印度政局；（九）英对我态度；（十）澳国重视太平洋各岛屿；（十一）中阿条约；（十二）美国五议员之报告。

三、财政部孔兼部长报告最近财政设施及下年度预算编制情形，其要点如下：（一）田赋征实、征购情况；（二）花纱布管制情况；（三）专卖品（盐、糖、烟）管制情况；（四）金融管制情况；（五）三十三年度国家总概算编制情形。

——报告毕，参政员褚辅成、王启江、许德珩等提出关于两万万美元黄金用途，及提高公务员待遇等询问案数起，俱经孔兼部长即席口头答复。

散会。十二时十分。

3. 国民参政会第三届第二次大会休会期间驻会委员会第三次会议记录

（1943 年 11 月 19 日）

国民参政会第三届第二次大会休会期间驻会委员会第三次会议记录

时　　间：中华民国三十二年十一月十九日（星期五）上午九时

地　　点：中华路本会秘书处

出 席 者：

主 席 团：张伯苓　江　庸　莫德惠

驻会委员：王普涵　李永新　郭仲隗　孔　庚　罗　衡　褚辅成　范　锐

　　　　　陈博生　黄炎培　许德珩　何葆仁　董必武　江一平　李中襄

　　　　　阿旺坚赞

经济部部长：翁文灏

秘 书 长：邵力子

副秘书长：雷　震

主　　席：江　庸

记　　录：龚光朗

报告事项：

一、秘书处报告：陈参政员启天函：足伤尚未痊愈，特函请假由。

二、中国佛学会代电：为请改善内政部三十二年八月间，第二次修正寺庙兴办公益慈善事业实施办法第二、第五、第七各条，以符教产办教务之旨由。

三、外交部书面报告（邵秘书长代读），其要点如下：

（一）莫斯科会议要点；（二）苏联对于四国宣言之反响；（三）土耳其及苏联与波兰问题；（四）土耳其问题；（五）中欧问题；（六）德芬政情；（七）义[意]大利

情形；（八）欧洲疲敝情形。

　　四、经济部翁部长报告：最近工业生产情形及其调整办法，其要点如下：

　　（一）湘桂煤荒解决办法；（二）四川钢铁业近况；（三）民营工厂情况；（四）甘肃油矿产油情形；（五）其他一般工业情况。

　　报告毕，参政员褚辅成、王普涵、李中襄、黄炎培等提出关于整个经济政策及工矿调整意见等询问案数起，俱经翁部长即席口头答复。

　　散会。上午十一时。

　　附：

最近工业生产情形及其调整办法

翁部长报告

今天本席想就本部业务选几项，说明目前情况：

一、湘桂煤荒解决办法

　　湖南、广西两省最近发生煤荒，最近方告解决。湘桂两省抗战以后，历年产量均较战前增加，惟以粤汉、湘桂、黔桂三铁路通车，沿铁路各地工厂建立，煤产消耗数量急增，复因若干煤矿遭受水火灾害，工资高涨，工人不愿在矿工作。今年（八）九两月产量大减，十月份略为增加，十一月份起之产量勉强可敷各地需要。现将两省各矿产量列后（以下数字恐有错误）：

湖南煤矿局杨柳山煤矿	一八，〇〇〇吨
资兴煤矿	二〇〇〇吨
澧临煤矿	五〇〇〇吨
萍乡附近土矿	二〇〇〇吨
湘江煤矿	三〇〇〇吨
中湘公司	一〇〇〇吨
湘桂铁路线煤矿	五〇〇〇吨
土矿	五〇 〇〇吨
观音山煤矿	二〇〇〇吨

合山清江煤矿	七〇〇〇吨

以上各矿每月总产额为五万吨，至于各处需煤量为：

粤汉、湘桂、黔桂三路	三五,〇〇〇吨
沿线各地需用	一七,〇〇〇吨

合计五万二千吨，所差仅二千吨，如能增产，不久即可平衡。此外，杨柳山煤矿等矿，现有存煤约八万吨，运输力量增强即可外运。湘桂、黔桂两路，以桂省煤质较劣，均向湖南抢购。现经决定粤汉、湘桂、黔桂三路每月所需煤斤，由燃料管理处湘支处负责供给，其三路如何分配，由交部办理。湘桂两地煤价每吨五六百元不等，现以十二月份起运费增加百分之五十，煤价亦增加百分之卅。同时顾及煤矿增加生产需要资本，决定由各铁路予以经济之援助。

二、四川钢铁业近况

工业中最感困难者为钢铁业，而尤以四川省为甚。四川省内现有化铁炉二千八百吨，炼钢炉一千二百吨。本年一月至十月产生铁一万三千余吨，产钢五千吨，即此产量未能全部卖出。轧钢厂有三家，不久可增加两厂，可以制造轻轨、竹节钢、机器用钢。目前政府救济钢业不得已之办法是，一般钢铁厂产品由工矿调整处收购，中国兴业公司产品由中央信托局收购。现在政府计划，除机器用钢、竹节钢外，拟增广用途，计划：

（一）空军方面弹壳用钢，每月三百吨，全年三千六百吨，估价七万万元。

（二）制造煤矿用之各种轻轨，以及各种附件，估价五六万万元。

三、民营工厂情况

民营各工厂都在困难坚[艰]苦中奋斗。兹将各业生产情况列表于次：

业别	上年	本年同期
机器业工具机	五二八具	六七五具
作业机	六〇〇具	一六五一具
动力机	七八具	八二具
修理船只	二一二艘	二〇〇艘
造船	八艘	二艘

洋钉	四九九筒	一六四筒
化学工业硫酸	一二〇吨	一六四吨
盐酸	一三七吨	一六七吨
□□	四五六吨	五六〇吨
水泥	七六,〇〇〇筒	六九,九〇〇筒
玻璃	二一二吨	四七三吨
酒精	三〇〇,〇〇〇加仑	四五〇,〇〇〇加仑
代汽油	一二,八〇〇加仑	九五,五〇〇加仑
菜油	二七六吨	五六〇吨
肥皂	二〇,〇〇〇箱	三二,〇〇〇箱
面粉	三八〇,〇〇〇袋	四八〇,〇〇〇袋
火柴	俱有增益	
牙刷	俱有增益	

从上述数字，我人可以得到一个结果，凡是消耗品产量加多，生产品一般的减低。机器工厂，因定货减少，无法维持，先后停工者有五十余家之多。化学工业大体还能维持。叙府天原电化厂分厂开工以后，产量可以增多。

四、甘肃油矿局

甘肃油矿局每月产油量逐渐增加。现在政府计划哈密至广元间公路用车均用甘肃油矿汽油。土西铁路运输物品办法决定后，每月可运二千吨货品，由边境将此物品运入内地，以一加仑行车十公里，需油五万加仑。甘肃油矿前年产油二千四百吨，去年产油一百九十万加仑。现在希望一年可产五百万加仑。该矿汽油之推动力较差，燃火点太高，几经改良，已有进步。本年一至六的六个月，共产八十六万一千九百加仑，七八月起增加为三十万加仑，十月份起增加六十万加仑。现因土西铁路交涉尚未决定，该厂产量尚不需大量增加，故现正设法限制生产，以免资金周转不灵。

五、其他一般工业情况

云南个旧锡矿提炼成分甚高，附近地区产硫酸铝等，将来亦有前途，机车制造在国内尚为首创。最近天府煤矿公司附设机厂，自造一百二十匹马力之车头行驶矿内路线，较有成效。湖南华成、新中公司两矿，华成工厂所用机器具系战后自制，因皮革缺少，一切应用皮带之两轴，其矩离尽量缩短;新中公司致力于煤汽车之制造，但以销路不佳，未能大量制造。

报告目前事实以后，有几个问题必须加以研讨：

一、省营事业问题

省营事业系抗战以后所发生的，现在已成为风气，省均有设立。省营事业可以分为三类：1. 企业公司或兴业公司；2. 贸业公司；3. 运输公司。中央对于省营事业在讨论中，有人以为省经费系中央费之一部，省营事业可由中央办理，有人以为省营事业在不垄断市场与民争利之情形可以存在。在省方也有以为企业公司可以成为管理省内各业公司。这是政策上应注意之一点。

二、省境壁垒问题

各省在省营事业情形下，各定主张，对于中央方针未能遵照办理，无形中造成了省的壁垒，使省与省之间，无法调节有无。湖南原为产棉之区，贵州无纱织布，广西有厂无花纺纱，湘省禁止花纱出境以后，贵州布价高涨，广西纱厂停工。此种不自然现象，当设法加以调整。国家总动员会沈秘书长前次赴各省视察，其主要目的即在打破省的壁垒政策，但是鲜有成效。

4. 国民参政会第三届第二次大会休会期间驻会委员会
第四次会议记录

（1943 年 12 月 3 日）

国民参政会第三届第二次大会休会期间驻会委员会第四次会议记录

时　　间：中华民国三十二年十二月三日（星期五）上午九时

地　　点：中华路一二一号本会秘书处

出 席 者：

主 席 团：张伯苓　莫德惠　江　庸

驻会委员：王普涵　李永新　许德珩　何葆仁　陈博生　陈启天　许孝炎

　　　　　孔　庚　郭仲隗　董必武　黄炎培　李中襄　王启江

军政部兼部长：何应钦

秘 书 长：邵力子

副秘书长：雷　震

主　　席：江　庸

记　　录：谷锡五　龚光朗

报告事项：

一、秘书处报告：

（一）国防最高委员会秘书厅函：为准函送国民参政会对于政府交议各案之决议文，业奉国防最高委员会分别决议，抄同清单，复请转陈由。

（二）国防最高委员会秘书厅函：为准函送国民参政会对于政府施政报告之各项决议文，业奉国防最高委员会常会分别决议，抄同清单，复请转陈由。

（三）国防最高委员会秘书厅函：国民参政会关于救灾事项建议六案，业奉国防最高委员会常会决议，交行政院继续注意办理，抄同该院对于救灾办理情形报告，函复转陈由。

二、外交部书面报告（邵秘书长代读），其要点如下：

（一）墨西哥政局;（二）苏波边界问题;（三）波兰对莫斯科会议及苏联之态度;（四）土耳其态度问题（决定履行英土盟约）;（五）芬兰态度;（六）苏联论日方之处境;（七）各流亡国对于要求赔偿之意见;（八）敌伪情况;（九）东北近况;（十）美国大选预测（纽约州长杜威有被推为候选人希望）。

三、军政部何兼部长报告常德战绩及最近军事情况，其要点如下：

（一）国内南、北、中各战场及常德敌我战斗情况；

（二）苏德战争两年来战斗经过；

（三）地中海盟轴一般态势；

（四）西南太平洋盟敌态势。

报告毕，邵秘书长报告：主席团及秘书处曾于上月廿七日电请军委会转电常德守军致敬。各参政员以湘鄂前线各军冒敌人猛烈炮火，艰苦支持，使我湘西北战局日趋稳定，应再致电最高统帅及全体将士慰问。当即通过电稿一件，送军委会译发。兹将两次电稿，照录如下：

（一）军事委员会烦转保卫常德全体将士钧鉴：倭寇计穷，肆扰湘北，我前线将士，奉命保卫，奋勇截击，屡挫凶锋，敌不得逞。尚祈再接再厉，迅扫残孽，早筑京观，用竞全功。本会同人，叠［迭］聆捷音，远念辛劳，无任钦佩。谨表敬意，维希鉴照。国民参政会主席团暨秘书处全体叩。

（二）军事委员会蒋委员长钧鉴，并请转电陈司令长官、薛司令长官、孙副司令长官暨湘鄂前线全体将士钧鉴：倭寇穷蹙，图挽颓势，一月以来，窜扰湖滨，狼奔豕突，大肆猖獗。我最高统帅指挥若定，全体将士忠勇奋发，所在堵截，歼灭无算。湘北鄂西，叠［迭］告胜捷。现在此役虽未终了，而已造成辉煌战果，涤荡腥秽，指顾可期。同人等顷聆何总长报告，无任感佩！谨以敬意，特致慰问。肃电奉达，敬希赐察！张伯苓、江庸、莫德惠、孔庚、王普涵、李永新、许德珩、何葆仁、陈博生、陈启天、许孝炎、郭仲隗、董必武、黄炎培、李中襄、王启江叩。

散会。上午十一时。

5. 国民参政会第三届第二次大会休会期间驻会委员会 第五次会议记录

（1943 年 12 月 17 日）

国民参政会第三届第二次大会休会期间驻会委员会第五次会议记录

时　　间：三十二年十二月十七日（星期五）上午九时

地　　点：本会秘书处

出 席 者：

主 席 团：张伯苓　莫德惠　江　庸

驻会委员：郭仲隗　陈博生　李永新　罗　衡　何葆仁　董必武　许德珩

　　　　　陈启天　黄炎培　冷　遹　孔　庚　许孝炎　王启江　李中襄

秘 书 长：邵力子

副秘书长：雷　震

交通部部长：曾养甫

主　　席：张伯苓

记　　录：龚光朗

报告事项：

一、秘书处报告：

（一）访英团本月四日、十二日两次来电。

（二）国防最高委员会秘书厅函：为准函送国民参政会第三届第二次大会建议各案，业奉国防最高委员会常会分别决议，开列清单，函请转陈由。

（三）国防最高委员会秘书厅函：为准函送国民参政会三届二次大会关于送请政府参考各案，业奉国防最高委员会常会分别决议，复请查照转陈由。

二、外交部书面报告（邵秘书长代读），其要点如下：

（一）美对德黑兰会议之舆论（宣言文辞虽涉空泛，但三国对于战争及战后和平问题均有所决定）；

（二）苏联论日本目前之局势（多数兵力被缚于中国战场，英美强大威力又在太平洋顺利展开）；

（三）土耳其态度问题（外交政策不变，中立或处于战事以外均有助于英国）；

（四）希腊、南斯拉夫内情（情形复杂，冲突时起，英支持希、南二王）；

（五）英对北非会议之反响（对远东战后政治问题怀有戒心）；

（六）葡萄牙政情（内政复杂，不致加入战圈）；

（七）义 [意] 大利情形（联军在义 [意] 进兵至缓，义 [意] 青年多为饿寒所迫）；

（八）德那 [挪]（威）冲突近情（德封闭那 [挪] 威大学，拘捕教授、学生千余人）。

三、交通部曾部长报告最近交通设施情形，其要点如下：

甲、国际运输之加强。

（一）中印空运及中印陆运；

（二）中苏空运及中苏陆运；

（三）中苏印陆运（自印度西部之卡拉其经伊朗及苏联之阿拉木图及新疆之霍尔果斯之路线）。

乙、国内运输之改进（包括铁路、公路、水运、空运及驿运五项）。

（一）运输路线之增辟（铁路六三八公里，公路三二〇〇公里）；

（二）运输工具之整理与制造；

（三）充实运输并扩充联运业务。

丙、邮电通信之改进。

丁、交通复员及复兴之筹划。

报告毕，黄参政员炎培、郭参政员仲隗提出关于修建渝成铁路及改善航空、邮电等询问案数起，俱经曾部长即席口头答复。

讨论事项：

许参政员孝炎等提：此次湘北战争，人民损失綦重，湘省政府已电行政院请速拨巨款，办理急振，拟请由本会函请行政院，迅速决定，以利救济案。

决议：通过。

散会。上午十二时。

附一：

最近之交通设施情形（第五次会议）

主席、各位先生：

今年三月十二日，本人曾向贵会驻会委员会报告交通工作，九月廿日，又曾向贵会大会提出书面报告，并口头报告一次。三十二年即将终了，今天拟将本年度交通工作进度及重要改进事项约略报告，计分四项：甲、国际运输之加强；乙、国内运输之改进；丙、邮电通信之改进；丁、复员及复兴之筹划。

甲、国际运输之加强

我们对于国际运输方面之最大努力，在于增强中国与印度间之空运及增辟中国与印度间之陆运，两者同时并进。中印空运由中国航空公司经营，今年已有显著之进步。载客飞机自重庆经昆明飞至加尔各答，每周飞行三次。载货飞机则自印度丁疆[1]飞至昆明，各月运量均有增加，中美双方运输机每月合计内运物资可达七八千吨，比较滇缅公路开放时及滇越铁路通达时，相差无多。内运物资以军政机关军公物资器材为限。至回程运输，则有：（1）我国重要输出品，如钨、锡、汞、生丝、猪鬃等，均为盟国必需品；（2）我国赴印远征军；（3）我国驻印远征军所需物品及运输工人。

中印货物空运，原以昆明为终点，至昆明以东及以北，仍须利用汽车运输，费时费钱，极感不便。迭经请由军委会与美军部商洽增辟自丁疆至宜宾路线，物资运抵宜宾后，即可利用水路东运。此项路线已于本年十月十七日开航，运输更称便利。

中印空运运量虽有增加，而我国存印待运物资，迄本年八月底止，仍有七万吨之巨，是以本部不得不多方设法，加强中印运输，其已经筹划略有头绪者：

一为康藏驮运公司之成立：该公司由本部与康藏地方人士合资组织，经营西藏葛伦铺与康定间之驿运，定自明年一月间开始营业，康藏路程辽远，驮运能力薄弱，但对于打通中印间之交通，颇关重要。

---

[1] 原文如此。

二为印滇驿运之筹备：此项路线系自昆明经云南北部，直达印度东北之塞地亚，本部已派员前往勘查路线。

三为新印交通之查勘：自印度西北角之白夏瓦，经过吉尔吉德，沿印度河北行，经过吉黎克及明塔克两山隘，至新疆蒲犁及莎车，通过喀喇昆仑山，海拔一万五千余尺。本部为加强中印运输，曾于去年八月间派机试航一次，今夏又派员组织新印交通勘查团实地查勘路线情形，现已完毕，回国报告，本部正在设法作进一步之计划。

四为新印驿运之筹备：由新疆叶城至印度列城一线，通过喀喇昆仑山，向为新印间贸易线，近年已告停滞，本部拟开辟为驿运线，以利运输。

中苏空运系由中苏合办之中苏航空公司经营，自重庆至哈密段由中国负责，自哈密至阿拉木图段由苏联负责。过去两年因苏德战争关系，公司董事会迄今未举行。最近双方商定于十二月廿日在阿拉木图举行，商讨改进办法。

中苏陆运经由新疆塔城之路线，自抗战以来，尚能通畅，苏联接济我国物资为数亦多。自苏德开战以后，苏联物资均留供自用。惟我国为疏运存印物资起见，曾筹划自印度西部之卡拉其经伊朗及苏联之阿拉木图及新疆之霍尔果斯之路线，各种准备均已就绪。惟因外交方面尚未完全商洽就绪，故此项路线一时尚不能开始使用。

乙、国内运输之改进

国内运输包括铁路、公路、水运、空运及驿运五项，各项运输之工具及能力各有不同，运输成本相差悬殊，是以本部极力推进水、陆、空联运，以求互相配合，全力完成抗战及建国任务。关于改进国内运输，第一为增辟运输路线，第二为整修并制造运输工具，第三为充实运输并扩充联运业务，三者同时并进，五项运输均须尽量利用，以期增加运输能力，疏畅物资流通。

（一）运输路线之增辟

1. 铁路方面：黔桂铁路金城江至独山段二三三公里，于本年六月六日完成通车，独山至都匀段七三公里，原定于今年年底完成，但因铁路用煤接济困难及湘鄂战事发生，路料运输稍受阻滞，须于明年二月间方可完工。

自都匀至贵阳段工程自应继续进行。惟黔桂路沿线山岭崎岖，土质不良，工程标准不得不予以减低，而已通车区段行车之困难，倍于他路，该路员工之辛劳，殊属可嘉。

连接粤汉、湘桂两铁路之湘江大桥，关系军民运输，甚为重要。该桥于廿七年十一月奉令停工，卅一年十一月奉令复工，经积极赶造，已于十二月一日正式完工试车。

宝天铁路全段工程，卅一年年底完成百分之三九点七，今年十一月底完成百分之九点四，共计完成百分之四九。

綦江铁路工程卅一年年底完成百分之一八点五，今年至十一月底完成百分之三二点五，共计完成百分之五一。

湘桂铁路冷水滩至蔡家坡支线，长一三公里半，为便利零陵机场而修，定于卅三年一月底完成。

此外，粤桂铁路白杨支线一四公里，湘桂铁路大湾支线二〇公里，均于本年三月间完成，浙赣铁路浙赣边境一段八十余公里，即可修复完工通车，以上共计本年增辟路线三五〇公里。若加以本年八月一日奉命接管法人经营之滇越铁路，计二八八公里，合计本年新增铁路六三八公里。

2. 公路方面：本年新路工程可分为三类：一为建设西北区之边疆公路，如青藏、康青、南疆等路；二为修复西南区及东南区一部分前已破坏之公路，如滇缅公路，及川滇西路，及浙、赣、皖、闽边境各公路；三为已通车各公路之改善，均能按照原定计划分别完成。

西北边疆各公路沿线所经，人烟稀少，粮食、材料当地不能供应，运输工具又感缺乏，故施工困难数十倍于腹地。兹概括报告如次：

（1）青藏公路

由西宁至玉树长七八五公里，本部与青海省政府会同设立青藏公路工程处，今年六月开始修筑，西宁经大河坝至黄河沿一段公路，共长五〇〇公里，已于本年十月三日打通，由黄河沿至玉树约二百八十余公里，拟于明年继续修筑。

（2）康青公路

本路起自康定，经营官寨、道孚、甘孜至玉树，长约七五〇公里。康定至营官寨七一公里，去年十月已通车。营官寨至甘孜三一六公里，已于本年十一月廿九日打通。甘孜玉树段，拟于明年兴筑。

（3）南疆公路

本路自甘肃安西经敦煌、婼羌至库尔勒，全长约一三三四公里。其间安西至敦煌一四〇公里，已可通车。婼羌至库尔勒四七九公里，由新疆省政府发动军民修筑，本年六月间已完成。敦煌婼羌间七一五公里，拟调兵工，一面测量，一面施工。婼羌至红柳沟四一六公里，且已踏勘完竣。惟该路工程最近奉令暂行停止。

在西南方面因配合军事需要，本部积极赶修滇缅及川滇西路。滇缅路昆明至保山段奉令改善，一部分路基加宽至九公尺，其余加宽六公尺至七公尺半不等，初步改善工程已于十月十六日完竣，现正拟第二步改善计划。

滇缅铁路弥渡经云县至吴家寨段，路基及便道工程，原已破坏，现奉令修复，全段二九〇公里，已于十一月十五日完竣。

川滇西路自金沙江边至祥云段，已经破坏，今夏奉令修复，改以滇南为衔接滇缅公路之地点，计长二四三公里，已于十月底完竣。

连接酉水乌江之酉阳龚滩公路，长八三公里，于本年六月底正式通车。

东南战区各公路于去年浙赣战役，破坏甚多，今年奉令修复浙、赣、皖、闽四省边境公路，共计一一四九公里，连同西北区新建各公路，及西南区修复各公里［路］，共计本年修建公路三二〇〇公里。

3. 水运方面：增辟嘉陵江及金沙江之航线，金沙江之宜宾至屏山段已可通航，屏山至蛮夷司（秉彝场）段业已试航成功。嘉陵江通至甘肃白水江一段，亦已试航成功。

4. 驿运方面：一为举办西水北旅客驿运服务站工程，自重庆至广元一段，利用嘉陵江水运，自广元经天水、兰州、猩猩峡至哈密一段，沿线设置驿站，大约每三十公里设一站，共计二三〇〇公里，计七十九站。此项工程于今年四月开工，十一月全部完成，已交由川陕、甘新及新疆省之驿运处接管。二为新疆省驿运线之增辟，自猩猩峡至迪化一线，已开始运输。

5. 国内航空路线原有渝昆、渝桂、渝兰等线，今年夏秋间，新辟渝蓉及昆桂两线。

（二）运输工具之整修与制造

各项运输工具如公路之汽车，铁路之机车车辆，水运之轮船，驿运之板车等，或因使用已过年龄，或因年久失修，或因业务之需要，均须分别设厂整修或制造补充。

关于整修汽车，本部公路总局设有修车委员会，接管各大修车厂，积极进行整修工作，此外又设有汽车配件制造厂，修造各项配件，轮胎翻造厂翻造轮胎。

铁路方面：设有存车整理委员会，督促各机厂整修机车车辆。

水运方面：一为拨款修理招商局之七大江轮，以备复员之用。二为拨款救济民生公司，并补助其船舶修理费，以维川江航业。三为制造木船，本部设有造船处，负责督率各造船工场积极制造，今年承造工程大部分为粮食部之运粮木船及囤船。至本年年底，计可完成木船一百余只，约合八千吨。

驿运方面，亦设有板车制造厂，制造板车，并在西北各地招商承造板车。

（三）充实运输并扩充联运业务

本部鉴于水陆空运输工具能力之不同，运输路线又多，为求调整配合起见，设有水陆空联运委员会，通盘筹划办理水陆空联运业务，至铁路、公路、水路、驿运等各别联运，亦仍在继续推广。兹将最近情形报告如左：

1. 开办中印水陆空联运业务：由印度飞至新辟之宜宾机场后，经由板车接运至水运码头，交由轮船转运。

2，铁路与公路合作接运盟军空运物资：盟军物资由印度飞运至昆明后，大部分须运至桂林一带，除昆明至曲靖及独山至桂林两段利用川滇、黔桂、湘桂各铁路外，曲靖经贵阳至独山一段，须用汽车装运，每月约需用卡车一一二四辆，汽油三十万加仑，酒精五十万加仑，此项运输自本年八月份开始。

3. 粤汉、湘桂、黔桂三路客货联运之加强：该三路为江南运输之三大动脉，自应加强联系，增加运输能力。

4. 推广各省区汽车客货联运，计有：

（1）自重庆经绵壁公路至广元之直达客车与西北公路汽车衔接，分至宝鸡及兰州，此项业务自本年三月十五日开始，除客运外，包裹业务亦已开始。

（2）自重庆至恩施、恩施至常德及重庆至常德之通车，自本年十月一日开始。

（3）督促湘、赣、闽、浙各省会同行驶浙、闽、赣三省直达耒阳、韶关之汽车。

（4）水陆联运方面：由川湘、川、陕、甘水陆联运总管理处办理川湘与川、陕、甘间之水陆联运，此项业务本年业已加强，运输能力大增。

关于运输方面，尚有几项问题，向为诸位先生所关心者，报告如次：

1. 重庆市区交通之整饬

重庆市区人口激增，市区交通需要增繁，本部对于重庆市公共汽车极为注意，今年虽已增拨车辆，添开班次，而拥挤情形，仍未减少。仅就市内而论，特快及普通两项汽车乘客，九、十、十一各月，每月均达一百万人至一百二十万人，有增无减，因为燃料、配件价格之增加，公共汽车每月仍多亏累。

2. 关于航行失事一节，本部经严饬长江区航政局切实整顿，现将整顿办法报告如下：（1）将重庆市区各长短途航线码头及囤船秩序，会同军警严加整顿，切实取缔过量载重，已较前有进步；（2）订定航行失事悬赏救护办法，对于船夫、渔户等出力救护者，优加奖励。

3. 黔桂、湘桂、粤汉三路煤荒问题，十月间曾在衡阳会同经济部翁部长召集有关各机关及各煤矿负责人开会商讨，议决先将煤价增加百分之三十，俾矿商能维持生产，再由经济部燃料管理处督促各切实增产及解决运输问题。至三路机煤自十一月份起，每月暂定分配量为三万五千吨，由交通部派员负责统购分发，现在路用机煤情况，已逐渐转佳。

丙、邮电通信之改进

邮电两项业务之改进，着重于电信线路之增设，电信机件之添装，邮电寄递之迅速与便利，邮政局所之增设，邮政储金之扩充等项。

自本年一月至十月，电报线路增设三九一四公里，长途电话线路增设七八〇二公里，共计一一,七一六公里。

添装新式机器，增加通信容量，其重要性与建设新线相等，如添装长途电话单路及三路载波机、韦氏自动快机、键盘凿孔机等，均在分别建筑。

建设新线路费款费时，自应利用无线电以补助有线电之不足。本年曾在迪化装设 4/2 千瓦[1]大型报话双用机一座，迪化重庆间已可接通报通话，此外又在其他各

---

[1] 原文如此。

地设立重要无线电台五十二座。

国际电信除已与英、美、苏、印、澳通达无线电报外，今年又开辟昆明与旧金山、成都与伊朗之德黑兰通报，国际传真电报及照相亦已开办。

电信业务日渐增繁，以三十二年六月份与三十一年十二月份比较，电报字数增加百分之三十一，长途电话次数增加百分之十四。

电政财务状况，本年份因电料价格及员工生活补助费及米代金等，均有增高，而电信收费尚未调整，一至十月营业收入，共计四二○，○○○，○○○元，支出共计六○○，○○○，○○○元，不敷一八○，○○○，○○○元，至十月份，中央颁定之生活费调整办法，因收支不敷，尚未实行。

邮政局所，三十一年十二月计有七一，二九二处，三十二年十月，计有七三，○七八处，增加一，七八六处。

邮路，三十一年十二月有五九八，○五○公里，三十二年十月有六一八，七四五公里，计增加二○，六九五公里。

国际邮路，一为发经苏联转至欧美，一为新近开辟自新疆蒲犁至印度米斯加之邮路，又拟另辟自新疆叶城经库库雅至印度之邮路。至国际空邮，可利用渝加线、渝哈线、哈阿线，以与英国海外线、美国泛美线，及苏联航空线衔接。

邮政储金总额于三十一年十二月为八二六，○○○，○○○元，本年份原定增加储额十万万元，至十一月底止，储金总额已达一，九一七，○○○，○○○元。

新疆省于九月间开办邮储，最近已达新币五百万元（合法币二千五百万元）。

邮政汇兑，三十一年收汇一，八○○，○○○，○○○元，本年预计收汇二，五○○，○○○，○○○元，至十一月底止，已超过二，七一○，○○○，○○○元。

邮政财务状况，虽于本年六月间调整邮费一次，而赔累仍多，尤以新闻纸、书籍等为甚。按三十二年九月底统计，年须赔累一万三四千万元，其尚有盈余可略事抵补者，仅有包裹及小包邮件两项而已。

丁、交通复员及复兴

关于战后交通复员及复兴，本部秉承领袖指示，早已积极准备，并分别拟定计划，以利实行。最要者：

一为技术标准之设计。由本部铁路、航业及邮电各技术标准设计委员会负责拟定各项标准及计划。

二为培养交通人才。抗战以来，各项交通损失重大，技术员工亦多离散，本部现多方设法延揽技术人才，并遵照领袖指示，考选曾在交通界服务、成绩优异之青年，送往外国实习，以资储备。

三为国际合作。交通建设在技术及物资上，端赖国外之合作与协助，本部早已注意及此，与各盟国密取联系，以利推进。

交通关系国防民生，职责繁重，交通范围又广，目前物质条件尤为欠缺，而于维持原有交通之外，须力谋交通之扩充与改进。本人主管交通，时虞陨越，深望各位先生随时指教。

附二：

驻会委员会第五次会议曾部长报告最近交通情况后，各参政员询问及曾部长答复如次：

（一）黄参政员任之：本会经济建设促进会鉴于目前机械业、钢铁业处境困难，曾详加调查研究，并约集工业界人员会谈。他们有两种主张：（一）现在钢铁过剩，而若干炼钢厂可以制造轻磅钢轨，建议政府修建成渝铁路渝内段。（二）建议政府建造大型轮船，以供复员后之用。不知此两意见于执行上有无困难？

曾部长答：成渝铁路渝内段建筑费，本人在前次大会时报告为八万万元，实则此系卅一年底之计算数，当时（卅二年三月）计算价，应为十五万万元，现时价为二十六万万元。通车后一月收入约为六千万元，全年为七万余万元。除去开支三万万元，有四万万元盈余，如社会人士愿意投资，本部主管交通无不赞成。至于由政府筹建，只要国家财政许可，当为建议。工业界同仁建议修筑铁路，目的在扩大钢铁用途，以销售积存钢铁，渝内段铁路需用钢铁为一万四千吨，价值十三万万元，而能制造钢轨的都是政府所办之炼钢厂，仍不能救济民营厂商困难，亦不能挽救目前钢铁业之危机。除此以外，尚有一个钢质与技术问题，现在各厂所能轧制钢轨质地与技术不够精，难以经久使用。至于建造轮船，本人未有详细研究，今日未敢答复，待详细调查后，再为报告。如何救济钢铁业，确是一个严重问题，依个人私见，似乎应从发展机械业着手，较易收效。

（二）黄参政员任之：此二十六万万元建造一条铁路，并不算多，现在政府预算项下工贷额为四十二万万元，平定物价费为二十万万元，如政府决心建筑，增列二十六万万元，并非不可能事。现在还有一个物价问题，实是严重之至。现时物价较之六个月前增涨到三四倍，一二年以后可能涨到现在的二十倍。此一问题如不能有妥善解决，一切事业都要无法进行。所以本人以为最好请财政、经济、交通主管人员会同与物价有关机关之负责人员，不时商议，对此问题，应谋彻底改善办法。

（三）郭参政员仲隗：

有三事请问曾部长：

1. 搭乘飞机，时有改期或临时被拉下情事，因而乘客与办事人员发生吵闹，应请设法改善（并报告常参政员不能搭机起飞情事）。

2. 鲁山至渝东日电报，至八日方到，且近来电报错误甚多，有无办法改善。

3. 邮差递送快信，往往不取还回条，实为失职。询其原因，盖失一快信，仅罚十元，因而都不注意。似可将罚金提高至一百元。

曾部长答：

1. 现在中国航空公司仅有两架飞机飞行全国各线，实难分配。前次常参政员志篯不能启飞，实由于苏联外交人员搭乘，临时增加八十余公斤重量，为顾全邦交，不得已将国人临时拉下，改期搭乘。至于批准搭乘飞机之权，属于特检处，并非本部办理。

2. 鲁山至渝电报，原不需八日之久，惟目前军事第一，不能不首先拍发军电。前次鲁山电报局长，以某电迟发三小时，奉命撤职查办。故现在各地电局对于军电，不敢稽迟。又以线路有限，商电积压在所难免。今后，除设法改善外，还请各界人士加以原谅。

3. 递送快信不取回条，原不应该，郭先生建议增加罚款，容考虑后再为决定。邮电工人薪给甚微，纷纷转业，一个职工每月所得千元左右，做任何小事所得不至［止］此数。现在不罚他们，尚且转业，加重处罚，正可求去。现在做主管人员的在要求他们维持工作，虽可责以大义，然精神力量之运用，有其限度，不从改善生活着手，实难使工人安心工作。

6. 国民参政会第三届第二次大会休会期间驻会委员会
第六次会议记录

（1943 年 12 月 31 日）

国民参政会第三届第二次大会休会期间驻会委员会第六次会议记录

时　　间：中华民国三十二年十二月三十一日（星期五）上午九时

地　　点：本会秘书处

出 席 者：

主 席 团：张伯苓　莫德惠　江　庸

驻会委员：许孝炎　王普涵　李永新　何葆仁　冷　遹　陈启天　许德珩

　　　　　陈博生　郭仲隗　孔　庚　阿旺坚赞　董必武　陶百川

粮食部部长：徐　堪

次　　长：庞松舟

秘 书 长：邵力子

副秘书长：雷　震

主　　席：莫德惠

记　　录：龚光朗

报告事项：

一、秘书处报告：

（一）黄参政员炎培函：三十一日上午应四行人员训练所演讲宪政与银行服务问题，特函请假由。

（二）国防最高委员会秘书厅函：检送中央设计局议复国民参政会对三十三年度国家施政方针案决议案结果之函文二件及会议记录一件，函请查照转陈由。

（三）国防最高委员会秘书厅函：国民参政会建议训练司法人才及优待在职法官

以提高司法水准一案，行政院函复办理情形，请查照转陈由。

（四）国防最高委员会秘书厅函：国民参政会建议加强监察机构一案，检察院函复办理情形，函请查照转陈由。

（五）四川三台县参议会代电：为萧参政员一山送子从军，全川学生闻风响应，谨电致敬由。

（六）张主席伯苓函：为接陈、孙两长官复电转请察入由。

二、外交部书面报告（邵秘书长代读）

要点如下：苏联改国歌—苏联生产情形—苏联对德日协定看法—苏波关系及土耳其问题—捷克总统访苏内幕—南斯拉夫政情—瑞典对德日关系—罗马城划为中立区问题—西班牙政情—巴西国内轴心活动情形—魏菲尔在印演辞及其反响

三、粮食部徐部长报告三十二年度征实征购情形及三十三年度粮政实施计划，其要点如下：

甲、三十二年度征实征购部分：（一）目前各省征实征购实收情形，（二）本年度军公粮支配概况，（三）民食供应情形。

乙、三十三年度中心工作：（一）拟定征实征购数额，（二）督促各省切实办理积谷，（三）加强粮食市场管制，（四）积极进行除弊工作。

——报告毕，参政员郭仲隗、王普涵等，询问关于豫陕征购、委购等情形案数起，当经徐部长口头答复，并由该部庞次长补充说明。

讨论事项：

一、范参政员锐等提：为建议设置"经济建谋部"制定战后建设计划纲领，以便提纲挈领，而一号令，且期贯彻实施而奏实效案。

二、常参政员志箴等提：我国工业化应配合各种经济政策，以期事半功倍案。

决议：以上二案俱交财政经济组先行审查，再提会讨论。

散会。上午十一时四十分。

附：

卅二年度征实征购情形及卅三年度粮政实施计划

主席、诸位先生：

今天奉邀出席报告，适因本人偶患感冒，故特约庞次长同来，先由本人作简单报告，再由庞次长补充。

卅二年度粮政年度，自本年十月起至卅三年九月底止。每年征实征购是政府公军粮主要来源。本年开征以前，在四月间即与财政部按照各省可能负担额及当地收获额，共同拟定征收征购数额，当时曾决定两项原则：（一）征收额应比征购额大，即是尽量减少征购数量；（二）希望减少法币支出数额。依据此两原则，拟定各省征收征购数额，签请领袖核定。全国卅二年度征收征购经核定为八千三百万担，此数额与领袖所期望数字相差甚大，惟顾及各省生产实际情况无法增加，领袖于核定后复有两点指示：（一）切实办理积谷，以备万一之需，全国至少办到二千万担积谷；（二）军公粮核实支发。五月间核定收购总额后，分头与各省接洽，各省当局均要求减少，几经商洽，结果在征收方面减少数百万担，征购部分亦较原额减低，总额为七千八百余万担。

现在全国各省均照中央核定数额分别征收征购，本年自十月开征以来，各省情况大致尚佳，四川省收购总额为一千六百万担，加征十分之一，总额为一千七百六十万担，到最近已征到一千四百万担。其他各省有已征七八成，也有五六成的，也有一二省成绩较差，在五成以下。四川省之所以迄今不能征收足额，原因有四：（一）有八十余县改按土地陈报后之新科则征收，手续上稍有迟延；（二）秋末冬初连续下雨二十余天；（三）今年起取消卖枭改制，一千四百万担全部入仓；（四）秋收时有若干县区稍受灾歉。湖南受战事影响，滨湖地区征务一度停顿，已收的亦受部分损失。依目前情况推测，在废历年底，可以征收足额。

支出方面，遵照指示核实支发。卅二年度配给军粮总额为四千七八百万担，卅三年度配给谷麦四千万担，以全国六百万军队计算，十分之九发给实物，十分之一发给贷金。全国各地军粮分配额不敷的，有云南、河南两省，除征收征购以外，尚差若干。湖南方面原担负六、七九三战区军粮，总额有三百余万担，近以战事关系，复有损失，现决定以四川及贵州接近湘西之粮供应六战区。陕西方面全数征收征购额，尚不敷配给军粮，加以关中今年收成较差，陕南余粮，又以运输困难，无法多运。现在决定以陕西余粮一部配给九战区，一部分运往关中。

公粮发出数量日渐扩大。此次编制卅三年度总预算时，原拟将各机关所领公粮全部列入本机关预算额内，后以各机关所列公粮均较过去为多，故结果决定仍照本年度下半年总额办理。现在全国中央各机关公粮支出总额一月为四十余万担。县级公粮总数，全国全年支出数额亦甚大。因此，全国全年征收征购总额除去军粮、中央军粮、地方公粮以外，所余无多，以致不能发挥调济民食、稳定粮价的作用。单以四川一省而论，全年收购收足总额为一千六百万担，四川省境内应支发总额（包括军粮、公粮及重庆、成都、自贡、川北盐区等处民食），全年为二千万担，不足四百万担。陪都方面，民食供应处每月供应米十九万担，面粉七万袋。陪都附近军粮为三万七千五百大包。现在又增加一万包，折计六万担。六战区每月需拨发七八万包。单是重庆一地，每月至有米三十五万担，方能应付过去。四川省不敷之数，本部曾拟定办法，奉领袖核准与省政府办理。其他各省除支付军公粮外，本部电请省府负责拨一部分余粮，使民食不至发生恐慌。

本年办理征购食粮有一种好现象，有不少省份愿意将征购部分自动改为征借，安徽省之征购额则全部改为捐献。全国各省征购部分改为借献后，国库减少六万八千万开支。这完全是人民拥护抗战，热诚爱国的表示，值得我人感激的。

本部卅三年度施政计划依照中央决定拟订，并提请十一中全会及贵会讨论，并有指示。卅三年度工作悉按原定计划分别推进。兹将卅三年度本部中心工作分述于次：

（一）拟定征收征购总额

卅三年度征收征购总额仍以八千万担为目标，当此抗战第七年，人民负担不宜很重，加以兵役关系，生产人工减少，所以不敢将征收征购数额增加。

（二）督导各省切实积谷

收入既不能增加，而支出又不能减少，所以不能不切实办理积谷，以防万一之需。积谷原是一个良好制度，过去几年，全国仅有两省（云南与广西）办理有成绩，其他各省呈报积谷数额大都不确实。本部三十三年中心工作对于此事特别重视，希望各省能将入仓数额确实陈报。

（三）加强管制工作

过去两年，本部原定方针，原拟以政治、经济两种方法相辅而行，以达到控制市场的目的，惟以所得实物除军公粮外，所剩无多，难以发挥效力。管制工作的执行，全在地方政府主管人员之努力，希望各省能切实执行，以竟事功。

（四）彻底除弊工作

征收征购以及支付各阶段中，难免悉无弊病，尽力在办事方面如何慎重，弊端还是层出不穷。办理粮政人员如有贪污行为，原送军法办理。明年一月起，四川粮政方面不法案件改归司法办理。这事在我们看来非常恐慌，并非我们不愿尊重司法独立，实在怕因案件办理较缓，处理较轻，而使违法者无所畏惧。

粮食部成立两年来，俱致力于治标工作，即此尚不能完全达到目的。惟一的治本工作，即在增加生产。所幸两年来，全国各地年收尚好，免于发生恐慌。

徐部长报告毕。

郭参政员仲隗询问：听闻除征收征购之外，又有委购，其用意何在？是否全国一致办理？

庞次长答：粮政方面，除征收征购以外，因支付数额超过收购额，不敷分配，而军粮不可一日或缺，不能不设法另购，以补缺额。当时为免除转辗运输起见，本拟核发贷金，惟军政部不愿径领贷金，商定由粮食部委托长官部会同当地政府代购。河南方面委托长官部代购者麦价为八百至一千元，与当时当市地相差不多。陕西、安徽、云南、湖北等亦委托代购，委购粮食都为供应军粮，省级公粮不敷分配时，统发货金。

郭参政员仲隗：河南去年征收征购总额为四百万担，今年因灾减少一百万担。在支出方面，军粮减少二十万担，公粮减少八十万担。今年军粮仅较去年少二十万担，而河南省境内委购额不至[止]此数，其故何在？除委购以外，还有抢购，抢购由军政部主持，原规定往沦陷区抢购，实在即在后方抢购。河南六十县除八县外，均有粮灾，此八县大都在第九区，今年收成尚丰，因此主办抢购人员纷纷往九区抢购，名为抢购，抢则抢矣，购则未必。本人曾将此中情形报告何总长，何总长要本人在减少民众痛苦、顾及政府困难情况下拟具改善办法，本人实无法草拟。委购既为军粮，抢购亦往沦陷区办理，而本年军粮仅减少二十万担，据当地人士调查，即减少此二十万担，河南现有军粮总额仍敷应用。河南驻军在中条山，郑州失守以前有七个师，以及两个师军管区，全省一年有九十万包即可够用。而军政当局总说军粮不够，其故何在？既然军粮不够，何以又能以军粮接济公粮三十万包，汤总司令复以四十万包放振。从此事实，我们可以反证河南军粮有二百万即可够用，而现在事实委购额有一百十六万包，抢购约五六十万包，收此巨额，究为何用？现在本人敢代河南同胞吁请徐部长即日停止委购抢购，万不得已时，还是不要减少一百万担，仍照去年原额收购四百万担（最后请求将河南粮政局长调往陕西）。

徐部长答复：郭先生曾到部谈及此事，河南同胞的处境我们很知道，惟目前抗战第一，军粮第一，屡欲将收购额减少，总不能达到目的。前次与郭先生谈过后，第二天即电询李主席能否停止委购，亦无具体答复。委购与征购不同，委购价格虽不同于市价，但与市价所差不远。郭先生最后的意思，当电李主席商量。凡是做得到的一定去做。

7. 国民参政会第三届第二次大会休会期间驻会委员会第七次会议记录

（1944 年 1 月 14 日）

国民参政会第三届第二次大会休会期间驻会委员会第七次会议记录

时　　间：中华民国三十三年一月十四日（星期五）上午九时

地　　点：重庆中华路本会秘书处

出 席 者：

主 席 团：张伯苓　莫德惠

驻会委员：郭仲隗　罗　衡　陈博生　王普涵　孔　庚　许德珩　董必武

　　　　　范　锐　王启江　黄炎培　冷　遹　李中襄　何葆仁　陈启天

　　　　　江一平　阿旺坚赞

农林部部长：沈鸿烈

秘 书 长：邵力子

副秘书长：雷　震

主　　席：张伯苓

记　　录：龚光朗

一、秘书处报告：

（一）国防最高委员会秘书厅函：国民参政会建议加强侨务行政机构，将侨务委员会改组为侨务部案，准行政院函复办理情形，遵批复，请查照转陈由。

（二）国防最高委员会秘书厅函：国民参政会建议维护正当舆论一案，中央宣传部函复办理情形。

（三）国防最高委员会秘书厅函：国民参政会对于地政报告之决议一案，行政院函复办理情形，函请转陈由。

（四）国防最高委员会秘书厅函：国民参政会建议各地荣誉军人教养院址应速确定一案，军事委员会函转军政部办理情形，函请转陈由。

（五）国防最高委员会秘书厅函：国民参政会建议切实执行普及教育政策一案，行政院函转教育部办理情形，函请转陈由。

（六）国防最高委员会秘书厅函：国民参政会建议重请切实援助回胞国民教育案，行政院函复办理情形函请查照转陈由。

（七）薛司令长官复谢本会代电一件。

二、农林部沈部长报告最近农林行政设施情形及三十三年度施政计划，其要点如下：

甲、最近农林行政设施情形：（一）粮食、棉花之增产；（二）各省灾荒之救济；（三）西北首批移民及新疆养蚕之完成。

乙、三十三年度施政计划：（一）协助各省普遍增加生产；（二）协助各省兴修农田水利；（三）督导各省办理民营垦殖；（四）充实并改良推广工作；（五）加紧西北农林建设；（六）准备战后复员及建设工作。

——报告毕，参政员李中襄、冷遹、王普涵提出关于农民组织问题、沦陷区耕牛补充问题、外销农产品收购问题、农业人才保障问题、西北建设问题等询问案数起，俱经沈部长即席口头答复。

三、外交部书面报告（邵秘书长代读），其要点如下：

苏联对于将来国际组织之意见—苏波关系及波罗的海三小国问题—土耳其问题—巴尔干政情—德国秘密武器—德国内部情形—南美政情

讨论事项：

财政经济组审查报告：

一、奉交审查范参政员锐等提：为建议设置经济参谋部，制定战后建设计划纲领，以便提纲挈领而一号令，且期贯彻实施而奏实效案。

审查意见：本案用意甚善，拟移送本会经济建设策进会重行整理，建议会长采纳施行。

决议：照审查意见通过。

二、奉交审查常参政员志箴等提：我国工业化应配合各种经济政策，以期事半功倍案。

　　审查意见：本案通过，建议政府采择施行。

　　决议：照审查意见通过。

　　散会。上午十二时。

　　附：

最近农林行政设施情形及三十三年度施政计划

　　最近农林行政设施情形：本部三十二年七月以前之工作，已于去年九月间参政会大会时详细报告。至最近行政设施，除继续以前工作外，关于年终之要务，约有三端：其一为粮食、棉花增产之概数，据各省截至去年十月底之报告，粮食增产四千七百八十二万一千五百六十三市石；超出预期效果五百六十九万六千五百六十三市石；棉花生产共为二百三十六万九千九百二十四市石，较去年增产一百一十八万八千七百三十九市石，尚有十一及十二两月之报告未到，增产之总数，尚不止此。其二为豫省蝗灾、粤省旱灾之救济，除去年七月以前已分别拨发专款，充各省紧急救济外，近又派治蝗专家赴豫及水利测量队赴粤，并各地加拨经费，从事标本兼施之工作。其三为西北移民七千人，业于十二月底完成，新疆养蚕事业，亦经圆满达到目的。

　　三十三年度农林施政计划：本年度施政计划，在以"充裕军用、安定民生"为目标，以适应战时需要，并准备战后复员。其工作方式，在一面协助各省对农林渔牧普遍增加生产，一面督促直接附属机关从事改良推广业务。同时与有关各部会，如教育、经济、粮食各部及水利、贸易各委员会，密切配合，以期相辅相成。其中心工作，约为下列数端：（一）协助各省大量增加生产，就中以粮食棉花之增产，薪炭林之培植及繁殖耕牛，防治兽疫为首要。（二）扩大本部附属机关及各省各院校之改良推广工作，就中以充实本部中农、中林、中畜三个实验所之改良业务，及农产促进会之推广业务为首要。（三）协助各省普遍发展小型农田水利，预计推进工程二百五十万市亩，增产粮食三百七十一万市石。（四）建立边省垦区，督导内地民垦，除边远之区由部自办外，内地各省之荒地，则由部以财力物力协助各省自行开发。（五）奠立西北农林建设根基，如移民，如垦殖，如防治兽疫，开发水利以及培植森林、举行水土保持等，均须自大处着眼，小处着手，期达开发富源、巩固边区之目的。（六）准备战后复员及建设工作。无论人力物力，均须于目前急需之外，作战后之打算，以期循序推进，有条不紊。最后谓完成工业化之目的，必须与发展农业相配合，希望各位予以提导提倡云云。

8. 国民参政会第三届第二次大会休会期间驻会委员会第八次会议记录

（1944 年 1 月 28 日）

国民参政会第三届第二次大会休会期间驻会委员会第八次会议记录

时　　间：中华民国三十三年一月廿八日（星期五）上午九时

地　　点：中华路本会秘书处

出 席 者：

主 席 团：张伯苓　莫德惠　江　庸

驻会委员：李永新　孔　庚　黄炎培　李中襄　许孝炎　郭仲隗　陶百川

　　　　　王普涵　董必武　许德珩　陈启天　何葆仁

秘 书 长：邵力子

副秘书长：雷　震

教育部部长：陈立夫

主　　席：莫德惠

记　　录：龚光朗

报告事项：

一、秘书处报告：

（一）国防最高委员会秘书厅公函：国民参政会建议奖励士节严戒奢风一案，考试院函转铨叙部办理情形，函请转陈由。

（二）国防最高委员会秘书厅公函：国民参政会建议在湖北设立师范学院案，行政院函复办理情形，函请转陈由。

（三）国防最高委员会秘书厅公函：国民参政会建议请设灭蝗研究所一案，行政院函转农林部核办情形，函请转陈由。

（四）国防最高委员会秘书厅公函：国民参政会建议设立中、西医两委员会一案，行政院函复办理情形，函请转陈由。

（五）国防最高委员会秘书厅公函：国民参政会驻会委员会建议我国工业化应配合各种经济政策案，经陈奉批："交行政院"，复请查照由。

（六）国防最高委员会秘书厅公函：国民参政会建议遣送大学毕业之华侨学生出国留学一案，行政院转报教育部核办情形，函请转陈由。

（七）国防最高委员会秘书厅公函：国民参政会建议训练司法人才及优待在职法官一案，司法院函复办理情形，函请转陈由。

（八）国防最高委员会秘书厅公函：国民参政会建议筹设大学出版部案，行政院函复办理情形，请转陈由。

二、外交部书面报告（邵秘书长代读）：

要点如下：（一）美国对德日战争看法；（二）德国情形；（三）德国与瑞典关系；（四）芬兰态度；（五）挪威官方意见；（六）伊朗政情及捷克总统之言论；（七）印度政情。

三、教育【部】陈部长报告教育部最近半年来重要设施及三十三年度施政计划，其要点如下：

甲、最近半年来重要设施：高等教育—中等教育—国民教育—社会教育—蒙藏教育—战区教育—训育—体育—员生生活

乙、卅三年度施政计划（附教育施政方针）[原缺]。

报告毕，参政员江庸、何葆仁、陈博生、孔庚、李中襄、李永新、黄炎培询问关于大学课程、华侨教育、蒙藏教育、技术教育及公费生名额之分配等问题询问案数起，俱经陈部长即席口头答复。

散会。十一时三十五分。

9. 国民参政会第三届第二次大会休会期间驻会委员会第九次会议记录

（1944 年 2 月 11 日）

国民参政会第三届第二次大会休会期间驻会委员会第九次会议记录

时　　间：中华民国三十三年二月十一日（星期五）上午九时

地　　点：中华路本会秘书处

出 席 者：

主 席 团：张伯苓　莫德惠　江　庸

驻会委员：孔　庚　冷　遹　李中襄　李永新　许孝炎　王普涵　罗　衡
　　　　　范　锐　陈启天　江一平　陶百川　何葆仁　董必武　陈博生
　　　　　王启江　许德珩

社会部部长：谷正纲

主　　席：张伯苓

秘 书 长：邵力子

副秘书长：雷　震

记　　录：谷锡五　龚光朗

报告事项：

一、秘书处报告：

（一）国防最高委员会秘书厅公函：国民参政会建议请拨工矿业贷款一万万五千万元以维河南省工矿事业一案，行政院转报财政部等复请办理情形，复请查照转陈由。

（二）国防最高委员会秘书厅公函：国民参政会建议为配合中央开发西北政策请四联总处对甘肃省工农贷款专案办理一案，行政院函转四联总处呈复情形，复请查照转陈由。

（三）国防最高委员会秘书厅公函：国民参政会对于水利报告之决议一案，行政院函转水利委员会、经济部呈复办理情形，函请查照转陈由。

（四）国防最高委员会秘书厅公函：国民参政会建议各地荣誉军人教养院址应速确定一案，行政院函转军政部呈复办理情形，函请查照转陈由。

（五）国防最高委员会秘书厅公函：国民参政会建议改善县长待遇，提高薪公各费一案，行政院函复与该院颁行之改善县行政人员待遇办法相符，函请查照转陈由。

（六）国防最高委员会秘书厅公函：国民参政会建议举办西北民生贷款以促进西北各省人民生计一案，行政院函转四联总处办理情形，复请查照转陈由。

（七）国防最高委员会秘书厅公函：国民参政会建议规定征购起点，保障小他[1]教育平等提倡一案，行政院函复办理情形，复请查照转陈由。

（十）[2]国防最高委员会秘书厅公函：国民参政会建议责成重庆市社会局饬令屠业公司按日负担猪肉一案，行政院函转重庆市政府呈复办理情形，函请查照转陈由。

二、外交部书面报告（邵秘书长代读），其要点如下：

苏波关系—美报论对日作战—土耳其态度—挪威论战后国际合作—巴尔干各国政情—罗马情形—美国务院改组情形—澳纽（纽丝伦）协定。

三、社会部谷部长报告最近社会行政设施及三十三年度施政计划，其要点如下：

甲、最近社会行政设施：（一）社会法规之制定与修正；（二）社会行政干部人员之训练；（三）人民团体之组织；（四）社会救济、劳工福利、儿童福利之推进；（五）合作事业之发展；（六）劳力之管制。

乙、三十三年度社会施政计划。

报告毕，参政员孔庚、许德珩、冷遹、李永新、李中襄，主席莫德惠等，提出关于社会政策、社会救济、迷信取缔、职工组织、合作组织、边疆社会福利、保合作社及疯人病院、神经病院等问题询问案数起，俱经谷部长即席口头答复。

---

[1] 原文如此，疑有误。

[2] 原文如此。

散会。上午十二时。

附：

社会部最近工作情况及三十三年度实施计划

主席、各位先生：

今天本人奉邀出席报告，拟分两部分说明：（一）上次大会以后社会部工作概况；（二）三十三年度社会部施政计划。

一、工作概况

（一）法制之订定与修改

社会行政是新政，一切均在积极推进中，故年来本部致力于体制的确立，法规的订定与修改。兹将最近颁布及拟订之各种法规，开列于下：1. 社会救济法。本法已于去年颁布，此后，社会救济各种业务，均按本法规定办理。本法之主要精神有三：（1）实行民生主义各有所养为目的；（2）以责任观念代替慈善观念；（3）以积极（生产）的方法代替消极（消费）的方法。2. 制定义务劳动法。本法系根据地方自治开始实行法之指示与十中全会决议制定，规定人民除服兵役外，对国家应服工役。所有各种补充法规，现正在拟订中。3. 合作金库条例。本部为谋合作政策与金融相配合，特制定此项条例，现正按照规定筹备合作金库，以充实合作业务，详细办法正在商洽中。资金拟由国家担负百分之六十，全国合作社担负百分之四十。4. 社会保险原则之确定。社会保险为社会行政中重要业务。保险原则自提出经二年之讨论，今方决定先自劳工部分实施。其办法正与国家保险机构，如中央信托局等，洽商中。5. 农会法与工会法之修改。工会法修改要点在新法采取强制入会原则，各业工人加入各业工会，下级必须隶属上级。工会组织之宗旨在协助政府，促进国防生产，国家民族利益超于阶级观念。工会农会之组织，以前规定发起人须有百人，现在减为五十人。农会法中且规定地主不能入会，凡自耕农、半自耕农、雇农均可入会。非工人、非农人不能担任农会、工会之职员。农会将配合各地农业改进所，从事于改良农业工作。若干人士以为工会法强制工人入会谓非民主，这是误解。如要工会民主，非强制入会不可，工人自己不入工会，自谋福利，结果工会势必被少数利用。

（二）社会行政干部之训练

推行新事业须要新技术与服务精神，因此不能不加以训练。去年几个月中共训练行政、业务、福利、合作、劳动各项人员共九九〇人。

（三）人民团体发展与其机构

分为三部分说明：1. 工商团体之管制，配合国家总动员，推行限价业务，全国工商团体新成立者共有一千一百廿四个，整理者共有二千五百〇六个，会员共六万二千七百六十七（以商号为会员单位，并非个人），已经训练之干部共有二万二千四百四十人，各地开会次数为一千一百四十八次。2. 工会、工人组织对于工资与产业之发展，均有帮助，去年增加二百二十五个工人组织，参加工人约计三十余万。四川十二个盐场均有工会组织，有工人十二万人。闽浙两省盐工正在组织中。嘉陵江区煤矿工人一万九千余人，亦经加以组织。川江十一江流十万工人，正在组织中。今年工人的情况比较安定，劳资纠纷减少，这由于：（1）政府法令规定分红办法；（2）有组织可以表示共同意见；（3）各种社会行政力量展渐发展。3. 农会方面，计成立省农会六，县农会六十五，乡农会七百十九所，会员约计五十九万余。农会组织之发展比较工会迟缓，其原因：（1）人民程度关系；（2）农民对于农会之要求不切要（由于居住散漫）；（3）过去农会无有成绩。

（四）社会救济、劳工福利、儿童福利

自社会救济法公布施行后，社会部即开始整理各处慈善团体，发动社会力量，推进救济业务。单以重庆市各慈善团体产业而论，约在二万万元以上，加以整理后，必可发挥力量。去年全国各地冬令救济费用约有五万万元。重庆全市共有贫民一万二千余户，占全重庆人口十分之一，每户发给四百元，抗属八百元。劳工福利自从法令规定以后，各工厂都在改善中，且有若干较大工厂，其对于职工之待遇，如子弟学校、住宅、伙食等等设备，均较一般公务人员所享受的为优。政府为改善个旧锡厂工人之福利，去年一年曾补助四百余万。工厂内部之安全卫生，工厂检查法原有详细规定，现在工厂设备简陋，不得不降低标准，去年共检查三百九十七工厂，其中四川最多，计二百三十九所。儿童福利方面，计有各种组织一百七十四所，目前以物价高涨，殊感困难。此后，拟由政府配合社会力量同时并进。儿童保育院去年预算为二千万元，追加总额为八千万元，本年预计需一万万八千万元。儿童福利指导权在逐渐统一中，办法上亦在分别改良。本部为谋整个儿童业务之推进，特草拟儿童法，刻在行政院审核中。

（五）合作事业

我国合作事业在社会行政中为历史较久、基础较固事业之一，近年发展亦较迅速。本部去年所定合作事业三年计划，原系配合新县制切实推行，以经济组织配合政治组织，完成地方合作组织，达到一保一社，一乡一社，县设联合社之目的。据去年十二月统计，全国合作社共有十六万零三百九十三所，去年一月增加六千四百卅三所，社员人数共有一千三百八十万三千一百八十三人，去年一年增加三百六十六万三千五百零一人；资金总额为三万二千六百四十八万五千零六十三元，去年增加二万万三千三百十九万三千五百零六元。再就合作社类别论，过去合作社总额中，信用合作社占百分之八十五，近年来生产、消费、运销各类合作社数量增加，信用合作社之百分比，前年降低到百分之八十二.四，去年降至百分之四十八.一，其中工业合作社自六增至八.一，农业生产合作社一二.五增至一八.八，运销合作社自一.八增至一〇.三，消费合作社自二.三增至一〇.二。训练社员二百七十万人，贷款总额为八万余万元，吸收游资股金及储款合计约四万万元。合作社出售货品，价格较市价低百分之十七至六十。

（六）劳力管制

工人跳厂现象，自战时工人受雇解雇办法实施后，盖以产业不能发展等原因，逐渐减少。现在将裕丰纱厂、电力公司、三才生煤矿三工厂工人跳厂情况说明之。去年五月三厂跳厂工人占全体工人百分之十八，六月份为百分之十，七月份为百分之七，八月份为百分之六，十二月份为百分之四。劳力节制方面，自各机关限制工友轿夫以来，重庆市节省八千余人。调整工资，工人工资以生活费指数为标准决定之，全国各地管制工资，成绩好坏参半，大抵产业工人工资比职业工人工资为稳定，职业工人工资高于产业工人。至于工资与物价之关系，各方以观点不同所得结论有异，有人以为物价随工资高涨而增涨，但依据数字统计，工资之高涨在物价增涨以后。产业工人生活指数为一九八一七,职业工人为一八三三〇;而产业工人工资八三一七,其增加率仅及生活指数百分之四二,职业工人工资为一三一〇〇,增加率为百分之七十。去年一月生活费比,卅一年十二月指数为一〇四,而工资不增,二月为一一七,工资增百分之一.五,三月工资增为百分之一,五月生活指数为一三四,六月份工资增百分之十二.七。凡此均可证明,工资增加在物价高涨之后。至于码头工人及车夫等职业工人,管制较难,现正设法加强组织,以便管制。

二、三十三年度施政计划

三十三年度工作计划根据国防最高会议指示分别拟具,行政方面计有:(一)充实各级社会行政机构,制定行政计划,发展社会行政;(二)训练社会行政干部人员;(三)准备复员工作。组训方面计有:1.发展各业公会组织;2.工商团体管制;3.农会组织积极加强;4.训练干部及会员;5.以各种社会运动改善社会。

福利方面:(一)发动社会力量办理救济事业;(二)整理慈善团体;(三)执行工厂检查。

合作事业方面:(一)推进组织重要县市合作联合社,加强训练合作人员;(二)促进农工生产,加强政府管制;(三)成立合作金库,以金融力量发展合作事业。人力动员方面,普遍推行各种义务劳动。

10. 国民参政会第三届第二次大会休会期间驻会委员会第十次会议记录

（1944 年 2 月 25 日）

国民参政会第三届第二次大会休会期间驻会委员会第十次会议记录

时　　间：中华民国三十三年二月二十五日（星期五）上午九时

地　　点：中华路本会秘书处

出 席 者：

主 席 团：张伯苓　莫德惠　江　庸　吴贻芳

驻会委员：孔　庚　范　锐　许德珩　郭仲隗　李中襄　冷　遹　陈博生

　　　　　王普涵　陈启天　董必武　褚辅成　许孝炎　何葆仁

司法行政部部长：谢冠生

主　　席：江　庸

秘 书 长：邵力子

副秘书长：雷　震

记　　录：谷锡五

报告事项：

一、秘书处报告（见后）[略]。

二、外交部书面报告（邵秘书长代读），其要点如下：

苏联改定国防与外交之内情及英美之揣测—南斯拉夫政情—伊朗情况—保加利亚情形—美对阿根廷及西班牙态度—西班牙态度—澳纽协定之英方舆论

三、司法行政部谢部长冠生报告最近司法行政设施及三十三年施政计划，其要点为：

（一）审判；（二）监狱；（三）人事。

报告毕，参政员孔庚、王普涵、何葆仁等提出关于法律之执行、律师制度之整理、监狱考察等询问案数起，均经谢部长即席答复。

四、吴主席贻芳报告游美感想。

散会。十一时三十分。

附：

司法行政最近概况

主席、各位先生：

今天奉邀出席报告司法行政最近概况，拟分为三部分说明。

一、审判部分

（一）涉外诉讼案件之处理

抗战六年以来，各省法院办理涉外案件，民事方面计二三七七件，刑事方面一四八六件，合计三八六三件，平均每年为六六〇件。以地区分，其次序为江苏、湖北、四川、湖南、广东、福建、云南、广西。去年五月二日，我国与英美互换新约批准以后，凡在中国境内英美人民为被告者，概受我国法院审理，但年来国际交通不便，外国商民来华者为数绝少，故法院处理涉外案件并不加多。去年重庆法院受理盟邦人民为被告之案件仅十余起，大都均系民事案件。为便利盟邦人士起见，特于各地法院分设专任或特约通译人员，并编译各种法律，廉价发售。去年五月二十六日，外交部与美国大使馆交换照会，声明美国在华军人刑事案件送由美军事法庭处理，将来我国军队开往斐 [菲] 律宾同样办法。本部依据此项照会，拟订处理在华美军人员刑事案件条例，三十二年十月一日由国府命令公布。关于外国律师问题，根据上海特区法院协定，外国律师可以出庭，现在协定取消，依据现行律师法非本国人不能任律师，所以到现在为止，外人在法律上毫无根据可以要求在华法院出庭。惟以若干外国人士已取得律师资格，似不便将其地位取销。经决定，原则交由本部拟具外人在华充当律师办法，其要点有二：1. 采取互惠方式。即如对方允许我国人充当律师，我亦许之。2. 须经过考试。此办法已经院令通过，呈报国防会备案中。

（二）一般诉讼处理情况

卅二年上半年统计，第一审地方法院收案，民事案件计一〇〇,五六三起，办结一〇一,一七九起 [1];刑事案件收案六六,〇七四起,结案六五,九六四起。第二审高等法院收案,民事案件四一,九八〇起,结案四一,五七二起;刑事案件二一,六五九起,办结二一,三〇四起。刑事案件数目中并未包括特种刑事案件。

(三)特种刑事案件诉讼条例

特种刑事案件系指盗匪、烟毒、贪污、汉奸、危害民国等罪。盗匪案件自民国三年起,已不归法院办理,其余烟毒、贪污等陆续由司法机关移至军事机关办理,当时为适应实际需要——乱世用重刑,处理迅速,有此经过。现在中央决定移到司法机关办理,并交由本部拟订特种刑事案条例,继续本重刑与迅速两项原则。至于实体法之采用仍依特别法。处理方法不采三审而用复核制,规定第一审判决案,被告如有不服,可以声明复核,如第一审判决为死刑或无期徒刑时,均由最高法院重为复核。还有一点与普通刑事诉讼不同的,即复核法院对于下级法院之判决不能加刑。是项条例已于本年一月十日由国府命令公布。依条例规定,施行日期以命令公布。

(四)巡回审判情况

巡回审判制度自在湖北、广东、湖南、浙江、江苏、安徽、江西、山西、山东九省试办以来,判案数量年有增加,其中以湖北、广东两省案件较多。过去巡回审判仅限于战区,现正考虑是否推行于后方边远地区,或使其在战后成为经常制度。本部鉴于美国于开发西方时推行巡回审判颇收实效,曾转托驻美大使馆转请巡回审判专家朗格满先生提出意见。据其来文结论,说明美国得到三种好处:1. 在司法意义上说,人民冤屈可伸;2. 政治意义上,因中央法官不时往各省,使人民对于中央之信仰增进;3. 教育意义上,使人民知道法院审判情况。中国目前情形正可与当时美国情况相仿,不妨将巡回审判制度扩大推行。如果决定采用巡回审判制,必须修改法院组织法。

(五)璧山地方实验法院

璧山地方实验法院成立于前年五月一日,试行新诉讼程序,试办结果,结案迅速,大部分在半月以内了结,而且有一部分在一天以内结案。实验法院在人事上有

---

[1] 此数据似有误,原文如此。

一大改革，即是将法警及执达员之职务全由司法助理员担任，其待遇亦于提高。去年十一月举行考试，录取五十余人，大部为高中毕业生，经过六星期训练，再经实习，分发服务，自司法助理员，一切均能按照原定计划进行。

（六）推行公证制度

公证制度为保护人民私权一种优良制度。几年来，各地法院成立公证处者二百五十八处，预定于本年六月底全国各法院一律成立。各法院公证处虽已成立，而人民请求公证者并不甚多，故今后当注意宣传，除采用电影、演讲及文字宣传外，并着重于行为宣传，如乡镇保甲长先自请求公证，以引起人民的模仿。一方面令知办理公证人员，态度务必和蔼亲爱。

（七）新疆司法情形

新疆法院去年改组，高等法院刘院长去年九月来渝受训。最近新疆成立地方法院五所，县司法处五处，监狱六所。现正计划成立巡回法院。本部鉴于新疆司法人员之缺少，多方鼓励法官前往新省服务。

（八）四川高等第一分院自廿九年大轰炸后迁乡办公以来，各方均感不便，兹已将分院专办渝地方法院判决案件之第三庭全部迁返原址办公。

二、监狱部分

现在全国监狱收容已决未决囚犯总数在五万左右，其中司法机关经办者仅占三分之一，其余三分之二系军事及其他机关寄押。去年一年中请求调服军役者计三一九三人，调处服务者三八二人。监狱房屋大都破旧不堪，去年原定预算及追加，共计一千八百万元，惟以物价高涨，即此巨款亦未能建筑及修缮若干处所。现时各监狱都有人满之患，希望特种刑事案件人犯分别收容。至于囚粮，自三十一年十月起，每人每天二十两，全月合计二斗五升，勉强过去。现奉令一律减为二斗一升，正调查实际情况，加以调整。关于囚犯生产，原分工场与农场两部。工场大多附设监狱内，农场一所设于川北平武县，开办两载，已能自给自足，且有盈余。三十二年各省监狱附设工厂计五百〇七所，工作人犯计一万四千〇廿一人，约占全国犯人之四分之一。

三、人事部分

年来随司法业务之发展，处处感觉司法人员之不够，所以近年对于人才之培养非常注意：（一）每年举行高等考试、司法人员考试；（二）各大学法学院添设司法组；（三）军法人员征调；（四）依照司法人员训练大纲，由中央政治学校特设司法官训练班，训练办案有经验而无法官资格之人员，受训期为八个月，其中两个月为政治训练，六个月为实务训练，第一期一百五十人，三月中开班。法院监狱官、书记官、法医等人员分别委托各大学训练，去年中央训练团二十八期有二百廿位法官受训，除四星期政治训练之外，加二星期专业训练，并举行七次司法业务检讨会议，讨论司法上各种应兴应革事物以及救济解决目前所遭遇各种问题，并互为交换意见。本部鉴于涉外案件之增多，特调通晓外语法官分配各大都市法院以资办理。现在全国法官两千六百余名，律师人数四倍于法官。将来大量需要法官时，律师将为最大来源。

11. 国民参政会第三届第二次大会休会期间驻会委员会第十一次会议记录

（1944 年 3 月 10 日）

国民参政会第三届第二次大会休会期间驻会委员会第十一次会议记录

时　　间：中华民国三十三年三月十日（星期五）上午九时

地　　点：中华路本会秘书处

出 席 者：

主 席 团：张伯苓　莫德惠　江　庸

驻会委员：郭仲隗　王普涵　范　锐　陈博生　许德珩　何葆仁　许孝炎

　　　　　孔　庚　江一平　董必武　陈启天　褚辅成　王启江　陶百川

　　　　　李中襄　罗　衡

内政部次长：张维翰

主　　席：张伯苓

秘 书 长：邵力子

副秘书长：雷　震

记　　录：谷锡五

报告事项：

一、秘书处报告（见后）[略]。

二、外交部书面报告（邵秘书长代读），要点如下：

史太林红军节文告—苏联《红星报》论马沙尔群岛之战—苏芬和议—英土关系—埃及政情—顾艾谈话

三、内政部张次长维翰报告三十三年度关于民政、户政、警政、礼俗、营建、禁烟、选举事务等各部门中心工作及此次视察东南七省经过。

报告毕，参政员许孝炎、王普涵、孔庚、许德珩等对于礼制草案之订定及警察保甲长之训练等问题提出询问数起，均经张次长即席答复。

散会。上午十一时。

附：

内政设施及卅三年度施政计划

主席、各位先生：

周部长因事不克应口，特嘱本人代表向贵会报告最近内政设施及卅三年施政计划。

现先将卅三年度内务行政计划中之中心工作分述于下：

民政方面：

（一）加紧训练县各级干部人员；

（二）调整县市机构；

（三）普遍设立县市各级民意机关；

（四）促进地方自治实施方案所规定之事业；

（五）召开县政检讨会议（现在请示中，或将与其他会议合并）。

户政方面：

（一）完成后方各省市户口调查；

（二）切实办理户籍及人事登记。

警政方面：

（一）健全各省市县警察组织；

（二）继续训练外事警察；

（三）调整外事警察机构。

礼俗方面：推行礼制。

营建方面：设计公私建筑标准图式。

禁烟方面：彻底肃清后方各省市烟毒。

选举事务方面：调查国民大会当选代表行踪。

最近内政设施：

内政行政，大都经常工作，且年度开始甫及两月，一切设施均系按照本年度工作计划进度表按次进行，无甚特殊，兹将其中较为重要者分述于次：

（一）实施新县制成绩总检讨

自从县地方自治纲要公布以后，有二十一省依照纲要规定办理，其中江苏、山东、绥远、山西等四省以情况特殊，办理较迟，其他十七省自推行以来至去年年底均满三年。本部为检讨过去策励来兹，根据各省书面报告及视察人员报告，综合检讨十七省实施新县制情况。总检讨结果，将印成专册分送。兹先将各省县民意机关设立情况及地方自治事业办理情形扼要报告。

各省县民意机关之设立，系施行新县制之主要工作，参政会屡次大会均有关于设立民意机关之提案。据各省报告数字统计，十七省中已成立保民大会者占大多数，乡镇民代表会成立者亦不少。现正分令各省加紧督促，希望今年上半年各省大部分县成立乡镇民代表会，边远地区上半年先成立保民大会，年底以前成立乡镇民代表会。至于县参议会，广西今年十一月内可以正式成立，浙江省非游击区亦可正式成立。县参议会之成立，只是形式，而最要者，还在训练人民运用四权，才不至于落空。

地方自治实施方案与宪政实施有密切关系。此方案系根据建国大纲第八条与地方自治开始实行法所列事项加以补充，规定十四项业务，都是地方自治重要工作。推行新县制之目的即在完成地方自治。故自新县制施行以来，各省各县对此十四项业务都有相当进展，但是全部能依照规定做到标准的究属绝对少数，而不能做到标准的，大都由于条件不备，业务无法开展。兹将各省对于各种业【务】进行情况及其数字分述于下：

1. 户口调查：办理清查户口者七二九县，户籍统计二四七县；

2. 土地清丈：办理土地测量者一六○县，土地登记者一五三县；

3. 征收地价税者四四县；

4. 办理土地陈报者一二二县市局；

5. 开阔荒地二,七九八,二六○亩；

6. 乡镇造产者二四八县；

7. 整理财政者四九五县；

8. 调整县行政机构者一〇八二县，计区署一二三七所，乡镇公所二九，四七四所，保办公所三四七，三〇一所；

9. 国民兵总额为一五，一八二，五〇九人；

10. 修筑县道二五，三四一公里，乡镇道路四四五七公里；

11. 设立学校，计现共有中心学校二四，四五〇所，国民学校一七八，一六八所；

12. 推行合作，成立县合作社联合社一六一所，乡镇合作社五四一八社、保；

13. 办理警卫，设立警察局四八四县，设置警佐者三二五县；

14. 推行卫生，设立县卫生院者八二八县，区卫生院二六七所，乡镇卫生所二二一七所。

（二）高等警察研究班警政考察团

本部为改进全国警政，由中央警校设立高等警察研究班，现该班训练期满，特组织警政考察团分赴成都、西安等处实地考察，并于考察完毕后开会讨论。

（三）视察东南七省情况

兹顺便将本人视察东南各省情况约略报告。东南各省当局都有厉[励]精图治精神，本人到达桂林时，省政府召集之县行政会正举行闭幕式，黄主席即席公开比较各县各项行政成绩。湖南、江西各委员常分赴各县检查县政。福建省主席及委员亦分赴各专员区召开行政会议。各省设计机构，都能按期设立。各省民政厅厅长大多系久任其位者，对于地方情形比较熟悉。各省省县干部人员在生活艰苦中努力工作，殊可嘉勉。乡镇保甲人员，亦是相当努力，惟其中难免发生弊病。其他关于法令及业务需要改进者甚多，凡内政部职教所及者，当由部研讨交各省改进。县自治纲要实施以来，已有三年，此实为实施宪政的基础，今后努力改进，当有俾于宪政前途。

12. 国民参政会第三届第二次大会休会期间驻会委员会第十二次会议记录

（1944 年 3 月 24 日）

国民参政会第三届第二次大会休会期间驻会委员会第十二次会议记录

时　　间：中华民国三十三年三月二十四日（星期五）上午九时

地　　点：中华路本会秘书处

出 席 者：

主 席 团：张伯苓　莫德惠　江　庸

驻会委员：许德珩　王普涵　王云五　罗　衡　陈博生　孔　庚　黄炎培

　　　　　许孝炎　陈启天　何葆仁　杭立武　李永新　董必武　冷　遹

　　　　　江一平　阿旺坚赞　李中襄　王启江

秘 书 长：邵力子

副秘书长：雷　震

主　　席：莫德惠

记　　录：谷锡五　龚光朗

报告事项：

一、秘书处报告：

（一）国防最高委员会秘书厅公函：国民参政会建议推行蒙藏地方司法制度，提高边远省区司法人员生活待遇一案，行政院函转司法行政部呈复核办情形，函请查照转陈由。

（二）国防最高委员会秘书厅公函：国民参政会建议积极促进并奖励全国国民节约献金一案，行政院函复办理情形，函请查照转陈由。

（三）国防最高委员会秘书厅公函：国民参政会建议限制饮酒与增加酒税一案，

行政院函转财政部呈复办理情形，函请查照转陈由。

（四）国防最高委员会秘书厅公函：国民参政会建议请办理公务人员子女教育费贷金一案，行政院函转教育部办理情形，函请查照转陈由。

（五）国防最高委员会秘书厅公函：国民参政会建议改进工贷办法一案，行政院函复办理情形，请查照转陈由。

（六）国防最高委员会秘书厅公函：国民参政会建议确定驿运行政经费，严限各省停征驿运管理费案，行政院函复办理情形，函请查照转陈由。

（七）国防最高委员会秘书厅公函：国民参政会建议对交通困难、驻军较少之县粮赋折收法币一案，行政院函转财政、粮食两部会呈核议情形，函请查照转陈由。

（八）国防最高委员会秘书厅公函：国民参政会建议改良征收田赋军粮办法一案，行政院函转财政、粮食两部呈复办理情形，函请查照转陈由。

（九）国防最高委员会秘书厅公函：国民参政会建议适应战后复员与经济建设之航运需要确立发展航业计划案，行政院函复办理情形，函请查照转陈由。

（十）国防最高委员会秘书厅公函：国民参政会建议倡导救生运动以安水上行旅一案，行政院转送长江区航政局会议记录及有关文件，请查照转陈由。

（十一）国防最高委员会秘书厅公函：国民参政会建议请将管制物价成绩列为各级政府首要考成一案，行政院函转办理情形，函请查照转陈由。

（十二）国防最高委员会秘书厅公函：国民参政会建议改进中小学制一案，行政院函转教育部办理情形，函请查照转陈由。

（十三）国防最高委员会秘书厅公函：国民参政会建议改进川省司法诉讼手续一案，司法院函复办理情形，函请查照转陈由。

（十四）国防最高委员会秘书厅公函：国民参政会建议改善甘青公路一案，行政院函转交通部办理情形，函请查照转陈由。

（十五）国防最高委员会秘书厅公函：国民参政会对于农林报告之决议案，行政院函复办理情形，函请查照转陈由。

（十六）国防最高委员会秘书厅公函：国民参政会对于教育报告之决议案，行政院函送教育部办理情形，函请查照转陈由。

二、外交部书面报告（雷副秘书长代读），其要点如下：

苏芬和议—欧局形势—土耳其态度—巴尔干情形—罗马战报—英美对近东政变—阿根廷政策—智利对阿政变态度—印度政情—越南情形

三、粮食部徐部长堪报告最近粮食行政设施及粮价波动情形，其要点如下：

（一）卅二年度四川粮食收支概况；

（二）办理重庆山米米价调整经过；

（三）各地粮价情况及涨价原因；

（四）各地春耕情形；

（五）粮食部本年重要设施：1. 建筑仓库；2. 加强运输；3. 预防旱灾；4. 把握粮食。

报告毕，参政员王普涵、孔庚、许孝炎、冷遹、李永新、黄炎培询问关于陕西征购征实、救济、鄂南粮食损失调查，湘北战事公私损失、改革粮食运输办法及绥远中央机关人员米代金等问题询问案数起，俱经徐部长即席口头答复。

决定事项：

黄参政员炎培提：据国立中央技艺专科学校学生呈控校长周厚枢贪污一案，应否转请政府核办案。

决议：送请教育部查办。

散会。上午十一时五十分。

13. 国民参政会第三届第二次大会休会期间驻会委员会第十三次会议记录

（1944 年 4 月 7 日）

国民参政会第三届第二次大会休会期间驻会委员会第十三次会议记录

时　　间：中华民国三十三年四月七日（星期五）上午九时

地　　点：中华路本会秘书处

出 席 者：

主 席 团：张伯苓　王宠惠　王世杰　莫德惠　江　庸

驻会委员：朱贯三　许德珩　江一平　王普涵　李永新　冷　遹　王云五

　　　　　陈博生　许孝炎　何葆仁　黄炎培　孔　庚　杭立武　李中襄

　　　　　董必武　陈启天　陶百川

秘 书 长：邵力子

副秘书长：雷　震

主　　席：江　庸

记　　录：谷锡五　龚光朗

报告事项：

一、秘书处报告：

（一）国防最高委员会秘书厅公函：国民参政会建议改善钨锡管制办法一案，准行政院函复办理情形，遵批，函请转陈由。

（二）国防最高委员会秘书厅公函：国民参政会建议确定交通政策，集中力量加紧修筑西南铁道干线等四案，行政院函转交通部办理情形，函请转陈由。

（三）国防最高委员会秘书厅公函：国民参政会建议修正运输章则及检查权限一案，军事委员会函转水陆交通统一检查处呈复办理运输及检查经过情形，函请转陈由。

（四）国防最高委员会秘书厅公函：国民参政会建议严令储藏物资之仓库注意保护品质，勿使蒙受损失一案，行政院函复办理情形，函请转陈由。

（五）国防最高委员会秘书厅公函：国民参政会建议统一地政职权充实地政机关一案，行政院函复，认为地政职权之行使均可暂仍其旧，无庸更张，函请转陈由。

（六）国防最高委员会秘书厅公函：国民参政会建议改良法检应速栽培法医人才创建检验机构一案，行政院函复办理情形，函请转陈由。

（七）国防最高委员会秘书厅公函：国民参政会建议提高各级学校教师待遇并优给各种米贴一案，行政院函复办理情形，函请转陈由。

（八）国防最高委员会秘书厅：国民参政会建议加紧招训战地青年一案，行政院函报教育部办理情形，函请转陈由。

二、外交部书面报告（邵秘书长代读），其要点如下：

希腊与南斯拉夫—葡方消息—挪外长谈片—美国援华态度—希腊政情—美对克复地方之拟议—联军与巴尔干—英土关系—苏联与苏彝[伊]士运河—巴尔干动态—巴尔干政情

三、访英团团员王世杰、王云五、胡霖、杭立武报告访英经过及感想。

讨论事项：

许委员德珩等提：为民惠轮覆没，生命财产损失甚大，今后应切实改善建议案。

决议：通过，提案文字交秘书处整理后，送请政府切实改善。

散会。上午十一时五十分。

附：

为民惠轮覆没生命财产损失甚大今后应切实改善建议案

理由：查本年三月二十四日民生公司民惠轮由白沙下驶，行抵滩险水急之小南海地方时，该船竟至失其控制力量，船身一扭，于数秒钟内，即全部覆没，乘客四百余人，惨遭灭顶，除数十人因擅长游泳得以遇救外，余均罹难。事后调查，有白沙女师学院赴渝参观之毕业生，出席教育部师范教育会议代表，武昌艺专唐校长兄弟，国立九中高三分校徐校长暨公教人员、律师、商民达三百六七十名之多，牺牲之大，骇人听闻。

按川江一带，滩多水险，交通工具，不敷应用，兼之船主与舵工、水手以及管理方法等，又多未尽妥善，致轮船失吉与覆没之事时有所闻。旅客生命财产因无保障，视行路为畏途。此不独后方交通上之一严重问题，亦即国家民【众】之极大损失。言念及此，良用慨然，若不亟向有关当局积极建议，除处负责者以应得之罪外，再施有效之办法，将何以做将来而策旅客之安全。兹于痛定思痛之余，谨就社会一般人士之意见拟具改善办法数项，敬请公决。

办法：

一、急速整理川江航道，炸平各险滩，费款纵巨，应勿吝惜。

二、于渝白间及其他各航线，加派大船，增加班次。

三、沿江各地非先行设置屯船，绝对不许上下客货。

四、严令船主、机工、舵工，随时检查机件有无障碍，迅速修理。

五、限定各船载客人数，严令遵照限额载客。开船时由经理饬茶房鸣锣报告人数，如未足限额时，亦只能于沿江码头补足人数，以便来客之监督。

六、请航政局在凶滩恶水所在地设置救生船。

七、规定沿江抢救人命奖惩办法。

八、严禁船主、经理及舵工等嫖赌饮酒。

九、救生器具务须与乘客配备足额，并每客设一个座凳。

提案人：许德珩　冷　遹　孔　庚

14. 国民参政会第三届第二次大会休会期间驻会委员会 第十四次会议记录

（1944 年 4 月 21 日）

国民参政会第三届第二次大会休会期间驻会委员会第十四次会议记录

时　　间：中华民国三十三年四月廿一日（星期五）上午九时

地　　点：中华路本会秘书处

出 席 者：

主 席 团：王世杰　莫德惠　张伯苓　　江　庸

驻会委员：许孝炎　陈博生　阿旺坚赞　李永新　王云五　许德珩　黄炎培

　　　　　冷　遹　孔　庚　李中襄　　罗　衡　杭立武　何葆仁　董必武

　　　　　陈启天　褚辅成　陶百川　　王启江　江一平

军政部部长：何应钦

秘 书 长：邵力子

副秘书长：雷　震

主　　席：张伯苓

记　　录：谷锡五　龚光朗

报告事项：

一、秘书处报告（见后）[略]。

二、外交部书面报告（邵秘书长代读）。

三、军事报告——由何兼部长出席报告，其要点如下：

甲、国内战场：（一）中牟及邙山头附近战况；（二）敌军抽调情形。

乙、缅甸战场：（一）胡康、孟拱两河谷地区战况；（二）敌军进犯曼尼坡地区情况；（三）阿拉甘地区战斗情形。

丙、世界战场：（一）苏德战场四个月来推进情形；（二）地中海战况；（三）西南太平洋及中太平洋战况。

——报告毕，张主席伯苓、莫主席德惠、黄参政员炎培提出关于各地军事问题询问案数起，俱经何兼部长即席答复。

散会。上午十一时廿五分。

15. 国民参政会第三届第二次大会休会期间驻会委员会第十五次会议记录

（1944 年 5 月 12 日）

国民参政会第三届第二次大会休会期间驻会委员会第十五次会议记录

时　　间：中华民国三十三年五月十二日（星期五）上午九时

地　　点：中华路本会秘书处

出 席 者：

主 席 团：莫德惠　江　庸

驻会委员：王普涵　许孝炎　孔　庚　朱贯三　李永新　陈博生　许德珩

　　　　　黄炎培　冷　通　董必武　陈启天　王启江　何葆仁　李中襄

　　　　　杭立武　陶百川　江一平

秘 书 长：邵力子

主　　席：莫德惠

记　　录：谷锡五　龚光朗

报告事项：

一、秘书处报告（附后）［略］。

二、外交部书面报告（邵秘书长代读），其要点如下：

（一）各国对第二战场的看法；（二）英国最近外交政策；（三）苏对义［意］问题；（四）苏论缅战；（五）苏波关系；（六）苏波议和问题。

三、经济部秦次长汾出席报告最近经济设施情形，其要点：

甲、计划事项：

（一）经济根本计划及战后建设问题；（二）国营民营问题；（三）利用外资问题；（四）沦陷区收复后对敌伪财产处理问题；（五）工业标准问题。

乙、现在生产情形：

（一）煤炭；（二）石油；（三）钢铁；（四）钨、锡、锑、汞；（五）电力；（六）机械；（七）电工器材；（八）酒精；（九）其他化学工业；（十）纺织。

丙、管制事项：

（一）煤炭；（二）油类；（三）纸张。

丁、最近物价情形

报告毕，参政员李中襄、黄炎培、许德珩等提出关于物价问题询问案数起，俱经秦次长即席口头答复。

散会。上午十一时。

附：

经济部最近工作概况

主席、各位先生：

经济部对于一切实施向极郑重，均本既定方针进行，是以最近并无特殊表现，现在谨就大概情况向各位报告。

本部对于经济根本计划与战后经济建设计划非常注意，有几个比较重大问题，现正分别研究设计中：（一）战后经济建设计划。去年四月曾经召集专家会议讨论并拟定一个具体计划，不过当时材料不全，内容或有不当，经年余的研究以及事实的变迁，均有重行讨论审订的必要，最近奉命在十月中再度召集会议详加研讨，务使是项计划能尽善尽美，在执行时能顺利进行。（二）国营、民营之分别。近年来，常有人争论国营、民营的问题，本部认为非由国营不可的事业外，不必由国家经营，有些不便由人民经营的事业，则明白规定国营。将来如何决定，要由会议中来决议。（三）利用外资问题。我们对于外资究竟采用开放政策，还是严加限制，以防外国经济侵略，都在细密研究中。本部的意思以为，在不妨害国家经济与人民生计原则下，国际经济及技术人才可以开放。我们相信战后几十年中，恐怕我们还要借重外国资本与人才，所以战后我国工业计划中对于外国资本与人才的规定采取比较宽的政策，只要外国资本不超过总额之半数，董事不超过半数，董事长必须是中国人，文书与账簿采用中文，便都可以。（四）战事胜利以后，沦陷区内外人及国人财产如何处理接收以及防止敌伪破坏的问题。政府特设立一个机关在研究，大体上已有一点决定。（五）工业产品标准化的问题。过去各工厂出品有德国制、法国制、英国制等等不同，现在已设立工业标委会，由此会研讨规定采用一种度量衡，明定标准。

第二，报告目前重要工业品生产状况：（一）煤　现月产平均五十三万吨，较去年略有增加。工作困难之点：1. 运输设备不足；2. 成本剧增，超出售价；3. 采运材料缺乏；4. 流动资金不足。改进办法：1. 建筑轻轨铁道及改善运煤公路；2. 妥定合理煤价。（二）石油　玉门油矿每月采汽油四十万加仑，煤油亦四十余万加仑，现在添建设备，尚可增产。惟以困难：1. 路长车少，运输不便，玉门至重庆，两地相距二千八百公里，每辆车一次运油九百加仑，往返一次需油五百六十加仑，到重庆实得三百四十加仑；2. 车辆缺乏，近复被征调，已有三个月未运到汽油。每月所采四十万加仑汽油，除去十万加仑用于甘、宁、青几省，余下卅万加仑，需要七百辆汽车方可运输。（三）钢铁　去年七月至今年三月，九个月中共产铁二万余吨，炼钢七千三百余吨，这一点产量还有剩余，完全由于没有巨大的钢铁建筑。有大的建设，这一些数量是不够的，小的用度这些又是太多。现在的困难：1. 半年来销路停滞；2. 焦炭含硫、铁砂含磷成分过高；3. 耐火材料质地欠佳；4. 缺乏稀有合金及炭精；5. 成本过高，资金不敷周转。本部现正设法扩展其销路，如：1. 增制兵工器材、船只、煤斗车、桥梁、轻轨等；2. 增设加工设备；3. 调整生产机构。（四）钨、锡、锑、汞　九个月来产量，钨为五千九百吨，锡为二千二百吨，锑为二百八十吨，汞为九十吨，数量均较上期减少，品质上则有进步。目前困难：1. 采收成本加高，国外价格如故（每美元折合二十元），亏折过甚；2. 出口不易。现正设法另觅国外销路，提高出品标准。（五）电力　平均每月发电一千八百万度（最近增加二百余万度）。困难情形：1. 电厂所在地缺乏燃料；2. 煤价太高，资金周转愈感不足。现在计划各厂增添器材设备，设法自制供应，继续兴建发电工程。（六）机械工业　九个月来产量，动力机共为八千千瓦，较上期略增，工具机为一千六百部，增二倍，作业机共为一千七百部，略减。困难情形：1. 成品无销路；2. 一般物价太高，成本不断加高，每易赔累。

3. 必要器材尚须仰给国外，供应不足。（七）电工器材　电话机共为三千八百部，增五倍，电灯泡共为一百二十三万只，增二倍，其余电子管、电动机、瓷碍子等项均较上期增加甚多。（八）液体燃料　酒精全国月产一百二十【万】加仑，其中八十万加仑产于四川各厂，军政部各厂月产约三十万加仑。酒精原料为糖蜜糖浆，干酒成本日渐高涨，各厂难以维持，现决定四川不准增设新厂，滇黔并禁止酿酒，限制产量。现在酒精售价比一般物价低四分之一。（九）化学工业方面　除水泥、耐火材料、机制纸外，其余烧碱、硫酸、盐酸、纯碱、染料、鞣料等均有增加。（十）纺织工业棉纱产量为八万七千余件，毛呢为卅四万公尺，麻袋四万九千只，伞绸六百六十匹。

关于物资管制，所有八种日用品，由经济部办理者，有燃料、食油、纸张三种。煤的管制区域为四川全省【及】湘、鄂、赣、豫等省。最近陕、甘、宁、青等省开始办理，尚未有报告。重庆炭价去年七月为二千七百卅元一吨，本月增为三千七百九十一元。现在嘉陵江区采十万吨，綦江区为一万余吨，泯江区三万余吨。大致不感缺乏，惟以运输困难，售价因一般物价高涨，不易维持。油价在十四个月中，由九百元一担，增至四千六百元，增加五倍。事实上，成都产区批价每担为七千四百元。经济部因为在成都存有大量菜油，故能以四十六元一斤出售，政府稍为贴补而已。现在每月发售五千担，计五十万斤，配销全市人民稍有不足。盖以油价低于市价过甚，零售商利用种种方法，扣留油量，按黑市出售。如果售价合理，商人也不必作弊，同时亦可设法自产地运销。纸张，白报纸一千六百一令，涨至三千三百六十元，在合理分配下，尚无多大问题。

至于最近物价波动情况，本年五个月中物价高涨，为抗战以来物价上涨最快一时期。现在将几年来物价指数列表说明如下：

时期	物价指数
二六年六月	一〇〇
二七年十二月	一六六
二八年十二月	三三五
二九年十二月	一一四二
三〇年十二月	二四六七

三一年十二月　　　六〇一九

三二年十二月　　　一五,九六〇

三三年四月　　　　二九,九三二

依上表所列物价指数,我以为物价上涨乃系自然趋势,即是每年增二点五【倍】这是我个人的意见,不是经济部的意见,也不是政府的意见,有错误由本人自己负责）。因此,我以为管制要涨,不管制也要涨,现在物价为三百倍,年底要六百倍。物价虽然如此高涨,我以为中国经济不会崩溃。大家以为德国物价涨到七十三倍,经济便崩溃,中国恐怕难免有崩溃的一天。其实德国与中国不同,德国是工业国,中国是农业国,农业国靠薪水吃饭的少,只有公教人员,即是过去所谓士人。加以中国社会制度一向有互助风气,一个人在困难时,总有亲戚朋友帮助。第二,中国社会尚未高度组织化,高度组织化的社会容易破坏。再以去年一月与今年四月物价比较,其比数为一〇〇与四八六（物价总指数）之比,分别来说,日用品为七二八,粮食为六四〇,衣服为五三九,燃料为二七二五,金【属】材料为二二〇,建筑材料为三二,纸张为三一八,杂项为四一八。

16. 国民参政会第三届第二次大会休会期间驻会委员会 第十六次会议记录

（1944 年 5 月 26 日）

国民参政会第三届第二次大会休会期间驻会委员会第十六次会议记录

时　　间：中华民国三十三年五月二十六日（星期五）上午九时

地　　点：中华路本会秘书处

出　席　者：

主　席　团：张伯苓　王世杰　莫德惠　李　璜　江　庸

驻会委员：王普涵　李永新　朱贯三　黄炎培　孔　庚　许德珩　陶百川

　　　　　冷　遹　何葆仁　许孝炎　陈博生　董必武　罗　衡　杭立武

　　　　　陈启天　王云五　李中襄　江一平

秘　书　长：邵力子

主　　席：江　庸

记　　录：谷锡五　龚光朗

报告事项：

一、秘书处报告（附后）[略]。

二、外交部书面报告（邵秘书长代读），其要点如下：

（一）苏联工业；（二）苏日、苏波关系；（三）欧洲战局；（四）德瑞关系；（五）葡萄牙中立情形；（六）土法关系；（七）巴尔干形势；（八）印度近情。

三、交通部曾部长养甫报告最近交通施政情形，其要点：

（一）交通行政情形；（二）交通建设情形；（三）交通上之特种业务；（四）交通业务概况；（五）本年度施政方针；（六）视察西北交通经过。

报告毕，参政员王普涵、孔庚，主席张伯苓、李璜等对西北交通及四川公路问题有所询问，俱经曾部长即席答复。

散会。上午十一时。

17. 国民参政会第三届第二次大会休会期间驻会委员会第十八次会议记录[1]

（1944 年 6 月 23 日）

国民参政会第三届第二次大会休会期间驻会委员会第十八次会议记录

时　　间：三十三年六月二十三日（星期五）上午九时

地　　点：中华路一二一号本会秘书处

出 席 者：

主席团：张伯苓　莫德惠　江　庸

驻会委员：孔　庚　黄炎培　何葆仁　阿旺坚赞　范　锐　董必武　许德珩

　　　　　陈博生　许孝炎　陈启天　杭立武　李中襄　朱贯三

司法行政部部长：谢冠生

秘 书 长：邵力子

副秘书长：雷　震

主　　席：张伯苓

记　　录：谷锡五　龚光朗

报告事项：

一、秘书处报告（附后）[略]。

二、外交部书面报告（雷副秘书长代读），其要点如下：

（一）意大利战况；（二）联军登陆情形；（三）欧洲战局与各方观察；（四）土耳其非常举动；（五）美法关系及美对法态度；（六）美芬关系；（七）英美与阿皮[比]西尼亚；（八）希腊政情；（九）南美政情；（十）日苏关系。

---

[1] 第十七次会议记录档案原缺。

三、司法行政部谢部长冠生出席报告最近司法行政设施及改进计划,其要点如下:

（一）增设各级法院；（二）重庆地方法院改为实验法院；（三）试办四川边区巡回审判；（四）乡镇公所协助调解之实施；（五）推广公证辩护人制度；（六）重建重庆新监狱；（七）督促各县成立监所促进会；（八）推行工作竞赛办法；（九）特种刑事案件处理条例起草经过；（十）改进检察制度方案起草经过；（十一）取消治外法权后涉外案件处理情形。

报告毕,各委员提出询问案四件:

一、张主席伯苓询问关于改进方案等之核定程序一件。

二、江主席庸询问对于特种刑事检察官推事之工作及高一分院迁回问题之意见一件。

三、黄参政员炎培询问关于提审法检察官行使职权情形一件。

四、孔参政员庚询问关于法律威信及检察制度之维护与改革意见一件。

以上各询问案俱经谢部长即席口头答复。

散会。上午十一时半。

18. 国民参政会第三届第二次大会休会期间驻会委员会第十九次会议记录

（1944 年 7 月 7 日）

国民参政会第三届第二次大会休会期间驻会委员会第十九次会议记录

时　　间：三十三年七月七日（星期五）上午九时

地　　点：中华路本会秘书处

出 席 者：

主 席 团：张伯苓　王世杰　莫德惠　江　庸

驻会委员：李永新　黄炎培　陈博生　许孝炎　孔　庚　许德珩　杭立武

　　　　　陶百川　何葆仁　罗　衡　董必武　王启江　王云五

农林部部长：沈鸿烈

秘 书 长：邵力子

副秘书长：雷　震

主　　席：莫德惠

记　　录：孟广厚　龚光朗

主席宣告本日"七七"为抗战七周年纪念，全体委员起立，为抗战阵亡将士及死难同胞默念三分钟。

报告事项：

一、秘书处报告（附后）[略]。

二、外交部书面报告（邵秘书长代读），其要点如下：

（一）华莱士视察苏联情形；（二）在义[意]盟军近况；（三）德改变宣传政策；（四）土耳其态度软化；（五）美英对法政策；（六）法国临时政府在英成立；（七）苏联与法人民解放会之关系；（八）比王降德后之近讯；（九）芬兰阁潮与勾结纳粹之反响；（十）

澳纽协定与澳对我之态度；（十一）美十九国正式承认玻利维亚政府；（十二）埃及政情及英美在中东之现势；（十三）战罪委员会二月来之工作暨设筹重庆分会情形。

三、沈部长报告最近农林行政设施及改进计划，其要点：

甲、中心工作：（一）粮食增产；（二）棉花增产；（三）发展小型水利；（四）开垦荒地；（五）防止兽疫、改良畜牧；（六）保护天然林、培植经济林。

乙、特殊工作：（一）移民；（二）派赴印度农业考察团考察经过；（三）筹备参加国际救济会议。

丙、华莱士副总统对华农业改进之意见：

（一）主旨：复兴农业为工业化之基础。

（二）方法：1. 水土保持（土地合理利用）；2. 兴水利（实业教育推广）；3. 提高农民生活。

丁、改进计划：（一）治本（改善租佃关系，使耕者有其田，采用新的经营方法）；（二）培养农业人才；（三）改进农村经济。

报告毕，黄参政员炎培、孔参政员庚提出关于农村示范区治蝗办法及以合作农场为走到"耕者有其田"之方法等询问案，由沈部长即席口头答复。

散会。上午十二时。

19. 国民参政会第三届第二次大会休会期间驻会委员会第二十次会议记录

（1944 年 7 月 21 日）

国民参政会第三届第二次大会休会期间驻会委员会第二十次会议记录

时　　间：卅三年七月廿一日（星期五）上午八时

地　　点：中华路本会秘书处

出 席 者：

主 席 团：张伯苓　王宠惠　莫德惠　王世杰　江　庸

驻会委员：孔　庚　黄炎培　王云五　王普涵　许孝炎　李永新　董必武

　　　　　何葆仁　陈启天　陈博生　范　锐　许德珩　杭立武　冷　遹

　　　　　陶百川　李中襄　王启江　江一平

外交部政务次长：吴国桢

秘 书 长：邵力子

副秘书长：雷　震

主　　席：王宠惠

记　　录：谷锡五　龚光朗

报告事项：

一、秘书处报告（附后）[略]。

二、外交部书面报告（传观），其要点如下：

（一）土耳其与盟方友谊之增进；（二）伊朗 Kurdes 族叛变经过；（三）甘地对印度独立之主张；（四）黎巴嫩、叙利亚独立及法方态度；（五）戴高乐赴美与罗总统会晤情形；（六）德国内部情况；（七）意大利国内政党派别；（八）英美对阿根廷政策。

三、外交部吴次长国桢出席报告最近国际情势，其要点如下：

（一）美洲安全政策；（二）澳纽协定；（三）英帝国联邦问题；（四）法国民族解放委员会问题；（五）美、英、苏对欧诸问题之态度；（六）波兰问题；（七）捷苏互助协定；（八）南斯拉夫问题；（九）希腊问题。

报告毕，莫主席德惠、王主席世杰、许参政员德珩、陈参政员启天、黄参政员炎培、杭参政员立武等，对于国际和平会议及敌人罪行调查委员会等问题提出询问案，均经吴次长即席答复。关于敌人罪行调查委员会，咸认目前应加紧工作，盖我国军民所受敌寇之蹂躏最久，痛苦牺牲亦独多，例如暴敌在宜昌施放毒气，在常德施放细菌，以及各地屠杀、奸淫等罪行，不难于我国军队之报告、国际医生之检验以及外国记者之摄影中证之。惟此项事实，应于事前详为调查，搜集确实证据，以为将来惩罚敌寇暴行之根据。

讨论事项：

许参政员德珩提议：衡阳守军，艰苦抗战，已历兼旬，本会应致电慰劳，以励士气案。

决议：通过。

附电稿如次：

军事委员会转衡阳前线全体将士钧鉴：敌寇侵入我湘南，我诸将士秉受国命，保卫衡阳，奋勇抵御，叠【迭】挫凶锋，艰苦鏖战，弥久愈厉。同人等缅怀忠勇，深用钦佩，谨电慰劳，预祝大捷！国民参政会主席团张伯苓、王宠惠、莫德惠、王世杰、江庸，驻会委员王云五、孔庚、范锐、黄炎培、王普涵、许孝炎、李永新、董必武、陈启天、李中襄、陈博生、许德珩、杭立武、冷遹、陶百川、王启江、江一平、何葆仁叩。午马[1]。

散会。上午十一时。

---

[1] 午马：韵目代日法。午：7日；马：21日。午马即7月21日。

八

国民参政会第三届
第三次大会休会期间驻会委员会
会议记录

1. 国民参政会第三届第三次大会休会期间驻会委员会
第一次会议记录

（1944 年 10 月 13 日）

国民参政会第三届第三次大会休会期间驻会委员会第一次会议记录

时　　间：三十三年十月十三日上午九时

地　　点：本会会议室

出 席 者：

主 席 团：莫德惠　王世杰

参 政 员：王普涵　李永新　褚辅成　许德珩　王云五　冷　遹　黄炎培

　　　　　董必武　陈博生　许孝炎　江一平　杭立武　孔　庚　陈启天

　　　　　钱公来　左舜生　郭仲隗　张君劢　王启江　胡　霖　罗　衡

　　　　　李中襄　胡健中

粮食部部长：徐　堪

次　　长：庞松舟

财政部次长：俞鸿钧

主　　席：莫德惠

秘 书 长：邵力子

副秘书长：雷　震

记　　录：谷锡五　徐晓林

报告事项：

甲、秘书处报告

一、国防最高委员会秘书厅函：国民参政会函送驻会委员会检讨三届二次大会建议各案政府实施情形之报告，奉批送国民政府分饬各有关机关注意，复请查照由。

二、国防最高委员会秘书厅函：国民参政会对于政府交议改善部队官兵生活筹措专款决议文，业奉国防最高委员会常会决议，交行政院详细拟订实施办法，复请转陈由。

三、张参政员振鹭函：为本席所提改革盐务积弊一案，一年来毫无改革，请驻会诸公严予追究由。

四、敌人罪行调查委员会函：请将本会工作情形向驻【会】委员会报告由。

五、粮食部函：为周致良等检举遂宁仓库主任王正鸿违法贪污一案，复请查照由。

六、财政部函：准函送秭归茅坪镇商会，为鄂棉丰收请政府早日核定棉价迅行收购电一件，已令花纱布管制局于本年十月一日起照新订价格开始收购由。

七、重庆卫戍总司令部刘总司令峙、军事委员会办公厅贺主任国光函：为渝江师管区士兵进驻南岸慈云寺慈济医院事，已转主管机关令饬迁让由。

八、军事委员会办公厅代电：准函已抄送吴治刚等，为独立三十二旅所部占伐树木、毒殴农民请核办一案，已电滇黔绥靖副主任公署彻查严办，复请查照由。

乙、秘书长报告

本会驻会委员会开会时，应否准许新闻记者到会旁听，有褚参政员辅成、黄参政员炎培、王参政员云五等三人向本人提出，惟过去无此惯例，今后是否可行，特征询各位意见。讨论结果，决定由秘书长商承主席团拟具办法，再行提会讨论。

丙、外交报告——由邵秘书长代读，其要点如下：（原稿附后）

一、英伦军事家对欧战结束时，期之推测，及苏方对德本土攻势迟不发动之原因。

二、美国对华物资供应问题各方批评与意见。

三、战后波兰与德国之疆界问题。

四、波兰内部现况。

五、阿拉伯同盟会议情况。

六、瑞士对苏态度改善事实。

讨论事项：

一、财政、粮食两部会订改善士兵待遇献粮献金办法草案及借用人民外汇资产办法草案。

决议：先交经济财政组审查，再召开驻会委员会临时会议讨论。

二、褚参政员辅成等提：充实调查权以考核重要议案之实施状况建议案。

决议：通过。

三、大会决议交本委员会，拟请由本会发动各地民众团体及各界人士组织新兵（壮丁）服务社案（审一第十号）。

原案办法：

（一）由本会联合各地参议会发动各地民众团体及各界人士组织新兵（壮丁）服务社，以协助新兵到达时之供应，及补救运送军需之迟缓。

（二）各地新兵服务社以县为单位，集合地方民众团体及士绅与保甲长组织而成，其经费即由各地筹集之。

（三）新兵在驻在地训练时，所有住所饷糈及衣食疾病维持家属联系等等，各地服务社均得前往调查协助。如有必要时，得代请主管长官设法调整或由地方酌予补助，以免疾病饥寒之苦。

（四）新兵有受虐待或其应得之待遇横被剥削侵占者，服务社有代申诉之义务，惟须检齐证据，一同送交其上级机关，俾便查办。

大会决议：本案交本会驻会委员会研究推行。

决议：交军事、内政两组联合审查。

（四）大会决议交本委员会：组织新疆宣慰、视察团案（审三第三十（四）四十六号）。

原案办法：

（一）审三第三十四号办法：请中央指派旅居内地之新疆人士组织之，因旅居内地之新疆人士熟稔中央德意及领袖伟大，而由同乡人从事宣慰，一切无隔阂自易收效也。

（二）审三第四十六号办法：请由行政院令知交通部按照川康视察团先例，筹办本会新疆视察团事宜。

大会决议：以上两案合并讨论，组织新疆视察团原则通过，交驻会委员会商同政府斟酌办理。

决议：由秘书处与政府商洽后，再行决定。

散会。十二时卅分。

2. 国民参政会第三届第三次大会休会期间驻会委员会临时会议记录

（1944 年 10 月 17 日）

国民参政会第三届第三次大会休会期间驻会委员会临时会议记录

时　　间：三十三年十月十七日下午三时

地　　点：中华路本会秘书处

出 席 者：

主 席 团：莫德惠　王世杰

参 政 员：王普涵　江一平　李永新　陈博生　冷　通　王云五　陈启天

　　　　　褚辅成　许孝炎　左舜生　钱公来　胡　霖　许德珩　黄炎培

　　　　　胡健中　罗　衡　王启江　李中襄　杭立武　郭仲隗

粮食部次长：庞松舟

财政部次长：俞鸿钧

秘 书 长：邵力子

副秘书长：雷　震

主　　席：莫德惠

记　　录：谷锡五　徐晓林

讨论事项：

一、改善士兵待遇献粮献金办法草案。

财政经济组审查报告。

决议：本案修正通过，修正之点如下：

（一）原案办法第五条所列献粮标准修正如下：

1.地主收益在一万市石以上者，捐献其收益额百分之四十。

2. 地主收益在五千市石以上不满一万市石者，捐献其收益额百分之三十五。

3. 地主收益在三千市石以上不满五千市石者，捐献其收益额百分之三十。

4. 地主收益在一千市石以上不满三千市石者，捐献其收益额百分之二十五。

5. 地主收益在五百市石以上不满一千市石者，捐献其收益额百分之二十。

6. 地主收益在三百市石以上不满五百市石者，捐献其收益额百分之十五。

7. 地主收益在一百市石以上不满三百市石者，捐献其收益额百分之十。

（二）办法第五条在献粮标准后增列三项，其文如下：

1. 前项献粮得依捐献者之志愿折缴代金。

2. 地主收益不满一百市石者，不得指名责令捐献。

3. 在本办法公布以后，执行以前，如有将其田地所有权分给子女或赠与及转让他人者，仍按其原有总额捐献。

（三）办法第六条所列献金标准修正如下：

1. 三百户以上之城镇房主献房租金额二个月。

2. 各地工商业各捐献其一个月营业额百分之五。

3. 其他收益（薪金工资除外）者按左列标准指名劝献之。

(1) 全年收益在二千万元以上者捐献其收益额百分之四十。

(2) 全年收益在一千万元以上不满二千万元者捐献其收益额百分之三十五。

(3) 全年收益在六百万元以上不满一千万元者捐献其收益额百分之三十。

(4) 全年收益在二百万元以上不满六百万元者捐献其收益额百分之二十五。

(5) 全年收益在一百万元以上不满二百万元者捐献其收益额百分之二十。

(6) 全年收益在六十万元以上不满一百万元者捐献其收益额百分之十五。

(7) 全年收益在二十万元以上不满六十万元者捐献其收益额百分之十。

（四）办法第六条第三项后增列一目，其文如下：

"全年收益不满二十万元者不得指名责令捐献。"

（五）办法第六条第二项"前项所称资产……合并计算之"全删。

（六）办法第七条增列一项，其文如下：

"各省市县审议机关如根据有粮出粮、有钱出钱之原则另拟有效办法，得呈经上级机关批准施行。"

（七）办法第八条全删。

（八）办法第九条全删。

（九）办法第十二条第一项，但书以上改为："献粮由粮户缴交审议机关所指定之仓库"，末句"其他乡镇"四字改为"邻近"二字。

（十）办法第十四条第一项文内："但粮户无实物可献或所存实物须留供自用者"句改为："其愿折缴代金者"，又"请求"二字删去。

（十一）办法第十五条第二项全删。

（十二）办法第十六条文内"之实物及献金之代替品统"十一字删去。

（十三）办法第二十条删去"逾期不缴者……并取消其奖励"三句。

（十四）办法第二十一条末句"从重处断"改为"从严惩处"。

二、借用人民外汇资产办法案。

决议：请财政部再拟切实办法送会讨论。

三、财政经济组提："有关"改善士兵待遇献粮献金办法"一案之建议三点：

（一）改善士兵待遇献粮献金办法实行后，副食马干等之征发，应即停止，其购买价格之差额应由政府负担。

（二）其他各种劝献（例如最近四川各大城市献金）应与本案各项办法配合，勿使重复。

（三）改善士兵待遇办法请军政部迅即拟订，必须与本办法同时公布。

决议：（一）一、二两项通过。

　　　　（二）由秘书处函请军政部检送改善士兵待遇实施办法，提会讨论。

散会。下午六时。

3. 国民参政会第三届第三次大会休会期间驻会委员会
第二次会议记录

（1944 年 10 月 27 日）

国民参政会第三届第三次大会休会期间驻会委员会第二次会议记录

时　　间：三十三年十月二十七日上午九时

地　　点：中华路本会

出 席 者：

主 席 团：莫德惠　张伯苓　王宠惠　王世杰

参 政 员：许德珩　左舜生　冷　遹　王云五　黄炎培　孔　庚　李永新

　　　　　罗　衡　江一平　董必武　许孝炎　李中襄　陈博生　杭立武

　　　　　张君劢　胡　霖　郭仲隗　王启江

主　　席：张伯苓

秘 书 长：邵力子

副秘书长：雷　震

记　　录：谷锡五　徐晓林

报告事项：

一、秘书处报告

（一）国防最高委员会秘书厅函：国民参政会第三届第二次大会建议重庆屠业服务有限公司被社会局主管业务人员把持操纵、假公济私，造成黑市肉荒且亏空公帑，应请监察院审计部彻查清算一案，兹先后准行政、监察两院函复办情形，请查照转陈由。

（二）国防最高委员会秘书厅函：国民参政会第三届第二次大会建议改进川省司法诉讼手续案，复准行政院函复办理情形，请查照转陈由。

（三）国防最高委员会秘书厅函：国民参政会第三届第二次大会建议，请速召集全国司法会议，讨论战后司法问题案内关于编订经济政策之新法律一项，已准行政院函转财政、经济两部议复情形，请查照转陈由。

（四）国防最高委员会秘书厅函：国民参政会第三届第二次大会建议设置生育贷金一案，准行政院函复办理情形，请查照转陈由。

（五）侨务委员会函：准函以各校侨生呈请增发救济费等情，函复查照由。

（六）司法行政部函：为云阳地方法院检察官张震寅被该县参议会议长殴辱一案处理情形，复请查照由。

（七）重庆市政府函：为商民塞廷举呈请转饬临检队搬迁房屋一节，已令饬依照规定租佃手续，复请查照由。

（八）司法行政部函：为贵州石阡县民滕学渊为司法违法请求救济一案，已令行贵州高等法院查复，函请查照由。

（九）交通部函为市民喻量检举公共汽车站人员舞弊一案，据公路总局报称，喻量所报失实，免予深究，惟乘客拥挤一项亟应改善，经饬公共汽车管理处切实注意等情，复请查照由。

（十）行政院秘书处函：为邻水县余代银等呈控该县税务办公处主任庞公照等舞弊案，奉院长谕："交财政部迅速核办具报"，复请查照由。

（十一）军政部代电：为市民吴恒清呈控第一被服厂莲花山分厂管理员徐仁山强占民房一案，已转饬该厂蒋厂长查报核办，请查照由。

二、外交部书面报告——邵秘书长代读，其要点如下：

（一）国际和平机构问题及各方意见；

（二）金大使与捷克总统晤谈详情；

（三）英苏会议经过；

（四）巴尔干诸国内部问题；

（五）邱史商谈调停波兰问题及战后处置德国办法；

（六）德军在西线布置情形及德国内部近况；

（七）美国大选进行情况；

（八）美巴外交近况。

三．于参政员斌报告——旅美见闻（原词附后）。

讨论事项：

（一）财政部拟借用人民外汇资产办法。

决议：再交财政经济组审查。

（二）军政部拟改善士兵待遇办法。

决议：本办法连同军队经理办法（由秘书处函请军政部检送）并交军事组审查，并请军需署署长军务司各司长出席说明。

（三）褚参政员辅成、黄参政员炎培、冷参政员遹、许参政员孝炎、许参政员德珩等五人提：邮政储金汇业局办理不善，弊端百出，请政府迅速改革以保障国民储蓄案。

决议：通过，送请政府迅速办理。

散会。十一时五十分

附：旅美见闻

于参政员斌报告

主席、各位先生：

此次大会，本人原预备赶回出席，以国际交通不便，闭幕之日，方到罗马。返国后，各方友好纷纷询及此次旅美见闻。现在藉此机会简要的分国际消息及美国对华舆论二项向各位报告。

一、国际消息

（一）美国对中国之希望

现在美国人——不如说美国政府希望中国四强之一的地位能永久维持。中国之被称为四强之一，原非一致共同承认。不但如此，而且还有不少国家还持反对意见。所以在国际安全会议之前，关于常任理事及其重要原则，美国赫尔国务卿曾前后花费三星期时间周旋，互相交换意见，勉予通过。原则通过以后，复决定先开英、美、苏会议，继开中、英、美会议，然后召开全体会议。美国了解中国目前处境与将来重要性，所以极力主张中国为四强之一，就任常任理事。据说赫尔国务卿之主张所以能获通过之有力论据，并非为中国之抗战及战后之建设，其能得各国一致赞成而无法反对者，即谓今后世界不应全由白种人统治，如国际和平机构中仅由英、美、苏为常任理事，未来世界势将形成有色人种与白色人种二个壁垒。现在日本正在如此宣传，以图破坏未来和平机构之建立。这也可以说明美国为中国成为四强之一的努力。

（二）美苏关系

美国对于苏联有一个内心的态度，有些人批评罗斯福是理想家，虽比威尔逊有办法，但仍是理想过于办法。他希望苏联不单现在为世界战争而努力，将来真正参加和平机构，因此，无条件供应苏联物资。一般人认为这不是外交，但是他希望苏联了解，放弃不合作及国际赤化主张。苏联亦时时表示友好态度，首先解散第三国际，美国共产党解散改为政治协会，党员成为会员，宗教解放，要求美国派主教去参观。有些人以为这种想法是乌托邦，但是罗斯福始终抱定这一主张。我们相信立诚可以动人，希望罗总统目的能达到。

（三）意大利近况

意大利原是旧游之地，认识较深。墨索里尼二十年专政，一旦解放，人民感觉新奇。现在意大利最感困难的是经济与粮食，经济与粮食问题解决以后，意大利政府是有新希望的。新政府有许多新计划，其中有一个计划与我们有关系的，要我非正式转达政府。他说现在我们共同作战，现在单对德国作战是不够的，将准备五万人到远东对日作战。英美对于意大利参加远东战争尚未表示。并声明意大利将来必为民主国家，二十年独裁教训已经够了。不单政府有此主张，人民亦向此目标努力。现在意大利有六个大政党，十二个小党，这又似乎不合实际需要，将来需要合并。

（四）法国近况

今年春天，英国决定帮助法国，使其复兴成为世界头等强国，起初大家怀疑，及后戴高乐在美极受欢迎，至登陆成功，军政府中有法国官员参加，法国将来前途，颇有希望。

二、美国对华舆论

美国舆论在现阶段中批评非常普及，过去在批评中常有解释原谅之辞，到最近情况稍有不同。其要点：（一）中国不统一。他们认为国内问题解决不了，一切工作不能配合，将影响军事进行。（二）中国不民主，大多说有集权倾向，人权不保障、政治不进步等等。（三）教育方面，他们批评思想统制。他们报纸时有误解、不了解情形，但是决不是恶意的。这些多是由于我们自己报道不够，有许多明明是事实，不宣布，反而引起他人的怀疑。一年余在国外工作经验，深感觉我们在国外的：1.时事报道不够；2.工作人员太少；3.宣传经费不足。希望政府对于这三点加以注意。

4. 国民参政会第三届第三次大会休会期间驻会委员会临时会议记录

（1944 年 11 月 3 日）

国民参政会第三届第三次大会休会期间驻会委员会临时会议记录

时　　间：三十三年十一月三日上午九时

地　　点：中华路本会秘书处

出 席 者：

主席团：张伯苓　莫德惠　王世杰

参政员：王普涵　冷　遹　许德珩　黄炎培　李永新　陈博生　许孝炎

　　　　钱公来　孔　庚　董必武　王云五　胡健中　陈启天　江一平

　　　　杭立武　左舜生　郭仲隗　李中襄　胡　霖

主　　席：莫德惠

秘 书 长：邵力子

副秘书长：雷　震

记　　录：谷锡五

报告事项：

秘书处报告：

一、财政、粮食部函：为改善士兵待遇献粮献金办法草案，业经依照贵会驻会委员会决议，修正各点重行修正，除函行政院鉴核外，复请查照由。

讨论事项：

（一）财政、经济组审查"借用人民外汇资产办法草案"报告。

决议：照审查意见通过。

（二）军事、内政及教育文化组审查"拟请由本会发动各地民众团体及各界人士组织新兵（壮丁）服务社案"报告。

决议：新兵服务社，各地已有组织，本会当随时协助进行。

（三）钱参政员公来等六人提：建议政府撤销收回中国实业银行等三银行官股之原决定案。

决议：通过。

临时动议：

（一）陈参政员博生等五人提：请政府严办以新兵代人作工情事建议案。

决议：此案作为书面询问，送请军政部答复。

（二）陈参政员博生报告：鸳鸯桥新兵教导团待遇恶劣情形，拟请本会向军政部提出询问。

决议：推冷遹、陈博生、李中襄、钱公来四人前往调查，拟具报告转呈蒋主席核办。

散会。上午十时四十分。

5. 国民参政会第三届第三次大会休会期间驻会委员会
第三次会议记录

（1944 年 11 月 17 日）

国民参政会第三届第三次大会休会期间驻会委员会第三次会议记录

时　　间：三十三年十一月十七日上午九时

地　　点：中华路本会秘书处

出 席 者：

主 席 团：张伯苓　莫德惠　王世杰

参 政 员：钱公来　李永新　孔　庚　许德珩　王云五　许孝炎　陈博生

　　　　　胡　霖　杭立武　张君劢　李中襄　董必武　左舜生　黄炎培

　　　　　冷　遹　王启江

国家总动员会议秘书长：张厉生

主　　席：张伯苓

秘 书 长：邵力子

副秘书长：雷　震

记　　录：谷锡五　顾　粲

报告事项：

一、秘书处报告：

（一）王主席宠惠、江主席庸、陈参政员启天因病，罗参政员衡，江参政员一平因事请假。郭参政员仲隗因事返豫请假两月。

（二）交通部函：为黄参政员钟岳函述桂省交通人员乘机舞弊各情，已电饬切实查究严办由。

（三）国防最高委员会秘书厅函：为准函送驻会委员会通过关于邮政储金汇业局

办理不善，弊端百出，请政府迅施改革一案，业奉批"交行政院"，复请转陈由。

（四）财政部函：为答复钱参政员公来对于中国实业等三银行退还官股事询问案，复请查照由。

（五）何总长应钦函：为答复关于补充团新兵为建筑公司雇往工作询问案，函请查照由。

（六）四川宜宾地方法院院长宋景蒸函：申述本院办理赵某弑父案详情由。

二、外交部书面报告——邵秘书长代读，其要点如下：

（一）欧洲各小国近况及解放地区之情形。（二）挪瑞洽商救济那侨运输那警及战后建设各问题。（三）英、美、苏在罗、保、匈将设置盟军监察委员会。（四）苏伊石油谈判情形。（五）中东近况及英埃关系。（六）英驻中东代表莫尼被刺内幕。（七）泛美外长会议即将举行。（八）巴西考虑对日宣战问题。

三、张秘书长厉生报告：国家总动员会议最近工作情形，其要点如下：

（一）掌握物资近况。（二）政府扶助工矿业政策。（三）紧缩信用贷款。（四）交通运输情况。（五）贴补政策实施办法。（六）改变供应布匹方式。（七）补助或救济各厂矿。（八）检讨总动员法。（九）改善有关本会业务计划。

报告毕。莫主席德惠、黄参政员炎培、王参政员云（五）冷参政员通、许参政员德珩、孔参政员庚等分别提出询问，均经张秘书长即席答复。

讨论事项：

（一）军事国防组对于"改善士兵生活办法"审查报告。

决议：建议部分由秘书处整理文字后函送政府。

（二）四川宜宾地方法院院长来函申辩赵某弑父案办理情形。

决议：根据本会议事规则第八条"参政员在会场内得自由发表言论，不受会外之干涉"之规定，函司法行政部对于宜宾地方法院院长宋景蒸根据报载消息，迳函本会申辩，且语多讽刺，应予纠正。

（三）冷参政员通等四人视察第三教导团之报告。

决议：本报告通过，至应行改进各点，由原报告人另拟建议案，交由秘书厅函送政府。

（四）许参政员孝炎等十二人临时动议：电贺美国罗斯福总统第四次当选案。

决议：通过。电文由秘书处起草拍发。（电文附后）

美国白宫罗斯福总统阁下，欣闻阁下第四次当选总统，具见贵国民意所归，热烈拥护，以期在阁下继续执政期内，完成同盟国之彻底胜利，树立有效的世界安全组织，促进全世界民主政治之发扬。本会同人，谨以最大热诚，向阁下致敬。

散会。下午一时十分。

附：

国家总动员会议最近工作情形

主席、各位先生：

自从贵会大会闭幕以后，本会议遵照大会决议及指示，并新检讨今后工作计划，今天想将几项当前最重要而为各位先生所注意的事实问题先提出报告。

（一）掌握物资

战时工业品、农产品都有主管部办理，将来可以分别向各位详为报告，现在先将几项重要物资的产销情况分别说明于次：

（1）粮食

从各方面得到消息，今年粮食征收征购进行非常迟缓，这是很可虑的。所以迟缓的原因，是今年除了征实征购以外，有二万亿公益捐及献金献粮，这些捐献都是取之于人民的，三件事在一个空间、一个时间内同时进行，人民不免有观望态度，今后如何打破这难关有待努力。至于明年收成，因今秋各地多雨，明年小春收获或受影响，若干地方恐或影响到秋收。后方川、滇、黔三省，滇、黔两省原为缺粮之区，全仰给四川，其他产区以运输困难，无法转运，明年粮食或有不足之虞。因此，不能及早加以准备。

（2）盐

盐价在今年年底以前保证不增加。现在盐的产、销、运有不少困难。产，则成本高；运，则运费贵；销，则承销店种种毛病。盐的限价原只是全国二十个据点的限价，承销店往往将盐运至非限价地区出卖。现在盐斤大都是民制官收，官运商销，也有委托商收商运，而盐商运用资金中由四行低利借贷有三十余亿。国家的钱，为什么借给盐商，这些问题正在从长计议。

（3）花纱布

今年陕西收花的情况不好,政府收价太低是一个原因。我们定价一万一千元一担，敌人出二三万元一担，因而，时有小额———一担左右的走私。政府定价去年是依照一亩棉田六亩麦田计算，今年为一与八之比计算。这中间不单人民问题，政府在陕西没有收花机构，都是委托花行代收。花行银行收到手后要求加价，这与棉农无好处，这情形之下，政府决不愿轻于加价，如果人民不愿意政府定价出卖，政府愿意用其他方法贴补。

（4）煤

煤价最近有黑市，由于供应不够。供应不够原因：（一）上半年各矿减产；（二）管理不善；（三）最近二月多雨，运输困难；（四）若干机关合作社套购；（五）希望提高价格。现在希望一个月后增加产量，不至缺乏。至于煤价提高，因各矿按情况不同，不能一致办理。天府设备全，技术好，管理善，成本低，利纯厚，员工待遇高，照现在定价，天府可以赚钱。其他矿厂或因煤层关系，或因设备技术等不如天府，以致增加了百分之四十，还不够成本。在经济原则上应奖励好的，使煤的成本一律。天府现在月产三万吨，可以增加至四万吨，重广一区月需六万吨，尚不足二万吨。另外有一个原因，同业公会不许一矿与政府单独决定产量价格，因此尚未能圆满解决。

（5）酒精

现在重庆附近各酒精（厂）内部设备简单，大多收购干酒蒸馏制成酒精。目前，每月共需要酒精一百万加仑，其中百分之八十供给盟军，十二万加仑供给军政部，余额供给军政部，余额供给交通部。今后，为防止酒精因原料涨价而加价，正计划由政府供给杂粮交由醋坊代制干酒。但是，这个办法在办理上不无困难，如杂粮集中转运、交付管理人事等等，均须于事前有慎密计划。酒精厂大多系民营，经济部、交通部、军政部以及各战区亦有少数酒精厂，现经规定所有公私各厂一律由液体燃料管理处管理。

（6）食油

重庆市区民用食油由日用品管理处委托同业公会代运，每月尚有剩余。农民银行今年收有部分菜籽，限其按成本让给日用品管理处。

（7）纸张

特种纸张价格因成本关系略有高涨，土报纸则维持原价。

（二）管制工商业

（1）扶助工矿业

目前，工矿业处境非常困难，而最不容易解决的莫过于资金的周转不灵。商业银行利息高至七八分，国家银行工矿贷款利息虽规定为三分二九，但以配额贴现及手续关系，实际利息差不多已达五分。是项贷款往往不能救急，因之若干工厂为应急需，情愿以高利向银行借款。今后，当尽力予以纠正。

（2）利息

目前银行的畸形利率不予纠正，工商业将蒙大影响，总动员会议已为注意，并拟有几种方法，一经核准，即可实施。

（3）紧缩信用

自二月以前政府决定紧缩信用规定国家银行停止贷款给商业银行头寸以来，已得相当效果，今后仍当继续执行。现在商业银行吸收民间普通存款的很少，法律上规定月息为三分二，实际高至七八分，以此高利贷入款项，经营经常银行业务，无法维持。大部商业银行多赖兼营商业与囤积来维持。假如今后国家银行继续紧缩信用，物价不涨，若干商店不能维持，或者因若干商店不能维持而影响到若干商业银行，也说不一定。本来马路上三家一爿百货店，二家一爿糖果店，原不是战时首都所应有现象。照现在情况推测，到今年年底难免有部分商业银行不能维持。如果有这种事实，先请各位原谅。当然，政府对于若干有历史商业银行无法维持时，当予以救济。

（4）交通运输

湘桂路战事发生后，对于难民撤退办理不善，其最大原因由于煤斤缺乏。湘桂路用煤，前靠湖南。战事发生后，全靠人民由各小矿挑来，时感不足，现在正另觅煤层设厂开采。公路方面，后方各省共有公商车二千余辆，其中大部调为军用，商车已有限。川江船只，因工资太低，行船减少，现在政府贷款，船夫造船行驶。驿运过去效果不显，正增强管制办法，采用公会组织。

（5）补贴政策

盐、煤、水、电、轮船还是采用原定办法。公共汽车加价，乃本人负气以后的办法。重庆市公共汽车共有一百卅辆，能行使的五十余辆，实际行使三十余辆，牌子很复杂，零件不易配制，又以车子使用过久，每一加仑酒精只能走四公里。而全管理处共有员工一千三百卅三人，此种情况实在无法维持。上月十六日，管理处又要求贴补二千万元或准予加价，否则二十日便无法开车。当时颇思停办，后来因为后方交通不能不维持，方决定准予加价。

（6）改变布匹供应方式

中国花纱布在战前供本国应用有余，推销南洋，现有产量仅及战前百分之二十，供应二万万人民需要，当然不足。何况后方产量中百分之八十供给军用，而其给价以限于预算不能随成本而增加。至于政府掌握之平价布，又以与市价相差过巨，造成套购与黑市两种现象，重广卖三十余元一尺平价布，在江津要卖一百六十元，因此决定调整价格，改变供应办法。平价布价格随市价布而调整，市价一万元一匹，平价布八千元；市价布八千，平价布六千四百。如此办法，一方面可以调节市价，一方面可以增加政府收入。

（7）协助各省安定金融管制物价

本会议派员分赴昆明、成都、西安、兰州协助各省政府，安定各省金融，并调查各地国家银行、商业银行情况，过去管制物价成效、物资生产及商业情况，并与各省当局协商，切实执行有效办法。

（三）今后本会议工作，当逐渐改善，现正着手几件事：（1）尽量减少工业界困难，以增加生产；（2）整顿战时消费税，拟将三十余货品减少至八种或十种，以余货品一律免捐；（3）驿运管理制度改善，拟用人民工具自行管理；（4）银行监督制度，必须切实执行。

（四）自生产局成立以来，与本会议工作如何划分，正在研究中。

6.国民参政会第三届第三次大会休会期间驻会委员会第四次会议记录

（1944 年 12 月 1 日）

国民参政会第三届第三次大会休会期间驻会委员会第四次会议记录

时　　间：三十三年十二月一日上午九时

地　　点：中华路本会秘书处

出 席 者：

主 席 团：张伯苓　莫德惠　王世杰　江　庸

参 政 员：钱公来　李永新　许德珩　孔　庚　冷　遹　陈启天　杭立武

　　　　　张君劢　王云五　许孝炎　陈博生　胡健中　江一平　李中襄

　　　　　罗　衡　左舜生

外交部次长：吴国桢

主　　席：莫德惠

秘 书 长：邵力子

副秘书长：雷　震

记　　录：谷锡五　顾　粲

报告事项：

一、秘书处报告：

（一）董参政员必武函：因事赴延，特此请假由。

（二）王主席宠惠、黄参政员炎培函：因病请假由。

（三）中国国民外交协会代电：为十二月八日为美国参加战争三周年纪念日，特发起向美国人民致敬，希响应由。

（四）财政部函：为借用人民外汇资产办法草案，已呈请行政院鉴核由。

（五）国防最高委员会秘书厅公函：国民参政会此次大会建议各案，业奉常务会议分别决议抄同清单，函请转陈由。

（六）国防最高委员会秘书厅公函：国民参政会对于政府施政报告及蒋兼院长在大会关于军事外交等报告之决议文，业奉常务会议分别决议抄同清单，复请转陈由。

（七）国防最高委员会秘书厅公函：国民参政会此次大会对于军事报告之决议一案，准军事委员会函复已分电各有关机关切实注意，函请查照由。

（八）国防最高委员会秘书厅公函：国民参政会此次大会对于司法报告之决议一案，准行政院函复，已令司法行政部注意，并函司法院查照，函请转陈由。

（九）国防最高委员会秘书厅公函：国民参政会此次大会对于蒙藏报告之决议一案，准行政院函复，已饬蒙藏委员会注意，函请转陈由。

（十）国防最高委员会秘书厅公函：国民参政会对于政府交议民国三十四年度国家施政方针之决议文，业奉常务会议决议，交中央设计局迅速议复，函请转陈由。

（十一）国防最高委员会秘书厅公函：国民参政会建议训练东北四省所需之各级干部案，准中央训练委员会函，以此项训练正在计划办理，函请转陈由。

二、外交部吴次长国桢报告：我国与盟邦最近外交关系及国际情势，其要点如下：

（一）今后对于各使馆情报工作之改进。（二）最近国际情势：1.英丘吉尔首相及艾登外相访苏情形；2.法国现状及其外交动态；3.美洲情势。（三）我国对美、法、英、苏邦交之增进及韩国问题。

报告毕，参政员左舜生、冷遹、陈启天、陈博生、许德珩及王主席世杰、莫主席德惠、邵秘书长力子等提出询问数起，并对加强中法、中苏邦交提供意见，均经吴次长分别答复说明。

讨论事项：

（一）冷参政员遹等提：为中印公路即将通车，拟请政府迅与美军合组运输机构案。

决议：通过，送请政府迅速切实办理。

（二）冷参政员遹等提：建议政府迅速统一运输机构，集中调度车辆适应目前军事需要案。

决议：通过，送请政府迅速切实办理。

（三）军事国防组提：第三教导团应行改进事项建议案。

决议：通过，连同原报告一并送请政府参考。

（四）冷参政员遹等提：借用人民外汇资产办法修正草案，财政部呈请行政院鉴核文中据云附有两项意见：一、主张此项外汇应留待战后使用；二、须经过外交手续后始能动用，此项手续恐甚难办到云云。如果属实，显与原意有违，应如何办理案。

决议：函财政部询问，并限期答复。

散会。十二时十分。

7. 国民参政会第三届第三次大会休会期间驻会委员会第五次会议记录

（1944 年 12 月 8 日）

国民参政会第三届第三次大会休会期间驻会委员会第五次会议记录

时　　间：三十三年十二月八日上午九时

地　　点：中华路本会秘书处

出 席 者：

主 席 团：张伯苓　莫德惠　王世杰　江　庸

驻会委员：钱公来　许德珩　左舜生　李永新　冷　遹　胡健中　罗　衡

　　　　　杭立武　王云五　江一平　陈启天　孔　庚　李中襄　陈博生

　　　　　许孝炎　王启江　胡　霖　张君劢

军政部部长：陈　诚

主　　席：江　庸

秘 书 长：邵力子

副秘书长：雷　震

记　　录：谷锡五　詹行煦

报告事项：

一、秘书处报告。

二、军政部陈部长诚报告最近作战情形及军政设施，其要点如下：（速记，原稿附后）

（一）敌人进攻桂柳之企图；（二）敌人现在广西之兵力；（三）今后我军争取战略主动的条件；（四）改善作战部队待遇情形；（五）最近贵州作战情形与计划；（六）明年度充实部队配备计划。

散会。上午十时二十分。

附：

最近作战情形及军政设施

主席、各位先生：

奉令接收军政部以来早想前来领教，一以初接收诸事待理，一以目前军事比较紧张，直到今天方能抽时来报告，同时领教。

近一周各方所最关切的，莫过于贵州战事。现在先扼要报告。敌人侵入桂柳的企图，原为打通粤汉、湘桂两路与越南衔接，完成陆上通路之计划。敌人为达到此一目的，故其使用兵力为抗战以来各战场最大之一次。我们于知悉敌人企图与使用之兵力后，即研究对策。敌人企图很明显，后因后方军队空虚，乘机而入，以至不但社会人士信心动摇，即是高级指挥对于部队作战能力缺乏信心。此种现象并非凭空发生，而其原因相当复杂。敌人侵入贵州以后，我方从研究对策，不能不采用过去战略——过去鉴于我国军队装备不充，经决定采用消耗战、持久战，以空间争取时间。抗战初期我们采用这些战略还保持着主动地位，但自中原会战后至桂柳失败止，在战略上处在被动地位，尤其是长沙、衡阳陷敌以后为最。今后为打击敌人起见，必须在战略上争取主动。要争取主动有两点要注意，一是时间，一是地点。换言之，即是在什么时候什么地点与敌人决战，比较有利，我们就在那个时候那个地点与敌人决战。近几日，委员长与中美高级将领会谈这些问题。各方意见完全相同。现在正抽调各战场有作战经验而比较有信心部队，原来预定在本月十五日可以抽调完竣，现因天时、交通关系，不能如期完成，希望能于月底集中，集中以后一定可以给敌人很大打击。敌人现在广西境内兵力共为七师一旅，其可能侵入贵州之部队，依其在桂之兵力论，最多不会超过六师团，依桂黔交通情况论，不能超过五师团。据贺总司令报告，据敌后来归之难民云，敌人有因穿单衣而冻死的，这证明敌人配备不足、运输不及。既然敌人侵黔兵力不能超过六师团，我们现在配备的部队集中以后，应该有把握。贵州战况大至如上述。

至于在贵州作战部队给养，原拟配发实物，但发给实物需要相当时间准备。现在决定补救办法，即是增发副食费，原定额为一百五十元至一百九十元，自本月起一律增为五百元。最初计划先增加在贵州作战部队，现在决定川、滇、黔三省境内部队一律待遇。草鞋费决定增加一倍。食米原发每人每日二十五两，事实上有二十二两已经足够。本人在一战区时曾选定若干单位试办，初二周大家觉得有些不惯，久了也就够了。余下三两米钱，改买油或豆，以补营养。现在想逐渐推行，只要经理得法，一定能办到。谈到士兵生活之苦，使壮丁成为瘦丁，瘦丁成为病丁。身为高级将领者非常惭愧，不但对不起士兵，实在是对不起全国父老兄弟姊妹。今天我非常高兴，并不是因为自己接任军政部有什么计划可以实行，这种情形三年以前就看得很清楚，当时很少人注意，现在大家对于这个问题加以注意，我相信士兵生活问题一定可以解决。桂柳战事失败，无可讳言的是由于军队质素太坏，纪律不严。本人到一战区后，召集各部长官举行座谈会，得到的结论是："士兵生活不能解决，谈不到纪律。"所以当时拟定一个计划签呈委员长。本年十月份调整官兵生活办法，大体是采用那一个计划的。以后是否一定有办法，这一点我只可说自己尽能力做去，只要尽心做，总可以改善一点。现在为着应贵州战事之急需，请准委员长不以预算额限制实际开支，只要有钱有物，尽数动用。

这几天贵州情况，我们是在争取时间、争取主动两原则下努力集中部队。敌人侵入贵州先头部队为十三师团、第三师团，后部为四十师团。都匀方面，侵入三合八塞敌人有一个联队二大队，荔波附近有一个大队，其中有一部分已冲到都匀东南十五里处——诸家铺。当由杨副司令长官由马场坪紧急抽调一团前往抵住。至前晚已克复三合城，追踪至荔波以东，已与杨副司令长官指挥之二十军取得联络。正面独山方面，敌人有一个联队配合一部分伪军，共六千余人，我方守军为二十九军之九十一师，方由中原用汽车运往前线。九十一师共有官兵名额不到四千人，战斗兵最多二千人，曾与敌人发生战事，房获步枪九十余支，机关枪十余挺。这是敌人侵入贵州后第一战。后又由汤总司令加调第一百九十六师一部援助追击，预计昨天晚上可以到达独山附近。至于广西、贵州方面我军必须集中完毕，方可出击。

军政部本身业务今后如何改进，希望各位不客气时予指教。自己近几年有一些感想，藉此机会向各位报告，作为各位指示时之参考。这几年不断整理部队，结果总不见效，为什么不能发生效力，经多方研考，佥认原则并未错误，方法有待研究。在原则上说，全国一律待遇，平均分配，但以限于物资，未能将全体部队完全充实。所以本人自己想明年度将有限物资先充实三十至五十师，美国允许协助我们充实武器之一、二、三，三个三十师，并不是每三十师所需之全部武器，其所供给的大部是大炮、机枪，所需步枪，还须自己配备。照自己估计有三十个武器充实的师，才能反攻，因之不能不集中力量先充实三十个师。至于先充实整顿那三十师，这是军令部的事，原则上决定以"肯打仗，能打仗、守纪律、听命令"之条件为标准，美方代表认为如武器交给不能打仗、不肯打仗、不听命令之部队，则等于帮助敌人。"能打仗、肯打仗"这个原则一定坚持，将来不免有人责备我们处理不公平，我们愿意受这种责备，因为今后第一件要事是把敌人打出去。如果不能将敌人打出去，即使我们受到恭维，于国也是无益。

明年度军政部预算全国共列部队五百万名，现在事实上用军费吃军粮的总额为五百卅余万，实际作战部队只有三百万。已经超出预算三十万名，如何核减，确是比较困难的工作。经令饬会计处统计，全国军事机关单位总数——军队除独立旅营外，均以师为单位——共有二万〇九百卅四个。假如裁去十分之一，即有二千〇九十四个单位，每一单位以每月一万元计，全年二三亿元，事实上每一单位每月开支决不只一万元。我以为杂牌机关之多较杂牌军队之多更要不得，所以决定先从裁撤杂牌机关下手。明年度全年预算照目前开支情况估计，最多维持半年，事实上，我们决不愿意再增加一千八百亿元，即使人民愿意贡献，在经济上受不住。既然不能增加经费，只有从减少机关单位着手。

今天因为时间关系不能多为报告，此后当随时前来说明。各位如有指教，请用书面。

8. 国民参政会第三届第三次大会休会期间驻会委员会 第六次会议记录

（1944 年 12 月 15 日）

国民参政会第三届第三次大会休会期间驻会委员会第六次会议记录

时　　间：三十三年十二月十五日（星期五）上午九时

地　　点：中华路本会秘书处

出 席 者：

主 席 团：张伯苓　莫德惠　王世杰　江　庸

驻会委员：钱公来　许德珩　罗　衡　王云五　孔　庚　陈博生　冷　遹

　　　　　左舜生　李中襄　胡健中　张君劢　江一平

交通部部长：曾养甫

主　　席：张伯苓

秘 书 长：邵力子

副秘书长：雷　震

记　　录：谷锡五　詹行煦　顾　粲

报告事项：

一、秘书处报告。

二、外交部书面报告——邵秘书长力子代读。

三、交通部曾部长养甫报告：最近三个月交通设施及运输情形。

报告毕，参政员李中襄、钱公来、王云五、冷遹、左舜生、江一平等相继发言，对于粤汉、湘桂、黔桂三路撤退员工如何安置，綦江钱路工程进行情形，中印公路完成期限以及今后运输机构如何统一组织、改革积弊等分别提出询问，并建议开辟东南民用航空线，均经曾部长即席答复。

讨论事项：

左参政员舜生等六人提：介绍胡景伊君建议为组织川省自卫武力案。

决议：交军事国防组审查。

散会。十一时。

附件：

最近三个月交通设施及运输情形

自九月八日本人向贵会大会报告交通设施以来，已有三个月。三个月来之主要设施有二：一为赶工，二为抢运，两者同时并进。一方面依照中央核定方针，赶修各种工程，或改善工程。一方面依照军事需要，动员各种交通工具，抢运部队、人民与物资。赶修工程大致均能计日成功。抢运工作，则随军事之演进而有达成任务者，亦有未能达成者。兹分铁路、公路、驿运、水运、航空、电讯、邮政七节报告。

一、铁路

三个月来铁路最重要工作，一为湘桂、黔桂两铁路之抢运，二为宝天铁路之赶工。

（1）湘桂、黔桂两路之抢运

湘桂、黔桂两路均系战后新建，惨淡经营，已完成一千一百公里。两路对于历次战事，均能达成任务。即在此次湘桂战事，第一阶段，亦尚能勉力支持。惟在九月中旬，桂省军事吃紧，昼夜军运不断，而车卡有限，几不足应付。且桂林、柳州同时实施疏散，西徙之人民如鲫，物资如山，两路局虽竭力抽调车卡运送，不敷之数仍大且巨，以致两路行车秩序顿形混乱，难民受无限之痛苦，物资亦多漏失，社会人士多所指摘。交通负责人非敢自行诿过卸责，且甚为抱歉。然当时环境，实大困难。兹将此次战事发生后，两路抢运疏运实际情况，报告如下：

湘桂铁路：自六月初湘战紧张，即开始疏运军公商物资，并抢运路用机煤。自六月初至十月底五个月中，计由衡阳、桂林等处，运送部队共约二百余列车。疏运旅客及难民共约四十余万人。运去军品及公商物资，本部及各路器材共约四十九万余吨。湘桂路在桂林实施紧急疏散之后，沿线秩序一度混乱，旬日后秩序较有改善。

而黔桂铁路，因柳州亦同时实施紧急疏散，所受影响更为重大。

黔桂铁路经连年赶工，已完成四七三公里，惟自六甲以西至都匀，均属山岭崎岖，最大坡度，曾经核定为百分之二·七，机车车辆又全属战前旧物，凑合使用。该路以运输能力受有限制，原拟于通车都匀后，工程暂停西进，赶速改善沿线工程，设法增加运力。不意实行未及两月，即遇湘桂战事，部队、人民、物资以及粤港、湘桂机车车辆均经由该路同一方向撤退，任务过重，遂致顿形竭蹶。加以衡阳沦陷后，湘煤来源中断，车前虽有贮备煤斤，然无法大量购运，列车顿增，存煤易竭，不得已改用或掺用半烟煤，最后用怀远、都匀之次等煤。军运列车，已多疏散，车卡常常过额满载，加以坡度大，煤质劣，行车倍感困难。单轨铁路停避无定，以致行车有时经两星期始能由柳州开达至独山。车卡已不足用，往返又无定期，所谓行车秩序陷入混乱状态，即此也。

黔桂铁路自三十二年十一月至卅三年十一月二十日止，经由独山、都匀东运之盟军物资，以供应东南各机场者，共有三万余吨，对于抗战全局不无贡献。即自六月初至十月底，五个月中，运送部队十一万九千余人，旅客及难民四十四万七千余人，军品及公商物资十四万七千二百四十余吨，为数已不在少。

本人于湘省战事初起，即对军公商物资之抢运，难民与铁路员工之疏散，深切注意，文电交驰，多方督导。十一月四日，复亲往柳州、宜山、金城江、南丹、独山、都匀等处，视察督导，并派部员会同各机关所派人员驻路切实督运。其时金城江尚存有军公商物资三万吨左右，除饬由铁路抢运外，并饬桂省原存汽车二百辆，暨西南公路运输局加拨汽车三百辆，协同向西抢运。黔桂两省驿运工具，参加抢运。乃未及运毕，金城江即告吃紧，所余物资已由战区悉数爆毁，以免资敌。

滞留金城江等处难民，本人亦曾与张长官及社会部谷部长商定，除由黔桂路线县政府设法收容外，其须西上者，准其搭乘疏运大车与汽车。另由西南公路运输局特派汽车，以五十辆由独山，以十辆由金城江专运难民。迨金城江吃紧，为图迅速同时撤退起见，只得尽先收伤病老弱军民，用车辆运送，凡能步行者，均结队徒步后撤。

黔桂铁路此次疏运抢运，因战局转变过速，抢运时间实太短促，行车失其秩序，运输益形困难，机车不断行驶，毁损日甚，未能应时修整，员工在路工作，大体虽尚努力振奋，而一部分不肖员工未能公尔忘私，服务精神低减，甚至发生种种弊窦，凡此事实，无怪社会人士多所指摘，不能谓非人事上之缺憾。本部已将办事不力及失职员工严予惩处。

（2）宝天铁路之赶工

宝天铁路长一六八公里，自今春奉令加紧赶工以来，本部即督促该路员工竭力趱赶。一方面鼓励原有包商增招工人，一方面与陕甘两省商订民工办法，藉以减少招工之困难。实施以来，幸赖陕甘两省当局多方协助，而在路员工亦能体念时艰，悉力以赴，故工程进展尚速。计自本年开始赶工之日起，迄至十月底止，路基完成22.4%，隧道33.0%，桥涵40.1%，连同前者所做累计，则路基已成75.6%，隧道已成74.0%，桥涵已成57.8%。尤以陕甘民工之成绩最足称赞，两省动员民众不下三万人，承办土方共约三百六十万方，其工作效率有能达每工三方者，诚属难能可贵。至十一月底止，自宝鸡以西，已铺轨二八公里，本月内又可铺轨十公里，大约明年春间可以完工。

二、公路

（1）公路运输任务虽日益艰巨，汽车状况虽一日不如一日，而在军车与公商密切合作，及中美两国竭诚联系两大原则之下，凡抢运盟军物资、抢运紧急军品、抢运增援部队各项任务，均尚能勉力以赴。

①抢运盟军物资

美军物资自印度内飞后，均须分别由汽车接运赴东南各空军基地。计本年一至六月平均每月接运二千余吨。七月份接运三一三八吨，旋奉令此后月运六千吨。为加强运输起见，成立西南进口物资督运委员会，凡军、公、商车均一律参加接运。计实际出动商车六百余辆，公车四百余辆，路局车三百余辆，共约一四〇〇余辆。至装卸、检查、收税、领款、领油等手续，经力求简化。督运结果，计八月份运四五九七吨，九月份运四〇六〇吨，与七月份相较，计八月份增运一四五九吨，九月份增运九二二吨，九月份因运输路线展长，故接运吨数虽较八月份为少，但以延吨公里比较，相差甚微，虽未完全达到所期运量，但成绩已甚优异。嗣因湘桂战局演变，美资交运减少，十月份实运一七四五吨，现一部美资已经由川滇东路运往成都，仍积极设法增运中。

②抢运紧急军品

自湘桂战起，迭奉军委会电令，抢运紧急军品，接济前线。计六月间派足卡车四〇九辆装运紧急军品一一三六吨，至贵阳独山。七月下旬，复奉令赶运械弹一八〇〇吨至独山。除征调西南区公商车辆外，并经分电西北公路、川康公路拨车前来协助，至十月二十一日全数拨足，计运出一六一八吨。十月十四日起一星期内拨足卡车七十三辆，由渝装运远征军至蓉。十一月十一日起三天内又拨车二十六辆，由渝装运征军赴蓉，均经如期派足。

③抢运增援部队

十一月中旬，黔桂战局吃紧，奉令在重庆、贵阳、遵义、霑益等地，征调公商车辆，赶运部队、马匹、军品，转济前方。一月之间，共计征调军、公、商车一五〇〇辆以上。此次征调车辆，各公商运输机关，均能仰体时艰，踊跃参加，报效国家，实为难能可贵，愿借此机会表示敬佩之意。

（2）中印公路及西北公路之赶工

公路工程最近在赶进中，或完工者，有中印公路、中印油管及康青、青藏等线。

①中印公路保山密支那段，长三八〇公里。在国境以内二六〇公里，国境以外者一二〇公里。在腾冲、龙陵未克复以前，即派测量队随军勘测。自腾龙两地克复后，奉令集中人力、物力、机械等力量，于明年二月底以前，打通保密段全线。龙腾间原有便道，经加整理，已可通车。腾冲至左永段，大致已完成。其以西一段，亦可如期于明年二月底以前完工。

②中印油管工程，为适应作战需要，而由中美两方合作建筑。油池用地及油管路线均已测竣，油管由飞机内运，中美工程队正协同赶筑中。

③滇缅公路保山以西复路工程，系由抢修工程队随军抢修。凡强渡怒江，克复松山、腾冲、龙陵诸役，均有该队人员在最前线参加复路修桥工作。迄十一月底，已修通芒市以西最前线八九七公里处。

④康青、青藏两路之打通

康青公路，自康定至玉树，长八五〇公里。青藏公路自西宁至玉树长八二七公里，均已于本年（九）十月间打通。康青公路、康定至甘孜段三八三公里，于三十二年十一月完工。甘孜至歇武段四一二公里，于今年一月即开始运粮运料及征雇民工招募包工，四月开冻以后，进行测量，六月开工，十月二十日打通，歇武至玉树段五十五公里，为青藏公路路线。

青藏公路自西宁至黄河沿一段长四九九公里，于去年十月打通。黄河沿经歇武至玉树段长三二八公里，于今年九月底打通。

以上两路，均经本部派员于十一月间前往试车，平均行车速率为十七至十九公里。

三、驿运

人畜驿运，散布民间，政府为补救铁路及水运之不足，乃实施管理。管理方法自应力求改进，减免流弊。本部为遵照上次贵会大会议决案，重订调整计划，经提送国家总动员会议议决实行。兹将调整要点报告如下：

①关于驿运机构，系按因地制宜原则，凡省内民间驿运工具普遍发展者，如西北区及东南区，不设省驿运管理处，军运粮运由省政府责成县政府轮派民间工具分段递运，商运仍由民间自行揽运，不加干涉。

省内驿运工具较少者，如西南区，则设驿运管理处，注重驿运营业，并须自备工具动力。

本部直辖各驿运干线，因关省际联运及国际路线，仍由中央自办。

②关于驿运行政与业务。一般民间动力由政府登记组织，分段递运。其驿运行政移交建设厅者，由省政府责成县政府办理。中央设有驿运机关者，由该机关会同地方政府办理。其以经常营运为目的之各式运输动力及工具，仍准照常自由营运。

③驿运运价改用议价。

四、水运

（1）修缮川江轮船

为准备复员，曾饬由国营招商局赶修江华、江安、江顺、江新、江湛、建国六大型江轮。其中江新、江湛两轮初步工程业已完竣，暂时行驶渝万、渝叙两航线。

（2）制造木船

本部选船处在本年七月至十一月间制成木船七〇艘，共二七二吨。

（3）修选渝坪段木船

此项旧船多为人民所有，调查散置民间旧船，由后方勤务部及交通部共同负责修缮。旧船修理费以每艘十万元估计，一千艘约一万万元，凡曾担任军粮军品运输者，得享受优先修理权，修理费用由政府全部补助。

（4）捞修川江沉旧船舶

川江沉旧轮船为数不少，此案业经呈由行政院核定。

①打捞与修理沉旧船舶，须同时并举，以期早日完成准备复员之用。

②组织技术视察团，先行查勘沉旧船舶能否打捞，并切实估计实际需要打捞及修理费用。

③民生公司及招商局，应行捞修之船舶，及其他各公司未经声请贷款修理之船舶，如需捞修者，亦可补行申请贷款。

五、空运

（1）运送保山密支那公路工程人员及设备材料

赶筑保密公路需用大批工程人员及设备材料，而保密路地处边陲，交通困难，工程人员及设备材料无法输送。乃经中美各方商定，抽派运输机若干架，专为运送工程人员及设备材料至保山、腾冲、密支那各地之用。是项工作，业于九月底开始，迄十一月底止，计共飞行四十六次，载运工程人员七五五人，设备材料二四八五九六磅，合一二四吨。

②投掷路工粮食

保密公路一带地僻人稀，粮食缺乏，路工十余万人，需用大量粮食。乃抽派运输机若干架，自昆明起飞，至保密公路，沿途掷食米。此项工作已于十月下旬开始，迄十一月底止，计共飞行二六二次，掷米九四七，三七〇磅，合四七四吨。

③加紧内运军公物资

印度内运军公物资，本月平均恒在一千吨左右，飞行来回次数约六七百次。自九月份起，内运吨位突增至二千吨以上，飞行来回次数达一千次以上，均突破过去纪录，而十及十一月内运吨位亦均在二千吨以上，飞行次数亦均在一千次以上。十二月份复以最大努力，将一千吨军火分别迳运宜宾及重庆两地，以应军事之急迫需要。

六、电讯

（1）赶办战区军事通讯设备

黔桂方面：在湘桂路战事进行时，完成桂林至连县话线与曲江联系，其后战事移转至桂林时，完成都匀经榕江至三江话线，与桂林三江话线衔接，并借黔桂铁路话线装置载波电话。嗣又先装设贵阳至河池、独山载波电话，加强前方军事通讯。

滇西方面：保山至畹町一路报话线，随军进修，已修抵龙陵以西。又保山至腾冲一段，正在测量赶修中。

（2）整修甘兰新疆间电线

兰州至迪化报线，限九月底前修通，以利西北通讯，已于九月十八日完全修通，计长一千八百余公里，现兰州迪化间，已开放直连通报。

（3）完成昆明飞机场通讯网

该场通讯网以美军需要孔亟，经积极赶设，于十一月四日完成，共长五二一公里。

（4）增强东南各省与后方无线电通讯

桂林沦陷后，东南与后方有线电讯通讯全阻，电报、电话均赖无线电传递，亟应加强，以资疏通。经尽量利用所有设备人手，已增辟无线电报电路八路（其中二路用快机），电路一路。

七、邮政

（1）利用军用机带运东南与西南来往军公邮件

自湘桂战局逆转，东南与西南大后方来往邮运有阻断之虞，除饬由航空公司筹备开办筑赣至建瓯航线以便带运邮件外，在公路破坏地方，另组步差邮路，暂行维持。嗣一切邮路均告阻断，爰即先行利用军用飞机带运东南与西南往来之军公邮件。此项邮件，系由军邮局收集，转交军用机带运。一俟中国航空公司开办新航线，普通人民函件，亦可藉航运传递。

（2）扩充军邮组织

（甲）驻印军邮视察段，扩组为印缅军邮总视察所。

（乙）第二军邮视察所移设兰州，统辖甘、宁、绥三省及入新部队军邮事宜。

（丙）已在各军部及师部等新开军邮局六处，及军邮派出所十二处。

（3）筹办智识青年志愿军训练营军邮勤务。

智识青年从军后，需要军邮自必殷繁。爰经邮政总局与后方勤务军邮督导处会商筹办智识青年志愿军训练营军邮勤务，分期组设军邮处，并力求完备，以应需要。

结论

综合以上报告，除黔桂铁路因任务艰苦，措置未能满意外，其他各部门均尚能按照预定计划，分别做到。交通部门因受三年来海陆封锁之影响，原有之少数工具均已逾龄陈旧，不堪整修，器材亦极缺乏，不敷应用，今乃凭藉此少数陈旧工具，以担当全面抗战之运输及通讯任务，感受艰困，自是实指。养甫职责所在，决遵奉中央指示，竭力推进，不畏难，不卸责，力求交通部门能够配合军事，争取最后胜利。但缺点仍多，时时处处均须改进。各位先生，系人民代表，对于交通任何部门，有办理不善须加纠正，或发生弊窦须加革除之处，请随时赐以书面或口头之批评指教，俾得切查改善。

9. 国民参政会第三届第三次大会休会期间驻会委员会第七次会议记录

（1944年12月29日）

国民参政会第三届第三次大会休会期间驻会委员会第七次会议记录

时　　间：三十三年十二月二十九日（星期五）上午九时

地　　点：中华路本会秘书处

出 席 者：

主 席 团：张伯苓　莫德惠　王世杰　江　庸

驻会委员：王普涵　钱公来　孔　庚　许德珩　李永新　黄炎培　胡　霖

　　　　　许孝炎　陈博生　左舜生　陈启天　冷　遹　江一平　王启江

　　　　　胡健中　王云五　李中襄

财政部部长：俞鸿钧

主　　席：莫德惠

秘 书 长：邵力子

副秘书长：雷　震

记　　录：谷锡五　詹行煦　顾　粲

报告事项：

一、秘书处报告。

二、外交部书面报告——雷副秘书长代读。

三、财政部俞部长鸿钧报告三十四年国家总预算概要及最近财政设施情形（报告纪录附后）。

报告毕，参政员王普涵、王启江、冷遹、钱公来、李中襄、许德珩等对于征实项下留拨地方之百分之一十五请迳划拨实物毋庸折合法币案，花纱布管制局收款手续，征借人民外汇资产办法，三银行退还官股案，国家银行分配职员美金公债，法国在美黄金解冻，消灭黄金黑市，严格限制商业银行之成立等分别提出书面或口头询问，均经俞部长即席答复。

讨论事项：

冷参政员遹等提：为前四川省灌县撤职县长孙实先在任擅造命令勒派巨款贪污中饱，请由本会函监察院彻查严办案。

决议：通过，送请政府彻查严办。

散会。十二时三十分。

附件：

三十四年度国家总预算概要及最近财政设施情形

财政部俞部长鸿钧报告　卅三年十二月廿九日第七次驻委会

主席、各位先生：

战时财政，事务很繁，责任极重，鸿钧才拙，奉命掌理财政，自当加倍努力，以求业务之改进及发展，深盼诸位先生不吝指教。

今天的财政报告，拟分三部分来说明：（一）今后施政方针要点；（二）最近财政金融之重要事件；（三）本年度收支概况及明年度预算概要。

一、今后施政方针要点

我国政治落伍，又遇此长期抗战，其艰困可以想知，半年以来，一面尽量供应军需，一面力求奠定财政基础，办理经过悉依国父遗教、政府决策、领袖指示、贵会决议，今后施政方针仍当本此进行，可分四点述之：

（1）举财政金融之一切措施，务求与抗战军事密切配合，以增强抗战力量，争取最后胜利为第一要义。

（2）财政金融政策务与经济政策相配合，不仅谋财政收入之充裕及国家支出之合理，且于调整税制之时应兼求国民负担之公平，及财富分配之改善，于尽量筹供战费之余，仍积极扶助农工矿业之生产；于管制金融、稳定物价之际，并顾及国防与民生之需要。

（3）使"财政""金融""经济"三者互为体用，以财政措施健全金融，以金融力量发展经济，以经济建设充裕民生，培养税源，而巩固财政基础。

（四）战时支出庞大不可避免，亦不应避免，但求支出合理、严实，并随时研求各种合理方法，如整理税制及利用物资，以增裕收入，使国家收支比较接近平衡。其具体方面较重要者，约如下述：

（甲）废除苛杂，整理税制。财部对现行税制，正积极整理，一面注意简化稽征，祛除苛扰，一面注意革新税制，以先成体系，而裕库收。现拟第一步减少战时消费税品目，取消琐碎统税目，此外尚拟：1.举办综合所得税及采行合并征收办法；2.加紧推进都市地价税；3.提高各税起征额。其余食盐专卖办法，亦在责成盐务机关对于食盐公卖店严加管理。

（乙）加强金融管制，限制新设银行。此后对于战时金融之管制办法，略为：1.加强商业信用管制，一方面督导银行投资于于国防有关及民生日用必需之农工矿等生产事业，此项投资由国库为之保息，一方面严禁银行为变相之囤积居奇，以协助物价之平定。2.加强国家金融机构，以充分达到调剂金融、安定市场之目的。3.妥善运用黄金政策，将增加售金地点，缩小黄金单位，推行黄金□□，以促法币回笼。4.关于新银行之设立，严加限制。并拟提高银行资本最低额办法，凡不合规定标准者，一律责令合并或并业。此外，各项节约储蓄之积极推行，亦为财部最近重要工作之一。

（丙）增进业务效率，调整大批机构。切实调整各极机构，务使系统分明，组织合理，以增进业务效率，节省行政经费。如盐务总局与盐政司之合并为盐政局，盐务公益费管理委员会裁撤，金融、财政两研究委员会之合并，均已分别实行。此外，各税收机关之调整，物资管制机关之改进，关卡之裁减，各地国库分支机构之添设，均在积极准备中。

二、最近财政金融之重要事件

最近两月来财政金融之重要事项：1.改善战时消费税征收办法。2.实施统一检查，简化办法。凡设有海关地方，不设缉私机关，设缉私机关地方，不设海关，尽量减少海关及缉私机关地点。部外一切非法检查机关部队，由部呈请严令制止。其他部属检查机构一律取消。所有货物应凭本部主管机关单据放行，不得再施检查。3.划一本部业务机关人员待遇。财部所属机关职员，今后之本薪、生活补助费、公粮及膳宿等，依照中央之一般规定实施划一，期与一般公务员待遇平等。4.食糖征实情形，财政部最近根据曹参政员叔实等提案，及川省张主席建议，改就糖清课征，由糖房纳税。至政府所需食糖，由公会负责摊购供应，已决定先就川康区试办。5.收购陕、鄂、豫棉花，决定加给资金办法。调整布价，奉行政院核准，今后供应价格比照市价抑低百分之十至二十。6.协助战时生产局洽订生产贷款，总额为国币一百亿元。借款由生产局向生产机构订制成品，充实设备，增加生产，分别以定货或借款方式办理。

三、本年度收支概况及明年度预算概要

三十三年预算为七百五十亿余元，年度开始以后，以改善士兵公教人员待遇、建筑飞机场、存储军粮、增产军需品、远征军装配、紧急救济、疏散费等项俱以紧急命令支付。自本年一月至十一月底止，国库共计支付一千四百余亿，除田赋征实转账六十五亿外，实支一千三百余亿。收入部分，国库已有报告数字，至十一月底止，计四万余亿，达预算收入部分之百分之八十，预计年度终了，可照预算额收足。本年度超支之一千亿，出售黄金收入二百亿，银行储蓄二百亿，加以其他收入，亏空不多，此则可以告慰各位先生。

明年度国家总预算，根据三十三年预算编造，依照各机关编造预算总额，计达四千亿余元，后经国防最高委员会决定。

三十四年度国家总预算紧缩标准，计依据下列各项办理：1.三十四年度国家预算之编制，应与该年度国家施政方针及计划纲领相配合。2.关于复员各项计划所需经费，应统筹规划，另案办理，不列入本年度总预算之内。3.各机关主办之专业经费，以中心工作为主，其非急切需要及短期内不能完成者，应予缓办或停办，并不得添设机关或增加员额。4.中央各部会在各省市所办事业，已由省市举办或其性质以由省市办理为适宜者，应归并省市政府办理，其经费移列入于省市预算，以免重复。5.中央及省市党政机关临时费，无继续性者，应予删除。6.各机关生活补助费及公粮预算所列员工人数，照实有人数计列。最多不得其三十三年度核定岁出分配额预算所列人数。各第二级主管机关应负责查明审核，并得就所属各机关单位人数

之范围内统筹分配。7. 原有机关事□□复者归并。8. 原有机关依法减少一部分职掌者，应缩小范围，减少经费。9. 各机关内部组织之各单位及主计人事机构之经费，不能编为独立预算，应并入本机关预算内统筹办理。

重行改编核减，最后审查，经国防最高委员会核定，经常费为一千七百六十四亿九千余万元，临时费为三百廿一亿二千余万元，事业费二百十四亿四千余万元，军事建设一百〇一亿，交通四十八亿，经济二十一亿，水利四亿，战事特别费三百三十七亿，共计二千六百卅七亿余元，其中军务费占一千八百亿，占总预算百分之七十二。收入方面总计一千八百六十三亿余元，收支不足七百亿。根据历年国库收支情况推测，三十四年度收入数额定能如数收足，即是二千六百余亿支出，只要政府不发布紧急支付命令，以及各机关不再追加，本人可绝对负责，不成问题。七百亿元不足额，有几种办法弥补：（一）发行英金公债一千万磅，拟采用英国发行公债标卖办法，可得一百亿；（二）英美物资输入，可得一百亿——如运输畅通，可能增至三百五十亿；（三）出售黄金，预算中已列五百亿，可增加三百亿；（四）黄金外汇储蓄一百五十亿。上列各数，即使不能全数收到，七八成已够弥补。

现在附带报告捐献外汇办法办理经过。本人以为国家到此时期，讲话一定要忠实，决不愿为讨好他人恭维他人，有所敷衍，更不愿因此而放弃本身职责。这个案在国家政策立场说，势在必办，但是在财政部立场，不能不保留若干点。外汇封存以后，事实上已在政府手里，现在不用，将来另有用途，如国际银行，中国担任六亿元，需要付现。再如将来币制一定改革，又需要基金。外汇资产将来如何运用，值得考虑。至于改善士兵待遇，事属必要，势在必行，财政部已另有筹措办法，决不能等待外汇交涉成功后再为进行。第二，依规定人民如不如期呈报，须强制执行，但强制执行，影响美国法律问题，所以事先在外交上先有接洽。昨天财政专门委员会审查本案，他们主张（一）将参政会加进去，（二）将还款期限自二年改为五年。并将此案送立法院审议。

10. 国民参政会第三届第三次大会休会期间驻会委员会
第八次会议记录

（1945 年 1 月 12 日）

国民参政会第三届第三次大会休会期间驻会委员会第八次会议记录

时　　间：三十四年一月十二日（星期五）上午九时

地　　点：中华路本会秘书处

出 席 者：

主 席 团：莫德惠　王世杰　江庸

驻会委员：钱公来　胡　霖　李永新　许德珩　冷　遹　孔　庚　黄炎培

左舜生　陈启天　陈博生　许孝炎　王启江　李中襄　江一平

经济部部长、战时生产局局长：翁文灏

主　　席：江　庸

秘 书 长：邵力子

副秘书长：雷　震

记　　录：谷锡五　詹行煦　顾　粲

报告事项：

一、秘书处报告。

二、外交部书面报告——邵秘书长代读。

三、经济部翁部长文灏报告经济部三十四年度工作计划及战时生产局成立以来工作情形（报告记录附后）。

报告毕，参政员黄炎培、冷遹、江一平、钱公来、许德珩、李中襄等相继提出询问，内容计分以下数项：（一）煤荒之解决及煤炭管制之改进；（二）酒精增产后原料之供应；（三）工矿贷款之手续问题；（四）湘省内迁工厂之救济；（五）经济部与战时生产局职掌之划分；（六）綦江铁路应从速完成。均经翁部长即席答复。

讨论事项：

（一）许参政员德珩等五人根据陈参政员逸云由筑来电提出，请对黔桂战地迅施振济防疫及改良士兵生活案（陈参政员由筑来电附后）[略]。

决议：通过，送请政府办理。

（二）重庆市商会等四团体具呈本会请求废止复兴公司统购统销办法，实行进出口联锁运销办法一案应如何处理案（重庆市商会等四团体原呈附后）[略]。

决议：此项请求与本会第三届第三次大会关于重订国际贸易政策之建议案，主旨相同，应送请政府核办。

（三）重庆大学教职员联合会具呈本会检举该校校长张洪沅贪污一案应如何处理案。

决议：请黄参政员炎培前往重庆大学调查真相后，提出讨论，以凭核办。

散会。正午十二时十五分。

附：

战时生产局工作情形及经济部工作计划
翁部长兼局长文灏报告

主席、各位先生：

今天奉邀出席报告战时生产局工作情形及经济部工作计划。

战时生产局的组织及工作方式，不但在中国是新式的，即是在英美也算是新式的。此次世界大战发生后，英国为适应战时需要，特别设立生产部，这机构权力非常强大，能指挥全国公私生产机构努力生产，以供应战争需要。美国参战后，亦即成立战时生产局。去年九月，美总统派赫尔利将军、纳尔逊博士以总统私人代表资格来华访问，道经莫斯科，先与苏联政府商量帮助中国办法，然后再到中国晋谒蒋主席。其主要意义，表示美国愿意帮助中国，希望中国在蒋主席领导下打败敌人，成为强大国家。他们认为实现上述目的，中国政府各种力量的运用方式，实在有修正之必要。这点中国政府完全接受。现在缩小范围，单就经济部分来讲，美国以为，国家建设，经济占重要部分。他们的观察，中国建设上的最大困难，是机构太多，职权分散。例如军政、经济、交通各部各自派人迳向美国同样商量设置钢铁厂，这表示中华民国还不是一个统一的国家。又如美国对华租借法案中，各机关迳开所需物品单，重复冲突的都有，也不像是一个政府开送的。他们建议假如中国政府有一个机关统筹审核，美国的帮助便比较容易进行。因此我们决定仿照美国办法，也设立战时生产局。同时鉴于纳尔逊先生主持美国生产局，成绩甚著，不单供应美国战时需要，并且为供应全世界需要而大量生产，因而要求纳尔逊先生继续帮助。纳尔逊先生返美后，卸去美国战时生产局职务，专门代表美国政府协助各国战时生产机构工作。我国战时生产局即在这种情况下成立。现在将本局成立以来工作进行状况撮要报告如次：

一、确立组织

（一）本部组织法于上年十一月二十一日奉主席批准先行实施，十二月九日经立法院修正通过，十二月十六日由国府明令公布。

（二）本局分处职掌规则于上年十二月十六日公布施行，并呈报行政院及军事委员会备案。

（三）本局于十一月三十日成立中美联合生产委员会，以局长为主任委员。聘纳尔逊为副主任委员，谭伯羽、钱昌照、孔莱、杰克逊为委员。

（四）国民政府主席聘纳尔逊为国民政府高等经济顾问，本局聘孔莱威顾问，杰克逊为助理顾问。

（五）本局聘请技术专家，已到华者有钢铁专家五人，酒精专家一人，此外尚有电力及纺织专家若干人即将来华。

（六）本局除内部组织外，尚有一个审议委员会，以局长为主席，外交、军政、交通、财政各部部长为当然委员，并加聘钱昌照、俞大维、龚学遂为委员，作为联系本局与各有关机关之机构。

（七）本局为获得中外专家对于战时生产技术问题之妥善意见，先后设立钢铁、煤焦、液体燃料、电力、汽车配件、机械工业、电工器材七个顾问委员会，委员人选包括中外专家、实业界人士及政府有关事业人员。

（八）本局与美军部及美国对外经济局中国分处经常保持联系。

二、国际物资

依照本局组织法第三条第二款之规定，本局对国内外主要器材之购办有审定之权。关于美国租借法案洽订器材，国内主管机关经奉委员长上年十二月二日亥冬侍秘代电，除制成军械应由军事机关核定外，其余器材应由本局核定。十二月廿三日复奉委员长亥漾侍秘丙代电，运输会议国际物资组织权正式移归本局接办。军械部份之清单奉委座指示，亦须于军事委员会核定后抄送本局。

依照本局组织法第八条之规定，经组织需要与生产优先，委员会掌理审定需要及生产计划以及国外器材之进口方案等事，故租借法案器材清单之审核，亦为此委员会重要工作之一。委员会委员以政府主要之需要机关代表充任，每机关代表一人。委员会主席由本局局长指定，秘书则由优先处处长兼任。

租借法案器材清单之审查，分为二大部分：一为军事部分，一为非军事部分。审查之基本原则，一为求与实际需要相符，如军事部分之需要，系由军政部先行审查，原系按四百五十万人计算审查，以后改为以三百五十万人为标准。二为国内可以自造之器材，按照其可以自造之数量减少向租借方案请求之数。以往各机关颇有宁求租借物资，不购自制器材之情形，使美方发生中国不肯鼓励生产之感想。三为求运输力量之配合，器材数量过多，远超运输能力，自不易办到，但如所需器材确属最低限度，倘运输力量仍感不足，则唯自有商请美方加强运力。兹经十数次小组会议，清单业已大致审查完后竣，各机关原开清单器材总数为八十万吨，已将优先供运之数量酌为减少。各次审查均约本局美籍顾问专家、美国对外经济事务局及美国驻华军部代表参加。美方人员如有问题，均经当时逐项答复，俾使美方明了我国实际需要之情形，美方如无特殊原因，不致搁置迟延。

其次，以往租借物资清单寄美后，各需要机关无法获知详情。本局以后当与在美及在印各代表取得密切联系，使此项器材之订购核准、交运、到印各步手续，均能迅速获得确切之资料，以供各有关机关之参考。

三、运输优先

依照本局组织法第三条第五款及第六款之规定，本局对军用及主要民用物资之进出口，及国内与国际之运输优先有管理之权。并经于十一月卅日奉委员长戌卅侍秘代电，将运输会议之物资运输优先次序职权移归本局接办。经于上年十二月廿日召开第一次运输优先会议，决定一月份中印航空内运吨位分配，嗣以战时运输局成立，为求彼此工作密切配合，并求与军事需要符合起见，本局运输优先委员会设常务委员三人，由本局局长、军政部部长及战时运输局局长担任，所有会议事项，常务委员有最后决定之权，对于国内及国际运输优先均由此会议核定。

四、促进生产

本局最主要之任务自为促进国内军用及民用必需物资之生产。促进方法可分（1）代筹需要；（2）预定出品；（3）趸购产品；（4）拨借器材；（5）协助技术；（6）筹垫资金及其他足以减少生产事业困难之事项。但本局注目之点，自在确切与作战有关之生产，同时亦必须确有需要，然后促进。关于后方需要不并迫切与作战关系甚少之物资生产，自不在本局促进之列。同时，本局筹组方始，即与作战有关物资亦不能悉数即为俱举，不得不择其尤要者分别逐项进行。兹述其概要如左：

（甲）兵工器材

兵工器材为数甚多，兹首先进行者，为工兵器材，如锹铲、斧、军剪、钢丝、刺刀、饭锅、十字镐等，次及迫击炮弹及地雷。以上各项大多由公私营钢铁厂承制，一部分则交机器厂制造。采用定货办法，预定一年，价格则三个月调整一次，已订约部分先付第一季之八成定金，计为一万万三千余万元，正在订约中者，价值约为二十五万万元。

（乙）煤焦

煤焦增产需要之迫切，以重庆附近为最。经于上月约集天府、三才生、东林、建川、全济、宝源、江合各矿代表切实会商，积极促进，本月内即可增产五千吨左右，二个月以后可增产一万吨以上。本局一面协助天府换装锅炉三只，已分别于上月及本月交货，一面与兵役部商妥准煤矿工缓役。

关于新式炼焦炉，由美方专家之协助，已在资渝钢铁厂建成蜂巢式炼焦炉一座，使用煤减少而焦之品质提高，现在商筹推广应用办法，而便促助建置。

（丙）非铁金属

关于铜锌之增产，亦已积极进行。经向川康铜锌铅管理局洽妥，购买现存纯锌一百吨，并为助其增加设备起见，借款五千万元，使其能完成年产五百吨之计划。铜之收购亦经洽妥，即向中央造币厂购进所存铜元二百吨，交由电化冶炼厂熔铸，东川铜矿存铜亦给价收买。

（丁）酒精

依据美军部及液体燃料管理委员会之估计，本年将有大批卡车进口，所需酒精自将增多，故在年初需用酒精较少之时，亟应预为购储，以备下半年生产不足之用。兹决定于一、二、三三个月内除由液体燃料管理委员会就产量分配外，设法购储一百万介仑，并洽商存储地点，其具体办法正在分别洽商。

此外，如电力、电讯器材、汽车配件以及机器工具、花纱布等之增多供应，亦均在筹划促进之中。

五、财务筹划

为谋战时生产之促进，对于财务方面自应有适当之配合。本局在成立之初，即经与四行商妥透支借款一百亿元，于上年十二月中旬订约。此项借款系供下列用途：①定货垫款，②扩充设备垫款，③趸购产品。第一类需要机关接收后即行归垫，第二类由生产机关预算成立或增资手续办妥后归垫，第三类则俟产品售出后转还，均系短期垫款性质。至如生产事业经常所需之周转金，则仍由四行另行贷借。为妥善筹划财务起见，经约请财政部及有关国家银行代表组织战时生产财务委员会，并经于上年十二月下旬召开第一次会议，商定本局与四行联系办法。四行放款小组会并由本局派定代表参加。同时关于工兵器材及迫击炮弹所需之款，已由本局局长与军政部部长会呈委员长批准，每三个月清算一次，应拨款项由国库拨送。惟是战时生产，欲求其充分发展，俾益抗战，所需之款为数綦巨，而此项产品除一部分系民间必需外，其余均为战事消耗，其接收产品之机关厥为政府，故银行借款以外，政府正式之预算实为必要。

以上对于本局八周来之主要工作已略述梗概。此外，如出国实习人员奉委员长命，由本局加以审核，以免影响国内战时生产。又为加强宣传效能起见，由本局会同中央宣传部、联合国电影新闻处及英美新闻处合组战时生产宣传委员会，以提高生产事业员工对工作之情绪为主旨，与促进战时生产亦有关系，并附记于此。

至本局财务方针亦经本局战时生产财务委员会决定，以补助增加战事生产为目的，凡有关战事之公私生产机构，均应权衡轻重，分别优先垫助资金，使其得增加生产之效能。至资金之种类如下：

（一）短期垫款

生产机构原赖产品之圆滑流转，以继续维持其生产机能。本局为协助其产品流转及生产增多起见，必要时得直接购储其产品或洽妥需要机构代为购储。前者得以四行局借款支付，俟需要机构购买时，再行作价归垫。后者如预算不足，需要追加时，本局当说明需要理由，以期促成。并得由本局暂行垫借，再由需要机构拨款归垫。惟此项借垫款项之期限，不得过长，以不超过三个月为原则，俾本局资金得收充分利用之效。

（二）长期资金

凡现有生产机构之产量，本局认为不敷战事需要时，应助其增添设备。其增添之设备，如在国内购置，则对于国营生产事业所需资金，其筹垫办法，与前项所叙之办法相同。对于民营生产事业，如不能自行筹足资本时，则本局得在政府款项内提拨必要数额购置设备，以租借方式交与使用，或迳行拨款作为投资。其必须在国外购置者，由本局向美国租借法案申请之，此项设备得以租借方式交与公司生产机构使用，其所有权仍属本局，或由本局在美英借款项下订购。此项设备可用上述租借方式交与生产机构或作让给。

此外，在政策方面有一点要附带声明的。美国朋友以为为了增加生产，不妨增加国库负担，增加通货，所以主张长期资金由国库负担，短期垫款由银行负担。他们以为美国战后通货亦是大量膨胀，然而因生产大量增加，并不影响物价。这一个意见固然是对的，但是忽略了现时中国的环境。因为中国的生产力量有限得很，当然不能与美国相比较。我以为大量投资以后，固然可以收到相当效果，不过我们深怕在增加生产收效以前，国家的财政经济因大量的增加货币发行而破产，所以我们不愿意走到这一条危险的路上去。

现在报告经济部的工作计划，经济部奉令会同国防最高委员会秘书厅、中央设计局、立法院及其他各有关主管机关拟定适合新时代所需要之经济建设计划，最初定名为经济事业经营原则（另外尚有商业原则、金融原则），一再讨论审查，经国防最高委员会决定，改称为第一期经济建设原则。这个原则规定几点可以注意的：（一）

国营、民营范围的划定。明白规定国营事业之项目，如邮政、电讯、兵工厂、造币厂、重要铁路干线、大规模水力电发厂等。此外事业均可由人民经营，但有民力不能经营者，政府亦可经营，惟须与民营厂受同等待遇。（二）中外合资经营事业办法亦经修改。除公司董事长必须中国人外，经理亦可由外人担任，资本不加限制，惟完全外资必须经政府核准。现在我附带报告过去与英、美、苏三国商谈合资经营事业的经过，以供参考。前年我国曾与英国远东农业公司商洽在云南创办水力发电厂，资本定额为六千万元，我方占百分之五十一，英方占百分之四十九，总经理由中国人担任，工程由英方主持，发电以后，全部电力卖给中国事业机关。条件相当优厚，后以不相干之原因而停顿。美国方面，亦曾与商谈，在长江流域设立炼钢厂，资本各认百分之五十，总经理由中国人担任。至苏联方面，最近为新疆油厂事，亦曾与之接洽。该厂在盛督办时代创立，厂长为中国人，技术人员二百余，全由苏联人担任。事后中央政府表示愿意继续合办，派员商量，但苏方以为如我方坚持外人不能担任总经理及外资不能超过百分之五十两项原则，不愿继续谈判。结果，苏方将全部机件拆卸，搬运回苏。从上述三次交涉情形观之，战后利用外资还是可以顺利进行的。

外商公司注册事，因中国与英美新商约尚未签订，未曾严格执行，并为一再展期。现在外商公司已注册的有英国公司二十余家，美国公司未有一家注册。经与美方交涉，并搜集中国有关商务法规寄美研究，美方提出若干问题，其中有有理由的，亦有出于误会的，例如：（一）对于公司注册须向省（建设厅）市（社会局）登记一点，认为在若干地方须登记二次；（二）注册费只是手续费，不应依资本额计算；（三）按规定，外国公司注册应有该国领事证明，但此为美国法律所不许。

至于战后复员问题，特别对于沦陷区收复后一切事业、工厂的接收处理，应早加准备。经济部拟有（一）沦陷区敌国工厂、敌人财产处理办法；（二）沦陷区工矿事业接收整理办法。所谓沦陷区范围很广，连东四省包括在内。东四省现有工矿、设备，其生产能力比我国第一期经济计划完成后之全部生产能力还要大，保全东四省现有工矿设备实在有其必要。所以计划在短期内将上项办法公布，告示敌人撤退时，不得搬迁损毁，否则，应负全部赔偿之责。

11. 国民参政会第三届第三次大会休会期间驻会委员会第九次会议记录

（1945 年 1 月 26 日）

国民参政会第三届第三次大会休会期间驻会委员会第九次会议记录

时　　间：三十四年一月二十六日（星期五）上午九时

地　　点：中华路本会秘书处

出 席 者：

主 席 团：张伯苓　莫德惠　江　庸

驻会委员：王普涵　钱公来　李永新　王云五　孔　庚　许德珩　黄炎培

　　　　　胡　霖　江一平　许孝炎　陈博生　罗　衡　陈启天　冷　遹

　　　　　王启江

兵役部部长：鹿钟麟

主　　席：张伯苓

秘 书 长：邵力子

副秘书长：雷　震

记　　录：谷锡五　詹行煦　顾　粲

报告事项：

一、秘书处报告。

二、外交部书面报告—邵秘书长代读。

三、兵役部鹿部长报告最近役政设施及各地兵役概况。

报告毕，参政员陈启天、黄炎培、许德珩、孔庚、钱公来、王云五相继提出询问或建议，内容包括以下数项：1. 如何防止拉丁及保甲长舞弊；2. 办理兵役应取得当地正绅协助；3. 仿照青年军办法，改善士兵副食；4. 改进兵役应与教育、内政、军政各部密切联系；5. 彻底防止逃避兵役；6. 兵役法修改之要点如何？均经鹿部长即席答复。

讨论事项：

王参政员普涵等四人提：陕棉收购价格与生产成本相差太远，与市价亦甚悬殊，拟请建议政府予以合理调整，以鼓励棉花增产案。

决议：通过，送请政府核办。

散会。十一时四十分。

附件：

鹿部长报告记录稿

主席、各位先生：

各位先生是人民代表、国家主人，都很关心役政。我今天有机会来报告，至为欣幸。

先说今年征兵情况。谈到役政，大家都知道是件要事，但是一件难事，尤其以今年为最困难。因为兵源地域日益缩小，征额日益加多，为预备反攻起见，各部队须于短期内补充，所以我们的责任不仅在征集，并且还要训练好。本人是农家子弟，从军数十年，深知民间疾苦。鉴于一年四季分期征集，使人民全年感觉不安，故决定全年所需兵额在一年之一、二、三三个月内征齐，时间既短，又易训练，此种办法业已商得川省府及省参议会同意。实行以来，各地都能顺利进行，惟因被服不足，稍感困难。过去征兵一百万名，分期征集，准备五十万套棉衣被已可够用。本年新兵在一、二、三三个月内征集，御寒衣被缺乏，现已与军政部军需署接洽，从速赶制。（四川一省，今年征兵额为三十万名，全川共有七十万甲，二甲派一人，当无问题。）

士兵待遇仍在继续设法改善中。目前每一士兵日得米二十五两，另按照各地物价情形与需要发给副食费。计川、滇、黔三省每月四百元，前线作战部队每月五百元，后方安全地区每月三百至三百五十元不等。若干地区稍感不足，此或因物价较高，但亦有由于管理不善者。经与各师管区研究，革除积弊，使采买、发米、管理等由班长与新兵共同办理。新兵入营后，先使其有如同回营一样的感觉，然后再逐渐教其改变生活。所有军队的食宿住行，官长都得一一细心教导，切实注意。医药方面，亦经详订医官资格，并蒙红十字会供给大批药物，每团每季分配四箱。本部更经常派员在外考察部队卫生医疗情况，务使士兵能身受实惠。最近在白市驿部队集中地设立大规模医院一所，月底可完成。其他师管区所在地亦拟设立一所。过去虽有陆军医院，但往往病重不收，病愈不报。此后医院设备改善，加以美制各种特效药，可以减少疾病与死亡。依此办法进行，征兵数额，可以减少三分之一。此外，行军问题关系亦大，以前新兵送达部队之数额，成绩最好者仅达百分之四十。现在改用飞机、汽车，运输情形当可日见改善。预计汽车运输可实收百分之八十，飞机运输可实收百分之九十五。至于部队常有不人道情事发生，如病兵病重，未死即埋等。这一方面由于官长缺乏仁爱之心，同时亦是各种条件不够。最近四川射洪县有经过部队活埋病兵情事，已饬查明严办。

改进兵役之主旨，在使抗战期间的兵源问题得到解决。吾人必须使全国人民知道服兵役是义务，以从军为荣，以从军为乐。为达此目的，首先要使人民不以当兵为苦，人人愿意送其子弟入营。现在拟先选定若干师管区作为示范，将各种改进措施请人民参观，以期改正其观听。至于拉丁、卖丁情事，已三令五申加以禁止，如经发现，立予制裁。最近水利委员会某公役在冷水场被一连附拉去，索价十万元，后减为五万元。经查明后，将该连附就地枪决，以示儆戒。

征兵用兵，一方面开源，一方面亦要节流。今后因卫生医疗改善，死亡可以减少。同时又经决定，除前线作战部队尽量补充外，其在后方之部队，限制其缺额，拟定标准，严予赏罚，逃亡病故者不得超过百分之五，否则记过处罚。关于沿途营房，经规定每三十里修缮一所，每一师管区拨款三十万元，并发起当地民众协助，分别修筑。重庆、成都两地，则由中央拨专款办理。

我国过去办理兵役，因制度未立，法令不周，以致一旦兴办，困难诸多。因此设部专管，由部办理，是否能达到预期目的，亦未敢断定，但总希望在短期以内能收到成效，届时兵役部即可撤销。将来政治军事上了轨道，只要一道命令，兵额即可征定。今后，余个人当本过去带兵及当兵经验，切实做去。部队官长不但须知如何"带兵"，尚须知如何"待兵"，必须做到官长待士兵如同家长待子弟，士兵才能心愿服役，而不逃避。最近曾再三将此意告诫所属切实遵办，惟各地未能完全做到，请各位先生详为指教。

12. 国民参政会第三届第三次大会休会期间驻会委员会第十次会议记录

（1945 年 2 月 9 日）

国民参政会第三届第三次大会休会期间驻会委员会第十次会议记录

时　　间：三十四年二月九日（星期五）上午九时

地　　点：中华路本会秘书处

出 席 者：

主 席 团：莫德惠　李　璜　王世杰

驻会委员：钱公来　左舜生　李永新　陈启天　孔　庚　黄炎培　罗　衡

　　　　　江一平　许孝炎　陈博生　胡　霖　许德珩　李中襄　王云五

教育部部长：朱家骅

主　　席：莫德惠

秘 书 长：邵力子

副秘书长：雷　震

记　　录：谷锡五　詹行煦　顾　粲

报告事项：

一、秘书处报告。

二、外交部书面报告——邵秘书长力子代读。

三、教育部朱部长家骅报告三十四年度教育计划及最近设施（报告记录附后）。

报告毕，孔参政员庚等相继提出询问或建议，均经朱部长即席答复，兹分志如后。

孔参政员庚：湘桂来渝学生，必须取得教部证件，始能再入学校，此项手续颇为麻烦，拟请变更办法。

答：关于战区学生登记事宜，现由教部战地失学失业青年招致训练委员会兼办。

手续颇为简便。

李主席璜：现时大学训导长权力过大，致为各校所不满，请取消此种制度。

答：此制可予改善。

李参政员永新：1.所有蒙藏教育经费必须全部用于蒙藏教育。2.蒙藏应分区设立公费小学。3.关于边疆教育师资之养成,应蒙、藏、回分别设校培养一种师资为原则,不应一校兼培数种师资。4.确定蒙藏青年留学名额。

答：此数点当可照办。

王参政员云五：请推广专科学校，目前可由大学附设。

答：此点当无问题。

李参政员中襄：每保设一小学，似不合理，拟请酌予变更。

答：此系新县制所规定。

王主席世杰：顷闻教部将废除学校军训，另于高中毕业后集训一年，此项办法有碍就学就业，请再加考虑。

答：此项办法业与军训部、兵役部缜密研究而后决定，并已呈奉委员长批准。

黄参政员炎培：请在最高原则三民主义之下，提倡学生自由研究。

答：此点当无问题。

四、黄参政员炎培报告赴重大调查该校教职员联合会检举张校长失职一案经过。

略谓检举各节或非事实，或无确证。究其原因，不外由于该校川籍学生与非川籍学生闹意见云云。

讨论事项：

军事国防组对于胡景伊先生函请组织川省自卫武力案审查意见。（胡景伊先生原函及审查意见全文附后）

决议：本案照审查意见通过，送请政府采择施行。

散会。十二时三十分。

附件：

三十四年度教育计划及最近设施

卅四年二月九日第十次驻委会

朱部长家骅报告

主席、各位先生：

今天本人奉邀出席贵会报告卅四年度教育计划及最近设施，非常高兴。卅四年度教育计划，各位于去年大会讨论国家施政方针时已经看到，是业已决定了的。至于最近设施，则以本人到部才两个月，尚鲜事实可向各位报告。兹将接事以来考察实况后所了解者，以及吾人所注意的各项问题，与各位说明。

本人接事于此次政府改组战事紧张时期，复以教育工作关系国家民族前途至巨，时感才识不足，经验不够，一再请辞，俱不获准，乃于二月七日接事。抗战胜利为期虽近，但是今年这一年，是中国最困难的一年，尤其是上半年，教育工作当然要受到相当影响，所以实际上谈不到有整个计划的设施，大部精力用在如何渡过难关方面。今年过后，明年我们可以向着光明的前途猛进，教育也可随着有极大的发展。

谈到教育政策，当然是国家政策的一部分，是由中央决定的。教育部惟本中央既定方针，在国家最高原则下来努力推进教育行政工作。今年这一年，因为我们国家的处境非常艰难，行政院是采用紧缩政策，所以教育工作也配合此一政策推行。因此不图更多的发展，只努力于维持现状，渡过难关。所以将过去已经决定筹办或已决定成立而未成立的机构，除极少数情形特殊者外，一律缓办或撤销。今年教育方面主要工作，在求教育的安定，在安定情势下求得进步。我们认为教育的安定于国家整个抗战局势有极大的关系与帮助。换言之，今年教育工作只是为将来怎样谋教育发展之准备，并树立起一个发展与改善的基础，预备在明年或战后求大规模的发展与进步。

教育部虽然仍以教育为部名，但其业务除教育以外，兼包文化与学术。欧洲若干国家的教育部直接称为文化学术教育部。我国古时学记亦有所谓"造士之学，教民之学"云语。依现在学制说，高等教育是造士之学，中等教育与国民教育，尤其后者，是教民之学。中国教育一向注意造士之学过于教民之学，事实上历代以来，只努力于士大夫教育，对于教民之学多所忽略，结果多数人不能受到教育。满清末年推行新教育以来，也未脱离这个传统观念，以致教育始终不能够普及，文盲无法扫除。一般人民不能获得受教机会，知识水平一般低落。此点吾人必须加以纠正，扩大进行。

整个教育须与社会国家之需要，人民生活之改进，互相配合，才合实用。过去各级学校学生入校受教，与实际生活脱离，以致几年毕业以后，既不能适应国家需要，也不能改善人民生活，甚而仰赖未受教育者以求生活。此种错误情况，须力加纠正，务使教育与实际生活相配合。

教育行政与一般行政，如内政、财政、交通等不同，后者主管实际业务，都属目前需要者。教育工作则不但为目前工作，而且是为将来国家需要而准备。目前所需要的事业容易引人注意，容易进行，亦容易见效。为将来国家建设需要而做的准备工作，往往被人忽略。欧美各国教育行政机关的成立所以比较晚，也是这个原因。一般行政机关所管理者为物与事，教育行政则为培养国民人格、知识、技能的工作。事的处理，物的管理，比较单纯，不会错误，且易纠正、补救。教育行政工作发生缺点与错误，则往往无法补救，不易补救。万一有错误之处，须要有较长时期去补救，要纠正过去错误，非一朝一夕所能见效。因为教育上有此种特殊性，所以一切积极的设施与消极的改革都要特别慎重，决不可凭空杜撰，草率了事，必须细心研究其利害得失，考究其沿革，然后再定计划。本人就任后经过两月的考察，曾在大体明了现状之下，作种种考虑。兹先将教育上二个问题，就自己的看法向各位申述，务请多予指教。

（一）质量问题

最近常有人批评，政府在此抗战时期，各级学校设置太多，以致各校内容极不健全。甚至有人主张停办或合并若干学校。昨天遇到川省府高级职员，也谈到四川的国民学校太多，一保一校，实无此需要，建议停止一保一校之政策。其实，各级学校质的问题固然重要，但是量的需要亦不简单。吾人若不计划求国家进步发展则已，如若希望国家在短期内有进步发展，可以说，现在各级学校的数量均属不够。学校的数量与内容是两个问题，一方面各地学龄儿童与青年感觉学校不够，小学毕业生投放初中并非易事，尤其是大都市更觉困难，中学生升入大学亦复如此。以教育发达省区浙江而论，湖州府属各县无一高中，其他各地可以推知。就现况说，各地一般的感觉各级学校不够。其次，战前每届暑假，常常发生学生出路问题，战后因各地事业发展，又到处感觉人才不敷应用。单就这二个现象看，教育是在矛盾中进行着。总裁所著《中国之命运》，十年计划内最少限度之人才需要数目为二百几十万，这一计划只是总理实业计划之小部分，已经需要这样多的人员。再则我们真要国家进步，除必要的办事人员以外，还要提高普通人民的知识水准。目前中央所规定的一切政治措施，都到县为止，县以下组织人才缺乏，人民文盲居多。若干地区，到现在为止，一县的高中毕业生甚少，甚至拉几个初中毕业生亦不易。近年来，此种情形逐渐改善。但是人数与人口相比，差额甚巨，就以现在学校数量言，还可以说是不够的。当然在大量扩充学校数量下，无形中使质降低也是事实，其结果，各级学校学生不能受到应受的教育，甚至粗制滥造，不无妨害国家民族之进步。这或者是过渡时期无法避免的现象。但是，总希望这一个时期愈短愈好。

（二）标本问题

与质量问题有相连关系的是标本问题。就治本方面说，各级学校内容须标准化，就治标方面说，各级学校的数量应随需要而增加。因此，我们只有采取标本并重的方针，重量之下还要重质。最低限度我们要选择若干少数学校，使其达到最低限度的标准。本来各级学校，有时为着适应时代需要变更其内容，这也是应急的一种办法。这种学校的时代性也是不可轻视的，即使是粗制滥造，我们也得忍痛一时的。因为中国需要人才实在太迫切，等不及按部就班来训练。民国初年教育界曾经有过同样的教训，当年北京私立大学创办甚多，一般教育界人士，尤其是北大同人反对甚烈。现在全国公务员中，这些私立大学毕业生占多数，例如朝阳大学毕业生在今日司法界颇有声誉，当年便是这些私立大学之一。任何一项事业，初创时当不能尽合理想，逐渐改善，前途仍未可厚非。我国初派留学生，学生程度很浅，普通都不过是现在中学毕业程度。有些人鉴于当时日本选派少数教授及大学毕业生留学，认为中国派遣此等学生留学是国家的损失，其实现在国内主持公私事业的大多数即是这些留学生。假如以现在英庚款留学考试的试题在民初考选留学生，怕会无一人及格的。光绪卅四年浙江考选十名留学生，参加考试者仅百余人，数学考题只是三角几何，现在初中生便可应考。这些历史的教训不能不注意。固然现时情况异于从前，尤其是近二十年学术上颇有进步，在国际上亦著声望，但是国家在国际上的地位还是落伍的。最近外间有一种呼声，要求将各级学校酌予归并，他们鉴于行政院以下各机关纷纷裁并小机构，教育部也应将学校裁并。其实学校裁并不同于机关，机关裁并职员发二月遣散费即可及解决。学校裁并，甲校并入乙校，迁移建屋，在在需款。再则在一个时期中若干学校停办合并，会影响社会的安定。因此，本部对于此种建议与呼声予以慎重考虑。同时，现在的学校，尤其是大学，都有若干年之历史与其传统，并不是一纸命令、一个决议所能解决的。固然现在各地的大学或独立学院确也有就近合并的必要，可是并不能如一般人士想象的那样容易。所以本部现在想尽可能加以调整，务须做到不合理者使其合理，花费多的逐渐节省。

接着再说明年本部所掌各部门业务的进行情况：

（一）高等教育

高等教育司主管业务，应包括文化、学术、大学、专科，但依现在教育部组织法的规定，若干部分的文化事业不属高等司，如中央图书馆、中央博物馆，由社会教育司主管。至于大学与专科学校，过去划分不清，大学肄业期限为四年，专科学校亦是四年，似乎只有以范围大小来分别。近年来大体已有划分，大学规定四年，专科学校分二、三年制（高中毕业生入学），五年制（初中毕业生入学）。但是还没有配合尽善。中欧国家只有研究哲学、医学、法学、神学等纯粹科学才称大学，其他学习技术的学校一律称为专科。美国则各种学科都可以设置大学。本人认为大学究应以研究高深学问为主，偏重于纯粹科学、应用科学的研究，附带培养中学师资、政府公务人员、国家所需要的各级领导人物。专科学校从事于社会所需各级干部人员之培植与训练，偏重于术技性的。专科学校制度是国家迫切的需要，是过渡时期最好的救济办法。医学原是大学一科，不应采二部制。可是当年日本设立医学专科，仅授以诊断处方，期于短期内造就一批人才，能开药方及医疗普通病症，一方面设专科以加速训练人才，一方面正式医科大学仍旧维持其标准。现在日本高等医学专科学校都改为大学。此后，我们为应急起见，也只有多设专科学校。

大学师范学院，是由高等师范学校、教育学系、教育学院演变而来，其于中学师资关系甚巨。民国十八九年，本人在中山大学时，曾考虑这一问题，认为师范学院可以设立，但如果因为设有师范学院，大学即不负训练师资责任，这是错误。大学各科学生，除其学习主科以外，加授师范训练，亦可补师范学校之不足。师范学院单独设置，有其必要，在大学里设师范学院，无异于大学文理学院之外，再设一个文理学院。师范学院一般课程，与文理学院学生所学的，除教授师范训练以外，其余大体相同，所以本人以为大学设师范学院无此必要，尽可于文理学院加授师范训练。

大学院系，在此过渡时期，无论其名称或内容，均须酌予调整。例如农工学院系农工两科合一学院，不甚安当，因两者性质不同，勉强合设，反而不便。大学的科系，最近各种各样名称都有，极为纷杂，如法律系有司法组等。此种现象，均应考虑予以调整。至于课程，更是五花八门，巨细不论，零乱不堪。因之教育部规定大学课程标准，乃是不得已的事。教授对于课程喜教冷门，甚至一本书的一章一目，亦有人开班讲授。学生则似以为愈能讲授冷门功课之教师为愈有学问，以至大学基本课程，大都由新回国的教师们担任，而主任教授反不担任。在欧美各国大学里，基本课程，如哲学系的哲学概论，一定是系主任自教。这种人人能教、人人教不好的基本功课，是学生的主科，学业的基础。忽略了这种课程，结果是使学生的程度成为样样都懂，而基本学科反而不精。因此，教育部不能不定一个课程标准以示限制。此项课程标准亦是邀请专家审议决定，决非教育部闭门造车。但是各专家各有意见，互为归并，故所定课程，仍觉繁重。德国学校，一学期选读每周三小时课程三门，即可合格，多则亦不超过五门。本人以为大学课程要简单，使学生多有时间自由研究，并多读课外书籍，所获较博。

至于现在学校设备、图书、仪器，都是不够的。战前各学校设备，虽不够标准，大抵还可以应用。图书方面，少则几万册，多则一二十万册，仪器亦够学生分组实验。现在中央大学带出十分之八九，浙江大学带出十分之七八，惟八年来一无补充。此种情况，当然使学生水平低落，教师心绪不安。其余新设学校，图书、仪器之缺乏，可以想见。最近在英国商筹二十万镑及在美国租借法案中拨一部分款项，即为添购此种设备。

大学教育目的，在提高文化，创造文化，提倡学术，研究学术，为完成此一使命，则须要充实大学各门研究所。且不单大学研究所要负此责任，即大学任何一系，都要成功为一个研究机构，为经常不断之研究。第一步，先要培养大学研究风气，进一步设立研究机构，这是学术研究一方面所应努力的目标。至于学术自由，原是天经地义，无从束缚，亦无法束缚。只要在国家最高原则三民主义之下，为学术之研究，政府当然重视，并且要帮助的。当此交通日渐发达，一切学术研究，无形中趋于国际性，许多科学问题，非要国际合作不可，今后亦当致力于此。

目前大学教育的困难在何处，如何纠正，是一个大问题。教育部为此特聘教育专家九人，组织大学教育视察团，分西南、西北、蓉渝三组，出发视察。俟视察完竣，拟召集小规模高等教育检讨会，详细讨论整个高等教育的改进计划。

（二）中等教育

中等教育，包括普通中学师范学校、职业学校。普通中学为升学作准备，职业学校以分科设置为原则。但近年来，普通中学与职业学校界限不明，如普通中学设师范班、职业班，职业师范学校或亦附设中学班。此后，亦拟维持原定标准，切实推行。中等教育所以培养社会中级领导人员。将来拟将中等学校、师范学校、职业学校、女子学校等标准，详为规定。

国立中学有番号者二十一校，与其他国立中学合并计算，总数在三十校以上。外界时有责难，以为国家何必自办中学，理论是正确的。但国立学校设置，原为收容各战区迁出的教职员与学生，免其受失业、失学之苦，原是应变之处置。现在每校学生少则千人左右，多则二三千。除战区学生外，亦收入后方各省学生。现在正计划选择几所国立中学，充实其内容，增加其设备，使其成为示范学校。一部分国立中学，则改为师范或职业学校。中学设备更是贫乏，国立中学更不及后方省私立中学。现正计设中等学校设备，规定若干学生之学校必须具备何种仪器、多少图书。中学仪器已委托中央工业试验所代制发售。关于中等校[教]育，亦设一考察团，即将出发考察。所有改进计划，亦拟俟考察团视察归来，再开一小规模中等教育讨论会决定一切。

（三）国民教育

国民教育是教育行政中最重要一部分，教育之能否普及、文盲之能否扫除，全要看国民教育推行之成绩。自满清末年到现在，尤其在北伐以后，几度限期完成，尚无多大成就。本人曾在民国二十一年提倡短期义务教育，使年长失学的在一年以内认识一千五百个常用字。现在小学数额增加，若干省区已经达到一保一校目的。今后一面充实已有学校，对年长失学者施以义务教育。地方教育经费，一般的俱占预算数为百分之二十，最高亦未超过百分之五十。此种预算乃是外国殖民地教育预算，独立国家之地方教育预算，应占全预算百分之六十，此则犹待吾人之努力。为顾及人民实际生活，两部制或可采取上下午分班教授，俾乡间儿童尚有部分时间为家庭做工。小学教课书课程标准系民国二十一年公布，原定由部编印国定本教科书，以事实上困难，直至最近方编就若干种，交七联处承印。本部希望全国各地均有部订本出售，逐渐推广。已编印之国定本内容上难免有缺点，当予以改善。

（四）社会教育

社会教育范围很广。失学成年补习教育，以经费关系，推行甚多困难。民教馆的数量与推行，两俱不够。电化教育与推行公民训练，今后亦要加倍努力。注音符号应积极推行，几度与吴稚晖先生商谈，已有结果。

（五）蒙藏教育

蒙藏教育，由本部蒙藏司主办。蒙藏司成立了十余年，事实上业务未有开展。这几年政府对于边疆教育确有所努力。惟究应如何推行，如何注意，应有详细研讨之必要。如强迫回族同胞读汉文汉字，而回族同胞，乃根本不愿入学，是其一例。为适合边地需要，边疆学校教师应先边地化。边疆教育经费有相当数额，但大部分用在设置边地其他事业，而非用于边疆学校。今后，应将非边疆学校预算划归各省，而使预算中的边教经费全部用在边疆学校。

（六）国民体育

国民体育业务，由国民体育委员会主办，该会系由体育会议体育督学演变而来。此次行政院各部会令紧缩预算，该会在裁撤之列，现在正力争中，还希望各位注意，予以协助。今后，体育教育应特别大规模的训练人才，以便推行。

（七）训导制度

训导制度推行以来，利弊互见。由教师训导学生，原是民初旧制。惟后来教师趋于放任，只管教学，不管学生生活，教育部乃设立训导制度，另设训导长负责管理学生之责。近年训导长以不教书关系，为教职员所不重视，学生亦不愿听其管理，且时有纠纷，为教育界所诟病。那末学生应由何人管理？应该有一个规定。故训导制度应加以研究，决定其改善或取销。

（八）军训问题

现在学校军训，为学校教职员所痛恶，教育界对此亦多所非难。经多方研究商讨，现与军训部商定，在高中毕业后，受一年预备军官训练。此种办法，可省出学生在校期间许多时间，用以学习其主要功课。此项办法已奉委员长批准，惟尚未决定施行日期。

（九）公费待遇

公费待遇，系由救济战区学生演变而来。全部改为公费生，实为国家经济所不许。现在公费生学额的分配，应予以合理的调整。

（十）私立学校限制问题

现在私人办学常感法令限制过严。本人以为怎样才能称为学校，在何种条件下，私人可以办学，应有规定。但是教育法令不能太多，愈简单愈好。国家财力有限，私人热心办学，应当鼓励及奖劝。

最后，附带报告几件应变的事件：

（一）湘桂战事以后，东南各地区与后方隔离，所有中山大学、中正大学之迁移，经行政院决议授权省政府主席全权负责处理，所有费用经省政府垫付，即由部拨还。现在该二校各随省政府作有计划撤退。

（二）专科以上学校教员研究费，已请准加倍发给。小学教员待遇，亦经通令各县，规定小学教师一月收入，最低限度须能维持其夫妇二人的生活。

总之，教育是一种伟大久远的事业，办教育者必须有长期从事的心愿。不幸现在学校校长、教职员的移动极大，大多数缺乏坚定心，不能视教育为终身事业，以致教书则随随便便，办事则敷敷衍衍。我以为，办学者虽不必一定以教育为终身职业，但也得有八年十年的决心。今后对于各级学校校长人选，当特别重视。凡本人不愿久任此事者，不予委用。教育行政是为下一代人心、技能做养成的工作，所以注重现况以外，还要注重将来一切设施，应尽量征求大家意见，公开讨论，慎重决定。将来拟于上述高等、中等两项研究研讨会举行后，再召集小规模的全国教育会议一次，以确定对于将来的计划。至于目前情况，则当陆续改进。

今天拉杂报告，又时间关系，未能详尽，还请各位指教。

13. 国民参政会第三届第三次大会休会期间驻会委员会
第十一次会议记录

（1945 年 2 月 23 日）

国民参政会第三届第三次大会休会期间驻会委员会第十一次会议记录

时　　间：三十四年二月二十三日（星期五）上午九时

地　　点：中华路本会秘书处

出 席 者：

主 席 团：张伯苓　李　璜　江　庸

驻会委员：王普涵　许德珩　黄炎培　冷　遹　孔　庚　钱公来　胡健中

　　　　　许孝炎　左舜生　王云五　陈博生　陈启天　李中襄　王启江

社会部部长：谷正纲

主　　席：张伯苓

秘 书 长：邵力子

副秘书长：雷　震

记　　录：谷锡五　詹行煦　顾　粲

报告事项：

一、秘书处报告。

二、外交部书面报告——邵秘书长力子代读。

三、社会部谷部长正纲报告：最近社会行政设施及救济黔桂难民情形，其要点如次：

甲、最近社会行政设施

（一）三十三年度施政情形：1.组训工作；2.救济工作；3.劳工福利；4.儿童福利；5.合作事业；6.人力使用。

（二）本年度中心工作：1. 推广并健全职业团体组织；2. 倡导并改进福利事业；3. 充实合作业务，注意农业工业生产合作；4. 切实管制人力，推行义务劳动；5. 策划收复地区社会设施。

乙、救济黔桂难民情形

救济之目的在解决难民饥寒、交通、疫病、居住等问题。救出之难民则按其技能与志愿分别安置：1. 交通人员由汤恩伯总部编为军事工程队；2. 中小学教员分派贵州各中小学安插；3. 愿经营商业者予以小本借贷款；4. 愿还乡者给资遣送；5. 另一部分由各同乡会收容。

报告毕，冷参政员遹发言，略谓此次黔南、桂北之惨剧，实由于军队平时缺乏训练所致，故军事方面应加改革。再谷部长此次系以政府长官与当地士绅两种资格前去救济难民，故能有此成绩，今后如遇同样情形，应亦以类似谷部长之人员主持，选派救济人员，似可以此为标准。此二点应请政府特别注意云云。

散会。十一时三十分。

14. 国民参政会第三届第三次大会休会期间驻会委员会第十二次会议记录

（1945 年 3 月 9 日）

国民参政会第三届第三次大会休会期间驻会委员会第十二次会议记录

时　　间：三十四年三月九日（星期五）上午九时

地　　点：中华路本会秘书处

出席者：

主 席 团：张伯苓　莫德惠　王宠惠　王世杰　江　庸

驻会委员：钱公来　李永新　王普涵　许德珩　王云五　冷　遹　黄炎培

　　　　　左舜生　陈启天　江一平　孔　庚　王启江　陈博生　许孝炎

　　　　　李中襄

驻英大使：顾维钧

主　　席：王宠惠

秘 书 长：邵力子

副秘书长：雷　震

记　　录：谷锡五　詹行煦　顾　粲

报告事项：

一、秘书处报告。

二、主席报告：接外交部宋部长子文函，以本日适有行政院临时会议，须到院主持，不克分身，特托顾大使维钧代表出席报告。

三、顾大使维钧代表外交部宋部长报告：最近国际情势与克里米亚会议经过暨我国对旧金山会议之准备，其要点如次：

（一）克里米亚会议之动机及其决定之重要事项

自德黑兰会议后，历时已久，英、美、苏三国咸望再度会商，以消除彼此间之误会。

惟因美国大选及磋商会议地点，延至本年二月，始于克里米亚举行，其决定之重要事项如左：

1. 对于波兰问题提出解决办法，所决定之办法，大部分系苏联提出，英美承认，如疆界问题。波兰混合政府问题，苏方让步，英美亦有迁就。因此，苏联在此次会议中实获胜利。美国对于处理欧洲解放国问题一变其传统政策，而与英、苏共同负责，实为美国对欧外交政策之一大变更，崭然开一新纪元。同时，此次决定欧洲宪章，其中有数原则（关于处理解放国者）系美国提出，英、苏均接受。

2. 设立四个国际机构。（1）划分会师柏林后之占领区，而于柏林设一中央管理委员会办理善后。（2）设一委员会于莫斯科，商讨赔款问题。（3）设置三国外交部长会议，每三四月开会一次。（4）召集全体同盟国会议于旧金山。

至于远东问题，此次会议未加讨论（因苏联对日仍持中立态度故也）。

（二）旧金山会议之任务

此会议之主要任务，在通过顿巴敦会议所决定之国际组织草案，会议中将加讨论者，约有以下数点：

1. 各同盟国在新国际组织中之投票权。

2. 处理国际纠纷之标准。

3. 国际委任统治原则。（美国欲使各国属地在国际新机构培植之下渐能独立，暂时尚将其置于国际机构统治之下。英国则不同意。）

4. 国际法庭之继续或另设问题。

5. 对于旧国联之处置问题。

至我国政府对参加此次会议之准备，正在研讨中。以后当另有报告。

（三）法国与英、苏之关系及其国际地位

英、法两国关系，本甚密切，惟当数年前，法国失败被迫迁都时，丘吉尔曾要求法勿停战，并主张组织英法联邦，共同御敌。法人以为英国蓄意兼并，故观感甚劣。最近英欲成立欧西集团，彼此合作，法人又以英国欲作领袖，不予同意，且与苏成立协定，欲与英、苏两国平等处理欧洲事件。此次三巨头会议前，法本准备参加并提出积极主张，但三巨头恐其要求过奢，未予邀请，致法人颇为不满。

（四）今后国际趋势

各国以为，假如下次再有大战，其惨烈必更甚于此次，故咸思造成集团，藉以自卫。如苏联欲造成苏联集团，美国欲造成全美洲集团，英国则欲组织欧西集团，并加强大英帝国之团结。

（五）英国外交方针

现时，英国外交方针在维持其国际地位，俾不亚于美国。其于欧洲，在政治上则希望美国干预，在经济上防止美国。其于远东，则在经济上望美投资，在政治上望美少加干预。

顾大使报告毕，许参政员德珩、王参政员昆涵相继提出询问，均经顾大使即席答复，兹分志如后：

许参政员询问：此次旧金山会议，苏联对远东究将采何态度？是否即废止日苏友好协定？

答：据维钧观察，苏联终必参加对日战争，惟何时参加，颇难预料。大约须至战事将告结束时。至其参加方式，或系废止日苏友好协定，惟亦可采取其他方式。

王参政员询问：今后我国之外交路线如何？究将自组集团？抑加入其他集团？

答：维钧不能单独代表政府答复此问题，惟就个人观察，我国应为东亚之领袖国，现时美国人士亦有我国应为一集团中心之论调。

散会。十一时二十分。

15. 国民参政会第三届第三次大会休会期间驻会委员会 第十三次会议记录

（1945 年 3 月 23 日）

国民参政会第三届第三次大会休会期间驻会委员会第十三次会议记录

时　　间：三十四年三月二十三日（星期五）上午九时

地　　点：中华路本会秘书处

出 席 者：

主 席 团：张伯苓　莫德惠　王世杰　江　庸

驻会委员：钱公来　许德珩　王普涵　罗　衡　李永新　王云五　黄炎培

　　　　　冷　遹　许孝炎　陈博生　江一平　陈启天　左舜生　王启江

交通部部长：俞飞鹏

主　　席：莫德惠

秘 书 长：邵力子

副秘书长：雷　震

记　　录：谷锡五　詹行煦　顾　粲

报告事项：

一、秘书处报告。

二、外交部书面报告，邵秘书长力子代读。

三、交通部俞部长飞鹏报告《最近交通设施及运输情形》，其要点如次：

甲：交通

（一）裁并机构

1. 部内裁并情形。

2. 部外附属机关裁并情形（计撤销者二十四，归并者三，改组者八）。

（二）本年度业务

1. 铁路：A. 宝天路，全长一百六十八公里，已筑成五十公里，本年七月可全部完成。B. 黔桂路，拟修理都匀至南丹一段。

2. 邮电：A. 邮政方面，拟加速信件之递送，并增加西北与滇缅邮车。东南沦陷区信件，江南以屯溪为中心，江北以立煌为中心。邮汇局业务则依照参政会意见切实整理。B. 电讯方面，拟加强国际及国内重要路线。

3. 航运与航空：A. 航运方面，注意船舶之修理与打捞，并建造新轮。B. 航空方面，现有客机四架、货机二十七架，即将增加。航线现亦增辟渝哈及渝筑二条。

乙、战时运输及管理

（一）本市公共汽车　可行驶者，已有七十至七十三辆，最近并可由昆明增运新车十九辆来此应用。

（二）中印公路　已于本年一月十九日通车，但路面、桥梁、涵洞等须至本年四月底方可整修竣事。该路初通时，美方要求全由美人管理，我则主张中美合作。现在滇境一段，全由我国管理，运输之物品，首为美国军用品，次为我国军用品，三为行政院核定之商品。

（三）油管工程计分三条：

计分三条：

1. 由加尔各答起，目前可铺至畹町（四寸口径）。

2. 由底加保起，已铺至密支那（四寸口径）。

3. 由加尔各答起，已铺至丁苏卡（六寸口径），同时由云南驿向西铺设，已成六百公里。

（四）增购车辆情形

新购车辆已到印度者计二千零二十辆，七月底以前可到七千零二十余辆，下半年可到万余辆至二万辆。关于车辆之修理，已商请美国派遣工程师来华设置修理工厂，至十八个月后，此等工厂全数交与我国。

（五）公路之修理

由昆明至贵阳，及由贵阳东至芷江南至南丹之路线，已商请美国派工程师及机器前来修理。由泸州至成都，由成都至宝鸡、汉中，及由汉中至老河口之路线，亦拟再加修理。

丙、反攻之准备

铁路方面，拟组织三个铁道总队，担任修理与管理，随军队前进。如美军登陆，则以飞机送出。公路与电讯亦然。公路拟组六个总队，电讯组三个总队，器材等件均准备随队携带。

俞部长报告毕，王主席世杰、王参政员云（五）江参政员一平、许参政员德珩、钱参政员公来、黄参政员炎培、冷参政员通、罗参政员衡相继提出询问或建议，均经俞部长即席答复，并分志如后：

王主席世杰：渝蓉航空班次能否增加？

答：中央航空公司即将开班。

王参政员云五：现时东南有无航空线？

答：原有航空线至赣州，现已不能开班。汀州飞机场因距敌甚近，而且近时多雨，亦不便利用。

江参政员一平：卡车既购到甚多，所需汽油能否由美方供给？

答：最近恐甚困难，因油管暂以输送飞机油为主，将来当可请美方设法供给。

许参政员德珩：1. 此次紧缩机构，被裁之人员如何安插？ 2. 邮政腐败，送信迟缓，望加注意。

答：1. 交部裁并机构后，失业人员不多，被裁者悉照院令发给遣散费。2. 邮政工作效率低落，确系事实，当即加以整顿。

钱参政员公来：1. 各机关人员交替时，常有舞弊情事，此次交部人员变更甚多，望注意公物之移交。2. 各公路汽车监理所应尽量裁减。

答：1. 自当注意。2. 监理所如尚有存在者，请就所知见告。

黄参政员炎培：1. 若干借重外籍专家之机关，不能收得预期之成效，其原因有二：一、常脱节，未能切实合作；二、缺乏总其成者，望加注意。2. 被裁人员以后当无失业问题，因失地收复，需人甚多，唯在此过渡时期，应设法加以安插。

答：均当注意。

冷参政员通：1. 后方公路尚需增修，筑路机器应先行准备。2. 邮政工人因不能维持生活而怠工，应请注意。3. 綦江至大渡口之铁路应予完成，不然亦应造成公路。

答：1. 中印公路通后，筑路机器可以移至后方应用。2. 邮工之怠工，不仅由于生活困难，亦与纪律不严有关。3. 綦江至大渡口铁路，因钢轨不敷，故久未完成，是否改为公路，尚待商酌。

罗参政员衡：请注意汽车之保养、驿运马匹之保护及公共汽车构造之改善。

答：均当注意。

讨论事项：

黄参政员炎培等八人提：请尽法惩治前川北盐务管理局局长蒋守一大贪污案。

决议：送请政府彻查严办。

散会。十二时。

附：

最近交通及运输情形

俞部长三月二十三日上午九时出席参政会驻会委员会报告记录

主席、各位参政员：

接参政会秘书处函通知，嘱本日出席报告最近交通及运输情形，兄弟接管交通部及战运局为时不久，一切情形或尚未尽明了，报告如有不详尽处，尚祈各位原谅。今日报告拟分为三部分，一为交通方面情形，一为运输方面情形，一为反攻计划。

交通方面又可分为下列两节报告：

一、裁并机构

本部遵令实行紧缩，所有内外各单位业经研究决定撤销裁并或改组如下：

（一）部内各单位

总务司卫生室：裁并于总务司福利科

财务司第六科：撤销

稽核长室：撤销

军运室：撤销

国际事务室：撤销

停业铁路管理室：裁并于路政司监理科

各债款基金保管委员会总秘书室：裁并于财务司第四科

出版物委员会：裁并于参事厅

交通年鉴编纂委员会：裁并于参事厅

邮电技术标准设计委员会：分别裁并于邮政总局、电信总局

航业航空技术标准设计委员会：裁并于航政司

铁路技术标准设计委员会：改组为交通技术标准委员会，缩小编制继续研究铁路技术标准，并加入公路技术标准。

水陆空联运委员会：撤销

航空保安建设基金保管委员会：裁并于航政司

交通人员训练所：撤销

训练委员会：撤销

知识青年从军服务委员会：裁并于总务司福利科

粤汉、湘桂、黔桂三路撤退员工管训委员会：改组为路电撤退员工管训委员会

（二）所属各单位

粤汉铁路管理局：改组缩小编制

湘桂铁路管理局：改组缩小编制

铁路测量总处：改隶路政司，缩小编制

上海航政局保管处：撤销

珠江区航政局及四办事处：撤销

浙江福建航政七办事处：裁并为四处

驻外稽核室六处：撤销

材料供应总处：撤销

材料供应总处桂林办事处：撤销

燃料供应处：撤销

桂林材料厂：改组为保管处，缩小编制

桂林器材修配厂：裁并于钢铁配件厂

材料试验所：改隶材料司

印伊运输处：撤销

滇印运输筹备处：撤销

新印交通勘察团：撤销

以上共计撤销者二十四处，裁并十三处，改组或改隶者八处。

二、整理业务

业务方面情形分铁路、邮政、电信、水运与航空等五部分报告如下：

（一）铁路

（1）宝天铁路

全长一六八公里，已完成五〇公里，本年七月间，可全线完成。去年本部报告，原拟于本年春完成，因去年湖南一带灾荒，人力、物料均受影响，且大部材料均须由重庆运往，而工费又因物价上涨，不敷开支，致工期迟延，现正积极赶修。

（2）川滇铁路

川滇铁路现在每月运量只有六千吨，但美军品运输甚多，运量不敷供应。现拟请美军供给材料工具，将该路运输设备加强，俾能将每月运量提高至九千吨至一万吨。

（3）黔桂铁路

本路当初工程实施未尽妥善，行车颇为困难。盖机车原有一定之拖力，且多系由粤汉拨来之战前旧车，一至坡度太高处，其拖力即大为减低。该路坡度原定 2.7%，但事实上有超过 3.0% 以上者。同时去年该路用煤、车辆调度均有问题，以致在军事紧急运输至感困难。又在黔南战事时，大部分均破坏，本人接事后，已派本部技监萨福均等赴沿线实地详细查勘，计划修复。据报告可于四个月修复，但最简单办，亦须十三万万余元，将来都匀至独山拟每日开车三对，独山至南丹拟每日开车一对。

（4）救济铁路撤退员工

粤汉、湘桂、黔桂三路及总机厂员司工警，当三十三年五月间，共有三万九千人，战后退集贵阳至南丹一带及重庆、綦江等处者约一万八千余人，自请疏散离路者约四千余人，实存一万四千人左右。经本部呈准行政院拨发临时救济费一亿五千万元，又本年一至四月，三路员工维持费共五亿一千万元，分四个月平均拨领，由本部会同社会部、赈济委员会派员前往各地监视发放。现已将救济费发放完毕，一、二两月维持费亦正开始分发。至此项员工问题，正拟积极进行，大致不外分别安插部属机关从事工作，或介绍其他生产部分服务，其必须留备复员应用技术员工，则另设管训委员会编制之，非技术员工酌量给资遣散，俾另谋生计。此项工作，大约四月底以前即可完成。

（二）邮政

（1）疏通邮运

西北邮件在兰州与宝鸡间最为繁忙，而交通工具最为缺乏，现经战时运输管理局准租商车十辆，专运邮件。

西南自滇缅公路复通，其间邮运亟须加强。当商得路局同意，每六日调拨卡车一辆，分昆明、保山两地对放，亦专运邮件。

东南至后方，向先集中屯溪，俟机运过长江，又集中立煌，再俟机运过平汉铁路，越过沦陷区时，辄遭敌军扣检，越过平汉铁路时，邮差又常被新四军截击，比就湖南中部与平汉铁路南段，加辟秘密邮路，以利疏通。

（2）筹划沟通军事进展区邮政

现在军邮机构相当完密，拟再储备相当邮务人员与运输工具，当反攻时，即随军推进。遇当地邮局原有人员尚存在时，即指示恢复邮务，否则先由军邮人员接办，以利通讯。

关于邮政储金汇业局，去年参政会提出询问、改革建议等案，及监察院查核后，建议书均已由本部依照拟具改革方案，呈候行政院核定，大致改革情形均系依照参政会建议意见。

（三）电讯

（1）电信分区管理

各地电报局原系每省设一电政管理局统辖（惟甘、宁、青与川、康、藏各合设一局），其电话局则直隶电信总局，战时更设有各区电政特派员，各长途电话工务处，各电信工程总队亦均归电信总局直辖,兹经分别归并为区管理局,暂将后方各省划为五区,区各一局,由三十二单位减为五单位,希望事权较前统一,而人员与办公费亦较前减少,其器材亦得通盘运用。

（2）敷设军用电台

三十三年度架设电报线及军用报线一千二百九十九公里,长途话线及军用话线二千八百六十一公里。三十四年度预拟更增加军用报线五百公里,军用话线一千公里。此外,第一战区近又指定在豫、陕、甘之间,增设七路报话线一千九百五十公里。美军部要求在渝、筑、昆之间,增设话线一千三百六十六公里,现在最感困难即为器材之采购与运输,即仅铜线一项,约需六百吨,取给尤为不易。

（3）疏通东南电信

东南沦陷区与后方通讯,因无线电器材无法补充,极度艰难,现经实行东南与后方各台混合使用,不分地区,尽量传转报务,同时鼓励服务人员发报,超越标准,优给奖金,以利疏通,一面商由各机关专用电台,协助收发,亦可略资救济。

（四）水运

（1）修理轮船木船

招商局在川江尚停有大型江轮六艘（共二万余吨）,当可作为反攻时下行运输之主力。正连同其他中小型轮十余艘分别修理,其民生公司现有各轮,亦由政府贷款修理。

川江渝坪段木船,年久失修,当由政府拨一亿元,全数补给船户,为修理之用。

（2）捞修沉轮

现在川江尚有沉轮十二艘,浮沉水面者五十艘（共六十二艘,五万吨）,如能打捞修复,亦可加强水运能力。正由本部派员查勘实际情形,决定应否捞修。其费将由四联总处贷给航商（约五亿元至六亿元）,月息六厘左右,超过六厘由政府补贴。

（3）建造浅水拖轮

拟以行驶川江急流浅水地带为对象,建造拖轮一百五十艘。计装四引擎者五十艘,装双引擎者一百艘,均用钢骨木壳,速度约在十浬以上,平均吃水二尺二寸。惟引擎与造船重要机械,均有待美国运入。现美方已允供给机器五百具,由本年九月起至明年四月可运到，我方已要求加速运入，因将来反攻，至为有用。

（五）航空

（1）加强国际空运

比来中印空运进口军公物资，每月将及二千余吨。当以美国现有 C-46 运输机载重量颇大，经与美方商定，将中国航空公司所有 C-47 运输机统以 C-46 运输机替换，将来实现后，中印线货物运量当更大为增加。又 C-46 原议 C-47 交到后，即需送还美方，经我方要求保留，闻纳尔逊颇同意，此意惟尚未决定。

重庆哈密间航线，因西北各地缺油，停航已久，现已恢复，与中苏航空公司所营哈密阿拉木图线衔接。

（2）增辟国内航线

下列各线已先后实现：

重庆汉中宝鸡线

重庆贵阳昆明线

重庆哈密线（三月十八日开航）

重庆成都线

成都雅安线（三月二十一日开航）

惟重庆赣州线筹备已久，曾试航一次，比以战局演变暂行停顿。

为计划反攻时，实现军事进展区之空运，曾向美国商供运输机，有八架已经洽定。

（3）整顿中央航空公司

中央航空公司，原系就欧亚航空公司改组，深赖航空委员会之协助，获得若干飞机，但因为数不多，且内部布置未尽妥洽，效率甚差。惟此系吾国目前唯一独资经营之民用航空事业，故拟积极整顿，巩固其基础，以待未来之发展。

运输方面情形

（1）战时运输管理局之成立

去年罗斯福总统派纳尔逊先生第一次来华时，曾向我委员长建议时运输必须集中管理。经委员长交何总长、陈部长等核议，都认为必要，于是委员长下令设置战时运输管理局，隶属于军事委员会，将以前交通部的公路总局、西南进口物资督运委员会、军委会的运输会议及后方勤务部的军运机构都归并在内，并规定本局除直辖公路运输外，其余如铁路、水运、空运及驿运等亦归指挥，同时命飞鹏兼任局长。遵于本年元旦组织成立。

（2）公路外部机构之调整

以前每一条公路都有主管工程的工务局、主管运输的运输局、主管军运的线区司令部，又有管理牌照的监理所、调派车辆的调配所等等，现在一律归并改组为一元化的公路管理局，驿运业务亦归接管。

（3）重庆公共汽车业务

重庆市的公共汽车一向未能令人满意，原因在于经常行驶之车辆每日只有五十辆左右，实嫌不足，迩时人口激增，更觉供不应求。本局成立后，即筹补充车辆，预定增加五十辆，合成一百辆，但因整修旧车，甚非容易，故截至目前，尚只增加了二十三辆，共七十三辆。同时在调度方面督饬改进，以前大概每十分至十五分钟有班车一次，现在规定每三分钟开班车一次，情况已稍改善，惟郊区业务仍难满意。现正竭力设法调拨车辆，迩经洽准美军方面拨借客车拾玖辆，补充本市公共汽车，不久拨到，以后即与原定一百辆的目标相差不远。关于公共汽车管理处营业亏损一节，一面督饬裁减人员，一面准将票价酌量调整（市区由每票四十元改为六十元，郊区由每人公里九元改为十四元），从开源、节流两方下手，以期弥补。

又另向美方请拨车三百辆，将来拟分配在扬子江以北作运输，其中或可抽拨十余辆至二十辆作为公路客运之用。

（4）中印公路

（A）工程情形

中印公路已于本年一月十九日打通，但桥梁、涵洞尚未好，现正整理工程，约四月底五月初可好。

（B）管理问题

美方魏德迈将军曾有备忘录，拟请交美方管理，经与美方迭次洽商，结果美方同意中印公路在中国境内者由中国管。至该路中美双方有关事宜，由中美双方合作办理，惟声明如影响军运时，拟再要求委座交由美军实行军事管理。以该路之管理问题，将来影响甚大，不能不慎重考虑。拟将原有滇缅公路工务局及运输局归并，设立云南分局。派葛澧为该分局局长，龚继成及钱立为副局长，并由战时运输局美籍副局长推荐一人为该分局副局长，推荐专家多人，在该分局工作。将该路分成五段，以便分段管理，凡经该分局发有特别通行证之卡车，才能准其整队行驶，除该分局外，任何机关不得在该路沿线设立厂站。至检查工作，亦力谋改善，由我方在国境内设立检查站，在整队内驶车辆未到以前，先派车到检查站办妥手续，车队到达时，不必逐车检查，以求迅便，拟联合美军巡查车派干员分别巡查外，中途不设检查站。

（C）运输优先秩序

该路运输优先支配权由军事委员会核定，其业务以（一）中美军运；（二）中国政府自国外内运之军公物资及政府核准经管之民生必需品；（三）政府核准经管之出口物资等为限。

（5）中印油管工程

油管线路自加尔各答经雷多、密支那至昆明，总长三千余公里，分别铺设三线，输送飞机油及汽车油。工程分国内与国外两部分，国内方面由美方供给材料，由我方及美工程司修筑，由云南驿起分东西两向铺筑。至最近止，云南驿以西至国界一段，约六百公里，已经铺好，四月底可通油。云南驿至昆明一段，六月底可望接通。至云南驿、永平及保山三处油池，不久亦可全部完成。关于国外方面工程，由美方铺筑。计分三线，第一线为四英寸管，去年十月由加尔各答接通至密支那，十二月又接通至八莫，现已至南坎附近，即将通达我国边境。第二线为四英寸管，自印度狄克堡油矿起，已接至密支那，专输该矿汽车油。第三线为六英寸管，自加尔各答起，已接至丁苏卡机场，现正待料续修。其输油量四英寸管，每小时可输油二百桶（每桶计四十二加仑），六英寸管每小时可输油四百桶。第一线完成时，每日二十四小时可输油六百二十吨，三线一并完成时，每日可输油二千六百吨。

（6）美方新车拨入情形

中印公路开通以后，新车源源进口，目前已有七百多辆，至本年六七月底，大概可有七千辆，至本年年底，则可有一万五千辆。

（7）大规模修理厂的建设

将来大批新车进口以后，必须解决修理保养等问题，经与各方数度洽商，决定由美方委托美商来华办理修理厂十五所、道奇器材库一所。在租借法案项下，派技术人员约五百四十人及配置机器设备，我方担任分配员工约三千人，厂房由我国拨给或建造，在十八个月后，修理厂归还我国自办。关于管理办法，经再四洽商，决定暂由美国管理，将来由本局会同美国对外经济事务局及克莱斯勒厂组织委员会商榷管理政策。

（8）重要公路工程之整理提高

现值反攻期迫，中美作战物资的补给，自极重要，经将后方各重要公路逐路酌定标准，积极整顿，其要点为：

（A）国际交通干线

自保山经昆筑至甘粑哨，计长一四四二公里，提高工程标准，以能适应内运大量物资运输为目的，估约需款二十四万万另三百八十五万元。

（B）国内运输干线

（1）霑益至隆昌；（2）成都至宝鸡；（3）重庆至成都，共长二〇三一公里，全部加强改善，以能适应内运物资转至各战区为目标，估约需款十五万万八千九百十七万元。

（C）接通前方主要路线

（1）甘粑至南丹；（2）甘粑至芷江；（3）襄城至老河口；（4）綦江至恩施，共长一九二四公里，择要改善，以能适应前方军运为目标，估计需款十五万万二千四百五十九万元。

反攻计划

为准备配合未来军事反攻，本部并拟有交通方面配合计划，惟此事多系机密性质，本日仍当报告，惟如有记者先生在场，请对此事勿予发表。

铁路方面组织三个铁道总队，担任修理工作及管理工作，而修理工作分工程与机械两部份。如果盟军在沿海登陆，则用飞机运送人员器材，在沿海处降落，会合盟军，随军进展。一面由内陆向外反攻时，亦可因此种组织随军进展。

现在假定盟军将来登陆处为在广州、江浙及陇海之连云港等地，故组织三个铁路总队，所有铁路桥梁器材，亦随带与盟军配合抢修，如美方同意此种办法，即可着手准备。

公路方面组织六个总队，以技术人员为主干，随军抢修路线。

通讯方面，分两大部分，一部分在军队后方修线，另一部分连带器材设备随军推进。

此外，依宣传部董副部长之请求，组织电台三组，配备大型电台二十座，小型电台三十座，以灵通盟军登陆时，随军记者拍发消息之用。

船舶方面，前节已经报告，即一面赶修川江旧轮，捞修川江沉船，以配合反攻需要。

目前交通器材来源困难，而所需经费动辄数十万万，往往因数字太大，国家财政未能尽如所请，以致不能依照原定计划推进。是以交通方面计划办法虽有，但多因经费而受影响，办理交通自亦不能不顾到国家财政立场，今后本部总当以实事求是、尽力推动为主。现在两位次长，如沈君怡为一富有经验之工程专家，凌鸿勋为铁路工程专家，均刻实而富有经验，各司长亦都为优秀份子，想能切实推进工作。战运局龚副局长学遂、麦克鲁以及其助理马罗均极能干，尚有其他外籍人员及专家甚多，希望能努力适应目前需要及奠立我国公路运输制度之健全基础。

今天谨就兄弟所知的一一报告，未尽详细，尚请各位参政员多多指教。

16. 国民参政会第三届第三次大会休会期间驻会委员会
第十四次会议记录

（1945 年 4 月 6 日）

国民参政会第三届第三次大会休会期间驻会委员会第十四次会议记录

时　　间：三十四年四月六日（星期五）上午九时

地　　点：中华路本会秘书处

出 席 者：

主 席 团：莫德惠　王世杰　江　庸

驻会委员：李永新　钱公来　王普涵　黄炎培　褚辅成　冷　遹　陈启夫

　　　　　江一平　左舜生　陈博生　许孝炎　胡健中　王云五　罗　衡

　　　　　李中襄　王启江

军政部部长：陈　诚

主　　席：江　庸

秘 书 长：邵力子

副秘书长：雷　震

记　　录：谷锡五　詹行煦　顾　粲

报告事项：

一、秘书处报告。

二、外交部书面报告——雷副秘书长震代读。

三、军政部陈部长诚报告军政设施，尤其改善士兵待遇之实施状况及最近作战情形。关于最近作战情形部分，陈部长特请军令部张厅长秉均代为报告，其要点如次：

1. 此次豫南、鄂北战事发生前敌我之形势。

2. 此次敌军进犯之企图。

3. 我军之布置与计划。

4. 最近战况。

5. 目前态势已于我有利。

张厅长报告毕，陈部长报告本年度军政计划实施情形。略称：敌人现将中国划为五个战区，预备于四月底完成其大陆决战计划。我本年度之整军，即系针对敌人战略，准备反攻，整军之纲领如次：

（一）充实反攻力量

1. 整编部队。

2. 加强训练。

 3. 改善卫生。

（二）改善官兵生活

1. 改订制度。

2. 发给实物。

3. 确定步骤。（分期实行新给与办法）

（三）调整军事机构

1. 简化系统。

2. 裁并机构——性质相同者归并，不急要者暂停，庞大者缩小，毫无效率者撤销（原有三千九百八十余单位，共五百七十万人，现裁去一千二百九十九单位，计减少九十四万余人。另增二十四单位，计十五万人。以后尚须裁减一百四十余万人，始符预定装备三百五十万人之数）。

（四）安置编余人员

1. 编余标准。

2. 安置办法（派用、保送、转业、退役）此项计划实行以来，阻碍颇多，惟最高领袖与执行者均有决心，舆论亦极力赞助，相信必能如期完成。

陈部长报告毕，褚参政员辅成、黄参政员炎培、冷参政员遹、钱参政员公来相继提出询问或建议，均经陈部长即席答复，兹分志如后：

褚参政员辅成：1. 顷聆报告：敌人在四月底完成大陆作战计划，而我之反攻计划须至八月始能完成；未审在四月以前，我能装备军队三分之一否？ 2.能否将驻印之两军调回国内作战？调回后美国之供应能否继续？ 3.编余官兵能否派往云贵开垦，以增加生产？

答：1.可装备三分之一。 2.驻印军可随时调回，至美方之供应，系以整个国军为对象，不能单独供应某一部分军队。 3.裁兵屯垦事极愿实行，惟缺指导人员

黄参政员炎培：1.我在鄂北、豫南作战部队已否整编？ 2.敌人本土所受之打击已否影响其前方士气？ 3.应加强对敌宣传，使敌兵明了其国内情形及在太平洋战败实况。

答：1.已加整编，尚未完毕。 2.敌人斗志已较差，惟彼辈残忍成性，现虽自知必败，将仍尽量破坏我之社会秩序。 3.业已实行。

冷参政员通：1.军队给养改善后之资源，必须有充分准备，关于副食一项，是否可由农林部协助供应？ 2.每年冬季，西北死伤牲畜甚多，是否可以先行宰杀制造以供军用？又其他食物亦应加以制造，使其体积缩小。 3.将领家属不应随部队走，至少在短期内似应如此。 4.缅甸军事，英军能否完全负责，俾我远征军得速调回？而将其责任由英军负担？

答：1.主席曾召集有关单位商讨军队给养事，农林部亦在内，现行政院已通过增加农林部经费案，以后该部工作必可与军政部配合。 2.关于干粮之制造，军政部已加试验，惟成本甚贵。 3.远征军曾指定家属居住区域，第六战区亦然。惟前方因治安问题，中央不便强迫一切将领家属与部队隔离，将来当由军政部设法办理。4.远征军可随时调回。

钱参政员公来：1.军人常有不守纪律者，应加注意。 2.参加盟军工作人员有对我宪警缺乏礼貌者。 3.数日前，曾见复兴关附近有一退伍军官为农场事与妇人争吵，态度强横，与人民以不良印象，殊属谁是。

答：钱参政员所称关于纪律各点，当属事实，应图整顿，第三次容调查。

讨论事项：

（一）王参政员普涵等三人提：请建议政府改善棉花管制政策以救棉荒案。

决议：送请政府核办。

（二）陈参政员博生等十六人提：**彻查售金舞弊。**

决议：送请行政院彻查。

散会。十二时四十分。

17. 国民参政会第三届第三次大会休会期间驻会委员会第十五次会议记录

（1945 年 4 月 20 日）

国民参政会第三届第三次大会休会期间驻会委员会第十五次会议记录

时　　间：三十四年四月二十日（星期五）上午九时

地　　点：中华路本会秘书处

出 席 者：

主 席 团：张伯苓　莫德惠　王世杰　江　庸

驻会委员：钱公来　许德珩　黄炎培　李永新　江一平　冷　遹　陈启夫

　　　　　左舜生　李中襄　许孝炎　陈博生　罗　衡　王云五

司法行政部部长：谢冠生

主　　席：张伯苓

秘 书 长：邵力子

副秘书长：雷　震

记　　录：谷锡五　詹行煦　顾　椝

报告事项：

一、秘书处报告。

二、外交部书面报告——邵秘书长力子代读。

三、司法行政部谢部长冠生报告：最近司法行政设施及保障人民身体自由办法实施情形，其要点如次：（报告全文附后）

（一）审判方面

①增设法院；②普设公证处；③推广司法询问处及平民法律互助办法；④简化诉讼程序；⑤涉外案件处理情形；⑥特种刑事案件接办情形；⑦保障人民身体自由

办法实施情形。

（二）监狱方面

①修建监狱；②监犯待遇；③监犯作业；④监犯调服兵役人数；⑤草拟监狱法为看守所法。

（三）人事方面

①举办司法官临时高等考试；②各大学增设司法组；③中央政治学校设法官训练班。

最后附带报告美国海尔密克氏考察我国司法后之建议：甲、关于公司法者；乙、关于司法方面者。

讨论事项：

（一）江参政员一平等提：关于兵役之建议案。

决议：送请兵役部办理。

（二）黄参政员炎培等提：请彻查禁烟委员会存土掉伪案。

决议：送请内政部迅速密查究办。

散会。十一时十分。

附件：

最近司法行政设施及保障人民身体自由办法实施情形
司法行政部谢部长冠生报告（记录稿）

主席、各位先生：

今天本席奉邀出席报告最近司法行政设施及保障人民身体自由办法实施情形。关于前者，拟分三部分来说明；关于后者，拟在第一部分——审判部分中加列一节报告。

一、审判部分

（一）增设法院

去年七月至十二月半年中，新增高等法院十处，计四川三处、陕西一处、湖南一处、福建二处、江西一处、西康二处，增设地方法院十八处，计四川六处、云南一处、贵州三处、陕西二处、湖南一处、福建二处、江西三处。总计在去年下半年中增设高分院与地方法院二十八处。

（二）普设公证处

公证作用在减少不必要之诉讼。直至去年年底止，全国地方法院已设立公证处者占百分之九十七强。其未能成立公证处之地，大多系边区或战区。现在公证机构既已设置，此后应努力推广公证事业，并决定采用竞赛办法办理。

（三）推广司法询问处及平民法律互助办法

现行诉讼手续甚为繁杂，一般人民不易了解，即在进行中之案件，亦不易知道进行至若何程度。本部有鉴于此，特通令全国各法院设置询问处，指派书记官答复询问责任。去年新成立四十一处，连前共计三百四十五处。同时为顾到贫苦人民无力聘请律师，特规定平民法律互助办法，请当地律师公会主持，指定律师轮流办理。去年新增二十八处，连前共计六十四处。

（四）简化诉讼程序

我国民刑诉讼手续过繁，于诉讼进行不无影响。本部曾于三年前拟定简化方案，先在璧山、重庆两地实验，得有相当效果。最近已将原拟定方案及实验结果，送请立法院审议通过。

（五）涉外案件处理经过

最近一年来，外人为被告之案件计民事二十九件、刑事四十三件。民事案件以债务为多，刑事案件以伤害为多。其中有西安瑞典商人苏德芳以携带仪器、地图等由华北至陕西，第八战区当局以其地图有关军事机密，将渠移送西安地方法院审判。是案系依军机防护法起诉，去年十一月以前，特种刑事案件本应由军法机关办理，惟以其为外人，故决定交由西安法院审理，判处徒刑，被告不服，正在上诉西安高等法院。

（六）接办特种刑事案件

特种刑事案件自去年十一月十二日起，移归法院办理。除禁烟禁毒外，无其他例外。本部于接办以前，特别注意：1.增加各级法院审判人员，2.与军警机关取得密切联系，故接办后尚无多大困难。半年来，各地办理特种案件，在地方以盗匪案件为多，在都市以贪污案件为多。盗匪案件都系军警机关移送，大多证据不足，本部特令检察官多予侦查检举，并订定检察官自动检举奖惩办法。

（七）保障人民身体自由办法实施情形

保障人民身体自由办法中，特别注意两件事，一为非法逮捕，一为非法羁押。特种刑事犯由司法机关直接逮捕者，为数不多，大部分系警察机关移送法院办理。惟警察机关往往不能按时移送，法院经被告或其亲族申请向警察机关催送，从未拒绝。惟主管机关将不应羁押而加以羁押者，在所难免。本部为此曾令检察官应注意是类事件，从统计数字证明，目前情况已在逐渐改进中。去年一年，全国各级司法机关先后羁押人犯，共计七六,五六七人，其中四川占一〇八九（？）人，比之过去二年，已见减少。就重庆而论，八阅月来，地方法检察处先后羁押人犯一三二六人，其中窃盗六一〇人，杀人犯一〇七人，欺诈犯一〇三人，贪污九八人。审判部分九三四人，其中窃盗三三〇人，杀人犯一一六人，欺诈犯九六人，贪污七三人。至于地方法院处理保障人民身体自由案件，计一三一件。已判决者七十八件，侦查及审判中者五三件。依照保障人民身体自由办法，凡是执行逮捕机关，并无审判权，必须于二日以内移送法院，逾期不移送，当事人及其亲属可向逮捕机关或其上级机关申请移转。如嫌疑不足，不必取保，可迳予开释。保障人民身体自由办法实施以来，据各地报告有两种困难，即地方乡镇保长于办理役政及粮政时，难免有妨碍人民身体自由之处，依法应予纠正或处罚。但地方行政当局为贯彻役政、粮政，以为法院处置，于役政、粮政不无妨碍。本部令知各级法院，关于处理此类事件，应一面注意保障人民身体自由，一面不妨碍役政、粮政。

二、监狱看守所

（一）修建狱所

各地监狱看守所房屋，大多破旧，拥挤不堪。本部拟有逐年添建计划，惟为经费所限。去年一年中，新建十三所，修理十五所，并于重庆歇台子征购土地一百七十余亩，筹建容纳二千人之监狱一所，初步新屋完成后，可收容四百人。

（二）囚犯待遇

二年以来，囚犯口粮，平均每人每日仅十六两八钱，殊觉不足。自本年一月起，增为二十两，差可维持。

（三）囚犯作业

现在人力缺乏时期，全国几万囚犯，不加利用，殊为可惜。历年各地监所办理工厂，共计六百五十一所，工作者二万六千余人。其中去年新增工厂四十四所，工作者六千五百人。此外在川北某县成立之农场，据报已有积余六十余万，不久或可自给自足。

（四）监犯调服兵役人数，去年为三三〇四人，连前共计四二,三六四人。保外服役人数，去年一年为四八六人，连同共计九九二一人。

（五）过去各地监狱看守所，仅订有办法，现由部草拟监狱法及看守所法，正送立法院审议中。

三、人事

本部现正一面努力普设法院，一面计划复员。此两方面需要司法人员甚多，必须早为储备。本部有鉴于此，特分途进行：（一）今年春曾由考选委员会举办司法官临时高等考试。（二）各大学增设司法组。（三）于中央政治学校内设法官训练班，训练法学院毕业生而未曾实习者。第一期共训练一二六人，第二期正办理中，已报到八十余人。书记官之训练，委托朝阳及上海两法学院办理。法医师委托中大医学院训练。监狱官之储备，已与中央警官学校商定，挑选该校毕业生加以训练实习。最近教育部为储备司法人才，特组织法律教育委员会，拟定法律教育纲领，此后当按纲领进行。

附带报告美国海尔密克先生考察我国司法情况后所提出之两种意见：甲、关于公司法者，伊建议应增列外国公司一章。乙、关于司法方面者，有六点建议：（一）建议法官询问两造之办法应予改良，直采两造律师双方辩论方式，法官听取双方理由，以为审判的根据。我国现行制度采取折中办法，双方律师既可辩论，法官亦可询问。依目前各地实际情况，若干地区根本无一律师，无法采取是项建议。（二）刑事案件无确实证据者不能判决。这是英、美、法的精神，我国刑事诉讼法亦有类似规定。（三）推广巡回审判，本部已在筹备中。（四）自诉制度应予废止。他以为中国法院既有检察官提起公诉，就不能再由人民提出自诉，这是在法理上可以讨论的问题。我国现行制度，一方面检察官可以提出公诉，一方面人民可以自诉。有自诉可以减少被害人受害程度，但难免有人利用自诉敲诈他人。（五）司法行政机关设置指纹机构。这意思甚好，战前本部曾开办指纹训练班一期，以战事影响而停办。（六）简化民刑诉讼办法。以上六点，有几点本部原在进行改善中，有几点在法理、事实两方，尚须加以考虑，现已将原意见并送立法院参考。

18. 国民参政会第三届第三次大会休会期间驻会委员会第十六次会议记录

（1945 年 5 月 4 日）

国民参政会第三届第三次大会休会期间驻会委员会第十六次会议记录

时　　间：三十四年五月四日（星期五）上午九时

地　　点：中华路本会秘书处

出　席　者：

主　席　团：张伯苓　莫德惠　江　庸

驻会委员：王普涵　王云五　钱公来　许孝炎　陈博生　许德珩　左舜生

　　　　　朱贯三　冷　遹　褚辅成　李永新　黄炎培　罗　衡　江一平

　　　　　李中襄

内政部部长：张厉生

主　　席：莫德惠

秘书长：邵力子

副秘书长：雷　震

记　　录：谷锡五　詹行煦　顾　粲

报告事项：

一、秘书处报告。

二、外交部书面报告——雷副秘书长震代读。

三、内政部张部长厉生报告：最近内政设施及各省民意机构设置情形，其要点如次：

（甲）本年度以前之内政设施

（一）民政

甲、自治事业

1. 户口调查（已办七百二十九县市）；2. 土地测量（已办一百六十县市）；3. 土地登记（已办一百五十三县市）；4. 征收地价税（已办四十四县市）；5. 开辟荒地；6. 乡镇造产；7. 国民兵训练；8. 修筑道路（县道计二万五千三百四十一里）；9. 国民教育（乡镇小学凡二万四千四百三十，保国民学校凡十七万五千余）；10. 合作事业；11. 办理警卫（设警局者凡四百八十四县，设警佐室者凡三百八十一县）；12. 卫生事业。

乙、自治组织

1. 实行新县制者计一千一百零二县；2. 区所数目；3. 乡镇公所数目。

丙、民意机关

成立正式参议会者四十二县，成立临时参议会者一千零四十二县，已有乡镇民代表会者八百三十四县。

（二）户政

因经费过少，故分期分区举办。1. 修订法规（过去户政法规多至五六种，现归并为《户籍法》，已送立法院，尚未通过）；2. 设立户政机构（省设户政科，县设户政室）；3. 训练户政人员；4. 户籍登记（已办七百七十三县）。

（三）警政

1. 警察组织（去岁增设警局者一百九十县，增设警佐者二十九县）；2. 警察教育；3. 外事警察。

（四）营建

内政部新设营建司，管理公共工程。

（五）礼俗（未详细报告）

（六）禁烟

1. 检查烟土；

2. 铲除烟苗（上年度铲除烟草十一万七千余亩）；

3. 处理毒物；

4. 华侨禁烟。

附带报告禁烟委员会存土情形：该会存土系各省寄来，为数甚巨。如一一加以检查，殊非易事。最近该会新任主任委员王德溥费时十余日，仅检查小部分，因请求增加人员及经费，欲以一年时间检查竣事，并拟将存土不能制药者，加以焚毁。外间传说存土掉换即由此而起。本部因贵会查询，已嘱暂缓焚土，将来对于此案当另有书面答复。

（乙）本年度之重要设施

本年度预定将各地民意机构全数成立。关于四权之行使，已拟具纲领，送请国防最高委员会审核。此外，如自治事业及户政、警政等亦均积极推进。惟地方因治财政问题，为内政之基础，此问题如不解决，则内政实难收良好之成效也。

张部长报告毕，褚参政员辅成、黄参政员炎培、钱参政员公来、许参政员德珩、左参政员舜生、莫主席德惠、冷参政员通相继提出询问或建议，均经张部长即席答复，兹分志如后：

褚参政员辅成：下届参政会开会时，须解决召开国民大会问题。将来究应由过去选出之代表行使职权，抑从新选举代表？政府对此已否加以考虑？再无论代表改选或补选，内政部似均应有所准备。

答：国民代表时效问题，应以政治眼光解决，不应只顾一方之意见而忽略他方之意见。国民党六全代会对此当有讨论。至以后代表改选或补选事宜，应仍由选举事务所办理。

黄参政员炎培：最近发生数事，有关陪都治安：一、浙大教授费巩失踪，尚无下落；二、新蜀报内部发生纠纷，报社被社长（鲜英）之对方以武力占领；三、中华职业教育社所办中华职业学校，有一女教员（中大外文系毕业），为二男性追求，一在校外，一在校内。校外男性一日来校，自称特务，持枪威胁该教员及其母，迫其离校而去。此等特务如非冒充，真可痛恨。请内政部设法查办，或报告主席。

答：此三案待查明答复。

钱参政员公来：四月十二日午后，化龙桥军政部电工器材厂工人，不守纪律，捣毁警所，放走犯人，打伤警察。因警察局不愿开罪军部，欲含胡了事，殊非持平之道，应请注意。（钱参政员并以书面交张部长）

许参政员德珩：一、军队副食发实以来，以最低物价就地购买，实系扰民苛政。可否另设办法？二、医师私人营业，见利忘义，有索手术费至五十万元者，殊骇听闻，又医师大都规避【征】调，上次政府征调医师数百名，尽系大学五年级医学生，经验不足，如何治病？ 三、禁烟尚未彻底，如璧山烟馆甚多，应加取缔。以上三点，均请注意。

答：一、当加注意。 二、当请卫生署注意。 三、当特别注意。

左参政员舜生：关于召开国民大会事，望国民党六全代会，能规定具体办法，俾参政会有所根据，以再加考虑。

答：本党同志已注意及此。

许参政员德珩：本市下水道未修好，装置卫生厕所之家多以粪便泄于沟渠（如强家花园等处），有碍市民健康，请加注意。

答：自当注意。

莫主席德惠：本人曾在东北办理警察，亦在国内外考察若干处，曾依后过去经验拟有计划，得暇当贡献意见。

答：甚愿继续请教。

冷参政员遹：（一）警察应注意其素质，提高其地位，令其视为终身职业，以后中下级警官，应由警士升迁，以鼓励其向上之心。（二）建警须先从都市着手。（三）县政应先从除弊着手。

答：冷先生意见极愿接受。

讨论事项：

李参政员永新等提：拟请政府将南漳老河口战役详情及各将士姓名公诸报端，并广大发动慰劳，用彰战功，勖励来兹案。

决议：送请政府办理。

散会。十一时五十分。

19. 国民参政会第三届第三次大会休会期间驻会委员会第十七次会议记录

（1945 年 5 月 25 日）

国民参政会第三届第三次大会休会期间驻会委员会第十七次会议记录

时　　间：三十四年五月二十五日（星期五）上午九时

地　　点：中华路本会秘书处

出 席 者：

主 席 团：张伯苓　莫德惠　王世杰　江　庸

驻会委员：王普涵　钱公来　黄炎培　王云五　江一平　朱贯三　陈博生

　　　　　许孝炎　冷　遹　褚辅成　左舜生　陈启天　胡健中　李中襄

财政部部长：俞鸿钧

主　　席：张伯苓

秘 书 长：邵力子

副秘书长：雷　震

记　　录：谷锡五　詹行煦　顾　粲

报告事项

一、秘书处报告。

二、外交部书面报告——传观。

三、财政部俞部长鸿钧报告：财政方面最近重要设施及献粮献金与征借外汇情形。

其要点如次：

（一）调整机构

裁去五百零九单位，职员共一万七千九百九十六人。

（二）调整税制

1. 取消茶叶等九种统税，国库损失三十九亿，但人民负担减轻。2. 取消卷烟、火柴等专卖，改征统税；盐等专卖改征盐税（每斤加税五十元）。3. 减轻糖类征实税率。4. 营利事业所得税简化稽征办法。

（三）管制金融

1. 继续运用黄金政策，促进法币回笼。截至本年五月二十日止，收回法币已逾六百亿元。2. 限制增设商业银行，取缔不健全银行、钱庄。3. 改订存放款利率办法，已先就国家银【行】施行，对于农、工、矿等事业所需资金，责成四行低利贷放。4. 加强银行监理工作。

（四）供应物资

1. 扩大棉花生产货款。2. 调整棉价收购棉花，并购运外国棉、纱、布匹。3. 调整布价，改善配销。4. 供应新疆茶、糖、布等物资。

（五）推进献金

各省市均极努力，但成绩并不甚佳。至征借人民外汇资产事，行政院通过之办法，规定由人民自动呈报，两月不报，则予没收。国防最高委员会以该办法须强制执行，涉及友邦法律及管制外汇问题，饬由外交部先与英美两国交涉，交涉情形如何，尚无所闻。财政部亦曾向英美征求意见，据美方表示：美国法律不能允许政府协助他国不经法律程序而没收其人民在美资产；惟有中国人民自动呈报，再由中国政府向美交涉，方可照办。

（六）最近国库收支情况

三十四年度总预算，岁出计二六三八亿，岁入计一八六三亿，收支相差七百亿。截至四月止，已支出一五三四亿余元，美军垫款尚未计入，而岁入至四月底止，仅三百亿左右。似此情形，至年度终了时，收支相差恐在三千亿左右。如何弥补此巨大差额，实为今后中心工作。其办法如次：1. 继续运用黄金政策；2. 发行美金库券；3. 控制物资；4. 增加税收。

俞部长报告毕，冷参政员遹、褚参政员辅成、王参政员普涵相继提出询问或建议，均经俞部长即席答复，兹分志如后：

冷参政员通：1. 最近盟军即将登陆，我军即将反攻，支出数额必更大为增加，弥补之法，因可运用黄金政策及发行美金库券，增加税收，而征借封存外汇一项，亦甚重要。最近英法所订条约，规定订约国一方之人民在对方国存款，应提出应用。我国亦可仿此办法向英美交涉。2. 管制物资办法必须改进，如收购棉花等项必须商业化，不能用官价。

答：1. 英法两国办法，与我征借外汇情形不同，惟亦可供参考；2. 今后当调整收购物资价格。

褚参政员辅成：浙江人民负担过重，且法币缺乏，使用省行本票。中央对于此种困难情形，置之不问。一旦盟军登陆，如何供应？应请特别注意。

答：战时各省人民负担均重，不仅浙江一省为然，前因赣州沦陷，机场丧失，钞票不能运往东南，故准各省银行发行本票，以济其穷。近十四航空队已允代运法币，每月百亿。至盟军登陆供应问题，已与美方接洽，请其军队登陆时，自带法币，所需各项物资，亦尽量自行带来。

冷参政员通：盟军登陆后所需物资，除自带者外，有必需中国供应者，财、军两部应有所准备。

王参政员普涵：1. 献粮、献金办法，有从新考虑之必要，因改善军队生活，不能靠此不确实之财源。2. 购买美棉，恐其价格过高。可否提高国内棉价，鼓励增产？3. 棉贷非鼓励棉花增产之根本办法，不如提高棉价。

答：1. 本人极同意，因大户不肯献粮献金，徒增一般平民负担，不如不实行。2. 购运美棉系根据租借法案，用外汇购买，价格高低不成问题。3. 棉贷系应各方要求，棉价近已调整数次。

讨论事项

黄参政员炎培等提：充实水运力量，配合反攻需要案。

决议：送请政府办理

散会。十一时三十分。

20.国民参政会第三届第三次大会休会期间驻会委员会第十八次会议记录

（1945 年 6 月 8 日）

国民参政会第三届第三次大会休会期间驻会委员会第十八次会议记录

时　　间：三十四年六月八日（星期五）上午九时

地　　点：中华路本会秘书处

出 席 者：

主 席 团：张伯苓　王世杰　江　庸

驻会委员：钱公来　许德珩　陈启天　黄炎培　孔　庚　陈博生　许孝炎

　　　　　冷　遹　王云五　李中襄　胡健中

外交部次长：吴国桢

主　　席：江　庸

秘 书 长：邵力子

副秘书长：雷　震

记　　录：谷锡五　詹行煦　顾　粲

报告事项：

一、秘书处报告。

二、外交部吴次长国桢报告：最近国际情势及旧金山会议概况。其要点如次：

甲、旧金山会议概况

（一）旧金山会议组织大概

共设十四委员会，其中以执行与指导二委员会最为重要。

（二）各国意见不同之点

1.大会主席问题

美主设一主席，三副主席，苏主设四主席，结果大会由美英中苏四国轮流主席，但执行及指导二委员会由美独任主席。

2. 执行委员会会员国问题

最初定为十一国，嗣又增入南斯拉夫、智利与澳大利亚三国。

3. 白俄罗斯、乌克兰与十二委员会主席问题

苏欲白俄罗斯与乌克兰在十二委员会中获二主席，结果如愿以偿。

4. 阿根廷参加会议问题

5. 世界劳工组织参加国际机构问题

此系苏联提出，未经大会接受。

6. 凡违反大西洋宪章者可予变更问题

此系美国提出，苏联不肯接受。

7. 区域组织问题

尚未解决。

8. 秘书长选举问题

尚未决定

9. 否决权问题

（三）我国对大会之贡献

1. 会议前之贡献。

2. 会议中之贡献。

乙、不平等条约之取消

自五月二十九日与荷兰签订新约后，我国与各国间之不平等条约实已全部废除。因我国曾与丹麦、西班牙绝交，旧约已不存在，而葡萄牙与瑞士两国之旧约，亦可凭一纸照会取消。

丙、近东情形

叙黎事件

法欲于叙黎保持特权（如飞机场及输油管等），叙黎反对。现法主此事由五强会商，苏亦赞同。

　　吴次长报告毕。黄参政员炎培、冷参政员通、钱参政员公来、陈参政员启天，李参政员中襄等相继提出询问，均经吴次长即席答复，兹分志如后：

　　黄参政员炎培：请报告中苏邦交情形。

　　答：旧金山会议中，中苏合作情况极佳，莫洛托夫离美时，曾对中国之合作精神表示谢意。

　　冷参政员通：旧金山会议如不能短期结束，宋院长是否可以提前返国？

　　答：宋院长何时返国，不能预定。

　　钱参政员公来：关于征借人民外汇问题，外交部与英美交涉情形如何？

　　答：据英美法律之规定，政府对于银行各户存款，须有法院通知，始能加以处分，外交部现正与美方商洽中。

　　陈参政员启天：我国对英苏邦交似应再加促进，政府对此有何打算？

　　答：外交部完全同意陈参政员意见，惟国际上注重实际利害，如戴高乐原系英国政府扶持，最近叙利亚事件发生，英以利害所关，竟出兵干涉。我国现应努力消除英方对我之猜疑，但因两国在远东利害关系，恐终难如想象中之融洽。

　　李参政员中襄：1.宋院长返国是否经苏？ 2.苏大使来渝后，两国邦交有何进展？

　　答：1.宋院长有此计划。2.苏大使来渝后，若干积案业已解决，两国邦交在表面上已有进步。至《消息报》对我国表示不满，亦系事实。但苏联外交注重实际，希望宋院长赴苏一行，俾一切问题均有合理的解决。

　　李参政员中襄：关于韩国独立问题，我应准备对策。不知韩人在他国尚有独立政府之组织否？

　　答：政府已注意此问题，并与美国非正式交换意见，韩人除在我国之临时政府外，并无另一独立政府之组织，我现已要求韩临时政府注意培植国内力量。

　　散会。十时三十分。

21. 国民参政会第三届第三次大会休会期间驻会委员会第十九次会议记录

(1945 年 6 月 22 日)

国民参政会第三届第三次大会休会期间驻会委员会第十九次会议记录

时　　间：三十四年六月二十二日（星期五）上午九时

地　　点：中华路本会秘书处

出 席 者：

主 席 团：张伯苓　王世杰　江　庸

驻会委员：李永新　许德珩　罗　衡　孔　庚　陈启天　褚辅成　王启江

　　　　　黄炎培　江一平　冷　遹　许孝炎　王云五　陈博生　钱公来

　　　　　胡健中　李中襄

主　　席：张伯苓

秘 书 长：邵力子

副秘书长：雷　震

记　　录：谷锡五　詹行煦　顾　粲

报告事项：

一、秘书处报告。

二、外交部书面报告——邵秘书长代读。

讨论事项：

（一）驻会委员会会务报告草案。

决议：修正通过。

（二）驻会委员会检讨第三届第三次大会建议各案政府实施情形之报告草案。

决议：修正通过。

（三）钱参政员公来等提：请政府迅速饬令卫生、警察两机关发动市民防疫注射药针，检查环境卫生，取缔住户遍贴符咒式的纸剪红十字案。

决议：送请政府迅速办理。

（四）许参政员孝炎等提：为湖南灾情惨重，拟请政府迅速拨巨款办理急赈及善后救济，以恤灾黎而利反攻案。

决议：送请政府迅速办理。

（五）许参政员孝炎等提：为湖南环境特殊，拟请政府准以粮食库券抵解献粮配额，并将军队给养及副食为乾统筹供应，以减轻地方负担案。

决议：送请政府斟酌办理。

（六）江参政员一平等提：糖类征实易滋流弊，应请政府重加考虑，以慰民望案。

决议：保留。

散会。十一时四十分。

九

国民参政会第四届
第一次大会休会期间驻会委员会
会议记录

1. 国民参政会第四届第一次大会休会期间驻会委员会第一次会议记录

（1945 年 8 月 10 日）

国民参政会第四届第一次大会休会期间驻会委员会第一次会议记录

时　　间：三十四年八月十日（星期五）上午九时

地　　点：中华路本会秘书处

出　席　者：

主　席　团：张伯苓　莫德惠　江　庸　王云五

驻会委员：钱公来　王普涵　范予遂　武肇煦　林　虎　许德珩　荣　照

　　　　　尹述贤　陈启天　黄炎培　冷　遹　左舜生　孔　庚　罗　衡

　　　　　周炳琳　奚玉书　傅斯年　何葆仁　陈绍贤　陈博生　许孝炎

　　　　　王启江　胡健中　马　毅

财政部部长：俞鸿钧

主　　席：张伯苓

秘 书 长：邵力子

副秘书长：雷　震

记　　录：谷锡五　詹行煦　顾　粲

报告事项：

一、秘书处报告。

二、外交部书面报告—邵秘书长代读。

三、财政部俞部长鸿钧报告最近财政情形，其要点如次：

甲、实施配合军事反攻政策；

乙、三十四年下半年国库收支状况：

（一）支出：约八千八百五十九亿；

（二）收入：1. 一般的收入约一千亿；2. 黄金捐献可收入一千六百亿至二千亿；3. 出售黄金可收入一千七百亿；4. 出售纱布可收入六百亿；5. 发行英金公债一千万镑可收入一千亿；6. 运用一部分外汇可收入一千亿至两千亿。

丙、公布省银行条例；

丁、办理黄金兑现献金情形。

俞部长报告毕，各参政员提出询问或建议如下：

黄参政员炎培：1. 加强物价管制；2. 关于黄金捐献事，舆论殊不一致，望由本会财政经济组加以研究。

马参政员毅：1. 关于整理省银行者：（A）从速实施省银行条例；（B）各地银行监理员应与本会经济建设策进会取得联系；（C）取消在渝各省银行；2. 关于收购棉花者：请彻查去岁西北棉花收购奖金之下落与过去陕省棉贷之真象［相］；3. 关于黄金捐献者：赞成政府办法，惟请注意不影响以后之信用。

傅参政员斯年：1. 拥护政府对于黄金捐献之措施，更望采取累进政策，规定购买五十两以上者，一律捐献百分之九十五；2. 过去发行之美金公债及美金储蓄券应彻底整理，并请政府对于美金公债除照原票面对折支付外，再延期十年付现。

陈参政员启天：黄金捐献起点太低，一律百分之四十亦欠妥当。

陈参政员博生：1. 赞成政府对于黄金捐献之政策；2. 严密管制商业银行以稳定物价；3. 查办中央银行国库局舞弊案之情形如何？ 4. 中央银行信托局应裁撤；5. 关于花纱布局霉布案，俞部长过去报告似有庇护嫌疑，望今后对于所属财政机关人员多加注意，以期肃清贪污或不负责之积弊。

奚参政员玉书：1. 切实管制物价；2. 以后如有类似黄金捐献之重大事件，望先行征集各方意见多加考虑；3. 购金二两者可得一两二钱，此二钱如何折价？

陈参政员绍贤：报载财政部对于整理沦陷伪币业已订定有办法，在反攻前即公布此项消息，似将发生不良影响。

王参政员普涵：1. 所有公教人员均应调整待遇；2. 整理省银行办法应加以补充；3. 加强物价管制；4. 拥护黄金捐献政策。

范参政员予遂：1. 黄金捐献为抗战以来政府最进步之财政政策；2. 金价提高恐影响物价。

许参政员德珩：1. 切实管理商业银行；2. 赞成黄金捐献政策，但此事应先交参政会讨论；3. 美钞法定价格仍为二十元，致少数购得外汇者可在国外过极优之生活，似不公平。

罗参政员衡：1. 赞成黄金献款，惟对捐献之数应发给公债；2. 请注意稳定物价；3. 平价布分销商店太少。

冷参政员通：1. 希望政府早将下年度概算提交本会讨论；2. 改革省银行弊端；3. 切实管制物价；4. 黄金献款方式似有问题；5. 征借国人外汇资产案请从速办理。

林参政员虎：欲平抑物价，须注意管制银行。

傅参政员斯年：1. 请切实整顿中央银行人事；2. 闻中央银行国库局前任人员有改账事，请加注意；3. 加强商业银行之管制。

尹参政员述贤：1. 请公布黄金献款用途；2. 征借人民外汇资产案应从速办理；3. 提高一切公教人员待遇；4. 调查中国农民银行之情形如何？

黄参政员炎培：关于查办川北盐务管理局前局长蒋守一大贪污案之结果，请提出书面报告。

以上各项询问及建议，均经俞部长即席分别答复。

散会。下午一时。

2. 国民参政会第四届第一次大会休会期间驻会委员会 第二次会议记录

（1945 年 8 月 17 日）

国民参政会第四届第一次大会休会期间驻会委员会第二次会议记录

时　　间：三十四年八月十七日（星期五）上午九时

地　　点：中华路本会秘书处

出 席 者：

主 席 团：张伯苓　莫德惠　江　庸　王云五

驻会委员：王普涵　武肇煦　钱公来　黄炎培　许德珩　冷　遹　罗　衡

　　　　　奚玉书　何葆仁　陈绍贤　马　毅　周炳琳　范予遂　荣　照

　　　　　尹述贤　陈博生　傅斯年　许孝炎　左舜生　陈启天　林　虎

　　　　　孔　庚　李中襄

主　　席：莫德惠

秘 书 长：邵力子

副秘书长：雷　震

记　　录：谷锡五　詹行煦　顾　粲

报告事项：

一、秘书处报告：胡参政员健中本日因事赴南泉特函告假。

二、外交部书面报告——传观。

讨论事项：

一、大会交议：修改驻会委员会组织规程以期能充分代表民意实现民主案。

决议：本案保留。

二、大会交议：清查国营事业机关以明真象而资改进案。

决议：（一）本会对于国营事业机关认为有调查必要时即行从事调查；（二）详细办法交小组研究决定。

三、林参政员虎等二十一人提：拟请政府便利在渝参政员迅即各回本籍协助政府办理复员工作案。

决议：本案修正通过，交秘书处办理。修正之点：办法第三项删去。

四、奚参政员玉书、黄参政员炎培、冷参政员遹等三人提：请政府从速成立奸逆罪行调查委员会对陷区奸逆切实调查依法惩办以免牵累无辜案。

本案由原提案人自行撤回。

五、黄参政员炎培、奚参政员玉书、冷参政员遹等三人提：陷区收复，本会各地参政员应由政府聘请立即会同新派军政长官前往协助招抚接收及复员案。

决议：本案修正通过，送请政府迅速办理。修正之点：（一）案由改为"请政府选聘参政员协助收复区域复员工作案"；（二）办法改为"由政府选聘参政员各回收复区域协助复员工作"。

六、奚参政员玉书、黄参政员炎培、冷参政员遹等三人提：请政府于十一月一日以前在接收沦陷区内尽可能完成民选自治机构以利宪政实施案。

决议：本案修正通过，送请政府办理。修正之点：（一）案由改为"请政府在收回区内提前完成民选自治机构以利宪政实施案"；（二）办法改为"请政府在收复区内提前完成民选之省市及县参议会"。

七、奚参政员玉书、黄参政员炎培、冷参政员遹等三人提：【沦】陷区收复之后救济工作应即迅速办理以苏民困案。

决议：本案通过，送请政府迅速办理。

八、马参政员毅、王参政员普涵、荣参政员照等三人提：请政府转饬全国实业考察团参加西北方面实业界人士以加强西北建设案。

决议：本案交本会经济建设策进会办理。

九、许参政员孝炎、马参政员毅、冷参政员遹等三人提：复员在即，水陆空交通工具极为重要，应由本会委托经济建设策进会即时调查国营民营交通机关以明真实情形，由本会提出改进办法，俾协助政府力求增进运输效能，确保旅行安全案。

决议：本案通过。

十、王参政员普涵等六人提：请迅采有效方法促成统一团结以保障胜利而奠定建国基础案。

决议：本案交主席团办理。

散会。下午一时十分。

3. 国民参政会第四届第一次大会休会期间驻会委员会第三次会议记录

（1945 年 8 月 24 日）

国民参政会第四届第一次大会休会期间驻会委员会第三次会议记录

时　　间：三十四年八月二十四日（星期五）下午五时

地　　点：假军事委员会会客室

出 席 者：

主 席 团：张伯苓　王世杰　莫德惠　江　庸　王云五

驻会委员：荣　照　范予遂　何葆仁　奚玉书　王普涵　陈绍贤　孔　庚

　　　　　许德珩　胡健中　钱公来　尹述贤　武肇煦　林　虎　冷　遹

　　　　　李中襄　罗　衡　黄炎培　王启江　马元凤　左舜生　傅斯年

　　　　　许孝炎　陈启天　马　毅

外交部部长：王世杰

主　　席：张伯苓

秘 书 长：邵力子

副秘书长：雷　震

记　　录：谷锡五　詹行煦　顾　粲

报告事项（壹）：

秘书处报告：

一、土耳其国民大会电：为庆祝贵国胜利由。

二、埃及众议会电：为盟国胜利特电庆祝由。

讨论事项：

武参政员肇煦等三人提：请政府慎重遴选派往收复区之各级工作人员并严饬恪

遵政府法令黾勉奉公一新耳目以正视听与民更始案。

决议：（一）理由内"既成事实，姑不具论，惟随往人员"十三字及办法第二项均删去；（二）本案用意甚善，收复区用人关系全国人心者至大，应请政府特别注意。人选要有正气，有干才，有为有守，最好先就曾在本地做地下工作有年者遴选，次为抗战有功服务有建树者，以维人心。

报告事项（贰）：

外交部王部长世杰报告关于中苏友好同盟条约问题，其要点如次：

（一）此次中苏谈判背景；

（二）苏联态度（甚为恳挚，确欲藉此改善中苏关系）；

（三）谈判程序；

（四）此项条约所包括之文件：1. 中苏友好同盟条约；2. 中苏关于中国长春铁路之协定；3. 关于大连之协定；4. 关于旅顺口之决定；5. 关于中苏此次共同对日作战，苏联军队进入中国东三省后苏联军总司令与中国行政当局关系之协定；6. 关于苏军由东三省撤退问题谈话纪录。

报告毕，参政员王普涵、傅斯年、黄炎培、范予遂、左舜生、钱公来、武肇煦等相继发言，大致均拥护中苏友好同盟条约，并主张政府应从速批准。

散会。下午七时三十分。

附记：

散会后，即在军委会会报室举行宴会。此宴会，系主席团、驻会委员会及秘书处共同宴请本会主席团主席兼外交部部长王雪艇先生，以致慰劳之意者。适国民政府蒋主席欲知驻会委员等对于中苏新约之意见，乃莅临共餐，即席晤谈。至八时半宴毕，始散。

4. 国民参政会第四届第一次大会休会期间驻会委员会第四次会议记录

（1945 年 9 月 7 日）

国民参政会第四届第一次大会休会期间驻会委员会第四次会议记录

时　　间：三十四年九月七日（星期五）上午九时

地　　点：中华路本会秘书处

出 席 者：

主 席 团：张伯苓　莫德惠　江　庸　王云五

驻会委员：武肇煦　冷　遹　余际唐　马　毅　钱公来　陈绍贤　许德珩

　　　　　荣　照　黄炎培　孔　庚　马元凤　尹述贤　罗　衡　何葆仁

　　　　　胡健中　许孝炎　陈启天　范予遂　奚玉书　王启江　傅斯年

交通部部长：俞飞鹏

主　　席：江　庸

秘 书 长：邵力子

副秘书长：雷　震

记　　录：谷锡五　詹行煦　顾　粲

报告事项：

一、秘书处报告。

二、外交部书面报告——传观。

三、交通部俞部长飞鹏报告交通复员计划及最近准备情形，其要点如次：

（一）政府各部门派往收复区主管人员之运送情形；

（二）关于交通复员问题，现分为东北、平津、京沪、武汉及广东等区，分别派出特派员办理接收复员等工作；

（三）关于还都公务员船舶车辆之准备情形；

（四）关于沦陷区交通情形。据陆军总部讯：敌在华北现有卡车五千七百八十辆，武汉五千四百二十辆，华南一千四百一十辆，沪杭二千九百四十辆，南京八百七十一辆，共一万六千四百二十一辆，所存汽油凡六千八百公吨；敌公私船舶计一千零五十五只；各铁路机车计一千六百九十七辆，客车一千八百七十辆，货车二万二千九百八十二辆。

（五）后方铁路员工已举办登记手续，收复区之铁路员工亦将开始登记。

俞部长报告毕，参政员钱公来、余际唐、陈绍贤、许德珩、马毅、尹述贤、何葆仁、冷遹、傅斯年、马元凤及主席团主席莫德惠等相继提出询问或建议，兹分志于后：

钱参政员公来：1.请政府注意后方编余官兵、被裁员工及老弱无告者返至收复区之运输；2.关于接收东北交通事宜应设一交通委员会统筹办理。

余参政员际唐：1.请增加四川公路局车辆；2.各公路分区管理办法应加改善。

陈参政员绍贤：1.百姓可否与公务员同时运输？收复区已坏之公路能否从速修复以利百姓之运输？2.关于华侨复员之交通计划如何？

许参政员德珩：1.长春铁路接收后，其重要负责人之遴选应加慎重，俾与外交配合，并免除贪污之弊；2.注意办理交通复员之人选；3.注意各铁路公路已坏桥梁之修复；4.复员运输应多用轮船铁路。

马参政员毅：1.今后东北铁路分区之办法如何？2.管理东北铁路之人选（铁路行政人员）应特别注意；3.长春铁路局之理监事须专任，并应注意其人选。

尹参政员述贤：1.应规定交通人员舞弊（如盗窃汽油）之惩罚办法；2.复员后对于西南交通亦应兼筹并顾。

何参政员葆仁：现在国内之马来亚及越南等处华侨，是否可用飞机运输？

冷参政员遹：接收长春铁路应选用第一流人才，并予以优厚待遇。

莫主席德惠：1.应注意长春铁路理事人选；2.长春铁路工务处及车务处正处长须由中国人担任；3.安奉及北宁两路局长人选亦须注意。

傅参政员斯年：1.中东路铁轨之宽度，经敌人改造后，已与国内其他铁路一致，以后不应再改；2.注意经营由四平街至葫芦岛之铁路（与南满路平行）。

马参政员元凤（书面询问）：1. 本年七月本会举行大会时，俞部长宣布宝天铁路十月中可以全部通车，甘肃当局与地方人士得聆此项消息，至深慰感。现在旱灾最为严重，将来救济食粮运输及难民疏散，对于此路通车均有迫切需求，不知日下铺轨情形如何？时间上有无变动？请俞部长赐复以慰人望；2. 甘肃当局现以旱灾严重，惟恐壮者铤而走险，乃拟订以工代赈计划，其中请交通部修筑天兰铁路土方工程为最重要之一项。查上次大会时，俞部长曾报告本年度举办工程计划，已呈奉行政院审查通过，不知现在能否及早开工，与省当局计划配合，俾利国家建设及人民之救济？亦请俞部长赐复以安人心。

以上除马参政员元凤之书面询问送请俞部长以书面答复外，其余各询问及建议，均经俞部长即席口头答复。

散会。十二时。

5. 国民参政会第四届第一次大会休会期间驻会委员会
第五次会议记录

（1945 年 9 月 19 日）

国民参政会第四届第一次大会休会期间驻会委员会第五次会议记录

时　　间：三十四年九月十九日（星期三）上午九时

地　　点：中华路本会秘书处

出 席 者：

主 席 团：莫德惠　江　庸　王云五

驻会委员：王普涵　孔　庚　尹述贤　钱公来　范予遂　许德珩　李中襄

　　　　　冷　遹　黄炎培　马　毅　陈启天　马元凤　荣　照　余际唐

　　　　　王启江　傅斯年　陈绍贤　何葆仁　胡健中　许孝炎

善后救济总署署长：蒋廷黻

主　　席：王云五

秘 书 长：邵力子

副秘书长：雷　震

记　　录：谷锡五　詹行煦　顾　粲

报告事项：

一、秘书处报告。

二、外交部书面报告——传观。

三、善后救济总署蒋署长廷黻报告善后救济计划及进行情形，其要点如次：

（一）国外接洽情形；

（二）国内布置；

（三）现有之困难。

报告毕，各参政员钱公来、黄炎培、荣照、陈绍贤、何葆仁、尹述贤、马毅、范予遂、孔庚、马元凤等相继提出询问或建议，兹分志于后：

钱参政员公来：东北难民流落内地者甚多，如何还乡应予救济。

黄参政员炎培：1.对于黄泛区如何救济？ 2.救济黄泛之意见：甲、望协助水利委员会订定整个计划；乙、望能取得国际合作；丙、应标本兼治。

荣参政员照：关于内蒙之救济，应专设一机构。

陈参政员绍贤：1.在未设立分署以前，可否会同各地军政当局先施救济？ 2.协助流亡侨胞返回原地问题如何决定？

何参政员葆仁：1.对于流落渝、筑及昆明一带侨胞返回原地问题，请加注意；2.关于农贷事宜，可否由善后救济总署要求农民银行共组一委员会办理，俾农民能得实惠？

尹参政员述贤：1.关于黔南之救济工作，何时可以竣事？ 2.振委会裁撤后，一部分工作并入贵署，不知贵署如何办理？ 3.以后一般救济工作似应注意以下各点：甲、公布救济情形；乙、事先应有调查；丙、应有地方士绅及人民代表参加。

马参政员毅：1.救济工作不必请政府或人民代表帮忙，惟可请文化团体及省县参议会协助；2.关于东北之救济：甲、早日成立东北分署；乙、运输第一批救济物资之船只，□开青岛者，可否开至大连。

范参政员予遂：各地善后救济分署之组织，似有欠妥之处。

孔参政员庚（书面询问）：善后救济总署救济的章程、救济的范围、救济的方法及人民请求救济的手续，请蒋署长以书面见示。

马参政员元凤（书面询问）：据蒋署长报告，全国设立十五个分署，本年西北各省大旱，灾情严重，请在陕甘地区设一分署办理救济事宜。

以上各口头询问及建议一部分经蒋署长即席答复，书面询问则送请蒋署长以书面答复。

讨论事项：

（一）傅参政员斯年等提：请政府继续与联合国救济总署接洽增加中国善后救济款额并另筹运费以符平等待遇之宗旨案。

决议：本会认为联合国善后救济总署拟分配中国善后救济款额，既不充分适合中国之需要，又不能与欧洲国家得同等待遇，殊为忽略中国八年抗战所受灾难之全部事实，应请政府继续与联合国善后救济总署接洽，增加中国之费用，并另拨运费，以符联合国平等待遇之宗旨。

（二）推举出席全国教育善后复员会议代表案。

决议：出席代表由主席团推定，人选不以驻会委员为限。

注：经主席团推定江主席庸、莫主席德惠、左参政员舜生、苏参政员珽、王参政员化民五人。

（三）何参政员葆仁等五人提：为菲律宾下院通过排华法案，请政府向菲政府提出抗议，并电请美国政府协助早将此项法案取消案。

决议：通过。

（四）傅参政员斯年等九人提：请政府逮捕德穆楚克栋鲁普及李守信等案。

决议：通过。

（五）政府交议：处治汉奸案件条例草案。

决议：本草案先交江主席庸、许参政员德珩、黄参政员炎培、尹参政员述贤、傅参政员斯年等五人审查，由江主席庸召集之。

（六）昆明译员联合会电：为奉命复员解散在即，交通工具困难，政府所拨复员费太少，恳进言中枢，予以声援由。

决议：此项译员皆为曾受高等教育之青年，又曾为国服务，国家应优予体恤造就，未可使其失所。爰以下列各项建议政府：（一）由外事局负责给以交通便利，俾达到复员目的；（二）原已毕业之学生给予适当工作，俾便复习其学科；（三）尚未毕业之学生，愿复学者，给予复学机会。愿就业者，给予优先就业机会。

散会。十二时半。

6. 国民参政会第四届第一次大会休会期间驻会委员会
第六次会议记录

（1945 年 9 月 26 日）

国民参政会第四届第一次大会休会期间驻会委员会第六次会议记录

时　　间：三十四年九月二十六日（星期五[1]）上午九时

地　　点：中华路本会秘书处

出 席 者：

主 席 团：莫德惠　江　庸　王云五

驻会委员：王普涵　冷　遹　钱公来　许德珩　马　毅　马元凤　孔　庚

　　　　　武肇煦　黄炎培　尹述贤　陈绍贤　荣　照　陈启天　陈博生

　　　　　范予遂　何葆仁　傅斯年　李中襄

主　　席：王云五

秘 书 长：邵力子

副秘书长：雷　震

记　　录：谷锡五　詹行煦　顾　粲

报告事项：

一、秘书处报告。

二、外交部书面报告——传观。

讨论事项：

一、处置汉奸案件条例草案审查报告。

决议：照审查意见修正通过。

---

[1] 应为星期三。

二、武参政员肇煦等三人提：请政府于严惩汉奸本忠奸不两立之训贯彻到底以伸正义而维民族气节案。

三、傅参政员斯年等三人提：请政府迅速制定惩治汉奸法规切实执行案。

审查意见：以上两案一并送请政府充分采择。审查人：江庸、许德珩、傅斯年、尹述贤

决议：照审查意见通过。

四、黄参政员炎培等九人提：关于敌阀祸首及著名汉奸宜及时宣布名单分别令交或逮捕案。

决议：送请政府迅速办理。

五、马参政员元凤等三人提：甘肃本年夏收过微秋季枯萎灾情惨重险象环生，应请政府迅速大量筹拨急振工振所需款物以救民命而免后方治安发生问题案。

决议：送请政府迅速拨款救济。

六、黄参政员炎培等提：关于纱厂取消管制后之维持与敌厂之接收经营问题案。

决议：本案修正通过，送请政府采择施行。修正之点，于研究意见内增加第四项：政府将此项纱厂移交民营时，必须采用公开方式，并由承受纱厂者付以适当之代价，且须严防有势力者之操纵。

七、尹参政员述贤等四人提：建议政府于复员期间注意施行高等教育平衡发展政策案。

决议：本案通过，送请政府办理。

八、罗参政员衡等六人提：请政府注意保障参与抗战工作之军公教人员今后之工作案。

决议：本案通过，送请政府切实注意。

九、奚参政员玉书等三人提：为渝市物价跌落工商金融各业均有衰疲之象请政府迅筹救济方策以资苏复案。

决议：本案保留。

十、尹参政员述贤等十六人提：拟请国民政府颁行大赦令案。

决议：本案保留。

十一、奚参政员玉书等三人提：请政府速订收复区伪币整理方案颁布实施以免纷扰案。

决议：本案保留。

十二、荣参政员照等七人提：公教人员待遇应以生活指数为标准案。

决议：本案俟政府有减薪确讯时再行提出。

十三、王参政员普涵等三人提：请政府收购陕棉仍照往年成例根据生产费核定收购价格以昭大信而恤农艰案。

决议：通过，送请政府酌办。

十四、孔参政员庚等五人提：为江汉堤防因抗战八年从未加修培筑以致本年秋汛溃决多处拟请政府迅拨巨款于明年桃讯以前修筑完竣以全民命而固国本案。

决议：通过，送请政府迅拨巨款修建江汉堤防。

十五、马参政员毅等三人提：拟请善后救济总署即时成立东北分署从速办理东北救济事宜案。

决议：通过，送请政府迅速办理。

十六、冷参政员遹等四人提：请速救济抗战最烈之河南宛西四县灾民案。

决议：通过，送请政府迅速办理。

十七、国防最高委员会秘书厅函送政府对于本会第四届第一次大会提请彻查三十一年同盟胜利美金公债发行余额大舞弊嫌疑一案办理情形案。

决议：本案既经查明属实，应请政府将吕咸、郭锦坤等于免职外再交公务员惩戒委员会依法惩戒。

散会。下午一时。

7. 国民参政会第四届第一次大会休会期间驻会委员会 第七次会议记录

（1945 年 10 月 12 日）

国民参政会第四届第一次大会休会期间驻会委员会第七次会议记录

时　　间：三十四年十月十二日（星期五）上午九时

地　　点：中华路本会秘书处

出 席 者：

主 席 团：张伯苓　江　庸　王云五

驻会委员：钱公来　马　毅　王普涵　陈启天　李中襄　荣　照　孔　庚

尹述贤　许德珩　傅斯年　陈绍贤　余际唐　何葆仁　黄炎培

武肇煦　王启江　陈博生　许孝炎　冷　遹　范予遂　胡健中

外交部部长：王世杰

主　　席：张伯苓

秘 书 长：邵力子

副秘书长：雷　震

记　　录：谷锡五　詹行煦　顾　粲

报告事项：

一、秘书处报告。

二、外交部王部长世杰报告五国外长会议经过情形，其要点如次：

（一）会议前形势；

（二）会议的性质；

（三）会议讨论诸问题；

（四）会议经过；

（五）我国在会议中所取态度及工作。

报告毕，各参政员提出询问如下：

1. 李参政员中襄、陈参政员启天书面询问：暹罗军警干涉我国侨民悬挂国旗庆祝胜利竟致一致杀害侨民，事态严重。暹罗甘为日本附庸，与我盟国为敌，乃日本投降后犹继续隐采排华政策。我国以向无外交关系，半月以来听令侨民受暹罗蹂躏，毫无办法，究将何以保侨？又对暹罗政策是否应向盟国提出建议仍将暹罗视为战败国解除其武装？请说明。

2. 傅参政员斯年询问四点：① 保持四强国友好是否要发生对甲友好对乙不友好之情事；② 新疆事件；③ 朝鲜独立问题；④ 暹罗惨杀华侨事件。以上四点外部如何处理？

3. 黄参政员炎培询问：五外长会议之后，对远东问题将如何解决？

4. 陈参政员绍贤询问：① 三巨头会议能否召开，开则能否打开僵局？② 暹罗事件八月十四日即发生，上月底始发表外交办法，除报载外尚有其他否？

5. 王参政员启江询问：法越冲突我取何态度？苏联在东三省已否开始撤兵？

6. 何参政员葆仁询问：① 菲律宾排华法案应交涉；② 暹罗事件是否取强硬态度，以免继续发生惨杀情事；③ 华侨回缅甸、马来亚已否向英方交涉？

7. 许参政员德珩询问：管制日本，我国应取主位；又九一八以来向中国侵略者现只逮捕土肥原一人，其他战犯如何惩处？

8. 孔参政员庚询问：管制日本我国应取主动地位；暹罗对我侮辱，我应主张管制，并出兵进驻暹罗。

9. 傅参政员斯年询问：币原组阁后发表远东战争中日双方应共同负责之谬论，外交部应予驳斥。

10. 陈参政员启天询问：欲解决暹罗问题必先改善中英关系，政府有无与英签订长期友好条约之计划？

11. 武参政员肇煦询问：① 我国部队不能在大连登陆；② 热河、察哈尔苏联部队中有外蒙部队，但中苏协定中并未规定苏联撤兵及外蒙部队等问题；③ 新疆人事及分省等问题。

以上各询问均经王部长即席分别口头答复。

讨论事项：

（一）陈参政员绍贤等六人提：对暹罗军警残杀华侨事件拟请政府迅速采取必要措置案。

决议：送请政府办理。

（二）冷参政员遹等六人提：请政府迅派位尊望重之大员并妥筹的款，责令办理黄河善后工程以保障苏、皖、豫、冀、鲁五省人民生命财产而利复员建国案。

决议：送请政府迅速办理。

（三）冷参政员遹等八人提：收复区各种工业急须恢复以维护国家生产及职工生计案。

决议：送请政府办理。

（四）冷参政员遹等八人提：关于京沪铁路票价太巨急须更正及洁身自好之员工急须复工案。

决议：送请政府迅速切实改善。

（五）傅参政员斯年临时动议：关于处置汉奸案件条例应请政府迅速发表案。

决议：请政府迅速完成立法手续公布。

散会。上午十一时五十分。

8. 国民参政会第四届第一次大会休会期间驻会委员会 第八次会议记录

（1945 年 10 月 26 日）

国民参政会第四届第一次大会休会期间驻会委员会第八次会议记录

时　　间：三十四年十月二十六日（星期五）上午九时

地　　点：中华路本会秘书处

出　席　者：

主　席　团：张伯苓　江　庸　王云五

驻会委员：钱公来　余际唐　王普涵　尹述贤　陈博生　何葆仁　武肇煦

　　　　　孔　庚　罗　衡　许德珩　黄炎培　陈启天　李中襄　范予遂

　　　　　陈绍贤　王启江　胡健中

财政部部长：俞鸿钧

主　　席：张伯苓

秘 书 长：邵力子

副秘书长：雷　震

记　　录：谷锡五　詹行煦　顾　粲

报告事项：

一、秘书处报告 [略]。

二、外交部书面报告——邵秘书长择要宣读后传观 [略]。

三、财政部俞部长鸿钧报告收复区财政状况及设施情形，其要点如次（报告全文附后）：

甲、收复区之财政措施：

（一）财政方面：减免赋税（运输业、粮食业免税一年，其他各税亦多减轻）。

（二）金融方面：1. 敌伪金融机构之接收；2. 伪钞之处理（伪钞发行数额，计伪中储券四万零九百亿，伪联银券一千二百亿，东北一百二十亿，台湾约四五十亿）；3. 供应收复区钞券。

乙、最近国库收支情形：本年度截至十月一日止，已支出四千八百亿，收入仅四百亿。补救办法为充分利用敌产、稳定币制及调整财政系统等。

俞部长报告毕，参政员武肇煦、王普涵、钱公来、黄炎培、陈博生、陈绍贤、余际唐、许德珩等相继提出询问或建议，兹分志于后：

武参政员肇煦：1. 关于金融者：A. 处理敌伪金融机构之规定，究仅适用于京沪抑并适用于华北？ B. 伪蒙疆银行所发钞券如何处理？ C. 目前山西伪联币与法币之比率为一比一，此点可供财政部规定华北伪币折合率时之参考；2. 关于财政部人事者：新任盐政局长缪秋杰前在盐务总局总办任内时，劣迹昭彰。本会第三届第二次大会时，曾有提案加以指责，今政府复任为盐政局长，其理由何在？

王参政员普涵：1. 整理币制有无计划？ 2. 请调整陕棉收购价格；3. 如何整理省银行？

钱参政员公来：请注意派往收复区之人选。

黄参政员炎培：1. 财政部发出之法币应用于生产事业，藉以打开财政僵局；2. 法币与伪币之法定比率，应顾及各方实际情形；3. 财政政策只可限制人民获暴利，而不应不许人民获利。

陈参政员博生：1. 伪币与法币之法定比率太低，影响收复区人民生活，应设法补救；2. 闻派往收复区之人员太少，致引用伪组织人员，收复区人民对此甚为愤慨，应即矫正；3. 缪秋杰前在盐务总局总办任内时，劣迹昭彰，现又任为盐政局长，似系政府之错误。

余参政员际唐：此次紧急贷款，因手续过于麻烦，小工厂甚难领到，请俞部长特别注意。

陈参政员绍贤：1. 可否从速规定停止伪币流通之日期？ 2. 可否从[重]新考虑伪币与法币之比率？

许参政员德珩：关于今后钞票之发行，是否订有计划？

以上各询问及建议均经俞部长即席答复。

讨论事项：

一、黄参政员炎培等五人提：请通令收复区各省市县速组织复员委员会并就秩序未定地方简派大员巡视慰问以通民隐而谋解除地方痛苦案。

决议：通过，送请政府切实施行。

二、范参政员予遂等六人提：请政府迅速规定伪联银券与法币之折合率并重定伪中储券与法币之折合率案。

决议：本案交第三组审查。

三、武参政员肇煦等十人为政府任用缪秋杰为盐政局长事提出书面询问案请政府答复案。

决议：送请政府答复。

散会。十二时二十分。

附：

收复区财政状况及设施情形（速记稿）
俞部长鸿钧报告

主席、各位先生：

今天鸿钧奉邀报告收复区财政状况及设施情形，曾记得上次在贵会报告的当天晚上接获敌人投降消息。在日本未投降之前，财政上一切设施，均以配合军事反攻、加速胜利之实现为鹄的。现在战争结束，于此由战时步入平时之过渡时期，经济体制转变甚剧，而予整个社会之影响亦至巨；同时政府于收复区之复员工作在恢复财政金融机构，故财政部今后之工作较之战时更为艰巨。今后本部之工作着眼点有二：一为结束战时非常之措施，一为奠定长期建国之大计。为达成此两点任务，我们有几点认识，简单向各位说明，请求指教。（一）战前财政金融政策，果已确定以实现民生主义为依归，但战时有若干特殊状况发生，延迟了政策的推行。现在胜利来临障碍消除，正是实现已定政策之绝好机会。本部同人检讨研究时刻注意，一方面如何使人民平均负担，一方面如何加强国家资本以灵活国民经济。（二）战时税收摊派以及物资管理，均以军事第一为目标，胜利以后重心转移至建设，是以今后财政应与政治经济国防密切配合达成建国之目的。

战争未结束以前，本部曾拟有复员计划，胜利以后接获收复区各项报告，方知距原定理想相差甚巨，所拟复员计划必需修改，方合实用。现在本部对收复区各项方法分两部分：一部分为紧急措施，一部分为一般措施。关于紧急措施者目的在应付敌人投降以后之新局面，使收复区内敌伪财政金融机构即时消减，使收复区内中央重要法令迅速推行，国家权益可以保持，使收复区内历受压迫之民众能早日解决痛苦。同时在后方各地之财政金融战时管制尽快取消或酌予放宽，以及如何防止物价之暴跌，稳定社会经济，安定人民生活。兹将收复区财政金融紧急处置分述于次：

（一）减免赋税

不久以前，国民政府颁布命令减免收复区赋税，规定各收复区免收田赋一年，并取消敌伪各种苛杂。其他应征应减应免之各种税收，亦分别规定。各类所得税自卅五年一月起分别分期开征。遗产税暂不征收。印花税待征收机关成立三个月后办理。营业税[1]定机关成立后开征，并按受灾程度定其免减成数。运输、粮食两业免征一年。为发展今后工商业起见，营业税减低为百分之一点五。盐税自每担七千元改为三千、二千、一千三种。至于关税政策，应详密检讨，当此复员初期，进出口货物仍按民国二十五年税则征收，所有战时若干措施一律停止，货物管制办法撤销，除海关以外各种关卡一律取消。总之，对于收复区税务，第一步着重在收复并设立税务机关，先做调查设计工作，但不即时开始征税，以免民众抱怨，故今后三五个月内收复区内无税可收。

（二）金融业务

金融方面工作，首在筹设各区行局以便利收复区金融之流通。现在上海、南京、天津、北平、广州各行局已先后成立，东北方面不久亦可设立。至于敌伪金融机关之处理，政府已有规定。收复区内金融机关可分三类：一为战前经财政部核准注册，战后继续营业，经查明无附逆行为者，准其继续营业；一为敌伪设立金融机关，指

---

[1] 结合上下文，此处应为农业税。

定各行局分别接收，京沪区现已接收清楚；一为战前经财政部核准，战后复经敌伪核准之金融机关，在上海一区即有二三百家令其停业清理。本人在沪时，银钱业代表请求放宽办法，曾坚决拒绝，因其一则与法律地位不合，一则此类银行钱庄完全以投机操纵为能事。此类银行不但不能帮助社会发展经济，反而扰乱社会经济。为保障以前核准银行权益，不能不将此类银行停止营业。

（三）敌伪钞券

关于收复区，除台湾及东北九省另行规定外，敌伪钞券处理办法可以六字说明，六字为：定价、限期、收回。抗战八年之久，敌伪发行之钞券，都在广大人民手中，我们限期收回。未收回前，为维持地方秩序，伪钞准许继续通行。这并非维持伪币，而是救济同胞。院会讨论时有人对于此项收回伪钞办法颇不谅解，后以各方意见认为应如此办理，方有此决议。当院会决议收回伪钞后，最感困难的是如何收兑，其兑率如何规定。财政部未公布兑率以前，沪上谣言甚多，本部对此亦甚焦虑。何总长于九月九日抵京，各机关接收人员以运输困难，不能按时前往，所有敌伪机构不能如期接收，财政金融机关亦不例外。伪钞比价原应早日规定，惟于规定前必须知道：1. 伪钞发行总额；2. 现有准备状况；3. 敌伪钞券流通情况；4. 一般物价状况。比价定得过高过低，俱不相宜。伪钞（伪中储券）经特派员查明其发行总额有案可稽者为四万零九百亿元，黄金准备为五十万两，银币三十余万元，白银几十万两。据调查所得敌伪除在上海等地印刷伪中储券外，同时亦在日本定印，档案中有伪政府拟印刷十九亿之定单，但未交印。档案中并发现一件文件，规定伪储备银行每发行一百万伪钞，十二万交伪政府，余交敌人，但其中若干批新钞之发行，并未按成交给伪政府。法币与伪钞比价公布以前，本部曾一再考虑，假定比价为一百与三一三比，则国库负担过重，势必增加法币发行，同时对于收复区物价影响太大，故于定价以前曾电上海调查当时市价，据复电谓市价为二六〇～二七〇元，因此本部决定法币与伪钞之比价为一与二百元。本部公布是项比价后，上海银钱界表示满意。当定价未公布前，本部亦曾考虑大券、小券分两种兑率，后以规定不易，改为一律一与二百之比。

天津方面接收情形尚未据报，现已由部电限于本月二十七日详细呈报。华北联银券发行额较小，据现时所得数字为一千二百亿元。东北方面伪政府所发钞券总额为一百二十亿元。台湾方面，敌人所发钞券总额不到一百亿元，约五六十亿元上下。平津方面，法币与伪钞之比价，各不相等，约自一比五至一比十。东北方面，现时无比价。将来平津方面法币与伪钞比价，亦必根据上述四项原则，再行决定。东北、台湾两处，政府不拟送往法币，因该两处金融较为稳定，政府不愿将当地经济动摇，故决定暂时维持原有机构与钞券。

关于东北钞券问题，附带向各位报告中苏两国磋商，苏联在东北发行钞券协商经过。此次商谈，苏方由苏大使代表，我方由鸿钧代表，前后共计商谈五次。最初苏方提出在东北发行钞券办法四条，其大意如下：一、为维持苏联在东北九省之部队机关各项费用，发行钞券以元为单位，与当地钞券之比价为一与一之比；二、中国政府（？）将来按照发行时之市价收回，收回时期与条件，由双方政府商定；三、收回以后，向敌人赔偿；四、发行总额通知中国政府。我方提出意见：一、苏军在东北九省所需费用应明白规定其费用种类或范围；二、发行之前请先通知政府所需总额；三、由中国政府发布命令规定苏军钞券与当地日钞同价使用绝不可能，因中国政府并不认识日钞有法律地位；四、收回钞券系中国政府之主权，无须由两国讨论。经过几度商洽，苏方表示：一、苏军在东北之费用不必规定，口头声明不外乎粮食、马乾，我们要求单就此点换文，苏方亦不同意；二、坚持收回时期须由两国政府商定，并规定比价为一与一之比。后经商定：一、第一款加苏联军事必要费用；二、报告数字列举用度。至于其他各款，尚待商谈。有此经过，附带报告。

现在几个月，收复区需要大量法币，但是不能单靠发行，必须由后方设法输送。关于人民移带，外间不少传说与误会。三十年财政部公布禁止人民移带法币，现已取消此项规定，除公务员外，人民移带法币已无限制并已知照检查机关办理。至于渝沪、渝京汇率已减低至百分之十五，如事实可能，将再减低。本人此次去沪，停留三天，兹将上海情形简略报告。

上海区接收情况并不尽合预期计划，原因由于政令不统一，所以步骤不一致。同时因准备不周，人手不齐，所以手续不严密。不仅步骤不一致，手续不一致，而且笑话时出。某一仓库，门上黏有海军司令部、第三方面军总司令部、上海市党政接收委员会、上海警备司令部等机关封条。人民寄存货物亦不能提取，影响民心甚巨。自翁副院长到沪设法纠正，情形较比改善。现在上海发生两个问题，一为工潮，一为煤荒。就工潮说，据传上海现有四十万失业工人，其实有组织的约有四万人，此项失业者大多系日本工厂停工工人。战争结束以后日本工厂无法维持，纷纷停工，不允发给解散费，只允发维持费。但工人要求援照重庆办法，发给遣散费三个月，以致未能解决。上海情形特殊，此项工潮亟宜设法解决，以免受人操纵扩大范围，影响社会秩序。上海煤荒是严重事实，上海市每月需煤二十余万吨，当本人离沪时全市仅存煤三万余吨，只够两天之用。上海市民对此两问题非常关心，希望能早日解决。

上海物价月来高涨，其原因甚多，归纳言之，不外几端：1. 金融关系。法币伪钞同时使用，市面流通额增加，人民有现者均向市场购货；2. 筹码尺寸宽度放大。上海盟军使用美钞，一百美元钞值伪钞二千万元，以及各行局发行巨额本票，即以五万元计算即值伪钞一千万元。市面因美钞、本票之通行，筹码尺寸放宽，刺激物价；3. 利息过高。上海现时利息，高至大二分大三分，政府规定利息为五□，距一般希望太远；4. 游资太多。伪钞发行额既多，全在人民手里；5. 由于定价限价政策，造成黑市；6. 上海黄金市价由二三万涨至五万，影响当地物价；7. 英美军队纷购纪念品，商人提高物价；8. 美联社谣传美金与法币比价将改一与一千之比，市场心理不安。根据上述原因，拟具对策：1. 迅速收回伪钞；2. 消灭上海伪钞黑市买卖市场；3. 由四联总处提高利率；4. 解决工潮，务使厂方能勉强维持，实在不能维持者由政府补助；5. 盟军供给船只运输煤斤；6. 增加交通工具使货畅其流。

至于一般措施，即在如何安定后方金融与救济工商业等工作，本部未曾稍懈。自日本投降后，后方百货、黄金、外汇皆趋下跌，市面混乱，银根奇紧，情势危急。部方曾将重庆联合准备库公库证总额增至二十亿元，旋又核定黄金押借及由四行两局分别办理黄金及存单买卖，同时为救济后方工业，将工贷总额定为五十亿元，由各行局贷放，使面临崩溃之工商业得以转危为安。

今年国库收支情况，相当忧虑。本年度七、八、九三个月支出总额为四千八百亿，而同时期之收入总额最高为四百亿。出售黄金之收入已无，各项税收大多从价征收，自物价低落后，税收定必减少。开源既无法，只有从节流着想，故请政府一面撤裁战时机构，停止不必要之建设，如因军事需要而建造之公路等，一面整理机关，加强人事，提高效率。着重在：1. 努力平衡国家收支；2. 救济总署接济相当数量物资以轻国库负担；3. 充分利用国外剩余物资。

至于稳定币制，连带想到改革币制，但是改革币制，必须具备三个条件：1. 财政稳定；2. 交通畅达；3. 各地物价相当平稳。具备了这三个条件，才谈得到改革币制。现在我们等不及具备了此三个条件的时期，只有先稳定币制，而稳定币制，首在平衡国库收支。

9. 国民参政会第四届第一次大会休会期间驻会委员会
第九次会议记录

（1945 年 11 月 9 日）

国民参政会第四届第一次大会休会期间驻会委员会第九次会议记录

时　　　间：三十四年十一月九日（星期五）上午九时

地　　　点：中华路本会秘书处

出 席 者：

主 席 团：张伯苓　江　庸　王云五

驻会委员：王普涵　钱公来　尹述贤　武肇煦　余际唐　陈绍贤　黄炎培

　　　　　范予遂　许德珩　孔　庚　李中襄　罗　衡　陈启天　陈博生

　　　　　马　毅　何葆仁　胡　霖

交通部部长：俞飞鹏

主　　　席：江　庸

秘 书 长：邵力子

副秘书长：雷　震

记　　　录：谷锡五　詹行煦　顾　粲

报告事项：

一、秘书处报告。

二、外交部书面报告——传观。

三、交通部俞部长飞鹏报告收复区交通现状及接收情形，其要点如次：

（一）收复区交通状况：

1. 铁路：(1) 津浦路：由浦口至徐州，中有二十四公里未修复；由天津至沧州一段，破坏甚多，不易修复；(2) 平汉路：汉口至郑州已通车，郑州至彰德尚有三十公里未修复；

(3) 陇海路：海州至郑州间破坏甚多；(4) 粤汉路：由武昌至岳阳已通车，岳阳至长沙、衡阳通轻便车；(5) 浙赣路：杭州至诸暨、上饶至江山两段已通车。

2. 公路：交部订有两期修理计划，现正依据计划进行。各公路客车共有五千六百辆。

3. 船舶运输：因船只不多，又兼缺煤，故运输力微弱。现已向美、加订购船舶，藉以加强运输力量。

4. 电信方面：收复区以南京为中心，后方以重庆为中心。

（二）接收情形：

1. 铁路：应接收之机车计一八四七辆，客车一六七三辆，货车二五六六三辆。实际已接收者，机车一三七○辆，客车一三九六辆，货车一八五九三辆。

2. 船舶：应接收者计有大小船舶八二四艘，但实际多为海关、军事机关及地方政府所接收，尚未移交交通部。

3. 汽车：经军政部接收者计一万六千辆，交部仅接收二百余辆。

4. 飞机：中华航空公司共有飞机六十架，航委会已移交交部者仅三架。

俞部长报告毕，参政员尹述贤、陈绍贤、武肇煦、余际唐、李中襄、许德珩、罗衡等相继提出询问或建议，兹分志于后：

尹参政员述贤：(1) 飞机、轮船客票均有黑市，请注意制止；(2) 已接收之轮船可否以一部分运输人民还乡？

陈参政员绍贤：船舶调配委员会之任务如何？

武参政员肇煦：(1) 请政府以重兵进驻山西，保护铁路；(2) 川西灌县至成都之快信需时七天，请饬川西邮政管理局注意；(3) 飞机确有出售黑票事。

余参政员际唐：成渝铁路何时兴工？

李参政员中襄：(1) 请从速修复南浔路与浙赣路；(2) 渝沪线飞机可否在九江稍停？

许参政员德珩：(1) 请注意民淳轮失事案；(2) 闻公路车票价又拟增加，确否？(3) 在日万余华工返国问题如何解决？

罗参政员衡：(1) 滇越铁路今后如何办理？ (2) 已接收之日轮可否用以运输人民还乡？

以上各询问及建议均经俞部长即席答复。

讨论事项：

一、李参政员中襄等三人提：拟请用本会名义发布"感谢美军在华战时功绩暨协助我国解除敌军武装、接收陷区"文以示我国人民真正公意案。

决议：交主席团研究。

二、范参政员予遂等提：请建议政府从速召开政治协商会议案。

决议：保留。

三、王参政员普涵、尹参政员述贤等提：为国内发生军事冲突危及国家建设、民族复兴及世界和平，拟请政府从速制止国内冲突，保障和平统一，并提前召开第四届国民参政会第二次大会，共同讨论国家大计用安危局案。

决议：通过，送请政府迅速办理。

附注：本日讨论提案时，邵秘书长力子与胡参政员霖经出席参政员之一致要求，曾分别报告政府与中共最近谈判情形及美国对我之观感。

散会。时三十分。

10. 国民参政会第四届第一次大会休会期间驻会委员会 第十次会议记录

（1945 年 11 月 23 日）

国民参政会第四届第一次大会休会期间驻会委员会第十次会议记录

时　　间：三十四年十一月二十三日（星期五）上午九时

地　　点：中华路本会秘书处

出 席 者：

主 席 团：张伯苓　王云五

驻会委员：钱公来　陈绍贤　尹述贤　余际唐　陈博生　范予遂　许德珩

　　　　　马　毅　胡健中　褚辅成　傅斯年　黄炎培　王启江　陈启天

　　　　　左舜生　李中襄　罗　衡　孔　庚　何葆仁

军政部部长：陈　诚

主　　席：王云五

秘 书 长：邵力子

副秘书长：雷　震

记　　录：谷锡五　詹行煦　顾　粲

报告事项：

一、秘书处报告（附后）［略］。

二、外交部书面报告——邵秘书长力子宣读（原报告附后）［略］。

三、军政部陈部【长】诚报告最近军政设施及受降整军复员等情形，其要点如次（报告速记全文附后）：

甲、整军情形：1. 部队之整编与机关学校之裁并；2. 官兵生活之改善。

乙、受降情形：1. 敌方武器物资之接收与敌俘之处置；2. 伪军与游杂部队之处置。

丙、明年度施政计划：1. 继续复员工作；2. 继续整军；3. 奠定建军基础。

陈部长报告毕，参政员傅斯年、黄炎培、尹述贤、褚辅成、陈绍贤、许德珩等相继提出询问或建议，兹分志于后：

傅参政员斯年：关于伪军之处置：1. 应以解散为原则；2. 应分散不应集中。

黄参政员炎培：1. 每一士兵每月可得薪饷若干？2. 军队时有扰民情事，应加制止；3. 苏北人民备受伪军骚扰，请特别注意。

尹参政员述贤：1. 转业之编余官兵，必须予以技术训练；2. 台湾接收受降之情形如何？

褚参政员辅成：1. 浙驻军之副食，仍由当地代办，请予注意；2. 游杂部队须妥予整编以免扰民；3. 编余官兵可从事屯垦。

陈参政员绍贤：1. 东北共产军之人数究有多少，其武器来源如何？2. 目前对于东北之军事接收有无新的准备？

许参政员德珩：1. 青年军官兵何时退伍？2. 对于伪军之处置应有详细办法。

以上各询问及建议均经陈部长即席答复。

讨论事项：

一、黄参政员炎培等提：请将江苏违抗上令、恣索民财之第三区专员阮清源、宝山县长金源、嘉定县长张龙云彻查惩处并严令制止各地文武官吏抗令虐民等不法行为以纾民困案。

决议：送请政府彻查，如确有其事，应依法惩处。

二、黄参政员炎培等代陈公意：请政府从速调整收复区通货，恢复工厂及公营事业、发还私人企业交由原主管理并彻究公布日本战犯案。

决议：本案第一项交财政经济组审查，第二、三两项送请政府迅速办理。

三、罗参政员衡等五人提：建议政府速筹南洋各地保侨有效办法以保障侨民利益案。

决议：送请政府办理。

散会。下午一时。

附：

复员与整军（速记稿）
军政部陈部长诚报告

各位先生：

今天本人承邀出席报告复员与整军情形。关于整军计划，本人于前次驻委会时已经向各位报告过，不再重述，只想将这半年来执行整军计划情形及其效果，简略说明。

一、整军情况

我国自七七抗战至今，军队数额历有增加。二十六年计有五十军一百七十八师，至去年全国共有军队一百二十四军三百五十四师，此外尚有三十四个独立师，一百一十个独立团。经整编后，实有八十七个军二百卅二个师，八个旅卅五个团，尚有六个军二十四个师（其中一部分在西北及新疆）尚待整编。整军中已经裁撤部队单位，计有三十四个军一百十六个师，又二十一个旅，八十三个团，十个营。青年军三军八师，现正开始预备军官训练，明年六月间可以完竣，以便青年于退役后不妨碍明年秋季入学。第一期整军，大体按照原定计划顺利进行。

整军目的在乎建军，所以一面整编部队，一面充实军力。现在全国军队中，原预定配备美械者，计十二军卅六个师，国械者计三十师，青年军八个师。美械师已配给美方军械约百分之七十八，其余百分之二十二军械尚在运输途中。国械师按照原定计划，现下可以全部配给，惟以最近时有消耗，完成期稍有变更。

军事机关学校裁撤归并数额亦属不少。原有机关总数为四千三百余个单位，计裁归者有一千七百五十九单位，增设者（系因事实需要，如陆军总部等机关）有二百五十五单位，现在实有二千七百九十六单位。军事学校原有九十二所，裁减七十所，增设二十一所（如西南训练团），现在实有四十所。

军队官兵人数，按编制所列总数，原有五百九十六万，裁减二百一十余万，增加一〇三万（由于编制扩大等），现有实数为四百八十五万，与第一期今年年底裁减至三百五十万人之计划，相差一百卅五万人。依原计划裁减至三百五十万人，再加因编制扩大增加额五十余万，明年度即按编制四百万人计算。

二、官兵生活

国军官兵生活情况，向为国人所关切，整编以后，官兵待遇，均有增加。至于编余官兵之处置，本部曾拟有各种计划，惟以时间迫切准备不及，且有少数将领携带武器出走，未能全部实行。现在已将编余军官编成十四军官团，三个机要大队，受训人员总计二万六千六百余人。同时并举办军官转业，已经转业者为数亦复不少。编余军官在未转业前，仍按原有阶级薪饷，失业军官则按八成发给。

至于官兵生活之改善，可用历年军费预算数字简单说明。二十六年军费为十一亿五千余万，二十七年为十七亿四千余万，二十八年为十八亿一千二百余万，三十三年为九百六十五亿元，三十四年为一千〇八十余亿。最近一次官兵生活待遇改善，士兵增加数额连同伙食费在内约为三十倍左右，官长最少者亦增加六七倍。官兵生活待遇调整以后，一般说来，官兵尚称满意，士气纪律收到良好影响。此次官兵待遇改善办法，要点在配发定量物品或按当地物价指数拨发代金。惟以各地物价不时变动，在办理时不无困难。现在官兵虽不能达到其理想生活，但是吃饱穿暖最低限度的要求总算做到。

三、受降情形

敌人投降以前，国军一切计划均以反攻为主，敌人投降以后，不能不将预定为反攻部队一律改为受降部队。受降地区经分别划定，珠江流域以广州为中心，长江流域以武汉、上海为中心，黄河流域以北平、青岛为中心，此外东北、台湾亦分区受降。当初预料受降工作进行难免发生枝节问题，但就各地受降情形而论，殊出乎吾人预料之外，敌人在投降之后仍能接受命令，切实做到。

敌人投降后，所有武器分十区接收。据敌人呈报，人员有一百十二万，马八万七千余匹，步枪四十七万余支，以及各种炮类；车辆方面有卡车一万六千余辆，小汽车二千余辆。现在已接到而呈报有案者计：人员三十三万六千余，马三万余匹，步枪二十九万余支……卡车四千余辆，小汽车一千四百余辆，自动车三千余辆。所有接收之武器、车辆由政府调整分配，以充实各部队。

敌俘处置办法，已经决定以不留一日人在国境以内为原则，现在最困难在运输。

敌人船只由我方接收者为数甚少，且多需修理后方能应用。敌俘中有部分技术人员，拟予利用，目前系采用征用办法，与其他一般人员同样征用，将来一切军事问题解决之后，或可改为雇用。

国军官兵被敌虏去运往日本服役者为数不少，中央已派员前往麦帅总部洽商运输问题，明春当可陆续运回。

四、伪军及游击部队处置

伪军分布华北及长江等区，为数甚多。所有一、二、三、五、六各战区以及三、四两方面军辖区内之伪军已经分别处置。就原则说，处置伪军办法只有解散遣散，但是事实上不能全部解散遣散。伪军可以分为四类：（一）甘心附逆；（二）投机取巧；（三）被迫顺从；（四）策反部队。其性质已有不同亦未便一律同样处置。

游击部队，名称颇为复杂，有挺进军、游击队、忠义救国军、别动队、地下军各种名称，在中央有案可稽者计有七十五个总队，十六个独立支队，两个独立大队，共有二十二万人。游击部队人数最多者为山东，现有一百六十二单位，五十万人（？）。此种游击部队拟予调整后，改编为：（一）补充部队；（二）地方团队；（三）补充团。

五、北调国军供应问题

北调国军目前所最感困难者为冬季衣服。国军服装大部存储在昆明、贵阳及川陕各地，不但运输不及且所储备服装不适于北方穿用。按照原定作战计划，今年五月开始反攻，旋改自八月开始，故在绥远境内定制五军官兵冬装以供今年冬季攻入华北部队穿用。现在迫于需要，在各收复区分别赶制，上海、南京两地，有原料有工人，驻地军队所需冬装大体不成问题。华北方面，现在已有羊皮四十万张，可制十万套军装或大衣，以供军用。另拟利用东北现有原料赶制十万套皮衣，无法实现。至于军粮集运亦甚困难，一面中央通令免征，一面中央在华北原无准备，故现时华北国军所以[有]军粮全由粮食部在华北各地临时购买，非常努力。

六、复员工作

现在已经十一月下旬，转眼即是三十五年，因此本人想藉此机会，将明年度预定举办几件大事简单报告。

讲到复员，第一件要事即是复员官兵的安置。关于编余官兵的安置，现在已在逐步进行中，惟将来正式复员时，编余官兵人数，必较初步整军时为多。中国常备军究竟需要多少，现时未能决定，但是我们可以肯定说不需要目前的二百五十师之多。依照各国常备军数额而论，美国预定保留二百万之数，苏联拟于动员之二千万中保留三分之一（苏联于此次大战中每一战区配备七百万人，以保留三分之一计算，每一战区保留二百余万），依我国国力最多只能保留三百万或两百万，如此计算，将来须复员官兵人数在一百八十万至二百八十万。本部现暂按复员一百八十万官兵数额，拟具复员转业计划。复员转业分集体转业与个别转业两种，兹将复员计划中所列两种转业及资遣人数分列于次：

（一）集体转业一百万

1. 交通工程（铁道、公路之修筑）四二万；

2. 水利工程 一六万；

3. 移垦 一〇万；

4. 铁路警察 四万；

5. 保安警察 四万；

6. 工场警察 一万；

7. 集体农场 五万；

8. 建设服务 一八万。

（二）个别转业 二十万

（三）资遣六十万

八年抗战中，国军官兵阵亡者计一三一九三五八名，失踪者计一一六九三名，负伤者计一七五九七一五名，其中残废者七八五〇〇。上列四个数字，以残废官兵名额最准确，都有真实名册可查。政府对于此七万八千余荣军之安置已拟具详细办法：（一）举办生产事业收容三一五〇〇名；（二）设立颐养院收容六〇〇〇名；（三）辅导有组织转业三七五〇〇名。此项计划，明年即可开始实行。至于阵亡官兵眷属安顿亦拟先从下列各事着手：（一）提高阵亡官兵恤金，按期分地发放；（二）子女就学，予以便利；（三）资送遗族回籍予以交通上之便利；（四）辅助遗族就业。

明年度之整军计划，目的在达到国家所需要常备军之建立，以奠定国家基础，维持世界和平。现在国军之配备，距现代国家正规常备军所具条件相差甚远，是以自明年起仍须继续整编充实，以达各国常备军之水准。整军建军计划已经订定，预定在整军建军互为配合情形下完成是项计划。从整军至建军过程中，首先要确定编制，几年来国军编制不时更改，以至迄今尚无一本合式典范令。国军新编制初稿已拟就，编制内容与各国常备军编制大致相仿。但以我国财力有限，所有国军不能同时按新编制改编充实，必须分年完成。按照一般国家陆军编制，一师单是卡车即需四千辆，一百师即需四十万辆卡车，这在国家财力、装配时间上俱不许可。记得民国二十年德国顾问按当时国家财力估计，中国只能维持三个现代师，美国人估计，中国也只能维持五个现代师，因此我们不能不就国力可能范围，分别充实国军配备。

其次，这八年来从征兵中所得教训实在不少，办理征兵结果不仅未合理想，反而发生若干弊病，引起社会不安与不满，故今后政府决定改采分区制度。关于动员，苏联与德国做得最彻底、最进步。德国无论在平时战时，整个国家即是一个战斗体。苏联在平时的政治经济，即是配合军事而进行，单以集体农场而论，其本身就是战斗体，平时用作农具之拖引车，战时加上武器，便成为战车。便是美国社会与军队亦是打成一片，任何人入伍以后，大多按其在社会地位受予军队中适当官阶。军区划定以后，所有军区内有关动员（？）事务可由省政府主席处理。军区以外，并将全国划分为十个补给供应区，而以上海、汉口、广州、昆明、北平、长春、青岛、归绥、迪化、福州为各补给区之中心站，每区设补给司令负责处理。上项新制度，明年将分别开始实行。

总之整军建军工作，事体重大，困难亦多，绝非短时期可能完成。现在仅就希望于明年度内举办各事向各位报告，尚祈多予指导。

11. 国民参政会第四届第一次大会休会期间驻会委员会第十一次会议记录

（1945 年 12 月 7 日）

国民参政会第四届第一次大会休会期间驻会委员会第十一次会议记录

时　　　间：三十四年十二月七日（星期五）上午九时

地　　　点：中华路本会秘书处

出　席　者：

主　席　团：王世杰　江　庸　王云五

驻会委员：王普涵　褚辅成　许德珩　余际唐　武肇煦　钱公来　尹述贤

　　　　　孔　庚　罗　衡　陈绍贤　黄炎培　李中襄　何葆仁　范予遂

经济部部长：翁文灏

主　　　席：江　庸

秘　书　长：邵力子

副秘书长：雷　震

记　　　录：谷锡五　詹行煦　顾　粲

报告事项：

一、秘书处报告。

二、外交部王部长世杰报告最近外交事项，其要点如次：

甲、联合国筹备情形；

乙、我与各国缔结新商约问题；

丙、东北接收问题；

丁、越南问题；

戊、暹罗问题。

王部长报告毕，参政员褚辅成、黄炎培、钱公来、陈绍贤等相继提出询问，兹分志于后：

褚参政员辅成：1. 暹罗虽未对我宣战，但实系战而不宣，此次英军在暹受降，我未要求参加，实一疏忽之处。现英国欲使暹罗受其管制，我国似应要求参加；2. 缅甸与滇省接界处，有所谓中缅未定界，我应要求将此段地带划归我国版图。

黄参政员炎培：本年苏联红军节，莫洛托夫作外交报告，将我旅顺、大连地区称为苏联领土，本席前曾函请王部长查询此事，未审结果如何？

钱参政员公来：蒋经国氏缺乏外交经验，政府何以派为东北外交特派员？

陈参政员绍贤：报载英国对暹提出各项要求，未审是否属实？如果属实，我应采取何种对策？

以上各询问，均经王部长即席答复。

三、经济部翁部长文灏报告收复区接收敌伪生产事业情形及经济复员工作计划，其要点如次：

甲、行政院所颁收复区敌伪产业处理办法之内容。

乙、敌人对于我国经济之经营及管制办法：

1. 兴亚院时期；2. 大东亚省时期。

丙、敌人在华所营事业之概况。

翁部长报告毕，参政员许德珩、尹述贤等相继提出询问及建议，兹分志于后：

许参政员德珩：1. 东北敌伪产业接收之计划如何？ 2. 政府对于收复区若干产业，规定由人民投标购买，此种办法似须再加考虑。因后方工业家资力薄弱，恐不能与收复区有钱之汉奸竞争；3. 目前收复区之工厂多数停工，其救济办法如何？ 4. 政府设立中国纺织建设公司之主旨何在？是否允许人民投资？如不允人民投资，似与扶植民营工业之原则相违。

尹参政员述贤：1. 政府对于旧机构之裁撤与新机构之设立，应有通盘筹划，同时对于裁撤机构之人员应妥为安插；2. 派往收复区接收之人员良莠不齐，请加注意；3. 闻有少数县份仍种植鸦片，请注意调查。

以上各询问及建议，均经翁部长即席答复。

讨论事项：

一、黄参政员炎培等三人提：请政府特派大员勘查昆明学生及教员因反对内战在校开会惨遭伤害究明凶犯依法严惩以重人道而伸国法案。

决议：本案通过，送请政府迅速办理。

二、许参政员德珩等八人提：请政府从速严惩"昆明学生惨案"祸首，禁止非法行动，安慰员生以平民愤案。

决议：本案通过，送请政府迅速办理。

三、孔参政员庚等五人提：为鄂民不堪荷征吁恳政府重申明令一律免征以苏民命案。

决议：本案通过，送请政府迅速办理。

四、财政经济组审查报告：

（一）黄参政员炎培等提：东南收复区通货之调整应请政府将发行钞额暨准备金数量随时宣布以安定人民对通货信念案。

审见[查]意见：本案修正通过，送请政府从速改善，修正之点：一、"惟有急谋调整，只准收兑不准流通"句改为"惟有从速改善兑换办法，同时国家银行收兑伪钞后不再付出"；二、"并迅将国家银行发行钞额暨准备金数目随时公布庶几安定金融而利民生"数句删去。

决议：照审查意见通过。

（二）范参政员予遂等提：请政府迅速规定伪联银券与法币之折合率并重定伪中储券与法币之折合率案。

审查意见：本案前段业经政府实施，不必再行建议，后段依原提案人之声请，不付讨论。

决议：照审查意见通过。

五、李参政员中襄等三人提：建议政府救济民营航业以培航运基础案。

决议：本案交财政经济组审查。

六、奚参政员玉书等四人提：本会第四届第二次大会拟请在首都举行并请早日定期案。

决议：本会前有建议，此案予以保留。

散会。十二时三十分。

12. 国民参政会第四届第一次大会休会期间驻会委员会第十二次会议记录

（1945 年 12 月 21 日）

国民参政会第四届第一次大会休会期间驻会委员会第十二次会议记录

时　　间：三十四年十二月二十一日（星期五）上午九时

地　　点：中华路本会秘书处

出 席 者：

主 席 团：张伯苓　李　璜　江　庸　王云五

驻会委员：王普涵　钱公来　何葆仁　陈启天　褚辅成　许德珩　尹述贤

　　　　　左舜生　余际唐　黄炎培　武肇煦　孔　庚　胡健中　李中襄

　　　　　范予遂　陈绍贤　罗　衡

社会部部长：谷正纲

主　　席：王云五

秘 书 长：邵力子

副秘书长：雷　震

记　　录：谷锡五　詹行煦　顾　粲

报告事项：

一、秘书处报告。

二、外交部书面报告——邵秘书长力子宣读。

三、社会部谷部长正纲报告最近社会行政设施及收复区各部门接收情形，其要点如次：

甲、初期社会复员之方针：1.安定社会秩序；2.奠立社会重建之基础。

乙、最近社会部之重要措施：1.防止并救济劳工失业；2.展开社会救济工作。

3. 协助难民还乡；4. 整理收复区之人民团体；5. 推进合作事业。

谷部长报告毕，参政员褚辅成、陈绍贤、余际唐、钱公来等相继提出询问，兹分志于后：

褚参政员辅成：1. 对于昆明贫苦难民之还乡能否予以协助？2. 重庆无难民证之难民可否一律运送还乡？3. 现届冬季，似应以旧衣发给还乡难民。

陈参政员绍贤：收复区敌伪工厂停顿之原因，不外由于我方接收人员能力薄弱，厂主企图转移资金与材料，或工人不愿为敌伪工厂作工，究竟此数原因所占之百分比如何？

余参政员际唐：政府规定后方停业之工厂，须加发工人三个月工资，但工人有迟延不领而要求发给胜利奖金、生产奖金，致厂主陷于破产者，政府对此情形可否设法补救？

钱参政员公来：社会部对于运送难民还乡之木船可否加以严格检查？

以上各询问均经谷部长即席答复。

讨论事项：

（一）李参政员中襄等三人提：建议政府救济民营航业以培航运基础案。

财政经济组审查意见：

本案修正通过，送请政府迅速办理，修正之点如下：办法第一项"交民营航业接收或使用"句改为"拨交民营航业使用"；办法第二项"购入"二字下加"或租用"三字；办法第三项第二行"不得由"三字改为"至"字、"私公司"改为"民营航业公司"，第三行"先行"二字改为"不得"。

决议：照审查意见通过。

（二）陈参政员绍贤等三人提：国人战时在美存款美国已同意继续封存，拟请政府商订提取办法并依累进课以重税一律拨充改善民生之用以取缔战时资金逃匿并利平衡社会财富案。

决议：本案通过，送请政府办理。

（三）孔参政员庚等三人根据在平参政员何基鸿等八人来电建议五点案。

决议：本案除关于召开本会第四届第二次大会一点已有决议外，其余各点送请政府酌办。

四、王参政员普涵等三人提：请建议政府声明莫斯科三国外长会议万一有可能影响我国的决议，我国应不受拘束以维护我国权益案。

决议：本案通过，送请政府办理。

五、黄参政员炎培等五人提：建议处理日敌纺织厂办法案。

决议：本案送请政府参酌办理。

散会。下午一时。

13. 国民参政会第四届第一次大会休会期间驻会委员会 第十三次会议记录

（1946 年 1 月 11 日）

国民参政会第四届第一次大会休会期间驻会委员会第十三次会议记录

时　　间：三十五年一月十一日（星期五）上午九时

地　　点：中华路本会秘书处

出 席 者：

主 席 团：江　庸　王云五

驻会委员：钱公来　尹述贤　何葆仁　陈启天　褚辅成　许孝炎　陈博生

　　　　　李中襄　罗　衡　左舜生　胡　霖　武肇煦　王普涵　胡健中

　　　　　黄炎培　范予遂　孔　庚

司法行政部部长：谢冠生

主　　席：江　庸

秘 书 长：邵力子

副秘书长：雷　震

记　　录：谷锡五　詹行煦　顾　粲

报告事项：

一、秘书处报告（附后）［略］。

二、主席报告：国防最高委员会专门委员会对于本会审议三十五年度国家总预算之决议文已有书面意见送来，请传阅（原书面意见附后）。

三、外交部书面报告——邵秘书长代读（原报告附后）［略］。

四、司法行政部谢部长冠生报告最近司法行政设施及复员工作情形，其要点如次：

（一）司法机关之恢复与设置；

（二）司法人员储备计划之实施；

（三）收复区民刑诉讼事件之处理；

（四）汉奸案件之处理；

（五）战争罪犯案件之调查；

（六）办理涉外案件情形。

谢部长报告毕，王主席云（五）江主席庸及钱参政员公来、黄参政员炎培、尹参政员述贤、褚参政员辅成等相继提出询问或建议，兹分志于后：

王主席云五：律师人才缺乏，如何补充？

钱参政员公来：1. 有无清理监狱以备大赦之计划；2. 各地监狱设备应改良；3. 监犯待遇应改良；4. 法警教育程度与待遇均应提高；5. 看守所长与典狱长人选应特别注意。

黄参政员炎培：1. 法院办理大汉奸案件太迟缓，应请注意；2. 请研究有效办法以切实保障人民身体之自由；3. 江苏某青年因刺汪精卫案已监禁十年，尚未判决。此案应请从速处理。

江主席庸：凡涉及债权债务关系之案件，其当事人不应羁押（因系民事案件）。

尹参政员述贤：1. 地方司法界常有贪赃枉法情事，请特别注意；2. 请注意清理积案。

钱参政员公来：军法犯寄押各地监所者甚多，均应从速处理。

褚参政员辅成：刘芦隐系叛徒刑十年，似已满期，请查明释放。

以上各询问及建议均经谢部长即席答复。

讨论事项：

一、李参政员中襄等三人提：浙赣、南浔两路修复工程应请政府迅速办理并由本会审议交通部门之善后救济基金分配用途案。

决议：本案通过，送请政府切实办理。

二、尹参政员述贤等五人提：建议政府向英国交涉迅速停止建筑九龙屏山飞机场以维国权案。

决议：本案通过，送请政府迅速办理。

散会。十二时。

附：

对于参政会审议三十五年度国家总预算决议文之意见

甲、岁入部门

一、增设资产累进捐并提用美国冻结外汇存款弥补赤字。

应由主管迅筹有效办法呈候核定后再列收入预算。

二、关税增为二千亿元。

本原列数已属估计较高，以三十五年度进口物品之种类数量多属善后救济物资及建设器材应行免税，姑再从宽估计增列为一千亿元（原列七百亿元）。

三、直接税、货物税等应澄清积弊。

应照此切实办理；

又契税限于大都市，收复区省份县市乡镇缓办。

契税系全面性未便仅限于都市；

四、盐税太重、盐官太多应逐渐核减。

可照此原则饬主管计划办理。

五、洋酒、糖类、土烟、土酒、卷烟、薰烟、锡箔、迷信用纸等税均应酌予增加，以上各项估计增加七百亿。

可照增列。

以上岁入部门共增列一千亿元，其收支不敷之数以第一项办法实施后追列收入弥补，此时仍暂列债款收入，但在三十五年度内以竭力减少借垫款债务为原则。

乙、岁出部门

一、通则部分

（一）（1）国民参政会经费可按半年计列；（2）设计考核各机关俟改定制度时再为追减；（3）国民大会经费俟筹备就绪再行补列。

（二）裁并骈枝机关。

应由政府限于三个月内切实检讨实施。

（三）提高公教人员待遇及安插被裁人员。

应由政府斟酌实际情形切实办理。

（四）军费应减去等于总岁出百分之三。

查原列军费核减已多，似遽难再减。

（五）增加教育经费等于总岁出百分之五。

原列教育经费连同学校复员费并计已占总岁出百分之四点七，其确属提高学术研究有裨、推进国家建设所必需之经费，可由主管提出计划及预算呈候核定。

（六）粮食部裁并问题。

并第二项由政府通筹办理。

（七）省市支出应予增加。

原列预算对于省市经费增加已多，如确有再行增加必要时，由行政院考核实际情形专案核办。

（八）重订财政收支系统，田赋划归地方，增加地方自治经费。

应由主管将财政收支系统法妥为修改呈核，其田赋及增加自治经费各问题均在修正案内统筹规定。

（九）补列新疆预算。

应由行政院查报新疆收支数目呈核。

二、各主管部分

（一）政权行使支出

（1）（2）并入通则第二项统筹办理；（3）见前。

（二）内政部主管

中央古物保管委员会经费可改列教育部主管。

（三）外交部主管

各使领馆增减经费问题，交外交部注意。

（四）军政部主管

（1）（2）（3）（4）（5）均交军事委员会核议。

（五）财政部主管

（1）（2）并入通则第二项办理；（3）可照办；（4）财务机关经费核减已多，收复区域均应恢复税收机关，实无法再减。

（六）经济部主管

（1）并入通则第二项统筹办理；（2）可照办。

（七）教育部主管

（1）甲、乙、丙、丁各目除照通则第五项所载办理外，由主管查明实际情形专案呈核；（2）照办；（3）照目前情形，原列预算数实属必需，似难再减。

（八）交通部主管

（1）交主管注意办理；（2）（3）总预算内在善后救济基金分配航政部分列数已巨（六十七亿余元），并已另列国营招商局增加资金七千八百万元，最近接收及新购船只颇多，均系交招商局经营；（4）由主管拟具计划呈核；（5）照预算法营业预算系附属预算，应由主管依期编送；（6）由主管查明实际需要核实拟编呈核；（7）平汉、粤汉两路修理费已列有预算，其余各路正在筹购材料中，至新路计划亦已列有新路测量费；（8）确属重要应专案核定；（9）预算上系照案核列，仍交主管声叙改正。

（九）农林部主管

（1）编审预算时水产公司案尚未送到，故列数较少，应专案补列；（2）在善后救济基金分配农林部有关畜牧部分已估列十余亿元，可统筹核支；（3）由主管查明呈核。

（十）粮食部主管

见前。

又查粮食部主管收入除田赋四百余亿元外，并应连同征借实物收入二百七十八亿元及余粮售价收入二百亿元，合并计算共为九百五十余亿元。其支出内大部分系运输、包装、仓库等费及购储资金，其征收费用及机关经费仅占少数。

（十一）司法行政部主管

监狱改良经费可按实际需要酌予增加。

（十二）水利委员会主管

修治黄河经费已在善后救济基金分配数内估列三百九十余亿元。

14. 国民参政会第四届第一次大会休会期间驻会委员会第十四次会议记录

（1946 年 1 月 21 日）

国民参政会第四届第一次大会休会期间驻会委员会第十四次会议记录

时　　间：三十五年一月二十一日（星期一）上午九时

地　　点：中华路本会秘书处

出 席 者：

主 席 团：莫德惠　李　璜　江　庸　王云五

驻会委员：尹述贤　武肇煦　钱公来　王普涵　范予遂　许德珩　陈启天

　　　　　褚辅成　周炳琳　黄炎培　许孝炎　陈博生　胡　霖　左舜生

　　　　　罗　衡　傅斯年　孔　庚　胡健中　张君劢

教育部部长：朱家骅

主　　席：莫德惠

秘 书 长：邵力子

副秘书长：雷　震

记　　录：谷锡五　詹行煦　顾　粲

报告事项：

一、秘书处报告。

二、教育部朱部长家骅报告最近教育行【政】设施暨收复区学校现况及处理情形，其要点如次：

（一）收复区教育处理情形；

（二）内迁学校复员情形；

（三）其他教育措施（如参加国际教育会议、设置专科以上学校科学设备委员会、计划简化中小学课程及扫除文盲普及教育等）。

朱部长报告毕，参政员褚辅成、许德珩、钱公来、尹述贤、罗衡、傅斯年、许孝炎、陈启天、范予遂等相继提出询问或建议，兹分志于后：

褚参政员辅成：1. 抗战期中损失重大之私立学校，教育部能否予以补助？ 2. 教育部能否请求行政院拨给外汇购买图书仪器分配各学校应用？

许参政员德珩：此间私立中学收费过巨，非一般公教人员子弟所能负担，应请设法补救。

钱参政员公来：1. 担任教育复员工作人员不称职者颇多，请注意；2. 南京临时大学开除学生多名，似欠妥当。

尹参政员述贤：1. 三十五年度预算内应补列北大、清华等校经费；2. 收复区教职员之甄审，大学从严，而中小学从宽，似欠公允。

罗参政员衡：战时日人所掳我国儿童应设法接运回国。

傅参政员斯年：近年出版之国定教科书内容恶劣，请于明年暑假以前，暂用战前各书店所编印之教科书。

许参政员孝炎：现时北平私立学校因每期收费过少，甚难维持，未审教部有无补救办法？

陈参政员启天：国立女师校址应设于全国适中地点。

范参政员予遂：敌人在我国所设之科学研究机关是否由教育部或中央研究院接收？

以上各询问及建议均经朱部长即席答复。

讨论事项：

（一）钱参政员公来等四人提：皖省因粮食部派购米粮备受苛扰请政府速予修正以苏民困案。

决议：本案送请政府查明纠正。

（二）冷参政员通等十二人提：为江苏、浙江收复各县地方政军各费悉由地方自筹民不堪命，拟请求中央政府将地方垫款悉数归还嗣后一切军政费用统由中央发给以纾民困案。

决议：本案送请政府迅速查明办理。

（三）黄参政员炎培等十五人提：请查询苏联外长莫洛托夫上年红军节报告译文关于满洲数语与中苏友好同盟条约意义歧异案。

决议：本案送请政府查复。

选举事项：

选举参加军事考察团人员（先由出席参政员各提候选人一名以供投票选举之参考），开票结果：

林　虎　十八票　范予遂　十八票　武肇煦　十五票

周谦冲　十四票　许德珩　十四票　苏　珽　十四票

冷　遹　十三票　罗　衡　十三票

以上八人当选。

江　庸　九票　郑振文　九票　褚辅成　八票

王普涵　八票　梁实秋　八票　但懋辛　四票

以上六人候补。

散会。十二时三十分。

附注：本日选举参加考察团人员后，曾由莫主席德惠报告东北情形。

15. 国民参政会第四届第一次大会休会期间驻会委员会
第十五次会议记录

（1946 年 2 月 8 日）

国民参政会第四届第一次大会休会期间驻会委员会第十五次会议记录

时　　间：三十五年二月八日（星期五）上午九时

地　　点：中华路本会秘书处

出 席 者：

主 席 团：莫德惠　江　庸　王云五

驻会委员：尹述贤　范予遂　王普涵　钱公来　武肇煦　罗　衡　许德珩

　　　　　孔　庚　李中襄　何葆仁　陈博生　许孝炎　胡健中　陈启天

农林部部长：周贻春

主　　席：王云五

秘 书 长：邵力子

副秘书长：雷　震

记　　录：谷锡五　詹行煦　顾　粲

报告事项：

一、秘书处报告。

二、外交部书面报告——邵秘书长代读。

三、农林部周部长贻春报告最近农林设施及收复区农林事业接收情形，其要点
如次：

甲、经常业务：

（一）粮食棉花之增产；（二）畜牧；（三）垦殖；（四）渔业；（五）造林。

乙、复员工作：

（一）农业机关复员；（二）农业复员；（三）接管敌伪农林工作。

周部长报告毕，参政员钱公来等七人相继提出询问或建议，兹分志于后：

钱参政员公来：1.三十五年度农林部预算所列经费太少；2.农林部在盛前部长时代曾裁撤垦区，殊属失当；3.后方农场不应荒废，农林技术人员之工作，应有保障。

王参政员普涵：1.后方农民亦需要救济，希望政府对于农具之分配能兼顾后方农民，不应只限于收复区；2.目前国内棉花销路不畅，价格低落，而政府反向国外购棉，殊不合理。

李参政员中襄：1.农林部门善后救济基金之用途已否订有计划？ 2.农具似可自行制造分发农民应用。

孔参政员庚：1.希望农林部能有土地政策、农业政策，并于参政会下次大会中提出报告；2.请注意培植新式农业人才。

莫主席德惠：凡属农业人才，均当借重，不应使其向隅。

武参政员肇煦：1.米棉如只仰赖舶来品，实属危险；2.请注意保护旧林，并造新林；3.垦地增多则牧地减少，农林部对此应有通盘筹划，俾畜牧不受妨碍；4.改良种子农具等须实事求是，俾能适合我国情形。

江主席庸：欲改良农业，必须革除政治上扰民之事。

以上各询问及建议均经周部长即席答复。

讨论事项：

（一）王参政员普涵等三人提：全国棉价低落，影响农民生计至巨，购运外棉恐更加深此种危机，请建议政府尽先购用本国存棉并推广棉贷，奖励棉花生产以维护农民利益、挽救农村破产案。

决议：本案送请政府切实办理。

（二）钱参政员公来等三人提：近阅报载东北行营接收抚顺煤矿委员张莘夫等八人在由抚顺折返沈阳途中被害不知真相如何请政府查明真相见复案。

决议：本案送请政府查明答复。

（三）尹参政员述贤等三人提：建议政府依据物价指数切实从速提高公教人员待遇案。

决议：本案送请政府从速办理。

散会。十二时四十分。

附注：本日讨论提案后，莫主席德惠应各出席参政员之请求再行报告东北情形。

十

国民参政会第四届
第二次大会休会期间驻会委员会
会议记录

1. 国民参政会第四届第二次大会休会期间驻会委员会第一次会议记录

（1946 年 4 月 12 日）

国民参政会第四届第二次大【会】
休会期间驻会委员会议事日程第一次会议

三十五年四月十二日上午九时

报告事项：

一、秘书处报告：外交部驻澳专员唐榴代电，为钧会此次大会决议，建议政府组织调查接收及处理敌伪物资委员会，实为刻不容缓之措施。谨将呈报外交部代电一纸，送请鉴核由。（呈报外交部代电印附）

讨论事项：

一、大会交议：组织收复区包括中央占领区政治视察团案之实施办法。

二、大会交议：关于组织接收工作，调查团案内之：

（一）调查区域之划分。

（二）参加参政员之人数及人选。

（三）订定调查细则。

2. 国民参政会第四届第二次大会休会期间驻会委员会 第二次会议记录

（1946 年 5 月 24 日）

第四届第二次大会休会期间驻会委员会第二次会议记录

时　　间：卅五年五月廿四日上午九时

地　　点：国民大会堂二楼

出 席 者：

主 席 团：江　庸　王云五

驻会委员：尹述贤　郑揆一　达浦生　范予遂　甘家馨　薛明剑　刘真如

　　　　　许孝炎　林　虎　汪宝瑄　何春帆

秘 书 长：邵力子

副秘书长：雷　震

主　　席：江　庸

记　　录：谷锡五

报告事项：

一、秘书处报告。

二、粮食部徐部长堪报告最近粮食设施情形。

略谓，最近粮价高涨之原因：（一）天灾流行；（二）军粮征购的影响；（三）治安和交通不能恢复；（四）其他意外事件——例如台湾与东北本为粮产丰富地，原拟可从两地大量内运，可是事实上台湾尚须从内地运粮接济，而东北亦无法运粮关内，联总运华粮食与预计数量亦相差甚远，凡此皆为意外事件。粮食部目前所采的措施，一方面为改善军粮的征购，尤其希望整军以后，军粮数量可以减少，一方面调剂地域间供需，运有济无。过去（三月初间）政府曾将川米大量运济长江下游，四月间长江水位低落，运轮受阻，今后水涨，运输力当可增强。此外，在南洋及中南美方面，过去曾设法购粮内运，但因外交问题，阻碍甚大。今后当与各方努力，解决此种困难，以致外米的大量内运。此外，政府正考虑：（一）恢复粮食管制；（二）厉行粮食节约，规定粮食精度；（三）恢复田赋征实。

徐部长报告后，林参政员虎、尹参政员述贤、薛参政员明剑、郑参政员揆一、范参政员予遂就运输、管制、征实、粮食来源及地域间调节等问题先后提出询问及建议，均经徐部长逐一答复。

三、行政院蒋秘书长梦麟报告京市房屋分配情形。

蒋秘书长报告后，郑参政员揆一、尹参政员述贤、甘参政员家馨、许参政员孝炎就购建活动房屋、官定房租、公务员发给实物等问题先后提出询问和建议，均经蒋秘书长逐一答复。

讨论事项：

（一）清查接收敌伪物资办法案。

决议：将本日各参政员所发表意见与有关方面（中央监察委员会及监察院）再行研讨后，报告下次会议。

主席宣布：本日因时间关系，议程中未及讨论之事项，留待下次会议讨论。

散会。

3.国民参政会第四届第二次大会休会期间驻会委员会第三次会议记录

(1946年6月7日)

国民参政会第四届第二次大会休会期间驻会委员会第三次会议记录

时　　间：中华民国三十五年六月七日（星期五）上午九时

地　　点：国民大会堂会议室

出 席 者：

主 席 团：莫德惠　江　庸　李　璜　王世杰　吴贻芳

驻会委员：褚辅成　钱公来　林　虎　达浦生　尹述贤　薛明剑　许孝炎

　　　　　陈启天　何春帆　甘家馨　郑揆一　范予遂　刘真如　荣　照

秘 书 长：邵力子

副秘书长：雷　震

主　　席：莫德惠

记　　录：谷锡五　龚光朗

报告事项：

一、秘书处报告：武参政员肇煦函，以渝京交通不便，不克就京参加驻委会，希代请假由。

二、外交部王部长世杰报告最近外交及国际情形，其要点如下：

（一）关于日本对盟国赔偿问题，中国政府已照远东委员会之决定，要求将日本工业设备之必须撤除与迁出国外者，准由中国尽先提取一部分，以应中国经济复兴之急迫需要，此事已在积极交涉之中，我政府主管机关对于如何利用此种设备，以及如何获致技术人员已有相当之准备。

（二）日本天皇制之存废，近已为日本国内各方面人士讨论之重点，远东委员会亦在密切注意此问题，因为此一问题，将为日本未来宪法问题之一，中国政府认为君主制度之存废，宜由日本人民自行决定，惟日本人民对于此一问题实行自决，须在日本军阀所给予日本人民之种种迷信与恶宣传完全消除以后，在这种消除工作方面，吾人不能不认为过去九个月中麦帅之措施已有不少之成就。

（三）美国政府已邀请我国政府派员参加其七月四日菲律宾独立盛典，菲总统并邀请蒋主席届时参加，蒋主席亦极重视此事，甚望届时能拨冗前往。

（四）中法新约暨中法关于越南协定，已经双方政府批准，定于今（八）日在南京交换批准书，法国不久将有经济团来华访问，至于中国在越南之军队，除由越南派赴日本之一师尚在海防候船出发外，其余已一律撤退返国。

（五）法暹边境之冲突，中国已接到双方之报告，并已向双方政府表示我政府之关切。

（六）荷属东印度华侨，因荷兰与印度之未能妥协，以及荷印革命军纪律之欠良，致使华侨生命财产遭受重大损失，我政府已电召总领事蒋家栋回京，以便详询当地状况，并确定保侨之步骤，我政府现正考虑加派要员赴荷印视察，在此时期，中国政府实不能不郑重再促荷兰政府及荷印领袖各各注意其对华侨生命财产所负之保护责任。

（七）中国政府决定于最近期内，将德国侨民之曾为纳粹党员或曾为纳粹党活动者遣送回国，其无此种情形者，则不在强制遣送之列。

（详细报告另见速记录）。

报告毕，各驻会委员提出询问案如下：

1. 钱委员公来询问：关于东北外交问题一件。

2. 尹委员述贤询问：关于遣俘与中暹关系问题一件。

3. 薛委员明剑询问：关于东北工业生产问题一件。

4. 郑委员揆一询问：关于天皇制度存废问题一件。

5. 林委员虎询问：关于向暹罗购米期限问题一件。

6. 荣委员照询问：关于蒙古自治问题一件。

以上各询问案，俱经王部长即席口头答复。

讨论事项：

（一）关于本会参加接收处理工作清查团人选案。

决议：清查接收敌伪物资办法及编制概算表照案通过。本会应出之委员人选，由各驻会委员推荐，于九日以前送交秘书处，汇呈主席团，于下星期三或四开会，拟定名单后，再提出下星期五驻委会临时会议决定。

（二）本委员会定六月十四日上午九时举行临时会议。

散会。上午十二时。

4. 国民参政会第四届第二次大会休会期间驻会委员会第四次会议记录

（1946 年 6 月 21 日）

国民参政会第四届第二次大会休会期间驻会委员会第四次会议记录

时　　间：三十五年六月二十一日（星期五）上午九时

地　　点：南京国民大会堂二楼

出 席 者：

主 席 团：江　庸　莫德惠　王云五

驻会委员：郑挹一　苏　琅　陈启天　左舜生　尹述贤　达浦生　范予遂

　　　　　荣　照　薛明剑　甘家馨　钱公来　汪宝瑄　刘真如　傅斯年

秘 书 长：邵力子

副秘书长：雷　震

主　　席：江　庸

记　　录：谷锡五　龚光朗

报告事项：

一、秘书处报告

（一）吴主席贻芳函：因事请假由。

（二）国防最高委员会秘书厅公函：国民参政会建议从速向联合国善后救济总署
交涉，迅拨大量粮食救济中国饥馑等二案，行政院函复办理情形，请查照转陈由（附
件一）[略]。

（三）国防最高委员会秘书厅公函：行政院函复关于处理日敌纺织厂办法一案办
理情形，函请查照转陈由（附件二）[略]。

（四）国防最高委员会秘书厅公函：为国民参政会对于司法行政报告之决议案，

已交司法行政部切实注意，复请查照转陈由。

二、外交部书面报告（邵秘书长代读）其要点如下（详附件三）[略]：

（一）荷印坦其隆惨杀华侨事。

（二）引渡溥仪案。

（三）遣送德侨案。

三、财政部俞部长鸿钧报告最近财政金融设施情形，其要点如下（详附件四）：

（一）赋税之整理。

（二）金融之管理。

（三）公债之整理。

（四）改订财政收支系统。

报告毕，参政员薛明剑、范予遂、甘家馨、郑揆一、刘真如、钱公来、尹述贤提出关于征税流弊，防止通货恶行膨胀，改革币制，处理敌伪物资接收舞弊及公教人员待遇等询问案，俱经俞部长即席口头答复。

讨论事项：

一、郑参政员揆一等提：拟请政府迅速取消开放外轮航行内河之议，以维本国航业案。

决议：本案通过，送请政府迅速撤销开放外轮航行内河成议。

二、主席团提：拟定本会参加接收工作清查团委员名单，请公决案。

决议：修正通过。其名单如下：

（一）苏浙皖区（三组五人）。

团长：范予遂

委员：尹述贤　吴望伋　金维系　赵雪峰

候补：吴沧州　张维桢

（二）湘鄂赣区（三组三人）

团长：仇　鳌

委员：李荐廷　李中襄

候补：余楠秋　吴健陶

（三）粤桂区（二组二人）

委员：张良修　阳叔葆

候补：韩汉藩

（四）冀察热绥区（三组五人）

委员：黄宇人　梁上栋　许德珩　荣　照　苏　珽

候补：何基鸿

（五）鲁豫区（二组二人）

委员：刘次箫　燕化棠

候补：赵公鲁

（六）闽台区（二组二人）

委员：叶道渊　郑揆一

（七）东北区（三组三人）

团长：钱公来

委员：郭任生　王寒生

候补：武肇煦

散会。上午十二时。

附件四：

俞部长报告最近财政金融措施

财政部长俞鸿钧，昨（廿一）日上午，出席参政会驻会委员会，报告最近财政金融措施，俞氏首谓：当前财政经济之最重要问题，在如何安定物价、平衡预算，财政部遵照本年二中全会及本届参政会大会，关于财政经济决议各项，对于增加收入、减少发行、配合经济政策、建立金融系统，及重划国税收支诸端，认为均属目前急要之图。本部同人，悬为施政之鹄的，虽以吾国本为经济落后国家，八年抗战创巨痛深，收复区各地，复饱经敌伪之榨取囊括，元气大伤，执行未免困难，然仍一本既定政策，努力以赴。回溯在抗战八年间，国家历尽困苦艰难，然因上下一心，遂能安稳度过，现在只要坚定信心，认清目标，相信无论任何艰阻，都不难逐渐克服。

俞氏旋对三十五年度总预算执行情形，作详晰之报告。关于岁入部门，卅五年度预算决定时，原包括收复后华北各省之广大税源，但因政局迄未安定，原定财政复员计划，未能顺利推行，影响税收甚巨，财政、经济本息息相关，交通建设之破坏，生产秩序之妨碍，经济之困厄愈深，则财政之艰难益甚，而在支出方面，因为战后公私建设，残破甚多，恢复交通，复员救济，自然都是刻不容缓的，但就国家财力而言，实属负担甚巨，益以整编军队，调整文武职员待遇，及变更外汇结汇办法，暨提高收购粮食价格等项所增加的支出，为数较多，此均系预算外的支出。

欲谋收支之平衡，政府自然积极整理税收，以期渡过当前的危机，即便加重人民负担，也不能不忍耐一时，原则上确是如此，但一般人又都希望政府于战争终了以后，能减轻人民负担，所以在复员之际，政府要顾念人民痛苦，减免若干赋税，俾得休养生息，因此只有在不危及国民经济发展的范围内，积极整顿税务，以期增加收入，以为弥补。除税收以外，他如妥善处理接收后之敌伪财产，将出售租赁或营业盈余所得，列为国家收入，谨严的运用黄金外汇，以稳定币值，利用国外的善后救济物资，以为善后救济之另一财源，向友邦洽借外债，以购买复员建设所必需之器材等。凡此种种，都有助于收支之平衡。政府最近又拟举办财产税、交易税，及特种过份利得税，以增加收入，不过所尤重要者，仍在稳定金融，安定币值，收缩通货，使物价逐渐得以平抑。俞氏继就（甲）关于赋税之整理，（乙）关于金融之管理，（丙）关于公债之整理，（丁）关于改订财政收支系统会议之要点四项，其最近重要设施加以报告：

一、赋税整理

关于直接税方面，财部为使战后新税制能负起社会的和经济的任务，将所得税先行改革，采行分类综合所得税制，新税法案已公布施行，此项新税法之精神在于：（一）配合经济建设政策；（二）平均社会财富分配；（三）促进国民经济之平衡；（四）发展简化税制。此外，遗产税方面，亦均予以调整，货物税方面，并经扩大征税范围及提高税率（尤其奢侈品税率之提高），在最近修订制货物税条例中，并恢复水泥等五种统税，提高洋酒、啤酒税率，近以粮荒，复通饬禁止以主要食粮酿酒，盐政方面，将后方高税区域逐渐减低，同时以多销弥补减税之损失，盐政局又为扶助接收各场，经举办分区货款，场商灶户因得收拾残烬，努力生产。最近并徇盟方之请，以沿海各区产盐轮日接济，变换物资。关税方面，收复区海关业务已恢复者，计江海、九龙等十四关，战时内地关所，除金陵、重庆等等关外，并尽量裁撤，至关税税则，以战后复兴建设，需要大量器材进口，而国内生产亦须大量输出，关税政策似不应采用关税壁垒制度，只能采用适度保育办法。现正搜集资料，重加研拟，对现行税则筹拟调整方案，以便实施。

二、金融管理

对于战后金融之管理，一方面在健全其体系，故经厘定各种银行法规，今后各种银行经营皆有章则可资循蹈，而金融系统亦得以树立，一方面在加强银行之管理，关于管理银行，原颁有修正非常时期管理银行办法，积极方面，在督促各银行资金尽量用于发展生产事业，以配合国家经济政策，消极方面，禁止银行助长投机。又最近各收复区商业银行，纷纷请求复业，并经依据收复区银行复业办法、补充办法，逐一审核，一部分业经财部核准，继续营业或复业，一部分以证件不齐，经批饬补具证件，再凭核办。又为促进经济复员及恢复证券市场之正常交易起见，已派员进行筹备上海交易所之复业。

三、公债之处理

财政部为维持债信，顾全持券人权益起见，于战事结束后，即经查照收复区情形，分别缓急，拟定各种公债普遍恢复照常偿付办法，次第实行，所有三十年起发行之公债，已于上年十二月间宣布，在收复区普遍先付本息，至民国三十年以前所发各种公债最近亦经决定自本年七月一日起，在全国各地普遍兑付。此项普遍兑付，自然依照各该公债原订条例办理。数月前外间谣传政府发行孙币，并以孙币偿付战前公债，迭经本部否认，且各种公债在抗战时期，始终均在后方，按照原订条例兑付本息，现在收复区普遍兑付，办法相同。

四、改订财政收支系统

财部对于自治财政之改进向极注意，胜利以后，为谋财政复员，业已拟有方案，经过国防最高委员会之研议，呈由中央提出二中全会，详加审议，修正通过，并根据此项决议拟定划分各级政府财政收支系统实施办法，定本年七月一日开始实施。本月六日并会同粮食部召开实施改订财政收支系统会议，就是为了研讨实施方面的各种具体问题，在会议中，各省地方当局及主管财政人员，均认为今后之自治财政，远较前此为充裕，自治事务当可顺利推行，摊派苛杂亦可敛迹，惟在省政方面，则有出人意料之外者，即前此关于恢复省级财政，几为各省一致之主张，而在中央决定恢复省级财政以后，各省又几于一致请求展缓实施，以免省财政独立后无所倚恃。为顾全省级财政之困难，经于会议中决定，改订财政收支系统后之各级财政收支划分，仍自本年七月一日起实行，田赋项下仍准带征地方公粮三成，以维省县市地方公教人员生活，所有各省（市）三十五年下半年度岁出预算，一律照原核定预算，并按调整人员待遇案伸算，以半年度计列，其收支不能平衡者，由各省（市）编其收支对照表，报请中央核拨补助费。改制伊始，为避免收支脱节，并先由中央按照六月底以前之核定预算数拨借一个月至三个月，俟年终再行扣补。至划归地方之土地税、契税、营业税，亦于七月一日起移交地方接办，预计实施以后，地方财政当能渐上坦途。

俞氏末谓目前财政经济问题之解决，开源节流，应同时并进，并盼政治能早日解决，局面安定，交通畅达，贸易可以发展，物资得以流通，生产得以增加，物价不再波动，则金融巩固，币制稳定，收支平衡，自易为力。

5. 国民参政会第四届第二次大会休会期间驻会委员会
第五次会议记录

（1946 年 7 月 5 日）

国民参政会第四届第二次大会休会期间驻会委员会第五次会议记录

时　　间：中华民国三十五年七月五日（星期五）上午九时

地　　点：国民大会堂会议室

出 席 者：

主席团：莫德惠　吴贻芳　江　庸

驻会委员：钱公来　郑揆一　马乘风　林　虎　苏　琬　伍纯武　罗　衡
　　　　　彭革陈　陈启天　薛明剑　甘家馨　尹述贤　傅斯年　范予遂

经济部部长：王云五

主　　席：莫德惠

秘 书 长：邵力子

副秘书长：雷　震

记　　录：谷锡五　詹行煦

报告事项：

一、秘书处报告。

二、外交部书面报告：邵秘书长代读。

三、邵秘书长报告：此次会议原请行政院宋院长出席报告，惟昨接宋院长由沪来电，谓因疗病不及赶回出席，故改请经济部王部长报告。

四、经济部王部长云五报告最近经济设施情形，其要点如次：

关于工矿之接收及处理情形：

（一）接收及处理之原定办法；

（二）各区接收及处理之近况；

（三）中国纺织公司情形；

（四）检讨与善后。

报告毕，各驻会委员会提出询问案如下：

1.薛委员明剑询问：关于中纺公司经营情形及中蚕公司问题一件。

2.伍委员纯武询问：关于云南企业公司问题一件。

3.范委员予遂询问：关于工厂复工问题一件。

4.罗委员衡询问：关于救济国内生产事业及用人问题一件。

5.郑委员揆一询问：关于利用华侨投资问题一件。

6.尹委员述贤询问：关于中纺公司职员待遇问题一件。

以上各询问案均经王部长即席答复。

又林委员虎等四人对于国外运济内地食米在香港遗失事提出书面询问案一件，送请行政院以书面答复。

讨论事项：

一、薛委员明剑等三人提：请政府改善铁道三四等车设备，藉以减少阶级观念而安定人心案。

决议：本案通过后，送请政府切实办理。

二、苏委员斑等三人提：请政府迅即裁撤粮食部以慰民望而节国帑案。

决议：

（一）本会上届驻会委员会曾于审议本年度预算时有请政府裁撤粮食部之决议，兹再请政府郑重考虑。

（二）征实征粮机构应力求改善，以苏民困。

（三）中央及地方粮政机构过于庞大，冗员甚多，应请政府裁减至少三分之二。

（四）粮政范围内贪污事件层出不穷，应请政府查明责任，依次严办，其已有案件可凭者，请政府迅速严办，以儆将来。

三、苏委员斑等三人提：请政府速定兑换伪蒙钞比率，并迅予收兑以苏民困案。

决议：本案通过，送请政府迅速办理。

四、罗委员衡等四人提：再请政府依法惩办云南前田粮处长陆崇仁贪污舞弊违法渎职，以正官箴案。

决议：本案通过，送请政府迅速切实办理，如在云南不能办理时，应移送中央办理。

五、傅委员斯年等提：请政府彻惩京沪、沪杭两路局购料贪污并嘉奖检举案。

决议：本案通过，送请政府切实办理。

六、马委员乘风等四人提：请政府迅速解除豫民苦痛案。

决议：本案通过，送请政府办理。

七、马委员乘风等三人提：请政府对京沪主要物价作有效管制案。

决议：本案通过，送请政府切实办理。

八、尹委员述贤等六人提：建议政府在国民大会开会前按照规定召开参政会第四届第三次大会，以解决国是案。

决议：本案请尹委员移至下次会议提出。

报告事项：

邵秘书长报告接收工作清查团筹备情形：

一、东北区团已举行谈话会一次，决定从速出发。

二、苏浙皖区团亦已举行谈话会一次，该团团长一职原推范参政员予遂担任，现改推张知本先生为团长兼沪杭组长，范参政员予遂为京苏组长，金参政员维系为徐皖组长。

三、鲁豫区团员刘参政员次箫辞不就职，以赵参政员公鲁递补，冀察区团员许参政员德珩亦辞不就职，以何参政员基鸿递补，至粤桂区团长，应由参政会推出，惟尚未决定。

四、本星期六日上午九时，将召集在京各团员开会，商讨一切进行事宜，并邀请行政院及国防部等长官出席。

散会。下午一时。

6.国民参政会第四届第二次大会休会期间驻会委员会
第六次会议记录

（1946年7月19日）

国民参政会第四届第二次大会休会期间驻会委员会第六次会议记录

时　　间：中华民国三十五年七月十九日（星期五）上午九时

地　　点：国民大会堂会议室

出 席 者：

主 席 团：莫德惠　吴贻芳　江　庸

驻会委员：武肇煦　尹述贤　达浦生　范予遂　伍纯武　甘家馨　钱公来

　　　　　罗　衡　彭革陈　许孝炎　汪宝瑄　傅斯年

国防部部长：白崇禧

主　　席：江　庸

秘 书 长：邵力子

副秘书长：雷　震

记　　录：谷锡五　詹行煦

报告事项：

一、秘书处报告。

二、外交部书面报告：邵秘书长代读。

三、国防部白部长崇禧报告：中央军事机构改组为国防部及军队整编经过，其

要点如次：

（一）中央军事机构改组为国防部经过；

（二）三十五年度国军整编现况（已整编者计共五十九军）。

报告毕，驻会委员武肇煦、范予遂、罗衡等相继提出询问，兹分志于后。

1. 武委员肇煦询问:(1)各地军事冲突之真相如何?(2)编遣之士兵如何安置?(3)军队待遇调整后仍嫌过低。(4)大同现被中共军包围,请予注意。

2. 范委员予遂询问:军事参议院是否撤销?

3. 罗委员衡询问:(1)报载外蒙允许苏联在其境内驻兵,确否?(2)外蒙与我国之境界如何划分?(3)以后征兵应注意平等之原则。

以上各询问,均经白部长即席答复。

讨论事项:

一、薛委员明剑等三人提:请政府迅速挽救丝业危机案。

决议:本案送请政府妥筹办法,速谋救济。原办法送请政府参考。

二、武委员肇煦等四人提:请政府彻查此项联总停运运华救济物资之内幕及行总运用物资之实况,迅拟改进办法,并向联总抗议,以维国家体面案。

决议:本案修正通过,送请政府办理,修正之点如下:

1. 案由内"并向联总抗议,以维国家体面"句删去;

2. 理由与办法两部分合并修改为以下两项:

(1)请政府依正当途径向联总交涉;

(2)迅速彻查行政院对善后救济之政策及行总之一切措施,速谋改善。

三、武委员肇煦等四人提:再请政府迅速解决京市房荒,务使还都之贫困公教人员及义民确能获得住所,以慰人心,而改正社会观听案。

决议:本案修正通过,送请政府迅速切实办理,修正之点如下:

1. 案由修改为"再请政府迅速解决京市房荒,并彻查强占民房或假机关名义占用敌伪房屋,以慰民心,而改正社会观听案。"

2. 办法改为以下四项:

(1)行政院房屋配建委员会对于解决房荒,分配房屋办理不力,应予彻查。

(2)应将封存敌伪之房屋数目及其占用机关名称与个人姓名速予公布。

(3)凡强占民房或假借机关名义占用敌伪房屋之人员,应严饬迁移,并予惩处。

(4)严禁金条、美钞及二百万法币之押金与高抬租金。

四、罗委员衡等三人提:请政府明令保护人民房屋财产之所有权,并饬严厉执行,以重法纪，而减轻人民痛苦案。

决议：本案送请政府切实办理。

五、江主席庸等三人提：请政府对菲律宾最近通过之"零售商国营"及"劳工菲化"两排华法案速筹有效对策案。

决议：本案送请政府切实办理。

六、吴主席贻芳等三人提：请政府令饬云南省政府严办暗杀凶手案。

决议：本案送请政府迅速办理。

七、彭委员革陈等提：整理中央中国两航空公司业务，彻查飞机失事原因，以维空航，而重人民生命案。

决议：本案送请政府切实办理。

八、傅委员斯年等三人提：请政府严切注意汉奸案件之处理案。

决议：本案送请政府迅速严切注意。

九、伍委员纯武等五人提：请政府从速实行优待边省大学服务人员，以充实边省教育，而固国本案。

决议：本案送请政府切实办理。

十、罗委员衡等五人提：现任上海市政府秘书长何德奎通敌叛国有据，请政府逮捕依惩治汉奸条件，交司法机关法办，以肃纪纲案。

决议：本案送请政府迅速办理。

报告事项：

一、雷副秘书长报告接收处理敌伪物资工作清查团筹备情形。

1. 粤桂区团长已推定阳参政员叔葆担任。

2. 湘鄂赣区团团员李参政员中襄辞不就职，已以原推候补人余参政员楠秋递补。

3. 各团在京团长、团员等准备各项手续，大致就绪，可于最近分途出发。

二、邵秘书长报告昨日后方三厂复员委员会代表为办理联合工厂事至本会请愿情形。

散会。下午一时。

7. 国民参政会第四届第二次大会休会期间驻会委员会 第七次会议记录

（1946 年 8 月 30 日）

国民参政会第四届第二次大会休会期间驻会委员会第七次会议记录

时　　间：中华民国三十五年八月三十日（星期五）上午九时

地　　点：国民大会堂会议室

出　席　者：

主　席　团：江　庸　王云五

驻会委员：褚辅成　左舜生　范予遂　伍纯武　薛明剑　陈启天　王普涵

　　　　　甘家馨　尹述贤　达浦生　何春帆　罗　衡　武肇煦　汪宝瑄

　　　　　席振铎　许孝炎

主　　席：江　庸

秘　书　长：邵力子

副秘书长：雷　震

记　　录：谷锡五　詹行煦　徐晓林

报告事项：

一、秘书处报告。

二、雷副秘书长报告上次临时会改为谈话会之经过。

讨论事项：

一、第六次会议决议案十件，请予追认案。

秘书处说明：第六次会议出席者仅十五人，不足法定人数，经上周谈话会决定，该次会议决议各案，均提请本次会议追认。

决议：予以追认。

二、范参政员予遂等七人提：吁请政府及中共迅即停止军事冲突，恢复商谈，以实现中国之和平统一案审查报告。

决议：照审查意见，修正通过。

三、伍参政员纯武等四人提：在此汇率提高、物价随涨之今日，应请政府迅速采取有效措施，力谋稳定物价，以免动摇国家经济基础案。

决议：本案送请政府切实办理。

四、罗参政员衡等七人提：注意因外汇调整，平空刺激物价上涨，应采有效办法制止，以维人民之生活案。

决议：本案送请政府切实办理。

五、薛参政员明剑等三人提：请本会通电全国，拥护政府调整外汇，藉维国内生产事业案。

决议：本案保留。

六、薛参政员明剑等三人提：请政府速派工矿专家赴美参加赔偿委员会工作，确保我国权益案。

决议：本案修正通过，送请政府采择施行，修正之点，原案内"如翁副院长等"及两处"一方"字样均删去。

七、伍参政员纯武等三人提：请政府排除一切困难，迅速恢复交通，增进生产，平抑物价，督促减租，以安民生，而固国本案。

决议：本案送请政府切实办理。

八、伍参政员纯武等三人提：为张炎茂被人暗杀已久，请政府加紧缉凶案。

决议：本案送请政府办理。

九、薛参政员明剑等四人提：拟请政府通令各军事机关，不得擅包交通工具，以利交通案。

决议：本案送请政府迅速切实办理。

十、薛参政员等四人提：拟请政府严查军事肇祸事件，并迅订有效管制办法，以维民命案。

决议：本案送请政府即实办理。

十一、罗参政员衡等八人提：请政府明白宣示对巨奸周逆佛海、丁逆默邨及华北之苏逆体仁，何以迄今不交付司法机关依法审判之理由，并请即日交付法办，以释群疑而彰国法案。

决议：本案送请政府迅速办理。

十二、张参政员君劢等三人提：为上海市警察局非法查禁，《再生》杂志提出责问，吁请转陈政府予以制止，并切实保障言论自由案。

决议：本案送请政府查明办理。

十三、汪参政员宝瑄等临时动议：本会检举上海市政府秘书长何德奎附逆一案，应再请政府迅速交司法机关办理，并见复案。

决议：通过。

十四、请决定下次会议政府出席报告人案。

决议：请司法行政部谢部长出席报告。

报告事项：

雷副秘书长报告：梁参政员上栋由平来信，叙述冀察热区接收工作清查团工作情形。

散会。十二时。

8.国民参政会第四届第二次大会休会期间驻会委员会 第八次会议记录

（1946年9月13日）

国民参政会第四届第二次大会休会期间驻会委员会第八次会议记录

时　　间：中华民国三十五年九月十三日（星期五）上午九时

地　　点：国民大会堂会议室

出 席 者：

主 席 团：江　庸

驻会委员：王普涵　甘家馨　伍纯武　武肇煦　罗　衡　薛明剑　达浦生
　　　　　尹述贤　何春帆　李　洽　范予遂　席振铎　陈启天　许孝炎
　　　　　刘真如

交通部部长：俞大维

主　　席：江　庸

副秘书长：雷　震

记　　录：谷锡五　詹行煦　徐晓林

报告事项：

一、秘书处报告。

二、外交部书面报告——雷副秘书长代读。

三、雷副秘书长报告：

1.上次驻委会通过之吁请和平统一案，原文中关于尊重第三者意见一段，以有关方面认为未妥，于发表时暂为删去。惟秘书处函送政府及中共及庐山中央日报刊登者，则为全文。

2.此次会议，原经决定请司法行政院谢部长报告，适谢部长以事离京，不克出席，改请交通部俞部长报告。

3. 今晨，山西雁北人请愿团代表三人来会请愿，提出三项要求：（1）请政府火速救援大同，（2）请政府派机空运军粮民食，（3）请政府拨发医药器材。特为转达。

四、交通部部长俞大维报告最近交通情形（原词附后）。

报告毕，各驻会委员提出询问案如下：

1. 薛委员明剑询问：（1）军人挂用专车；（2）扩展各地电话业务；（3）铁路支线可准由人民经营及民营航空公司等问题一件。

2. 伍委员纯武询问：（1）飞机票涨价；（2）京沪、沪杭两路车辆上乘客拥挤情形；（3）滇越铁路交涉情形等问题一件。

3. 王委员普涵询问：关于西北铁路计划问题一件。

4. 尹委员述贤询问：（1）航空公司地面人员失职；（2）中共广播；（3）陈纳德组织航空公司等问题一件。

5. 李委员洽询问：兰州至新疆铁路是否经过青海问题一件。

6. 武委员肇煦询问：（1）铁路管理改采区域制后情形；（2）外传粤汉路有美人投资三分之二之拟议是否确实；（3）中央航空公司慢客情形等问题一件。

7. 刘委员真如询问：关于江南铁路是否列入明年修建计划问题一件。

8. 陈委员启天询问：（1）发展航空计划；（2）西南一般交通计划；（3）此次政府与中共商谈恢复交通之经过等问题一件。

以上各询问案，均经俞部长即席分别答复。

讨论事项：

一、武参政员肇煦等五人提：请政府速筹本年度全国大中小失学青年有效收容办法付诸实施，以期凡属国民，个个有校可入、有书可读，奠立百年基础案。

决议：本案修正通过，送请政府迅速办理。

修正之点：办法第四项下增第五项："鼓励各级私立学校之创设"。

二、薛参政员明剑等五人提：拟请中央银行金融检查处改善提存各省市县银行暨商业银行存款准备金办法案。

决议：本案通过，送请政府注意。

三、薛参政员明剑等五人提：拟请政府通令全国铁道、汽车、轮船等交通机构优待编余军官及其家属回乡案。

决议：本案通过，送请政府迅速办理。

四、李参政员洽六人提：救济青海灾情案。

决议：本案通过，送请政府迅速办理。

报告事项：

雷副秘书长报告：关于参政会召开日期，邵秘书长去庐山时，曾备有签呈，面呈主席。同时，上海参政员亦有请求召开参政会之函呈主席。主席表示现在时间迫促，参政会可暂缓召集。且此次国民大会职权仅系制宪而非行宪，本届参政员任期或有延长可能。

散会。十二时半。

附件：

最近交通情形

主席、各位先生：

今天第一次与诸位见面，衷心非常感奋。交通事业非常复杂，个人观察不周，在所难免，尚请诸位先生不吝指教。

谈目前中国交通，要以铁路为最重要，因其为价廉而迅速之工具。中国全国铁路，可分为三区：一、自广州湾经柳州、贵阳、成都、西安至兰州一线以西地区内铁路，称为西南西北区；二、陇海线以南地区内铁路为东南区；三、陇海线（连同本线）以北地区内铁路称为北区。

西南西北区铁路特点，为兴建新路。其干线广州湾至柳州段，现时无法修筑。柳州至贵阳段正赶修中，希望能早日完成。贵阳至隆昌段，待柳贵段接通后继续兴筑。成渝路重广至隆昌段已兴工，明年内全路或可完成。成都至天水段明年或可开工，预定两年完成。天水至兰州段，正在兴建中。此外，兰州至新疆铁路段，计划测量中，惟修建则须在天兰段通车后。

东南区铁路,特点为恢复与改善。该区各铁路现在已通车者有:(一)粤汉路,(二)平汉南段,(三)津浦南段,(四)两路通至杭州,(五)浙赣路仅通萧山至诸暨,及江山至上饶两段。浙赣路为东南区东西干线,以南浔路为支线,全线希望能于明年修复。修筑铁路所最感缺乏者为钢轨及枕木,国产为数有限,且以交通阻塞,无法转运,是以不能不取之国外,现正分别接洽中。

北区铁路之主要工作为抢修。因该区各路时遭共军破坏,前几月以津浦、平汉两路破坏较烈,现则以同蒲路损失最巨。各路段共军破坏后,均经派工抢修,员工不避艰难,在炮火下努力工作,故各路均能于短期内修复通车。

目前铁路之修复与整理,困难甚多。其荦荦大者有三 :(一)材料缺乏。全国三千余公里待修铁路,所需钢轨枕木为数甚巨,救济总署所能供给者仅半数而已,运抵国内者极少,其余半数材料尚待在国内外洽购。(二)运价过低。现在各路运价均不足成本,以致最近三个月亏损一百五十亿,长此以往,各铁路无法自给,更难求发展。(三)效率降低。美国铁路每公里仅需三个半人管理,战前两路每公里亦只需十七八人,现在则需三十七人。交通部为谋全国铁路之修复与发展,正力求此三困难之克服。

水运方面,现时国内船只吨位已与战前相等,惟其中大部系接自日本及美军剩余物资之船只,种类不一,且有不适合于内河商业航运之用,故目前仍须多方努力,以应国内实际需要。今后中国航业之发展,似应以政府经营为骨干,联合民营,共同经营。因民营行业,不能不重盈利,此一事业,本部计划恢复水运时所必须顾及也。

此次美国工程团考察全国海港结果,咸认南方以广州湾、北方以塘沽为最良。广州湾及东方大港一时无法开辟,故今后海港工程方面之工作,应从改善广州、上海两港,完成塘沽新港下手。

招商局过去不无腐败情形,致受外界批评,但此半年来,不能说无进步。战前该局所有仓库码头,财产全部抵押在外,现在已全部收回。过去腐败,管理不善现象逐渐改善。此种结果,虽不可以为自满,但欲克服根深蒂固之困难,确亦不易。中国内河航运向操之于外人怡和、太古两公司之手,今后为建设中国航业,必须以已有起色之招商局为基础,藉求发展。中国航业人才有限,招商局既负此任务,其人员之待遇，故不能低于民营公司。

公路为水运及铁路之补助运输工具，以联络全国各地之交通。公路建筑，坡度可以高至八至十度，故中国西南西北区为公路理想区，今后当全力维持，并发展该区公路。华北为铁路理想区，区内以铁路为主，公路为辅。华南区铁路与公路并重，短期内拟先修复江西境内通至各省干线及京沪线完成。

航空方面，情形亦甚困难。中国航空公司虽有飞机六十架，而经常飞行者仅二十余架，余则在修理中。航空飞行，安全第一，中国内地航空，因缺乏地面及无线电设备，虽能多购飞机，亦不能全部飞行。故本部计划，在明年内，尽力扩充地面设备，以建立发展航空之基础。

邮电方面，以收费过低，亏损极大。二十元一封平信邮资，仅够邮票印刷费，其余邮局全部开支均系国库支付。现时每月亏损八十亿，主持者一再请求设法补救。本人以为邮电每月亏损果系事实，但其中是否尚有可以节省者，应先自行整理。例如战前仅有二万六千人，现时增至四万六千人，其中不免有可裁之冗员。本部为邮件递送迅速起见，拟在短期增开邮航专机。

交通事业，原极复杂，而个人视察，容有未周，故极愿趁此机会，藉聆诸位先生高见。本人不但要答复，而且要以实行作答复。

9. 国民参政会第四届第二次大会休会期间驻会委员会 第九次会议记录

（1946 年 9 月 27 日）

国民参政会第四届第二次大会休会期间驻会委员会第九次会议记录

时　　间：中华民国三十五年九月二十七日（星期五）上午九时

地　　点：国民大会堂会议室

出 席 者：

主 席 团：江　庸

驻会委员：伍纯武　武肇煦　达浦生　陈启天　薛明剑　范予遂　郑揆一
　　　　　何春帆　李　洽　席振铎　王普涵　刘真如　罗　衡　尹述贤
　　　　　甘家馨　许孝炎

司法行政部部长：谢冠生

主　　席：江　庸

秘 书 长：邵力子

副秘书长：雷　震

记　　录：谷锡五　詹行煦　徐晓林

报告事项：

一、秘书处报告（附件一）[略]。

二、外交部书面报告——雷副秘书长宣读（附件二）[略]。

三、司法行政部谢部长报告最近司法行政设施及汉奸案件办理情形（原词见附件三）。

报告毕，各驻会委员提出询问案如下：

1. 武委员肇煦询问：（1）内蒙汉奸德王、吴鹤龄等何以不加检举？（2）汉奸检举期限等问题一件。

2. 薛委员明剑询问：关于惩治汉奸办法一件。

3. 范委员予遂询问：（1）何德奎案，监察院亦曾纠举，应早加决定；（2）山东高等法院判案不公，请予注意等一件。

4. 伍委员纯武询问：云南高等法院院长鲁师曾包庇诉讼及该省各级法院腐败情形一件。

5. 许委员孝炎询问：上海德国海通社记者沈克控告美合众社记者伦达毁谤罪事件一件。

6. 尹委员述贤询问：关于汉奸案件审判程序一件。

7. 郑委员揆一询问：（1）台湾法院组织不健全情形；（2）审判汉奸罪标准等一件。

8. 甘委员家馨询问：（1）京沪两地法院对何德奎何以不加检举？（2）审判战犯办法有无规定？（3）美军事法庭在沪审判战犯是否侵犯中国法权等一件。

9. 罗委员衡询问：何德奎案司法行政部报告书中所提出之两点意见似欠妥当一件。

以上各询问案，均经谢部长即席分别答复。

谢部长答复后，罗衡、尹述贤、伍纯武、郑揆一、范予遂、武肇煦等委员复就何德奎案发表意见。

讨论事项：

一、伍参政员纯武等三人提：请政府迅速救济滇西灾荒并减低滇省征粮数额案。

决议：通过，送请政府迅速办理。

二、武参政员肇煦等四人提：山西灾情严重，尤其大同所属及上党流亡在豫陕各地者厥状更惨，请政府速指派大员携带巨款、食物，施与急赈，以活民命案。

决议：通过，送请政府迅速办理。

三、郑参政员揆一等四人提：请政府迅速援救荷印被害侨胞案。

决议：通过，送请政府迅速办理。

四、郑参政员揆一等四人提：榕厦米荒严重，请粮食部拨借款项购运米粮，调节民食案。

决议：通过，送请政府办理。

五、郑参政员揆一等四人提：国立专科以上学校教职员生活辅助费标准应当一致，废止分区调整办法，以救济高等教育危机案。

决议：交经济小组审查。

六、薛参政员明剑等四人提：请政府饬知中蚕公司改善收购干茧办法案。

决议：通过，送请政府迅速办理。

七、尹参政员述贤等五人提：外汇调整后，物价飞涨，金融市场愈形紊乱，应请政府迅谋妥善方法，并不得再行贬低汇率，以纾民困案。

决议：交小组审查。

散会。下午一时。

附件三：

最近司法行政设施及汉奸案件办理情形

主席、各位先生：

现在就司法行政部最近设施及汉奸案件办理情形作一简单报告。

（一）司法机关复员情形

本部于去年四月拟定司法机关复员计划，呈奉行政院核准，胜利后即按照计划，逐步实施。各地法院迁返原地工作者，计：高等法院十二所，高等法院分院十六所，地方法院九十二所，县司法处一百五十五所，总计审判机关恢复办公者，共二百七十五单位，监狱看守所二百八十单位。此外，台湾各级法院自去年十月起分别开始办公，东北九省仅吉林、辽宁、辽北三省地方法院恢复办公。当复员之初，因交通困难，各地法院人员，不能按时达到，以致发生种种不良现象。现各地法院规定员额，均已到齐，办事渐上轨道。至于各地法院原址，因战事关系，大多破坏，不堪应用，法院尚可暂借公共场所或民房，监狱看守所，较难觅得适当房屋。去年本部编制三十五年度预算时曾编列修筑费，惟为数仅二十亿元，与实际需要相差甚巨，故于编制下半年追加预算时，增列修筑费一百五十亿。待款项拨到，即可选择若干重要地区，先行修筑。

（二）司法人员之储备

胜利后收复地区甚广，法院恢复，需要司法人员为数极大。事前本部已有此感觉，故计划除调整各地法院人选外，着重于司法人员之考试与训练。去年司法官考试录取一八一名。今年预定举行两次考试，第一次已于四月间举行，共计录取各类司法人员四百十名，第二次定十一月举行。训练方面，七大学法律系司法组，今年毕业学生约一百三十名。此外，具有法官资格而现未任职者，予以登记。经审查合格者，已有一百九十名。审判官一百〇二名，军法审查合格者二十八名。政治学校法官训练班第二期学生八十四名，警官学校监狱班第一期学生一百三十名，均可于短期内毕业。考试训练以外，主要造就司法人才应为学校，因此本部与教育部合组成立司法教育委员会，研讨推行司法教育各种问题。所有建议，教育部都能采用。希望以后各大学均设立法律系，如此几年以后，人才可以增加。

（三）司法人员待遇问题

关于司法人员待遇问题，贵会屡有建议。半年来法官待遇已有调整，除俸给津贴外，另加补助俸，各地为二万五千元，上海倍之。数额虽不多，聊表政府对法官补助之微意。

（四）县长兼理司法限期结束

现行司法制度第一审审判，由三种不同机关办理：一为地方法院，一为县司法处，一为县长兼理司法。法院系理想组织，县司法处虽非法院，但独立审判，具有法院雏形，县长兼理司法，实是行政干涉司法。前以战事关系，暂予继续存在，现决定在今年年底以前，一律改为县司法处，待经费充实后，即成立地方法院。

（五）接办烟毒案件

特种刑事案件，自前年十一月移交法院接办，惟烟毒案件，仍由军法机关办理。兹经决定，所有烟毒案件，概由法院办理，因是类案件为数颇多，法院工作当更忙碌。

（六）汉奸案件办理情形

汉奸案件，各地法院于去年十月开始办理，至今年八月为止，受理案件七六四〇起，其中不起诉案件二七六三起，起诉经法院判决科刑者二九七二起，认为无罪者八七九起。至于科刑之轻重，可以上海一地作例，加以说明。上海高等法院，自去年十月至今年八月，共受理案件五三四起，判决者三四二起，其中判处死刑者六起，无期徒刑者十二起，宣告无罪者二〇起，其余按例判处各等有期徒刑。办理案件，应公开迅速，现在各地法院审问汉奸案件，均属公开。至于迅速，则各地法院亦正努力从事，估计于本年年底，可将比较重要案件办结。检举汉奸期间，原有规定，现各地建议检举汉奸应有限期，其用意在缩短期限，此事须视将来法律如何规定而定。

（七）调查战争罪犯

此项工作，本部自去年六月开始办理，送由外交部转国际战争罪犯远东委员会逮捕人犯，依法审判。计调查所得共一三九八三案，有关人犯一二六二名，其中人犯已逮捕者，分别由各地军事法庭审判中。军事法庭系法官与军法官会同审问。

附带报告，庞德教授在京数月考察司法后，对于中国司法之意见。世界法典向分大陆与英美两大系统，中国采用大陆法律，法官办理案件悉依法律规定，此在美人看来，与美国情形容有不同，因而发生怀疑。前年，美国海伦教授来华调查司法时，曾建议中国采用英美法。英美多数学者大都用此主张，但中国实行大陆法已有四十年历史，一时更张，实属不易。庞德教授虽为美国法律学权威，但对于大陆法亦有研究，他认为中国采用大陆法是适合中国国情，同时并认为中国法典已相当完备，惟缺少准确解释，故建议由政府组织委员会，邀集专家对重要法典条文之解释加以明确规定，以免私人随意注释，应影法官对于法律见解之不一致。

最近司法设施大致如此，尚请各位先生多予指教。

谢部长报告毕，罗委员衡要求将司法行政部处理何德奎案加以补充报告，谢部长续作报告如次：

今天承邀，原限报告一般司法设施，故对于个别专案，未作说明。关于何德奎案，既承罗参政员询及，现就个人所知向各位报告，以供参考。至正式答复，仍以由国防会转致贵会者为准。检举何德奎之建议案，自贵会移送国防会后，国防会交行政院办理，行政院即令本部先作行政调查。本部奉令后，即派何参事赴沪搜集材料，并与有关人员晤谈。何参事事毕返京，报据搜集材料，制成调查报告，呈送行政院核办。本部处理何案经过情形如此。

至于报告内容，说明两点。汉奸罪之成立有两要素：一为曾在伪组织担任职务，一为通谋敌国之行为。两者有一，即可成为汉奸罪，因此，本部调查何案，着重此两点进行。上海工部局在伪组织接收以前，在法律上形式上，是一国际组织，当时虽在敌人控制下，内部组织人事尚未变更，因此何德奎所服务之工部局，是否与伪组织毫无区别一点，认为可以研究。就行为而言，参政会检举案中述及何德奎助敌推行奴化教育，传达改用伪组织教科书之公文。据何德奎申复，伊曾将此公文迟搁四十天，用意在减低奴化教育作用。此种行为是否为通谋敌国，亦属可以考虑。何参事所搜集材料，连同调查报告，一并呈送行政院参考。

此外有一事，不能不向各位说明。本年八月，蒋主席曾有电致本部谓：何德奎曾担任地下工作，应加保护为要。

至于本部调查经过报告内容及主席电报，请不对外发表。

10. 国民参政会第四届第二次大会休会期间驻会委员会第十次会议记录

（1946 年 10 月 11 日）

国民参政会第四届第二次大会休会期间驻会委员会第十次会议记录

时　　间：民国三十五年十月十一日（星期五）上午九时

地　　点：国民大会堂会议室

出 席 者：

主 席 团：莫德惠　江　庸　吴贻芳　李　璜

驻会委员：武肇煦　郑揆一　尹述贤　席振铎　达浦生　薛明剑　何春帆

　　　　　王普涵　罗　衡　李　洽

外交部部长：王世杰

主　　席：莫德惠

秘 书 长：邵力子

副秘书长：雷　震

记　　录：谷锡五　詹行煦　徐晓林

报告事项：

一、秘书处报告。

二、外交部王部长世杰报告最近外交设施及巴黎和平会议情形。

报告毕，各驻会委员提出询问案如下：

1. 薛委员明剑询问：（1）中美商约草案中专利权问题；（2）对日和约中拟请规定征调日籍技术人员协助中国建设等一件。

2. 王委员普涵询问：（1）美苏对立情形下，中国能否长期保持超然态度？（2）日本管制问题；（3）保护侨胞及领土主权等一件。

3. 郑委员揆一询问：（1）对苏外交政策；（2）保侨；（3）日本政治制度等问题一件。

4. 尹委员述贤询问：（1）中长路苏籍职员返国情形；（2）旅大苏联驻军数额；（3）朝鲜独立等问题一件。

5. 席主席振铎询问：（1）外蒙要求参加联合国，我国代表表示赞成，其意义何在？（2）外蒙代表团至渝后，政府与其有无接洽；（3）英美对日态度等问题一件。

以上各询问案，均经王部长即席分别答复。

讨论事项：

一、主席团提：蒋主席六秩大庆，本会应如何祝贺案。

决议：（一）献校一所（中学或小学）。

（二）献校祝寿纪念册一册；

（三）组织献校祝寿筹备委员会，以主席团主席、驻会委员会委员及正副秘书长为委员，并推莫德惠、江庸、吴贻芳、尹述贤、王普涵、达浦生、薛明剑、邵力子、雷震九人为常务委员。

二、郑委员揆一等四人提：国立专科以上学校教职员生活补助费标准应当一致，废止分区调整办法，以救济高等教育危机案。

财政经济组审查意见：本案保留。

决议：照审查意见通过。

三、尹参政员述贤等五人提：外汇调整后，物价飞涨，金融市场愈形紊乱，应请政府迅谋妥善方法，并不得再行贬低汇率，以纾民困案。

财政经济组审查报告：本案修正通过，送请政府办理。（修正案见附件四）

决议：照审查意见通过。

四、留平参政员徐炳昶等十二人代电：为报载政府收编郝逆鹏举伪军及取消唐逆生明通缉令，请驻会委员会依法向政府质询案。

决议：送请政府答复。

五、尹委员述贤等三人提：请政府切实通令全国有关各税务机关认真执行政府已颁行之法令税则，以拯国内烟业之危机案。

决议：送请政府切实注意。

（六）王参政员普涵等六人提：请政府根据中苏条约与苏联切实交涉，期于最短期间收回旅顺、大连之行政权，以保我国行政权之完整案。

决议：本案通过。

散会。一时二十分。

11. 国民参政会第四届第二次大会休会期间驻会委员会 第十一次会议记录

（1946 年 10 月 25 日）

国民参政会第四届第二次大会休会期间驻会委员会第十一次会议记录

时　　间：民国三十五年十月二十五日（星期五）上午九时

地　　点：国民大会堂会议室

出 席 者：

主 席 团：莫德惠　江　庸

驻会委员：罗　衡　马乘风　钱公来　王普涵　尹述贤　薛明剑　伍纯武

　　　　　汪宝瑄　左舜生　褚辅成　范予遂　李　洽　达浦生　陈启天

　　　　　何春帆　席振铎　傅斯年

内政部部长：张厉生

主　　席：江　庸

秘 书 长：邵力子

副秘书长：雷　震

记　　录：谷锡五　詹行煦　徐晓林

报告事项：

一、秘书处报告（附件一）［略］。

二、外交部书面报告——邵秘书长代读（附件二）［略］。

三、内政部张部长厉生报告最近内政设施及各省民意机关设置情形（原词见附件三）。

报告毕，各驻会委员提出询问案如下：

1. 王委员普涵询问：（1）国民大会代表是否可罢免、改选，及省府委员当选为代表是否违法？（2）县参议会职权，省府是否有权加以限制？（3）军民分治等问题一件。

2. 钱委员公来询问：（1）东北已接收省市民意机关设置问题；（2）东北各地保甲、警察、税吏仍多伪满时代旧人，应请设法早予纠正；（3）各地行政机关组织问题等一件。

3. 伍委员纯武询问：（1）军民分治及停役、退役军人转任行政工作问题；（2）禁烟问题等一件。

4. 李委员洽询问：（1）青海地方自治经费问题；（2）编余军官转任警官，应先加考试等一件。

5. 薛委员明剑询问：（1）县参议员选举方法及规定候选人人数问题；（2）省参议员增设职业选举问题等一件。

6. 傅委员斯年询问：关于古物保管问题一件。

7. 罗委员衡询问：（1）县级公务人员待遇问题；（2）各地参议员选举缺点改善问题；（3）各地禁烟问题等一件。

以上各询问案，均经张部长即席答复。

讨论事项：

一、席参政员振铎等四人提：察哈尔省灾情严重，请政府派大员拨巨款，迅予有效之抚慰救济案。

决议：送请政府迅速办理。

二、钱参政员公来等六人提：为恳请政府豁免东北九省二市三十五年至三十六年商工业营业税及利得税，以恤商艰而收民心案。

决议：送请政府迅速办理。

三、伍参政员纯武等九人提：请政府对于制定国家根本大法之人民代表，务使其能代表更多数国民，以奠定民主政治基础案。

决议：送请政府迅速办理。

散会。十二时四十分。

附件三：

内政部张部长报告全文

一、最近内政设施概况

甲、一般的内政设施

1. 订颁改进吏治办法

本部为整饬吏治，特拟订改进吏治办法一种，首在登进循良澄汰庸劣，务求任使有序、保障有方。此项办法经于本年五月提经院会通过公布施行，今后处依据本部职责并与铨叙机关并力推行，使地方人事行政纳入常轨。

2. 加强督导考核

为考察收复区各省施政情形并积极督导起见，最近由政务次长彭昭贤前往江浙两省巡视，并分派本部司长、参事、简任视察专门委员及警察总署高级人员，分组前往江浙闽皖赣湘鄂各省视导，考察中央政令在地方实施之效果，并以考察所得为下年度施政之张本。对于地方行政人员之工作成绩，亦予以切实考核以为奖惩之依据。

3. 训练地方行政干部

地方行政干部人员训练原由本部与中央训练委员会会同办理，依据《卅五年训练工作计划要点》之规定，切实调整训练机构组织及经费，普设训练机关并举办地方自治研讨会，以加强训练进度。现中央训练委员会已结束，本部奉令接办训练业务，正积极筹划，今后拟举办业务性之讲习所。

乙、推行地方自治

1. 建立民意机关

按照原定计划，督促各省建立并健全县市各级民意机关，详细情形于下文报告。

2. 调整各级自治机构

战事结束后，本部为应实际需要，主张各级自治机构均应力求紧缩，以期集中事权，节省经费。前经呈由行政院召集会议决定省辖市设局标准，以资依据。又关于县政府组织，仍设民财教建单五科为原则，同时裁并骈枝机关，现各省政府多已调整报部。至收复区各省市推行新县制，前已由行政院通令，凡尚未实施新县制之省县，均应依照县各级组织纲要，拟定实施计划，积极进行，于两年内完成。除东北各省外，多已拟定方案呈核施行。再乡镇保甲组织，经督促已成立乡镇民代表会者，一律实行乡镇保甲长民选，俾成为健全之自治机构。据报，全部实施选举者，有四川、浙江、宁夏三省，部分实施选举者，有广西、安康、贵州、江西、甘肃、河南、云南、绥远、山西、青海等十省。

3.增筹自治经费

督促各省市推行公共造产，据报，实行者计九百廿五县市……整理自治财政已有四川等二十省市将整理计划报查，江西等十二省将整理成果报部，仍会同财政部继续督促办理。为增辟自治财源，发展地方经济，并会同财政部拟订《县市创办公营事业条例》，业经院会通过，一俟完成立法程序，即可实施。对于边远贫瘠县市，已呈院由中央予以补助，在国家总预 [算] 内，增加"县市建设费"专作贫瘠县市教育、经济、水利、卫生、森林之用。以后并拟会商各部会确定凡属中央在地方办理之事业，所需费用一律由国库负担。

4.拟订自治基本法规

本部遵照六届一中全会关于地方自治决议案，根据历年推行地方自治经验及参酌一般地方自治理论，拟订地方自治基本法规草案四种，计为县自治法、市自治法、地方自治监督法及地方自治事项与权责划分办法。惟兹事体大，研讨不厌求详，经将四种草案并列举其要点送请各部会署及省市政府征询意见，俟汇齐整理，重加修订，期臻完善。

丙、推行户政

1.修订户籍法规

户籍法自二十年颁行以来，历时已久，其中多有应待修改之处，本部上年即根据实施经验，着手修订。现新户籍法已于本年一月修正公布施行，其施行细则，亦于本年六月公布，对于程序及表册均大加简化，应用较便。

2.督促完成户口清查

收复区户口清查办法早于卅四年九月十一日公布施行，胜利后复限三个月办理完竣。惟各收复区情形不一，迄今据报已完成者有浙、赣、闽、台、滇、京、沪、津、青等九省市，湘、鄂、粤、皖等省局部完成，复经通行未完成各省市限本年八月底以前办理完竣，以收复区秩序未定，仍难如限完成。

3. 督促办理户籍登记

现已办理户籍登记者，计川、康、滇、黔、陕、甘、宁、青、豫、鄂、皖、赣、浙、苏、闽、粤等十六省九百廿一县市，已督促依照新户籍法整理或办理完成。收复区各省市限于户口清查办竣后，赓续办理户籍登记。

4. 规划户口普查

户口普查事务，上年奉令划归本部后，即着手准备，搜集各国普查法规，详加研究，拟订"户口普查法"草案，于本年三月呈院。拟参照各国成例，于每逢公元零年举行一次。卅九年举办第一次全国户口普查，并拟于卅六年度先办选省普查，以为设计全国户口普查之参考。

5. 规划人口调节

战事结束后，经订定《省市县人口调节资料调查表》，函请各省市政府转饬填报，并多方搜集各种有关资料随时整理。前于安置编余官兵案中，已拟订《编余官兵移殖计划草案》，呈院核示。

丁、建设警察制度

1. 拟订建警根本法案

我国兴办警察已四十年，但尚无一完整根本法案可资警察执行任务之依据。本部警察总署成立后，为使警察行政统一及标准化起见，即督饬将旧有法规加以整理，拟订《警察法》，预期本年底将初稿完成。并将警察人事、勤务各项分别研讨，确立警察人事制度，以求警察素质提高，职位获得保障，并厘定勤务制度以确定警察实务之标准。

2. 整理警察团队

关于警察改进，从提高素质、加强训练、确定经费着手，逐渐推行，以求达到预期目的。各省市已办警察训练所者，拟由中央补助经费，扩充训练，未设者促其成立。各省原有保安团队依据"地方治安武力整理原则"督促整理，已有川、陕、甘、鄂等十二省改编为保安警察队。至外事、国境、刑事、水上警察均属全国性，其经费已请由中央发给，并积极加以整理，充实推广。

3. 训练警察干部

自二十六年"整理警政原则"颁行后，警官教育统一于中央警官学校办理，但过去训练及分发未能配合行政需要，致供求不能相应。又复员军官转业警察人员预计四万人，训练后分发工作必须确实办理。故今后干部训练，拟切实调查各地需要干部人数，规定警官学校班次，俾与行政需要及复员整军计划相配合，以免训练之浪费与分发之困难。

戊、推行营制行政

1. 厘订营建规则

营建法规图式，本部原已制定有关法规十六种，已印成手册。最近复制定公私建筑制式标准图案九十余种，包括有省县乡之行政、经济、文化、社会、民居、纪念等房舍建筑之图式，亦经印发各省市。

2. 促进收复城镇复员

本部于敌人投降后即经颁发《各省市恢复破坏城镇应行注意事项》并制颁《收复区城镇重建规则》，本年复派高级技术人员率同外籍都市专家前往各大都市实地指导。现京、沪、武汉、长沙、重庆等都市计划，均在本部指导下不日即告完成。各省市县城镇依照规则拟订计划报备者亦有三百余处。

3. 建设示范城市

近为补助破坏较重各次要城市迅速复员，经与善后救济总署会商，决定以南昌、长沙为试办示范区域。经派高级技术人员率同外籍专家先往南昌视导，并协助设计。长沙市之重建，亦正督促规划中。

4. 规划首都中央政治区

建设南京明故宫首都政治区，本部奉令主持，现已完成以下初步工作：（1）派技术人员偕同外籍专家实地察勘；（2）完成察勘报告；（3）绘制该区有关地图；（4）组队实测完成该区扩大地形；（5）根据实测成果详细设计。

己、宣扬忠烈与整理文献

1. 褒恤忠义

抗战已还，各地官民奋抗敌人，不顾牺牲，可歌可泣之事迹不一而足，经本部核其事迹，分别报请褒扬。本部并经呈奉颁订褒扬抗战忠烈条例，通令施行，所有在抗战期间殉难官民，均经依照忠烈祠设立及保管办法，与抗敌殉难忠烈官民祠祀及建立纪念坊碑办法大纲之规定，通行全国各省市筹建各级忠烈祠。

2. 整理地方文献

抗战期中，各地忠烈事迹足资记述者为数甚多，本部为加强文献征集工作，爰于本年十月一日将前颁市县文献委员会组织规程予以废止，另行制定各省市县文献委员会组织规程。经规定增加省级文献机构，并负纂修地方志书之责，同时又将地方志书纂修办法予以修正，俾适应目前之需要。

庚、加强禁绝烟毒

1. 督导考核各地禁政

肃清烟毒，限期促迫，本年度特就受敌伪毒化较深地方分为苏沪、浙江、安徽、山东及青岛、河北、平津等大区，每区设特派员一人、督导专员三人，驻区经常督导。

2. 肃清烟民限期断戒

由部拟订《戒烟院所组织规》《调验所设置规则》，通行各省市分别筹设，其经费不足、烟民不多地方，可由县市卫生院兼办，并发动社会团体及公私医院普遍施戒，印发戒烟有效药方，鼓励烟民自戒。戒烟药剂除京沪两市依照收复地区肃清烟毒办法仍由卫生署筹制配发外，其余各省市均授权省市政府自制，并准向四行贷款。

3. 促进国际合作禁烟

我国系参加国际禁烟公约之缔约国，为履行义务，经常编送各项报告，交换情报，译送新颁法规，尽力协助英、荷、法、葡等国推进远东属地禁烟工作，并参加联合国禁烟新组织，促进麻醉毒品之国际管制事宜。

二、各省市各级民意机关设置情形

甲、县各级民意机关

《县参议会组织条例》及《县参议员选举条例》自卅二年五月五日开始实施后，虽已有广西、四川等省着手筹设，但至卅三年冬只有极少数县份成立正式参议会。本党五届十二中全会时，决议将所有县市参议会于卅四年年底以前一律建立完成，嗣后由内政部不断督促各省加紧办理。至卅四年七月蒋主席手令各地县市参议会应提前于十一月一日以前一律成立，本部一面转行各省，一面制颁《办理县以下各级民意机关选举应行注意事项》……同时呈准国民政府，简化成立县各级民意机关步骤，又以部令通行办理公民宣誓登记的简易办法，俾各地得以兼程并进，达成任务。此外关于选举事务之准备与进行、选举监督权之行使及宣传等方式，均经分别予以明确规定。抗战结束后，本部又分电各收复省份，应于所属县市收复后一个月内成立临时参议会，并应尽速建立乡保民意机关，务于六个月内成立正式参议会。截至现正止，全国已有一二五四县市成立正式参议会，一二七〇县市成立乡镇民代表会，一二七五县市成立保民大会。

乙、省市参议会

至省级民意机关，除后方各省市临时参议会早已普遍成立外，关于正式省参议会，自三十四年七月一日省参议会组织条例及省参议员选举条例开始实施后，因行政院规定全省所有县市须有二分之一以上成立正式参议会者，始得选举省参议员，成立省参议会。同时各省正以全力从事于县参议会之建立，自亦无暇筹省参议会。至三十四年年底，本部以全国既已有一二五四多县市成立了正式参议会，自可进行筹设省参议会的工作，后经限期于四月底以前一律设立。截至目下为止，已有廿三省市正式成立省市参议会，其未成立正式省市参议会之河北、山东、江苏、北平、天津、新疆等省市，亦已设置省市临时参议会。各省市成立各级民意机关情形附列如下：

各省市各级民意机关统计

1. 省市已设立参议会者，计有四川、云南、贵州、西康、湖南、湖北、福建、广东、广西、安徽、浙江、陕西、江西、甘肃、宁夏、青海、河南、绥远、山西、台湾、重庆、上海、青岛，共计廿三省市。

2. 各省实施新县制之县市局数，四川一四三、云南一一三、贵州八〇、西康二一、湖南七六、湖北七〇、福建六四、广东六八、广西一〇〇、安徽三九、浙江七七、陕西七六、江西六九、甘肃六九、宁夏一四、青海一四、河南一一一、绥远一八、新疆五四，共计一二七六。

3. 各省设立县市参议会者，四川一三三、云南九八、贵州八〇、西康二一、湖南七六、湖北四八、福建六六、广东六五、广西一〇〇、安徽三七、浙江七七、陕西七六、江西七九、甘肃六七、宁夏一四、青海一六、河南一〇一、绥远一一、新疆七、山西六五、台湾一七，共计一二五四。

4. 各省设立临时参议会者，四川一〇、云南一五、西康六、湖北二四、广东三六、安徽二五、甘肃二、河南一〇、绥远四、新疆四四、山西四一、山东九七、江苏五二、河北二五、辽宁一三、辽北四，共计三九一。

5. 各省成立乡镇（区）民代表会之县市局数，四川一四三、云南一一四、贵州八〇、西康二一、湖南七六、湖北四八、福建六六、广东六五、广西一〇〇、安徽三七、浙江七七、陕西七六、江西七九、甘肃六八、宁夏一四、青海一六、河南一〇一、绥远一八、新疆五四、山西六五、台湾一七，共计一二七〇。

6. 各省成立保民大会之县市局数，四川一四三、云南一一四、贵州八〇、西康二一、湖南七六、湖北四八、福建六六、广东六八、广西一〇〇、安徽三九、浙江七七、陕西七六、江西七九、甘肃六八、宁夏一四、青海一六、河南一〇一、绥远一八、新疆五四、山西六五、台湾一七，共计一二七五。

12. 国民参政会第四届第二次大会休会期间驻会委员会
第十二次会议记录

（1946 年 11 月 8 日）

国民参政会第四届第二次大会休会期间驻会委员会第十二次会议

时　　间：三十五年十一月八日上午九时

报告事项：

一、秘书处报告：

（一）国防最高委员会秘书厅公函：国民参政会第四届第二次大会建议，请令云南省驻军长官严行剿匪一案，现准行政院第二次函复办理情形，请查照转陈由。

（二）国防最高委员会秘书厅公函：国民参政会第四届第二次大会建议，将抗战期间公务员在沦陷区内之不动产被敌伪强买或盗买者应一律发还一案，准行政院函复办理情形，请查照转陈由。

（三）国防最高委员会秘书厅公函：国民参政会第四届第二次大会建议提高西北、西南各省医疗人员待遇一案，准行政院函复办理情形，请查照转陈由。

（四）国防最高委员会秘书厅公函：国民参政会第四届第二次大会建议变更各省侨务机构系统一案，现准行政院函复，请查照转陈由。

（五）国防最高委员会秘书厅公函：国民参政会第四届第二次大会建议请特别褒奖抗战期间忠勇为国之侨胞等四案，业准行政院函复，请查照转陈由。

（六）国防最高委员会秘书厅公函：国民参政会第四届第二次大会建议救济民营航业等二案，准行政院函复办理情形，请查照转陈由。

（七）国防最高委员会秘书厅公函：国民参政会第四届第二次大会建议制定劳工保险法一案，准行政院函复办理情形，请查照转陈由。

（八）国防最高委员会秘书厅公函：国民参政会第四届第二次大会建议迅速办理

回国服务机工之救济复员事项及褒扬殉难者一案，准行政院函复办理情形，请查照转陈由。

（九）国防最高委员会秘书厅公函：国民参政会第四届第二次大会建议从速救济广东失业工人一案，准行政院函复办理情形，请查照转陈由。

（十）国防最高委员会秘书厅公函：国民参政会第四届第二次大会建议宽拨物资办理滇省善后救济工作一案，已准行政院函复，请查照转陈由。

（十一）国防最高委员会秘书厅公函：国民参政会驻会委员会建议，请政府对菲律宾最近通过之零售商国营及劳工菲化两法案速筹有效对策一案，现准行政院函复，请查照转陈由。

二、外交部书面报告。

教育部朱部长家骅报告最近教育设施情形。

讨论事项：

（一）伍参政员纯武等三人提：请政府迅速调整公教人员待遇，并彻底平抑物价，以安定公教人员生活，而增进工作效果案。

（二）王参政员普涵等三人提：请政府将省、市、县级参议会参议员定为有给制，以强化民意机构案。

（三）达参政员浦生等三人提：京市消防组织不全，水源不畅，偶遇火警，无法遏止，危害市民生命财产，应如何补救案。

（四）达参政员浦生等三人提：京市路政失修，坎坷不平，影响交通，有碍观瞻，应如何办理，请公决案。

（五）何参政员基鸿等七人提：据河北省难民代表张清廉、徐维廉、季绍武、杜清浦、王旭初等呈称，现经调查河北难民共计二，九九〇，六二三人，急需救济，请转请政府核拨救济费三百亿元，以便筹备冬赈藉救民命案。

（六）何参政员基鸿等七人提：据河北省难民代表张清廉、徐维廉、季绍武、杜清浦、王旭初等呈请转饬水利委员会迅拨以工代赈款项卅五亿三千四百万元，以资修筑子牙、黑龙港、永定、琉璃、大清等五河溃决堤防案。

（七）何参政员基鸿等七人提：据河北省难民代表张清廉、徐维廉、季绍武、杜清浦、王旭初等呈称，本省当浩劫之后，农村残破，民力凋敝已极，请转请对收复区农村施放紧急救济农贷及普通农贷，共一〇一亿一千五百四十万元，以应急需案。

（八）林参政员虎等三人提：为广西今年发生虫旱灾荒，农民收获奇欠，拟吁请政府将配给桂省三十五年度征借粮食豁免，以恤灾黎而安民心案。

（九）薛参政员明剑等四人提：拟请政府转请麦帅迅将日茧运华复兴丝业案。

（十）薛参政员明剑等四人提：拟请政府将武进、无锡二县所属芙蓉圩设置农田水利示范区案。（附件十二）

（十一）莫主席德庸等提：请政府宣布东北流通券兑换法币换算定值一律行使案。

（十二）马参政员乘风等提：请政府依公平原则，将各省区征兵配额迅予调整案。

13. 国民参政会第四届第二次大会休会期间驻会委员会 第十三次会议记录

（1947 年 1 月 17 日）

国民参政会第四届第二次大会休会期间驻会委员会第十三次会议记录

时　　间：三十六年一月十七日上午九时

地　　点：国民大会堂会议室

出 席 者：

主 席 团：莫德惠　吴贻芳

驻会委员：苏　珽　钱公来　林　虎　伍纯武　左舜生　郑挍一　甘家馨

　　　　　达浦生　范予遂　王普涵　席振铎　罗　衡　尹述贤　彭革陈

财政部部长：俞鸿钧

主　　席：莫德惠

秘 书 长：邵力子

记　　录：谷锡五　詹行煦　徐晓林

报告事项：

一、秘书处报告（附件一）[略]。

二、外交部书面报告——由邵秘书长代读（附件二）[略]。

三、财政部俞部长鸿钧报告外汇及其相关各项问题（附件三）。

俞部长报告毕，各驻会委员就外汇及其相关问题提出询问，兹分志于次：

1. 伍委员纯武询问：（1）财产税；（2）工商低利贷款；（3）金钞上涨原因及补救办法等问题一件。

2. 王委员普涵询问：（1）管理外汇办法及请领标准；（2）禁止高利贷等问题一件。

3. 郑委员挍一询问：（1）改善现行侨汇办法；（2）外汇管理情形；（3）改善虚

利实税制度等问题一件。

4. 钱委员公来询问：（1）外汇管理情况并提供意见八点；（2）官商合资银行等问题一件。

5. 范委员予遂询问：（1）本年预算未列而仍存在之机关，财部是否继续拨发经费？（2）武装走私之实际情况如何？（3）国防会对本会审议预算之建议如何处理等问题一件。

6. 苏委员珽询问：（1）外汇管理情形；（2）闻官商合资银行有退还官股之拟议确否？（3）大额票最近是否发行？（4）察绥两省伪钞边币请早日收换；（5）财产税应即举办等问题一件。

7. 林委员虎询问：（1）香港国家银行何以照黑市收购英镑？（2）侨汇办法何以迄未改善等问题一件。

8. 左委员舜生询问：（1）追加预算有无标准？（2）黄金政策运用有时而穷，将何以挽救？（3）国营事业应采统一管理办法等问题一件。

9. 罗委员衡询问：关于（1）稳定币值，制止物价高涨办法；（2）如何诱导游资投入生产等问题一件。

10. 彭委员革陈询问：（1）如何对投机者予以打击，以制止物价上涨？（2）管理外汇之方法应设法改善等问题一件。

11. 尹委员述贤询问：（1）发行五百元关金票作用何在？（2）上海银行已有二百余家，应禁止增设等问题一件。

12. 甘委员家馨询问：处理"抗币"办法一件。

13. 席主席振铎询问：关于新币与法币比价及统一币制等问题一件。

以上各问题，均经俞部长即席分别答复。末，达委员浦生希望财部多做几件"对国家兴利除弊，对人民造福除难"之事。莫主席盼望俞部长将本日各委员所发表意见转达宋院长。

讨论事项：

一、王委员普涵等三人提：为黄河堵口工作发生争执，影响泛区难民还乡，拟请政府迅速办理案。

决议：本案通过，送请政府迅速办理。

二、郑委员揆一等十二人提：拟请政府转饬四联总处在厦门、福州举办生产贷款案。

决议：本案通过，送请政府迅速办理。

三、郑委员揆一等十三人提：拟请政府改善吸收侨汇案。

决议：本案通过，送请政府参酌办理。

四、伍委员纯武等四人提：请政府迅饬南京市政府从速修理街道及改良电灯案。

决议：本案通过，送请政府迅速切实办理。

散会。十二时卅分。

附件三：

外汇及其相关各项问题

主席、各位先生：

今天鸿钧承邀报告外汇及其相关各项问题，兹分别说明于次。

政府运用外汇及黄金政策，其目的在稳定币值，促进输出，吸收游资。自中央银行执行外汇管理办法以来，尚能察酌国内外情事，以机动方式，收得效果。

至于目前外汇黑市之发生，实由于社会实际需要，及投机者之操纵。战后，工商家向国外定购物资增加，外汇需要随增。战时所规定美金二十比一之兑换率，既不合理，亦与当时购买率脱节，故政府于去年三月四日改定为二千零廿元，此数仍较当时法币购买率为低，其用意在鼓励物资进口。迨至十二月，二千廿元兑换复不合时代需要，再度调整。按当时美钞市价仅三千二三百元，政府为稳定外汇，故定为三千三百五十元，但不幸战事从续进行，交通无法畅通，美钞因物价高涨关系，三千三百五十元之牌价已较市价为低，政府再三考虑，认为调整外汇，在现时非根本办法，故决定将去年三月公布外汇管理办法从新修正，以求进口之有效管理，同时为鼓励出口，免除出口税。

与外汇直接有关者为黄金问题。后期战时几年中，中央银行对于黄金运用，确获有相当成效。黄金政策之最初目的，只在收回法币，总数达千亿以上，在当时为数不能谓少。黄金政策之次一目的，在稳定币值。黄金与物价原无直接关系，惟国人心理素以黄金、粮食作为计算物价标准，如黄金价格稳定，一般物价亦可比较稳定。央行每于黄金市价高涨时大量出售，压低市价，收效亦复不鲜。

国际货币基金银行，限期各国规定汇率。我国目前以军事状态存在，收支尚未平衡，故根据凡在战时首都沦陷之国家，其汇率可暂缓议定之规定，暂未议定。

关于卅五年预算执行情形，预算总数原为二万五千二百余亿，收支相差六千七百亿，当时诸位先生俱感忧虑。财部编制税收预算时，认为东北、华北收回当无问题，不料去年一年中该两区大部税务机关未能执行职务，不但不能收税，徒使政府支出大批经费。然至年度终了，财部应收之六千七百亿，实为一万二千五百余亿。如去年岁出能严格执行预算，则收支勉可平衡，无奈以物价高涨，各机关预算不断追加，全年税收虽增加，而支出亦增加一倍，因此，本人常感觉预算必须严格执行，财部原本年度七万三千余亿之收入，在整理税务、人事及调整税率情形下收足，但并不希望因物价高涨而增加税收。

关于侨汇情形，诚如何参政员所说，均系事实，财部亦认为严重，而其原因，即在外汇牌价与市价相差太远。侨胞之所以由外商银行汇寄，（一）可得较牌价近一倍之法币；（二）因币值不稳定，多愿以外汇存放银行；（三）经办侨汇之国家银行办理迟缓，现正设法改善中；（四）行局支分行太少。改善侨汇最简捷办法为全部调整汇率，惟限于目前事实，未能随便调整，必须配合各种措施，方可济事。政府现拟在外汇调整以前，对于侨汇及国外捐款采用贴补办法，俟妥议核准后，即可实行。

绥靖区金融紧急措施办法，业已付诸实施。现正督促国家行局，在绥靖区内，多设行处，并由国库拨款，举办急赈与小本贷款，以及废止各项非法税捐，谋求债权债务之合理处理。另发土地债券，推行土地征收工作，期以金融力量，协助绥靖区内经济建设之复兴。

租税方面，目前中央税制主要为直接税、货物税、关税、盐税四者。在抗战时期，虽不断整理，积极增加税收，但于税制之调整，税源之培养，未有显著成效。胜利以后，对于租税制度，均已从新检讨。直接税中，所得税法之重要改进为采行分类综合所得并课制，使更符合能力负担原则，并就各类所得性质，订定不同税率，分别轻重，以示公允。对制造业特予减轻，以期配合经济建设政策，规定国营事业一律课税，使与民营事业平等待遇。近复为适应当前物价变动，特拟定所得税法、免税额及课税级距调整条例。按照各区平均物价指数，定期调整免税额与税率，以减轻各类所得税负担，使其更加合理。货物税本年略增征税名目，并将税率酌予调整，稽征程序亦改经简单。关税政策与我国战后经济建设关系至巨，自应妥为应用，采保育措施，以期加速完成工业化。最近公布修正进出口贸易暂行办法，直接扶助国内生产事业，促进经济建设，间接培养国民经济，减少入超数额，并显见政府不以影响财政收入而忽视经济目的之举措。至出口税，经予全部免征，以促进输出，维护生产，进口税则正洽由经济主管机关妥拟办法，准备修订。

财政部本年度中心工作为求财政金融与经济措施密切配合，以达到增加生产、稳定物价，进而繁荣经济，平衡收支。

14. 国民参政会第四届第二次大会休会期间驻会委员会第十四次会议记录

（1947 年 1 月 31 日）

国民参政会第四届第二次大会休会期间驻会委员会第十四次会议记录

时　　　间：三十六年一月三十一日（星期五）上午九时

地　　　点：国民大会堂会议室

出　席　者：

主　席　团：江　庸　莫德惠　李　璜

驻会委员：钱公来　李　洽　伍纯武　尹述贤　郑揆一　林　虎　席振铎

　　　　　苏　珽　左舜生　王普涵　甘家馨　达浦生　汪宝瑄

社会部部长：谷正纲

主　　　席：江　庸

秘　书　长：邵力子

记　　　录：谷锡五　詹行煦　徐晓林

报告事项：

一、秘书处报告（附件一）[略]。

二、外交部书面报告（附件二）[略]。

三、社会部谷部长正纲报告：最近社会行政设施及振济情形（原词见附件三）。

谷部长报告毕，各驻会委员就社会行政设施等分别提出询问，兹分志于次：

1. 钱委员公来询问：（1）各地工会农会等在地方发生何种影响？（2）京市房荒；（3）社会迷信；（4）地方帮会势力；（5）东北失业工人之救济等问题一件。

2. 伍委员纯武询问：（1）对于各省社会行政人事之调整，社会部可否自由？（2）农村信用合作社常被土劣把持，有无补救办法等问题一件。

3.莫主席德惠询问：新疆、甘肃两省现尚有昔日随马占山之东北籍士兵及眷属，请社会部考虑设法遣送回籍一件。

4.苏委员珽询问：（1）热察绥急赈费；（2）合作金库各省分库何时设立？（3）社会部与行总关系如何等问题一件。

以上各询问案，均经谷部长即席分别答复。

讨论事项：

一、中国、中央两航空公司在沪失事飞机调查报告。

决议：报告内所列改进意见送请政府采择办理。

二、苏委员珽等四人提：请组清查小组清查外汇委员会账目以释疑案。

决议：建议政府委托本会组织调查小组予以调查。

三、伍委员纯武等五人提：请政府迅速采取有效办法平抑物价以解人民倒悬案。

决议：交经济财政小组研究。

四、伍委员纯武等六人提：请政府饬令行总缓期结束行总滇西办事处以便继续救济滇西收复区灾民案。

决议：送请政府办理。

五、郑委员揆一等六人提：请政府维护西沙群岛主权速促法国登陆军队撤退案。

决议：送请政府迅速办理。

六、甘委员家馨等四人提：请设法解决公教军人及文化工作者子弟之失学问题案。

决议：送请政府采择办理。

散会。十一时四十分。

附件三：

最近社会行政设施及振济情形
谷部长振［正］纲报告

自上次参政会开会后到现在的社政工作，提要分四方面报告如下：

一、发展人民团体组织

在三十五年度内职业团体组织，依照程序进展，计发展农民团体四四三四个，内包括省市农会十一个，县市农会一百八十七个，乡区农会四千二百三十六个，基层会员二百三十九万六千三百八十人。渔民团体六十四个，基层会员二万二千七百五十八人。工人团体三〇〇三个，内包括县市总工会一二七个，产业工会五四个，职业工会一五八六个，各业工人联合会六三个，其他公营事业工会及工人联合会七三个，基层会员五三〇，八三三人。工商业团体三五七五个，内包括全国商联会一个，省市商联会四个，县市商会一五一个，区镇商会一一〇个，工商同业公会三三〇九个。

最近数月来，关于人民团体发展方面，有可提出特为报告者，一为职业团体内容之逐渐充实，如职业团体之监理事及其当选县市参议会之参议员，均为各业之从业人，一为各职业团体之选举与活动，均趋于民主化，尤以各职业团体，政府业已决定准许有全国性之总组织，俟各种法规依法定程序修改后，各职业团体即可成立全国性之组织，此为政府民运政策之大转变。

二、劳工行政

甲、失业工人救济

（一）后方区依照《复员期间后方区民营工厂被裁工人处理办法》，在渝、川、昆、西安、兰州等地办理救济及就业转业事宜。本部共救济重庆区二八，八九四人，遣送回乡工人二一，四〇〇人，发救济金五四，〇〇〇，〇〇〇元，辅导就业者一一四四人。

（二）收复区订《社会部收复区工人临时救济办法纲要》，并于沪、津、青岛、武汉、北平等地指导成立失业工人临时救济委员会，除发放救济金及衣物、面粉外，多以辅导就业为主，计共救济四一一，七九六人，发救济金二，四八四，八四九，五三九元（二十四亿余元），转业二三三，二七五人。

（三）归国侨工，本部会同侨委会、外交部拟订救济办法，并令饬云南、贵州两省社会处负责办理归国侨工救济。贵州失业侨工一九二名，眷属二四四名，侨工每名发五〇，〇〇〇元，眷每口九，〇〇〇元。昆明成立招待委员会，本部前后拨款八，〇〇〇，〇〇〇元，作为辅助经费。他如荷印加岛被遣回矿工一，〇〇七名，澳洲返国工人五三四名，由日归国工人及战俘三四，一八五名，均经分别予以救济。

乙、工资调整

本部订发《复原时期民营企业工资调整办法》，废止前颁之《战时管制工资办法》及《收复区调整工资办法》，凡各业工人工资，均依基期工资（底资）参照当地工人生活指数，予以调整，但不得变更底资，并规定以二十六年以前为基期之工资，在五十元以上者，除五十元仍照工人生活费指数比例发给外，其超过之数得减成发给。又规定如因生产及营业情况不佳，虽难照工人生活费指数发给工资时，得由劳资协商或评判委员会评定减成发给。

三十五年度各重要都市，如上海、重庆、青岛、天津等地之工资，以上海为最高，重庆为最低，上海工资最高之原因，非全由于工人生活费之升高，而底资的变更，乃其主要原因。

沪、津、青、渝十一月份棉纺业工人工资比较表

	最高工资	最低工资	备考
上海	三七五，〇〇〇	一四五，〇〇〇	
天津	一四六，四四〇	九二，四〇〇	一、以每人每月为准；二、单位元。
青岛	二二八，〇〇〇	九七，五〇〇	
重庆	八三，八二〇	三三，五七〇	

工资依指数调整后，纠纷事件已渐减少，兹以去年一月至九月上海、重庆、天津三地劳资纠纷事件及因工资发生纠纷事件，列表如次：

		一月	二月	三月	四月	五月	六月	七月	八月	九月	合计
上海	纠纷总次数	106	149	366	82	57	20	28	24	18	850
	有关工资次数	20	102	328	54	35	8	9	7	3	566
重庆	纠纷总次数	53	39	19	23	21	21	17	21	14	228
	有关工资次数	10	9	12	6	10	5	6	8	5	71
天津	纠纷总次数	15	13	15	16	18	21	19	16	22	155
	有关工资次数	6	6	8	2	11	10	8	6	6	63

丙、处理工潮

（一）方针

1. 对于工人正当要求及合理利益，应依法予以保障，但以不妨碍生产事业发展

为前提。

2.劳资纠纷，应循合法程序解决，不得有破坏生产、扰乱秩序之行为。

（二）机构

依照复员期间劳资纠纷评断办法规定，于工矿交通公用事业特别发展之地，特设劳资评断委员会，上海、天津、汉口、青岛、北平、武昌等市均先后设立，依调解及仲裁程序，处理争议案件。

（三）结果

1.卅五年上半年各地处理工潮数

	件数	关系人数
上海	八五六	七七七，三〇五
天津	一〇七	二五，一〇〇
重庆	一七三	三七，七五〇
北平	二	三六八九
广州	一五	一三，二〇七
青岛	三一	二八一二
南京	一五	九〇四六
汉口	四六	二六，五六六
合计	一二四五	八九五，四七五

2.卅五年一至十二月已报本部处理结果数

	件数	关系人数
天津	二〇〇	四八，九九九
南京	四二	二三，一九五
重庆	二八〇	九二，〇九九
合计	五二二	一六四，二九三

三、儿童福利与一般救济

甲、推展儿童福利

截至三十五年底，各省市公私立育婴、育幼院增至一千七百卅八单位，收容教养儿童三十一万七千七百四十二名，较卅四年之一千零七十五单位，增六百六十三单位，较卅四年之二十五万五千名，增六万二千七百四十二名。在质量上，组织、人事、教养方法，均经改善。并与善救署联系，申请救济物资，改良营养教养设施，经本部奖励者达八十三单位。

乙、调整改进本部直属育幼院所

本部直属院所原有二十六单位，共收容儿童一万四千余人，分布于川、渝、桂、粤、赣、皖、豫、陕、甘各省市。年来遵照院令裁并转移后方各院。至鲁、苏、晋、辽、平、湘等处，现鲁、苏已开始收容，余在加紧筹设中，以期普遍发挥辅导示范作用。并厘订各种教养以及升学、就业办法，在三十五年度经辅导升学就业者一千一百一十七人。至改良院舍环境及设备，亦经呈院核拨专款，以求达到政府示范所之标准化。

丙、改造地方救济事业

救济院之恢复与增设，由本部订颁《社会救济事业总检察实施办法》，第一期检查重庆、四川等九省市，第二期检查京、粤等十四省市，第三期检查苏、浙等九省。现计共有救济机关团体三二五九单位，院内外受济人数共三，八〇九，五四九人。

丁、冬令救济

卅五年度冬令救济经本部呈准拨发一十五亿元，东北各省市分配五亿元，由部拨请东北行辕配发。其他各省市分配十亿元，由部直接配发。各省市因其需要，各奖助两千万至六千万元。办理结果，尚未具报，所生效果颇大，如京市仅奖助四千万元，而由社会及各方捐助者竟及四亿余元。

四、紧急救济

急赈原属行总主管，但因情形特殊或困难者，政院当交本部办理，经本部办理者，分述如下：

甲、经本部呈准拨发各省市之急赈款额

苏北	一，〇〇〇，〇〇〇，〇〇〇.〇〇
安徽	一，三〇〇，〇〇〇，〇〇〇.〇〇
河南	一，五〇〇，〇〇〇，〇〇〇.〇〇
河北	一，五〇〇，〇〇〇，〇〇〇.〇〇
山东	一，五〇〇，〇〇〇，〇〇〇.〇〇
湖北	五〇〇，〇〇〇，〇〇〇.〇〇
山西	一，五〇〇，〇〇〇，〇〇〇.〇〇

热河	一,五〇〇,〇〇〇,〇〇〇.〇〇
绥远	一,五〇〇,〇〇〇,〇〇〇.〇〇
察哈尔	一,五〇〇,〇〇〇,〇〇〇.〇〇
宁夏	三〇〇,〇〇〇,〇〇〇.〇〇
四川	一〇〇,〇〇〇,〇〇〇.〇〇
南京	四〇〇,〇〇〇,〇〇〇.〇〇
共计	一四,一〇〇,〇〇〇,〇〇〇.〇〇

此外之农工商及小本各项贷款，与粮食种籽等，尚未计入。

乙、绥靖区难民急赈

本部奉命主办绥靖区急振，中央设立急振总队部，在各绥靖区设立十二大队及若干中队与小队，分赴各地工作，但均利用现成力量办理，事实费用占百分之五。对收复县，每县发赈款五千万元，面八千袋，并按需要配发寒衣，及食盐若干。第一期一百二十县，共发赈款六十亿元，面粉两万吨，寒衣五万包，食盐五十万斤。最近又发二十五亿元，按准备分发各收复县。又对热、察、绥三省之蒙旗，特发急振款一十亿元。

五、合作事业进展概况

甲、推展并改进各级组织

（一）督促发展乡镇合作社、专营社及各级联合社。现全国总社数共为一六〇,二二二所，乡镇保社及联合社共为七七,三四一所，专营社及其他单位合作社共为八二,八八二所。

（二）督导收复区光复区整理各种合作社，并推进新社。现北平旧社已整理完竣，并组新社二四四所，上海、天津、青岛三市旧社整复及新社共三七〇所，山西整理及新社五六六所。

乙、充实各种合作业务

（一）发展各种生产业务。各项业务百分比如下：农业生产百分之一九.二，工业生产百分之六〇.〇，供给百分之九.九，运销百分之一一.一，消费百分之一四.九，公用百分之二.六，信用百分之三四.一，保险百分之二.二。

（二）充实供销业务。本部合作事业管理局、全国合作社物品供销处，截至三十五年底止，共进货一六五，九六五，一一三元，销货二三一，五九三，八二一元。

丙、接收整理敌伪合作资产。现除东北已接收二亿三千万元流通券，合法币约二十六亿元外，计华北区接收敌伪合作资产，估价约二亿余元，东南区约十亿余元，总计约卅八亿余元。

丁、办理绥靖区合作事业

（一）训练合作工作人员。本部奉令商由国立政治大学设立合作指导研究班，由本部负实际责任，招训一七三人，期满及格者一二二人，经分发绥靖区合作机关工作者七二人，余正洽派中。

（二）派员考察绥靖区实况。卅五年十二月十日，派员出发巡视苏北各县，于十二月廿六日返京，颇多兴革贡献报告。

（三）组织绥靖区合作工作辅导团。遵照绥靖区合作事业实施办法之规定，增设绥靖区合作工作辅导团。第一团二二人，派往苏北。第二团二三人，派往皖东北区。第三团一八人，派往青济区。第四区一一人，派往河北区。已于本月廿七日陆续出发，开始工作。

戊、督促筹设中央合作金库分支库如下：

名称	地点	专款配发额
北平市分库	北平	三八四，〇〇〇，〇〇〇元
河南	郑州	三八四，〇〇〇，〇〇〇元
山东	济南	三一四，〇〇〇，〇〇〇元
河北	天津	三〇〇，〇〇〇，〇〇〇元
徐州	徐州	二二二，〇〇〇，〇〇〇元
淮阴	淮阴	二五二，〇〇〇，〇〇〇元
蚌埠	蚌埠	二三二，〇〇〇，〇〇〇元
泰州	泰州	二〇〇，〇〇〇，〇〇〇元
青岛	青岛	二〇〇，〇〇〇，〇〇〇元

此外，另拨信托部七三四，〇〇〇，〇〇〇元，采购物资运往绥靖区。（完）

15. 国民参政会第四届第二次大会休会期间驻会委员会第十五次会议记录

（1947 年 2 月 14 日）

国民参政会第四届第二次大会休会期间驻会委员会第十五次会议记录

时　　间：三十六年二月十四日（星期五）上午九时

地　　点：国民大会堂会议室

出 席 者：

主 席 团：莫德惠　江　庸　吴贻芳

驻会委员：王普涵　伍纯武　薛明剑　甘家馨　达浦生　钱公来　席振铎

　　　　　左舜生　林　虎　尹述贤　郑揆一　苏　珽　范予遂　许孝炎

　　　　　陈启天　傅斯年　罗　衡　李　洽

农林部部长：周诒春

财政部部长：俞鸿钧

经济部部长：王云五

粮食部部长：谷正伦

主　　席：莫德惠

秘 书 长：邵力子

副秘书长：雷　震

记　　录：谷锡五　詹行煦　徐晓林

报告事项：

一、秘书处报告（附件一）[略]。

二、外交部书面报告——邵秘书长代读（附件二）)[略]。

三、农林部周部长诒春报告：《最近农林行政设施情形》（附件三）。

周部长报告毕，各驻会委员提出下列询问：

1. 薛委员明剑询问：（1）造林护林办法；（2）沿海渔业计划等问题一件。

2. 王委员普涵询问：（1）陕棉收购价格；（2）陕西棉贷数额等问题一件。

以上两询问案均经周部长即席分别答复。

四、经济部王部长云五报告最近物价高涨情形（附件四）[略]。

王部长报告毕，尹委员述贤询问：（1）政府对于制止罢工有无决心？（2）外传王部长动用中纺公司四亿元，真相如何等问题。王部长答复。旋王部长有重要会议先行退席。

五、财政部俞部长鸿钧报告此次黄金风潮情形（附件五）[略]。

六、粮食部谷部长正伦报告目前粮食情况（附件六）[略]。

两部长报告毕，各驻会委员就目前金钞、粮食、物价高涨及政府对策等问题提出询问如次：

1. 薛委员明剑询问：（1）法币票额政府有无限制之意？（2）三十五年份印发之关金票何以仍印"十九年印"等问题一件。

2. 钱委员公来询问：关于财政金融政策一件。

3. 苏委员珽询问：（1）物价管制办法；（2）提高利息以吸收游资之办法是否可采；（3）进口货已经管制，何以市上仍有限制进口货物等问题一件。

4. 王委员普涵询问：（1）现行黄金政策应重新检讨；（2）物价高涨责任谁属；（3）治标办法何在等问题一件。

5. 伍委员纯武询问：（1）黄金政策已经失败，善后办法如何？（2）战争已在进行，此后战费来源如何？（3）管制物价政府有无彻底执行决心？（4）此次金潮，据传由于某巨公收购，真相如何？（5）贴补出口无异提高外汇，政府有无防止反应善策？（6）外传政府金融决策，财部事先并不知晓，确否等问题一件。

6. 罗委员衡询问：（1）金潮发生后，政府何以不先禁止黄金买卖？（2）央行配送黄金总数几何，何人收购？（3）政府对策如何？（4）国人在美存款三亿美元，究系何人所存，已否解冻？（5）财产税何以不征收等问题一件。

7. 傅委员斯年询问：（1）此次金潮何人作祟？（2）美钞与法币购买力如何使其

平衡？（3）四行工商贷款予何人？（4）国营民营如何明确划分等问题一件。

8. 郑委员揆一询问：（1）外传此次金潮起因于某巨公斗法及军人利用军款购买黄金，确否？（2）黄金政策已经失败，可否先停止黄金外汇卖买等问题一件。

9. 范委员予遂询问：此次金潮影响民生至巨，究应由何人负责一件。

10. 尹委员述贤询问：（1）粮价随金价高涨，政府有无控制办法？（2）黄金外汇政策，政府究拟如何改进等问题一件。

以上各询问案，当由俞部长、谷部长分别答复。

讨论事项：

一、伍委员纯武等五人提：请政府迅速采取有效办法平抑物价以解人民倒悬案。财政经济组审查意见：本案修正通过，送请政府采取有效办法迅速实施。

二、达参政员浦生等三人提：平抑物价案。

三、钱参政员公来等三人提：请政府从速完成经济保安体系案。

四、尹参政员述贤等五人提：请政府迅派公正人士彻查黄金外汇售买情形以制止物价之高涨案。

五、郑参政员揆一等三人提：请政府禁止黄金外币流通买卖及抑平物价以安定金融经济案。

六、李参政员洽等五人提：请政府整饬纪纲、严惩奸商以安人心而苏民困案。

七、范参政员予遂等十二人提：请本会立即组织委员会彻查黄金涨价风潮案。

八、苏参政员斑三人提：请政府迅将黄金收归国有以稳定物价案。

九、钱参政员公来等三人提：改善外汇管理办法案。

决议：组织财政、经济审查委员会，将以上九案交付审查。

散会。下午一时二十分。

附件三：

最近农林行政设施情形

主席、各位先生：

今天奉邀出席报告最近农林行政设施情形。农林部去年因复员耗时，工作成绩减低。兹就本部工作分消极、积极两部，列举说明。

消极方面工作偏重于防虫防瘟。（一）防虫：本部对防虫工作素所注意，去年三月即开始进行，故去年病虫害并未扩大，各种农产品产量，均能达预期数额;（二）螟虫：为害最大，去年各地虽有发现，经分别扑灭，未成大灾。然本部以限于人才、财力、器料，未能作彻底清除工作 ;（三）牛瘟：耕牛不易补充，且各地数量不足，对现有牛只应加保护，去年本部特备血清分发冬站替农民所蓄耕牛注射，收效甚效。

积极方面工作目的在求农产物之增产，分项述明于次：

（一）改良种籽：增加生产，除扩充耕种面积以外，厥为换植优良种籽。本部对于繁殖改良种籽，设有八个种籽繁殖站，去年增设一站，共计九站。各站繁殖种籽，分发各地农民播种，收效尚宏。

（二）增殖耕牛：本部现设有耕牛站两所，繁殖牛种；防疫处十处，防止兽疫。防疫处并附设血清制造厂，现全国共十五所，血清工作站二十二所。

（三）农田水利：大型水利工程由水利委员会主管，农田水利由本部办理。农田水利包括抽水、凿井、筑坝、修堰等工程，现有抽水机九十架，凿井机二百架，分驻各地工作。

（四）病虫害药粉：全国有制药厂三所，分设上海、北平、台湾，东北厂现正在筹备中。

（五）化学肥料：我国原有硫酸铔厂一所，战时为敌占据，现在产量仅及以前三分 [之] 一，约可产二万吨左右。全国每年约需六十五万吨，今年进口三十万吨，尚不敷实际需要。希望将来在台湾设厂制造，期能每年供给三四十万吨。

（六）农具制造：联总捐助我国大型农具二千架，现已到百五十架，但零件到齐装置可用者只五十架。小型农具九万二千套，已到全数九分之一。联总为装配是项农具，拟在国内设总机厂一所，分厂十八所，铁工铺三千所。

（七）造林：造林需长时期经营及人民之协助方克成功，今年拟在西北大量造林，并为保护新造树木，决定与农民合作办理。

（八）农贷：农贷现决定由农民银行办理，并废除贷款，改用贷物、贷药、贷料。

（九）研究工作：本部原设有中央农业试验所、中央林业试验所等，现正筹设水产研究所、蚕丝研究所、桐油研究所。

（十）农业推广：各所研究获有结果，应即推广，以收增产之效。过去对于农业推广工作，未能达到推广目的，故今后除训练推广人员外，特别注意使其与农民打成一片，共同工作。为求农业推广起见，本部与农行约定采分工合作办法，所有农贷业务由农行办理，技术指导由本部派员指导。

此外附带报告两事：（一）关于增加生产者。（1）棉花。本部原有五年增产计划，以期恢复二十六年产量。全国每年需棉约计一千五百万吨，前年计划去年产量应达六百五十万担，而去年实收七百八十万担，美棉进口约一亿美元。兹为适应实际需要，减少外汇消耗，决定将五年计划于三年内完成，因此本部今年对于植棉特别重视，希望今年增产达到一千二百五十万担，明年增至一千四百万担，后年达到一千五百万担之目标；（2）烟叶。现在每年可出产四五千万美元，三年计划完成，希望达三亿元产量，计划中非常重视种植与制造；（3）蚕丝由中蚕公司负责办理；（4）茶叶。台茶产量丰富，对外推销信誉亦佳，除维持台湾产量及输出外，在内地集中祁门、屯溪、平绥（？）、崇安四区，种植制造；（5）桐油、羊毛、糖。我国产量原丰，今后应切实研究整顿，先求恢复原状，再求增产。

（二）关于技术合作者。中美农业技术合作，去年开始进行，美方特选派农业专家十人来华，自六月二十七日到达，十一月十八日离华返美。在华时期共五个月，分赴十四省，行程一万二千里。其所草拟初步合作办法，现正在分别研究中。

16. 国民参政会第四届第二次大会休会期间驻会委员会第十六次会议记录

(1947年2月17日)

国民参政会第四届第二次大会休会期间驻会委员会第十六次会议记录

时　　间：三十六年二月十七日（星期一）上午九时

地　　点：国民大会堂主席团会议室

出 席 者：

主 席 团：莫德惠　江　庸

驻会委员：伍纯武　左舜生　钱公来　甘家馨　林　虎　尹述贤　罗　衡

　　　　　苏　珽　达浦生　范予遂　陈启天　席振铎　李　洽　王普涵

　　　　　傅斯年

主　　席：江　庸

秘 书 长：邵力子

记　　录：谷锡五　詹行煦　徐晓林

讨论事项：

一、伍参政员纯武等五人提：请政府迅速采取有效办法平抑物价以解人民倒悬案。

二、达参政员浦生等三人提：平抑物价案。

三、钱参政员公来等三人提：请政府从速完成经济保安体系案。

四、尹参政员述贤等五人提：请政府迅派公正人士彻查黄金外汇售买情形以制止物价之高涨案。

五、郑参政员揆一等三人提：请政府禁止黄金外币流通买卖及抑平物价以安定金融经济案。

六、李参政员洽等五人提：请政府整饬纪纲、严惩奸商以安人心而苏民困案。

七、范参政员予遂等十二人提：请本会立即组织委员会彻查黄金涨价风潮案。

八、苏参政员珽三人提：请政府迅将黄金收归国有以稳定物价案。

财政经济审查委员会审查意见：

此次黄金风潮，全国波动，世界惊愕，俨如大难之将临。责任所归之人，既不能防之于事先，又迟迟不宣布办法于事后，瞻念前途，至深忧虑。及今改弦易政，犹有改正之机。若仍任其恶化，则本会同人忝为民意机关，既难坐视，亦须谋自处之道。查黄金政策，自始即不健全，本会亦曾有表示，巨量黄金，本为战争时间盟邦助我稳定财政者，初无办法用以协助币制，增益生产，徒供投机之用，而填豪门大户之壑欲，创始者已属非是，今日更维持不下。大凡财政政策必以经济政策为基础，今经济政策可谓无策，使工业生产步趋崩溃，而财政政策，加速其过程，黄金本为收回法币，用以调节物价，而今乃领导物价。十年来当权之人，皆为绝对信自由买卖者，此在英美之资本主义国家，在战时犹须管制，今虽曰胜利，战时情况尚未改变，乃一切放任，徒便私门。百物管制，在吾国本不可能，然少数日用必需品已在政府手中，加以合理管制，并非难为，今乃一切不办，木偶尸位，莫此为甚。国家银行之铁幕，豪门斗法之报道，关系官箴并关国誉，如不切实查明，传说必比事实为更重。本会同人，于财政经济事项，因政府之秘而不宣，所知极少，虽详细办法，属于当局之人，而现象如此，理应述其原则，详加检讨，决议八项，转送政府迅速切实施行。

1. 请政府重新检讨黄金政策，在未订定妥善办法以前，黄金买卖暂行停止。

2. 禁止以黄金、外币为交易媒介（如租赁、订货、购买等），违者以扰乱金融论罪。

3. 此次黄金风潮，行政院长及有关机关当局，事前既未能预为防止，事后补救之法亦迟迟不出，贻误国计民生至巨，应请国防最高委员会查明责任所属，认真处分。

4. 建议政府由本会与立法院、监察院共同组织调查团，彻查此次黄金风潮及京沪两地金融现况。

5. 政府应妥定办法，吸收游资，用于生产事业。

6. 取缔银行、钱庄、银号囤积物资居奇图利，违者取消其牌号。

7. 日用必需品应采有效办法，妥为管制，并须实行节约，禁止浪费。

8. 从速制定平抑物价办法，切实施行。

决议：查此次黄金风潮，影响民生至巨，上列各案均极重要。除关于黄金买卖应暂行停止及禁止黄金、外币为交易媒介等意见，政府已有办法公布外，兹经决议办法六项，送请政府迅速切实施行。

（一）此次黄金风潮，行政院长及有关机关当局未能预为防止，贻误国计民生至巨，应请国防最高委员会查明责任所属，认真处分。

（二）建议政府由本会与立法院、监察院共同组织调查团，彻查以下事项：1. 此次黄金风潮及京沪两地金融现况；2. 官僚资本之垄断及作祟情形。

（三）政府应妥定办法，吸收游资，用于生产事业。为促进生产事业之切实发展，凡生产贷款有经手中饱及移作投机用途者，应严厉取缔，并制定取缔办法。

（四）利用公款或职权从事非法牟利者（包括延期发薪发饷以牟利），应严厉取缔，并制定取缔办法。

（五）日用必需品应采有效办法全面管制，并须实行节约，禁止浪费。

（六）从速制定平抑物价办法，切实施行，务期恢复一月份之物价标准。

（九）钱参政员公来等三人提：改善外汇管理办法案。

财政经济审查委员会审查意见：本案送请政府采择。

决议：照审查意见通过。

散会。下午一时。

17. 国民参政会第四届第二次大会休会期间驻会委员会
第十七次会议记录

（1947 年 2 月 28 日）

国民参政会第四届第二次大会休会期间驻会委员会第十七次会议记录

时　　间：三十六年二月二十八日上午九时

地　　点：国民大会堂会议室

出 席 者：

主 席 团：江　庸　莫德惠　李　璜

驻会委员：王普涵　伍纯武　郑揆一　钱公来　薛明剑　林　虎　苏　珽

　　　　　罗　衡　范予遂　席振铎　尹述贤　达浦生　甘家馨　李　洽

　　　　　陈启天　傅斯年

资源委员会主任委员：钱昌照

主　　席：江　庸

副秘书长：雷　震

记　　录：谷锡五　詹行煦　徐晓林

报告事项：

一、秘书处报告。

二、外交部书面报告——由雷副秘书长宣读。

三、资源委员会钱主任委员昌照报告复员以来资源设施情形。

钱主任委员报告毕，各驻会委员提出下列各询问案：

1. 郑委员揆一询问：（1）据报告本年度汽油产量可达二千余万加仑，原油产于何处？（2）国营事业采用公司制，其内部组织如何？（3）国家资本如何发展等问题一件。

2. 苏委员斑询问:(1)外传资委会各厂人员多、待遇高、行政费巨大,确否? (2)华北接收各厂矿生产恢复至何程度? (3)建设计划之分区等问题一件。

3. 薛委员明剑询问:(1)管理重于技术,然对管理人员之训练储备曾否注意? (2)各地工厂以缺乏动力,无法开工,请加强煤产及发电业务;(3)培养人才应请与教育当局妥为计划等问题一件。

4. 钱委员公来询问:(1)资委会在后方所办工厂现已结束者,其结束情况如何? (2)东北各地工厂技术人员与熟练工人,其待遇如何等问题一件。

5. 伍委员纯武询问:(1)享受大众化,已做到何种程度? (2)东北各地工厂接收者十九单位,占应接收总数之百分比如何? (3)石油生产近况如何等问题一件。

6. 罗委员衡询问:(1)工业建设之地域分配与计划如何? (2)甘肃油矿近况如何? (3)接收各厂现时产量如何等问题一件。

7. 林委员虎询问:关于建设计划应与国防需要相配一件。

8. 尹委员述贤询问:关于复员后非敌国产业之管制情形如何一件。

9. 李委员洽询问:(1)甘肃油矿有无改进计划或缩小之拟议? (2)青海各地油矿探勘结果如何? (3)永登水泥厂拟请继续维持;(4)西北羊毛请速设法利用等问题一件。

以上各询问案,均经钱主任委员即席口头分别答复。

讨论事项:

一、苏委员斑等三人提:请政府放宽纸类输入限额以维文化发展案。

决议:本案通过,送请政府斟酌办理。

二、王委员普涵等三人提:请政府迅速改善军人待遇案。

决议:本案通过,送请政府迅速妥筹办理。

三、苏委员斑等三人提:请政府整肃学风以利教育发展案。

决议:本案"办法"删,余通过,送请政府注意。

四、薛委员明剑等三人提:请政府迅予恢复长兴煤矿以裕燃料而利工业案。

决议:本案通过,送请政府采择施行。

五、薛委员明剑等三人提:请政府切实诱导游资从事生产事业案。

决议：交财政经济组审查并拟具详细方案。

六、罗委员衡等五人提：请政府为俯体民情迅即饬令江西省政府即日停止庐山缆车修建工程之征工，俾人民得以进行春耕案。

决议：本案通过，送请政府迅速办理。

散会。正午十二时。

18. 国民参政会第四届第二次大会休会期间驻会委员会第十八次会议记录

（1947 年 3 月 14 日）

国民参政会第四届第二次大会休会期间驻会委员会第十八次会议记录

时　　间：三十六年三月十四日（星期五）上午九时

地　　点：国民大会堂会议室

出 席 者：

主 席 团：莫德惠　吴贻芳　江　庸

驻会委员：王普涵　薛明剑　伍纯武　郑挼一　钱公来　林　虎　苏　珽

　　　　　李　洽　刘真如　尹述贤　范予遂　席振铎　甘家馨　达浦生

　　　　　许孝炎　汪宝瑄　罗　衡

外交部部长：王世杰

地政署署长：郑震宇

主　　席：莫德惠

秘 书 长：邵力子

记　　录：谷锡五　詹行煦　徐晓林

报告事项：

一、秘书处报告。

二、外交部书面报告——传阅。

三、地政署郑署长震宇报告最近地政设施及绥靖区土地问题（原词附后）。

报告毕，各驻会委员相继提出询问如下：

1.薛委员明剑询问：（1）各县县政府应利用原有职员办理地政；（2）望政府特别注意绥靖区土地改革问题；（3）关于征收土地以发展公用事业一点有无计划？

2.苏委员斑询问：（1）绥靖区一部分土地应归还原主，其标准如何？（2）何谓佃户之"旧欠"？

3.林委员虎询问：各省有对土地订定单行法者，地政署应随时派员调查其施行之情形，倘于人民利少而害多，应随时加以纠正。

4.钱委员公来询问：（1）东北人民被敌伪没收土地应予归还；（2）东北人民在张作霖时代被没收之土地，如何处理？

5.郑委员揆一询问：（1）台湾土地百分之八十五为被日人征收，现应如何处理？（2）战时台湾军用机场所占之土地，现应如何处理？

6.伍委员纯武询问：上海江湾被日人征辟机场之土地，现应如何处理？

以上各询问均经郑署长即席答复。

四、外交部王部长世杰报告

1.最近莫斯科四国外长会议情形

（1）外部日前已根据波茨坦协定通知四国：此次外长会议只能讨论对德奥和约问题，不能讨论中国问题，同时并请英美两国不得与苏在会外作有损中国利益之协议。

（2）现又训令驻苏大使转告马歇尔：中国不愿参加此项会议，并请停止有关中国内政问题之任何讨论。

2.美国外交政策

报告毕，各驻会委员提出询问如次：

（1）薛委员明剑询问：①万一四国外长会议讨论我国内政问题，我如何对付？②传闻日本赔偿我国之物资，我无力运回，确否？

（2）王委员普涵询问：我国外交应采独立自主之精神，此次苏联建议之四国外长会议讨论中国问题，我应提出严重抗议。

（3）尹委员述贤询问：今后对苏不能采取妥协之外交政策。

以上各询问，均经王部长即席答复。

讨论事项：

一、伍参政员纯武等五人提：拟请政府代表全国人民严重表示：中国内政问题，中国自能解决，毋需任何国际会议代谋。在未经中国政府同意之一切有关中国问题之任何决议，中国绝不受其约束。是否有当，当敬希公决。

提案人：伍纯武、李洽、达浦生、林虎、钱公来。

二、王参政员普涵等三人提：请政府迅饬外交部对于莫洛托夫建议四国外长会议讨论中国问题提出严重抗议并采取外交上有效步骤以维护主权案。

三、甘参政员家馨等三人提：对莫斯科四国外长会议中之苏联行动郑重表示案。

四、尹参政员述贤等五人提：对苏外长要求中国问题列入四国外长会议日程之议，应请政府正式向苏抗议案。

五、郑参政员揆一等七人提：请政府坚持独立自主立场，反对他国妄加干涉中国内政案。

决议：以上五案一并送请政府迅速办理。

六、苏参政员斑等三人提：用本会名义通电苏京四国外长会议，反对莫洛托夫提议讨论中国问题案。

决议：本案保留。

七、薛参政员明剑等三人提：请政府切实诱导游资从事生产事业案。

财政经济组审查意见：本案修正通过，送请政府采择施行。修正之要点如下：

案由修正为：请政府扶助生产事业及吸收游资案。

办法修正为：

（一）提高银行存放款利率，但关于日用必需品生产之贷款，得减轻其利率。

（二）切实取缔地下钱庄及黑市高利。

（三）推广与改进证券市场。

（四）凡生产日用必需品之工厂，予今后二年内，以其所有盈余转为资本，从事再生产。此项盈余部分，减轻其所得税，俾导游资入于生产。

（五）从事生产日用必需品之工厂，应请指定种类，酌减其捐税。

决议：照审查意见修正通过。修正之点：办法（一）"提高银行存放款利率"改为"提高国家银行存款利率"。

八、范参政员予遂等七人提：建议政府由本会推参政员五人前往台湾，调查此次台湾不幸事件真相案。

决议：本案通过。

九、罗参政员衡等四人提：台湾长官陈仪治理失当，以致激成人民暴动，应请政府迅予撤职查办，并请郑重考虑继任人选处理此次事变，体察台胞民情，改善现行政治制度及各级官吏人选，俾资安抚而免事态扩大案。

决议：本案俟真相调查清楚后再行讨论决定。

十、罗参政员衡等四人提：请政府严惩前中央银行主管负责人贝祖诒、林凤苞、杨安仁等三人，为此次利用职权，官商勾结，破坏国策，非法图利，有意造成黄金风潮，刺激物价，致危害民生，动摇政府威信，应即交付司法机关，依法严办，以肃官箴而儆效尤案。

十一、刘参政员真如等三人提：为请行政院转饬粮食部免予限价收购皖省省县级赋粮，其运粮费用应由中央自行负责案。

决议：本案送请政府迅速办理。

十二、郑参政员揆一等六人提：请政府举办福建茶贷以资救济而维特产案。

决议：本案送请政府迅速办理。

十三、钱参政员公来等六人提：请政府派遣东北宣慰团案。

决议：本案送请政府办理。

十四、伍参政员纯武等九人提：请政府制止中国、中央两航空公司增加票价案。

决议：本案送请政府迅速办理。

散会，一时三十分。

附件三：

最近地政设施概况

甲、行政方针

以执行国父遗教所昭示的平均地权政策为基本任务。

一、对都市地方。实施土地税政策，以土地投机为政策对象，以照价征税及非基于私人投施劳力与资本而来之涨价归公为执行之手段。

二、对农村地方。促进耕者有其田政策，以佃耕制度为政策对象，以保障佃农与扶植自耕农为执行之手段。

乙、目前主要工作

一、关于实施土地税政策方面

1.举办地籍整理，进行土地测量、土地登记与规定地价，并赓续开征地价税与土地增值税；

2.举办重估地价。

二、关于促进耕者有其田政策方面

1.保障佃农；

2.扶植自耕农。

三、关于复员工作方面

1.举办收复地区临时土地登记及从新规定地价；

2.清理收复地区土地权利；

3.举办战时被毁城市土地重划；

4.举办荒地勘测以备复员军士授田之需；

5.处理绥靖区土地权利。

丙、实施概况

一、地籍整理概况

先后就各省市重要都市城镇地方及产量较多、过去未办土地陈报或已办土地陈报而成果较差或地籍紊乱亟待整理之县区办理。

自卅一年六月本署成立时起至卅四年年底止，办理土地测量 1397 城镇 47 县，办理土地登记 1266 城镇 74 县，办理规定地价 1219 城镇 13 县，共完成测量面积 4757 万余亩，登记 2746 万余号，税地面积 784 万余亩，地价总额 226 亿余元。（附表）

卅五年度一面赓续办理农地地籍之整理与规定地价工作，一面并配合复员业务办理收复各省市重要都市城镇地籍整理与规定地价工作。计整理农地 43 县，除成果尚未据报者外，完成测量面积 1279 万余亩，登记 252 万余号；整理都市土地 92 都市城镇，除成果尚未据报者外，完成测量面积 69 万余亩，登记 64 万余号，规定地价成果尚未据报。

本年度计划办理之地籍整理与规定地价业务：（1）都市城镇土地整理方面。分布一四省市，预定业务范围计52万亩；（2）农地整理方面。分布一七省市，预定业务范围2088万余亩。现已督促各省市积极开办。

二、重估地价概况

就规定地价届满五年或一年届满而地价已较原标准地价有百分之五十以上增减之地区举办。

自卅一年六月本署成立时起至卅四年年底止，共办理224城镇，税地面积48万亩，地价总额131亿余元。（附表）

卅五年度开办103城镇，分布一二省市，已据报成果者有18城镇，税地面积3万余亩，地价总额29亿余元。

本年度拟开办374县市城镇，现已督促各省市筹划进行。

三、保障佃农概况

依照土地法耕地租用章之规定推行各省市，因地制宜先后订定单行法规实施者有浙、桂、粤、鄂、皖、赣、川、绥等省（附表），其中推行减租护佃以及租约登记粗具成效者有广东、湖北、广西等省，惟此项工作因各地情形复杂，彼此因习甚深且县以下行政机构缺乏执行之能力，未能普遍推行。本署为加强各省租佃关系之调整，特遵照六全大会通过之土地政策纲领，拟具耕地租约登记办法，已呈送行政院审议中，一待奉核定即将督促各省市举办租约登记，厉行保障佃权、限制租额各项规定。

四、扶植自耕农概况

近来年经本署督导各省择地试办，并由中国农民银行土地金融处在各省增设土地金融机构放款，协助地方政府推行，粗具规模。

各省扶植自耕农办法分别为二种。甲种系由政府以大量资金依法征收土地，放领给自为耕作之农民而为直接之创设；乙种系贷款于无地之农民购赎土地自耕而为间接之扶植。

各省办理扶植自耕农工作最早者为甘、桂二省，嗣川、粤、鄂、闽、浙、赣、皖、陕、湘、绥等省相继择地进行，办理范围较大者为甘肃之湟惠渠及福建之龙岩县。

截至卅五年年底止，办理直接扶植自耕农者有甘、浙、赣、湘、川、闽、桂、绥等八省共 35 县（附表）。办理间接扶植自耕农者有浙、赣、湘、川、闽、桂、甘、皖、鄂、粤、陕等十一省 68 县。中国农民银行办理扶植自耕农放款数额至卅五年七月止共达十亿余元。

此外，尚有四川之涪陵等十县、南京市第十二区江宁乡及江西省第三行政区正着手办理中。

五、举办收复地区临时土地登记及从新规定地价概况

就收复地区曾经举办地籍整理而地籍图册已散失不全或地价变动之地方举办。

卅五年度就浙、赣、湘、桂四省办理临时土地登记，共一二五县，除成果尚未据报者外，共完成测量 51 万余亩，登记 56 万余号；办理从新规定地价者共有苏、浙、赣、皖、湘、鄂、粤、桂、豫等省及南京、北平共十一省市，计 197 县市城镇。

本年度关于临时土地登记业务预定开办 1220 万亩，业务分布十省区；关于从新规定地价工作，预定开办 1800 万亩，业务分布八省区。已督促各省市筹划举办。

六、清理收复地区土地权利概况

依照收复地区土地权利清理办法之规定，清理经敌伪非法处分之公私土地权利。现收复各省市均已依法办理，尚具成效。苏、皖、赣、粤、豫、鲁、辽北、台湾、京、沪、青岛、广州等省市及东北各省并经拟订土地权利清理办法施行细则切实执行。

七、举办战时被毁城市土地重划概况

就战时被毁最甚之重要城市先行开办，计有湖南长沙市办理面积 12700 亩，湖北汉口市办理面积 22000 亩，广西桂林市办理面积 25000 亩，南京市之下关办理面积 115 亩及江西之南昌市。

正筹办中者有湖南之衡阳市、湖北之武昌市及宜昌县城。

八、举办荒地勘测概况

为促进地利并配合复员军士授田之需要，经于卅四年度先就宁夏、绥远二省举办，计勘测有十七地区，荒地面积共 541 万余亩。

卅五年度后就绥远、安徽、陕西三省开办，计勘测五原县、晏江县、狼山县、达拉特旗区、望江县、华阳河流域及渭河滩地共六地区，荒地面积共 217 万余亩。

本年度拟就湖北、四川、云南、绥远、热河五省境内开办，预定业务数量共

500万亩，已督促各该省筹划举办。

九、推进绥靖区土地处理工作概况

1. 制定实施法令

（1）关于农地部分。拟订绥靖区土地处理办法呈由行政院于卅五年十月廿五日公布；

（2）关于城市土地及建筑部分。拟订绥靖区城市土地及建筑物处理办法呈由行政院于卅五年十一月公布；

（3）关于地权调处部分。拟订绥靖区县地权调处委员会组织规程及绥靖区乡镇地权调处委员会组织规程送由行政院绥靖区政务委员会本年二月第十七次会议通过。

2. 派员督导

（1）派副署长汤惠荪、科长魏树东赴江苏省协助策划推进苏北绥靖区土地处理工作，并派简任视察张辉、专门委员周之佐参加绥靖区政务督导团，分赴苏北及北方各绥靖区实地督导；

（2）本署长与白部长同赴苏北及北平出席绥靖区政务检讨会议，并指示绥靖区土地处理工作推进事宜。

3. 实验区域

（1）苏北：划定兴化、东台、淮安、宿迁四县为实验县；

（2）山东：划定章丘、昌乐为实验县；

（3）河北：划定昌黎、丰润为实验县。

最近四年来之土地测量成果

民国卅一年一月至卅四年九月底

年份别	地区单位数				小三角点（点）	图根点（点）	测量面积（市亩）	计算面积（号）
	城区	场镇	全县	农地				
总计	635	362	18	49	23941	755354	47576862	33075508
卅一年	77	62	13	14	5350	165395	5937659	6288591
卅二年	402	586	5	4	1061	195844	8165143	7635545
卅三年	116	96	—	19	12032	220672	17386615	8104021
卅四年	40	18	—	12	5498	173443	16087445	11047351

三十五年度：农地办理 43 县，完成测量面积 12799567 亩，土地登记 2526571 号；都市土地办理 92 都市城镇，完成测量面积 490090 亩，土地登记 648109 号。

三十六年度：农地拟办理 20880000 亩，城市土地拟办理 520000 亩。

最近四年来之土地登记成果

民国三十一年一月至三十四年九月底　　　　单位：号数

年份别	地区单位数				所有权登记			他项权利登记		移转变更登记	
	城区	场镇	全县	农地	申请登记	复文	发状	申请登记	发给证明书	申请登记	换发权状
总计	625	641	24	50	27463023	368715	10414857	64600	41428	245747	265139
三十一年	69	46	13	15	9379645	34748	284919	962	1230	3139	2053
三十二年	384	472	7	4	5760264	102920	1508071	45948	29470	93093	16650
三十三年	132	112	4	12	4786104	62589	5304286	15072	3596	95237	235970
三十四年	40	11	—	19	7537010	168458	3317581	2618	3132	54278	10466

资料来源：各省市土地登记成绩定期报告表及地籍整理成绩总报告表

说明：（1）三十一年地区单位系包括清理未完业务城镇单位数。

最近四年规定地价成果 民国三十一年六月至三十四年十二月底（按年份分）

年别	地区			面积（亩）	地价总额（元）
	城区	场镇	全县		
总计	五九七	六二二	十三	七八四七一四八	二二六五三三七八九八七
三十一年	七			六七六五九	三五七九二二三三四
三十二年	四二八	四九九	九	六〇三一四二九	一二九九七一六七一四七
三十三年	一三〇	一〇三		二九四二六五	五八八四〇三九八九〇
三十四年	三一	二〇	四	一四五三七九五	四四一四一五〇六一六

资料来源：根据各省规定地价成果报告表之材料编制

最近四年重估地价成果 民国三十一年六月至三十四年十二月底止（按年份分）

年别	地区单位数		面积（亩）	地价总额（元）
	城区	场镇		
总计	一二二	一〇三	四八八四〇	一三一七一三九七〇四
三十一年	一		九七二九四	三一七八八九一一五
三十二年	一四	二	一五四七五四	二五五七二九八一七〇
三十三年	五七	六七	一四九二〇三	五四三五七一二四四二
三十四年	四九	三四	八七一九九	一九九九四九七九七七

资料来源：根据各省市重估地价成果报告表之材料编制

卅五年度开办 103 城镇；卅六年度拟办理 374 县市城镇

各省推行保障佃农之概况

广西省 于廿七年公布广西省耕地租用条例实施办法及广西省耕地租用条例各乡镇村街推行委员会组织章程施行，廿八年修改为广西省推行土地法耕地租用条款实施办法及广西省各乡镇村街推行土地法耕地租用条款委员会组织章程公布利用，该省乡镇村街公所推行护佃减租事宜。

浙江省 除依该省佃农二五减租暂行办法推行外，廿八年又公布处理佃农纠纷暂行办法，设立农佃仲裁机关并指定若干县份实行。

广东省 以举办租约登记推行保障佃农，廿九年先就连县地政实验区举办，颁行连县地政实验区土地租约登记暂行办法，卅年间后继续举办南雄、始兴、曲江、乳源四县，由各县地政科直接主办。

湖北省　于三十年公布湖北省减轻鄂西农地佃租暂行办法，先就鄂西各县实施，嗣修订为湖北省减租实施办法并颁布各县调解委员会组织规则，将全省分区分期推进，已先后办理鄂西第七区及鄂北第八区、恩施等十余县，现又扩充于第（二）第五及第六各区办理英山、罗田、宜都等县减租工作。

安徽省　于三十一年公布安徽省改善租佃关系实施办法。

江西省　于三十二年公布保障佃农办法。

四川省　于三十四年就巴县及仁寿等县推行并分别拟有保障佃农办法。

绥远省　于二十六年公布绥远省佃租标准暂行办法，三十年后拟有绥远省限制租息暂行办法施行。

试办扶植自耕农概况　民国三十二年至三十五年

年别	总计	三十二年	三十三年	三十四年	三十五年
扶植办法种类　甲种	三五	一九	一四	一	一
扶植办法种类　乙种	六八	五一	一三	四	
中国农民银行　贷款数（元）	一二二六〇九〇六	七三八〇〇二七	四三四六〇七八九	四〇〇〇〇〇〇	
扶植自耕农概况　面积（市亩）	三三二三三〇	一四〇九一	一六〇〇七九	一二〇五二	一八二〇六
扶植自耕农概况　户数	二〇九五四	七九二一	八八四三	八一五	三三〇四

说明：区域包括浙赣闽等十四省五十七县

省别			浙江		江西		湖南		
扶植办法种类			甲	乙	甲	乙	甲	甲	甲
三十二年度各省办理扶植自耕农概况表	试办区域		泰顺县云溪乡宫江示范区	泰顺	赣县吉埠示范区、南康横市示范区、坪市第一区第二区、上犹广田示范区　水南示范区、信丰游州示范区、龙南水西示范区	赣县、第四行政区所属十一县	衡阳郿湖镇	长沙勤耕院	靖县荣誉军人垦区
	扶植户数		六五		五二〇		三五四	二四六	
	农地面积（市亩）		一〇〇〇		一四七七九		四〇〇〇	九一〇〇	

广西					福建		四川		湖南
乙	甲	甲	甲	甲	乙	甲	乙	甲	乙
桂林、荔浦、全县、柳州、武宣、玉林、桂平、修仁	玉林大塘乡南流村	桂平油麻乡北佛村	全县第三示范区白沙乡	全县第二示范区四维乡	永安、南平、龙崖	龙崖紫岗乡白土镇	巴县、绵阳、乐山、彭县	北碚朝阳镇十九保	耒阳、衡阳、长沙、靖县
	三〇三	九七	二三四	一〇六		五〇五九		八〇	
	二三二三	一一三三	一六六四	八二三		二九一〇五		一四二六	

	总计		陕西	广东	湖北	安徽	甘肃	
	乙	甲	乙	乙	乙	乙	乙	甲
上列乙种扶植自耕农户数及面积未据各省详报，故未填列。	七省十四县及甘肃湟惠渠灌溉区		平民、三原、扶风、武功、高陵	曲江、南雄、连县、始兴	恩施、咸平	寿县（正阳关）	兰州、洮沙、榆中、皋兰、泰[1]、永靖、靖远、永登、固原	湟惠渠灌溉区
	十一省五十一县	七九九四 一四〇九一 （因系间接扶植故无统计数字）						九四〇 七五八五四

---

[1] 原文如此。

三十三年度各省办理扶植自耕农概况表

省别	扶植区域	扶植户数	农地面积（市亩）	中国农民银行贷款额（元）	附注
江西	大庾湖头示范区	八〇	二〇〇〇		
湖北		七二二	六七二二	三八〇八六〇〇	江西、四川、绥远、福建等省无详细贷款数额之报告，故贷款数额较细数多贷款总额三四四六〇七八九元。
四川	巴县、北碚、绵阳、彭县	八二	四三〇九四	四〇〇〇〇〇〇	
甘肃	湟惠区（渠）灌溉区	一〇〇〇		四〇〇〇〇〇〇	
绥远	（私荒放垦）	三二二	一五二〇		
宁夏	宁夏杨信乡	二二〇	一一五〇〇	四〇〇〇〇〇〇	
福建	龙崖西墩合作曹莲大同四乡	五三一八	二五五〇二		
总计		八四九二	九〇三三七	四六二六九三八九	

19. 国民参政会第四届第二次大会休会期间驻会委员会第十九次会议记录

（1947 年 3 月 28 日）

国民参政会第四届第二次大会休会期间驻会委员会第十九次会议记录

时　　间：三十六年三月二十八日（星期五）上午九时

地　　点：国民大会堂会议室

出 席 者：

主 席 团：江　庸　莫德惠

驻会委员：郑揆一　薛明剑　钱公来　范予遂　苏　珽　达浦生　李　洽

　　　　　王普涵　罗　衡　席振铎　甘家馨　许孝炎　尹述贤　伍纯武

　　　　　刘真如

参谋总长：陈　诚

主　　席：江　庸

秘 书 长：邵力子

记　　录：谷锡五　詹行煦　徐晓林

报告事项：

一、秘书处报告。

二、国防部陈参谋总长诚报告最近军事情形。

报告毕，各驻会委员相继提出询问如下：

（一）薛委员明剑询问：1. 各地征兵仍多弊病，应请注意纠正；2. 编余军官及荣誉军人强占民房，随意砍伐树木，请加禁止，并予适当安置。

（二）尹委员述贤询问：1. 士气不振有谓由于整编，究竟整编是否影响士气？2. 外传东北共军中有外蒙及苏联部队，确否？ 3. 空运大队长衣复恩强占申家巷九号民房事，请彻查。

（三）苏委员珽询问：1. 士气不振原因何在？ 2. 十二战区需要车辆补充，中央何以不能充分补给？

（四）罗委员衡询问：1. 政府何以一面整编，一面征兵？ 2. 编余官兵应从速施予训练以事生产；3. 官兵待遇希望提高并应按时按额发放；4. 空军官兵之营养及其遗族之安置，请随时注意；5. 目前军队武装走私之风甚盛，不知国防部有无妥善办法加以取缔？

（五）郑委员揆一询问：1. 国军占领延安后，共产党实力如何？需要多少时间可以全部解决？ 2. 共党控制区域内人民是否拥护其政策？

（六）钱委员公来提请注意三事：1. 兵役要公平；2. 训练要统一；3. 军械要自造。

（七）许委员孝炎询问：闻"共匪"李先念之弟先明率干部千余人窜入湘西，勾结土匪扰乱地方，不知国防部有所闻否？对策如何？

（八）李委员洽询问：1. 青海以马代丁配额五千匹，而省府实征一万一千匹，此种情形，国防部知否？ 2. 陆军八十师赴陇东后，希望中央迅派宪兵前往青海。

（九）甘委员家馨询问：1. 政府接受敌伪物资，不少鞋袜皮革，何以不移作军用？ 2. 前闻政府决定派赴日本占领军，迄未实现，原因何在？

以上各询问案，均经陈参谋总长即席答复。

讨论事项：

一、苏参政员珽等四人提：请政府严饬各地地方法院迅速办理清查团案。

决议：本案送请政府迅速办理。

二、苏参政员珽等三人提：请政府设法禁止经售公教人员日用必需品商店套购牟利案。

决议：本案送请政府切实注意。

三、钱参政员公来等提：建议对东北铁路现况之改革意见六项，并彻查东北特派员办公处一年来未清报之账目及中长路之撞车杀人两项，请政府迅予办理案。

决议：本案送请政府迅速办理。

四、王参政员普涵等三人提：请政府修改国民参政会组织法，提高国民参政会职权案。

决议：推莫主席及王普涵、尹述贤、罗衡、甘家馨四委员先行审查，再提会讨论。

五、罗参政员衡等九人提：请政府饬令交通当局继续修复滇越铁路并限期完成，俾利西南之交通而慰民情案。

决议：本案送请政府继续办理限期完成。

六、罗参政员衡等八人提：请政府饬令南京市政府迅速在本市各区小街及平民集居之区域多设自来水站以供应平民用水，借以减少疾病而维人民之健康案。

决议：本案送请政府迅速办理。

散会。下午一时。

20. 国民参政会第四届第二次大会休会期间驻会委员会第二十次会议记录

（1947 年 4 月 11 日）

国民参政会第四届第二次大会休会期间驻会委员会第二十次会议记录

时　　间：三十六年四月十一日上午九时

地　　点：国民大会堂会议室

出 席 者：

主 席 团：莫德惠　吴贻芳

驻会委员：伍纯武　薛明剑　汪宝瑄　郑揆一　李　洽　范予遂　钱公来

　　　　　达浦生　尹述贤　席振铎　王普涵　罗　衡　许孝炎　甘家馨

　　　　　傅斯年　彭革陈

交通部部长：俞大维

主　　席：莫德惠

秘 书 长：邵力子

副秘书长：雷　震

记　　录：谷锡五　詹行煦　徐晓林

报告事项：

一、秘书处报告（附件一）[略]。

二、外交部书面报告（附件二）[略]。

三、交通部俞部长大维报告最近交通设施情形（附件三）。

俞部长报告毕，各驻会委员就最近交通设施情形相继提出询问，兹分志于次：

1. 王委员普涵询问：（1）陆海空客运安全问题；（2）陇海路豫西段木桥甚为危险，请即改建铁桥；（3）为便利全国交通起见，对西南、西北地区之交通建设工作，

须加紧进行；（4）成渝路何时可以完成等问题一件。

2. 薛委员明剑询问：（1）商人承包交通工程应限期完成；（2）京沪路三四等客车请设法改善并增加车辆；（3）各路联运请早日恢复；（4）民营航空事业问题希早日解决等问题一件。

3. 罗委员衡询问：（1）滇越路能否早日修复？（2）由昆至京旅客何以必须在沪下机？（3）京沪路乘客拥挤，能否增加车辆，每逢节日，可否增设售票处及增加车辆等问题一件。

4. 钱委员公来询问：（1）关于东北铁路管理问题；（2）传闻上海有怡太公司之组织，交通部能否纠正等问题一件。

5. 伍委员纯武问：（1）天门失事飞机，闻与走私有关，交部调查结果如何？（2）闻主管民航业务者曾在昆明走私有案之人，确否？（3）此次飞机票价涨价高三四倍，非正当旅客所能负担等问题一件。

6. 李委员洽询问：（1）天兰路关系国防至巨，应迅速修筑；（2）甘青公路修筑情形等问题一件。

7. 郑委员揆一询问：（1）闻加拿大拟在福建投资修筑，交通部未同意，确否？（2）上海仓库失火，交通器材损失甚大，有无其他原因？（3）电信局员工待遇过低，常有向人募捐等情事，交部有无改善之计划等询问一件。

8. 尹委员述贤询问：（1）请赶筑滇黔铁路；（2）航空气象设备已否增强；（3）飞机票价增加过巨，应加制止等询问一件。

9. 彭委员革陈询问天门失事飞机原因一件。

以上各询问案，均经俞部长即席分别口头答复。

讨论事项：

一、王参政员普涵等三人提：请政府修改国民参政会组织法提高国民参政会职权案。

审查意见：以下列三项建议政府：

1. 政府行将改组，在宪法实施以前，本会应确定为国家临时最高民意机关。

2. 政府应依照民意机关应有之职权及政治协商会议提高本会职权之决议，迅速修正本会组织条例。

3. 政府应根据本会现行组织条例第六条之规定，将对内对外之重要方针，如施政纲领等迅速交本会议决。

决议：照审查意见修正通过。修正之点如次：1. 一、二两项合并为一项，其全文为："在宪法施行以前，政府应依照民意机关应有之职权，迅速修正本会组织条例。" 2. 第三项改为第二项。3. 首句"以下列三项"之"三"改为"二"。

（二）郑参政员揆一等三人提：拟请政府向葡萄牙交涉收回澳门以增进中葡邦交案。

决议：本案通过，送请政府迅速办理。

（三）薛参政员明剑等五人提：建议政府切实扶助机器工业案。

决议：本案通过，送请政府采择施行。

（四）许参政员孝炎等四人提：为共军窜扰，湘鄂边境情势险恶，拟请政府从速设法消弭，以免贻害国家地方而减少人民痛苦案。

决议：本案通过，送请政府迅速办理。

散会——十二时卅分。

附件三：

交通报告
俞部长大维

一、铁路

去年六月份的统计，东北铁路一万余公里，通车的只有一千四百余公里。华北七千三百余公里，通车的只有四千五百余公里。华南方面，粤汉路没有通车。浙赣路也只很少一段通车。从去年六月至十二月，为铁路最困难时期，已经通车的也时时停顿。自去年十二月以来尽速修理，东北通车的已达三千多公里，华北加了一千二百多公里，华南的粤汉路也通车了，浙赣路原定六月底通车至金华，现已提前完成，原定年底通至上饶，大概也可以提前通车。

整理铁路的计划，在东北以大连至哈尔滨为主要干线，再从东西分为四条干线。

华北要完成三条东西平行线，一条自天津至包头，一条自青岛至太原，一条就是陇海路。现有的困难，是要把山西的狭轨改为宽轨，陇海路的轻轨改为重轨，平汉路只有武胜关的隧道须整理，此外尚可维持。北平至张家口一段有二十九公里涵洞，须另辟新路。西南、西北受地形的限制，修铁路最难，只能修干线，再以公路来补救。这条干线分六段：第一段自广州湾至柳州，第二段自柳州至贵阳，第三段自贵阳至隆昌，第四段自隆昌至成都，第五段自成都至天水，第六段自天水至兰州。其中自柳州至贵阳一段，在抗战时已修筑，在都匀至贵阳途中，有八百公尺涵洞，每天只能修一公尺，估计须两年完成，但因其重要，也只有继续不断的工作。自隆昌至成都一段，有成渝路由川省与中央各出资一半，进行修筑。去年中央已支出三十亿元，今年预定支二百六十亿元，总希望能早日完成。第六段天兰路也在进行，要化（花）三百多亿元，最难的是成都至天水一段，超越秦岭，预计要八年完成，现在做测线工作。柳州至广州湾一段，测线与修筑同时并进。华南方面的情形较佳为浙赣路，虽有山地，所幸尚有水利。现在五路动工，希望能早日恢复战前的情况。福建方面向无铁路，又与台湾息息相关；云南方面照上述计划已成孤立之势，这两点我们也正在设法随时注意。

二、水运

战前我国所有轮船计五十七万余吨，连同外籍船舶共计一百二十八万余吨。战时损失殆尽，到敌人投降时，国营民营轮船只存八万余吨。交通部定了一个原则，凡是有利可图的水运不与民争，凡是必要而有困难或亏本的水运尽量设法办理，所以一年多来招商局在扬子江并未增加船只，如南洋华侨较多的地方都已开辟航线。现有船舶已超过战前吨数，去年一年中运输人数有一千多万人，货物有六百多万吨。

三、空运

航空运输在去年六月至十二月间增加很多，现在所感困难的是需要完备的飞机码头，照统计来讲，前年十一月至次年三月为飞机最易失事的时期，去年飞机失事十二架，除了汉口一架因机械障故外，其余都是气候关系。现在要减少失事，第一必须充实地面设备，第二就是在冬天少飞。

四、电信

战时的电信以重庆为中心，与东南一带已经隔绝。胜利后就是把东西两部分的电线连接起来，分三期进行，现已接近完成，再增辟支线。交通部的经费，百分之七十用在铁路上，但对于电信、邮政特加注意。现在一个特快电，只须一时半就可到达，一个新闻电也只要二时半。

五、邮政

现在统计，每月邮件约有一万万件。我们为求迅速起见，已有三分之一用航空运送。将来以汉口为航运中心，东西南北各地点一天都可以到达。在目前暂以南京、上海为中心，每遇飞机有吨位，虽非航空邮件亦用飞机输送。现分三十六个航空区，一个月可以运四百吨航空信件。此外又举办火车行动邮局，利用火车途中行驶时间，分拣邮件，到达目的地后，即可分送，可以缩短六小时至八小时。

六、公路

战时以重庆为中心，现在第一期工作把东南联络起来，再扩展到西南，分四区进行。西南一带作为维持区，维持现状。西北为新建路区，华北为恢复战前区。交通计划是整个的，不能分开，例如上海从前有租界，铁路和水道相隔很远，人力时间均不经济，现在将京沪铁路延展至黄浦江边，将来进口货物登陆可以直达内地，毋须再费上下交卸之力。又如福建交通不便，现在准备由南昌经福州到台湾辟一航空线，以资补救。

21. 国民参政会第四届第二次大会休会期间驻会委员会第二十一次会议记录

（1947 年 4 月 25 日）

国民参政会第四届第二次大会休会期间驻会委员会第二十一次会议记录

时　　间：三十六年四月二十五日（星期五）上午九时

地　　点：国民大会堂会议室

出 席 者：

主 席 团：莫德惠　江　庸　吴贻芳

驻会委员：伍纯武　尹述贤　范予遂　钱公来　罗　衡　达浦生　薛明剑

　　　　　许孝炎　郑揆一　李　冶　席振铎　王普涵　傅斯年　彭革陈

　　　　　汪宝瑄

善后救济总署署长：霍宝树

主　　席：江　庸

秘 书 长：邵力子

记　　录：谷锡五　徐晓林

报告事项：

一、秘书处报告。

二、外交部书面报告——邵秘书长宣读。

三、善后救济总署霍署长宝树报告一年来善后救济概况。

霍署长报告毕，各驻会委员就善后救济概况提出询问如次：

1. 傅委员斯年询问：（1）行总成立以来共支出运费、办公费共计若干，其中由政府拨付者若干，出售物资所得者若干？（2）行总何时结束，结束后行总业务有无处理计划？（3）联总救济款项中有原列为教育仪器、卫生器材及交通用具等共计四千万美元改购棉花，棉花是否亦为救济物品等问题一件。

2. 薛委员明剑询问：（1）现在地方合作组织尚未健全，行总发放各种小型工具及渔船等是否可不必一律以合作社为对象；（2）长兴煤矿以缺乏机器无法开采，请行总予以补助；（3）去年行总所发种子常有不能发芽者，本年发放前，请先行选择（四）行总分配物资容有不合当地实用者，请予以注意等问题一件。

3. 郑委员揆一询问：（1）行总业务繁杂，办事手续请予以简化；（2）行总结束后，现有资产如何利用？（3）空运大队内部组织如何等问题一件。

4. 伍委员纯武询问：（1）滇西办事处曾向缅甸交涉，得允免税转运物资三千吨，救济滇西人民，行总何以不发物资运行？（2）近由空运运往昆明之三十吨医药物资，何时运到，省府接到后如何分配等问题一件。

5. 范委员予遂询问：（1）鲁青分署何时结束？（2）鲁境前以军事关系，救济物资无法运入，现在各地陆续收复，应请多予分配物资，以资救济等问题一件。

6. 罗委员衡询问：（1）此后行总分配物资应绝对公开并公布分配品类、数量、起运时间；（2）各分署分配医药器材、病床等物资，应以人民为对象；（3）分配渔船，应兼顾江湖渔民；（4）修复滇越铁路所需材器，希望行总予以补助等问题一件。

7. 席委员振铎询问：（1）畜牧分配，盟旗数目究为几何？（2）东北热察绥盟旗损失甚重，善后物资请优先分配等问题一件。

8. 钱委员公来询问关于东北分署署长人选问题一件。

以上各询问案，均经霍署长即席分别口头答复。

讨论事项：

一、尹参政员述贤等三人提：为求国家法律体制之完整，请政府明白规定国府主席在宪法未实施前应对全国人民负责案。

决议：否决。

二、汪参政员宝瑄等三人提：请政府迅速拨款救济苏北难民案。

决议：本案通过，送请政府迅速办理。

十二时散会。

十一

国民参政会第四届
第三次大会休会期间驻会委员会
会议记录

1. 国民参政会第四届第三次大会休会期间驻会委员会
第一次会议记录

（1947 年 6 月 27 日）

国民参政会第四届第三次大会休会期间驻会委员会第一次会议记录

时　　间：三十六年六月二十七日上午九时

地　　点：国民大会堂会议室

出 席 者：

主 席 团：江　庸　吴贻芳　莫德惠

驻会委员：姚廷芳　王化一　张潜华　尹述贤　薛明剑　伍纯武　汪宝瑄

　　　　　余楠秋　蔡芷生　于　斌　范予遂　郑揆一　方少云　卢　前

　　　　　金维系　王隽英　陈绍贤　王启江　彭荦陈　潘朝英

主　　席：江　庸

秘 书 长：邵力子

副秘书长：雷　震

记　　录：谷锡五　詹行煦　徐晓林

报告事项：

一、秘书处报告

（一）大会决议交驻会委员会迅速办理案一件：刘参政员博昆等提请组织东北视察团赴现地视察案。（原案办法印附）

（二）国民政府文官处公函：国民参政会第四届第三次大会对于政府施政报告之决议文业经转陈，令饬行政院分别遵办，相应函复查照转陈由。

（三）行政院秘书处公函：国民参政会驻会委员会函转杭州市新闻记者公会代电，请放宽白报纸进口数额及提高杭州区白报纸分配比例一案，已交输入临时管理委员会核办迳复由。

（四）胡委员霖因事不能出席本日驻会委员会，特电请假由。

（五）邵秘书长报告：1.第三次大会通过之建议案，秘书处已分别于六月（三）七两日函送国民政府。2.驻会委员当选人江一平、陈博生、许孝炎均有函辞职，得票次多数名次在前者亦均表示放弃递补，经主席团决定，依法以董必武、黄炎培、胡霖递补。

二、外交部王部长世杰报告最近国际及外交情形。

王部长报告毕，各驻会委员分别就国际情势及外交情形提出询问，兹略志于次：

（一）尹委员述贤询问：1.孙副主席发表对东北问题之谈话，外交部看法如何？2.苏大使彼得罗夫奉召回国与新疆事件有无关系？3.外传国务会议有将东北军队调回关内之决定，其用意何在？4.对日和约，外部有何准备？5.外部对收回澳门之交涉进行至何程度等问题一件。

（二）薛委员明剑询问：1.对于苏外交应有决策；2.政府对国外商业借款应多予协助并代为保证；3.政府对于对日和约之态度如何等问题一件。

（三）郑委员揆一询问：1.政府对接收旅大问题，除发表声明外，是否将采取第二步行动？2.报载美兵皮尔逊强奸案，美海长将予否决，外部何以尚无表示？3.联总对于防止黄泛拟有具体计划，外部有无意见？4.收回澳门，本会第四届第三次大会已有决议，何以外部迄无行动等问题一件。

（四）伍委员纯武询问：1.新疆事件五日发生，九日始得报告，迟缓原因何在？2.接收旅大，政府于胜利后即开始交涉，过去何以守秘密？现在公开又有何种意义？3.美国贷款既有困难，国内权贵所存美金，何以不设法利用？4.王部长谈我国外交政策不宜走在美国之前，此种态度是否于外交有利等问题一件。

（五）陈委员绍贤询问：1.对美外交态度如何；2.美国贷款交涉应偏重政治性；3.美国舆论足以影响政府政策，故我国对美宣传应加改善等问题一件。

（六）彭委员革陈询问：1.外传苏军于撤退前，中苏曾一度交涉，我方让予若干东北矿权，以换取苏联在东北接收之日军武器，后以美方之反对而停止，确否？2.如有此事，美方当时如何表示等问题一件。

（七）余委员楠秋询问：1.政府何以迄未与外蒙交换外交使节？2.孙副主席谈话是否代表政府？3.外传麦帅有帮助日本复兴经济之计划，其内容如何等问题一件。

（八）范委员予遂询问：1. 孙副主席谈话是否代表政府？ 2. 如是政府意见，则与政府过去屡次宣言和平政策之主旨不符；3. 如系个人意见，则政府何以无表示等问题一件。

（九）卢委员前询问：1. 新疆问题实系边境问题，希望外交部多搜集材料，以为交涉之根据；2. 我国与外蒙外交关系，应从速建立；3. 外传某贵夫人在美长期订旅馆，每日房金二百美元，不知外交部知否等问题一件。

（十）潘委员朝英询问：1. 外交部对中苏条约之看法有无改变希望？ 2. 外交政策应自主，不必等待美方有所决定再行追随；3. 关于收回澳门问题，葡萄牙根据一八八七年条约取得永租权，一九二八年王正廷部长已正式声明废止此约，不知当时对方如何表示等问题一件。

以上各询问案，均经王部长即席分别口头答复。

讨论事项：

一、赵参政员澍等提：请政府取消外汇钉住政策，随时照供需情形调整，外汇价格仍加统制，以期平衡国际收支，挽救种种经济损失案。

二、赵参政员澍等提：请政府增拨滇西救济物资案。

以上两案，以原提案人未出席，改提第二次会议讨论。

三、陈参政员绍贤等提：广东洪水为灾，灾区达四十余县。灾情惨重，应请行政院迅施急赈并速办善后案。

决议：本案通过，送请政府迅速办理。

四、大会交办：刘参政员博昆等提：请组织东北视察团赴现地视察案。

决议：请主席团会同秘书处洽办。

五、尹参政员述贤等提：请政府对于旅大之接收及东北战争之性质，应依据其确实情况郑重向联合国安全理事会申明案。

决议：本案送请政府采择。

六、王参政员化一等提：东北情势危急，请速增援兵，发动民众以图挽救案。

决议：本案送请政府切实办理。

十二时正散会。

2. 国民参政会第四届第三次大会休会期间驻会委员会 第二次会议记录

（1947 年 7 月 11 日）

国民参政会第四届第三次大会休会期间驻会委员会第二次会议记录

时　　间：三十六年七月十一日上午九时

地　　点：国民大会堂会议室

出 席 者：

主 席 团：江　庸　莫德惠　吴贻芳

驻会委员：潘朝英　范予遂　伍纯武　尹述贤　于　斌　王隽英　余楠秋

　　　　　卢　前　彭革陈　周谦冲　蔡芷生　郑挨一　陈绍贤　黄炎培

　　　　　林　忠　罗　衡　方少云　薛明剑　张潜华

主　　席：莫德惠

秘 书 长：邵力子

副秘书长：雷　震

记　　录：谷锡五　詹行煦　徐晓林

报告事项：

一、秘书处报告

（一）赵参政员澍函：因事回滇，请假两月，当于八月底返京由。

（二）上海市参议会代电：为电送本会第三次大会临提三字第五十七号决议案，希查照由。

（三）国民政府文官处公函：国民参政会驻会委员会第十八次会议建议案中第六、八两案扶助生产、吸收游资及惩办中央银行负责人暨第十二案制止中央、中国两航空公司增加票价，准行政院函复财政、交通两部办理情形，请查照转陈由。

秘书处注：

第六案函请政府切实诱导游资从事生产事业案。

第七案函请政府严惩前中央银行主管负责人贝祖诒、林凤苞、杨安仁等三人案。

（四）国民政府文官处公函：国民参政会第四届第二次大会建议清查中央信托局积欠外汇案，准行政院函复，续据财政部电陈办理情形，请查照转陈由。

（五）国民政府文官处公函：国民参政会驻会委员会第十九次会议通过建议案五件，准行政院函复各有关机关办理情形，请查照转陈由。

秘书处注：

第一案：请政府严饬各地方法院迅速办理清查团案件案。

第二案：请政府设法禁止经售公教人员日用品商店套购牟利案。

第三案：建议对东北铁路现况之改革意见案。

第四案：请政府饬令交通部续修滇越铁路，并限期完成案。

第五案：请政府令饬南京市政府增设自来水站案。

二、外交部书面报告——邵秘书长宣读。

三、国防部白部长崇禧报告最近军政计划亟军事情形。

白部长报告毕，驻会委员请求询问者计有八人。首由罗委员衡询问关于国防部组织、总动员法、编余官兵处置、士兵生活等问题，经白部长即席口头答复。旋白部长因须出席行政院临时会议，特请其余各委员改用书面询问。

讨论事项：

一、王参政员隽英等三人提：请政府提高将士待遇，以励士气案。

决议：本案交小组审查。

二、王参政员隽英等四人提：请政府迅速营救流亡青年与儿童案。

决议：本案修正通过，送请政府斟酌办理。

修正之点：原办法第六项删去。

三、潘参政员朝英等七人提：拟请政府切实执行总动员令，以救人民而维国家民族之生存案。

本案暂由原提案人自行撤回。

四、卢参政员前十三人提：请指定南京为国民教育示范区案。

决议：本案通过，送请政府切实办理。

五、方参政员少云等三人提：拟请中央迅派大员赴粤督赈水灾，以重实惠案。

决议：本案修正通过，送请政府迅速办理。

修正之点："会同若干参政员组织粤赈督导团"句删。

六、林参政员忠等六人提：请政府救济台湾中部水灾案。

决议：本案修正通过，送请迅请办理。

修正之点：（一）理由，原文末句修改为"故拟请行政院迅速拨发巨额河堤修复补助费及灾民救济费，以应急需"。

（二）办法第一项"国币百亿元"改为"巨款"。

（三）办法第二项"灾民救济费百亿元"改为"巨额救济费"。

七、周参政员谦冲等三人提：请政府迅速完成黄河堵口工程，以防黄祸而保民命案。

决议：本案通过，送请政府迅速办理。

又尹参政员述贤等五人提议：暑期已临，驻会委员会拟请休会二月案。潘参政员朝英等人提议：反对本年暑期休会。经讨论后提付表决，赞成休会两次举手者八人，赞成不休会举手者九人，惟莫主席为赞成休会两次者，未参加表决。

讨论事项毕，彭参政员革陈对美联社发表上次王外长报告内容事提出询问，当由莫主席请各驻会委员对此后秘密报告内容务须严守秘密。

散会。下午一时。

3. 国民参政会第四届第三次大会休会期间驻会委员会
第三次会议记录

（1947 年 7 月 25 日）

国民参政会第四届第三次大会休会期间驻会委员会第三次会议记录

时　　间：三十六年七月二十五日上午九时

地　　点：国民大会堂会议室

出 席 者：

主 席 团：江　庸　莫德惠

驻会委员：薛明剑　蔡芷生　林　忠　卢　前　黄炎培　武照煦　范予遂

伍纯武　陈绍贤　王隽英　郑揆一　于　斌　汪宝瑄　潘朝英

甘家馨　张潜华　周谦冲

财政部部长：俞鸿钧

主　　席：江　庸

秘 书 长：邵力子

副秘书长：雷　震

记　　录：谷锡五　詹行煦　徐晓林

报告事项：

一、秘书处报告：

（一）方参政员少云函：因事返粤，不克出席第三次会议，特函请假由。

（二）国民政府文官处函：国民参政会第四届第三次大会关于和平统一问题之建议案，业经陈奉国民政府委员会第六次会议议决，交行政院，除由府令知照外，相应函达查照转陈由。

（三）国民政府文官处函：国民参政会第四届第三次大会建议，请由本会组织台湾考察慰问团前往考察台情并慰问台胞案及请组织台湾事变调查团并改进善施策以收拾已去民心二案，经奉批暂不必组织，相应函请查照转陈由。

（四）国民政府文官处函：国民参政会第四届第三次大会建议政府国府顾问名额应就未产生府委之省份遴选充任，以收博取民隐而利施政案，经转陈奉批，国府顾问规定员额已满，无法容纳，未宜再予加添，致增国库负荷。等因。相应函达查照转陈由。

（五）国民政府文官处函：国民参政会第四届第三次大会建议日本对我国赔偿应及早办理案，准行政院呈复业已分令外交部及赔偿委员会参酌办理具报，相应函达查照转陈由。

（六）行政院代电：国民参政会第四届第二次大会休会期间驻会委员会建议从速设法消弭湘鄂边境共军一案办理情形电复查转陈由。

（七）联合勤务总司令部代电：国民参政会第四届第三次大会建议以鲁东一隅征粮计达二八四〇万余市斤请予发还一案，（注：即李参政员郁廷等六人提：请国防部发还国军在绥靖区征用之食粮及工事材料价款案）经查胶济沿线驻军需粮向由鲁田粮处筹拨现品，并经饬据济南第四兵站陈总监电复，以本部并未征购食粮，已转请鲁田粮处及各部队查复。等情。相应电请查照转陈由。

（八）邵秘书长报告：1. 关于大会交办刘参政员博昆等提：请组织东北视察团赴现地视察案，曾报告驻会委员会第一次会议，决定先向政府接洽，再行办理，事后本人曾与吴文官长一度接洽，兹准国民政府文官处公函，文内提及宪政实施促进会请组织东北考察团一案，陈奉批："东北各省现正在用兵，前往考察亦有不便，暂不必组织考察团。"等语。刘案似可暂缓办理。2. 本月二十二日下午三时，驻会委员会军事国防小组第一次会议以无人出席流会。3. 准国民政府文官处处字第五六三八号公函，以据行政院呈共党现任参政员者应予除名一节，奉批："函国民参政会秘书处查照除名，列单具报，如下次再开大会，共党籍参政员遗缺即予遴补。"相应函达查照转陈。等由。本处业已遵办具报。

二、外交部书面报告——邵秘书长宣读。

三、财政部俞部长鸿钧报告最近财政设施情形。

俞部长报告毕，各驻会委员对财政设施提出如下询问：

（一）武委员照煦询问：1. 直接税等税制是否尽合国情，请财政部重加检讨；2. 本年度过去半年，预算是否平衡？3. 工贷应以生产为主，贷款手续应力求简捷；4. 外汇联锁制度，财政当局曾否加以考虑？5. 外传国行将发行五万大钞，确否？6. 未限制增设及恢复行庄地区，人民申请增设或恢复行庄，地方当局时加留难，可否直接向财部申请等问题一件。

（二）薛委员明剑询问：1. 无锡等地国家行局拒收小额钞票，人民蒙受损失，请财部通令禁止；2. 江苏内地统税较上海区为巨，其原因何在？3. 税务人员查账，时有将正式开支剔除，移作盈余，此种办法，应请纠正等问题一件。

（三）陈委员绍贤询问：1. 出口货减少原因在收购价款不能随时调整及付款手续太烦，应请予以改正；2. 财政税改为建国捐办法，虽考虑周到，但决心决不可少，此点亦请注意；3. 动用国人存美外汇办法如何；4. 闻政府将于适当时机改革币制，请问何为适当时机等问题一件。

（四）郑委员揆一询问：1. 闻财部拨一千万美元物资为侨汇基金，确否？2. 战后英国继续执行统制政策，我国是否可以仿行等问题一件。

（五）伍委员纯武询问：滇省三十一年美金购粮储券何时兑现一件。

（六）张委员潜华询问：1. 财产税改称建国捐，应以豪门资本为对象，万不可转嫁于小有产者，并须采用累进税制；2. 扬子、中孚两公司案，经交财经两部调查，其结果如何？3. 上海传闻政府将封存各银行保险库，确否等问题一件。

（七）林委员忠询问：1. 目前财政危机如何渡过？2. 游资逃避如何防止？3. 上海国行无台币头寸，以致发生黑市，请从速设法等问题一件。

（八）潘委员朝英询问：1. 中信局以一千万美元物资运苏，用意何在？2. 外传政府将发行"孙"币，何时实行？外汇率是否将再度调整？3. 公债还本是否可按银行存款计算办法，酌照票面增加等问题一件。

（九）蔡委员芷生询问：1. 河南三十一粮食库券请政府早日偿还；2. 税务人员贪污，请设法纠正。等问题一件。

（十）黄委员炎培询问：1. 银行存款偿还倍数已否决定？2. 国家行局与商业行

庄是否同样办理等问题一件。

以上各询问案，均经俞部长即席分别口头答复。

讨论事项：

一、莫主席德惠等三人提：请政府速拨巨款救济四平街被害难民以恤灾黎案。

决议：本案通过，送请政府迅速办理。

二、郑参政员揆一等三人提：请政府在未签订对日和约前暂缓开放对日贸易案。

决议：本案修正通过，送请政府办理。

修正之点如左：（一）办法第一项"对日"下加"私人"两字。（二）办法第二项删。

三、薛参政员明剑等三人提：拟请政府暂缓开放对日贸易案。

决议：本案修正通过，送请政府办理。

修正之点如左：（一）理由第四项删，第五项改为第四项。（二）办法末句"一俟赔偿问题解决、商约订立后，再行开放对日贸易"删。

四、甘参政员家馨等三人提：请由本会组织对日政策委员会研讨对日各项政策，并请政府采纳国民公意，慎重决定对日政策案。

决议：本案通过，先由秘书处分函各驻会委员征求参加。

五、郑参政员揆一等三人提：请政府保留对日和议否决权，以争取和议主动地位，并由本会参加对日和议代表团组织，以增强外交阵容案。

决议：本案通过，送请政府办理。

六、薛参政员明剑等三人提：拟请政府通令各教育机关对于从事各级教育事业人员务使久安于位，终身乐业案。

决议：本案送请政府参考。

七、蔡参政员芷生等八人提：请政府从速赈济豫北难民案。

决议：本案通过，送请政府迅速办理。

八、蔡参政员芷生等六人提：请政府迅速公布各省地方官吏参加竞选辞职者名单，以免投机取巧案。

决议：本案通过，送请政府迅速办理。

九、伍参政员纯武等六人提：请政府本革命精神，下最大决心铲除封建势力，刷新地方政治，以解人民倒悬而利统一行宪案。

决议：本案通过，送请政府迅速切实办理。

散会。十二时正。

附注：讨论事项二、三、四三案，经本次会议决定，先交全体审查会审查，其审查意见作为本次会议对上列三案决议文。嗣于七月二十六日上午九时举行第一次全体审查会，通过各案审查意见，兹遵照决定，作为各案决议文。特此附注。

4. 国民参政会第四届第三次大会休会期间驻会委员会
第四次会议记录

（1947 年 9 月 5 日）

国民参政会第四届第三次大会休会期间驻会委员会第四次会议记录

时　　间：三十六年九月五日上午九时

地　　点：国民大会堂会议室

出 席 者：

主 席 团：江　庸　莫德惠

驻会委员：蔡芷生　陈绍贤　金维系　余楠秋　卢　前　黄炎培　伍纯武
　　　　　薛明剑　范予遂　武肇煦　尹述贤　潘朝英　甘家馨　于　斌
　　　　　张潜华

内政部部长：张厉生

主　　席：江　庸

秘 书 长：邵力子

记　　录：谷锡五　詹行煦　徐晓林

报告事项：

一、秘书处报告。

二、外交部书面报告。

三、内政部张部长厉生报告最近内政设施及节约方案与选举进行情形。

张部长报告毕，各驻会委员就内政设施及节约方案与选举进行情形等提出询问如下：

一、余委员楠秋询问：1. 部分国大代表鉴于若干地区无法办理选举，主张大选改期，政府何以不予考虑？ 2. 关于开放对日贸易，监察院、立法院、本会及上海工商团体俱表示反对，何以政府不顾民意决定开放？ 3. 各地贪污事件不断发生，政府有何方法予以肃清等问题一件。

二、薛委员明剑询问：1. 乡镇为地方基层组织，而无固定经费，希望中央能有明确规定；2. 对日贸易尚未开放，日货已在市场发现，应请政府注意其来源；3. 大选期近，各地筹备工作尚未完成，且有二分之一以上地区无法进行选举，希望政府对大选日期重加考虑等问题一件。

三、伍委员纯武询问：1. "戡乱"与大选应以刷新地方政治、改组地方政府为先决条件，请内政部对此多加注意；2. 边远省区立委选举区地域太广，有无补救办法等问题一件。

四、卢委员前询问：1. 现任县长有无任期？ 2. 改善风气除法律规定外，应自政府官吏首先倡导；3. 闻边远省区已有因选举而被杀事件，不知政府已注意否？ 4. 报载内政部将于明年一月公布礼制，其内容如何？ 5. 各省市文献委员会隶属何处等问题一件。

五、甘委员家馨询问：1. 县长权力有限，工作太繁，待遇菲薄，以致有能力有抱负者不愿担任，影响县政至巨，应请内政部多予注意，随时改善；2. 国人外汇资产申报登记条例尚未完成法定手续，已在各报刊载，政府办事似不周到，以后希望加以注意；3. 此次公教人员调整待遇，仅加十万元，实属太少，此后调整，应请注意实际情况等问题一件。

六、陈委员绍贤询问：魏德迈特使公告文中涉及我国内政问题，不知政府将以文字抑以事实答复一件。

七、蔡委员芷生询问：河南洛阳区专员杀害县参议员种种不法行为，经省参议会及监察使署提出纠举，由法院侦查，省府委员竟联名强保，此种事件，中央何以不加纠正一件。

八、尹委员述贤询问：1. 省政改革方案对于省主席之任用未有规定，原因何在？2. 肃清贪污应从提高待遇着手，使其所得薪金足以养廉，此点希望中央多加注意等问题一件。

以上各询问案，均由张部长即席分别口头答复。

讨论事项：

（一）薛参政员明剑等四人提：拟请政府迅速救济苏北灾荒案。

决议：本案通过，送请政府迅速办理。

（二）甘参政员家馨等四人提：拟请政府特派监察院监察委员分赴各选举区监察选政，以立宪政良好基础案。

决议：本案通过，送请政府注意。

（三）潘委员朝英等七人提：查此次外交书面报告及以前多次报告，多属敷衍，并未将问题重心及我方态度切实报告，请以本会名义函请外部以后，应切实具体报告案。

决议：通过。

散会。下午一时。

5. 国民参政会第四届第三次大会休会期间驻会委员会 第五次会议记录

（1947 年 9 月 19 日）

国民参政会第四届第三次大会休会期间驻会委员会第五次会议记录

时　　间：三十六年九月十九日上午九时

地　　点：国民大会堂会议室

出 席 者：

主 席 团：江　庸

驻会委员：蔡芷生　金维系　卢　前　尹述贤　李　洽　王普涵　张潜华

　　　　　武肇煦　甘家馨　陈绍贤　伍纯武　姚廷芳　薛明剑　范予遂

经济部长：陈启天

主　　席：江　庸

秘 书 长：邵力子

副秘书长：雷　震

记　　录：谷锡五　詹行煦　徐晓林

报告事项：

一、秘书处报告（附件一）［略］。

二、外交部书面报告（附件二）［略］。

三、经济部陈部长启天报告最近经济设施情形（附件三）。

陈部长报告毕，各委员对最近经济设施情形提出询问，兹分志如次：

一、伍委员纯武询问：（一）政府决定开放对日贸易，惟执行此任务之机构是否健全，能否严格执行？（二）对日贸易开放后，输入者为工业品，输出者为农产品，是否有鼓励日本工业发展之嫌？（三）日货价廉，适足以影响我国民族工业之发展，经济部曾注意及之否等问题一件。

二、王委员普涵询问：（一）政府何以在此中秋节前提高外汇汇率，刺激物价上涨？（二）今后兴建工厂，请选择原料产区为地址，以减轻原料成本等问题一件。

三、薛委员明剑询问：（一）川中产煤甚多，江南区工厂深盼政府收购东运，不知政府能否办理？（二）戚墅堰电厂九月份电费每度四千余元，适等于站前二十万倍，超过任何物价，应请经济部予以核减；（三）闻春茧贷款有舞弊情事，现秋茧贷款又将贷放，请严予监督等问题一件。

四、陈委员邵贤询问：（一）我国棉花产量不敷，何以不采购较美棉价廉之印棉？（二）如因受外汇之限制，可否采用印棉国布交换办法？（三）出售中纺公司资产请防止豪门资本垄断等问题一件。

五、尹委员述贤询问：（一）闻由徐州运煤至沪，经浦口时，燃管检查人员常有舞弊情事，中纺公司发纱人员亦然，不知陈部长知悉否等问题一件。

六、范委员予遂询问：最近公布之各项节约办法是否能切实执行一件。

以上各询问案，均经陈部长即席分别答复。

讨论事项：

一、对日政策研究会提：本会对于对日和约之主张案。

决议：（一）案由内"主张"两字改为"建议"。

（二）前言第一节首段修改为"战争之终结，必至缔结和平条约。而和平条约缔结后能否确保其和平，必须于缔结之前作慎重周密之商讨，始能建立"。又"……有有最高法律效力"之"法律"两字改为"约束之"。

（三）前言第三节首段修改为："吾人对日作战争最久，损失亦大，故吾人不能不坚决主张以确保吾人和平与幸福之重建，同时……"

（四）前言末节句修改为："有以下之建议。"

（五）一、二两项照原案通过。

（六）三以下各项交小组审查，并推江主席庸、尹委员述贤、范委员予遂、甘委员家馨、卢委员前为审查委员，由江主席召集。

（七）前言及一、二两项先行函送政府。

二、薛参政员明剑等三人提：拟请政府奖励优秀青年出国留学以利用建国案。

决议：本案通过送请政府参考。

附件三：

最近经济设施情形
陈部长启天报告

本年五月国民参政会四届三次大会中，本人奉命出席报告曾就就任后重要施政方针，略加说明，其要点为：（一）健全工商行政，便利商民厂家；（二）扶助民营事业，增加生产力量；（三）奖励输出贸易，充实外汇准备；（四）改善经济管制，平抑重要物价；（五）改进业务机构，供应民生物资；（六）推进调查试验，建立科学基础等六项。惟今日急务，莫过于增加生产，而以言增加生产，则又必须解除工商疾苦，减少生产窒碍，利导民间游资，奖励私人企业，以集中人力财力，用于正当生产途径，故扶助民营事业，促进国际贸易两项，尤为目前经济设施中当务之急。

经济部近四阅月来之工作重点一为民营事业之扶助，二为国际贸易之促进。针对此两项目标，经济部之措施如下：

（一）于上海、天津、汉口、广州、重庆、沈阳六地设立工商辅导处，其目前之工作，为经济事业之调查，工业器材之供应，工业贷款之协调，燃料动力之调剂，企业资本之调整，赔款物资之利用。凡此均已先后进行，并循序推进中。

（二）成立纺织事业调节委员会，拨出前纺管会收购纱布盈余四百五十亿元，为推广棉花生产基金，期达年产一千五百万担之目标，并商准农民银行举办棉业贷款一千二百亿元，定九月下旬召开全国纺织工业会议，共商纺织事业建设及纱布增产方策，提出前纺管会盈余四百余亿元，筹办纺织工业改进所，从事纺织技术及纺织工业管理方法之研究实验及推广，并举办纺织技术员工训练班，培养纺织工业人才。

至关于纱布议价之推行，关于纱布价格之稳定，在前纺管会时期，曾举办联合配销及收纱平售，尚收相当成效。洎纺调会成立，仍授权该会继续推行议价工作，随时视生产成本情形议定沪市纱价。至外埠方面，则比照沪市标准，酌加运缴利润，由【当】地纱厂纱商同业公会会商议订，报由该会备核。

（三）蚕丝协导

经会同农林部，组设蚕丝协导委员会，举办春茧收购，由四联总处举办春茧贷款二千七百亿元，计共收鲜茧二十万担，并洽办缫丝贷款。前项春茧，预计缫成生丝一万四千余担，已分配各丝厂分别缫制，约需四个月缫完，所需资金八百四十亿元，亦已洽妥，四联总处查核贷款。

至秋蚕贷款，亦在筹办中。

（四）燃料管理

此事由经济部上海、平津二区燃料管理委员会司其事，对公用事业、铁路轮运及国营工业用煤，均由各该会分别缓急，统筹供应或分配。近月来，为保护矿区安全，经咨请国防部于开滦、淮南、华东各重要煤矿所在地，调派重兵加强保卫。迄六月间，情况已渐臻稳定，最近流匪窜皖，淮南告紧，复经急电国防部转饬守卫部队严密戒备，以策安全。

至煤矿运输之加强，除规定优先运输办法外，目前开滦已能增产至每日一万五千吨，并可月运十至十二万吨至上海一带，淮南、华南亦可陆续外运，以供需要。此外，复有（1）协助煤矿资金，其经四联总处贷出者，重要者有开滦之周转资金，华东醴陵等矿之增产贷款、淮南之外汇担保等案；（2）购储安全煤勴当配合动员"戡乱"之需要，经呈准行政院先行采购外煤十万吨，存储京沪各地，以应不时之需，已商由中央信托局购到外煤三万吨；（3）规划煤炭增产：本部鉴于京沪为全国政治经济中心，而煤炭供应多仰给于华北、东北及台湾各地，以现时运输困难，每有缺煤之虞，亟应就长江流域积极增产，以谋自给而筑安全。爰经于八月上旬召开煤炭增产会议，约集华中及与华中煤源有关之各矿代表会商增产计划，并对各矿所感器材、资金、外汇、运输、煤价各项困难问题作广泛之研讨，均有确切之决定，刻在分别呈院核示及洽商各有关机关办理中。

（五）促进贸易，关于此方面，计有（1）参加世界贸易会议。世界贸易及就业会议，四月上旬在日内瓦召开第二届准备会议，商讨多边关税协定及国际贸易宪章问题，经呈准行政院简派驻比大使金问泗及本部童次长季龄等为我政府出席代表。原定会期两月，嗣以英、美、澳等国减税谈判，困难重重，迄今日止，会议仍在进行中，恐须延至下月始结束。至正式大会已定于十一月间举行，本部正会商外交部及财政部考虑派遣代表，以备参加。（2）筹备中国商事公断协会。三十四年九月，美国大使馆洽商组设中美商事联合公断会，我政府已表示同意，经由本部会商外交、社会、财政、司法行政各部商讨办法，并通知全国商联会、中国工业协会等团体，先行发起筹设商事公断协会，于本年三月在上海召开筹备会议，不日即可正式成立。（3）推进商品检验工作。本部为推进商品检验工作，除原设局处外，复增设沈阳、长沙二检验分处，并筹办进口美棉检验，制订茶叶、五倍子、锡品、药材等检验标准。（4）订定外洋联运办法。本部为解除华中各省外销货物运输之困难，曾应汉口工商辅导处之请，商准交通部转饬招商局与美国总统轮船公司订定外洋联运办法，重庆方面，亦拟援照办理。（5）促进棉织品联营业务。国内棉织业厂商因鉴于日本对外贸易开放，将以棉织品倾销南洋，以恢复战前市场，特联合组织中国棉织业产销营公司，呈请政府协助。本部迭经与各有关机关洽商，已决定以代纺代织方式，由政府贷给棉纱及工缴费用，并以合理价格收购成品，统筹外销，其详细办法已发交纺织事业调节委员会与该公司洽商订定。（6）洽增茶叶输英数量。本年二月，外交部据驻英大使馆电告，国际茶叶分配制度将于四月底废止，经由本部研拟意见，转饬该大使馆提出交涉，结果甚为圆满。本年英国对中国红茶进口定额，已可增至八百万磅，并另增台湾红茶二百万磅，较之上年增加四倍以上。

战后物价波动，愈演愈烈，几于大涨小回，小回大涨，周期缩短，幅度加大，综其基本原因，不外：（1）财政收支失衡，通货不断增加；（2）生产停顿，物资缺乏；（3）交通破坏，货运停滞；（4）游资作祟，投机盛行诸端。以上因素，相激相荡，乃演成今日物价之严重局面。

本年物价自四月份起，开始波动，经济紧急措施方案所造成之短期的稳定局面，全部动摇。迄五月中旬，稍告稳定。是时，全国平均物价约为战前之一九，六八五倍。

本年六、七八三月物价波动情形如次：

六月份物价指数为二，五六四，二五六（系京、沪、渝、津、穗、汉六大城市趸售物价之平均指数，以二十六年上半数为基期，以下同），本月上、中两旬，一般物价仍续呈平稳状态，及至下旬，则重起波澜，一周之间，黑市外汇几升一倍，各种物价亦莫不追踵直上，本月份六大城市较上月平均上涨率为百分之二十一，其原因则为：（1）银行松弛，游资充斥；（2）工资因解冻而大为增加；（3）公用事业补贴部分取销，相继调整价格；（4）美国进出口银行五亿美元货款到期失效；（5）华北局势紧急，游资汹涌南移。

七月份物价指数为三，一一五，四九二，所谓七月涨风并不如预测之大，其原因为：（1）魏德迈特使来华，市场心理认为美国援华之前奏，中国经济情势可能好转；（2）美国国务院发表联合公告，对日私人贸易将于八月十五日起开放，日本廉价工业制品可能抛入远东市场，从事竞争；（3）七月初，上海成立"经济监察会报"，决定设立金沙、棉纱、粮食、燃料、食油等侦查组，严厉执行检查工作；（4）国家行局积极抽紧头寸；（5）东北、华北战局稳定，游资又重回流。七月上半月中，上海银根紧迫异常，物价欲涨无力，惟其他各地虽唯上海马首是瞻，但因感应较迟，故涨势仍甚猛烈，本月份六大城市较上月平均上涨率为百分之二十一。

八月份物价指数为三，四五八，七四九，各地物价涨率虽参差不一，但大体尚属稳定，其原因为：（1）本月份农忙季节，市面较为萧条；（2）各地粮食尚称丰收；（3）政府改订外汇管理及进出口贸易办法，商场反应尚佳；（4）冀、鲁各地战局好转；（5）动员"戡乱"实施纲要陆续付诸实施，物价管制工作愈益加强，人心亦较稳定。本月份，六大城市较上月平均上涨率为百分之十。

九月份现仅及半，各地物价似又有上扬趋势，米粮、纱布上涨尤形猛烈，其原因：（1）魏德迈离华声明显示美国经济援助尚待考虑；（2）日本商品由于我国限制之严格，无从涌入倾销；（3）"匪军"窜扰鄂皖，华中游资东避；（4）美汇黄金官价微有升高。

至经济部主管之物资纱布与煤炭两项，陈部长认为，四月来波动情形较之一般物价尚称平缓，并指出全国六大城市物价总指数与纱价比较如下表：

月份	躉售物价总指数 上涨率	棉纱价格指数 上涨率或下跌率	棉布价格指数 上涨率或下跌率
六月份	（+）二二.七	（+）一六.八	（+）一六.九
七月份	（+）五二.八	（+）五〇.八	（+）四六.一
八月份	（+）七一.〇	（-）〇〇.六	（-）三.九

观上表可知，纱、布价格逐月上涨率较之一般物价均见落后。而七、八两月且均有下跌现象，再就重要城市分析，南京物价总指数六月份较上月上涨百分之一九·二，棉纱仅涨百分之一三·九，棉布仅涨百分之一八·八。七月总指数涨百分之四二·八，纱涨百分之五六·二，布涨百分之四四·二。八月份总指数涨百分之四五·二，纱涨百分之五三·九，布涨百分之三八·八。上海总指数六月份张百分之一二·三，纱涨百分之二五·七，布涨百分之二五·三。七月份总指数涨百分之三〇·〇，纱涨百分之六二·七，布涨百分之五四·九。八月份总指数涨百分之四一·二，纱涨百分之六三·〇，布涨百分之五二·一。

至烟煤价格，六、七八月三个月总指数上涨率相较，计如下表：

月份	总指数上涨率	烟煤上涨率
六月	（＋）二二·七	（＋）一九·一
七月	（＋）五二·八	（＋）六六·一
八月	（＋）七一·〇	（＋）九一·三

七月份上涨率，烟煤似已超出一般物价，但此乃取消贴补之故，不免涨势较陡，然如以未实行补贴前一月份之价格指数平均计算，仍未见超出一般物价云。

6.国民参政会第四届第三次大会休会期间驻会委员会第六次会议记录

（1947年10月3日）

国民参政会第四届第三次大会休会期间驻会委员会第六次会议记录

时　　间：三十六年十月三日上午九时

地　　点：本会会议室

出　　席：

主 席 团：莫德惠　江　庸　吴贻芳

驻会委员：林　忠　王普涵　范予遂　武肇煦　薛明剑　余楠秋　伍纯武

　　　　　李　洽　陈绍贤　张潜华　金维系　卢　前　尹述贤　于　斌

　　　　　胡　霖　王隽英

粮食部长：俞飞鹏

主　　席：莫德惠

秘 书 长：邵力子

记　　录：谷锡五　詹行煦　徐晓林

报告事项：

一、秘书处报告（附件一）[略]。

二、外交部书面报告——邵秘书长宣读（附件二）。

三、粮食部长俞部长飞鹏报告最近粮政设施情形（附件三）。

俞部长报告毕，各驻会委员对最近粮政设施情形提出询问，兹分志如次：

1. 薛委员明剑询问：（1）粮政人员待遇菲薄，不足养廉，故除弊应从调整待遇着手,不知粮部曾注意及之否？（2）闻"共匪"窜扰地区,储粮均被抢劫,确否？（3）地方政府对于积谷时有借用情事，请予纠正等问题一件。

2. 武委员肇熙询问：（1）粮食会议决议，粮食不足之省份由粮部以现款按市价购买补齐，今山西已遵办，而粮部未发粮款，原因何在？（2）收购省市县粮，规定全年分二、五、八、十一月四期按市价十足发款。现闻以七折计算，而款又未发，究系何故等问题一件。

3. 余委员楠秋询问：（1）中粮公司在无锡购粮，刺激粮价，应请粮食部予以制止。（2）各地粮民缴粮，征收机关故意挑剔，从中作弊，请粮部注意纠正等问题一件。

4. 陈委员绍贤询问：（1）本年受灾省区为数不少，政府一面拨款救济，一面征实征借，在政策上是否矛盾？（2）粮价高涨，各地时有抢米风潮，粮部对平抑粮价有无办法等问题一件。

5. 金委员维系询问："共匪"窜扰皖省各地，十室十空，人民损失甚巨，实无力缴纳征粮，本年皖省征实征借配额可否准予豁免或核减问题一件。

6. 王委员普涵询问：（1）征购差额，中央虽已拨付，而人民实未领到，此中情形，请粮食部严予查明。（2）县级公粮常被省府提用，以致县级公教人员不能按时领得应领薪津，请粮食部注意。（3）自总动员令颁布后，不准地方报灾，此无异官迫民反，请予纠正等问题一件。

7. 伍委员纯武询问：（1）抗战期间，大户欠粮已否补缴？现在是否按时缴纳？（2）粮政机关组织庞大，其全部开支占征粮总值百分之几，是否合乎经济原则？（3）边地已改征法币，滇、黔两省何以仍设田粮机关等问题一件。

8. 尹委员述贤询问：（1）参政会大会屡次建议裁撤粮政机关，当此"戡乱"时期，情形虽或稍异，仍请俞部长随时主张裁撤。（2）中粮公司在各地操纵粮价，应予裁撤，否则，亦请彻底整顿等问题一件。

以上各询问案，均经俞部长即席分别答复。

讨论事项：

一、驻委会九月十三日临时会议因出席者不足法定人数，决议各案应请追认案。

决议：追认。

二、王参政员普涵等三人提：请政府迅速救济失学青年案。

决议：（1）原案办法第四项删。

（2）本案送请政府迅速办理。

（3）卢参政员前等九人提：请政府改善扩大地方参议会办法案。

决议：送请政府切实注意。

三、林参政员忠等六人提：请政府改善台沪间汇兑以稳定台湾经济案。

决议：送请政府采择办理。

附件三：

最近粮政设施情形
俞部长飞鹏报告

主席、各位先生：

今天奉缴报告最近粮政设施情形，拟分三部分说明。

一、军粮、公粮及民食筹划情形

军粮，以全国陆海空军及军事机关、学校总员额五百万人计算，其中若干地区驻军改发代金，故本年应筹划军粮总额，以四百五十万人每人每年需稻谷八石计算，共需三千六百万石，另加一成准备粮，合计三千九百六十万石。今年长江一带收成尚佳，希望能如往年成例，达到征额八成以上之目标。同时希望各部队核实发放，而军事机关、学校加以紧缩，则三千九百六十万石军粮已敷应用。

公粮，上海方面每月需要米二十二万包，面粉一万袋；南京方面需米五万包，面粉六万袋；天津需面粉七万袋；北平需八万袋。

上项军公粮所需米、粉之来源，分下列数项：（一）洋米进口约六七十万石；（二）宋前院长所洽购面粉一百六十万袋。本年所需公粮、民食由四联总处设立购储委员会，决定收购麦子五百万担，第一期三百万担由中国农民银行代购，现已购足，第二期收购办法正呈请行政院准予继续办理。稻谷拟收购一千万担，第一期采购五百万担，委托中国农民银行、中国银行在四川、湖北、湖南、江西、安徽、江苏、浙江各地采购。此外，联总以结束在即，亦愿拨给中国二十万吨食粮（内米八万吨，面粉十二万吨），以救济各大都市平民。美大使主办人表示，希望中国政府亦能筹拨二十万吨配合救济，我方当即表示同意。其详细办法正由外交部交涉中。

华北、东北、华南本年歉收，本部曾于九月间拨运东北、平津、广东、福建各地食粮，计米二十七石[万]八千余担，小麦九万余担，面粉一百十万余袋，又厂商运销三十万袋。

二、粮政业务之改进

粮政业务分征粮、储藏、运输、调配四部分，其中以征粮为最重要，运输次之。

关于征粮部分，除照原定办法办理外，本部随时注意征粮手续之改进，例如：一、人民缴粮采用团体制，一乡一保或一甲，汇集缴纳，一以便利人民，一以避免舞弊。二、由地方参议会及公正人士组织监察委员会，派员常驻征粮地点，随时监督。办法公布后，各地亦有是项委员会之组织，惟认真工作者甚少，多仅在发生纠纷时予以调解。三、边僻地区，改征法币，以免公私损失。

全国赋粮分集各地，调配运用，全赖运输。往年用粮，往往先取用存储于交通方便地区者，而远处储粮，则以运输困难，致中途无法接济。今年集中运输力量，尽先将远处储粮集中交通据点，以便调配。

粮政弊端极多，设法避免与纠正，原属本部职责，惟以地区广大，人员众多，监察难免不周，尚盼各位时予纠正。

粮政弊端之产生于征购者，主办人员有与加工厂互相勾结，对不合标准之食米，照样验收。运输方面之弊端，运输人员往往在甲地卖出粮食，而在乙地收购，仍报领巨款运费。储藏方面亦有将到埠米船，即通知领粮机关到船领粮，而仍报领上卸力费。凡此种种，本部均在严密注意中。

三、粮政舞弊案件处理情形

粮政舞弊案件，查有实据者，均经依法办理。计自本年一月起至九月底止，办理舞弊案件五百二十八起，其中查无实据者九十三起，正在详查中者二百九十六起，案情确凿已在通缉者十八起，移送法院惩处者七十三起，责令赔偿者三十起，未决案件十七起。

粮政业务，繁杂异常，不易使各方满意，本部除慎选人员随时监督纠正外，尚望诸位先生时加指教。

7. 国民参政会第四届第三次大会休会期间驻会委员会第七次会议记录

（1947 年 10 月 18 日）

国民参政会第四届第三次大会休会期间驻会委员会第七次会议记录

时　　间：三十六年十月十八日（星期六）上午九时

地　　点：本会会议室

出 席 者：

主 席 团：江　庸　吴贻芳

驻会委员：武肇煦　金维系　姚廷芳　陈绍贤　余楠秋　王普涵　薛明剑

　　　　　蔡芷生　伍纯武　李　洽　郑揆一　尹述贤　卢　前　方少云

　　　　　王隽英

行政院院长：张　群

主　　席：江　庸

秘 书 长：邵力子

副秘书长：雷　震

记　　录：谷锡五　詹行煦　徐晓林

报告事项：

一、秘书处报告。

二、外交部书面报告——（未送来）。

三、行政院张院长群报告最近行政院重要工作情形。

张院长报告毕，各驻会委员就行政院重要设施提出询问。兹分志如次：

1. 武委员肇煦询问：（1）物价高涨人为原因甚多，政府对于已经查明之犯法者，何以不用重典？（2）山西保安队等官兵应领食粮折发现金，每人月得五万余元，在当地仅能购粮一斗，不能维持生活，请予纠正。（3）收购省、市、县粮，规定全年分二、五、八、十一月四期，按市价十足发款，现闻以七折计算，而款又未发，究系何故等问题一件。

2. 余委员楠秋询问：（1）此次调整公教人员待遇，何以不采用立法院所建议之办法？（2）接收清查团查出重要案件，政府何以不严办？（3）国大代建议大选延期，政府何以不加考虑等问题一件。

3. 郑委员揆一建议：（1）对日和约，本会曾建议废止日本天皇制度，希望政府坚决主张。（2）此后，政府对于建设经费应请尽量增拨等意见一件。

4. 陈委员绍贤询问：（1）政府对于各地走私调查是否完成，可否公开报告？（2）中英取缔走私协定迄未签订，原因何在等询问一件。

5. 薛委员明剑询问：（1）闻粮食部附属机关员工按中央规定七折支薪，确否？（2）政府官员对现政府时有不满表示，此种情形请予纠正等问题一件。

6. 金委员维系建议：（1）请政府对公营事业不再加价，以免影响物价。（2）白报纸在一月内涨价二倍，希望政府严加管制等意见一件。

7. 姚委员廷芳询问：（1）物价高涨由于游资作祟，而政府贷款促成游资充斥，今后政府是否可以停止或减少贷款数额？（2）征用国外存款，何以迄未办妥？（3）各地对于"匪军"情报时有虚伪情形，影响军事进行关系甚大，请中央予以注意。（4）河南沦陷地区占全省三分之二，而中央所发救济费甚少，请尽量予以增拨。（5）"共匪"窜扰豫、皖、苏、鲁，其严重性不下于东北，亦请中央予以注意等问题一件。

8. 伍委员纯武建议：国际间美苏两集团对立之形势逐日趋明显，无论亲美亲苏，俱非所宜，故我国应本三民主义之立国原则，在外交上力求独立自主意见一件。

9. 尹委员述贤询问：（1）美国两度贷款日本作恢复工业之需，政府对此曾否考虑与表示？（2）共产国际复活后，苏联有使外蒙援助中共之可能，政府曾否考虑及之？（3）大选应本人才主义，不问党派关系，切不可采用包办方式，外传种种，究竟确否？（4）三峡水电厂关系国家建设前途甚巨，应请按照原定计划进行等询问一件。

以上各询问案，均经张院长即席分别答复（各委员补送书面询问者，改用书面答复），并表示对各委员建议各点，当予注意。

讨论事项：

一、王参政员化一等三人提：请积极兴办东北水利事业案。

决议：送请政府采择办理。

二、郑参政员揆一等三人提：请政府切实保护归国侨胞案。

决议：送请政府切实办理。

散会。下午一时。

8. 国民参政会第四届第三次大会休会期间驻会委员会
第八次会议记录

（1947 年 11 月 7 日）

国民参政会第四届第三次大会休会期间驻会委员会第八次会议记录

时　　间：三十六年十一月七日（星期五）上午九时

地　　点：本会会议室

出　　席：

主 席 团：江　庸　莫德惠　吴贻芳

驻会委员：武肇煦　蔡芷生　余楠秋　方少云　甘家馨　王隽英　陈绍贤

姚廷芳　王普涵　金维系　汪宝瑄　伍纯武　李　洽　郑揆一

张潜华　卢　前　范予遂　薛明剑　尹述贤

外交部部长：王世杰

秘 书 长：邵力子

副秘书长：雷　震

记　　录：谷锡五　詹行煦　徐晓林

报告事项：

一、秘书处报告。

二、外交部王部长世杰报告出席第二届联合国大会之经过。

王部长报告毕，各委员就外交问题提出询问，兹分志如次：

1. 余委员楠秋询问：（1）政府宣布民盟为非法团体，引起美方人士之反感，此种反感是否影响美国对华之援助？（2）菲律宾报纸公开反对琉球归还中国，政府对此曾否抗议等问题一件。

2. 郑委员揆一询问：（1）此次王部长在东京与日本朝野谈话内容，可见告否？

（2）我国在对日和会中,应坚决保持否决权。（3）今后日本应设法使其走向民主政治,故天皇制度必须废除等问题一件。

3. 陈委员绍贤询问：（1）对苏政策是否能够坚决执行？（2）中苏僵局能否早日打开等问题一件。

4. 薛委员明剑询问：（1）日本赔偿物资分配时，请政府以整个工厂或整套机器为单位。（2）原服务于赔偿工厂之日本技术人员，政府是否预备调用？（3）蒲立德氏建议麦帅来华服务一点，美政府有何表示等问题一件。

5. 尹委员述贤询问：（1）如中共在东北成立政府，共产国际势必支持中共，政府对此曾考虑及之否？（2）对日和约研究委员会内，可否增设顾问委员会，以延揽各界人士表示意见？（3）对日政策应请重加检讨等问题。

以上各询问案，均经王部长即席分别答复。

讨论事项：

一、范参政员予遂等四人提：请政府对本会现任参政员竞选立法委员者，除其自愿放弃竞选者外，应本选贤与能之原则，一律予以先选提名为立法委员候选人案。

决议：修正通过，送请政府迅速办理。

修正之点如下：

1. 案由"政府"下加"商请各政党"五字,第一个"立法委员"下加"监察委员"四字，"一律"及第二个"立法委员"等六字均删。

2. 理由部分之"理由"及"一律"四字均删,并在"立法委员"下加"监察委员"四字。

3. 办法部分全删。

二、蔡参政员芷生等三人提：请政府严惩陆军总部郑州指挥部军法官方炎，并通令全国切实保障人民身体自由以保人权而安人心案。

决议：

1. 关于蔡参政员事件，根据张参政员傧生等六人原函由秘书处函转国防部。

2. 关于保障人民身体自由事，可另行提案提会讨论。

3. 蔡参政员芷生等四人提：请政府令饬四联总处公布生产合作、农业等贷款数目及对象以释群疑案。

决议：本案送请政府办理。

四、蔡参政员芷生等四人提：请行政院令饬社会部会同有关机关迅速救济首都难民案。

决议：本案送请政府办理。

五、王参政员普涵等三人提：请政府速拨巨款救济陕西难民案。

决议：本案送请政府迅速办理。

六、姚参政员廷芳等三人提：请抢救罹难人民，扩大冬令救济案。

决议：本案送请政府迅速办理。

七、姚参政员廷芳等三人提：请政府严加管理市区交通，保障人体安全案。

决议：本案送请政府切实办理。

八、尹参政员述贤等六人提：为绥远省伊克昭盟本年灾情惨重，拟请政府迅予救济案。

决议：本案送请政府迅速办理。

9. 国民参政会第四届第三次大会休会期间驻会委员会第九次会议记录

（1947 年 11 月 21 日）

国民参政会第四届第三次大会休会期间驻会委员会第九次会议记录

时　　间：三十六年十一月二十一日上午九时

地　　点：本会会议室

出　　席：

主 席 团：江　庸　莫德惠　吴贻芳

驻会委员：余楠秋　姚廷芳　伍纯武　李　洽　蔡芷生　武肇煦　王普涵

　　　　　薛明剑　陈绍贤　方少云　尹述贤　王隽英　郑揆一　卢　前

　　　　　范予遂　甘家馨

教育部部长：朱家骅

主　　席：江　庸

副秘书长：雷　震

记　　录：谷锡五　詹行煦　徐晓林

报告事项：

一、秘书处报告（附件一）[略]。

二、外交部书面报告（附件二）[略]。

三、教育部朱部长家骅报告最近教育设施情形（附件三）。

朱部长报告毕，各委员对教育设施情形提出询问，兹分志如次：

1. 余委员楠秋询问:（1）前次岭南中学学生殴死教员,政府何以不严予惩办？（2）统一招生办法甚善，教部何以停办？（3）各校对于分配扩充修建费等颇多不满，教部可否将全部数目予以公布等问题一件。

2. 薛委员明剑询问：（1）凡已获得国外奖学金之高中毕业生，教部可否放宽限制，准予发给留学生证书？（2）各种工匠之训练，请教部多予注意；（3）希望中央对地方教育，予以鼓励与补助等问题一件。

3. 郑委员揆一建议：政府对于学生之言行，不应采高压手段意见一件。

4. 李委员会洽询问：（1）教部对于教育厅长人选，有权过问否？（2）边疆各省国立中学办理颇著成绩，希望教育部继续办理；（3）青海教育办理不善，请教部派员视察督导；（4）边疆学生升学困难，希望教部多予机会等问题一件。

5. 卢委员前询问：（1）京市小学教师请求进修费，希望教部予以支持；（2）目前中学生国文程度低落，由于中学课程太重，教部是否计划予以简化？（3）政府派遣留学生有无政策？（4）现时各大学主持人均有门户之见，教部对此有无解救办法等问题一件。

6. 吴主席贻芳询问：（1）闻教部对于大学课程正在重新修订，不知何时可以决定公布？（2）教部可否酌拨一部分奖学金名额，奖助私立学校贫寒学生等问题一件。

7. 江主席庸建议：现制大学一年级课程均为补习高中功课，以致二三四年级功课繁重，似可将大一补习课程取消意见一件。

以上各询问案，均经朱部长即席答复；至各委员建议意见，朱部长表示当予注意与考虑。

讨论事项：

一、伍参政员纯武等三人提：请政府迅速设法收拾人心以利"戡乱"建国案。

决议：本案送请政府切实注意。

二、薛参政员明剑等提：拟请政府奖励燃煤生产，并以全部售价拨交矿商案。

决议：本案交经济组审查。

三、薛参政员明剑等提：拟请政府挽救机器制造工业危机案。

决议：本案交经济组审查。

四、姚参政员廷芳等三人提：请中央明令褒奖河南之镇平、内乡、淅川、邓县、南阳等县之地方团队以励士气而利"剿匪"案。

决议：本案修正通过，送请政府迅速办理。修正之点如下：

1. 办法第二项改为"拨发大量犒赏费"。

2. 办法第三项改为"充分拨发弹药"。

五、甘参政员家馨等三人提：请政府将九江在江北之原有属地划还江西管辖以顺舆情由案。

决议：本案送请政府办理。

散会。下午十二时半。

附件三：

最近教育设施情形
朱部长家骅报告

主席、各位先生：

自从贵会四届三次大会闭会以来，迄今已经半年。在此半年中，在教育上是一个动荡时期。各地学潮迭起，以致若干学校提前放假，但仍有少数学校利用暑假分别补课，办理考试。同时，政府在假期中作种种努力，使下学期教育趋于安定，惟以各种条件不够，如社会不安定、物价高涨、生活感受压迫、学校房屋不敷、设备及教学器材不全等，以致学生对于现状表示不满，内心苦闷，一经他人鼓动，极易造成学潮。教育部对于各校园校舍之建筑、设备之补充、图书仪器之添置，于各校复员后，即努力进行，以期首先恢复战前状态，再谋充展。惟以各校院员生普遍增加一倍以上，又以目前各地租屋不易，大部员生均须由校供给宿舍，使学校当局应付困难。教育部一再请增拨经费，至今年五月始由行政院核准修筑费九百五十亿，其中补助各省者一百亿，补助省私立专科以上学校者二百亿，分配教育部主管各校院者六百亿。最近复经核准一千三百五十亿，其中一百亿补助各省教育，一千二百五十亿为扩充各级学校之用。外界对于教育部分配此项修筑费之情形，不甚了解。以为不大公平。教育部深知现在各校院处境均极困难，但若干学校，校舍全毁，亟待兴建，如同济、商船等校。复员后各校员生增加数目，亦未一致，所以只能就实际需要斟酌分配，不能平均计算。同时各地物价互有不同，内地学校分配十亿者，即可抵京沪二三十亿之用。尚有若干大学，着重者仅一个学院，如交通、北洋等校。教育部于分配时，力求公平合理，惟对于上述实况，必须顾及，故不能作数字上之分配。此次核拨扩充改良费，虽不足实现教部原拟请整个扩充计划，但于各校院校舍及设备之改善不无补益。

关于大学教授之待遇，就教育部立场着想认为应予优待，惟事实上不能不顾及行政人员之待遇，故于复员前有研究费之设置，数目由五百元起，最近增至最高为五十万，现拟呈请提高至一百万。教授薪额战前为三百至四百元，研究教授为五百元。抗战后逐渐增至六百元，并可年功加俸增至八百元。政府一再提高教授待遇，乃是政府表示关怀教育界之至意。

学生公费，原计划前年起总数为全体学生总额百分之四十全公费，百分之四十半公费。去年改为各百分之三十，今年为各百分之二十，明年减为各百分之十，后年全部停止。原案提出后，有人认为公费制度不良，且实行之初原定战事结束后，即行停止。嗣为顾念清寒优秀学生计，决定于公费制度取消后，另设奖学金，至原有公费生维持至该生毕业时止。奖学金名额总数为新生总数百分之二十，为避免学校审核时困难，于报名时附带申请。现以百分之二十奖学金不敷分配，同时顾及“匪区”学生实际情况起见，又规定“匪区”学生救济金办法。奖学金及救济金数额与公费相同。至于师范生及边疆学生之待遇，维持原定办法。学生公费包括米及副食费，米二斗三升，按照当地市价计算，副食费按当地生活补助费七分之一计算。省级学校学生计十八万名，其待遇以省经费困难，不及国立校院学生远甚。最近经核准省级学校学生之待遇与中央相同。

各级学校图书仪器之缺乏，实为学校不安定原因之一。八年抗战以后，学校图书仪器，以经费关系未有补充，而学生增加，不敷分配，甚或连必要图书、仪器而不备。教育部曾尽力在国内搜购，不足时向国外定购，惟限于外汇，大受影响。去年请求拨发五百万美元，仅核准五十万美元，本年请求二千万美元，亦仅核准八十三万美元。上月核发之扩充改良费，对于各校设备已有改善，亦有学校搜购旧书，充实图书设备。教育部前利用贷款购买各种图书，现陆续运到分配各校。英美两国所捐赠图书二三十万册，内容虽不如理想，对缺乏图书之各校不无补益。又联教会捐有百科全书前后两次共计六十部，亦由教部分配各校。日本在战时抢去之图书，经我国军事代表团教育组查明运回，分还各校。联总善后救济费内原未列教育一款，嗣经交涉分配四百万美元，由部开单委托联总代购，将来分配收复区各校，现在已购妥三百余万美元。此外，日本赔偿机器中教育部可得九百余部，亦可分配各校作为实习之用。教育部对于各校院设备，虽曾作种种努力，惟以全国单位甚多，加以私立学校亦在补助之列，更感数量不足，本人主持教育，心实不安，只能就力量所及，逐渐改善。

战前国际文化合作事业较少，其业务由高等教育司兼办，战时以我国在国际地位提高，国际文教事业增多，深感人才经费之不足应付，嗣于高等司内成立第四科，本年扩充为文教处。联合国文教会去年在巴黎举行第一次会议时，鉴于中国扫除文盲基本教育工作，值得联合国各会员国参加，因而决定在中国举行远东区基教会。该会于今年九月三日起，开会十天，远东各国均派代表参加，凡有关基教问题，均作有各种决议，交由远东各国分别执行。联合国文教会第二次大会今年十一月六日在墨西哥举行。第三次大会，将于一九五〇年举行，前在伦敦筹备会时，我国曾建议在中国举行。

关于流亡学生救济问题，一时曾引起社会的误解，以为战争结束后两年之今日，尚有流亡学生需要救济。其实在此"戡乱"时期，此项救济实有必要，惟办理此项业务，以限于经费，未能尽量收容救济，即收容学校亦以各临时校所，设备不周，而表示不满。今年预算中所列救济学生总额为二万七千名，经费为四千余万。此外，并发动社会力量及行总、地方军政当局协助办理。行政院几次拨款中，亦酌拨一部分于各省以充救济学生之用。有人曾主张将此项救济学生业务拨由各省办理，惟顾及交由各省办理时，或有对于邻省学生不予救济之弊，故决定以划归省办为原则，经费仍列入中央预算内总筹办理。

各级学校国定本教科书，过去原由七联承印。今年起一律开放，惟为调节实际需要起见，规定未定当地承印国定本书局之各省，仍由七联供应。今年八月起各省教科书之供应情形，较前优良。

就上报告，知道目前教育处境仍属困难。比较论，中央较好，省级困难，县级几濒于破产。现在谈普及教育，真需要全国人士同心协力。全国学龄儿童约有六千余万，现在全国入学儿童仅二千万，不足三分之一。小学教育之不易发展，一由于经费不足，二由于师资缺乏，三由于待遇过低。教部虽规定小学教师薪给应以当地三人生活必需费为标准，但事实上以经费困难，除极少数都市外，均未按照规定办理。地方教育经费，在战前各地大都均有指定专款，现以地方经费困难，原有教育产款均被挪用。至于教育行政组织，历年来屡有变更。前清末年以来，地方教育行政组织在县政府内占重要部门，民初至北伐完成以后之二十余年中，教育行政机关均为教育局，现在已改缩为科。一县普通均设有一百余学校，以一科人员处理此至少百余学校之教育，在人事当感不足。此种行政组织之牵掣，对于教育之推进极有影响。

教育为国家百年大计，安定教育实为当今急务，所幸全国教育界人士及各级学生，对于目前局势逐渐了解，因而教育亦能在向安定路上迈进。教育之安定，固可以促成社会之安定，可是社会之不安，亦可以影响教育之安定。

10. 国民参政会第四届第三次大会休会期间驻会委员会
第十次会议记录
（1947 年 12 月 5 日）

国民参政会第四届第三次大会休会期间驻会委员会第十次会议记录

时　　间：三十六年十二月五日上午九时

地　　点：本会会议室

出 席 者：

主 席 团：江　庸　莫德惠

驻会委员：陈绍贤　伍纯武　郑揆一　李　洽　王普涵　武肇煦　张潜华

　　　　　甘家馨　方少云　薛明剑　卢　前　尹述贤　王隽英

资委会委员长：翁文灏

主　　席：莫德惠

秘 书 长：邵力子

副秘书长：雷　震

记　　录：谷锡五　詹行煦　徐晓林

报告事项：

一、秘书处报告。

二、外交部书面报告。

三、资源委员会翁委员长文灏报告资源委员会最近设施情形。

翁委员长报告毕，各委员对资源委员会最近设施情形提出询问，兹分志如次：

1. 薛委员明剑询问：（1）闻资委会沈阳机车车辆厂制造车头，交通部不愿采购，确否？（2）目前煤荒，资委会有何补救办法？（3）各地机器制造工厂大都停工，希望资委会设法救济等问题一件。

2.尹委员述贤询问：（1）扬域安计划停止进行原因何在？（2）资委会是否计划继续进行等问题一件。

3.伍委员纯武询问：（1）抗战时期国营西南各工厂近况如何？（2）资委会对此项工厂处置方针如何等问题。

4.郑委员揆一询问：闽江水电工程计划能否如期进行问题一件。

以上各询问案，均经翁委员长分别即席答复。

讨论事项：

一、武参政员肇煦等三人提：请政府改进救济及善后工作以利建国而加强"戡乱"案。

决议：本案送请政府迅速办理。

二、郑参政员揆一等三人提：请政府积极发展安定区域之生产事业以纾经济危机而裕民生案。

决议：本案送请政府办理。

三、卢参政员前等四人提：请政府继续免征粮食营业税以重民食案。

决议：本案送请政府切实办理。

四、王参政员隽英等三人提：请政府切实注意山东难民苦痛迅速设法救济案。

决议：本案修正通过，送请政府办理。

修正之点如次：

1.案由末句修改为"速拨巨款救济案"。

2.办法第一项删，第二项句首加"速"字。

五、薛参政员明剑等：拟请政府奖励燃煤生产，并以全部售价拨交矿商案。

决议：本案请原提案人修正后再行提出。

六、薛参政员明剑等提：拟请政府挽救机器制造工业危机案。

决议：本案送请政府采择。

注：五、六两案原经第九次驻委会决议交财政经济组审查，嗣以本月四日下午三时小组审查会出席委员不足人数停开，经主席决定重提本次会议讨论。

散会。十一时五十分。

11. 国民参政会第四届第三次大会休会期间驻会委员会第十一次会议记录

（1947 年 12 月 19 日）

国民参政会第四届第三次大会休会期间驻会委员会第十一次会议记录

时　　间：三十六年十二月十九日上午九时

地　　点：本会会议室

出　　席：

主 席 团：江　庸　李　璜

驻会委员：郑揆一　王普涵　武肇煦　张潜华　卢　前　尹述贤　薛明剑

　　　　　范予遂　蔡芷生　伍纯武　李　洽　王隽英

交通部部长：谭伯羽

主　　席：江　庸

秘 书 长：邵力子

记　　录：谷锡五　詹行煦　徐晓林

报告事项：

一、秘书处报告。

二、外交部书面报告。

三、交通部谭次长伯羽报告最近交通设施情形。

谭次长报告毕，各委员对最近交通设施情形提出询问，兹分志如次：

1.薛委员明剑询问:（1）外传交通部不采购资源委员会各厂制造之机车、电线等，确否？（2）邮费加价，吾人并不反对，惟因此引起行政、立法两院间之争论，希望早日解决；（3）边远省区邮件常有扣送遗失情形事，应向何处查询？（4）京沪路无锡至江阴支线，可否让予省营或民营等问题一件。

2. 蔡委员芷生询问：（1）各铁路直达联运车何以迄未举办？（2）陇海路剩余车辆，交部何以不令饬拨借缺乏车辆各路应用？（3）电讯局对于明文电报不予翻译，邮局对于快递挂号信件收据不写收件人姓名两事，请设法改善等问[题]一件。

3. 武委员肇煦询问：（1）上海储汇局舞弊案，交部如何处置？（2）石家庄失陷，损失物资甚巨，其责任谁负？（3）被破坏铁路员工如何安置？（4）交部曾否拟定自制飞机之计划？如有，短期内能实现否？（5）塘沽新港暨葫芦岛港口工程短期内能否完成等问题一件。

4. 尹委员述贤询问：（1）航空气象测候是否已经统一？（2）飞机性能之检查是否继续严格执行？（3）各地机场之改进情况如何等问题一件。

5. 卢委员前询问：（1）京沪路局收购铁路附近土地常引起纠纷，此事希望交通部令饬路局加以注意；（2）京市电话局最近采用同号话机办法实非良策，应请改善；（3）京市邮差要求改称为邮务佐，部方意见如何？（4）邮费加价，吾人均能同情，惟涨至四倍，似属太过等意见一件。

以上各询问案均经谭次长分别即席答复。

讨论事项：

一、伍参政员纯武等三人提：建议政府采取富有经济价值路线，以修筑滇黔桂铁路滇段案。

决议：本案送请政府采择办理。

二、王参政员普涵等提：请政府迅速施行本会动用国人存美资金之建议，以利美援进行挽救财政经济危机案。

决议：本案送请政府迅速办理。

三、王参政员普涵等提：中央收购省县赋粮应请分期核价按时拨款，以免地方财政困难而轻民负案。

决议：本案送请政府参酌办理。

四、郑参政员揆一等六人提：请政府坚持保留对日和会之否决权案。

决议：本案送请政府切实办理。

五、江参政员庸等四人提：建议政府从速决定中纺公司出售民营之统一办法，以增国库收入而免豪夺巧取案。

决议：本案修正通过，送请政府采择施行。

修正之点如次：

1. 前段"少数资本家"改为"少数人"。

2. 中段"托辣斯等畸形组织"改为"独占组织"。

3. 末段"从速决定统一处理办法"句"统一"两字下加"公平"两字，又"并遵照国府核定之《国营生产事业酌售民营办法发行》发行股票"句删去。

主席宣告：本日会议出席委员不足法定人数，决议各案提下次会议追认。

临时动议：

一、尹参政员述贤等临时动议：下次驻会委员会拟请财政部俞部长鸿钧出席报告。

决议：交秘书处办理。

二、尹参政员述贤等临时动议：拟请函询政府二事：

1. 卅七年度国家总预算何时送本会审查？

2. 公教人员待遇是否于明年一月依据物价指数予以改进？

决议：送请政府答复。

散会。十二时正。

12. 国民参政会第四届第三次大会休会期间驻会委员会
第十二次会议记录

（1948 年 1 月 3 日）

国民参政会第四届第三次大会休会期间驻会委员会第十二次会议记录

时　　间：三十七年一月三日上午九时

地　　点：本会会议室

出　　席：

主 席 团：江　庸　莫德惠

驻会委员：余楠秋　武肇煦　王普涵　薛明剑　卢　前　金维系　范予遂

　　　　　蔡芷生　于　斌　李　洽　甘家馨

财政部部长：俞鸿钧

主　　席：莫德惠

秘 书 长：邵力子

副秘书长：雷　震

记　　录：谷锡五　詹行煦　徐晓林

报告事项：

一、秘书处报告（附件一）［略］。

二、外交部书面报告——邵秘书长宣读（附件二）［略］。

三、财政部俞部长鸿钧报告最近财政设施情形（附件三）。

俞部长报告毕，各委员就最近财政设施情形提出询问，兹分志如次：

1. 王委员普涵询问：（1）财政部对于动用国人存美资金一案，有无决心办理？（2）建国特捐改为救济捐，是否能在短期内切实施行等问题一件。

2. 俞［余］委员楠秋询问：（1）停止工贷限制内汇两项办法颇不合理，政府可否重加考虑？（2）动用国人存美资金办法，请从速实行等问题一件。

3.薛委员明剑询问：（1）营业税等划归县市后，若干地区之地方财政仍不能维持，请财部重予考虑；（2）停止工贷限制内汇后，正当工厂无法维持，可否酌予开放？（3）国内资金大量逃避香港，政府曾否注意，有无补救办法等问题一件。

4.金委员维系询问：公教人员待遇改善办法何时决定，原则如何问题一件。

以上各询问案，均经俞部长即席分别口头答复。

讨论事项：

一、余参政员楠秋等四人提：请长期减免台湾东部灾区田赋，以苏民困，而利建设案。

决议：本案修正通过，送请政府办理。

修正之点：标题中"长期"两字、正文中"较长期之"四字均删。

二、余参政员楠秋等三人提：请提倡人格教育以正贪污风气案。

决议：本案修正通过，送请政府办理。

修正之点：原办法二、三两项删。

三、余参政员楠秋等三人提：请速开放工业贷款，解除国内汇兑限制，以救济工商业危机案。

决议：本案送请政府切实注意。

四、蔡参政员芷生等七人提：请政府继续实行贴补政策，制止国营事业任意涨价案。

决议：本案送请政府切实注意。

五、卢参政员前等五人提:行宪伊始请政府对于学校为求培养宪治精神案。（密）

决议：本案送请政府切实注意。

主席宣告：本日会议出席委员不足法定人数，决议各案提下次会议追认。

散会。十一时卅分。

附件三：

最近财政设施

俞部长鸿钧在驻委会报告

半载以来，适值"共匪"倡乱，宪政维新，国家定策，既"戡乱"与行宪并重，财政措施，遂军事与政治相配合。第以八年抗战之余，税源涸竭，支撑艰苦，不言而喻。根据动员"戡乱"实施纲要规定，财政方面，本有增辟税源，提高税率，裁减机构及严格执行预算，加强金融管理，整顿地方税制诸大端。半年以来，本部秉此旨趣，努力推施，虽各略有成就，但就整个国家财政而言，预算仍不克平衡，通货膨胀未能遏止，尚有待于全国上下一致努力，以求克服财政经济之困难。旋就财政各部门，作简要之报告：

预算执行

卅六年度国家总预算全年支出总数，达原预算额之四倍半。所以未能严格执行之原因，一以物价波动，一切开支均随之激涨。二以"戡乱"期间，军事需要，如充实军力，抢修铁路公路，补助绥靖地区，赈恤灾黎等等，动需巨款，以文武公教人员迭次调整待遇，所增加之开支亦复弥见浩繁。收入方面，经积极整顿，固亦超增甚巨，但各种税制，并非全部从价征收，自不能与物价增加成为正比。总计卅六年度全年总收入约为十三万亿余元，其中赋税收入为九万零四百余亿元，占总收入百分之六十八，约当原预算额之二倍，居第一位。赋税以外收入为二万八千余亿元，占总收入百分之廿二，约当原预算百分之九十弱。公债收入为一万三千三百余亿元。

国税收入：关、盐、直、货，夙为国税源之四大支柱，在三十六年度中，各种税收均有数字之增进，其税制亦有若干之整理，今分举于下：

关税

在目前进口贸易管理制度之下，进口货物或经厘定限额，或严格禁止，或颁许可输入，望其税源已难畅旺，而出口货物或力求奖励，或争取外汇，又均予以免税，则关税之难望大量增加，自属显见。计全年度关税收入比原列预算虽超收三倍以上，但关税最重问题厥在走私，而走私又以华南为最剧，目下海关缉私舰艇有限，武装配备尤感窳劣。自去年六月加强华南缉私防线，充实人员配备，严格管理货运，暨实施长程巡缉以来，对于关所之增设，关员之扩充，关警之添置以及舰艇武器之增备，海军总司令部调派炮舰之协助等，均经倍加努力，缉私工作，始渐收效。就全年缉获案件而言，数达一万八千余件，就处结私货价值而言，价达一千五百五十余亿元。其已缉获经关处理尚未结案者，尚未列计在内。中港海关协定正由外交当局折冲之中，今后香港政府如能切实合作，取缔走私，则收效当益彰著。

盐税

截至三十六年十二月中旬为止，收入均合原预算之三倍。去年盐税两次调整，较原率虽约增七倍，但如以战前物价与战前盐税税率相较，则目下盐税所征之税率，尚仅及战前百分之五十。在民食负担上，自非过重。且目下盐业除自给外，为争取外汇或物资起见，复对外销加以兼顾，计三十六年度中输出日本之盐达二十余万吨，合四百余万担，换取建设物资之价值达国币六百二十亿元。然盐之成本既日见高昂，私囤私运之风乃亦渐盛，故食盐缉私亦为盐务之主要工作。

直接税

三十六年度直接税，截至十二月二十八日止，根据已到报表统计，查征数达一万四千余亿元，纳库数一万一千余亿元。农历年关向为税收旺季，届时当尚可有显著之进展。直接税本为最优良之税制，可以衡量人民负担之能力，以定课税之重轻，但值此社会经济波动激烈之时，商民多以虚盈实税为请求减免之口实，而纳税习惯又未普遍养成，盖以税法规定过于硬性，修正法规之程序又较迂缓，不能随时适应现实，凡此皆为本税执行困难之主因。卅六年所得税之起征额及其课税级距经本部拟具调整条例呈奉施行，此后仍当本此原则，以谋改进。但直接税之最大问题厥在国民所得额未有普遍之统计，而私人财产尤未有完备之登记，加之商人伪造账册，冀图漏税，致查账制度未易彻底推行，标准计税办法又近于武断，驯至少数不肖税吏勾结商人滋为弊政。此后如何使有关机关密切联系，运用配合力量以谋税风之改善，税政之健全，定为本税致力之根本。至贵会建议举办之一次财产税，本部早经拟具方案，呈由行政院交由全国经济委员会一再审议，并由本部重拟草案，呈由政院转请国务会议核夺中，俟奉核定，当可即时施行。

货物税

卅六年度货物税截至十二月廿六日止,根据已到报表统计,实收达三万七千余亿,历年趋势向以十一月份为旺月,估计全年总收数,当在四万亿以上,约当原预算额之四倍。过去数月曾经裁减税目,简化手续(如毛税中改就毛纱课税,毛制品免征毡鞋毡袜等,卷烟税废除分级制,水泥包装免贴印照等)。此后仍当本此原则,对于税收微薄过于琐碎之品目,酌予免征。但货物税最大问题,厥在从价征税之未臻切实,而切实从价征税,又适为斫丧生产之病,今后如何调节其间,使其于维护产量兼顾税收之中,辟一路径,当为本部对于本税之所致力。

整顿税制,固为增裕税收之不二法门,但裁减稽征之费用,整饬税纪之效率,要亦为改进税政治要图。本部所属税务机构,本已力求减缩,三十六年度内,更尽量裁并,除关务方面,因加强缉私,在华南一带不得不酌增关所外,其余各税机构,无不衡量实际需要,力加裁并。计三十六年度中,裁并区局一所,分局三十三所,节减员额二千五百九十五人。东北方面直货两税亦经合并设局。暂按编制半数配用,较之预算员额,亦节减四千五百余人。计三十六年度中,各种税务机构人员,实共裁节七千一百余人。本部税务人员,向因关、盐、直货各为系统,待遇既殊标准不一,现税务人员管理条例草案业已拟定,并已呈院□转完成立法程序。三十六年度中,已曾举办特种财务人员考试四次,录取高初二级税务人员一千九百余人,均已分发任用。此后并拟逐年举办,垂为定制,借以提高税务人员之素质,同时对于税纪之督查,亦复力求严密,遇有贪污违法案件,一经查实,立予严惩。三十六年度中经撤职者计二百五十七人,免职者六十八人,停职者五十九人,通缉者七人。此后如有贪污渎职败坏风纪情事,拟请民意机关尽量检举,以补本部耳目之不及。其能廉勤砥砺,持正不阿者,亦望民意机关予以支持。

租税外之收入

租税外收入,本可包括公债收入、物资变价收入、规费收入及国营事业盈余等,其应检讨报告计有公债与物资变价两种:

公债收入:三十六年度美金短期库券及美金公债,销募成绩未见昭著,揆其原因，实以物价高涨，债券利益远不如市场利润。然国家在危急关头，人民如能牺牲小利，协助政府，则此项债票之销行，固为国家收入之一助。至大战期内所募之外债本息，除偿付办法未定者外，其余到期本息，本部已悉数付清，未或愆短。其战前外债，则因战时业已分别停付，际兹国家财力尚未充实以前，尚难遽议恢复。此外，吾人固以自力更生为计划之原则，但关于新外债之商洽，在无损国家利益条件下，本部自当继续努力。

物资变价收入：三十六年勉达预算之数，考其原因，一方面固因社会经济之不振，厂矿出售未能尽如理想，而物资变售部分，除现金标售者外，尚有由各机关转账领用，故裨益库收，至为有限。按变价之物资，可分为四大类：一为敌伪产业物资；二为借款购料物资；三为租借接购物资；四为美军剩余物资。卅六年度敌伪物资出售者计一万一千亿余元，借款购料物资出售者计达四千一百八十亿余元，租借接购物资出售者计达二千二百零六亿余元，剩余物资出售者计为国币一千六百四十一亿余元、美金一百七十一万元。

金融设施

金融之设施与财政政策，实相表里，而尤与物价有密切之关连。在卅六年度中，本部对于金融管理控制等等，曾于不断努力中，配合推进，如加强金融管理。本部夙经订定管理银行办法，最近银行法颁布以后，该项办法虽已废止，但加强金融管制办法随即拟订，对于国家行局及省市银行，此后将一视同仁，同受管制。检查行庄事务，原由本部委托中央银行代办，上月中又经呈准先在沪、津、汉、穗四地设立金融管理局，直隶本部，专负当地金融机构及金融市场检查监督纠举之责，更收指臂之效。关于黄金外币买卖之取缔，卅六年四月间经颁布黄金外币买卖处罚条例，最近该项条例复经修正，以期贯彻。至国家行局为协助生产事业起见，举办生产贷款，向以配合民生日用必需品之产销，交通公用事业之协助，及出口贸易之推动为主旨。八月以后，放款渐趋紧缩，至十一月底为配合物价管理政策及抽紧银根起见，乃将此项贷款暂行完全停止，又最近颁行之利率管理条例，对于国家行局存放利率，酌予提高，于顾全实际之中，兼寓管制之意。一面开放证券交易市场，疏导流资以利生产，凡此措施，皆为紧缩信用，取缔投机，引导资金运用于正当途径，以求市场物价之安定，而维持法币对内之价值。至法币对外价值之维护，当自平衡国际收支着手，自改订管理外汇办法实施，外汇挂牌改取机动政策以后，对于奖励出口，吸收侨汇，均已较前进步。就进出口贸易数字言，三十六年入超，合进口总值百分之五十，以较三十五年度入超与进口总额百分之七十二之比率，情形已大见改善。就进出口及侨汇结汇数字言，则新办法实行以后两个半月，出口结汇较以往三个月增加百分之七十五，侨汇增加百分之五十七，而进口结汇税减少约百分之卅七。

上所述者，仅就三十六年度中财政金融重大措施，略加检讨。至三十七年度中应如何遵照行宪之程序，重厘中央及地方之财源。如何整顿税收，借增国库之收入；如何执行预算，借谋收支之接近，自当悉力筹维以完成职责。现三十七年度上半年预算国府即将核定，不久当送立法院审议，而财政上改进之要点，在目下已拟具或已实行者，亦有数端：（一）关税：除柴油、汽油等外，加征临时附加税百分之四十五，以半年为期。（二）盐税：重行调整税率，为食盐每担二十五万元，土膏盐每担二十万元，鱼农盐每担十万元，以后并拟参照生活指数继续调整。（三）直接税：拟取销过分利得税，并入第一类营利事业税中征课，并拟修正所得税法，仿照英国成例，配合国家预算需要及国民所得情形，每年拟订其起点率及其级距，一面拟将第二、三、四、五类所得税悉取比例税率，厉行扣缴制度。而为争取时间以应库需起见，更拟先按上年核定所得税额，参照国家预算增加倍数，核定预缴办法，仍照税法规定查账，核定其纳税额。（四）货物税：拟缩短评价，时价由三个月改为一个月，并拟改订计税公式，以期简便。深信经此整顿之，收入当可增加。至如限制剩余物资转账之范围与正加速租借物资及敌伪产业物资之处理及积极推动国营事业之发售，俾国家增进收入，亦为预期中之中心工作。至地方财政，则拟重划税源，凡省级财政，除边远及绥靖区域外，均以力求自给自足为原则。一面拟将营业税全部列入为省收入，土地税则划院辖市，土烟土酒委托院辖市或县市代征，提成拨补，更将遗产税税补地方之成数，予以分别增加，则地方财政当亦可达于自给自足之境地，无庸再由国库增加补助。目下国家财政支出额随物价之步涨而增加，文武人员按照物价指数调整待遇之后，情形尤为显著，故明年上半年度预算之能否平衡，究与物价全面管制之能否彻底，关系甚大，本部自应就有关方面如管制金融等配合协力，冀收良果。

13. 国民参政会第四届第三次大会休会期间驻会委员会 第十三次会议记录

（1948 年 1 月 30 日）

国民参政会第四届第三次大会休会期间驻会委员会第十三次会议记录

时　　间：三十七年一月三十日上午九时

地　　点：本会会议室

出　　席：

主 席 团：莫德惠

驻会委员：伍纯武　李　洽　余楠秋　金维系　汪宝瑄　于　斌　薛明剑

　　　　　卢　前　武肇煦　范予遂

社会部部长：谷正纲

主　　席：莫德惠

秘 书 长：邵力子

副秘书长：雷　震

记　　录：谷锡五　詹行煦　徐晓林

报告事项：

一、秘书处报告（附件一）［略］。

二、外交部书面报告——邵秘书长宣读（附件二）［略］。

三、社会部谷部长正纲报告最近社会行政设施及救济难民情形（附件三）。

谷部长报告毕，余参政员楠秋等对社会行政设施提出询问，兹分志如次：

1. 余参政员楠秋询问：（1）行总结束后，救济业务移归社会部接管，希望多做积极救济工作;（2）京市府强令拆迁汉中路棚户，可否由部转知暂缓执行等问题一件。

2. 薛参政员明剑询问：（1）工业会法施行细则何时可公布？（2）苏北"匪灾"惨重，希望社会部于分配救济物资时多予注意；（3）无锡为工业区，从业人员众多，何以不能产生一个立法委员等问题一件。

3. 卢参政员前询问：（1）社部对于冬令以后之难民救济问题有何计划？（2）京市慈幼院及回教孤儿院无法维持，希予补助等问题一件。

以上各询问案，均经谷部长即席分别答复。

讨论事项：

一、余参政员楠秋等提：请按月依照生活指数调整公教人员待遇，并维持原有实物配给办法以增工作效能案。

决议：本案送请政府采择施行。

又武参政员肇煦等提：请政府重新考虑配给公教人员食粮办法案，与余案第二项用意相同，经决议并送政府。

二、武参政员肇煦等提：请政府迅采标本兼施有效办法，以挽救华北危急而收拾人心案。

决议：本案送请政府迅速办理。

三、武参政员肇煦等提：请政府令行政院重新考虑发还门头沟煤矿产权案。

决议：本案送请政府令行政院切实考虑。

四、余参政员楠秋等四人提：请政府对于美国复兴日本经济计划应严密注意案。

决议：本案送请政府办理。

五、主席团提：行政院函请推派参政员三人为救济特捐督导委员会委员，请决定案。

决议：推江庸、卢前、金维系三参政员担任。

散会。十二时。

附件三：

最近社会行政设施及难民救济情形

主席、各位参政员：

今天本人承邀报告最近社会行政设施及救济难民情形，以限于时间，拟分（一）辅导职业团体发展；（二）推进劳工行政；（三）发展合作事业；（四）难民救济工作四部分，择要报告如次：

一、辅导职业团体发展

职业组织，为促进社会经济文化建设之主要动力，本部本一贯之方针，积极辅导其发展，一方面依照宪法民主自由之精神，修改各种职业团体法规，以建立行宪时期职业组织之新的规制，如废止训政时期和抗战时期对职业团体限制或约束之法规，修改人民团体组织法、农会法、渔会法、工会法、商会法、教育会法、技师法及增订工业会法等。此类法规经修改增订后，准许有全国性之联合组织，此为政府辅导人民团体政策上之一大转变。一方面健全其基层组织，并完成全国性组织，使充分发挥职业组织之功能，计去年职业团体基层组织，增加二万五千七百一十四个（包括农、渔、工、商、自由职业等），增加会员数计一千七百九十万五千零一十三人，约为历年累积数百分之一百七十。其全国性之组织，已成立者有铁路工会及邮务工会全国联合会、银行商业、钱商业、轮船商业、保险商业等全国联合会及营造工业全国联合会。又全国总工会及全国工业联合会，现正积极筹备，预期本年六月以前均可成立。又为配合行宪，协助职业团体会员参政，一面加强会员四权行使之训练，提高其政治意识，培养其参政能力，去年共训练会员二十二万七千二百八十四人。一面鼓励会员参加民意机关选举，据已调查之全国三十六省市职业团体选出之县市参议员，共一万零五百八十人，占全国县市参议员总数百分之二十八。此次行宪国大代表及立法委员名额，亦经本部提供资料，定有代表六百五十一名，立法委员八十九名。

二、推进劳工行政

本部对于劳工行政的措施，一方面则保障劳工合法权益，改善其生活，提高其地位，但以不妨害生产事业之发展为前提；一方面提倡劳工福利，以促进劳资合作，整饬劳工纪律，以提高生产效率。同时注意其组织之健全，严防"共匪"之诱惑，其措施如下：

（一）改善劳工生活：在物价高涨情况之下，定颁工资调整办法，依照当地工人生活指数，随时合理调整其工资，积极推行职工福利金条例，督促厂矿提拨福利金，倡办劳工福利事业，以求劳工生活之安定。并成立工矿检查处，加强工矿检查之实施，以改善厂矿卫生安全设备及设立中央社会保险局筹备处，筹办社会保险。

（二）提高劳工地位：根据劳工政策，要提高劳工的社会地位，因协助其参加地方及中央政治，其成果据调查全国三十六省市的县市民选参议员中，劳工议员已达一千五百六十人。现任立法委员，亦有真正劳工二人参加。又此次行宪国大代表及立法委员名额，已定有国大代表一百二十六名，立法委员十八名，现在参加竞选者，多为现仍操作之劳工。

（三）消弭劳资纠纷促进劳资合作：配合政府经济措施，积极促进劳资合作，消弭劳资纠纷。对事前之预防，则采取上述依生活费指数调整工资之办法及推进厂矿劳工福利事业，以减少纠纷发生之因素。而对已发生纠纷事件之处理，则订颁动员"戡乱"期间劳资纠纷处理办法，规定由劳资、政府及民意机关等共同组织评断委员会，以民主方式迅速处理，合理解决。前通饬各省市对任何劳资纠纷，一面应保障劳工之合法权益，一面应遵循合法程序解决，不得有扰乱经济秩序或社会秩序之行为。其执行成果，在去年内，上海、天津、汉口、重庆、广州等七个重要城市的劳资纠纷案件二千三百九十八件之中，因工资而发生者，仅六百六十件，因福利待遇而发生者，仅三百五十件，合计尚不足总数百分之五十。此实为一推行上述工资调整办法及劳工福利之成果。纠纷案件之处理，亦因处理办法之订颁及劳动纪律之整肃，得以迅速解决，逐步减少。上述七重要城市纠纷案件，一月份一百八十四件，关系职工数七万零六百零六人，迫至十一月份，则仅为三十五件，关系职工九千五百九十七人。此外对于遭受"匪祸"及天灾而失业之劳工，积极予以救济，一年以内，计受救济者六十二万余人，发放救济金三十亿元，尚有食米杂粮盐及药品等。"共匪"煽惑，首以劳工为对象，尤其对于工厂林立之都市，阴谋最力，经本部多方筹维，加强组织，妥慎领导，得以消弭隐患。如五月间"共匪"发动全国各地罢课、罢工、罢市三罢运动之狂潮，劳工方面未受波及。又上年九月间，"共匪"煽动上海水电工潮，全市工人不为所动，亦随起随灭，迅速解决，此于劳工组织之健全，生活之改善，以及劳资合作政策推行，实为"共匪"煽惑劳工失败之重要原因。

三、发展合作事业

本部推进合作事业，采如下之措施：（一）推广合作组织，并力求业务充实，以期逐渐完成合作经济体制。（二）逐渐健全合作金融机构，并充分发挥其效能，以促进合作事业之发展。兹分述之：

（一）推广合作组织：甲、合作社数一六七，三八七社，较卅五年增百分之四点五。乙、社员数二二，一三三，六九七人，较卅五年增加百分之十二点八。丙、股金数七八，六七二，二六九，〇〇〇元，较卅五年增百分之一二〇点九。

（二）充实合作业务：甲、侧重农工生产及发展特产，计农业生产社上年增加一万六千零八十二社，其中以蚕丝烟叶等合作，最为发展。乙、饬全国合作社物品供销处，加强各地合作业务之联系，并运用消费合作，平价供应必需品。

（三）健全合作金融：整饬中央合作金库，于必要地区分设分支库，以逐渐健全金融网之组织，已设分库十一所，支库十八所，分理处十七处。举办合作贷款共七百四十六亿零七百一十八万元，并与中农行合办黄泛区贷款一千亿元。

四、难民救济工作

过去一年之间，"匪祸"蔓延，天灾迭起，各地灾情，空前严重。本部为配合"戡乱"工作，一面订颁收复区各省市难民救济办法、"匪区"归来人民收容安置办法、灾赈查放办法，积极施赈，以维系人心安定社会而利"戡乱"军事之进行，一面加强中央与地方之联系，政府力量与社会力量之配合，以宏救济之实效，关于实施紧急救济，系采以下之救济方式：

（一）对"匪灾"难民，依其性质或设收容所，或发给款项，或予以贷款，或实施工赈，或介绍职业，或保护还乡。

（二）对天灾难民，一面分别发放款物，设所收容，办理农贷，实施工赈；一面商请农林水利机关，兴修水利，改良农作。去年内发放救济之款物数额，计拨发各绥靖区急赈款二百三十亿元，面粉二万一千零二十吨，食盐一万五千担，衣服五万包，拨发各省市政府之赈款一千一百六十八亿七千二百五十四万元，紧急农贷、小本贷款六百五十亿元。

上述救济工作之实施，系责成当地社政机关会同民意机关、监察审计机关、地方公正人士组织临时救济委员会，共同负责办理。去年一年之内，据各省市报告已受救济之难民为一千五百余万人，最近各地难民待救迫切，本部决将接收行总之剩余物资，及接收联总之解冻粮食布匹与政府所拨冬令救济奖助费，以作整个有计划之配合救济，剩余物资，总计达三千三百九十三吨，已饬各省市不准变卖，就地作公开迅速切实有效之处理，分发受救济人应用。联总在华之解冻物资为食粮一万吨、布匹六百十六吨，为求有效运用，此项物资经呈准拨发处理费五百亿元，配合冬令救济奖助费二百亿元、东北流通券八亿元，连同物资总值计达一万亿元，扩大办理难民救济工作。此项解冻物资，依联总规定，原仅限于配给北纬三十四度以南各地，本部以华北东北各地灾情极重，经再交涉，已取消此项限制，惟款物有限，仍不得不就灾情最重待救最切之地区，宽予配给，经已划分六个救济区，包括苏、皖、京、沪、豫、陕、鄂、鲁、青、冀、热、平、津、晋、察、绥、东北及粤桂等省，均已先后起运。此次救济，决定于都市及军事重要据点以外之适当地方，普遍设立粥厂招待所，以免难民集中都市，影响"戡乱"工作及社会秩序，对于有工作能力之难民，予以工赈，以扶植其生活。为求此项款物，均能实惠难民，发挥效率，依上述六区，分设六个辅导团，已分赴各区从事抚慰视察督导审核协助等工作。

14. 国民参政会第四届第三次大会休会期间驻会委员会第十四次会议记录

（1948 年 2 月 13 日）

国民参政会第四届第三次大会休会期间驻会委员会第十四次会议记录

时　　间：三十七年二月十三日上午九时

地　　点：本会会议室

出　　席：

主 席 团：江　庸　吴贻芳　莫德惠

驻会委员：伍纯武　卢　前　郑揆一　李　洽　金维系　薛明剑　武肇煦
　　　　　范予遂　姚廷芳　于　斌　甘家馨

外交部部长：王世杰

主　　席：江　庸

秘 书 长：邵力子

副秘书长：雷　震

记　　录：谷锡五　詹行煦　徐晓林

报告事项：

一、秘书处报告。

二、外交部王部长世杰报告最近国际情势及与我国之关系。

王部长报告毕，薛参政员明剑、郑参政员揆一提出询问案二件。

1. 薛参政员明剑询问：（1）中苏外交近况如何？（2）报载美援须于六个月后实现，确否？（3）征用日本技术人员问题有无决定等问题一件。

2. 郑参政员揆一询问：（1）对德和约，我国有何主张？（2）对日和约具体计划已否拟定？（3）日本一级战犯，我国是否准备要求引渡来华审问？（4）美国不能积极援华原因何在？（5）英不愿放弃香港原因何在？（6）厦门福州等地侨胞归返原地请领护照，须至上海签证，费时甚久，拟请外部派员分驻华南侨胞众多地区，专办签证业务等问题一件。

以上询问案二件，均经王部长即席分别答复。

讨论事项：

一、薛参政员明剑等三人提：拟请政府注意台湾省天产品之加工藉增外汇收入案。

决议：本案送请政府切实注意。

二、郑参政员揆一等三人提：国立专科以上学校教职员待遇一律同等案。

决议：本案送请政府斟酌办理。

三、卢参政员等五人提：请政府澄清选政案。

决议：本案送请政府切实注意。

散会。十二时。

15. 国民参政会第四届第三次大会休会期间驻会委员会第十五次会议记录

（1948 年 2 月 28 日）

国民参政会第四届第三次大会休会期间驻会委员会第十五次会议记录

时　　间：三十七年二月二十八日上午九时

地　　点：本会会议室

出　　席：

主 席 团：江　庸　莫德惠　吴贻芳

驻会委员：金维系　薛明剑　余楠秋　范予遂　周谦冲　李　洽　伍纯武

　　　　　王隽英　甘家馨　郑揆一　于　斌

农林部部长：左舜生

主　　席：江　庸

秘 书 长：邵力子

副秘书长：雷　震

记　　录：谷锡五　詹行煦　徐晓林

报告事项

一、秘书处报告（附件一）[略]。

二、外交部书面报告（附件二）[略]。

三、农林部左部长舜生报告最近农林行政设施情形（附件三）。

报告毕，各参政员对农林行政设施提出询问，兹分志于次：

1. 余参政员楠秋询问：（1）粮食增产如达到预期目标，是否可以解决军粮供应问题？（2）熟荒复耕之计划希望尽先实行等问题一件。

2. 薛参政员明剑询问：（1）军人垦荒现况如何？（2）机械灌溉对于增产颇见成

效，不知增产计划中列此一项否等问题一件。

3.伍参政员纯武询问：（1）改善农民社会关系之工作是否由农林部主管；（2）农村经济研究所除研究农村经济外，对农民是否发生救济作用等问题一件。

4.李参政员洽询问：（1）青海农业有发展希望，不知农林部已注意否；（2）天然林之保护有无计划等问题一件。

以上各询问案，均经左部长即席答复。

讨论事项：

一、范参政员予遂等六人提：请挽救当前教育危机，广开青年生存出路案。

决议：送请政府切实注意。

二、薛参政员明剑等提：请政府改善征兵案。

决议：送请政府切实注意。

三、余参政员楠秋提：请政府改善抛配物资与纠正公用事业调整价格案。

决议：送请政府切实注意。

四、金参政员维系等三人提：为公教人员无价分配给之米面应酌加数量，以期减少手续上之困难，并恢复眷属米以维生计请公决案。

决议：送请政府采择施行。

附件三：

农林水利行政设施情形
左部长舜生报告

本人自上年五月十六日到部视事后，迄今已逾九月，关于农林部之主要工作，约略可分下列四点：

农业复员　尚未达到

一为农业复员：农部为此组有复员委员会，去年之经常费共一百四十亿元，本年为七十亿元。已做工作方面，有复员军官之转业屯垦，此系与国防部所合作办理，屯垦情形并不如理想之满意。其次为协助农民复员，希望因战争而背井离乡之农人均能返回其工作岗位，但因军事力量之牵制，目前亦难收到效果，例如在农部指导下之湖北四棉产试验县，即因战争之演进而失却三处，故此目前之复员工作，均在艰苦中力求扩展和进步。

研究机构 埋头努力

二为发展农林部研究机构，因此等机构为改善农林之要务，现有者计有南京之中央农业试验所、上海之中央水产试验所、南京之中央畜牧试验所、棉产改进处与烟草改进处等。以上各研究机构，目前均在埋首努力，例如棉产改进处，去年一年努力之结果，使全国收获量达到一千万担之地步，本年经检讨结果，预备增产至一千五百万担，如果再将美贷中之二百五十万担加入计算，则本年度之全国之用棉，当可足敷使用。政府当局，本年度亦为此特拨八百亿，用以收购种子，改良品种，增加增产之需要。至于联总方面，本部虽与之有密切联系，但若干工作，仍因种种关系，无法取得切实之推动，例如联总曾向本部建议，将长江以南地区之耕牛，全部施予防疫注射，由联总供给所需之全国疫苗，但本部因限于财力和人力，无法能将此项工作切实配合实施。

配合军事 增产粮食

三为粮食增产和垦殖：此点极为重要，因粮食增产即为配合军事之作战，如政府获有充分之粮食，而"共匪"则反是，则剿匪之进行，当可获得一决定性之因素。政府为此，去年已拨发二百亿，今年又拨发一千三百亿，希能收到增产之实效。本部为此已组织粮食增产委员会，并决定在较安定之九省中增加食粮八百万担，现该会已分别派员至各省协助增产之工作，兹据各省寄回之报告中归纳结果，以浙江省之计划最具体，用钱少而增产多。

外销物资 计划改进

四为外销物资之增产，现经计划拟具改进草案者，计有蚕丝、茶叶、桐油与猪鬃，以上各草案，均已送陈全国经济委员会审议实施。至于垦殖一方面，今已拟有计划，然因兹事体大，目前尚无法实行。四为国防合作，本部希望能在工作中逐渐求得共同之发展。

16. 国民参政会第四届第三次大会休会期间驻会委员会第十六次会议记录

（1948 年 3 月 13 日）

国民参政会第四届第三次大会休会期间驻会委员会第十六次会议记录

时　　间：三十七年三月十三日（星期六）上午九时

地　　点：本会会议室

出　　席：

主 席 团：江　庸　莫德惠

驻会委员：余楠秋　薛明剑　李　洽　王隽英　伍纯武　潘朝英　于　斌

　　　　　张潜华　王化一　范予遂

水利部部长：薛笃弼

主　　席：莫德惠

秘 书 长：邵力子

副秘书长：雷　震

记　　录：谷锡五　詹行煦　徐晓林

报告事项：

一、秘书处报告。

二、外交部书面报告。

三、水利部薛部长笃弼报告最近水利行政设施情形。

薛部长报告毕，余参政员楠秋、伍参政员纯武提出对于水利行政之建议及询问各一件：

1. 余参政员楠秋建议：（1）水利建设应与农业增产相配合；（2）湖南河道请迅予疏导等意见一件。

2.伍参政员纯武询问：（1）水利部对于云南农田水利有无计划？（2）人民兴办水利，政府有无补助办法？（3）冯玉祥先生出国考察水利有无报告等问题一件。

以上建议及询问，均经薛部长即席答复。

四、东北请愿团代表张宝慈报告两年来东北军事政治及经济情形，田雨时报告该团此次来京向各方请愿经过。

讨论事项：

一、余参政员楠秋等三人提：请抑平粮价以维民食而重治安案。

决议：修正通过，送请政府采择办理。

修正之点：1.原办法第一项删；2.原办法第三项改为"严惩囤积居奇"；3.原办法第六项"与"字删。

二、余参政员楠秋等三人提：请免除所得税预缴以救济工商危机案。

决议：交财政经济组审查。

三、郑参政员揆一等四人提：加紧吸收侨资以改善经济危机案。

决议：交财政经济组审查。

四、王参政员化一等五人提：查苏联屡次违反中苏友好同盟条约，强占旅大久假不归，助长"共匪叛乱"，破坏我国主权，威胁世界和平，建议政府向联合国小型联大敦促苏联从速将旅大交还我国、赔偿我国损失及停止资助中共案。

决议：修正通过，送请政府迅速办理。

修正之点：1.案由改为"请政府敦促苏联从速交还旅大，必要时应向联合国提出申诉案"；2.说明文字全删。